품질경영의 심층적 개론

박영택

품질경영론

박영택 품질경영론

발행일 2014년 2월 20일 초판 1쇄 발행
2017년 3월 2일 초판 6쇄 발행
2018년 2월 27일 개정판 1쇄 발행
2023년 2월 24일 개정판 5쇄 발행

저자 박영택
발행인 김병석
발행처 한국표준협회미디어
출판등록 2004년 12월 23일(제2009-26호)
주소 서울 강남구 테헤란로69길 5(삼성동, DT센터) 3층
전화 02-6240-4891
팩스 02-6240-4949
홈페이지 www.ksam.co.kr

ISBN 979-11-6010-019-8 93320

값 38,000원

품질경영의 심층적 개론

박영택
품질경영론

개정판

박영택 지음

KSAM

개정판 머리말

본서의 초판을 발행한지 만 4년이 지났습니다. 고된 집필과정을 거쳤지만 독자들의 큰 호응이 필자에겐 보람이었습니다. 그러나 초판을 출판할 때부터 미진하다고 생각했던 부분들이 늘 마음의 무거운 짐으로 남아있었습니다. 이러한 짐을 조금이라도 빨리 덜고 싶어서 속히 개정판을 내고 싶었으나 개인적 여건으로 인해 이제야 그 짐을 조금 덜게 되었습니다.

이번 개정판의 주요 변경내용은 다음과 같습니다.

- 2018년 9월말부터 전면 시행되는 ISO 9001:2015 품질경영시스템에 대해 상세히 소개하였습니다. 이 개정판의 두 가지 큰 특징은 다른 경영시스템표준들과의 일관성 유지를 위한 '상위수준구조(HLS)'와 날로 증가하는 경영환경의 불확실성에 대응하기 위한 '리스크 기반 사고'입니다.
- ISO 9001 품질경영시스템과 중요한 짝을 이루는 ISO 14001:2015 환경경영시스템에 대해 상세히 소개하였습니다. 환경경영시스템의 주요 요소인 전과정평가(LCA), 환경라벨 및 선언, 온실가스(GHG) 등에 대한 핵심 내용을 알기 쉽게 정리하였습니다.
- 품질인증 제도의 실질적 효과를 체감할 수 있도록 식품 위해요소중점관리기준인 HACCP 인증을 단계별로 설명하고, 그것이 식품안전경영시스템인 ISO 22000으로 어떻게 확대되었는지 소개하였습니다.

- 갤럭시 노트7 발화 및 리콜, 옥시 가습기 살균제 사태, 이케아 서랍장의 전 세계적 리콜 등과 같이 최근에 사회적으로 큰 문제가 된 제품 안전사고와 2018년 시행되는 제조물 책임법 개정안을 반영하여 제품안전 및 제품책임(PL) 관련 내용을 대폭 보강하였습니다.
- 통계를 어려워하는 학생들도 통계적 방법과 통계적 품질관리에 보다 쉽게 접근할 수 있도록 내용을 보강하고 직관적 설명을 부가하였습니다. 이 외에도 짧지만 중요한 내용들을 보완이 필요하다고 생각되는 곳에 많이 추가하였습니다.
- 교재의 장별 내용에 부합하도록 품질경영 기업사례들을 재배치하고, 다수의 신규 사례를 추가하였습니다.

필자가 생각하기에 초판보다 많이 개선되었으나 더 고치고 싶은 부분들이 아직도 많이 남아있습니다. 늦지 않은 시기에 더 좋은 내용을 담도록 하겠습니다만 이번 개정판만으로도 독자들에게 품질경영의 든든한 길잡이가 되기를 소망합니다.

2018년 1월

저자 박 영 택

초판 머리말

큰 숙제를 하나 해냈다는 생각이 듭니다. 아마도 집필과정이 너무 힘들었기 때문에 먼저 이 말이 나온 것 같습니다. 되돌아보면 30년이란 긴 세월 동안 교수로 재직하였고, 그 시간 중 가장 많은 부분이 품질과 관련된 것이었습니다. 그간 품질과 함께한 역정(歷程)을 책으로 출간할 마음은 오래 전부터 있었지만 품질경영의 영역이 워낙 넓어서 엄두를 내지 못했습니다. 그러던 중 한국표준협회미디어 이종업 대표님의 오랜 독려와 인내 덕분에 드디어 결실을 보게 되었습니다.

본서를 집필하면서 염두에 둔 목표는 '살아 있는 심층적 개론서'였습니다. 집필 목표를 조금 풀어서 설명하겠습니다.

- '살아 있는'이라는 말은 단순한 지식의 나열이 아니라 스토리에 얹어서 가슴에 와 닿도록 설명한다는 목표입니다.
- '심층적'이라는 말은 단순한 지식의 전달이 아니라 그간의 연구결과들로부터 통찰력을 얻을 수 있도록 의미를 담아 설명한다는 목표입니다.
- '개론서'라는 말은 품질경영에서 다루는 주제를 빠뜨리지 않고 모두 다 포함한다는 의미입니다.

사실 '심층적'이라는 것과 '개론서'라는 것이 상충되는 점이 많지만 이 둘을 가능한 한 살리려고 노력하였습니다. 다음은 이 책이 사용자들에게 어떤 효용을 줄 것인가에 대한 집필목표입니다.

• 학습자에 대한 목표는 '학습 효과성(learning effectiveness)'의 극대화입니다. 짧은 시간 내에 많은 내용을 학습할 수 있도록 알기 쉽게 기술하였으며, 가능한 한 직관적으로 이해할 수 있도록 그림과 도표를 많이 넣었습니다.

• 교수자에 대한 목표는 '교수 효과성(teaching effectiveness)'의 극대화입니다. 학습자들의 지적 배경이나 다른 연관 과목의 개설 여부 등과 같은 여건에 맞추어 교수자가 취사선택해서 사용할 수 있도록 품질경영의 주제를 모두 28개로 나누어 설명하였습니다. 만약 대학원 과정이라면 각 단원의 참고문헌에 있는 자료들을 이용한 세미나도 가능할 것입니다.

개인적으로 존경하는 경영인 한 분은 "경영의 세계에 Best란 없다. 다만 Better만 있을 뿐이다"라는 말을 즐겨합니다. 그것은 '끊임없는 개선'이라는 품질경영의 사상을 잘 나타냅니다. 의욕적으로 많은 노력을 기울여 쓴 책이지만 막상 써놓고 보니, 넣고 싶은 내용 중 빠뜨린 것도 많고 개선해야 할 부분도 적지 않습니다. 이대로 첫선을 보이고 지속적으로 개선하도록 하겠습니다.

이 책은 연구년을 허락해 준 학교의 배려 덕분에 나올 수 있었습니다. 30년이 넘는 긴 세월 동안 좋은 연구환경을 제공해 주고 든든한 울타리가 되어 준 성균관대학교에 날이 갈수록 깊은 고마움을 느낍니다.

2014년 2월

저자 박 영 택

목차

1부 품질경영의 기초

Ⅱ부 전원참가의 품질활동

I부
품질경영의 기초

1장

왜 품질 최우선 경영인가?

품질경영을 좀 더 정확히 표현하면 '품질 최우선 경영'이다. 미국 전략계획연구소에서 실시한 사업의 성공에 영향을 미치는 전략적 요인에 대한 연구의 첫 번째 결론은 "장기적 관점에서 볼 때 사업 성과에 영향을 주는 가장 중요한 단 하나의 요소는 경쟁사와 대비한 상대적 '품질'이다"라는 것이다. 품질이 이토록 중요한 이유는 무엇일까? 간단히 말해 품질이 기업의 수익성에 절대적으로 영향을 미치기 때문이다.

1.1 품질이란 무엇인가

'품질'이란 무엇인가? 단순히 '제품 또는 상품의 질'이라고 정의하는 것은 모호할 뿐 아니라 품질을 보는 시야 또한 너무 협소하다. 품질경영에 대한 논의에 앞서 품질의 정의에 대해 고찰해 보기로 한다.

(1) 품질에 대한 전통적 정의

오늘날 '품질'이란 말이 자주 사용되지만 사람에 따라 그 의미는 각양각색이다. 그러나 품질에 관한 다양한 생각과 정의는 다음과 같은 5가지 관점 중 하나로 볼 수 있다.

● **선험(先驗)성 관점**

품질을 '선천적 우수성'과 동일한 의미로 사용하는 경우를 말한다. 이것은 마치 그리스의 철학자 플라톤의 「향연(饗宴)」에 나타난 미학과 일맥상통한다.

플라톤은 '미(美)'란 아름다운 사물에 '내재한 속성'이며 그것을 검증하는 것은 '타고난 감각'이라고 하였다. 선험성 관점에 따르면 '품질도 미(美)처럼 정의할 수 없는 것이며, 일련의 대상물을 접해 보고 나면 자연히 알 수 있다'는 것이다. 품질에 대한 이러한 관점은 경영에 아무런 도움을 주지 못한다.

● **제품 관점**

품질의 차이란 제품의 어떤 성분이나 속성의 함량 차이라고 보는 관점이다. 예를 들어 인삼 가공제품은 사포닌의 함량이 높을수록 우수하며 겨울 내의는 섬유의 짜임새가 촘촘할수록 좋다는 것이다. 따라서 '다다익선(多多益善)'이라는 이러한 관점에서는 '품질을 높이는 데 비용이 추가된다'는 것을 당연시한다.

제품 관점을 따르면 품질이 명확히 정의될 뿐 아니라 계측 가능한 속성이 된다. 품질에 대한 이러한 객관적 정의가 매우 실질적이기는 하지만 여기에도 문제가 있다. 특정 속성이 많다는 것보다는 오히려 단순하거나 특이하기 때문에 고객의 선택을 받는 경우도 있다. 특히 품질의 대상이 미적 요소일 경우에는 제품 관점은 취향의 차이를 설명하지 못한다.

〈표 1.1〉 품질을 보는 5가지 관점(Garvin 1984에서 일부 발췌)

기본 관점	해당 관점의 품질 정의의 예
선험성 관점	품질을 정의할 수는 없더라도 그것이 무엇인지 당신은 안다.(R.M. Pirsig)
제품 관점	바람직한 성분이나 속성의 함량 차이가 곧 품질의 차이이다.(L. Abbott)
사용자 관점	품질이란 '용도 적합성(fitness for use)'이다.(J.M. Juran)
제조 관점	품질이란 '요구사항에 부합하는 정도(conformance to requirements)'를 말한다.(P.B. Crosby)
가치 관점	품질은 실제 용도와 판매가격의 최적 상태이다.(A.F. Feigenbaum)

● **사용자 관점**

사용자의 요구 충족이라는 관점에서 보는 것을 말한다. 따라서 품질에 대한 평가는 사람마다 다를 수 있다는 것을 전제로 한다. 이러한 관점에서는 사용자의 만족도가 높을수록 품질이 우수하다고 보는데 이것이 합당한 것일까?

예를 들어 다른 브랜드의 품질이 좋다는 것을 인정하면서도 단지 색다른 점이 있다는 이유로 특정 브랜드를 애용하는 고객이 있을 수 있다. 이 경우에는 품질의 주관적 특성이 함께 고려되고 있는 것이다.

● **제조 관점**

품질의 주관적 측면을 고려한 사용자 관점의 정의와는 달리, '요구사항과의 일치성'이라는 객관적 측면을 반영한 것이다. 기술 및 제조 부문의 입장을 따르는 이러한 관점에서는 일단 설계나 규격이 결정되고 나면 이를 벗어나는 편차는 품질을 저하시키는 것이라고 간주한다. 따라서 이 정의에서는 규격에 맞지 않는 것을 사후에 수정하는 것보다는 사전에 규격 불일치를 예방하는 것이 더 경제적이므로 품질향상이 원가절감을 수반하는 것으로 본다. 그러나 이러한 관점을 따르면 지나치게 기술 및 제조 부문의 입장에 치우칠 가능성이 있다.

● **가치 관점**

납득할 만한 비용이나 가격으로 원하는 성능이나 규격에 부합하는 제품을 제공하는 것을 말한다.

예를 들어 운동화 한 켤레의 가격이 100만 원 이상 한다면 아무리 잘 만든 제품이라도 고객을 확보하기 어려울 것이다. 품질이나 가격 중 어느 한 쪽도 좋은 평가를 받지 못한 제품이 시장에서 높은 점유율을 차지하는 경우도 있다. 이것은 가치 기반의 품질개념이 현실적으로 통용되고 있다는 것을 의미한다. 이러한 장점에도 불구하고 두 가지 개념을 혼합한 '감당할 만한 값어치(affordable worth)'라는 막연한 정의를 실무에 적용하는 것은 어려운 일이다.

이와 같이 품질에 대한 다양한 관점이 공존한다는 것은 조직 내에서 마케팅 부문과 제조 부문이 왜 종종 서로 힘겨루기를 하는지 설명해 준다. 마케팅 부문은 사용자 관점이나 제품 관점에서 접근하기 때문에 더 좋은 품질이란 더 우수한 성능이나 개선된 특징, 비용 증가를 수반하는 여타의 개선들이라고 생각한다. 또한 품질의 결정권자가 고객이기 때문에 공장에서 일어나는 일보다는 사용 현장에서 발생하는 일이 훨씬 더 중요하다고 생각한다. 이에 반해 제조 부문에서는 규격 적합성을 품질로 보기 때문에 '최초에 올바르게' 하는 것을 강조한다. 그렇게 하지 못하면 잘못된 것을 고치거나 못쓰게 된 것을 버리는 일이 늘어나기 때문에 돈이 더 들어간다고 생각한다. 이러한 관점 차이는 부문 간 갈등을 유발한다.

설계로부터 판매에 이르기까지의 과정에는 다음과 같은 관점의 변화가 있다. 면밀한 시장조사를 통해 바람직한 품질특성을 확인하려는 사용자 관점의 '시장품질'에서 시작하여 이를 제품에 담기 위한 설계규격의 결정 과정에서 취하게 되는 제품 관점의 '설계품질'로 이동한 후, 최종적으로 규격에 부합하는 제품을 만들어내고자 하는 제조 관점의 '제조품질(적합품질)'로 옮겨가게 된다. 이러한 품질 관점의 변화를 서로가 이해하지 못하면 의사소통이 저해되고, 신제품의 개발 주기가 길어지며, 빈번한 시행착오가 발생하는 것은 피할 수 없다. 이러한 문제를 줄이기 위해 마케팅, 기술 및 제조 부문은 서로 소통해야 한다.

그러나 이러한 노력에도 불구하고 모호한 품질개념을 갖고서 품질을 전략적으로 관리하기란 쉽지 않다. 품질을 명확히 이해하고 소통하기 위해서는 품질개념을 분해하여 보다 구체화할 필요가 있다.

(2) 품질의 구성요소

① 품질의 두 가지 범주

품질을 구성하는 요소를 통해 품질에 대한 이해를 높이려는 시도는 주란(J.M.

Juran)에 의해 시작되었다. 그는 품질은 고객만족을 위한 것이라는 사용자 관점이 일반적으로 통용된다고 보고 '사용목적에 대한 적합성(fitness for use)'이라는 정의가 이를 잘 반영한다고 생각하였다. 그는 고객을 만족시키기 위해 필요한 제품특성을 고객의 요구충족을 위한 '제품특징'과 '무결함'이라는 두 가지 범주로 구분하였는데, 이것은 품질의 양면성을 고려한 것이다. 제품특징은 '품질은 좋은 것'이라는 통념을 반영하는 것이며, 무결함은 '품질이 좋지 못하면 손해가 발생한다'는 예방적·방어적 측면을 고려한 것이다.

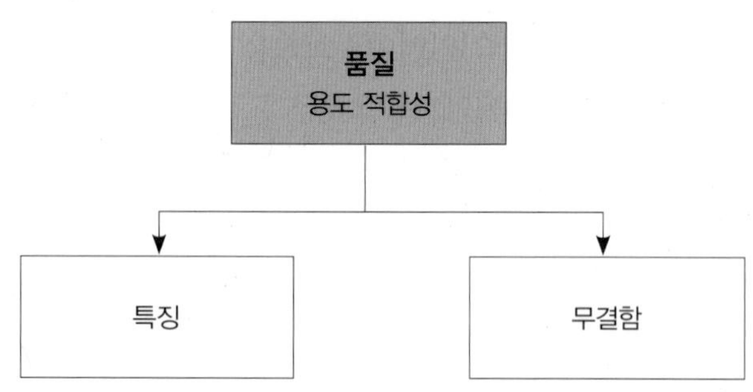

〈그림 1.1〉 주란의 품질 정의(Bisgaard, 2008)

- **제품특징(product features)**

시장점유율의 확대나 보다 높은 가격을 통하여 주로 '판매수익의 증대'에 기여하는 요소를 말한다. 제품특징은 '설계품질'이라고 볼 수 있는데 이를 개선하는 데에는 일반적으로 원가상승이 수반된다.

- **무결함(freedom from deficiencies)**

재작업, 폐기처분, 고객불만 등의 감소를 통하여 주로 '원가절감'에 기여하는 요소를 말한다. 무결함이란 실수, 오류, 결점, 규격이탈 등으로 표현되고 있다. 무결함은 '적합품질(제조품질)'이라고 볼 수 있으며 이를 높이면 고객 클레임이 줄어든다.

② 품질의 8가지 차원

하버드경영대학원의 가빈(D.A. Garvin) 교수는 품질의 '전략적 고려'를 위한 8가지 차원(범주, 특성)을 제안하였다. 이들 중 일부는 서로 보강해 주는 역할을 하지만 그렇지 않는 것도 있다. 어떤 제품이나 서비스가 한 가지 차원에서 높은 평가를 받더라

〈표 1.2〉 품질의 2가지 의미(Juran and Godfrey, 1999)

고객요구 충족을 위한 특징	없어야 할 결함
• 높은 품질이 기업에 주는 영향 : - 고객만족 증대 - 제품이 팔릴 수 있도록 상품화 - 경쟁에 대처 - 판매 수익 창출 - 프리미엄 가격 확보 • 판매에 영향을 주는 주요 요인 • 통상 품질향상에 추가 비용 발생	• 높은 품질이 기업에 주는 영향 : - 오류율 감소 - 재작업과 낭비 감소 - 현장 고장률 및 보증비용 감소 - 고객불만 감소 - 검사 및 시험 감소 - 신제품 출시 소요기간 단축 - 수율 및 용량 증대 - 배송 성과 향상 • 비용에 영향을 주는 주요 요인 • 통상 품질향상이 비용 감소 수반

도 다른 차원에서는 그렇지 않을 수 있다. 한 가지 차원을 개선하면 다른 쪽이 희생될 가능성이 존재하기 때문에 품질에 대한 전략적 고려가 필요하다는 것이다. 그가 제안한 품질의 8가지 차원은 다음과 같다.

● **성능(performance)**

제품의 기본적 운용특성을 말한다. 예를 들면 자동차의 경우 성능이란 가속능력, 최대 주행속도, 승차감 등을 말하며, TV의 경우 화질, 음질, 원거리 수신능력 등이 된다. 패스트푸드 레스토랑이나 항공사와 같은 서비스업에서는 많은 경우 신속성이 성능에 포함된다. 성능에 대한 기준이 주관적 선호도에 바탕을 둘 때도 있지만 이러한 경우에도 선호의 보편적 경향이 있기 때문에 객관적 표준과도 같은 힘을 갖는다. 어두운 실내를 좋아하는 사람은 있어도 소음이 심한 자동차를 좋아하는 사람은 없기 때문에 자동차 주행 정숙성은 품질을 직접 반영한다고 볼 수 있다.

● **특징(features)**

성능의 부차적인 측면으로서 제품이나 서비스의 기본기능을 보완해 주는 특성을 말한다. 스마트폰의 잠금기능, 자동차의 컵홀더나 햇빛가리개, 비행기 기내에서 제공하는 음료수 등을 예로 들 수 있다. 일차적인 성능과 부차적인 특징을 구분하는 것이 쉽지 않은 경우도 많다. 중요한 것은 특징이란 객관적이며 계측 가능한 속성을 포함하고 있다는 것이다. 편견이 아닌 개인적 요구는 품질의 차이를 만드는 데 영향을 줄 수 있다.

● **신뢰성(reliability)**

규정된 조건 하에서 의도하는 기간 동안 규정된 기능을 성공적으로 수행할 확률을 말한다. 적합품질은 검사 시점에서의 요구충족 여부를 보는 것이지만 신뢰성은 그러한 충족도가 얼마나 '지속'되는가를 나타낸다. 일반적으로 신뢰성은 고장이 발생할 때까지 걸리는 평균 고장시간(MTTF, mean time to failure)이나 평균 고장간격(MTBF, mean time between failure), 단위시간당 고장률 등으로 측정된다. 따라서 신뢰성은 단기간에 사용되는 소비재보다는 내구재에서 중요하게 고려되는 특성이다.

● **적합성(conformance)**

제품의 설계특성이나 운용특성이 미리 설정해 놓은 표준에 부합하는 정도를 말한다. 여기서는 '작업 결과의 오차가 허용범위 내에 들어가고 있는가'라는 것이 관심사이며, 규격중심에 정확하게 맞추고 있는지에 대해서는 신경쓰지 않는다. 따라서 규격범위 내에서 발생하는 편차는 무시된다. 이 경우 '허용범위 내에 있는 오차(편차)의 누적'이 문제가 된다. 만약 두 부품을 조립해야 하는 경우 한 쪽은 규격하한에 가깝고 다른 쪽은 규격상한에 가깝다면 제대로 튼튼하게 맞추기는 어려울 것이다. 설령, 조립이 된다고 하더라도 이 부분에서 마모나 열화가 더 빨리 진행될 것이다. 이러한 문제를 극복하기 위해 일본의 다구찌(G. Taguchi)는 손실함수의 개념을 도입하였다. 다구찌는 비록 규격한계 내에 들어간다 하더라도 규격중심과 완전히 일치하지 않는다면 손실이 발생한다고 보는 새로운 접근방법을 개발하였다.

제조공장 내에서는 품질이 결함률로 측정되지만 제품이 고객에게 전달되고 나면 서비스(수리) 요청률로 평가된다. 서비스업에서 적합성은 보통 정확성, 적시성, 프로세스 오류, 예기치 못한 지연 및 기타 실수들로 평가된다.

● **내구성(durability)**

내구성은 제품수명의 척도이다. 전구처럼 고장 시 수리가 불가능한 제품은 고장까지의 사용기간을 말한다. 하지만 자동차와 같이 고장이 나면 수리해서 다시 사용하는 경우에는 기술적인 면과 경제적인 면이 함께 고려된다. 수리 후 사용이 가능하더라도 계속 사용할 경우 향후 발생하게 될 수리비와 새로 교체할 경우에 소요되는 구입비와 운영비 및 새 제품의 내구성 등을 종합적으로 고려하여 사용수명을 결정하게 된다. 물론 내구성은 신뢰성과 밀접한 관련이 있다. 경우에 따라서는 제품수명의 연장이 기술발전이나 사용재료의 개선으로 인해 이루어진 것이 아니라 사용환경의 변화 때문일 수도 있다. 예를 들어 비포장도로가 줄어들고 노면 상태가 좋아지면 자동차의 수명이 따라서 늘어나는 것이다.

● 서비스성(serviceability)

이것은 정비 용이성, 수리 신속성, 수리요원의 친절도, 수리능력 등을 말한다. 소비자들은 '제품이 고장나는 것뿐 아니라 수리에 소요되는 시간, 약속한 서비스 시간의 준수, 서비스 및 수리 요청이 한 번에 제대로 처리될 수 있는가'하는 문제에 관심을 갖고 있다. 문제점들이 신속히 해결되지 못하여 고객의 불만이 누적될 경우 회사의 불만처리 과정이 제품이나 서비스의 품질 평가에 상당한 영향을 주게 된다.

세계 최대의 건설 및 광산 장비업체인 캐터필러(Caterpillar)사의 주요 성공요인 중 하나는 A/S용 부품의 신속한 공급 능력이었다. 중장비를 사용하는 고객사의 경우 장비를 운용하지 못하면 작업에 막대한 영향이 있으므로 장비 고장 시 이를 신속하게 복구하는 것이 매우 중요하다. 캐터필러사는 일찍부터 수십만 개에 달하는 대리점별 부품재고 현황을 데이터베이스화하고 네크워크를 통해 부품을 주문받는 즉시 컴퓨터가 중앙에서 처리하도록 하였다. 이를 통해 세계 어느 곳이라도 48시간 이내에 필요한 부품의 공급을 보장할 수 있었다.

● 심미성(aesthetics)

품질의 8가지 차원 중 마지막 두 가지(심미성, 인지품질)는 매우 주관적인 요소이다. 제품의 외관, 느낌, 소리, 맛, 냄새 등은 개개인의 선호와 깊은 관련이 있다. 그러나 고객의 기호란 성능에서 말하는 주관적 특성(예: 자동차의 주행 정숙성)과는 달리 보편성이 적다. 그럼에도 불구하고 소비자들이 매기는 선호도 순서에 어떤 패턴이 존재하는 경우가 많다. 예를 들어 33개 식품군을 대상으로 실시한 한 조사결과에 따르면 높은 품질이란 '풍부한 맛', '천연의 맛', '신선함', '좋은 향기', '먹음직스러움' 등과 많은 연관이 있었다고 한다. 이 경우에도 모든 사람들이 '풍부한 맛'을 선호하는 것은 아니며, '풍부한 맛'의 의미조차 통일되어 있지 않았다. 심미성의 관점에서 모든 사람들을 다 만족시킨다는 것은 불가능하므로 기업이 심미성의 어떤 측면을 추구할 것인지는 전략적 선택의 문제로 남는다.

● **인지품질(perceived quality)**

소비자들이 제품이나 서비스에 대해 항상 완전한 정보를 가지는 것은 아니다. 경우에 따라서는 이미지나 브랜드, 광고 등이 사실보다 더 큰 영향을 미치기도 한다. 예를 들어 프랑스나 이탈리아의 일부 명품 업체들이 중국에서 만드는 자신들의 제품에 '메이드 인 차이나'를 표기하지 않는 것도 이 때문이다. 인지품질은 기업의 브랜드나 평판과 밀접한 관련이 있으며, 벤츠나 BMW 같은 유명 브랜드는 품질에 대한 장기적 신용의 결과물이라고 볼 수 있는 경우가 많다.

이상과 같은 8가지 차원 중 종래에는 적합성과 신뢰성을 중심으로 품질이 관리되어 왔으나, 시야를 넓혀 이 8가지 차원을 전략적 관점에서 다루어야 한다는 것이 가빈 교수의 주장이다.

〈표 1.3〉 품질의 8가지 차원

차 원	설 명
성능(performance)	제품의 기본적 운용 특성
특징(features)	성능의 부차적·보완적 특성
신뢰성(reliability)	규정된 시간 동안 고장 없이 작동할 확률
적합성(conformance)	설정된 표준이나 규격에 부합하는 정도
내구성(durability)	제품의 사용 수명
서비스성(serviceability)	수리 용이성과 신속성, 수리능력, 직원의 친절도 등
심미성(aesthetics)	제품의 외관, 느낌, 소리, 맛, 냄새 등과 같은 선호도 특성
인지품질(perceived quality)	광고, 이미지, 브랜드 등에 의해 형성된 지각품질

(3) 품질의 전략적 활용

① 품질특성과 CTQ

가빈의 주장은 설득력이 있지만 그가 제안한 품질의 8가지 차원은 결코 완전한 것이 아니다. 일반적으로 '차원(dimension)'이라고 부르기 위해서는 구성 요소가 상호 독립적이어야 하는데 8가지 차원은 그렇지 않다. 가빈 교수 스스로도 설명하였지만 내구성과 신뢰성은 매우 밀접한 관련이 있다. 또한 가격을 포함한 경제성은 별도로 논의하더라도 사용성(usability)이나 안전성(safety) 등과 같이 매우 중요하고 보편적인 특성들도 빠져 있다. 어떤 면에서 모든 제품이나 서비스에 통용되는 일반적 품질 차원을 정의하는 것 자체가 불가능할 수도 있다. 따라서 품질의 정의와 품질 차원의 문제를 다음과 같이 정리하기로 한다.

우선 품질에 대한 몇 가지 대표적이고 공식적인 정의를 살펴보자.

(a) ISO(International Organization for Standardization, **국제표준화기구**) 8402:1986**의 정의**
- 고객의 명시적 또는 묵시적 요구를 충족시킬 수 있는 능력을 지닌 제품이나 서비스 특성의 총체

(b) ISO 9000:2005**의 정의**
- 고유 특성들의 집합이 요구사항을 충족시킬 수 있는 정도

(c) ASQ(American Society for Quality, **미국품질협회)의 정의**
- 사람마다 부문마다 다르게 정의할 수 있는 주관적 용어이지만 기술적인 면에서는 다음과 같은 두 가지 의미로 사용된다.
  i) 명시적 또는 묵시적 요구를 충족시킬 수 있는 제품이나 서비스의 특성
  ii) 결함이 없는 제품이나 서비스

우리가 일상적으로 쓰는 '품질'에 대한 정의가 이처럼 까다롭다. 그래서 필자는 품질에 대해 쉽게 이해할 수 있도록 품질 및 그와 연관된 개념을 다음과 같이 정의하고자 한다.

- **품질**(Quality): 고객을 만족시키는 능력
- **품질특성**(Quality Characteristics): 고객만족을 결정하는 요소나 특성
- **핵심품질특성**(CTQ, Critical-to-Quality): 품질특성 중 상대적으로 매우 중요한 것

이 책도 하나의 상품이므로 품질이 있다. 이 책의 품질이 좋고 나쁨은 독자들의 평가에 의해 결정되는 것이다. 제품이나 서비스의 품질뿐 아니라 사람의 품질도 마찬가지이다. 우리는 사람의 품질을 '인품(人品)'이라고 한다. 인품은 스스로 평가하는 것이

아니라 남들이 평가하는 것이다. 남이라고 해서 모르는 사람이 아니라 자신을 잘 아는 사람들이 평가하는 것이다. 가장 가까운 가족으로부터 직장 동료, 친구, 친지들이 평가하는 것이다. 이들은 고객이라고 볼 수 있다. 이러한 점에서 '고객을 만족시키는 능력'을 품질이라고 정의하는 것은 간결하지만 보편성이 있다.

고객을 만족시키는 능력이란 무엇인가? 그것은 복합적이어서 한 마디로 이야기할 수 없다. 다만 가빈이 제안한 8가지 차원 외에도 사용성, 안전성 등을 포함하여 고객만족에 영향을 주는 요소가 많이 있다는 것은 분명하다. 고객만족에 영향을 주는 요소들을 '품질특성'이라고 정의하면 갖추어야 할 바람직한 특성뿐 아니라 (부작용이나 유해성과 같이) 피해야 할 특성까지 모두 품질특성의 범주에 포함시킬 수 있다.

고객의 입장에서 볼 때 많은 품질특성들의 중요도가 모두 같은 것은 아니다. 앞서 설명한 바와 같이 중장비 사용업체들에게는 다른 특성들보다 '서비스성'이 특히 중요하며, 캐터필러 사는 고객이 중요하게 생각하는 이 특성을 잘 활용하였다. 품질의 '전략적' 활용이란 간단히 말해 고객이 더 중요하게 생각하는 품질특성을 경쟁사보다 훨씬 더 잘 충족시키는 것이다. 따라서 고객이 상대적으로 더 중요하게 생각하는 '핵심품질특성(CTQ, Critical-to-Quality)'을 전략적 경쟁무기로 활용할 필요가 있다.

② 상대적 인지품질

품질경영에서는 다음과 같은 품질의 두 가지 측면을 함께 고려해야 한다.

● 상대적 품질

앞서 설명한 바와 같이 품질의 전략적 활용은 CTQ에 초점을 맞추고 있다. 경쟁사와 CTQ를 달리하여 전문화·차별화된 시장에서 경쟁하는 것이 아니라면 '상대적' 품질이 문제가 된다. 자사가 CTQ를 잘 충족시키더라도 경쟁사가 그 이상으로 하면 원하는 성과를 거둘 수 없다. 경쟁우위는 언제나 상대적인 것이다.

● 인지품질

아무리 객관적 품질이 좋더라도 고객이 알아주지 않으면 효과가 없다. '인지품질(perceived quality)'이란 시장에서 일반적으로 통용되는 고객이 지각한 품질을 말한다. 인지품질은 물리적 규격이나 기술적 사양(specifications)으로 표현되는 객관적 품질과는 다르다. 스마트폰을 예로 들면 객관적 품질은 크기, 무게, 메모리 용량, 디스플레이 해상도, 내구성 등과 같이 수치로 표현할 수 있는 물리적 특성을 말한다. 이에 반해 인지품질은 가성비(價性比), 디자인, 사용 편의성, 브랜드 이미지, 평판 등과 같이 소비자의 주관적 판단에 의해 인식되는 것들이다.

글로벌 경영컨설팅회사인 베인앤컴퍼니(Bain & Company)는 30년 동안의 소비자 연구와 고객 관찰을 통해 고객 가치를 구성하는 핵심 요소 30개를 도출하였는데, 산업 분야에 상관없이 인지품질이 고객의 지지를 확보하는데 있어서 가장 중요한 요소라는 연구결과를 발표한 바 있다(Almquist, Senior and Bloch, 2016).

'상대적 인지품질(relative perceived quality)'은 상대적 품질과 인지품질의 두 가지 측면을 함께 고려한 것이다. 상대적 인지품질을 구하는 절차는 다음과 같다.

(i) 자사의 고객들과 경쟁사의 고객들에게 구매 의사결정 시 중요하게 고려하는 요소들을 나열해 달라고 요청한다.(포커스 그룹에게 이러한 질문을 할 수도 있다.)

(ii) 도출된 요인들에 대한 상대적 중요도를 매기라고 요청한다.(전체를 100으로 두고 각 요인별로 상대적 중요도를 배분하도록 한다.)

(iii) 도출된 각 요인에 대해 자사의 성과점수와 경쟁사의 성과점수를 (10점 척도 등을 이용해) 평가해 달라고 요청한다. 각 요인별 중요도 가중치에 평가점수를 곱하여 합하면 고객의 전반적 만족도 점수가 나온다.

〈표 1.4〉는 이상과 같은 절차에 따라 닭고기 가공업체의 상대적 인지품질을 계산한 예이다.

〈표 1.4〉 상대적 인지품질 계산 예(Gale, 1994)

품질특성 1	가중치 2	자사 점수 3	경쟁사 점수 4	비율 5(=3/4)	가중 비율 6(=2×5)
노란 닭	10	8.1	7.2	1.13	11.3
뼈와 고기 비율	20	9.0	7.3	1.23	24.6
솜털 제거상태	20	9.2	6.5	1.42	28.4
신선도	15	8.0	8.0	1.00	15.0
구매 용이성	10	8.0	8.0	1.00	10.0
브랜드 이미지	25	9.4	6.4	1.47	36.8
합계	100	고객 만족도 8.8	고객 만족도 7.1		상대적 품질 126.1

1.2 품질 최우선의 이론적 기반

(1) 품질과 수익성의 연결고리

가빈 교수는 품질을 높이면 기업의 수익성이 좋아지는 이유를 시장점유율의 증대와 원가절감이라는 두 가지 측면에서 설명하였다. 〈그림 1.2〉는 시장점유율 측면에서 품질이 어떻게 기업의 수익성과 연결되는지 보여준다. 이 그림에 나타낸 품질과 수익성의 관계는 다음과 같이 설명된다.

- 제품의 기본성능이나 부차적 특징, 신뢰성 등과 같은 품질특성이 개선되면 품질에 대한 평판도가 향상된다.
- 평판도가 좋아지면 더 높은 가격을 받을 수 있을 뿐 아니라 시장점유율이 늘어난다.
- 더 높은 가격을 받거나 시장점유율 증대를 통해 매출이 늘어나면 수익성이 좋아진다.
- 시장점유율이 높아지면 학습효과나 규모의 경제로 인해 단위당 생산원가가 낮아지므로 수익성이 좋아진다.

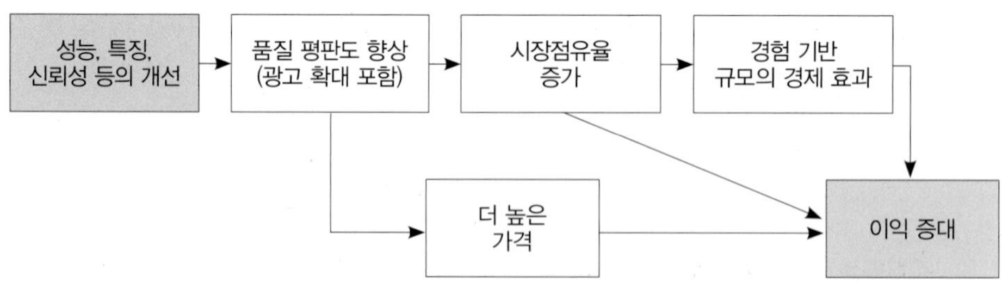

〈그림 1.2〉 품질과 수익성의 관계: 시장점유율 측면(Garvin, 1984)

〈그림 1.3〉은 원가절감 측면에서 품질이 기업의 수익성과 어떻게 연결되는지 보여준다. 이 그림은 다음과 같이 설명된다.

- 적합성의 개선은 '처음부터 올바르게' 할 때 이루어진다. 따라서 적합성의 개선은 생산성 향상과 재작업 및 폐기비용 감소를 수반한다. 또한, 신뢰성이 개선되면 보증수리 및 제품책임(PL) 부담이 줄어든다.
- 생산성 향상과 재작업 및 폐기비용 감소는 제조원가의 절감과 직결된다.

- 보증수리 및 제품책임(PL) 부담 감소는 서비스비용의 절감을 가져다준다.
- 제조원가와 서비스 비용이 절감되면 이익이 늘어난다.

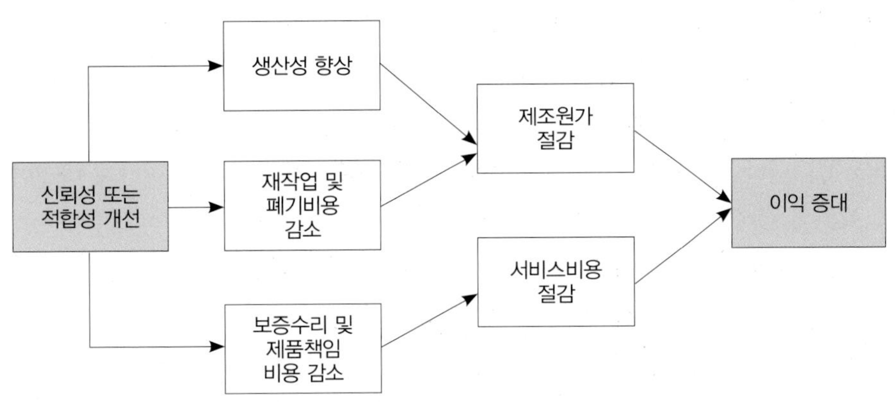

〈그림 1.3〉 품질과 수익성의 관계: 원가 측면(Garvin, 1984)

(2) 품질투자수익률(ROQ) 모형

기업의 입장에서 볼 때 기존고객을 단골고객으로 붙잡아 두고, 신규고객을 계속 끌어들일 수 있다면 지속적 성장이 가능하다. 또한 여기에 더하여 원가까지 낮출 수 있다면 성장률과 수익률이 모두 좋아진다.

기업의 생존과 번영을 위한 이러한 간단한 원리를 도식적으로 나타낸 것이 〈그림 1.4〉에 나타낸 'ROQ(Return on Quality) 모형'이다.

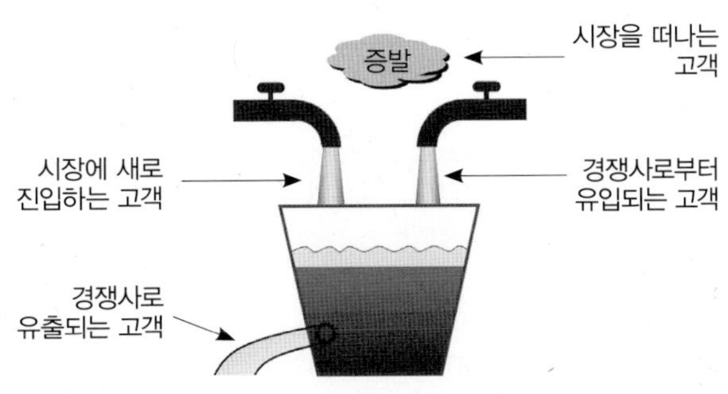

〈그림 1.4〉 품질투자수익률(ROQ) 모형(R. T. Rust 등의 1993 자료를 일부 수정)

〈그림 1.4〉에서 양동이에 담겨 있는 물의 양은 기업의 총매출액을 나타내며, 이 부분 중 짙은 색으로 표시한 아래 영역은 매출원가를 나타낸다. 양동이에 고이는 물의 양은 상단에 있는 두 개의 수도꼭지로부터 들어오는 신규고객의 유입량과 양동이에 뚫린 구멍을 통해 경쟁사로 빠져나가는 기존고객의 유출량에 의해 결정된다.

품질이 좋아지면 고객만족도가 높아져서 기존고객이 이탈하는 양동이의 구멍이 작아지는 반면, 좋은 평판 때문에 양동이 위의 수도꼭지를 통해 들어오는 신규고객의 유입량은 늘어난다. 따라서 양동이에 고이는 물의 양(즉, 매출액)은 늘어나게 마련이다. 또한 최초에 올바르게 하여 품질을 향상시키면 원가도 낮아지므로 이익률이 높아진다. 이처럼 품질수준을 높이면 매출 규모가 늘어남과 더불어 이익률도 높아지기 때문에 품질 투자는 그 자체로서 고수익 사업인 셈이다.

참고로 성장 산업의 경우는 시장에 신규 진입하는 고객이 지속적으로 늘어나므로 왼쪽 상단의 수도꼭지를 통해 유입될 수 있는 수량이 풍부한데 반해 사양 산업의 경우는 시장을 떠나는 고객을 나타내는 증발량이 커지므로 가용한 수량 자체가 줄어든다. 또한 신사업 개발이나 신수종 사업의 육성은 다른 취수원(取水源)을 찾아 새로운 양동이에 물을 담으려 하는 것이라고 볼 수 있다.

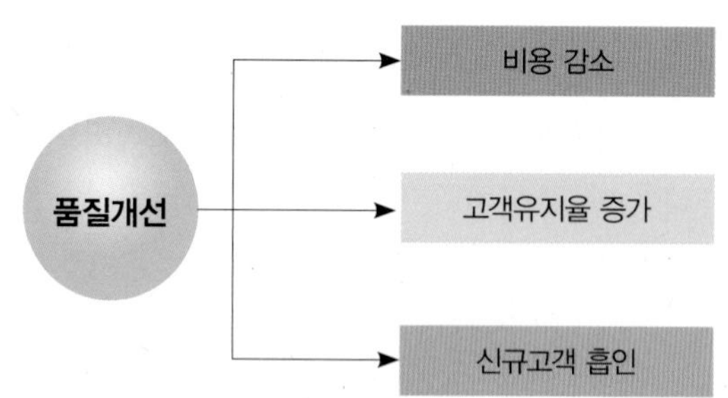

〈그림 1.5〉 ROQ에 영향을 미치는 품질개선의 3가지 효과

(3) PIMS 데이터를 이용한 실증적 연구

PIMS(Profit Impact of Market Strategy) 데이터베이스는 미국의 전략계획연구소(SPI, Strategic Planning Institute)가 사업의 성공에 영향을 미치는 전략적 요인을 밝히기 위해 회원사들로부터 수집한 자료를 말한다. 1972년에 시작된 PIMS 프로그램에는 450개가 넘는 기업이 참여하고 있다. 이 연구의 가장 중요한 결론은 '품질이

왕(Quality is king)'이라는 것이다.

이 연구가 시작된 1970년대 초반에는 품질의 전략적 중요성에 대한 인식이 거의 없었으며, 대부분의 기업에서 품질업무는 생산부문의 기술직 중간관리자가 책임지고 있었다. 이뿐 아니라 경영대학에서도 품질에 대한 관심이 거의 없었다. 일례로 1980년대 이전에는 대표적인 마케팅 교재들의 색인에서 '품질'이란 단어를 찾아볼 수 없었다. 이러한 시기에 "기업의 장기적 성공에 품질만큼 중요한 요인이 없다"는 연구 결과는 신선하고도 큰 발견이었다. [참고: 여기서 말하는 품질은 기업 내부에서 통용되는 측정가능한 객관적인 품질을 말하는 것이 아니라 앞서 설명한 상대적 인지품질을 말한다.]

〈그림 1.6〉은 품질과 시장점유율이 기업의 투자수익률(ROI)을 좌우하는 것을 보여준다. 그런데 품질과 시장점유율 사이에는 일관되게 강한 양의 상관관계가 나타났다. 말하자면 품질과 시장점유율은 떼려야 뗄 수 없는 관계인 것이다.

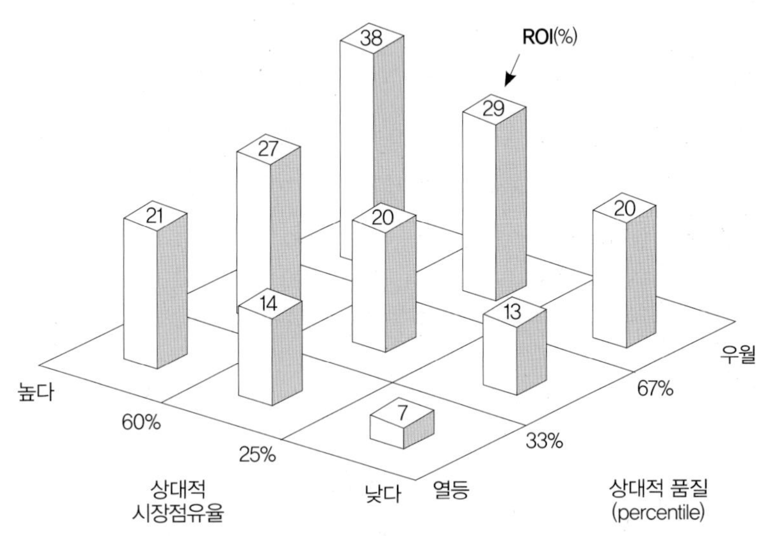

〈그림 1.6〉 수익성을 좌우하는 품질과 시장점유율(Buzzell and Gale, 1987)

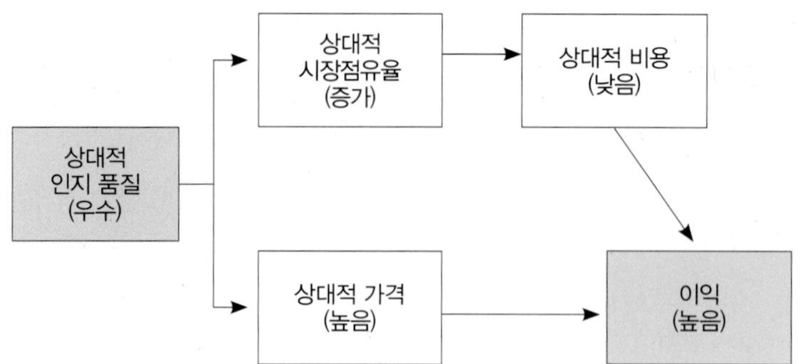

〈그림 1.7〉 우수한 품질이 이익을 창출하는 이유(Buzzell and Gale, 1987)

〈그림 1.7〉은 우수한 품질이 이익을 창출하는 이유를 논리적으로 표현한 것이다. 앞서 품질과 수익성의 관계를 시장점유율과 원가라는 두 가지 측면으로 나누어 설명한 가빈의 견해를 소개하였는데, 이 그림은 양자를 묶어서 보여주고 있다. 〈그림 1.7〉은 다음과 같이 설명된다.

- 품질이 우수하면 가격을 더 높게 받을 수 있다. 가격을 더 높게 받으면 수익성이 좋아진다. 또한 더 우수한 품질을 가지고도 가격을 올리지 않으면 고객에게 제공하는 가치가 증가하므로 시장점유율이 올라간다.
- 시장점유율이 증가하면 매출이 늘어나므로 이익도 따라서 늘어난다. 또한 시장점유율이 늘어나면 학습효과와 규모의 경제로 인해 생산단가가 낮아지기 때문에 이익이 늘어난다.

(4) 품질의 상승효과

객관적 품질의 향상이 인지품질의 제고로 나타나는 데에는 제품군에 따라 다르지만 적어도 3년 이상의 시간이 필요하다. 따라서 품질이 시장에서 힘을 발휘하려면 장기간의 신용이 필요하다. 장기간 우수한 품질로 신용을 쌓으면 브랜드 가치가 높아진다. 또한 브랜드 가치가 높아지면 동일한 수준의 품질이라도 더 높은 가격을 받을 수 있다. 다음의 〈그림 1.8〉은 1993년 「컨슈머 리포트」지에 발표된 자료를 토대로 작성한 것인데, 미국시장에서 판매되던 가정용 VCR의 가격과 품질을 비교한 것이다. 이를 보면 소니는 고품질의 제품을 높은 가격에 판매하고 있다. 반면, 삼성 제품의 품질은 소

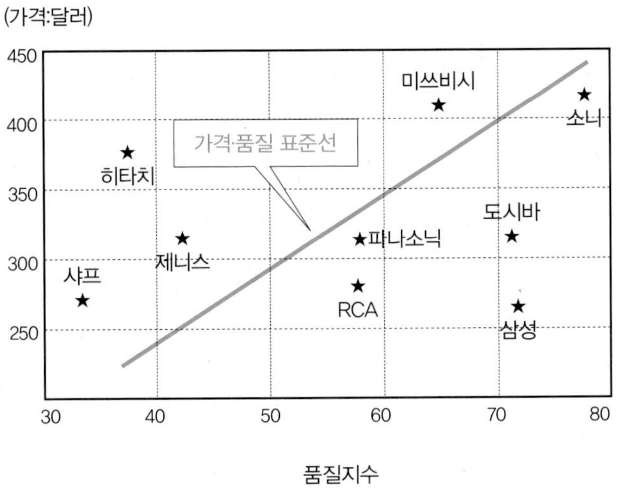

〈그림 1.8〉 미국시장에서의 VCR 가격-품질 비교(; 1993년)

니에 뒤지지 않았음에도 불구하고 헐값에 팔리고 있었다. 이것은 품질에 대한 소비자의 인식이 시장 판매가격에 큰 영향을 미친다는 사실을 보여준다.

그러나 삼성전자는 1993년 신경영을 계기로 '질(質) 위주의 경영'을 강도 높게 지속적으로 추진한 결과, 이제는 시장에서 소니의 브랜드 가치를 압도하고 있다. 이처럼 기업이 품질혁신에 성공하여 지속적으로 고품질의 제품을 제공하면 브랜드 인지도가 높아지고, 이에 따라 같은 품질의 제품이라도 더 높은 가격을 받을 수 있다. 또한 이러한 기업에서 내놓는 신제품이나 신사업의 경우 높은 브랜드 인지도 때문에 시장에서 실패할 확률이 낮아진다. 이것은 돈으로 환산하기 힘든 품질의 상승효과이다. 이러한 품질의 상승효과를 '호감의 이전(goodwill transfer)'이라고도 하는데, 호감의 이전은 객관적 품질의 향상이 인지품질의 제고로 나타날 때까지 걸리는 시간도 단축시킨다.

훌륭한 기업의 역사를 보면 예외 없이 품질 최우선 경영의 토대 위에서 발전해 온 것을 알 수 있다. 예를 들어 우리나라의 위대한 경영인 중 한 분이었던 고(故) 박태준 포스코 회장은 일찍이 '품질로서 세계 정상'이라는 꿈을 가졌다고 다음과 같이 밝힌 바 있다(박태준, 2004).

나는 즐겨 슬로건이나 상징적인 이미지를 만들어냈다. 이를 군사 문화의 잔재 내지는 전시행정이라고 삐딱하게 보는 사람도 있지만 나는 핵심적인 단어에 자신의 핵심적

인 철학을 담아야 한다고 생각하며 살아왔다.

'제철보국(製鐵報國)', '우향우 정신'(포철을 성공시키지 못하면 오른편 영일만에 모두 빠져죽자는 각오), '품질로서 세계 정상' 등은 내가 만든 구호들이다. 물론 슬로건이 정해지면 행동과 실천으로 뒷받침해야 한다. 내가 제일 싫어하는 것이 '말 따로 행동 따로'이다. 지금도 나는 어느 조직이나 '조직원이 리더의 말을 신뢰할 수 있어야 한다'는 것을 성공의 제1조건이라고 믿는다.

포스코의 역사를 모르는 사람은 흔히 포항제철(포철)의 첫 제품을 '용광로에서 나온 쇳물'일 것이라고 생각한다. 그러나 그렇지 않다. 포스코의 첫 제품은 압연공장에서 나왔다. 상식을 뒤집기 위해 나는 포철 착공 전에 중대한 결심을 해야 했다.

종합제철소 건설 방식에는 '제선–제강–압연' 공장순으로 세우는 전방 방식과 '압연–제강–제선' 공장순으로 세우는 후방 방식이 있다. 포철은 용고로(제선 공장)를 맨 나중에 세우는 후방 방식을 택했다. 그래야 반제품 상태로 수입한 '슬래브(slab)'를 가공해서라도 하루 바삐 완제품을 생산해 철강 부족에 허덕이는 나라 경제에 보탬이 될 것이라고 판단했기 때문이다. 후방 방식은 쇳물 생산 전에 수익을 낼 수 있는 유일한 길이기도 했다. 세계 철강 전문가들의 예상을 깨고 포철이 조업 원년부터 흑자를 냈던 배경에는 후방 방식을 선택한 발상의 전환을 빼놓을 수 없다.

압연 쪽의 중후판 공장은 1972년 7월 4일 오전 11시 준공됐다. 예정 공기를 한 달 단축시킨 포철 최초의 공장이었다. 공교롭게도 이날 준공식은 '7.4남북공동성명'보다 딱 한 시간 늦었다. 가동 스위치를 누르자 롤러 테이블 위로 미끄러져 나온 시뻘건 슬래브가 4중 회전식 압연기를 거쳐 후판(厚板)으로 태어났다. 나는 떨리는 손으로 기념 휘호를 썼다. '품질로서 세계 정상'. 꿈에서도 놓지 않은 나의 염원이자 기필코 도달해야 할 포스코의 미래였다.

참고문헌

- 박영택(1994), "품질의 현대적 의미", 품질경영학회지, 22권 2호, pp.177-192.
- 박영택(2013), "왜 품질 최우선 경영인가?: 품질 자체가 고수익 사업이다", 품질경영, 3월호, pp.52-55.
- 박태준(2004), "쇳물은 멈추지 않는다: 60. 첫 제품 출하", 중앙일보, 10월 26일.
- 신현상(2016), "차별화? 수성이 더 중요하다", 한국경제신문, 8월 27일.
- 유필화(1993), 「시장전략과 경쟁우위」, 박영사.
- Almquist, E., Senior, J. and Blosh, N.(2016), "The elements of value", Harvard Business Review, September, pp.47-53.
- Bisgaard, S(2008), "Quality management and Juran's legacy", Vol.20 No.4, Quality Engineering, pp.390-401.
- Buzzell, R.D.(2004), "The PIMS program of strategy research: A retrospective appraisal", Journal of Business Research, Vol.57, pp.478-483..
- Buzzell, R.D. and Gale, B.T.(1987), The PIMS Principle: Linking Strategy to Performance, The Free Press.
- Gale, B.T.(1994), Managing Customer Value: Creating quality & service that customers can see, The Free Press.
- Garvin, D.A.(1983), "Quality on the line", Harvard Business Review, September-October, pp.65-75.
- Garvin, D.A.(1984), "What does product quality really means", Sloan Management Review, Fall, pp. 25-43.
- Garvin, D.A.(1987), "Competing on the eight dimensions of quality", Harvard Business Review, November-December, pp.101-109.
- Garvin, D.A.(1988), Managing Quality, The Free Press.
- Juran, J.M.(1988), Juran on Planning for Quality, The Free Press.
- Juran, J.M. and Godfrey, A.B.(1999), Juran's Quality Handbook, Fifth Edition, McGraw-Hill.
- Rust, R.T., Zahorik, A.J. and Keiningham, T.L.(1993), Return on Quality: Measuring the Financial Impact of Your Company's Quest for Quality, Probus Publishing Company.
- Sidney Schoeffler, S., Buzzell, R.D. and Heany, D.F.(1974), "Impact of strategic planning on profit performance", Harvard Business Review, March-April, pp.137-145.

1장 부록

타이태닉의 침몰이 주는 품질 교훈

침몰할 수 없는 배

1911년 5월 31일, 북아일랜드 벨파스트의 조선소에 타이태닉호가 모습을 드러냈다. 4만 6천 톤이 넘는 사상 초유의 거대한 선박의 진수식을 보기 위해 수많은 사람들이 몰려들었다. 이날 선주 측의 한 직원은 감격하여 "하나님이라 할지라도 이 배는 침몰시킬 수 없을 것이다"라고 자랑하였다. 이후 타이태닉은 정박소로 옮겨져 10개월에 걸친 내장공사에 들어갔다. 750만 달러가 들어간 이 배는 수영장과 체육관을 최초로 구비한 정기 여객선이었다.

1912년 4월 10일 '침몰할 수 없는 배(Unsinkable Ship)'라는 별칭을 가진 타이태닉은 2,200여 명의 승객과 승무원을 태우고 영국의 사우스햄튼을 떠나 미국 뉴욕으로의 처녀 운항에 나섰다. 당초 64척의 구명보트를 실을 예정이었지만 안전에 관한 한 자신이 있었기 때문에 20척만 실었다. 20척의 구명보트로는 승선 인원의 절반 정도밖에 수용할 수 없었지만 법적으로는 아무 문제가 없었다. 당시 영국 선박운항 규정에 따르면 1만톤 이상의 배는 구명보트에 962명만 수용할 수 있으면 되었다.

최후의 밤

처녀 출항에 나선 지 5일째 되던 4월 14일 밤이었다. 평소와 달리 달빛도 바람도 너울도 없었기 때문에 칠흑같이 어두운 바다를 미끄러지듯 순항하고 있었다. 대부분의 승객들이 잠든 밤 11시 40분, 경계근무를 하던 승무원이 경고벨을 3번 반복하여 울리면서 선장에게 다급하게 전화했다. "바로 앞에 빙산이 있습니다, 빙산!" 이를 피하기 위해 엔진을 끄고 뱃머리를 급히 왼쪽으로 돌렸으나 빙산은 약

1912년 독일화가 Stöwer가 그린
타이태닉호의 침몰 장면
Wikipedia Public Domain

10초 동안 오른쪽 뱃전을 세차게 치고 긁었다.

충격에 놀란 스미스(E.J. Smith) 선장은 운항실로 뛰어들어 왔으며 승무원들은 이 배의 운영책임자인 앤드루스(T. Andrews)에게 급히 연락했다. 앤드루스는 타이태닉의 설계책임자이기도 했다. 선박의 상태를 점검한 두 사람은 배의 앞 부분에 있는 5개의 방수 격실에 물이 차는 것을 보고 타이태닉의 침몰을 예상했다.

구명보트를 띄울 준비가 끝나자 선장은 먼저 '여자와 어린이'들을 태우라고 지시했다. 빙산과 충돌한 지 한 시간이 조금 더 지난 12시 45분, 캄캄한 바다 위로 첫 번째 구명보트를 띄웠다. 정원은 65명이었지만 28명만이 타고 있었다. 최초의 보트가 내려지자 조난을 알리는 신호포를 발사했다. 그로부터 10분 후 두 번째 보트가 내려졌으나 승선인원은 오히려 더 적었다. 이런 식으로 구명보트를 띄우는 동안 배의 앞부분은 계속 침수되었다. 세 번째 보트를 띄우고 나자 사태의 심각성을 감지한 3등석 남자승객 5명이 20미터 아래에 떠 있는 보트 위로 몸을 날렸다. 이 때문에 구명보트에 타고 있던 한 명의 여자가 크게 다쳤다. 1시 15분이 되자 배의 앞부분이 완전히 물에 잠겼다. 뱃머리가 침수하자 배의 뒷부분은 허공을 향해 점점 더 높이 들려 올라갔다.

죽음을 목전에 둔 이러한 혼란과 공포의 와중에서도 밴드 단원들은 "내 주를 가까이 하게 함은 십자가 짐 같은 고생이나 내 일생 소원은 늘 찬송하면서 주께 더 나가기 원합니다"와 같은 찬송가 연주를 멈추지 않았다. 2시 5분이 되자 20척의 구명보트가 모두 동이 나고 남아 있던 4척의 조립식 보트 중 2척이 사용되었다. 선장은 승무원들에게 이제부터 자기 목숨은 스스로 챙기라고 말하였다.

살아남기 위한 처절한 몸부림과 비명 속에 2시 17분이 되자 허공을 향해 들려 있던 뒷부분의 무게를 견디지 못하고 배는 천지를 울리는 굉음과 함께 두 동강 났다. 순식간에 불이 꺼지면서 두 조각난 배는 바닷속으로 빨려 들어갔다.

산 자와 죽은 자

인간의 오만함에 대한 신의 저주였을까? '하나님도 침몰시킬 수 없을 것'이라던 타이태닉의 운명은 이렇게 끝이 나고 생사의 기로에 섰던 사람들도 산 자와 죽은 자로 갈렸다. 선장과 앤드루스, 그리고 용감했던 밴드 단원들은 모두 죽은 자의 행렬에 기꺼이 동참하였다. 구명보트를 타고 거친 바다 위에 내던져진 자들에게 희미한 먼동과 함께 구원의 손길이 다가왔다. 새벽 4시 30분이 되자 무선으로 구조 요청을 받은 카르파티아(Carpathia)호가 도착한 것이다.

2,224명의 승객과 승무원 중 산 자는 711명, 죽은 자는 1,513명이었다. 인명은 재천(在天)이 아니라 재전(在錢)이라 해야 할까? 1등석, 2등석, 3등석 승객의 생존률은 각각 62%, 41%, 25%였다. 3등석 승객의 생존률이 극히 낮은 데 대해 논란의 여지는 있으나, 그들 중 상당수가

영어를 제대로 하지 못하는 이민자들이었기 때문에 의사소통이 원활치 못했다는 것이 선주 측의 해명이다.

'여자와 어린이'들을 우선으로 한 구조정책 때문에 성인 여자, 어린이, 성인 남자의 생존률은 각각 74%, 52%, 20%로 나타났다. 그러나 한 가지 간과하지 말아야 할 점은 구명보트의 총 정원은 1,084명이었음에도 불구하고 711명만이 구조되었다는 것이다. 여자와 어린이들을 합하면 모두 534명이었기 때문에 사실상 550명의 성인 남자를 더 태울 수 있었다. 희생된 여자와 어린이들 중에는 죽음을 무릅쓰고라도 남편이나 아버지와 떨어지지 않으려 한 이들도 포함되어 있었다.

침몰의 원인은 무엇인가

타이태닉호의 정확한 침몰지점을 찾아서 선체를 인양하려는 계획과 시도는 침몰 직후부터 있어 왔다. 그러나 가시적인 성과를 얻기까지는 73년이라는 긴 시간이 필요하였다.

1985년 9월 1일 미국의 발라드(R. Ballard) 박사는 프랑스 과학자들과 공동으로 수중 음파탐지기와 이에 연결된 비디오카메라를 이용하여 캐나다 뉴파운드랜드 남서쪽 531킬로미터 지점에 가라 앉아 있는 선체를 발견하였다. 두 동강난 난파선은 해저 3800미터가 넘는 깊은 바다 밑바닥에 550미터 정도 떨어져 있었다.

그 이듬해 6월 발라드 박사는 2차 정밀탐사에 나섰다. 탐사팀은 세 사람이 탈 수 있는 소형 잠수선인 앨빈(Alvin)과 이 잠수선에서 무선 원격조정이 가능한 카메라를 이용하여 선체 표면과 내부를 세밀히 관찰하였다. 정밀탐사 결과 선체 표면이 휘어졌거나, 철판의 이음새 부분이 벌어졌거나 이들을 조이는 리벳 못이 튀어 나가고 없는 곳이 많이 관찰되었다. 또한 리벳의 머리 부분이 잘려 나간 곳도 적지 않았다.

미국 국립표준기술원(NIST)의 포케(T. Foecke) 박사는 난파선에서 나온 리벳의 성분을 분석한 결과 광석이 용해될 때 생기는 찌꺼기인 슬래그 함유량이 9%에 달하는 것을 발견하였다. 이것은 기준치의 3배가 넘는 것이었다. 또한, 세로로 자른 리벳의 절단면을 현미경으로 관찰한 결과 슬래그의 배열선이 리벳 머리 부분에서 90도로 꺾인 것을 볼 수 있었다. 문제는 리벳에 있다고 생각한 포케 박사는 모두 48개의 리벳을 분석한 결과 같은 유형의 불량이 19개나 되는 것을 발견하였다. 결국, 빙산에 부딪힌 충격을 견디지 못하고 배가 침몰한 원인은 철판이 아니라 작은 리벳의 결함이라는 것이 입증된 셈이었다.

2장

품질경영의 기본사상

런던경영대학원의 객원교수로 있는 게리 하멜은 20세기에 개발된 경영혁신 이론 중에서 가장 위대한 것은 전사적 품질경영(TQM)이라고 했다. 왜냐하면 그것은 다른 이론들과는 달리 경영의 사상적 혁명이기 때문이다. 품질대가들의 철학에는 이러한 경영사상의 실체가 들어 있다.

2.1 품질대가들의 품질철학

(1) 월터 슈하트(Walter Andrew Shewhart, 1891~1967)

통계적 품질관리의 아버지라고 불리는 슈하트(W.A. Shewhart)는 통계적 원리와 공학 및 경제학의 개념을 결합하여 통계 이론이 산업현장에 적용될 수 있도록 하였다. 어떤 이들은 이러한 그의 업적 때문에 20세기 전반(前半)에 품질혁명이 일어날 수 있었으며, 품질을 전담하는 직업이 나올 수 있었다고 주장한다.

슈하트는 미국 일리노이대학에서 학사와 석사과정을 이수하고 1917년 캘리포니아대학 버클리캠퍼스에서 물리학 박사학위를 받았다. 학위 취득 후 얼마간 대학에서 학생들을 가르치다가 웨스턴일렉트릭(Western Electric)사의 엔지니어로 입사하였다. 당시 웨스턴일렉트릭은 AT&T의 전신인 벨 전화회사에 통신용 장비를 납품하고 있었는데, 슈하트는 품질개선을 담당하는 엔지니어들과 함께 근무하였다. 1905년에 설립된 웨스턴일렉트릭의 주력 공장은 인간관계론이 태동한 시카고 교외의 호손(Hawthorne) 공장이었다. 1930년에 이 공장의 종업원은 4만 3천 명으로 미국에서 가장 큰 공장 중 하나였다.

당시 호손공장에서 생산된 장비는 높은 불량률로 인해 폐기되는 것이 적지 않았다. 이 때문에 고장 빈도와 수리 부담을 줄이는 것이 중요한 경영 현안이었다. 통신시스템의 신뢰성을 높이기 위해 애쓰던 엔지니어들은 제조공정의 산포를 줄이는 것이 중요하다는 것을 이해하고 있었다. 또한 불량이 발생하면 이에 대응하여 공정을 조정하고 있었는데 이 때문에 산포가 증가한다는 것도 깨달았다. 1924년 슈하트는 공정의 산포 관리를 위한 '관리도(control chart)'를 개발하였다. 웨스턴일렉트릭은 그가 개발한 관리도를 사용함으로써 품질관리의 초점을 사후 검사에서 제조공정의 안정적 관리로 옮길 수 있었다. [참고: 관리도는 14장에서 자세히 다루고 있음.] 1925년 슈하트는 벨 전화연구소로 이직하여 1956년 은퇴할 때까지 계속 그곳에 근무하였다.

1931년 슈하트는 「생산제품의 경제적 품질관리(The Economic Control of Quality of Manufactured Products)」라는 책을 출간하였는데, 통계학자들은 이 책이 품질관리의 기본원리에 대해 더없이 잘 정리하였다고 평가한다. 이 책에서 슈하트는 생산의 모든 단계에서 변동이 존재하지만 관리도를 이용하면 공정을 그대로 두어야 할 때와 조처해야 할 때를 구분할 수 있다는 것을 설명하였다. 1939년에는 「품질관리 관점에

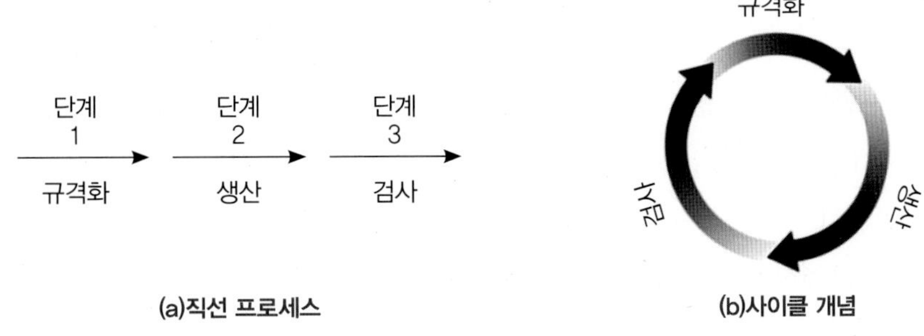

〈그림 2.1〉 슈하트 사이클(Moen and Norman, 2010)

서 본 통계적 방법(Statistical Method from the Viewpoint of Quality Control)」이라는 책을 출간하였는데, 이 책에서 '지속적 개선을 위한 사이클'이란 개념을 제시하였다.

슈하트는 영국의 철학자 프랜시스 베이컨(Francis Bacon)의 과학철학으로부터 영감을 얻었다. 경험주의 철학자였던 베이컨은 과학과 기술의 진보에 어울리는 새로운 인식 방법으로서 실험에 기초한 귀납법적 연구 방법인 '가설→실험→검증'의 절차를 제창하였다. 슈하트는 공정도 이와 마찬가지로 '규격 설정→생산→검사'의 3단계에 따라 관리해야 하며, 〈그림 2.1〉에 나타낸 것과 같이 일직선의 일회성 개념이 아니라 지속적·반복적으로 관리해야 한다고 주장하였다.

1950년 데밍이 이러한 사이클의 개념을 수정하여 일본에 소개한 후 널리 보급되었기 때문에 '데밍 사이클(Deming cycle)'이라고도 불린다. 데밍은 박사과정 학생으로 있을 때 여름 학기를 호손공장에서 보낸 적이 있는데, 이 때 슈하트를 만나 그의 통계적 방법에 대해 공부할 수 있었다. 이후 슈하트를 스승으로 여긴 데밍은 그에 대해 다음과 같이 회고하였다.

"한 사람의 남자로서 그는 점잖고 고상하였으며, 위엄을 잃지 않았으며, 결코 흐트러진 모습을 보인 적이 없었다." 슈하트는 ASQ(American Society for Quality)의 창립 멤버이자 1호 명예회원을 지냈다.

(2) 에드워즈 데밍(William Edwards Deming, 1900–1993)

1980년 6월 24일 방영된 "일본이 할 수 있다면, 우리라고 왜 못하겠는가?(If Japan Can, Why Can't We?)"라는 NBC 텔레비전 프로그램을 통해 미국인들은 워싱턴 근교에 살고 있던 데밍(W.E. Deming)이라는 사람을 알게 되었다. 통계학자인 데밍은 1950년대 일본에서 기술자들을 훈련시켰으며, 일본이 제2차 세계대전의 폐허를 복구하는 데 상당한 도움을 주어 일본인들로부터 명성을 얻었다.

에드워즈 데밍(William Edwards Deming, 1900–1993), Wikipedia Public Domain

그는 1900년에 태어나 와이오밍대학과 콜로라도대학에서 학사와 석사를 마친 후, 1927년 예일대학교에서 수리물리학 전공으로 박사학위를 받았다. 학위 취득 후 웨스턴일렉트릭으로부터 입사 제의를 받았으나 거절하고 미국 농무부 산하의 연구소에서 직장생활을 시작하였다. 데밍은 샘플링 분야의 전문가로 알려졌고 인구조사국(Census Bureau Institute)이 인구조사 데이터의 수집을 위한 새로운 샘플링 방법을 개발하는 것을 돕기 위해 1939년 농무부를 떠났다. 데밍은 슈하트의 연구에 감명을 받고 그가 개발한 통계적 방법론에 매료되었다.

제2차 세계대전이 일어나자 데밍은 전쟁 지원 업무를 도와달라는 부탁을 받고 참여하였다. 그는 동료들과 함께 전쟁물자의 생산에 참여한 3만여 명의 기술자들에게 슈하트의 통계적 방법을 가르쳤다. 전쟁이 끝나고 데밍은 그가 열심히 가르쳤던 품질강의들이 무시되고 있다는 것을 알게 되었다. 데밍은 기업을 책임지는 경영자가 아니라 기술자를 가르친 것이 원인이라고 생각했다. 왜냐하면 품질은 작업 현장에서 결정되는 것이 아니라 경영층에 의해 좌우된다는 것을 깨달았기 때문이다.

1951년에 실시하기로 예정된 센서스를 돕기 위해 1947년 폐허가 된 일본을 방문하였을 때, 일본인은 슈하트 기법에 대한 그의 지식을 배우게 되었다. 1950년 일본과

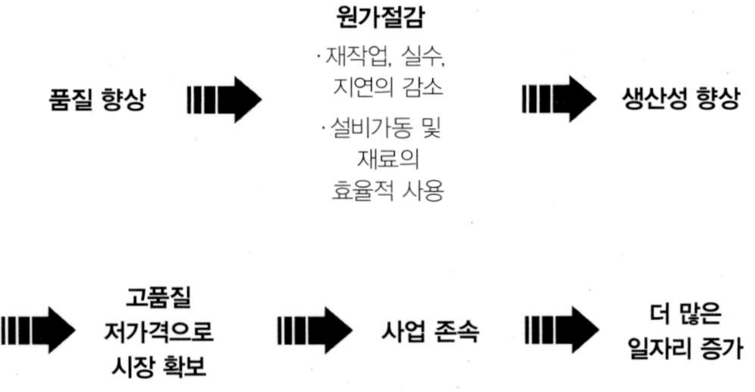

〈그림 2.2〉 데밍의 연쇄반응도(Deming, 1986)

학기술연맹(JUSE)은 데밍을 일본으로 초청하여 품질에 대한 강의를 부탁하였다. 이로부터 일본의 품질관리 역사가 시작되었다. 그가 일본에 머물던 1950년 7월부터 데밍은 최고경영자들과의 미팅이 있는 날이면 언제나 〈그림 2.2〉와 같은 '연쇄반응도(chain reaction)'를 칠판에 게시하였다. 이 그림은 데밍의 통찰력을 보여주는데 1장에서 설명한 '품질과 수익성의 연결관계'와 아주 유사하다. 여기서 볼 수 있듯이 데밍을 단순히 통계학자로 생각하는 것은 그의 공로를 너무 과소평가하는 것이다.

또한 데밍은 1950년 일본에서 강의할 때 슈하트 사이클을 〈그림 2.3〉과 같이 수정하여 소개하였다. 설계하고, 생산하고, 판매했다면 반드시 시장조사를 실시하고, 그를 바탕으로 설계를 개선하는 과정을 반복해야 한다는 것이었다. 이 사이클을 수레바퀴에 비유하여 이러한 과정이 반복되어야만 계속 전진하고 발전할 수 있다고 가르쳤다. 데밍의 강의를 들은 일본인들은 이것을 '데밍 바퀴(Deming Wheel)'라고 불렀다.

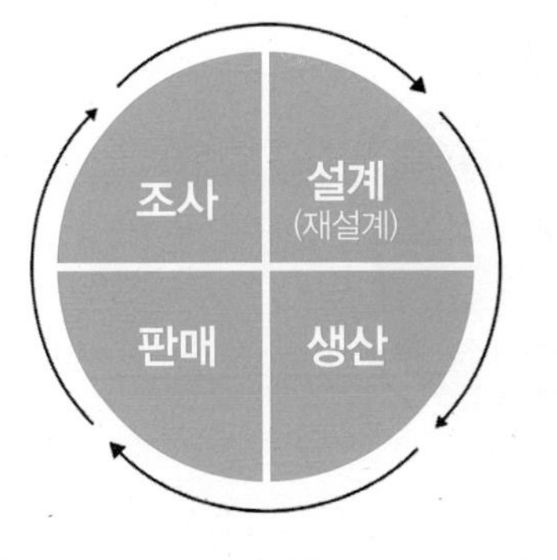

〈그림 2.3〉 데밍 바퀴(Deming Wheel)

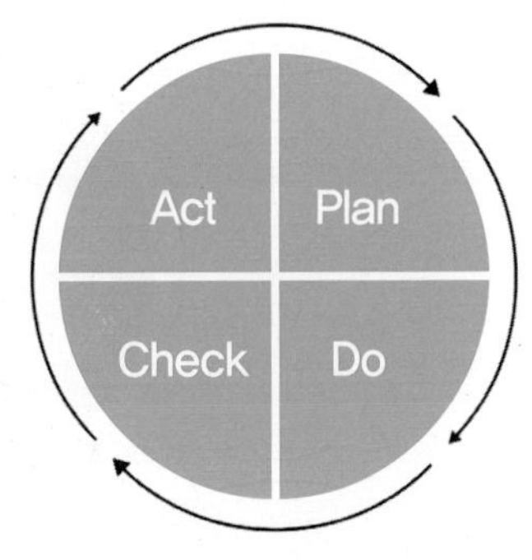

〈그림 2.4〉 PDCA 사이클

1951년 일본인들은 데밍 바퀴를 〈그림 2.4〉와 같이 수정하고 'PDCA 사이클'이라는 이름을 붙였다. 이 PDCA 사이클은 '데밍 사이클' 또는 '데밍 서어클(circle)', '관리 사이클(management cycle)' 또는 '관리 서클'과 같은 다양한 이름으로 불린다.

PDCA 사이클과 데밍 바퀴의 대응관계는 〈표 2.1〉과 같다.

〈표 2.1〉 PDCA 사이클과 데밍 바퀴의 대응관계

PDCA 사이클	데밍 바퀴	설명
계획(Plan)	설계	제품설계는 관리의 계획 단계에 대응
실행(Do)	생산	설계된 제품에 대한 생산은 실행에 해당
점검(Check)	판매	판매실적은 고객의 만족여부를 반영
조처(Act)	시장조사	수집된 고객불만에 대한 개선이 이루어질 수 있도록 다음 단계의 계획에 반영

1993년 데밍은 〈그림 2.5〉와 같이 수정된 'PDSA 사이클'을 제안한다. 이렇게 바꾼 이유는 영어에서 'check'라는 단어가 '저지(제지, 억제)한다'는 의미로 자주 사용되므로 PDCA라는 표현이 적절치 않다고 생각했기 때문이다. 또 다른 이유로 'PDCA 사이클'은 시스템 수준에서 사용할 수 있도록 표현을 일반화하였기 때문에 구체적인 개선 활동의 틀(framework)로 사용하기에는 너무 추상적이라고 생각했던 것 같다.

[참고: PDSA 사이클은 시스템 수준과 하부 수준 모두에서 사용할 수 있는 용어이다.]

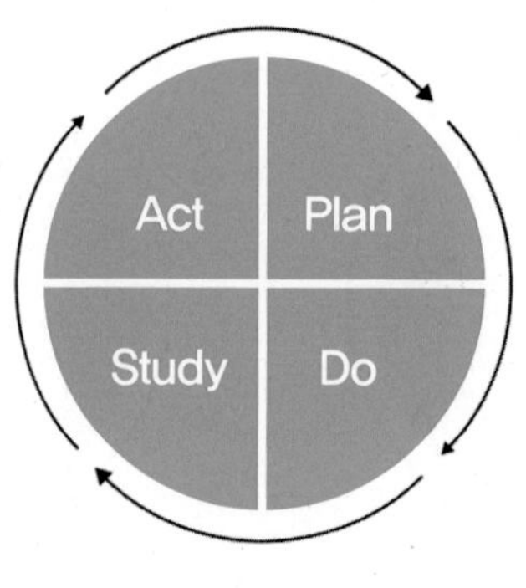

〈그림 2.5〉 PDSA 사이클

〈표 2.2〉 PDSA 사이클의 내용

단계	설명
계획(Plan)	변화 또는 개선을 위한 시험을 계획한다.
실행(Do)	변화 또는 시험을 실행에 옮긴다.(일단 소규모로 실시하는 것이 좋다.)
연구(Study)	결과를 면밀히 검토한다. 무엇을 알게 되었나? 잘못된 것이 있는가?
조처(Act)	변화를 수용하든지 포기하든지, 아니면 다른 방법으로 반복할 것인지 결정한다.

PDSA 사이클의 각 단계의 의미는 〈표 2.2〉에 정리되어 있다. 데밍은 PDSA를 '학습과 개선을 위한 슈하트 사이클'이라고 명명하였으나 이것도 일반적으로 '데밍 사이클'이라고 불린다.

데밍의 경영사상은 〈표 2.3〉에 정리한 '14가지 경영지침(Deming's 14 points)'에 잘 나타나 있다. 그는 통계학자였지만 "통계적 방법만으로 품질향상을 이루겠다는 기업은 3년을 넘기지 못할 것이다"라고 말한 적이 있다. 통계적 방법의 사용목적은 문제의 '근본원인'을 찾아내어 이를 '근원(根源)적'으로 개선하기 위한 것이다. 경영의 문제도 이러한 사상과 연계될 수 있는 '근본적'인 경영이념이 있어야 한다는 것이 데밍의 생각이었다.

14가지 경영지침이 변혁을 성취하기 위한 핵심 개념인데 반해 〈표 2.4〉에 정리한 '7가지 치명적 병폐(7 deadly diseases)'는 이러한 변혁을 가로막는 심각한 장애요인들을 말한다. 데밍이 지적한 7가지 병폐 중 마지막 두 가지는 미국의 특수한 상황이므로 기업이 아니라 정부가 해결해야 할 일이다. 미국의 의료보험제도가 개혁되어야 한다는 것은 정부와 국민 대다수가 공감하는 문제이며, 인구에 비해 많은 변호사로 인해 성공보수제를 전제로 한 소송이 남발되고 있는 것도 현실이다.

그러나 14가지 경영지침 중 12번째와 7가지 병폐의 3번째에 나오는 내용은 논란의 여지가 많다. 실적평가나 근무평정을 하지 않고 큰 조직을 효과적으로 운영할 수 있을까? 여기에 대한 데밍의 대답은 다음과 같다.

"(성서 출애굽기에 나오는) 모세를 보십시오. 그는 누구와도 경쟁한 일이 없습니다. 또한 작곡가 바흐(S. Bach)는 인간 세계에 길이 남을 화음(和音)을 남겼습니다. 그 동기는 경쟁이 아니라 음악가로서의 긍지와 자부심이었다고 생각합니다."

〈표 2.3〉 데밍의 14가지 경영지침

1. 제품과 서비스를 개선한다는 불변(不變)의 목표를 세워라. 그것은 경쟁력을 확보하여 사업을 지속함으로써 일자리를 제공하기 위한 것이다.
2. 새로운 철학을 받아들여야 한다. 경영자들은 도전에 직면한 것을 깨닫고 책임을 자각하고, 변화를 이루어내기 위한 리더십을 발휘해야 한다.
3. 품질을 확보하기 위해 사후검사에 의존하지 말라. 제조공정의 관리와 개선을 통해 품질을 확보해야 한다.
4. 납품가격에만 치중하지 말라. 저품질의 재료가 들어오면 오히려 총비용이 증가한다. 신뢰를 바탕으로 한 품목에 대해 한 공급업체와 장기적 관계를 구축하는 편이 낫다.
5. 계획, 생산 및 서비스의 모든 업무 프로세스를 지속적·영구적으로 개선하라. 이것은 품질과 생산성을 높이고 지속적인 비용절감을 위한 것이다.
6. 직무훈련을 제도화하라.
7. 지도력을 발휘하라. 감독의 목적은 직원들을 돕고 설비가 더 잘 작동되도록 하는 것이다. 관리자의 감독은 점검을 통해 잘못된 것을 고치기 위한 목적도 있다.
8. 두려움을 몰아내라. 이것은 회사를 위해 효과적으로 일할 수 있는 분위기를 조성하는 것이다.
9. 부문 간의 장벽을 제거하라. 제품이나 서비스의 생산 및 사용상의 문제를 예견하기 위해 연구·설계·생산 및 판매 부문의 직원들이 하나의 팀으로 함께 일해야 한다.
10. 구호(slogan), 독려, 무결점(ZD)이나 새로운 생산성 목표의 달성 요구를 없애라. 그러한 독려는 일선 직원들과 적대적 관계를 만들 뿐이다. 낮은 생산성과 좋지 못한 품질의 원인은 대부분 그들의 통제권 밖에 있는 시스템에 있다.
11. 작업 할당량을 정하지 말라. 양적인 것을 강조하면 다른 문제나 손실은 생각하지 않고 어떻게 해서든 할당량만 채우려 한다.
12. 업무 자부심을 빼앗아가는 장벽을 제거하라. 무엇보다 실적평가, 근무평정(評定), 목표관리(MBO) 등을 없애라.
13. 구성원 모두를 위해 교육과 능력개발 프로그램을 활성화하라.
14. 조직 구성원 모두가 변혁을 성취하기 위해 함께 노력해야 한다.

〈표 2.4〉 7가지 치명적 병폐

1. 일관된 목적의식의 결여
2. 단기적 이익만을 중시
3. 성과평가, 근무평정이나 연간 업적평가
4. 관리자의 잦은 전직(轉職)
5. 가시적 수치(數値)에만 의존하는 기업경영
6. 과도한 의료비 지출
7. 과도한 제품책임(PL) 비용

7가지 병폐 중 5번째인 가시적 수치에 의존하는 경영은 3번째 병폐와 관련이 있다. 개인의 능력이나 조직 기여도는 수치로 표현할 수 없는 것들이 많다. 대부분의 평가는 드러난 수치에 의존할 수밖에 없는데 이 경우 측정할 수 없거나 알 수 없는 요인들은 모두 외면하는 것이다. 4번째 병폐인 관리자의 잦은 이동은 단기 업적만 추구하도록 만들며, 이직의 원인도 업무에 대한 불만이 대부분이므로 다른 병폐들과 관련성이 많다.

통계 전문가이면서도 경영에 대한 통찰력이 깊었던 데밍의 사상은 다음과 같이 요약할 수 있다.

품질은 작업자가 취한 조처의 결과가 아니라 기본적으로 경영층의 조처와 의사결정의 산물이다. 일이 어떻게 수행되는가를 결정하는 것은 업무 '시스템'이며, 그 시스템을 만드는 것은 경영층이다. 또한 시스템 내에 자원을 할당하는 것도 경영층이 한다. 한편, 작업자는 직접적으로 그들의 통제 하에 있는 행동이나 일 때문에 발생하는 '특정(special)'한 문제를 해결해야 할 책임을 진다. 예를 들어 생산현장에서 일하는 선반 작업자가 완성된 부품의 직경이 큰 편차를 보이는 것을 알았다면 절삭공구를 교체하여 이 문제를 해결할 수 있다. 그러나 만일 작업자가 공정을 안정시킨 후에도(즉, 공정 내에서 발생할 수 있는 모든 특정한 변동들을 제거한 후에도) 여전히 산출물의 불량이 많다면, 이러한 문제를 유발한 '일반(common)'적 문제를 관리자가 시스템의 개선을 통해 해결해야 한다. 데밍은 제품 또는 서비스 특성치의 변동을 초래하는 원인 중 '특정'한 원인과 '일반'적 원인을 구분하였으며, 이를 통해 작업자와 관리자 간의 품질개선 업무를 합리적으로 배분하였다. 그는 "시스템의 통계적 이해는 문제를 정확하게 진단하고 해결할 수 있도록 도와준다"는 신념 하에 통계적 품질관리의 사용을 제창하였다.

〈표 2.5〉 데밍 어록

- 내적 동기부여, 자부심, 자존심, 배움에 대한 호기심과 즐거움은 인간의 타고난 본성이다.
- 금전적 보상은 내적 동기부여의 대체재가 될 수 없다.
- 경영에서 필요로 하는 가장 중요한 수치는 우리가 모르거나 알 수 없는 것이다.
- "측정할 수 없는 것은 관리할 수 없다"는 것은 잘못된 생각이다. 그것은 대가(代價)가 큰 신화이다.
- 수치적 목표로는 아무 것도 얻을 수 없다. 중요한 것은 목표가 아니라 방법이다.
- 두려움이 있는 곳에서 구한 수치는 언제나 잘못된 것이다.
- 경영진의 직무는 감독이 아니라 리더십이다.
- 우리가 살아가는 데 있어서 경쟁이 불가피하다는 생각은 내던져라. 우리는 경쟁이 아니라 협력을 필요로 한다.
- 생산라인에서 가장 중요한 부분은 고객이다.
- 사업상의 이익은 단골고객으로부터 나온다. 그들은 당신의 제품이나 서비스를 과시하며 친구들을 데리고 온다.
- 장기적인 관계는 나날이 품질을 향상시키고 비용은 감소시킨다.
- 시스템이란 공동의 목표 달성을 위해 함께 노력하는 상호 의존적인 요소들로 이루어진 네트워크이다. 시스템에는 목적이 있어야 한다. 목적이 없으면 시스템이라고 할 수 없다.
- 경영진을 위해 나의 주장을 몇 마디로 요약해야 한다면 "산포를 줄이지 않으면 안 된다"고 말하겠다.
- 문제는 작업자가 아니라 경영진이다.
- 시스템이 안정되었는데도 일선 직원들에게 실수에 대해 말하는 것은 쓸데없는 참견일 뿐이다.
- 품질은 모든 사람의 책무이다.

지금까지 설명한 데밍의 철학을 보다 분명히 전달하기 위해 〈표 2.5〉에 그의 발언 중 몇 가지를 소개하기로 한다.

(3) 조셉 주란(Joseph Moses Juran, 1904–2008)

주란(J.M. Juran)은 1904년 루마니아에 살던 유대인 가정에서 태어났다. 1912년 그의 가족은 가난과 유대인 핍박을 피해 미국 미네소타 주(州)의 미니애폴리스로 이주하였다. 낯선 이국(異國) 땅에서의 생활이 순탄할 리 없었다. 그는 가족의 생계를 돕기 위해 미니애폴리스에서 12년 동안 모두 16개의 직업을 가졌다고 한다(신문팔이, 식료품 가게 점원, 경리, 문지기, 창고 잡역부 등). 이렇게 고된 생활을 하던 청소년 시절, 어머니마저 폐결핵으로 세상을 떠났다. 그러나 힘든 시기에도 학교 다니는 것은 소홀히 하지 않았으며, 특히 수학에 재능을 보여 같은 나이 또래보다 2년 정도 앞서 나갔다.

1920년 그는 6남매 중 처음으로 대학에 입학한다. 미네소타대학 전기공학과에서 공부하는 동안 학비 조달문제로 학업에 전념할 수 없었기 때문에 평균 C학점을 유지하는 것도 그에게는 버거웠다. 그러한 어려움 속에서도 ROTC 생도 생활을 하였으며, 과외활동으로 체스에 몰두하였는데 여기에도 큰 재능을 보여 재학 중 미니애폴리스 스타(Minneapolis Star)지에 체스 칼럼니스트로 글을 실었다. 1924년 대학을 졸업할 때 GE와 웨스턴일렉트릭을 포함하여 모두 6개 회사로부터 입사 제의를 받았다. 당시는 전화 산업이 빠르게 성장하고 있었기 때문에 주란은 호손공장의 엔지니어 자리를 제의한 웨스턴일렉트릭을 선택하였다. 그의 첫 임금은 주급(週給) 27달러였다.

20세에 시작한 첫 직장 생활이 이후 80년 이상 지속된 품질 분야 이력의 출발점이었다. 웨스턴일렉트릭에서 1주일간 오리엔테이션을 받고 그는 호손공장의 검사 부문에 배치되었다. 이후 주란은 다음과 같은 길을 걷는다.

- 1929년 만 24세의 나이에 웨스턴일렉트릭의 검사 부문 부문장(division chief)으로 승진하여 5개 부서(department)의 업무를 관장
- 1936년 시카고 로욜라대학교 법학대학에서 J.D.(Juris Doctor) 학위 취득(미국 경제 대공황기에 불안한 앞날을 대비하여 법학 공부) [참고: J.D.는 우리 말로 직역하면 법학박사이지만 미국에서 로스쿨을 졸업하면 별도의 학위논문 없이 주는 학위이므로 정규박사(Ph.D)와는 다르다.]
- 1937년 웨스턴일렉트릭/AT&T 본부로 이동하여 산업공학 엔지니어로 근무
- 2차 대전 중 동맹국에게 무기와 장비 및 기타 공급품을 임대하던 무기대여청(Lend–Lease Administration)에 근무
- 뉴욕대학교 산업공학과 교수 및 학과장으로 근무

- 이후 국제적으로 영향력 있는 컨설턴트, 강연자, 저술가 및 지도자로 활동
- 주란연구소 및 비영리조직인 주란재단 설립 [참고: 1997년 주란재단은 미네소타대학교 칼슨경영대학에 이관되어 'The Juran Center for Leadership in Quality'로 이름이 바뀌었다.]

주란이 다양한 경력을 거친 이유 중 하나는 개인적인 성격과도 관련이 있다. 그의 동료들은 모두 주란의 뛰어난 능력은 인정하였으나 자기주장이 너무 강하여 같이 지내기 어려운 일들이 종종 있었다고 한다. 주란 자신도 "나는 개인주의 성향이 강하여 큰 조직에는 맞지 않다"고 하였다. 아마도 이것이 프리랜서로 활동하게 된 이유가 아닐까 생각된다. 또한 이러한 조직 경험을 통해 품질의 기술적인 면을 뛰어넘어 인간적인 측면까지 관심을 두었기 때문에 품질 '경영'에 대한 선구적 업적을 남길 수 있었다.

1951년 주란은 품질경영 역사상 최고의 역작(力作)으로 평가받는 「품질관리 핸드북(Quality Control Handbook)」을 출간하였는데 이로 인해 큰 명성을 얻었다. 1954년 주란은 JUSE(Japanse Union of Scientists and Engineers, 일본과학기술연맹)의 초청으로 일본을 처음 방문하였다. 일본에서 실시한 경영자 세미나와 부과장(部課長) 세미나에서 주란은 품질관리를 추진하는 데 있어서 경영진과 간부들의 역할에 대해 강의하였다. 일본의 이시카와 박사의 회고에 의하면 주란의 초청강연을 통해 일본의 품질관리는 기술자 중심의 통계적 품질관리에서 전사적 품질관리로 나아갈 수 있었다고 한다. 1장에서 이미 설명한 바와 같이 주란은 품질의 구성요소를 '제품특징'과 '무결함'으로 나누었다. 이와 같이 구분하면 품질과 수익성의 관계를 〈그림 2.6〉과 같이 명확하게 나타낼 수 있다.

주란의 업적 중 가장 대표적인 것은 품질경영의 보편적 방법을 개념화한 '품질 트릴

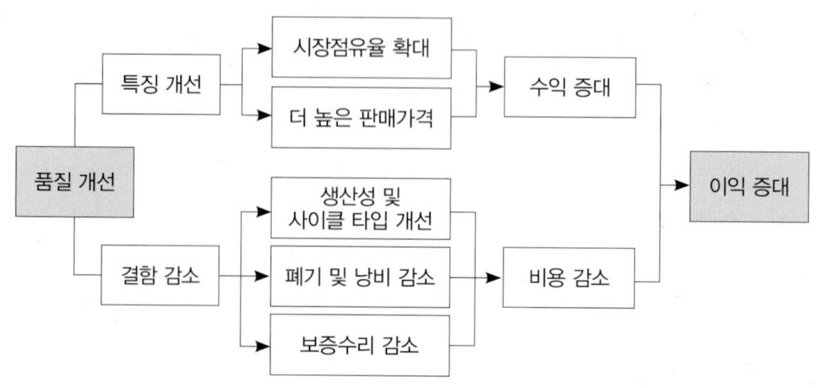

〈그림 2.6〉 주란의 관점에서 본 품질과 수익성의 관계(Bisgaard, 2008)

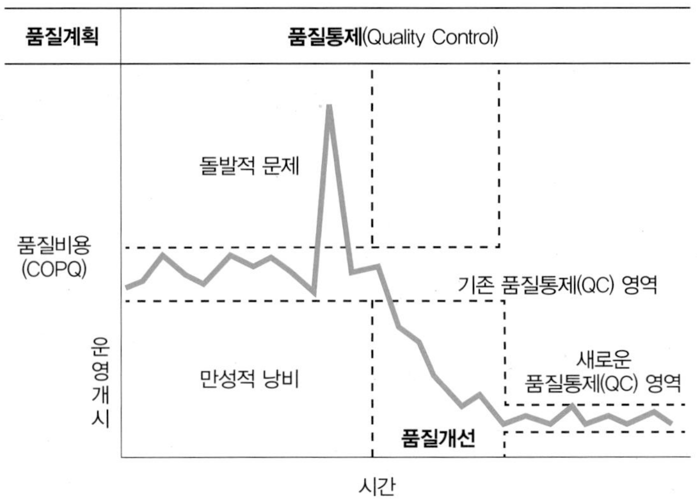

〈그림 2.7〉 품질 트릴러지(Juran, 1986)

러지(Quality Trilogy)'이다. [참고: 트릴러지는 드라마나 문학 등에서 사용되는 '3부작'이라는 뜻인데, 품질 트릴러지는 품질계획, 품질통제, 품질개선의 3요소로 구성되어 있다. 또한 주란 연구소에서는 '품질 트릴러지'를 '주란 트릴러지'라고 명명하였는데 주란의 기여를 생각하면 그렇게 부르는 것이 마땅하다.]

주란은 본래 조직의 재무관리에 사용되었던 세 가지 기본적 관리과정 – 예산 '계획', 지출 '통제' 및 이익 '개선'(원가절감) – 을 품질경영 업무에 적용하였다. 주란이 제시한 품질 트릴러지의 세 가지 요소는 다음과 같다.

(i) **품질계획**(Quality Planning)

수립된 목표를 충족시킬 수 있는 프로세스를 개발하고 그것이 실제 운영조건하에서 의도한 대로 실행될 수 있도록 계획하는 과정을 말한다. 계획의 대상은 무엇이라도 상관없다. 문서작업을 하는 사무 프로세스, 제품을 설계하는 기술 프로세스, 물품을 생산하는 제조 프로세스, 고객의 요청에 대응하는 서비스 프로세스 등에 다 같이 적용된다.

(ii) **품질통제**(Quality Control)

품질계획의 결과는 운영 부문으로 전달된다. 그들의 책임은 프로세스를 최적

수준으로 운영하는 것이다. 초기 계획의 결함으로 인해 만성적 낭비가 높은 상태에서 프로세스가 가동된다. 그러나 프로세스가 그렇게 계획된 것이기 때문에 프로세스 운영자들로서는 어쩔 수 없다. 다만 그들이 하는 일은 프로세스의 상태가 더 나빠지지 않도록 '통제(control)'하는 것이다. 돌발적 문제가 발생하면 신속히 이를 감지하고, 문제의 원인을 찾아서 제거함으로써 프로세스의 상태를 원래 상태로 복구하는 것이 그들의 책임이다.

[참고: 통상적으로 'QC(Quality Control)'는 '품질관리'라고 번역되지만 여기서는 문맥상 의미에 맞도록 '품질통제'라고 번역했다. 'control'의 원래 의미는 관리가 아니라 정해진 수준이 유지될 수 있도록 조절하고 통제하는 것이다. 따라서 'control'은 '통제', '제어', '관제(管制)' 등으로 번역해야 한다. 'Control chart'라는 용어에서 알 수 있듯이 통계적 품질관리는 산포의 'control'에 초점을 맞추었다. 따라서 품질관리가 통계적 방법을 이용하여 과학화되던 초기에는 QC가 곧 품질관리였다.]

(iii) 품질개선(Quality Improvement)

품질계획의 결함(즉, 계획에 따라 만들어진 시스템 자체의 결함)으로 인한 만성적 낭비를 줄이는 단계를 말한다. 이것은 프로세스의 운영을 담당하는 일선 직원들이 할 수 있는 것이 아니다. 경영진의 주도 하에 시스템 자체를 개선하기 위한 '프로젝트'의 추진이 필요하다.

품질 트릴러지는 품질개선에서 끝나는 것이 아니라 순환되는 것이다. 품질개선을 통해 체득한 경험과 지식을 다음 계획 단계에 반영하여 계획의 질을 높이고, 거기에 따라 통제하고, 그것을 더욱 개선하는 과정이 반복되는 것이다.

〈표 2.7〉은 주란이 경영진들을 대상으로 품질 트릴러지의 3요소에 대한 그들의 의견을 조사한 결과를 요약한 것인데, 주란 자신의 경험적 판단과 일치하는 것이라고 한다. 이를 보면 다음과 같은 흥미롭고 의미 있는 사실을 알 수 있다.

기업들은 상대적으로 품질통제 영역에 강한 반면 품질개선 영역에 가장 취약하다. 그런데 업무의 우선순위를 보면 잘하고 있는 통제 영역을 최우선으로 두는 반면 가장 취약하다고 스스로 평가한 품질개선에 대해 소홀히 하고 있다. 이것은 모순이다. 가장 취약한 품질개선 영역에 노력을 집중해야 한다는 것이 주란의 주장이다. 주란은 "모든 개선은 프로젝트에 의해 이루어진다. 그 외에 다른 방법은 없다"고 했다.

주란이 말하는 품질개선은 현장 작업자들이 하는 분임조 활동이 아니라 경영진이

〈표 2.6〉 품질 트릴러지의 내용(Juran, 1986)

품질계획 (Quality Planning)	• 고객을 확인한다.(내·외부 고객) • 고객의 요구를 결정한다. • 고객요구에 대응하는 제품특징을 결정한다. (여기서 제품은 물품과 서비스를 모두 포함) • 고객과 공급자의 요구를 충족하는 품질목표를 수립한다. • 필요한 제품특징을 실현할 수 있는 프로세스를 개발한다. • 공정능력을 확인한다.(프로세스가 운영조건 하에서 품질 목표를 충족시킬 수 있는지 확인)
품질통제 (Quality Control)	• 통제(control)할 대상을 선택한다.(관리항목 선정) • 측정단위를 결정한다. • 측정방법을 결정한다. • 성과 표준을 결정한다. • 실제 성과를 측정한다. • 성과 표준과 측정치의 차이를 해석한다. • 차이에 대한 조처를 취한다.
품질개선 (Quality Improvement)	• 개선의 필요성을 입증한다. • 개선을 위한 구체적 프로젝트를 도출한다. • 프로젝트를 실행하기 위한 준비를 한다. • 문제의 원인을 찾기 위한 준비를 한다. • 문제의 원인을 찾는다. • 문제의 원인을 제거하기 위한 대책을 강구한다. • 운영조건 하에서 대책의 효과성을 입증한다. • 개선된 효과의 유지를 위한 사후관리를 실시한다.

〈표 2.7〉 품질 트릴러지 관점의 경영실태(Juran, 1986)

요소	운영 수준	업무 우선순위
품질계획	취약	낮음
품질통제	매우 강함	매우 높음
품질개선	매우 취약	매우 낮음

주도하는 전문인력 중심의 프로젝트 활동을 말한다. [참고: 주란의 주장은 분임조 활동이 불필요하다는 것이 아니라 그것만으로는 결코 충분하지 않다는 것이다.]

〈표 2.8〉 주란 어록

• 기업의 생존과 번영을 위해서는 '관리(control)'와 '혁신(breakthrough)'이 필수적이다. 관리란 좋지 못한 변화를 방지하는 것이나 혁신은 좋은 변화를 창조하는 것이다. • 모든 개선은 프로젝트를 하나하나 실행할 때 일어난다. 그 외에 다른 방법은 없다. • 많은 기업 활동을 지켜본 나의 경험에 의하면 경영진의 적극적이고 개인적인 리더십 없이 놀라운 성과를 낸 경우는 단 한 번도 없었다. • 표준이 없다면 의사결정이나 실행을 위한 논리적 기반이 없다. • 전통적으로 과거의 성과를 기반으로 목표를 설정해 왔다. 이러한 관행이 과거의 잘못을 답습하게 만든다.

(4) 아맨드 파이겐바움(Armand Vallin Feigenbaum, 1922–2014)

파이겐바움(A.V. Feigenbaum)은 1937년 GE 사의 공구제작 견습생 및 경영 인턴으로 사회생활을 시작하였다. GE에서 일과 학업을 병행하여 1942년 유니언대학을 졸업하고 정규직 사원(설계 엔지니어)이 되었다. 2차 대전 중 항공기 엔진 설계 엔지니어로서 전쟁업무를 지원하고 있을 때 독일 공군은 영국 코번트리에 있던 롤스로이스 엔진공장을 폭격하였다. 미국 공군은 즉시 연합군의 모든 항공기 엔진의 설계와 개발을 GE사에 맡겼다. 항공기 엔진의 경우 품질이 매우 중요하기 때문에 파이겐바움은 회사 내에 품질 부문(quality control engineering unit)의 설치를 요청하였다. 그때까지 GE에는 별도의 품질부서가 없었다.

1943년 4만 5천 명이 일하고 있던 뉴욕의 스키넥터디(Schenectady) 공장으로 근무지를 옮겼다. 그해 말 파이겐바움은 품질관리 책임자로 승진하였는데, 이 공장에서는 잠수함, B-29 폭격기, 발칸포 등과 같은 핵심적 무기의 생산을 지원하는 허브(hub) 역할을 맡고 있었다. 근무 중에도 계속 학업을 병행하여 MIT에서 공학석사 및 경제학박사 학위를 각각 1948년과 1951년에 취득하였다. 학위를 받은 후 신시내티에 있는 항공기 엔진 사업부로 옮겼는데, 거기서는 우리나라 6.25 내전 때 사용된 F-90 전투기의 엔진을 생산하고 있었다.

그는 관리자로서의 직무 외에도 경영교육 프로그램의 개발과 크로톤빌(Croton ville) 연수원의 설립을 지원하는 역할을 맡았으며, 이후 승진하여 GE 본사의 품질을 총괄하는 임원(executive champion for quality)이 되었다. 또한 GE에 근무하면서 1961년부터 1963년까지 ASQ의 회장을 지냈다. 1943년부터 25년 동안 GE에서 줄곧 품질업무를 담당하던 그는 1968년 회사를 떠나 새로운 도전에 나선다. 동생과 함께 엔지니어링 시스템 설계회사인 제너럴시스템즈(GSC, General Systems Co.)를 설립하였다.

파이겐바움은 GE에 근무하는 동안 품질에 대한 책임을 제조 부문에 국한시키지 않는 전사적인 접근방법을 개발하고 제창하여 품질경영의 발전에 크게 기여하였다. 품질을 확보하기 위해서는 조직 내에서 이루어지는 주요 활동(설비, 노동력, 정보흐름, 표준, 통제 등)의 자체적 효과뿐 아니라 총체적 품질효과와 관련된 영향을 고려하지 않으면 안 된다는 것이 그의 지론이었다. 이러한 그의 주장은 '전사적 품질관리(TQC)'로 알려지게 되었는데, 그는 TQC를 다음과 같이 정의하였다.

"TQC란 마케팅, 기술, 생산 및 서비스가 가장 경제적인 방법으로 소비자를 충분히 만족시킬 수 있도록 품질개발, 품질유지 및 품질향상에 관한 조직 내 여러 그룹의 노력을 통합하는 효과적 시스템이다."

TQC의 의미를 보다 잘 이해하기 위해 전사적 품질관리(Total Quality Control)의 각 단어가 의미하는 바를 나누어 고찰해 보면 다음과 같다.

- **Total**

품질에 대한 책임은 현장 작업자들에게만 있는 것이 아니다. 품질을 보장하기 위해서는 조직 전체의 참여가 필수적이다. 즉, 조직 내 전 부문, 전 계층에 속한 모든 사람들이 자신이 맡은 일과 외부 고객에 전달되는 결과물의 품질을 보장할 책임이 있다. 품질은 품질 부문뿐 아니라 경영관리 부문과 마케팅, 설계, 생산, 노사관계, 금융 및 서비스 부문 등 모든 부문의 일차적 책무라는 것이 그의 생각이었다.

〈표 2.9〉 파이겐바움의 10가지 품질 신조(Watson, 2008)

1. 품질은 전사적인 프로세스이다.
   - 예외 없이 모든 사람과 관련되어야 한다.
2. 품질은 고객이 말하는 바로 그것이다.
   - 돈으로 의사표현을 하는 고객의 생각이 중요하다.
3. 품질과 비용은 합산(合算)이지 차이가 아니다.
   - 비용은 품질의 척도이며, 품질은 비용을 낮춘다.
4. 품질은 개인과 팀의 열정을 필요로 한다.
   - 모든 사람이 품질의식을 가져야 한다.
5. 품질은 관리의 방식이다.
   - 경영진은 비즈니스 시스템을 책임지고 있다.
6. 품질과 혁신은 상호의존적이다.
   - 어느 하나만으로 성과가 지속되지 않는다.
7. 품질은 윤리이다.
   - 그렇게 되어야 한다는 신념이며 업무수행에 대한 책임이다.
8. 품질은 지속적 개선을 요구한다.
   - 개선이 없으면 모든 시스템의 성과는 퇴보한다.
9. 품질은 생산성을 높이는 가장 경제적인 수단이다.
   - 품질은 능률을 만들어낸다.
10. 품질은 고객과 공급자를 연결하는 하나의 시스템으로 실행된다.
   - 고객과의 친밀도는 매우 중요하다.

● Quality

파이겐바움은 "요컨대 품질은 조직을 운영하는 하나의 방식"이라고 말한 바 있다. 품질에 대한 이러한 그의 관점은 〈표 2.9〉의 품질 신조에 잘 나타나 있다. 품질에 대한 그의 견해는 고객중심의 경영활동을 강조하고 있으며, 결과물의 품질관리가 고객의 기대수준에 맞추어 유지될 수 있도록 조직 내의 활동들이 체계적으로 이루어져야 한다는 것이다.

● Control

파이겐바움은 관리(control)란 만족스런 결과를 보증하기 위한 수단을 유지하면서 경영관리 활동에 대한 책임과 권한을 위임하기 위한 프로세스라고 정의하였다.

그는 이러한 관리 프로세스는 통상 다음과 같은 4단계로 구성된다고 하였다.

(i) **표준의 설정**

원가, 성능, 안전, 신뢰성 등의 측면에서 충족시켜야 할 상품 요구사항

(ii) **적합성 평가**

마케팅, 설계, 개발, 생산 및 유지관리의 전 단계에 걸쳐 제조된 상품이나 제공된 서비스가 설정한 표준에 부합하는지 비교 평가

(iii) **필요 시 조처**

사용자 만족에 영향을 주는 문제와 그 원인에 대한 시정 조처

(iv) **개선을 위한 계획**

원가, 성능, 안전, 신뢰성 등의 표준을 향상시키기 위한 지속적 노력에 대한 계획 개발

2008년 8월 파이겐바움은 당시 조지 부시 대통령으로부터 '기술혁신 국가메달(NMTI, National Medal of Technology and Innovation)'을 받았다. 1980년 미국 의회가 제정한 NMTI는 기술혁신을 통해 미국의 국가경쟁력을 높인 개인이나 팀에게 대통령이 직접 수여하는 국가포상으로서 1987년에 데밍, 그리고 1992년에 주란이 이를 수상하였다. 시상식장에서 부시 대통령은 파이겐바움의 업적을 다음과 같이 치하(致賀)하였다.

"품질비용과 생산성 향상 및 수익성의 경제적 관계를 개발하는 데 크게 기여하였으며, 전사적 품질경영을 통해 탁월한 성과를 내고 글로벌 경쟁력을 높이는 데 선구적 역할을 하였다."

(5) 필립 크로스비(Philip Bayard Crosby, 1926-2001)

크로스비(P.B. Crosby)는 의사 가문에서 태어났다. 아버지는 족병(足病) 전문의였으며 삼촌은 내과 의사였다. 주변의 모든 사람들이 어떤 형태로든 의료와 관계된 일을 하고 있었기 때문에 자신도 당연히 의료인이 될 것이라는 생각을 갖고 자랐다. 1949년 오하이오 족부(足部)의학대학을 졸업하고 해군 위생병으로 2차 대전과 한국 내전에 참전하였다. 1952년 6.25 참전 중 귀국한 그는 의학을 계속 공부하는 대신 인디애나

주에 있는 크로슬리(Crosely)사에 입사하여 1955년까지 3년 동안 품질업무를 담당하였다.

1957년 크로스비는 올랜도에 있는 마틴 마리에타(록히드 마틴의 전신)로 직장을 옮겨 품질관리자로 근무하였다. 여기서 그는 퍼싱미사일 개발의 품질관리를 위해 무결점(ZD, Zero Defects) 프로그램을 창안하여 큰 성과를 거둔다. [참고: ZD는 5장에서 별도로 다룬다.] 1965년 그는 ITT(International Telephone and Telegraph)사로 이직하여 1979년까지 품질담당 부사장으로 근무하였다. 1979년 크로스비는 그의 첫 번째 저서인 「품질은 무료(Quality is Free)」를 출간하였는데 이 책은 15개국의 언어로 번역되어 전 세계적으로 150만 부 이상 팔렸다. 품질 분야에서 명성을 얻은 크로스비는 1979년 ASQ의 30대 회장으로 선임되었다. 이때 크로스비는 ITT를 나와 품질 컨설팅 및 교육 기관인 PCA(Philip Crosby Associates, Inc.)를 설립하였다. PCA는 크로스비 생전에 300명이 넘는 직원을 두고 전 세계적으로 사업을 수행하였다.

① 크로스비의 품질원칙

품질에 대한 크로스비의 기본철학은 '절대원칙(absolutes)'이라고 명명(命名)한 다음의 4가지 기본 신념에 기초를 두고 있다.

(i) 품질은 요구조건에 부합하는 것(conformance to requirements)이다.

품질은 막연히 '좋은 것'이나 '양호한 상태'가 아니다. 그것은 요구조건(요구사항)을 충족시키는 것이다. 경영진의 역할은 요구사항을 명확히 하고, 그것을 수행하는 데 필요한 수단을 제공하고, 직원들이 그것을 실행할 수 있도록 도우는 것이다. 이러한 정책의 기초는 "최초에 올바르게 하는 것(DIRTFT, Do It Right the First Time)"이다. 경영진은 직원들이 품질에 대한 요구사항을 충분히 이해하고 받아들일 수 있도록 해야 한다.

(ii) 품질시스템은 예방시스템이다.

품질을 구현하는 것은 평가가 아니라 예방이다. 제품을 만들거나 서비스를 제공하는 사람들은 자신의 업무에 대한 책임감을 갖고 결함이 나오지 않도록 해야 한다. 또한 경영진은 결함을 예방할 수 있는 업무환경을 조성하고 필요한 지원을 해야 한다.

〈표 2.10〉 크로스비의 4대 절대원칙

구분	품질의 절대원칙	
	전통적 견해	실상(實相)
정의	양호함	요구에 적합
시스템	평가	예방
표준	충분히 근접	무결점(ZD)
척도	지표	부적합 비용

(iii) 성과의 표준은 무결점(ZD)이다.

성과의 표준은 '그 정도면 충분하다'가 아니라 '완전무결(ZD)'이다. ZD는 최고 경영자로부터 일선 직원에 이르기까지 조직구성원 모두의 표준이 되어야 한다. 조직 내 누구든지 작은 결함이라도 당연시해서는 안 된다.

(iv) 품질의 척도는 부적합 비용이다.

품질의 척도는 각종 지표(indexes)가 아니라 결함으로 인해 초래된 비용(부적합 비용)이다. 부적합 비용이란 올바르게 일을 수행하지 못한 데 들어간 비용이다. 경영진은 부적합 비용이 발생한 곳을 찾아내고 무엇 때문에 그것이 발생하였는지에 관심을 두어야 한다.

크로스비의 절대원칙 중 무결점과 품질비용에 대해서는 많은 반론이 있었다. 무결점은 현실적으로 실현 불가능한 표준이며 그것을 달성하려고 하면 비용이 극도로 많이 들어간다는 것이다. 크로스비는 이것이 오해에서 비롯된 것이라며 다음과 같은 자신의 견해를 밝혔다.

"사람들에게 완벽(perfect)을 기대하는 것이 합리적일까? 아마도 아닐 것이다. 그러나 ZD는 완벽한 것과는 아무런 관련이 없다. ZD의 의미는 당신이 수용한 품질의 요구사항을 항상 제대로 이행하라는 것이다."

② 크로스비의 품질백신

크로스비는 품질상의 문제를 '부적합 박테리아'라고 보고, 이의 발생을 방지하기 위해서는 예방주사가 필요하다고 했다. 그는 다음과 같은 3가지 성분이 들어간 '품질백신(quality vaccine)'을 처방하고 경영진이 이를 관장하여야 한다고 주장하였다.

(i) **결의**(Determination)

조직의 존속과 성장 및 번영을 위해서는 품질개선이 필수적이라는 것을 인식하고, 이를 이루어내겠다는 확고한 결심을 한다.

(ii) **교육**(Education)

품질에 관한 공통된 이념과 언어, 방법을 공유하고, 품질개선 과정에서 각자의 역할을 이해할 수 있도록 종업원들을 교육시킨다.

(iii) **실행**(Implementation)

품질개선 계획을 입안하고 필요한 자원을 할당함과 아울러 이를 실행에 옮긴다.

즉, 품질개선을 실현하는 방법은 크게 볼 때 결의, 교육, 실행의 3단계를 반복하는 것이며, 그 외에 다른 방법은 있을 수 없다는 것이다.

〈표 2.11〉 크로스비 어록

- 품질은 무료다. 선물은 아니지만 공짜다. 돈이 들어가는 곳은 품질이 없는 일, 즉 처음에 바르게 하지 못한 모든 행위이다.
- 처음에 문제를 예방할 수 있었을 텐데, 왜 문제를 찾고, 고치고, 씨름하느라 이 모든 시간을 쏟아 붓고 있는가?
- 무결점(ZD)은 결함 예방을 위한 태도이다. 그것은 '최초에 올바르게 하는 것'을 의미한다.
- 최초에 올바르게 하는 것이 항상 더 경제적이다.
- 품질비용은 올바르게 하지 못한 데 사용한 경비이다.
- 통계의 늪에서 길을 잃지 마라.
- 대부분의 일은 생각대로 되지 않는다.
- 만약 관리하고 싶다면, 품질을 요구사항에 대한 적합도라고 정의하라.
- 좋은 일은 계획할 때만 일어나지만 나쁜 일은 저절로 발생한다.

(6) 이시카와 가오루(石川馨, 1915–1989)

이시카와 가오루(石川馨)는 일본 품질관리의 대부였다. 1939년 도쿄대학 응용화학과를 졸업하고 석탄액화 회사에 취업하였다가 1939년 5월부터 1941년 5월까지 2년 동안 해군 기술장교로 근무하였다. 1947년 도쿄대학 조교수로 임용되어 근무하던 중 JUSE 산하의 품질관리 연구그룹인 QCRG(Quality Control Research Group)에 참여하여 1949년부터 산업체 기술자들을 대상으로 하는 품질교육에 참여하였다. 데밍과 주란의 초기 강의를 일본어로 번역하고 보급하는 일에도 앞장섰다.

1962년 품질관리 분임조(QC Circle)를 창안·보급하였으며 품질관리의 기본도구 중 하나인 특성요인도(이시카와 다이어그램)를 개발한 것으로 널리 알려져 있다. 특히 그가 저술한 「일본적 품질관리: TQC란 무엇인가」는 영어로도 번역되었는데 일본의 품질관리 역사와 자신의 품질철학을 잘 정리하였다. 데밍, 주란 등과 교류하면서 품질경영의 보급에 앞장섰던 그는 품질관리의 본질이 '경영의 사상적 혁명'이라는 것을 깨달았다. 서양의 품질관리를 일본에 정착시키기 위해 고심한 그는 일본적 품질관리의 철학을 다음과 같은 6가지로 정리하였다.

- **품질제일**

품질을 최우선으로 하면 장기적으로는 이익이 증대되지만, 단기적 이익을 우선하면 국제경쟁에서 도태되고 이익을 잃는다.

- **소비자 지향**

소비자 지향이라는 것은 당연한 것이지만 현실에서는 이 원칙이 제대로 지켜지지 않는 경우가 많다. 폐쇄된 시장이나 독점시장에서는 말할 것도 없다. 생산자 지향은 안된다. 상대방의 입장에서 생각하라.

- **차공정(次工程)은 손님**

차공정(다음 공정)은 손님이라는 말은 소비자 지향에 넣어도 좋지만 부분 간 장벽이 높은 기업에서는 매우 중요한 문제이므로 별도로 구분했다. 섹셔널리즘(sectionalism)을 타파해야 한다.

● **데이터·사실로서 말하자**

중요한 것은 사실이다. 사실이 확실히 인식되지 않으면 안 된다. 그 다음에 사실을 바른 데이터로 나타내는 것이다. 마지막으로 통계적 방법을 활용하여 추정이나 판단(검정)을 하고 그에 따라 조처하는 것이다.

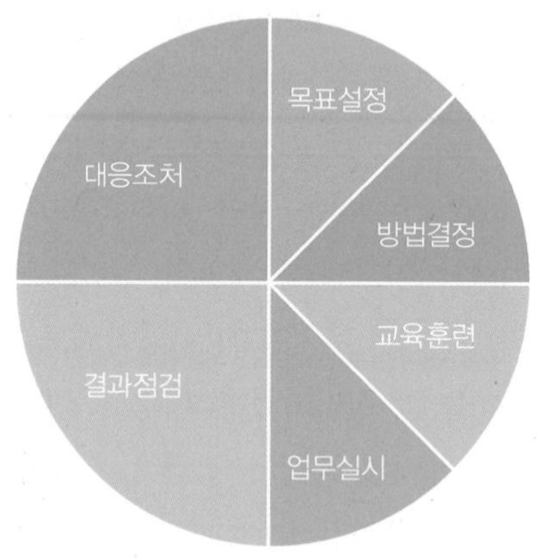

〈그림 2.8〉 이시카와가 수정한 PDCA 사이클

● **인간성 존중의 경영**

기업은 인간사회에 존재하고 있는 것이므로 기업에 관계된 사람(소비자, 종업원 및 그 가족, 주주, 외주 및 유통 업체의 관계자들)이 행복하게, 구애받지 않고 능력을 발휘할 수 있도록 인간중심의 경영을 해야 한다. 이익제일이라는 것은 낡은 사고방식이다. 또한 인간성이 존중되는 현장은 권한이 위임되고, 하향식(top-down)과 상향식(bottom-up)이 모두 포함된 전원참가의 경영이다.

● **기능별 관리**

일본의 사회와 기업은 수직적 조직이라고 불릴 만큼 상하관계의 연결은 강하지만 수평적 관계는 부문 간의 장벽 때문에 약하다. 기능별 위원회를 통하여 수평적 관계를 강화해야 한다. 마치 날실(세로줄)과 씨실(가로줄)이 엮여야 섬유 조직이 되듯이, 기업도 수직적 부문별 관리와 수평적 기능별 관리가 함께 이루어져야 강한 조직이 될 수 있다.

또한 이시카와는 앞서 설명한 PDCA 사이클의 현장 적용도를 높이기 위해 6단계로 구체화하였다. 이시카와가 수정한 사이클은 성공적으로 사용되었다고 한다.

〈표 2.12〉 이시카와가 수정한 PDCA 사이클의 내용

단 계	설 명
계획(Plan)	목적·목표를 설정한다.
	목적을 달성하는 방법을 결정한다.
실행(Do)	교육·훈련을 실시한다.
	업무를 실시한다.
점검(Check)	실시결과를 점검한다.
조치(Act)	조처를 취한다.

2.2 품질경영의 발전과정

품질의 개념은 고대 이집트의 피라미드 건축이나 로마의 건축물 및 중세의 도제제도에서도 존재하였지만 공식적인 관리기능으로 인식되기 시작한 것은 20세기에 접어들어서이다. 품질시스템의 발전은 혁명적 변화라기보다는 점진적·지속적 진보의 결과이기에 검사, 통계적 품질관리, 품질보증, 품질경영의 4단계로 구분해 볼 수 있다.

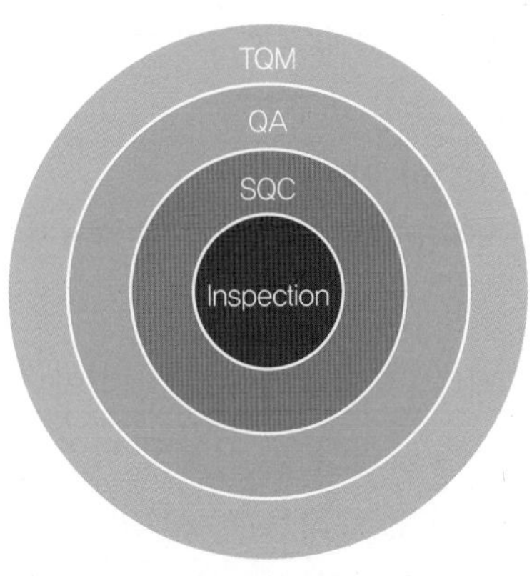

〈그림 2.9〉 품질경영의 발전적 진화

(1) 검사위주의 품질시대

18세기나 19세기까지만 하더라도 오늘날 우리가 알고 있는 형태의 품질관리란 존재하지 않았다. 대부분의 경우 제품은 숙련공에 의해 소량으로 만들어졌으며, 손으로 만든 부품을 끼워 맞추는 형태의 작업에서는 품질이 주로 숙련공의 손기술에 달려 있었기 때문에 공식적인 검사업무가 별도로 없었다.

그러나 20세기 들어 대량생산이 시작되면서 부품의 호환성이 매우 중요해졌다. 이에 따라 정해진 작업순서에 따라 호환성 있는 부품을 생산할 수 있는 전용기계가 등장하였으며, 지그(jig)나 치공구들도 부품의 호환성을 높일 수 있도록 설계되었다. 이러한 노력에도 불구하고 서로 맞지 않는 부품들이 여전히 만들어질 수 있었으므로, 최종 조립에서 발생할 수 있는 문제를 줄이기 위해서는 제조 공정상에서 엄격한 검사가 불가피하였다. 이 시기에는 품질관리란 주로 검사에 국한된 것으로 생각되었으며, 문제의 원인을 찾아서 제거하는 것은 통상적으로 검사 부문의 영역을 벗어난 것으로 간주되었다. 20세기 초반에 활동하였던 과학적 관리의 창시자 테일러 역시 효율적인 작업관리를 위해 기능별 조직을 제창함과 아울러 작업의 품질을 검사자가 책임지도록 하였다.

(2) 통계적 품질관리의 시대

1931년에 발간된 슈하트의 저서 「생산제품의 경제적 품질관리(Economic Control of Quality of Manufactured Products)」는 통계적 품질관리의 시대를 여는 계기가 되었다. 슈하트는 1920년대에서 1930년대에 걸쳐 벨 전화연구소에서 근무한 통계학자 중 한 사람이었는데, 당시 그가 속한 연구그룹에는 닷지(H. Dodge), 로믹(H. Romig)과 같은 저명한 학자들이 소속되어 있었다.

① 관리도

제품의 특성치는 사용된 재료, 작업자의 기능, 설비의 상태에 따라 어느 정도의 변동이 불가피하다. 심지어 똑같은 품목을 한 사람의 작업자가 동일한 기계에서 만들었다 하더라도 변동은 있게 마련이다. 슈하트는 생산의 모든 단계에서 존재하는 이러한 변동을 확률 및 통계의 관점에서 이해한 최초의 인물이었다.

슈하트는 어떠한 과업을 수행할 때 일어나는 우연변동의 한계를 정의할 수 있으며, 이 한계를 벗어날 때에만 필요한 조치를 취해야 한다고 주장하였다. 그는 시간에 따른 상태를 추적함으로써 우연변동의 한계를 벗어나게 한 이상요인의 존재를 파악할 수 있다고 생각하여 관리도를 개발하였다.

② 샘플링검사

양품과 불량품을 구분하기 위해 전수검사를 하는 것은 많은 경우 검사에 따르는 시간과 비용이 문제가 된다. 이 경우 생산로트 중 일부만 검사하고, 이를 근거로 전체 로트를 받아들일 것인가 말 것인가를 결정하는 것이 하나의 대안이 될 수 있다. 그러나 이 경우에는 검사에 사용된 샘플(시료)의 품질이 로트 전체의 품질을 완전히 반영하는 것이 아니므로, 품질이 좋은 로트가 기각되거나 반대로 품질이 나쁜 로트가 합격되는 일이 가끔 발생한다.

닷지와 로믹은 이러한 문제를 생산자위험과 소비자위험이라고 지칭하고, 이를 체계적으로 고려한 샘플링검사 방식을 설계하였다. 또한 개별 로트가 아니라 제조공정이나 거래 시의 장기적 품질에 관심을 갖고, 불합격된 로트에 대해 전수선별을 적용하는 경우에 사용할 수 있도록 평균출검품질한계 AOQL(Average Outgoing Quality Limit)라는 개념을 도입하였다.

이러한 샘플링검사 방법의 도입으로 통신기기 및 서비스의 품질을 높이는 데 상당한 효과를 보았으나 벨시스템 외부로는 별로 보급되지 못하였다. 2차 대전이 발발하고 군수품의 대량생산이 문제로 등장하자 관리도와 샘플링검사는 군수물자의 생산과 조달에 광범위하게 적용되어 상당한 효과를 발휘하였으며, 종전 후 이러한 통계적 품질관리 방법들이 민간 기업에 널리 보급되었다.

1941년 카네기공과대학과 그 다음해 스탠포드에서 통계적 품질관리에 관한 강좌가 개설된 이래 25개 주에서 이러한 교육이 실시되었다. 초기에 강좌를 수강한 사람들이 지역별로 품질관리협회를 결성하기 시작하였다. 1945년 10월, 13개의 그룹이 연합하여 품질기사회를 결성하였으며 그 이듬해 다른 연맹과 통합하여 ASQC(American Society for Quality Control)를 발족시켰다. [참고: 1997년 ASQC의 명칭은 Control이라는 단어를 떼고 ASQ로 바뀌었다.] 품질관리 분야 최초의 잡지인 Industrial Quality Control이 1944년 7월 버팔로 품질관리기사회에 의해 발간되었는데, 이것이 미국 ASQ의 공식 저널인 Quality Progress로 바뀌게 된다. 1940년대 후반에 널리 보급된 통계 중심의 품질관리는 1960년대 초반까지 별다른 변화 없이 이어졌다.

(3) 품질보증시대

품질보증시대는 제조 부문에 초점을 맞춘 통계적 품질관리가 경영전반으로 확대된 시기였다. 문제의 사전예방이 여전히 일차적인 관심사였지만, 품질관리의 도구가 통계학의 영역을 넘어서게 되었다. 품질보증시대의 탄생에는 다음과 같은 4가지 요소(품질비용, TQC, 신뢰성공학, ZD)가 중요한 역할을 하였다.

① 품질비용

1950년대까지만 하더라도 불량으로 인한 비용이 얼마나 되는지 알지 못했다. 따라서 품질향상에 수반되는 비용을 얼마까지 허용할 수 있으며, 어느 정도의 품질수준이면 만족할 수 있는가에 대해 대답할 수 없었다. 오늘날 품질관리 분야의 고전이 된 주란의 품질관리핸드북(Quality Control Handbook)의 초판이 1951년에 발간되었는데, 주란은 이 책의 첫 장에서 품질의 경제학을 논하면서 '광산 속에 묻혀 있는 황금'이라는 비유를 하였다. 주란은 일정한 수준의 품질을 성취하는 데 소요되는 비용을 '가피비용(avoidable cost)'과 '불가피비용(unavoidable cost)'으로 구분하였다.

가피비용이란 불량과 관계된 원자재 폐기, 재작업이나 수리에 들어가는 공수, 고객불만 처리비용, 불만족한 고객으로부터 초래되는 재무적 손실 등을 말하며, 불가피비용이란 예방에 관계된 비용, 즉 검사, 샘플링, 분류 및 기타 품질관리 활동과 관련된 비용을 말한다. 품질향상에 투자하면 실패비용을 대폭적으로 줄일 수 있기 때문에, 주란은 실패비용을 '광산 속에 묻혀 있는 황금'이라고 표현하였다.

② 전사적 품질관리(TQC)

GE사의 생산 및 품질 책임자였던 파이겐바움은 1956년 품질에 대한 책임을 제조부문에 국한시키지 않는 전사적 품질관리(TQC)를 제창하였다. 그는 고객만족을 위한 조직 내 여러 그룹의 노력을 효과적으로 통합하기 위하여 품질활동과 책임 부문을 행렬 형태로 대응시킨 '품질관련표(quality relationship chart)'를 활용하였는데, 이 표는 '부문별로 각기 일하면서 동시에 함께 일하는 시스템'을 구축하기 위한 것이다. 품질시스템은 제조 부문뿐 아니라, 신제품개발, 납품업자 선정, 고객서비스 등을 모두 포괄하고 있으므로 TQC에서는 통계학이 품질전문가의 충분조건이 될 수 없다고 본다. [참고: 품질관련표는 예전에 기업들이 전사적 품질관리를 위해 많이 사용하던 품질보증체계도 및 품질보증활동 일람표와 유사한 개념이다. 20장 참조]

〈표 2.13〉 품질관련표

책임 부분 / 책임 영역	최고경영자	재무관리	마케팅	개발설계	생산관리	제조기술	품질관리	자재관리	현장운영
고객요구의 확인			(R)						
품질목표 설정	(R)		C	C	C				
제품규격 설계				(R)					
제조공정 설계				C	M	(R)	M	M	C
규격에 따른 생산			M	C	C	C	C	C	(R)
공정능력 결정					I	C	(R)	M	C
외주업체 품질인증	(R)		C	C	C	C	(R)	C	C
검사계획 및 시험절차						C	(R)	C	C
시험 및 검사설비 계획						C	(R)		C
품질정보 피드백			C	C	I	M	(R)	C	C
불만자료 수집			(R)						
불만자료 분석			M	M			(R)		
시정조처 마련			M	C	C	C	(R)	C	C
품질비용 편집		(R)	C	C	C				
품질비용 분석		M					(R)		
공정 내 품질측정							(R)		C
공정 내 품질감사				C		C	(R)		
최종 제품검사			C	C	M	C	(R)		

[범례] (R)=책임(Responsibility) C=기여의무(Must contribute)
M=기여가능(May contribute) I=정보공유(Is informed)

③ 신뢰성공학

파이겐바움과 주란의 활약이 돋보이던 시절에 확률론과 통계학에 더욱 깊숙이 뿌리를 내린 품질관리의 또 다른 분야가 등장하였다. 이것은 이른바 신뢰성공학이라는 것으로서 항공우주 및 전자산업의 성장과 매우 밀접한 관련이 있다. 랜드연구소(RAND Corporation)의 자료에 의하면 1950년 당시 미국 해군에서 사용하던 전자장비는 단지 3분의 1만이 정상적으로 작동되었으며, 1개의 진공관을 꽂아서 사용하기 위해서는 9개의 여분이 창고에 있어야만 했다고 한다. 이러한 종류의 심각한 문제가 미사일 및 기타 항공우주 장비에 발생하고 있었다. 따라서 사용기간 전체를 대상으로 한 제품성능의 문제가 매우 중요한 관심사가 되었다. [참고: 신뢰성은 '규정된 조건 하에서 의도하는 기간 동안 규정된 기능을 수행할 확률'이라고 정의된다.]

이 시기에는 시간경과에 따른 장비 신뢰도의 변화를 예측할 수 있는 확률론적 방법론과 고장률을 낮추기 위한 설계단계의 기법들이 연구되었다. 여기에는 주로 제품고장과 관련된 확률분포함수(지수분포, 와이블분포 등)와 욕조곡선(bathtub curve)의 개념이 활용되었다. 또한 신뢰성을 예측하고 고장률을 낮추기 위해 여러가지 다양한 기법들이 동원되었다.

발생가능한 제품의 고장유형과 그것이 초래하는 영향을 체계적으로 검토하기 위한 FMEA분석, 부품을 정격 스트레스 수준 이하에서 사용함으로써 수명을 연장하자는 디레이팅(derating), 중요한 부품이나 하부시스템을 병렬 중복시킴으로써 높은 신뢰도를 확보하자는 리던던시(redundancy) 등이 모두 이때에 연구된 것이다. 고장난 부품을 회수하여 실험실에서 시험분석하는 것과 더불어 실사용 시 발생하는 고장에 대한 자료를 체계적으로 입수하기 위한 고장데이터 수집방법도 함께 연구되었다.

1950년 미국 국방부에서는 전자장비의 신뢰성연구그룹(Ad Hoc Group on Reliability of Electronic Equipment)을 조직하였는데, 1957년 이 그룹에서 발표한 보고서는 'AGREE(Advisory Group on Reliability of Electronic Equipment) 보고서'라고 널리 알려져 있다.

④ 무결점(ZD)

무결점(zero defects)운동이라 불리는 ZD 프로그램은 1962년 마틴(Martin)사에서 시행되었다. 당시 마틴은 미군에서 의뢰한 퍼싱미사일을 제조하고 있었는데, 방대한 검사를 통해 비교적 좋은 품질을 실현할 수 있었다. 불량률을 더욱 낮추기 위하여 장려금을 적용함과 아울러 보다 엄격한 검사와 시험을 통하여 1961년 12월, 퍼싱미사일을 플로리다 주 대서양 연안에 있는 캐나베럴 기지에 차질 없이 인도할 수 있었다. 한달 후 플로리다 주 올랜도에 있던 마틴의 총책임자는 군으로부터 최초의 야전용 퍼싱미사일을 예정보다 한 달 앞당겨 납품해 달라는 주문을 받아들였다. 더욱이 이 미사일이 하드웨어상의 문제나 문서상의 오류 없이 완전무결해야 할 뿐 아니라, 인도 후 10일 이내에 설치되어 정상 가동되어야 한다는 요구도 있었다. (당시에는 인도시점으로부터 정상 가동까지는 통상 90일 이상을 기준으로 하고 있었다.)

두 달간의 열정적인 활동의 내용은 다음과 같다. 통상적인 검사와 오류 수정에 배정할 수 있는 시간적 여유가 거의 없었으므로 전 종업원들에게 최초에 한치의 오류도 없이 맡은 업무를 수행할 것을 요구하였다. 결과는 그야말로 놀랄 만한 것이었다. 미사일의 적시(適時) 인도와 더불어 24시간 만에 정상적으로 가동시킬 수 있었다. 이를 면밀히 검토한 마틴의 경영진은 이러한 성공이 일차적으로 그들 자신의 태도 변화에 따른 것이라는 결론을 얻었다. "완전무결이 실현되지 못한 배후원인은 단지 그것을 기대하지 않았기 때문이다. 경영진이 단 한 번 완전무결을 요구하였는데 이것이 현실로 이루어진 것이다!" 이를 계기로 작업자에 대한 동기부여와 그들의 의식이 관심의 초점으로 부각되었다. 작업자가 범하는 실수의 3가지 보편적 원인 – 지식 부족, 지원설비 부족, 주의 부족 – 중 마지막 것에 대해서는 경영진이 그간 별로 관심을 두지 않았던 것이다.

ZD 프로그램의 핵심은 '작업자들에게 최초에 올바르게 수행하도록 주지시키는 것'이었다. 경영진은 교육과 특별행사 및 결과의 피드백 등을 통하여 작업자들이 이러한 원칙에 점차 익숙해지도록 하였다. 구체적인 문제해결 기법보다는 사고방식, 동기부여, 작업자의 인식 등에 비중을 두었다. 한편 마틴사의 프로그램을 신속히 수용한 GE 소형엔진사업부에서는 문제의 원인을 찾아서 제거하려는 'ECR(Error Cause Removal)' 운동을 추진하였다. 당시로서 널리 통용되던 합격품질수준AQL(Acceptable Quality Level)이란 품질기준을 부정하고 완전무결을 유일한 기준으로 받아들였던 마틴사는 30년의 근대적 품질관리 역사에 정면으로 도전한 셈이었다.

(4) 품질경영시대

품질관리가 검사중심에서 품질에 관련된 여러 부문들의 효과적인 기능적 연결을 중시하는 품질보증으로 발전하였음에도 불구하고 1960년대까지는 품질이란 주로 결함으로 인한 손실이나 기업 이미지의 손상을 방지하기 위해 관리하는 것으로 생각되어 왔다. 1970년대에 접어들면서 품질에 대한 소극적·방어적 입장에서 벗어나 품질의 전략적 측면이 고려되기 시작하였다. 품질의 전략적 측면이 고려된 것은 하룻밤 사이에 이루어진 일이 아니라 지속적인 변화와 발전의 결과로서, 언제 시작되었는지 문헌상의 기록은 찾을 수 없다. 그러나 가전제품이나 자동차 시장보다 훨씬 경쟁이 심했던 반도체 시장은 이러한 변화의 한 단면을 보여주고 있다.

1980년 3월 HP(Hewlett-Packerd)사의 데이터시스템 부문 총책임자였던 앤더슨은 미국의 3개 업체와 일본의 3개 업체로부터 반도체 칩(chip)을 수집해 시험한 결과 미국과 일본제품의 품질수준의 차이가 상당히 큰 것을 발견하였다. 수입검사 시 일본제품은 고장이 없었으나 미국제품의 고장률은 1~2%였으며, 1,000시간 사용 후 일본제품의 고장률은 1000개중 1개 내지 2개였으나 미국제품의 불량률은 이보다 27배나 되었다. 이러한 사실에 충격을 받은 미국의 반도체 회사들은 일본이 그들의 생산품 중에서 최상급품 만을 골라서 미국에 수출한다고 불평하기도 하고, 발표된 자료 자체를 부정하기도 하였으나 대부분의 시장분석가들은 이러한 품질상의 차이가 일본 반도체 회사들의 급속한 성장과 매우 밀접한 관련이 있다고 보았다. 일본은 불과 수년 만에 16K와 64K 반도체 시장을 상당부분 차지할 수 있었다. 이러한 사실은 그것이 의도적이었든 아니었든 간에 품질이 잠재적인 전략무기가 될 수 있다는 것을 강하게 시사하고 있다.

통계적 품질관리와 품질보증시대에서와 같이 품질을 결함이 없는 것이라고 간주하는 것은 시야에 문제가 있다. 전략적인 경쟁 문제에 관심을 두고 있는 최고경영자의 절대적 관심을 끌기 위해서는 품질에 대한 새로운 정의가 필요하다. 제품을 받아들일 만한가 아닌가를 결정하는 것은 내부의 어떤 부서가 결정할 수 있는 것이 아니라 고객만이 할 수 있다. 따라서 규격을 만족시킨다는 것은 부차적인 관심사이며, 고객의 요구를 소홀히 하여 제대로 파악하지 못한다면 제조공정이 아무리 우수하다 하더라도 별 다른 경쟁우위를 누릴 수 없는 것이다. 오늘날의 고객들은 과거 어느때보다 품질 문제를 훨씬 더 중요하게 생각한다.

한 가지 분명한 사실은 높은 품질이란 소비자를 만족시키는 것이지 제품으로 인한 피해를 방지하는 것이 아니다. 〈표 2.14〉는 지금까지 설명한 품질시스템의 발전단계를 요약한 것이다.

품질경영은 결함방지에서 한 걸음 더 나아가 지속적 품질개선과 품질의 전략적 활용을 추구하고 있으며, 21세기에 들어와서는 '지속가능한 성장(sustainable growth)'의 관점에서 이해관계자 만족을 추구하는 경영품질로 발전하고 있다.

〈표 2.14〉 품질시스템의 발전단계

구분특성	검사	통계적 품질관리	품질보증	품질경영
일차적 관심	검출	통제	조정	전략적 영향
품질견해	해결되어야 할 과제	해결되어야 할 과제	해결되어야 할 과제나 선행노력이 필요	경쟁기회
강조점	제품의 균일성	적은 검사와 제품의 균일성	결함을 예방하기 위해 설계로부터 마케팅까지 전 부문의 기능적 연계	시장과 고객의 요구
방법	측정과 계측	통계적 도구와 기법	프로그램과 시스템	전략적 계획, 목표설정 및 조직운영
품질전문가의 역할	검사, 분류, 계수 및 등급판정	이상탐지 및 통계적 방법의 활용	품질계획 및 운영 프로그램 설계	목표설정, 교육훈련, 관련 부문 지원 및 프로그램 설계
접근방향	품질검사	품질통제	품질시스템 구축	품질경영

참고문헌

- 박영택(1993), "품질경영의 기본사상", 품질경영연구, 1권 1호, pp.195–209.
- 박영택(1994), "품질시스템의 발전과 품질경영", 산업공학, 7권 2호, pp.1–19.
- 石川馨 저, 노형진 역(1985), 「일본적 품질관리」, 경문사.
- Bisgaard, S(2008), "Quality management and Juran's legacy", Vol.20 No.4, Quality Engineering, pp.390–401.
- Crosby, P.B.(1979), Quality Is Free: The Art of Making Quality Free, New American Library.
- Deming, W.E.(1993), The New Economics, MIT Press.
- Deming, W.E.(1986), Out of Crisis, MIT Press.
- Feigenbaum, A.V.(1991), Total Quality Control, 3rd Ed., McGraw–Hill Inc.
- Garvin, D.A.(1988), Managing Quality, The Free Press.
- Johnson, K(2001), "Philip B. Crosby's mark on quality", Quality Progress, October, pp.64–67.
- Juran, J.M. and Gryna, F.M.(1993), Quality Planning and Analysis, 3rd Ed., McGraw–Hill Inc.
- Juran, J.M.(1986), "The quality trilogy: A universal approach to managing for quality", Quality Progress, August, pp.19–24.
- Juran, J.M.(1992), Juran on Quality by Design, Free Press.
- Moen, R.D. and Norman, C.L.(2010), "Circling back: Clearing up myths about the Deming cycle and seeing how it keeps evolving", Quality Progress, November, pp.22–28.
- Noguchi, J.(1995), "The legacy of W. Edwards Deming", Quality Progress, December, pp.35–37.
- Phillips–Donaldson, D.(2004), "100 years of Juran", Quality Progress, May, pp.25–39.
- QP Staff(2010), "Six thought leaders who changed the quality world forever", Quality Progress, November, pp.14–21.
- Roehm, H.A. and Castellano, J.F.(1997), "The Deming view of a business", Quality Progress, February, pp.39–45.
- Suarez, J.G.(1992), Three experts on quality management, Department of the Navy, TQL Office.
- Tenner, A.R. and DeToro, I.J.(1992), Total Quality Management, Addison–Wesley Publishing Company Inc.
- Walton, M.(1988), The Deming Management Method, Perigee Books.
- Watson, G.H.(2005), "Timeless wisdom from Crosby", Quality Progress, June, pp.64–67.
- Watson, G.H.(2005), "Feigenbaum's enduring influence", Quality Progress, November, pp.51–55.
- Watson, G.H.(2008), "Total quality total commitment: Award throws spotlight on Feigenbaum quality's link to innovation", Quality Progress, November, pp.20–26.
- Watson, G.H.(2015), "Total quality's leader total commitment: Remembering Armand V. Feigenbaum, integrator of quality into organizational management", Quality Progress, January, pp.16–25.
- https://www.deming.org

2장 부록 행정품질의 선구자 매디슨시청

35세의 젊은 나이에 매디슨 시장으로 당선된 센센브레너는 데밍의 품질철학을 시정(市政)의 기본방침으로 도입하였다. 현대 품질경영의 선구자였던 데밍 박사는 정작 자신이 가르쳤던 품질경영의 원리가 경쟁상대가 없는 관청에 성공적으로 적용될 수 있을지 확신하지 못했지만 센센브레너 시장은 품질경영이 공공 부문의 개혁을 위한 실천수단이 될 수 있다는 것을 입증하였다. 정부와 품질에 관한 가장 흥미 있는 사례로 손꼽히고 있는 매디슨시청이 보여주는 행정품질의 참 모습은 무엇일까?

정부라고 예외가 될 수는 없다

정부는 최대의 서비스 조직이자 가장 오래 된 산업이라고 볼 수 있으나, 정부 관료가 자신의 고객을 진심으로 도와주려고 한다거나 효과적인 고객 지원방법을 알고 있을 것이라고 생각하는 사람은 흔치 않다. 오늘날 '품질,' '고객지향,' '지속적 개선' 등과 같은 말들이 자주 사용되고 있지만, 아직도 많은 사람들은 이러한 것들이 정부가 하고 있는 일과는 동떨어진 것이라고 느끼고 있다. 그들은 정부가 경쟁력 있는 선도 기업들과 같이 운영될 수 있으면 좋겠다고 생각하면서도 대개의 경우 그것은 불가능한 일이라고 생각한다.

다행히 이제는 선도 기업들의 경영관행이 정부의 비용과 능률 및 업무품질에 영향력을 행사할 수 있는 새로운 길이 열렸다. 이 길은 민간 산업계에서 빠른 속도로 수용되었던 이른바 품질혁신 운동이다. 품질혁신을 통하여 경쟁력을 회복한 기업들이 늘어나면서 이들에게 으레 기대하는 것과 같은 양질의 서비스를 정부도 개발하여 납세자들과 국민들에게 제공할 수는 없을까 하는 생각을 갖게 되었다. 이 점에 대한 매디슨시청의 센센브레너 전 시장의 경험은 긍정적인 것이다. 그것은 가능한 일이다. 기업들이 체질개선을 하지 않으면 도태될 수밖에 없는 상황에 처해 있는 것과 마찬가지로 정부도 세입감소와 납세자들의 반발, 그리고 생산성 증대와 서비스 개선에 대한 새로운 요구를 받고 있다.

어떤 품질전문가는 이렇게 말한다. "사람들은 기업과 관청을 비교하고 있다. 그들은 월요일에 아멕스 사에 신용카드를 신청하면 며칠 내에 우편으로 카드를 받게 되지만, 관청에 가서 별것 아닌 운전면허증을 갱신하는 데에는 그보다 몇 배의 시간이 걸린다. 관청의 운전면허과와 신용가드 회사는 서로 경쟁관계에 있는 것이 아니라고 생각될지 모르지만 사람들의 마음속에서는 이미 서로 비교가 이루어지고 있는 것이다."

센센브레너가 이러한 문제를 실감하게 된 것은 1983년에 2년 임기의 매디슨 시장으로 처음 당선되었을 때의 일이다. 주(州)의 수도로서, 그리고 위스콘신대학교의 소재지로서 매디슨 시는 평온한 시기에도 정치적으로 들떠 있는 곳이다. 베트남 전쟁의 소용돌이가 지나간 후라서 어느 정도 정상을 되찾은 때였는데도 정부는 여전히 수세에 몰리고 있었다. 행정서비스 분야가 계속 증대됨에 따라 소요비용도 증가하였지만 레이건 개혁으로 인해 세입은 큰 폭으로 줄어들고 있었다.(센센브레너가 시장으로 재직하였던 1983년부터 1989년 사이에 매디슨 시의 총세입은 11%나 줄었다.) 매디슨 시의 재산세 과세기반은 두 가지 면 – 도시가 좁은 협지 위에 있다는 자연적인 조건과 대학과 국유지로 할애된 토지가 많다는 인위적 조건 – 에서 제약을 받고 있었다. 과세대상이 될 수 있는 재산에 대한 세금부과가 거의 한계에 이르자 1983년부터 구급차 사용료와 같이 말썽의 소지가 있는 방법에 호소하여 재원을 염출하기 시작했다.

서비스의 축소도 세금의 인상도 안 된다는 요구

예산 청문회는 해마다 치러야 하는 악몽으로 변하고 있었다. 매디슨 시민들은 행정서비스의 축소나 세금의 인상 중 그 어느 것도 원치 않았다. 그들은 세금부과는 증가하였으나 시에서 제공하는 서비스는 오히려 줄어들고 있다고 생각하였다. 센센브레너 시장은 궁지에 몰렸다는 기분에 사로잡혔다. 그때까지 그가 쌓아왔던 관리경험 – 주지사의 수석보좌관으로서, 그리고 주정부의 법무차관으로서 – 은 시정의 복잡한 업무를 처리하는 데에 별 도움이 되지 못했다. 주정부 법무차관으로서 그가 수행하였던 일은 업무의 모든 국면에 대해 전문적인 지식을 가지고 다분히 참여적인 입장에서 의사결정을 하면서 자신이 맡은 부서를 운영하는 것이었다. 그런데 시장이 되고 보니 도시행정을 운영하는 한편 시의회를 상대하고 그러면서 잔디 깎는 일이나 제설작업 또는 차량정비 등의 전문가가 된다는 것이 불가능하다는 것을 실감하게 되었다. 또한 일선 행정에서는 제도적인 차질이 빚어지고 있었다.

일례로 1983년도 감사에서는 시영 자동차정비소의 운영실태가 문제로 지적되었다. 정비가 크게 지연되는 바람에 순찰차·덤프트럭·쓰레기차·도로청소차 등 총 765대를 운용하는 매디슨의 여러 기관들이 주요 장비들을 제대로 사용할 수 없다는 것이었다. 감사보고는 문제를 있는 그대로 보여 주었으나(예컨대 차량정비를 위해 정비소에 입고시키면 평균 9일을 기다려야 했다), 어째서 일이 그 지경에 이르게 되었는지에 관한 설명은 없었다. 이러한 상황에서 다른 관리자들이 그러하였듯이 센센브레너 시장도 정비소장을 불러다가 호되게 야단치고 부하직원들을 엄히 다스려 정비소의 기강을 바로잡으라고 할 참이었다.

그런데 바로 그때 그의 보좌관 중 한 사람이 데밍의 강연을 들어보라고 권하였다. 당시 82세였던 이 노(老)학자는 일본이 2차 세계대전의 폐허를 딛고 기적적으로 부흥할 수 있도록 도와 준 장본인이었다. 데밍의 접근방법은 기업인들에게 익숙한 것이었지만 센센브레너 시장으로서는 그야말로 듣지도 보지도 못한 것이었다. 어떤 면에서 그의 가르침은 상식적인 것이었지만 조직운영에 대한 새로운 통찰력을 가져다주었다.

지속적 개선은 일상업무라는 데밍의 가르침

물건이 만들어지고 난 다음에 이루어지는 사후검사에 의존하는 것이 문제라고 데밍은 말하였다. 토스트를 굽는 것에 비유하자면 “너는 태워라. 나는 긁어내겠다”라는 식이다. 이미 잘못된 것을 ‘하류(下流)’에서 바로 잡으려고 하는 것은 어리석은 일이며, ‘상류(上流)’에서 관리를 제대로 하여 항상 기대한 결과가 나올 수 있도록 하는 것이 중요하다고 강조하였다. 이를 위해서는 조직 내에 품질을 중시하는 풍토가 조성되어야 하며, 이미 효과가 입증된 다양한 품질기법들을 숙지해야 한다는 것이었다. 무엇보다 중요한 것은 품질을 올바르게 정의하는 것이며, 지속적 개선을 통해 고객을 만족시키고 자신이 제공하는 서비스와 물품의 품질특성에 대한 산포를 줄이지 않으면 안 된다는 것을 강조하였다.

품질문화를 조성하기 위한 조직의 변화에 대해 데밍의 설명을 듣고 있노라니 시장 자신이 모색하고 있던 것이 바로 그것이라는 생각이 들었다. 동시에 그러한 것들이 실현되기 위해서는 혁명적인 변화가 필요할 것이라는 생각도 들었다. 정부 관료제도의 실질적인 기둥은 상호 독립적으로 움직이는 여러 부문들이므로 부문 간의 장벽을 허물라는 데밍의 주장을 어떻게 실행할 수 있겠는가 하는 것이 당면과제라고 생각되었다. 또한, 공무원사회의 오래된 격언은 ‘모난 돌이 정 맞는다’는 것인데, 그들이 갖고 있는 두려움을 몰아내고 문제의 해결을 위한 권한을 보다 많은 사람들에게 부여하라는 데밍의 충고를 어떻게 따를 것인가도 문제였다. 무엇보다도 큰 도전은 지속적 개선을 단순한 목표로서가 아니라 정부가 마땅히 해야 할 일상적 업무로 설정하라는 그의 주장이었다. 그러나 ‘현상유지(status quo)’라는 것은 정부의 특징이 아닌가! 게다가 유권자들은 시 예산의 지출항목으로 계상된 ‘품질’이라는 것을 어떻게 받아들일 것인가?

이러한 점들은 시청으로 돌아가는 길에 센센브레너 시장의 뇌리를 스쳐간 생각의 일부였다.

목표에 의한 관리와 감사에서 적발되면 처벌하겠다는 위협마저 별 실효성이 없다는 것을 이미 겪어 온 터였기 때문에 다른 방도가 없었다. 따라서 쉽지는 않겠지만 데밍의 권고를 한번 시도해 볼만하다는 생각이 들었다.

시영 자동차정비소를 대상으로 한 첫 번째 시도

정비대기 중인 자동차로 혼잡한 시영정비소는 데밍의 주장을 시험적으로 적용해 볼만한 곳으로 생각되었다. 시영정비소의 직원들은 시장이 수석보좌관을 대동하고 나타나서 자신들의 문제를 조사하자 놀라움을 감추지 못했다. 그도 그럴 것이 이전에 역대 시장들이 그곳을 찾았던 것은 차량 주유가 필요할 때뿐이었다. 그 후 몇 년 동안 센센브레너 시장이 거듭해서 깨달은 것은 변화가 일어나야 할 일선 현장에 최고책임자가 직접 참여하는 것이 매우 중요하다는 점이었다.

정비소 직원들의 대다수가 회의적인 태도로 임했지만 시장은 노조 지도자인 홈즈 위원장을 만나 시장 자신이 직접 참여하겠다는 것을 진솔하게 토로하고, 그의 참여가 없으면 성공하기 어렵다는 점을 설명하였다. 그러자 그도 참여하기로 동의하였다. 그들은 팀을 구성하여 기술자들의 이야기를 듣고, 또한 정비공정에서 직접 자료를 수집했다. 마침내 정비작업이 지체되는 주된 이유가 정비소에서 필요한 부품들을 제대로 구비하지 못했기 때문이라는 것을 알 수 있었다. 부품관리 담당자에게 문제를 제기했더니 부품확보에 문제가 발생하고 있는 것은 시 당국이 매년 다양한 모델의 차량을 구입하고 있기 때문이라고 하였다. 시청의 보유차량을 형식·제조업체·모델·연식 등으로 나누어 살펴보았더니 그 종류가 무려 440종이나 되었다. 어째서 이토록 다양하단 말인가? 부품관리자의 말로는 어떤 차량이건 간에 구입 당일의 고시가격이 가장 싼 것을 구매한다는 시 당국의 방침 때문에 그렇게 된 것이라고 했다.

어떤 기술자는 이렇게 말했다. "이것이야말로 상식 이하의 일이다. 놀고 있는 장비들, 2·3류 메이커들에게서는 기대할 수 없는 품질보증, 그리고 싸구려 기계들의 형편없는 신뢰도나 헐값의 매각처분 가격 등을 감안해 볼 때 단순히 값싼 것을 구입한다고 해서 이득이 되는 것은 결코 아니다."

다음으로 그들이 찾아간 곳은 부품구매 담당자였다. 그도 같은 견해를 갖고 있었다. "부품의 종류를 줄이고 신뢰할 수 있는 소수의 공급자들로부터만 납품받는다면, 부품구매 담당자의 업무가 매우 수월해질 것이다. 그런데 구매본부가 이것을 허용하지 않는다." 그래서 구매본부를 찾아갔더니 이런 이야기였다. "그 얘기라면 이미 알고 있다. 한결같이 그러한 점을 호소하고 있기 때문에 잘 알고 있다. 그렇지만 기존의 구매방침을 바꾸기는 어렵다. 감사원이 이를 허용하지 않는다."

감사관의 말은 다음과 같았다. "당신의 주장은 일리가 있다. 그렇지만 시 법무관이 그러한 것을 인가해 주도록 허용하지 않는다." 그래서 법무관을 찾아갔더니 그는 이렇게 말하는 것이었다. "천만에, 그렇게 해도 된다. 품질보증, 정비의 용이성, 부품의 입수용이성, 매각 시 잔존가치 등에 대한 명세서를 작성하기만 하면 된다. 미리 이러한 점을 분명히 하면 문제될 것이 없다. 실은 당신네들이 줄곧 그렇게 해온 줄 알고 있었다."

첫 번째 시도에서 얻은 값진 교훈

이것은 실로 어처구니없는 발견이었다. 이러한 첫 시도는 데밍의 패러다임이 옳다는 것을 조목조목 확인해 주었으며, 기업에서 실효성이 있는 것이라면 정부에서도 효과가 있을 것이라는 것을 강력히 시사하였다. 이러한 경험을 통해 센센브레너 시장은 다음과 같은 몇 가지 중요한 사실들을 깨달았다.

첫째, 장비들이 가동되지 못하고 정비대기 시간이 길다는 문제의 원인을 정비소 직원들이 필요한 부품들을 제때에 구비해 놓지 못했다는 하류차원에서 찾아야 할 것이 아니라, 시당국과 납품업자와의 관계라는 상류차원에서 파악해야 했다. 다시 말해 문제는 일선 직원들 때문에 발생한 것이 아니라 시스템의 결함 때문에 야기된 것이었다.

둘째, 문제를 해결하는 데에는 팀워크와 부문 간 장벽의 제거가 필요했다. 정부기관 내의 부문들은 상호의존적인 일이 별로 없었기 때문에 서로 도와주려는 의식이 희박하였으며 '차(次)공정은 고객'이라는 내부고객의 개념 자체가 그들에겐 다소 생소한 것이었다.

셋째, 해결책을 모색하기 위해서는 일선 직원들을 문제해결에 동참시켜야 했다. 이를 통해 직원들은 자신들이 책망과 무시의 대상이 아니라 상담자가 되고 협력자가 되었다고 생각하게 되었고, 이로 인해 그들의 사기와 생산성이 크게 높아졌다. 구매정책을 변경하여 여러 관리계층에 걸친 24단계의 절차를 3단계로 간소화시키자 직원들은 깜짝 놀랐고, 자신들의 목소리에 귀를 기울여 주는 사람이 있다는 사실에 기뻐했다.

실제로 직원들은 의욕에 넘쳐 예방정비를 통한 원가절감 방안을 검토하기 시작했다. 일례로 그들은 시당국이 소금과 같은 부식성 물질을 수송할 때 트럭 바닥에 깔개를 사용하지 않았다는 사실을 알게 되었다. 또한 기술자들이 경찰 순찰차에도 동승했다. 이를 통해 일반적인 생각과는 달리 순찰차의 경우 고속 비상주행보다는 시동을 걸어놓은 채 정지하고 있는 시간이 훨씬 많다는 사실도 알게 되었다. 도로 및 공원을 관장하는 부서와 경찰 등과 같은 관련부문들이 기술자들의 자료수집을 도왔으며, 그들은 마침내 운전기사를 위한 차량상태 점검표, 각 차량의 정비일정 등이 포함된 제안서를 제출하였다.

이러한 직원들의 노력 덕분으로 정비에 소요되는 시간이 평균 9일에서 3일로 단축되었으며, 예방정비에 투입한 돈의 7배가 넘는 수리비 절감효과를 거둘 수 있다.

시정(市政)의 전면적 재구축

기업에 근무하는 사람들은 잘 알겠지만 데밍식 품질향상은 문제해결의 속전속결식 방식이나 마술적 방법이 아니다. 품질경영은 최고책임자로부터 일선근로자에 이르기까지 전체 종업원들의 의식과 태도 및 업무수행 방법에 대한 변화를 요구하므로, 그것이 뿌리내릴 때까지는 여러 해가 걸린다. 품질경영이 산업계보다는 정부에서 더 빨리 더 쉽게 이루어질 것이라고 생각할 만한 근거는 조금도 없다. 그렇지만 매디슨 시의 경우 불과 몇 년 사이에 여러 가지 고무적인 양상들이 나타났다.

사려 깊은 일부 노조지도자들과 조합원들이 센센브레너 시장의 가장 강력한 지지자로 변하였다. 오랫동안 노조위원장을 맡았던 홈즈도 시장의 강력한 후원자가 되었다. 또한 처음에는 회의적이었던 일부 관리자들도 시간이 지나면서 이 프로그램의 지지자로 바뀌었다. 어떤 부문의 책임자는 부하직원들로 구성된 품질향상팀에 대해 이야기하면서 "나는 3년 동안 '어디 한번 해보시지'라는 태도로 일관했는데 그들이 결국은 해내더라"고 말했다.

1987년 센센브레너 시장은 가장 우수한 관리자 5명에게 그들의 공로를 인정해서 봉급인상을 제의했는데 그 재원은 시장이 그러한 경우를 위해 특별히 마련한 기금이었다. 그런데 놀랍게도 그들 모두가 그것을 사양하였다. 그들을 영웅으로 취급하게 되면 품질경영이 일종의 스타를 선출하는 제도로 전락하게 되어 그들이 소속된 팀의 공로를 인정하지 않는 듯한 인상을 풍기게 된다는 것이 이유였다. 사람들이 원하고 기대하는 것은 잘 해낸 일에 대한 예사로운 일상적인 피드백으로서 그들의 어깨를 두드려 준다거나 혹은 최고경영자 – 이 경우에는 시장 – 가 메모지에 그러한 뜻을 적어 보내는 것만으로도 크게 부족함이 없다는 것이었다.

1989년 센센브레너 시장이 시장직을 두 번 연임한 후 이임할 무렵 매디슨시청에서는 20~30건의 품질개선 프로젝트가 진행되고 있었으며, 시당국은 전체 직원들에게 품질개선을 위한 교육을 완료하였다. 또한 시청 직원들은 누구를 막론하고 내부고객들에 대한 서비스 개선책을 계속 찾고 있었다. 센센브레너 시장이 품질원칙의 공공 부문 적용에 대한 실효성을 의심한 적이 한때 있었다 할지라도 그러한 의문은 이미 사라진 지 오래였다.

정부보다는 시장에서의 격심한 경쟁에 시달리고 있는 기업들이 품질경영을 도입해야 할 필요성이 더 큰 것처럼 보일 수도 있다. 그러나 오늘날 정부기관들도 경비절감에 대해 적지 않는 압력을 받고 있다. 중앙정부의 심각한 재정적자, 지방정부의 예산균형 문제, 경제위축이나 저성장에 따른 세수(稅收) 확보의 어려움 등은 중앙정부나 지방정부의 관리직에 있는 사람들에게 앞으로 오랫동안 큰 도전이 될 것이다.

참고문헌

- 박영택(2005), 「이노베이션 스토리: 혁신에 성공한 기업들이 펼치는 감동의 경영 파노라마」, 네모북스.
- Sensenbrenner, J.(1991), "Quality comes to the city hall", Harvard Business Review, March-April, pp.64-75.

3장
품질비용

품질비용은 일반적으로 기업 매출액의 20%~30%로서 통상적인 기업 이윤의 5배나 된다. 따라서 기업이 이익을 낼 수 있는 가장 확실한 지름길은 품질혁신을 통해 이 비용을 줄이는 것이다. 주란 박사는 품질비용을 줄이는 것이 이익의 원천이 된다는 의미에서 품질비용을 '광산 속에 묻힌 황금'이라고 표현하였다.

3.1 품질비용의 기본개념

(1) 1:10:100의 법칙

품질에는 아주 기본적인 3가지 원칙이 있다. 이것은 품질을 확보하기 위해 반드시 준수해야 할 원칙이다.

첫째, 제품이든 서비스이든 고객의 불만을 야기할 소지가 있는 불량품은 처음부터 만들지 않는다.
둘째, 만에 하나 이러한 첫 번째 원칙을 준수하지 못해 혹 불량품이 나오는 경우가 있더라도 그것을 절대로 고객에게 전달하지 않는다.
셋째, 두 번째 원칙마저도 무너져 불량품이 고객에게 전달된다면 신속하게 조처해야 한다.

품질의 이러한 3가지 기본원칙을 건성으로 듣고 지나치기 쉽기 때문에 품질경영에서는 이 원칙을 돈으로 설명한다. 기업이 품질을 확보하기 위해 투입하는 일체의 비용을 '품질비용'이라고 한다면, 이 비용은 앞서 설명한 세 가지 기본원칙의 준수에 들어가는 예방비용, 평가(검사)비용, 실패비용으로 나눌 수 있다.

품질비용을 적게 들이고도 품질수준을 높일 수 있는 방법은 무엇일까? 이에 대한 답을 얻기 위해서는 〈그림 3.1〉에 나타낸 '1:10:100의 법칙'을 알아야 한다. 최초에 올바르게 하기 위해 투입하는 예방비용의 크기를 1로 둔다면 처음에 제대로 하지 못해 발생한 결함을 찾는 데 투입하는 평가비용은 10배가 된다. 또한 검사를 통해서도 결

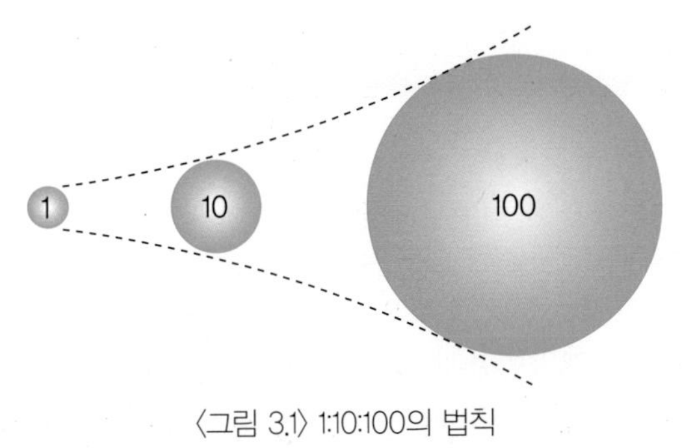

〈그림 3.1〉 1:10:100의 법칙

함을 걸러내지 못해 잘못된 것이 고객에게 전달된다면 이를 사후 조처하는 데에는 100배의 비용이 들어간다는 것이다. 따라서 품질을 높이고도 비용을 줄이는 방법은 '최초에 올바르게 하는 것(DIRTFT, Do It Right The First Time)'이다.

(2) 품질비용의 PAF 모델

품질비용에 대한 전반적 개념은 1951년에 발간된 주란 박사의 역작인 「품질관리 핸드북(Quality Control Handbook)」 초판에 처음으로 소개되었지만 이를 널리 알린 것은 파이겐바움이었다. 그는 1956년 「하버드 비즈니스 리뷰」에 기고한 논문에서 전사적 품질관리가 경제적으로 큰 성과가 있는 이유를 설명하기 위해 '예방비용(prevention costs)'과 '평가비용(appraisal costs)' 및 '실패비용(failure costs)'이란 용어를 사용하였다. 이후 이러한 용어의 사용이 보편화되었으며 품질비용을 이와 같이 분류하는 방식을 통상 'PAF 모델'이라고 한다.

파이겐바움은 결함이 발생하는 것을 원천적으로 방지하기 위해 예방비용을 조금만 늘리면 평가비용과 실패비용이 대폭 줄어든다고 주장하였다. 따라서 전사적 품질관리를 지속적으로 추진하면 시간의 경과에 따라 품질비용은 〈그림 3.2〉와 같이 변하므로 총품질비용이 줄어든다는 것이었다.

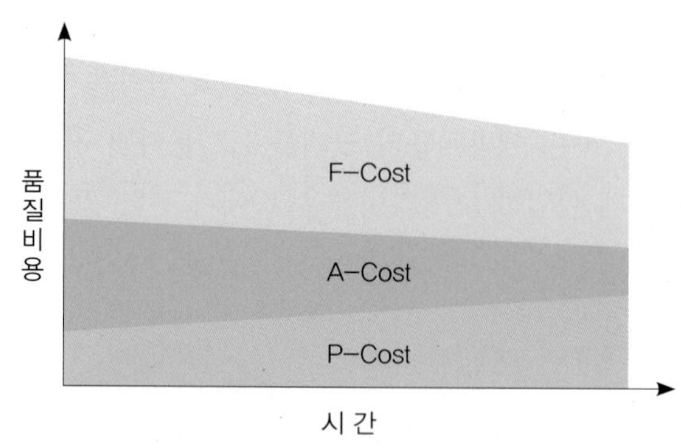

〈그림 3.2〉 예방비용을 늘릴 경우 품질비용의 장기적 변화

품질비용의 3요소 중 예방비용과 평가비용은 품질표준이나 요구사항을 충족시키기 위해 노력하는 비용이며, 실패비용은 그렇게 하지 못해 초래되는 비용이다. 이러한

관점에서 크로스비는 요구사항에 부합하는 제품을 만들기 위해 투입하는 예방비용과 평가비용을 '적합비용(POC, Price of Conformance)'이라고 하고, 요구사항을 충족시키지 못해 초래되는 비용을 '부적합비용(PONC, Price of Nonconformance)'이라고 하였다.

파이겐바움은 일찍이 부적합비용(PONC)의 개념을 '숨어있는 공장(Hidden Plant)'이라는 말로 설명하였다. 어떤 공장이든지 최초에 올바르게 하지 못해서 재작업이나 일정계획 변경 등으로 인해 생산능력이 낭비되고 있는데 이를 공장 안에 숨어있는 또 하나의 공장이라고 하였다. 그는 숨어있는 공장이 생산능력의 40%까지 잠식하고 있다고 추정하였다.

(3) 품질비용의 구조

일반적으로 품질비용은 기업 매출액(또는 조직 총운영비)의 15~25% 정도로서 통상적인 기업 이익의 3~5배가 된다. 따라서 품질비용을 줄이는 것은 어느 조직이든지 중요한 관심사가 아닐 수 없다. 앞서 설명한 바와 같이 품질비용을 줄이기 위한 기본적인 접근방법은 '최초에 올바르게' 하는 원류관리(源流管理)를 강화하여 평가비용과 실패비용을 줄이는 것이다.

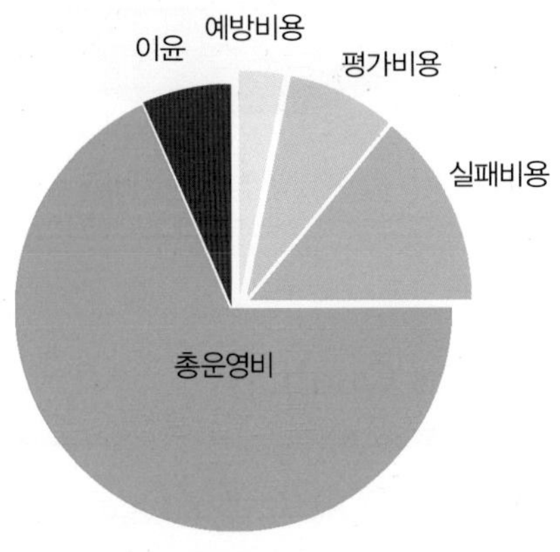

〈그림 3.3〉 품질비용과 기업이익

품질비용이 기업 매출액의 15~25%가 된다고 하면 많은 사람들은 이것이 지나치게 과장된 것이 아닌가 의문을 품는다. 이러한 의문이 생기는 이유는 집계하기 힘든 숨어 있는 '잠재 품질비용(H-Cost, Hidden Quality Cost)'이 재무적으로 산출할 수 있는 품질비용보다 훨씬 더 크기 때문이다. 미국 웨스팅하우스전기의 조사에 의하면 드러나지 않는 H-Cost가 집계된 품질비용보다 최소한 3~4배 큰 것으로 추산되었다고 한다. 일반적으로 H-Cost가 전체 품질비용의 약 80% 정도를 차지한다고 추정한다. 따라서 우리가 집계할 수 있는 품질비용은 '빙산의 일각'에 불과한 것이다.

일례로 단골고객이 수익의 원천이 된다는 '고객충성도 효과(Loyalty Effect)'를 생각해 보자. 한 번 온 손님이 단골고객이 되면 기업은 돈을 벌게 되어 있다. 단골고객은 판촉비를 들이지 않더라도 계속 구매할 뿐 아니라 잠재고객들에게도 좋은 입소문을 퍼뜨리기 때문이다. 따라서 품질불만으로 인해 고객이탈이 발생한다면 기업 이익이 향후 줄어들 것이라는 것은 자명하다. 그런데 고객이탈로 인해 발생하는 '판매기회의 상실'은 당장의 매출액 감소를 제외하고는 기업의 회계시스템 어디에도 반영되지 않는다.

〈그림 3.4〉 잠재 품질비용

(4) COPQ(Cost of Poor Quality)

품질비용을 지칭하는 용어로 COQ(Cost of Quality)가 오랫동안 사용되어 왔지만 COPQ(Cost of Poor Quality, 저품질비용)라는 용어로 점차 대체되고 있는데 그 이유는 다음과 같다.

'품질비용'이라는 용어 자체가 '품질을 높이기 위해서 들어가는 비용'이라는 인상을 주기 때문에 '품질을 높이려면 비용이 더 많이 든다'고 오해하게 만든다. "최초에 올바르게 하면 품질도 좋아지고 비용도 줄어든다"는 것을 효과적으로 전달하기 위해서는 '품질비용(COQ)'이란 종래의 용어 대신 '품질이 좋지 못해서 발생하는 비용'이라는 의미로 '저품질비용(COPQ)'을 사용하는 것이 좋다. COPQ라는 용어는 원래 주란이 제안한 것인데 COPQ를 다음과 같이 정의하였다.

"COPQ란, 만약 품질문제가 없다면 사라져버릴 비용의 합이다."

그런데 현업에서는 COPQ의 의미가 통일되지 않아서 품질비용에 관심이 있는 사람들에게 많은 혼동을 주고 있다. 우선 ASQ에서 발간한 품질 용어집에서는 COQ와 COPQ를 동일한 것으로 정의하고 있다. 식스시그마에서는 종종 실패비용(내부 실패비용 및 외부 실패비용)을 COPQ라고 정의하고 있으나 이 경우에는 혼동을 피하기 위해 부적합비용(PONC)이라고 쓰는 것이 좋다.

3.2 품질비용의 분류와 산출

(1) 품질비용의 분류

실패비용을 사내에서 일어나는 '내부 실패비용(internal failure cost)'과 사외에서 일어나는 '외부 실패비용(external failure cost)'으로 구분하면 품질비용은 다음과 같이 정리할 수 있다.

- **적합비용(POC, Price of Conformance)**
  - 예방비용(P-Cost): 결함발생을 방지하는 데 소요되는 비용으로서 교육훈련, 설계심사(design review), 예방정비, 협력업체 평가 등에 소요되는 비용이 포함된다.
  - 평가비용(A-Cost): 제품이나 서비스가 규격이나 기준을 충족시키는지 확인하는 데 소요되는 비용으로서 시험, 검사, 계측기 관리 등에 소요되는 비용이 포함된다.

〈표 3.1〉 품질비용의 예

적합비용(POC)		부적합비용(PONC)	
예방비용 (P–Cost)	평가비용 (A–Cost)	사내 실패비용 (IF–Cost)	사외 실패비용 (EF–Cost)
품질교육 설계심사 공정관리 결함원인 제거 품질감사 예방정비 협력업체 평가	시험 측정 평가 수입검사 공정검사 출하검사 계측기 관리	폐기 재작업 수리 수율저하 가동중단 비계획 정비 제품등급 저하	반품 현장 출동수리 보증수리 및 교환 리콜 제품책임(PL) 고객불만처리 불량보충 여유분

- **부적합비용(PONC, Price of Nonconformance)**
  - 내부 실패비용(IF–Cost): 고객에게 상품이 전달되기 이전에 결함이 발견될 경우에 초래되는 비용으로서 폐기나 재작업 비용, 가동중단으로 인한 손실 등이 포함된다.
  - 외부 실패비용(EF–Cost): 고객에게 상품이 전달된 이후에 결함이 발견될 경우에 초래되는 비용으로서 보증수리, 환불, 고객불만 처리, 리콜 등에 소요되는 비용이 포함된다.

품질비용의 분류가 쉽지는 않으나 〈그림 3.5〉와 같은 절차를 따르면 어떤 비용이 품질비용에 속하는지 아닌지, 또한 만약 품질비용에 속한다면 어느 항목으로 분류되는지 알 수 있다.

(2) 품질비용의 산출

품질비용의 산출 목적은 품질문제가 미치는 재무적 영향을 파악하고 품질향상이나 원가절감이 필요한 부분을 찾기 위한 것이다. 품질비용 산출의 일반적 절차는 다음과 같다.

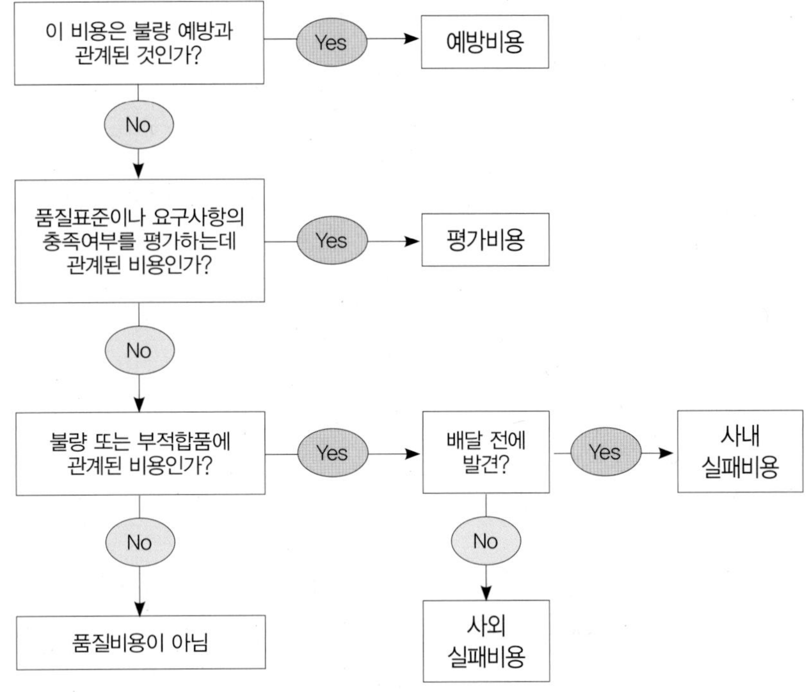

〈그림 3.5〉 비용 항목을 품질비용 범주에 할당하는 절차(ASQ Quality Costs Committee, 1999 자료를 일부 수정)

- 품질비용의 산출에는 여러 부서의 참여가 필요하므로 먼저 경영진이 품질비용 산출에 대한 확고한 의지를 표명한다.
- 회사의 재무자료를 이용하고, 필요한 추정치를 추가하여 품질비용을 대략적으로 추정하여 경영진에게 보고한다.
- 품질비용 산출을 담당할 팀을 구성한다. 이 경우 팀장은 임원이 맡아야 하며 주요 부서에서 골고루 팀원으로 참여한다.
- 품질비용을 시범적으로 산출할 대상 부문을 결정한다.
- 품질비용의 산출에 필요한 자료를 수집한다. 여기에는 다음과 같은 것들이 포함된다.
  - 원가계산 자료(폐기나 재작업 등과 같은 비용)
  - 급여자료(품질업무를 담당하는 직원의 급여)
  - 관련자의 추정 자료(수리나 품질관련 활동에 소비된 시간 등)
- 품질비용 산출이 완료되면 이를 사내에 공표하고 품질경영의 기초자료로 활용한다.
- 시간적 여유를 두고 품질비용의 산출을 전사적으로 확대한다.

그러나 품질비용을 산출하는 데에는 많은 장애요인이 있다. 이 중 대표적인 것들은 다음과 같다.

- 전통적인 원가회계시스템으로는 품질비용의 요소 중 일부밖에 파악할 수 없다.
- 기업의 회계시스템은 잠재 품질비용(H-Cost)을 고려하지 못하기 때문에 품질의 전략적 의미를 반영하지 못한다.
- 품질비용에 포함되어야 할 요소들과 그것들의 분류에 대한 의견의 일치를 보기 어렵다.
- PL소송과 같이 발생확률은 높지 않으나 발생 시 손실금액이 매우 큰 문제도 고려해야 한다.
- 제조업이 아닌 경우에는 적합품질을 명확히 정의하기 어렵다.

이외에도 품질비용의 산출 자체가 품질문제를 해결해 주는 것이 아니며 단기적 비용절감이라는 그릇된 목표를 추구하게 만들 가능성이 있다. 이상의 설명에서 알 수 있듯이 품질비용의 산출 자체가 힘든 과제이며 많은 노력이 요구된다.

주란이나 크로스비는 품질비용을 측정할 필요가 있다고 주장하지만 데밍은 그것이 낭비라고 본다. 품질활동을 통해 얻을 수 있는 종업원의 주인의식이나 사기(士氣), 고객에게 미치는 긍정적 영향은 품질비용으로 측정할 수 없으며, 상대적으로 측정이 쉬운 작은 것들만 측정한다는 것이다. 따라서 품질비용을 측정할 여력이 있으면 차라리 품질개선에 더 힘쓰라는 것이 데밍의 견해이다. 필자도 데밍 박사의 의견에 상당 부분 공감하며, 품질비용을 측정하려면 우선 부적합 비용(PONC)을 중심으로 측정하고 그 결과를 활용하면서 필요에 따라 그 범위를 점차 넓혀 나가는 것이 좋다고 생각한다.

3.3 품질수준과 품질비용의 관계

품질수준을 높이려면 처음부터 불량의 발생을 방지하거나 만들어진 불량품을 사전에 철저히 가려내야 한다. 이를 위해서는 예방비용과 평가비용을 늘려야 하지만 불량 발생으로 인한 실패비용을 줄일 수 있으므로, 결국 예방 및 평가비용과 실패비용 사이에는 상쇄관계가 성립한다는 것이 전통적 견해이다.

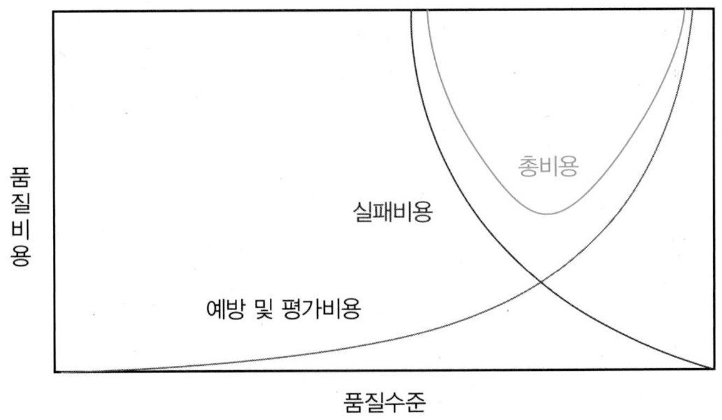

〈그림 3.6〉 품질비용에 대한 전통적 견해

품질비용이 〈그림 3.6〉에서와 같이 상쇄관계를 갖는다면 완전무결(ZD)이란 결코 바람직하지 못하며 어느 정도의 불량을 허용하는 경제적 품질수준이 존재한다. 통계적 품질관리에서 사용하는 '합격품질수준(AQL, Acceptable Quality Level)'은 이러한 견해를 반영하고 있다.

그러나 여기에는 한 가지 중요한 의문의 여지가 있다. 완전무결을 달성하기 위해서는 〈그림 3.6〉에서와 같이 예방 및 평가비용이 무한히 증가하는 것일까? 1960년대 초 마틴사의 ZD운동은 그것이 사실이 아니라는 것을 입증하고 있다. 오늘날 품질혁신의 많은 성공사례들은 품질이 개선되면 비용이 오히려 감소한다는 것을 보여주고 있다. 여기에는 다음과 같은 이유가 있을 수 있다.

첫째, 완전무결을 달성하는 가장 효과적인 방법은 크로스비의 지적대로 '최초에 올바르게' 하는 것이며 그렇게 하면 돈이 들어갈 이유가 없다.

둘째, 품질을 높이기 위해 원류관리에 치중하면 예방 및 평가비용이 증가하나 품질비용의 대부분을 차지하고 있는 실패비용을 대폭 삭감할 수 있으므로 오히려 더 경제적이다.

셋째, 업무절차를 간소화하고 작업내용을 표준화하고 사용부품이나 재료의 공용화가 이루어질 때 고품질이 실현될 수 있다. 일반적으로 간소화·표준화·공용화는 원가절감을 가져오므로 품질향상과 원가절감은 동시에 이루어질 수 있다.

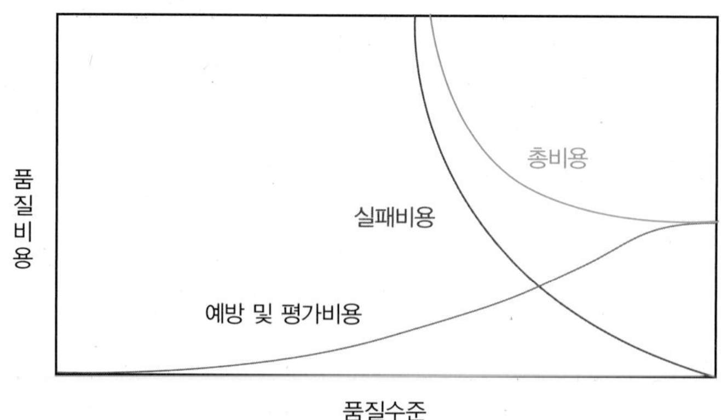

〈그림 3.7〉 품질비용에 대한 현대적 견해

이상의 설명에서와 같이 품질과 비용은 타협해야 할 상충요소가 아니며, 품질향상과 원가절감은 동시에 성취될 수 있는 것이다. 〈그림 3.7〉은 품질수준이 높아질수록 비용은 오히려 줄어든다는 품질비용에 대한 현대적 관점을 보여주고 있다.

다음의 〈그림 3.8〉은 미국 하버드 경영대학원의 품질담당 교수로 있는 가빈(D.A. Garvin)이 가정용 에어컨 산업을 대상으로 품질과 비용의 관계를 연구한 결과이다. 이를 보면 품질수준이 높은 공장일수록 오히려 품질비용이 적게 소요된다는 것을 알 수 있다.

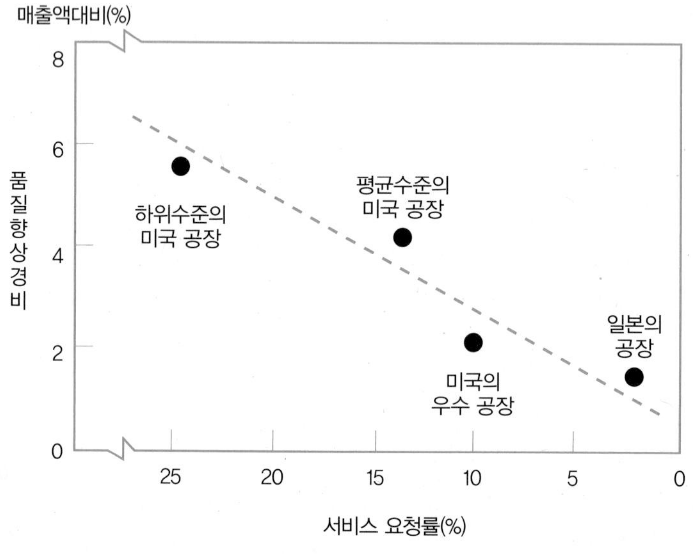

〈그림 3.8〉 품질과 비용의 관계(Peters, 1990)

품질과 비용은 타협해야 할 상충요소가 아니며 '품질향상과 원가절감은 동시에 성취될 수 있다'는 것이 현대적 품질경영의 출발점이다. 그러나 이상의 설명은 어디까지나 개념적인 것이며 어느 하나가 맞다고 단정적으로 이야기하기는 어렵다. 주란 박사는 품질과 비용의 상쇄관계가 현실적이라고 보았다. 다만 총품질비용이 최소화되는 최적 품질수준이 〈그림 3.6〉과는 달리 완전무결에 가까운 오른쪽 끝 가까이 위치하고 있다는 것이다.

필자의 견해로는 경우에 따라서는 품질과 비용이 상쇄관계에 있는 경우가 많지만 기술의 발전에 따라 최적 품질수준은 시간의 경과에 따라 완전무결에 가까운 방향으로 이동하고 있다고 본다. 따라서 장기적으로 볼 때는 완전무결을 지향하는 것이 더 유리하며, 특히 품질을 '최우선'으로 하는 기업문화의 정착을 위해서는 "품질을 높이면 비용이 줄어든다"는 자세를 일관되게 견지하는 것이 좋다고 생각한다.

참고문헌

- ASQ(2007), "Quality Glossary", Quality Progress, June, pp.39–59.
- ASQ Quality Costs Committee, Edited by Campanella, J.(1999), Principles of Quality Costs: Principles, Implementation and Use, 3rd Edition, ASQ Quality Press.
- Bisgaard, S(2008), "Quality management and Juran's legacy", Vol.20 No.4, Quality Engineering, pp.390–401.
- Cokins, G.(2006), "Measuring the cost of quality for management", Quality Progress, September, pp.45–51.
- Feigenbaum, A.F.(1956), "Total quality control", Harvard Business Review, Vol.34 No.6, pp.93–101.
- Garvin, D.A.(1983), "Quality on the line", Harvard Business Review, September–October, pp.65–75.
- Gryna, F.M.(1988), "Quality costs", in Quality Control Handbook, 4th Edition, McGraw–Hill.
- Harrington, H.J.(1987), Poor–Quality Cost: Implementing, Understanding, and Using the Cost of Poor Quality, CRC Press.
- Juran, J.M.(1992), Juran on Quality by Design, Free Press.
- Juran, J.M. and Gryna, F.M.(1993), Quality Planning and Analysis, Third Edition, McGraw–Hill Inc.
- Peters, T.(1990), Thriving on Chaos: Handbook for a Management Revolution, Harper Perennial .
- Rust, R.T., Zahorik, A.J. and Keiningham, T.L.(1993), Return on Quality: Measuring the Financial Impact of Your Company's Quest for Quality, Probus Publishing Company.
- Schneidererman, A.M.(1986), "Optimum quality costs and zero defects: Are they contradictory concepts?", Quality Progress, November, pp.28–31.
- Schiffauerova, A. and Thomson, V.(2006), "A review of research on cost of quality models and best practices", International Journal of Quality and Reliability Management, Vol.23 No.6, pp.647–669.
- Watson, G.H.(2015), "Total quality's leader total commitment: Remembering Armand V. Feigenbaum, integrator of quality into organizational management", Quality Progress, January, pp.16–25.

4장

품질경영을 위한 현장관리

생산이란 3M(사람, 설비, 재료), 에너지, 정보 등의 요소를 투입하여 제품과 서비스라는 산출물을 만들어내는 활동이라고 정의할 수 있다. 우리가 흔히 이야기하는 부가가치란 산출요소와 투입요소의 가치 차이, 즉, 생산활동에 의해 더해진 가치를 의미한다. 따라서 낭비란 부가가치에 기여하지 못하는 일체의 요소라고 볼 수 있다. 20세기에 일어난 생산성 혁명의 뿌리가 되었던 '과학적 관리'는 낭비의 철저한 제거를 위해 작업 자체를 과학적 연구의 대상으로 삼았다.

4.1 과학적 관리의 태동

(1) 시간연구의 선구자 프레드릭 테일러

프레드릭 테일러(Frederick Winslow Taylor, 1856–1915), Wikimedia Public Domain

테일러(F. W. Taylor)는 미국 필라델피아의 부유한 가정에서 태어나, 필립엑스터 학원을 거쳐 하버드 법과대학에 우등생으로 합격하였으나, 안질로 시력이 나빠져서 법과대학을 포기하고 18세가 되던 1874년 팔라델피아 수력공사에서 4년간 기계견습공으로 일을 배우게 된다. 그후 22세가 되던 1878년부터 12년간 미드베일 철강회사에 근무하면서 이 기간 중 스티븐스 공과대학에서 기계공학을 공부하였다.

미드베일 철강회사에 근무하면서 테일러는 작업자들의 생산성이 형편없이 낮은 것을 보고 이는 작업자들의 잘못이 아니라 비과학적인 경영 때문이라는 것을 알게 되었다. 작업자들의 직무분석이 부실하여 성과급제도의 표준이 부적절하였고, 작업자들의 생산량이 증대하여 너무 많은 보수를 받게 될 때에는 사용자가 일방적으로 임률(賃率)을 절하하는 관행이 보편화되었으며, 작업자는 그들이 알고 있는 간편한 작업방법을 숨길 뿐 아니라 조직적으로 태업을 벌이는 좋지 못한 상황들이 만연하고 있었던 것이다.

이러한 문제를 해결하기 위해 테일러는 먼저 1일의 과업(task), 즉 표준작업량을 과학적으로 결정함으로써 임률 결정의 합리적 근거를 마련하고, 일방적인 임률 인하 및 조직적 태업의 불씨를 제거하고자 하였다. 1일 공정작업량인 과업을 결정하기 위해 테일러는 작업방법 및 작업조건을 표준화하고, 초시계(stop watch)를 이용하여 작업자의 작업시간을 일일이 재기 시작했는데 이것이 오늘날 우리가 사용하는 표준시간의 모태가 된다.

과업을 기준으로 임률 결정을 합리화하고, 이를 이용하여 능률을 높임과 아울러 과업 달성을 통한 생산계획의 차질없는 진행을 위해 '차별성과급제도(differential piece-rate system)'라는 특이한 임금제도를 도입하였다. 이 제도는 생산량에 따라 임금을 지급하는 일종의 성과급제도이지만 과업 목표를 달성한 작업자에게는 높은 임률을 적용하고, 목표를 달성하지 못한 작업자에게는 낮은 임률을 적용한다. 이 제도는 목표를 초과한 부분에 대해서만 초과수당을 지급하는 종전의 단순성과급제도와는 다르다. 과업을 달성한 경우에는 미달한 경우보다 임률 자체가 높으므로 목표달성 여부에 따라 기본적으로 임금이 30~40% 차이가 나도록 되어 있다. 따라서 작업자는 특별한 사정이 없는 한 과업 달성을 위해 노력하게 된다. 과업 달성의 보조적 수단으로 도입한 이 제도는 훗날 작업자를 금전적 관점에서만 관리하고자 했다는 비판을 받게 되고, 이에 대한 반성으로 인간관계론이 나오게 된다.

테일러는 베들레헴 철강회사에서 1898년부터 3년간 일을 하였는데, 여기서 유명한 삽작업 연구를 발표하였다. 그때 당시 철강회사에는 많은 운반작업이 있었는데 운반물에 상관없이 동일한 삽이 사용되고 있었다. 이들 중에는 목탄과 같이 한 삽의 무게가 4파운드도 되지 않는 것이 있는가 하면, 철광석과 같이 한 삽에 40파운드 가까이 나가는 무거운 것도 있었다. 테일러는 이를 분석하여 한 삽의 무게가 21.5파운드(약 10kg) 정도 될 때 작업능률이 가장 높게 나오는 것을 발견하고 한 삽의 무게가 대략 이 값이 되도록 작업 대상물에 따라 삽의 크기를 다르게 만들었다. 그 결과 1인당 하루 취급량을 16톤에서 59톤으로 늘리고, 3년 만에 종업원 수를 500명에서 140명으로 줄일 수 있었다.

이러한 획기적인 생산성 향상을 토대로 종업원들의 임금을 1일 1.15달러에서 1.88달러로 60% 이상 인상해 주고도 회사의 자재 취급비를 절반 이상 줄일 수 있었다. 또한 선철 운반작업의 일하는 방법, 작업속도, 작업시간과 휴식시간의 비율 등을 연구하고, 작업자를 직접 선발하고 훈련시킨 결과 생산성을 더욱 높일 수 있었다.

50세가 되던 1906년 테일러는 미국기계공학회(ASME)의 회장으로 피선이 되고, 1909년 하버드에서 강의를 시작한 이래 세상을 떠날 때까지 미국 각지의 여러 산업체에서 강의를 계속하였다. 1911년 그는 자기의 경험을 총괄하여 유명한 '과학적 관리의 원칙(Principles of Scientific Management)'을 발표하게 되는데, 이 논문에서 그는 다음과 같은 4대 원칙을 제창하였다.

- 주먹구구식 방법을 철저하게 타파하고 참된 과학(true science, 오늘날 우리가 말하는 IE)을 수립해야 한다. [참고: IE(Industrial Engineering)는 고전적 산업공학을 의미한다.]
- 과학적으로 종업원을 선발하고 좋은 방법으로 훈련시켜야 한다.
- 경영자가 해야 할 일과 작업자가 해야 할 일을 명확히 구분하고, 경영자와 작업자는 분담된 업무를 확실히 수행하여야 한다.
- 경영자와 작업자는 친밀하고도 우호적인 유대관계를 유지하여야 한다.

1911년 매사추세츠 주의 워터타운에서 테일러의 능률증진운동을 반대하는 파업이 일어난 것을 계기로 의회에서 특별조사 및 청문회가 열렸는데, 테일러의 증언과 격론으로 청문회는 상당기간 지속되었다. 자신의 철학은 잊어버리고 기법만 습득한 기술자들 때문에 테일러는 상심하였으며 건강마저 악화되었다. 59회 생일을 보낸 바로 다음날 강의를 끝내고 돌아오는 열차 안에서 그는 폐렴으로 세상을 떠난다.

지금까지 소개한 테일러의 성과에서 우리가 주목해야 할 점은 '작업 그 자체도 기술적인 분석의 대상'이 되었다는 점이다. 올바른 작업방법과 사용해야 할 도구나 설비를 정하고, 규정된 작업방법에 따라 작업할 수 있도록 작업자를 훈련시키는 것 등과 같은 '작업의 과학화'가 테일러에 의해 시작되었기 때문에 그를 '과학적 관리의 창시자'라고 부른다.

테일러의 경영철학(Taylorism)의 핵심은 작업의 과학화를 통한 생산성 향상을 기반으로 '고임금 저노무비(high wages and low labor cost)'를 실현하자는 것이었다. 그는 이것이 근로자와 사용자 모두에게 혜택이 돌아가는 상생(相生)의 길이라는 확고한 신념을 갖고 있었다. 이를 위해 테일러는 1일 공정작업량인 과업(task)을 과학적으로 결정하고, 실질적인 과업관리의 추진을 위해 과업의 설정과 유지관리를 전담하는 독립된 계획 부문의 설치, 전문성을 살리기 위한 직능식 조직의 도입, 표준적인 작업방법과 이에 대한 표준시간이 작업순서에 따라 정리되어 있는 작업지도표의 활용, 과업달성을 촉진하기 위한 차별성과급제도 등을 도입하였다. 테일러는 경제적 몫(pie)이 자본과 노동의 활용에 의해서 뿐만 아니라 작업 자체의 과학화를 통해서도 증가될 수 있다는 것을 입증하였다.

그러나 품질의 역사에서 볼 때 '작업의 연구와 계획을 전담하는 독립된 계획 부문의 설치'는 한 가지 중요한 문제를 초래하였다. 작업자들은 자신들의 임무가 규정된 업무를 수행하는 것이며, 작업개선이나 산출물에 대한 품질평가는 업무영역 밖의 일이라고 생각하였다. 이러한 책임의 분리로 인해 산출물의 품질을 검사하는 별도의 부문이 필요하게 되었으며 조직 내의 품질에 대한 책임이 분산되었다고 주란 박사는 지적하였다. 품질에 대한 책임은 작업을 수행한 당사자들에게 있는 것이 아니라 검사 부문에 있다는 생각이 과학적 관리의 부정적 유산이라는 것이다.

수십 년 전 많은 제조기업에서는 품질보증부서를 갖고 있었는데 대부분의 구성원이 검사원들이었다. 이 이면에는 '품질보증은 검사 부문이 한다'는 생각이 있었다. 데밍 박사는 토스트를 굽는 것에 비유해 "너는 태워라. 나는 긁어내겠다"라는 말로서 과학적 관리의 잘못된 유산을 설명한 바 있다. 검사 부문이 품질에 대한 책임을 지기 때문에 작업자는 빵이 타든 말든 신경 쓰지 않는다는 것이다.

(2) 방법연구의 선구자 프랭크 길브레스

프랭크 길브레스(Frank Bunker Gilbreth, 1868–1924), Wikimedia Public Domain

길브레스(F. B. Gilbreth)는 1868년 미국 동북부에 있는 메인(Maine) 주의 페어필드에서 태어났다. 그는 어릴 때 아버지를 여의고 경제적으로 어렵게 지냈는데, 어머니와 함께 보스턴으로 이사하여 고등학교를 겨우 마칠 수 있었다. 매사추세츠 공과대학(MIT)에 입학하기를 희망하였으나, 누나의 교육비로 이미 돈이 바닥난 상태였으므로 어머니에게 더 이상 경제적인 부담을 드리지 않기 위해 진학을 포기하고 17살의 나이에 건설회사 벽돌공의 견습공으로 취직하였다.

건설현장에서 일하게 된 길브레스는 작업자들의 동작이 사람마다 다른 것을 보고 이것이 큰 문제라고 생각하였다. 이들 중 어떤 방법이 다른 방법보다 더 좋지 않을까?

가장 좋은 작업방법은 하나밖에 없을 텐데, 그렇다면 어떤 방법이 최선일까? 이러한 의문을 품은 길브레스는 이때부터 '유일한 최선의 작업방법(the one best way of doing work)'을 찾는 데에 몰두하였다. 당시 벽돌공들의 작업내용은 다음과 같았다.

벽돌이 바닥에 놓여 있었기 때문에 작업자는 허리를 굽혀 벽돌을 집어 올리는 동작을 하루에 천 번 이상 되풀이하였다. 또한 구운 벽돌은 윗면이 조금 거칠고 넓었기 때문에 벽돌을 집어 올린 다음 손바닥으로 벽돌을 뒤집으면서 상하를 확인해야 했다. 그런 다음 지금까지 쌓아 놓은 벽돌 위에 모르타르를 얹고 흙손으로 이를 두세 번 두드려 편 후 벽돌의 거친 면이 위를 향하도록 놓았다. 길브레스는 이러한 일련의 동작을 분석하여 불필요한 동작은 모두 제거하고, 몇 가지 동작을 하나로 결합하여 18가지의 동작을 5가지로 줄였다. 이러한 개선을 통해 숙련공이 1시간에 120개 정도 쌓던 것을 350개까지 쌓을 수 있었다. 개선 내용을 좀 더 구체적으로 살펴보면 다음과 같다.

먼저 길브레스는 사람의 신체가 지렛대와 이를 연결하는 관절로 구성되어 있음에 주목하고, 사람의 동작이란 관절을 굽히고 펴서 지렛대 사이의 각도를 조절하는 것으로 이해하였다. 팔목, 팔꿈치, 어깨, 허리 등과 같은 관절을 한 번 굽히고 펼 때 걸리는 시간을 비교해 보면 몸의 중심부를 이용할수록 많은 시간이 걸리므로 가능하면 말단의 관절을 이용하는 것이 좋으며, 허리를 굽혔다가 펴는 것이 가장 나쁜 것임을 알 수 있다. 바닥에 놓인 벽돌을 집기 위해 작업자가 허리를 굽히고 펴는 것을 없애기 위해 길브레스는 벽돌을 얹어 두는 작업대와 조절 가능한 발판을 고안하여 허리 동작을 없앴다.

작업에는 기술자만이 할 수 있는 어려운 부분과 아무라도 할 수 있는 쉬운 부분이 있기 마련이다. 임금이 싼 보조공들에게는 벽돌의 거친 면이 위를 향하도록 작업대 위에 가지런히 올려두는 일을 맡기고, 기술자는 기술이 필요한 작업에 전념할 수 있도록 하였다. 또한 모르타르의 배합비율을 최적으로 표준화하여, 벽돌을 모르타르 위에 고정시키기 전에 흙손으로 모르타르를 반복해서 두드려야 하는 일을 제거하였다.

이러한 성과를 통해 길브레스는 통상 3년 정도 소요되는 견습기간을 거치지 않고 감독자로 승진하였다. 27세의 나이에 그는 자신의 회사를 창업하고, 콘크리트 혼합기와 컨베이어 시스템 등에 관한 많은 발명 특허를 취득하였다. 그의 사업은 날로 번창하여 주택 및 공장 건설뿐 아니라 댐건설, 운하건설, 산업설비 등의 분야로 확대되었으며 영국에까지 진출하였다.

유일한 최선의 작업방법을 찾기 위해 그는 다음과 같은 방법들을 개발하였다.

① 미세동작연구(Micromotion Study)

작업 동작을 정밀하게 분석하기 위해 촬영법을 도입하였다. 당시의 카메라는 사람이 손으로 크랭크를 돌려 연속 촬영을 했기 때문에 사진 한 컷 한 컷 사이의 시간 간격이 일정하지 않았다. 이 때문에 화면의 수를 가지고 시간을 환산할 수 없었다. 이를 극복하기 위해 길브레스는 1/2,000분까지 잴 수 있는 마이크로크로노미터(microchronometer)라는 시계를 고안하여 작업자의 동작과 이 시계를 같이 화면에 담았다.

② 사이클그래프(Cyclegraph)

작업 동작이 지나간 궤적을 기록으로 남기기 위해 작업자의 손가락이나 신체 끝 부위에 꼬마전구를 달고 주위를 어둡게 한 다음 스틸카메라로 장시간 동안 촬영하는 기법으로서, 이를 이용하면 작업 동작이 좋을 경우 궤적은 단순하고 일관되게 나타난다.

③ 크로노사이클그래프(Chronocycle Graph)

사이클그래프를 이용하면 동작 궤적은 기록으로 남길 수 있지만, 동작의 어느 부분에서 속도가 빠르고 느린지는 알 수가 없다. 깜빡등을 부착하고 같은 방법으로 촬영하면 등이 켜지는 순간만 불빛이 기록으로 남게 되므로 동작 궤적이 점선으로 나타난다. 이 경우 동작 속도가 빠르면 빠를수록 점 하나의 길이가 길게 나타나므로 동작의 어느 부분이 빠르고 늦는지 알 수 있다.

④ 동작원소(Therblig)

산소, 수소, 탄소 등과 같은 원소의 결합 방법에 따라 온갖 물질이 나오듯, 사람의 동작에도 구성하는 기본요소(동작원소)가 있을 것이라고 생각할 수 있다. 길브레스는 '찾는다', '집는다', '운반한다' 등과 같은 18가지의 동작원소를 찾고, 자기 이름 철자를 거꾸로 배열하여 '서블릭(Therblig)'이라고 명명하였다. 일련의 작업 동작을 말로 설명하면 복잡하고 불분명하지만 서블릭 기호로 나타내면 간결하면서도 분명히 알 수 있다.

서블릭 기호는 작업의 진행과 직접 관련이 있는 '효과적 서블릭'과 그렇지 않는 '비효과적 서블릭'으로 나눌 수 있다. 〈표 4.1〉에서 어두운 바탕 위에 있는 '찾는다(Sh)', '선택하다(St)', 쥔 상태로 들고 있는 '보유(H)' 등은 작업의 진행과 직접 관련이 없는 비효과적 서블릭이다. 따라서 작업연구에서는 비효과적 서블릭은 가능한 한 제거하고, 없애기 어려운 효과적 서블릭은 시간단축을 모색한다.

〈표 4.1〉 서블릭(Therblig) 기호

명칭	기호		설명
찾음(search)	Sh		눈을 돌려 찾음
선택(select)	St		목표물을 가리킴
쥠(grasp)	G		쥐고자 손가락을 벌림
빈손이동(transport empty)	TE		빈손
운반(transport loaded)	TL		물건을 든 손
보유(hold)	H		지남철에 쇠붙이가 붙어 있음
놓음(release load)	RL		손에 든 물건을 놓음
위치(position)	P		물체가 손 끝에 있는 모양
전치(pre-position)	PP		볼링 핀을 미리 세움
검사(inspect)	I		돋보기
조립(assemble)	A	#	몇 개의 부품이 결합
분해(disassemble)	DA		한 부품이 제거
사용(use)	U		Use의 첫 글자
불가피지연(unavoidable delay)	UD		넘어져 코를 다침
가피지연(avoidable delay)	AD		마음대로 누워 있음
계획(plan)	Pn		머리에 손을 얹고 생각
휴식(rest)	R		앉아서 쉼

⑤ 공정표(Process Chart)

작업자의 동작뿐 아니라 공정의 흐름을 일목요연하게 알 수 있도록 공정표를 고안한 것도 길브레스이다. 공정표에서는 작업을 5가지 요소(작업, 운반, 검사, 대기, 보관)로 나누어서 표시하고 있다.

〈표 4.2〉 공정의 5요소

기호	설명
○	작업(업무)
⇨	운반(전달)
□	검사(검토)
D	정체(대기)
▽	저장(보관)

공정의 5요소 중 작업을 제외한 나머지 4가지 요소는 모두 부가가치에 기여하지 못하는 낭비적인 요소이며, 부가가치에 기여한다고 생각되는 작업시간에도 많은 낭비적인 요소가 포함되어 있다. 따라서 공정표를 이용하여 낭비를 체계적으로 파악하고 이를 제거하면 생산성을 대폭 높일 수 있다.

1904년 36세가 된 길브레스는 삶의 동반자이자 일의 동지가 될 10세 연하의 릴리안(Lillian E. Moller)과 결혼하였다. 릴리안은 캘리포니아 대학에서 영문학을 전공하였는데, 여학생으로는 처음으로 졸업 연설을 맡았다. 이것은 그녀가 개척한 '최초' 기록의 시작이었다. 1915년 그녀는 브라운대학에서 산업심리학 분야의 첫 번째 박사학위 취득자가 되었으며, 여성으로서는 처음으로 미국 공학한림원의 정회원이 되었다.

또한 릴리안은 퍼듀대학교에서 공학분야 최초의 여교수가 되었다. 기술자인 남편과 심리학자인 부인은 금슬도 좋았지만 인간의 작업행동을 분석하고 연구하는데 있어서 더없이 좋은 동료가 되었다. 1924년 남편 프랭크 길브레스가 55세의 나이로 세상을 떠났지만 릴리안은 그 후 48년 동안 남편의 연구를 이어받아 92세까지 활동을 계속하였다.

릴리안 길브레스(Lillian Moller Gilbreth, 1878– 1972), Wikimedia Public Domain

길브레스 부부는 12자녀를 두었는데, 그들 중 아들인 프랭크 길브레스 주니어와 딸인 어니스틴 길브레스가 쓴 가족 이야기인 「한 다스면 더 싸다(Cheaper by the Dozen)」라는 책은 3백만 부 이상 팔린 당대 최고의 베스트셀러였다. 또한 이 책은 영화로도 만들어져 큰 인기를 끌었다. 이 책을 보면 길브레스는 집에서 조끼를 입을 때 단추를 위에서 아래로 채우면 7초가 걸리지만 반대로 하면 3초 밖에 소요되지 않으므로 항상 아래쪽부터 단추를 채웠다고 한다. 또한 면도 시간을 단축하기 위해 양손에 면도날을 하나씩 들고 동시에 사용하여 44초를 절약하였으나, 실수로 목을 베어 붕대를 감느라 2분이나 허비한 것을 두고두고 아쉬워하는 등의 많은 이야기들이 이 책에 재미있게 기술되어 있다.

Cheaper by the Dozen 표지, Bantam Books 1951, CHRIS DRUMM, Flickr CC BY

4.2 5S와 설비보전

(1) 5S운동

일본의 자동차용품 판매회사인 옐로우햇(Yellow Hat)은 청소로 유명한 회사이다. 이 회사는 연매출 1조 원 규모의 중견기업인데 가기야마 히데사부로(鍵山秀三郎)라는 청년이 기후현의 농업고등학교를 졸업하고 도쿄에 있는 자동차용품회사에서 일하다가 창업하였다. 가기야마 사장은 30년 이상 오전 6시에 출근해 맨손으로 화장실 변기와 사원들이 타는 영업용 차량을 깨끗이 닦고 있다. 그는 청소에 대한 자신의 경험을 다음과 같이 말하고 있다(천광암, 2007).

중국 옛말에 '아무리 작은 일도 정성을 담아 10년간 꾸준히 하면 큰 힘이 된다'는 말이 있다. 20년을 하면 두려울 만큼 거대한 힘이 되고, 30년을 하면 역사가 된다고 한다. 청소에 딱 들어맞는 말이다. 처음에는 다들 본체만체했지만 청소를 시작한 지 10년이 지나니까 몇몇 사원이 동참하고, 20년이 지나니까 전원이 참여하더라. 강요로 시작된 일은 오래가지 않는다. 사원을 바꾸려면 경영자가 묵묵히 솔선하면 된다.

청소할 시간에 매출을 올릴 노력을 하는 것이 더 좋을 것이라는 말을 무수히 들으면서도 수십 년간 한결같이 청소로 일과를 시작한 이유는 무엇이었을까? 이에 대한 그의 대답은 다음과 같다.

"각 가정에 가풍이 있는 것처럼, 회사에는 사풍(社風)이 있다. 나는 이 사풍이야말로 경영을 해나가는 데 있어서 가장 귀중한 것이라고 생각한다. 청소와 기업의 실적 사이에 직접 관련이 있는 것은 아니다. 하지만 인간의 마음이란 눈으로 보는 것에서 벗어날 수 없다. 회사를 깨끗이 하면 사풍이 온화하고 부드러워진다."

우리나라에서 가장 존경받는 기업인 중 한 분인 고(故) 박태준 포스코 회장의 공장관리 신조 1호는 '목욕은 안전, 목욕은 품질'이었다고 한다. 다음은 생전에 그를 인터뷰한 내용의 일부이다(김경준, 2006).

57년 가을 25사단 참모장 시절이었다. 당시 우리 사회 전반에 부정부패가 극심했을 때인데, 가을 김장 때 들어온 군납 고춧가루가 빨간 물감들인 톱밥이었다. 한바탕 난리를 쳐서 군납업자를 쫓아내기는 했는데, 막상 고춧가루를 구할 방법이 없었다. 이때 정두화란 양심적인 사업가를 만나서 제대로 된 고춧가루로 김장을 담을 수 있었다. 나중에 이분이 운영하는 공장을 가 보았는데 일하는 아주머니들이 깨끗한 위생복을 입고 일을 하고 있었다. 이를 보고 나는 '몸이 청결해야 정신이 청결해지고 그것이 공장의 청결로 이어진다. 공장의 청결은 제품의 완벽성과 안전사고 예방으로 이어진다'는 생각을 하게 됐다. 내가 항상 '목욕은 안전, 목욕은 품질'이라면서 공장관리 신조 1호로 강조했더니, '박태준의 목욕론'이 됐다. 삼성의 이병철 회장께서도 생전에 내 목욕론에 깊이 공감했었다.

① 5S활동의 핵심적 내용

청소와 청결을 전사적으로 실천하자는 것이 '5S운동'이다. 5S는 정리, 정돈, 청소, 청결, 정심 또는 습관화를 의미하며, 일본어 발음이 모두 S로 시작되기 때문에 일본에서 붙인 이름이다. 우리말로는 '청'과 '정'으로 시작하기 때문에 '청정활동'이라고 할 수 있는데 그 내용은 〈표 4.3〉과 같다.

간단히 말해 '정리'란 불필요한 것을 없애는 일, '정돈'이란 정리 후에 남은 필요한 것들을 쓰기 좋게 두는 일, '청소'는 말 그대로 쓸고 닦아서 깨끗하게 만드는 일, '청결'이란 청소가 필요 없도록 깨끗한 상태를 유지하는 일, '정심' 또는 '습관화'란 이상의 4가지 일을 항상 준수하는 것을 말한다.

〈표 4.3〉 5S활동의 핵심 내용

구 분	내 용
정리(整理, Seiri)	필요한 것과 불필요한 것을 구별하여, 불필요한 것을 없애는 일
정돈(整頓, Seiton)	필요한 것을 안전·품질·능률에 맞도록 최적의 위치에 두는 일
청소(淸掃, Seiso)	쓸고 닦아서 깨끗하게 만드는 일
청결(淸潔, Seiketsu)	깨끗한 상태를 유지하는 일
정심 또는 습관화(躾, Shitsuke)	해야 할 일과 지켜야 할 일을 확실히 하는 습관

② 목시관리

'목시관리(目視管理)' 또는 '가시관리(可視管理)'는 5S운동의 추진 방법 중 정돈의 대표적 방법으로서 매우 중요하다. 조사나 분석을 해봐야 정상인지 이상인지를 판별할 수 있다면 일상관리가 제대로 이루어질 수 없다. 눈으로 보기만 해도 정상인지 이상인지 알 수 있도록 하자는 것이 목시관리의 기본개념이다. 여기서 중요한 것은 업무를 잘 아는 '담당자의 눈'이 아니라 문외한인 '제3자의 눈'을 말한다.

목시관리의 고전적인 방법으로는 '간판작전(看板作戰)'과 '형적관리(形迹管理)'가 있는데 일본 사람들이 고안하고 이름 붙인 것이다. 간판작전이란 무엇이(품목) 어디에(장소), 얼마만큼(수량) 있는지 또는 설비의 종류 및 관리 포인트 등을 볼 수 있도록 명확하게 표시하는 것을 말한다.

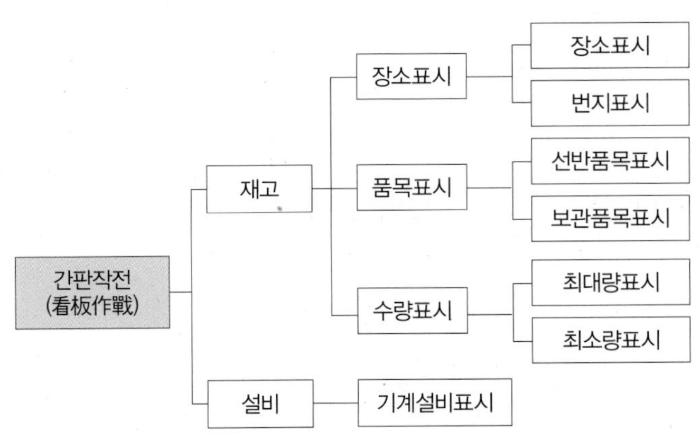

〈그림 4.1〉 간판을 이용한 목시관리

형적관리는 공구 보관대에 밑그림을 그려 공구의 보관 위치를 표시하는 것을 말한다. 이렇게 하면 어떤 공구가 보관대에 없는지 또한 사용하고 난 공구를 어디에 두어야 하는지 누구라도 쉽게 알 수 있다.

우리나라 한 특급호텔의 주방에서는 5가지 색상의 칼과 도마를 사용하고 있다. 쇠고기는 빨간색, 생선은 파란색, 돼지고기와 가금류는 노란색, 야채는 초록색, 즉석식품은 흰색 칼과 도마를 사용하고 있다. 육류나 생선을 자른 칼과 도마로 야채 등 다른 재료를 손질하면 교차오염이 생길 수 있기 때문이다. 이것은 목시관리의 좋은 예이다. 이 호텔은 우리나라 호텔 최초로 '위해요소 중점관리 기준(HACCP) 인증'을 받았으며, 아시아태평양 지역의 110개 특급호텔 중 위생관리 분야에서 최고의 성적을 거둔 바 있다.

(2) 전사적 설비보전(TPM)

"설비가 일생 동안 생산성이 높은 상태로 유지될 수 있도록 관리하자"는 것을 전사적 설비보전(TPM, Total Productive Maintenance)이라고 하는데, 이것은 미국 GE에서 개발한 생산보전의 개념을 발전시킨 것이다. 생산보전(PM, Productive Maintenance)은 다음과 같은 요소로 구성되어 있다.

• 사후보전(BM, Breakdown Maintenance) – 고장정지 또는 성능저하로 인해

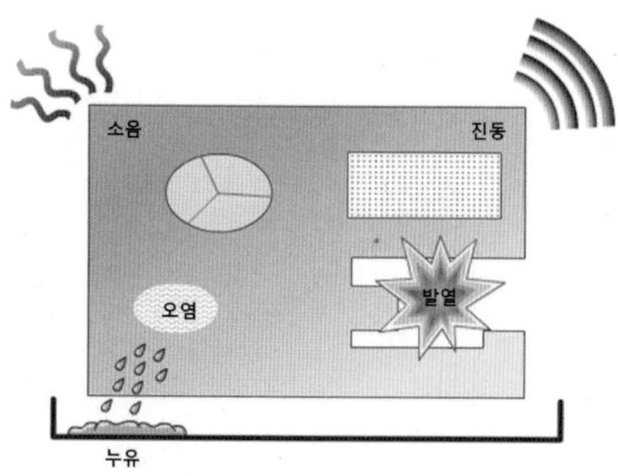

〈그림 4.2〉 설비고장의 초기증상

발생하는 문제를 사후 수리를 통해 해결하려는 활동

- 개량보전(CM, Corrective Maintenance) – 설비의 신뢰성, 보전성, 경제성, 조작성, 안전성 등을 높이기 위해 설비의 재질이나 구조를 개량하는 활동
- 예방보전(PM, Preventive Maintenance) – 정기적인 점검과 조기 수리를 통해 설비의 고장을 미연에 방지하고 수명을 연장하려는 활동. 예방보전에는 정기적으로 실시하는 '시간기준 예방보전(TBM, Time-Based Maintenance)'과 설비의 열화(劣化) 상태를 기준으로 실시하는 '상태기준 예방보전(CBM, Condition-Based Maintenance)'의 두 가지 방식이 있다. 통상적으로 TPM에서는 상태기준 예방보전(CBM)을 '예지보전'이라고 부른다.
- 보전예방(MP, Maintenance Prevention) – 신설비의 설계 시 보전정보나 새로운 기술 등을 활용하여 보전의 필요성이나 열화손실을 가능한 한 사전에 줄이려는 활동

일본전장(日本電裝)에서는 설비관리 전문가 중심의 생산보전 활동만으로는 설비의 효율을 극대화할 수 없다는 것을 깨닫고, 설비를 사용하는 오퍼레이터들이 "내 설비는 내가 지킨다"는 자주보전의 개념을 추가한 전사적 설비보전(TPM)을 추진하였다.

자주보전에서는 설비의 청소를 무엇보다 중요하게 생각하고 있다. 왜냐하면 설비를 청소하는 중에 설비고장의 초기증상인 미결함을 발견할 수 있기 때문이다. 예를 들

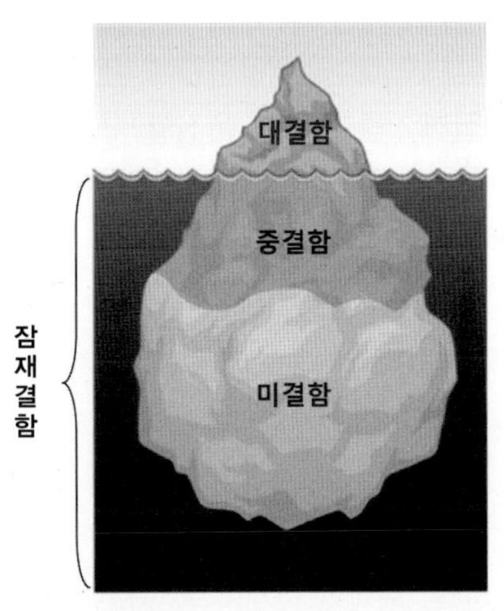

〈그림 4.3〉 설비결함의 성장

어, 청소 중에 귀로 예전과는 다른 설비의 소음을 들을 수 있고, 손으로 설비의 발열을 느낄 수 있고, 눈으로 기름이 새는 것을 볼 수 있기 때문이다.

만성로스의 원인이 되는 이러한 미결함을 방치하면 설비의 기능이 저하되는 중결함으로 변하고, 중결함을 방치하면 종국적으로 설비의 기능이 멈추는 대결함으로 악화되기 때문이다. 이러한 의미에서 TPM에서는 "청소는 점검이다"라는 것을 강조하고 있다.

설비의 효율을 극대화하기 위해서 TPM에서는 다음과 같은 설비의 6가지 로스(낭비)를 파악하고 이를 줄이기 위한 체계적인 활동을 추진한다.

① 고장 로스

설비고장으로 인한 가동중단 시간.

② 준비·조정 로스

생산 품종 전환에 필요한 설비, 금형, 치공구 등의 교체 및 조정에 소요되는 시간.

③ 일시정지 로스

일시적인 트러블로 인해 설비가 정지하거나 공전(空轉)하는 상태. 예를 들어 슈트(chute)에서 이동 중인 운반물이 이물질에 걸려서 공전하거나 품질불량이 센서에 검출되어 일시적으로 정지하는 경우가 여기에 속한다. 이러한 이상상태는 간단한 조치만으로도 정상상태로 되돌릴 수 있으므로 고장 로스와는 구분된다.

④ 속도저하 로스

설비가 열화(劣化)되어 설계(기준)속도로 운전할 수 없는 상태. 기준속도로 가동하면 품질 문제가 발생하거나 일시정지가 자주 발생하기 때문에 불가피하게 운전속도를 낮추어 가동하는 경우이다.

⑤ 불량·수정 로스

불량품의 폐기 또는 수정에 수반되는 낭비.

⑥ 초기·수율로스

생산이 개시된 후 안정화 될 때까지 발생하는 낭비와 투입된 원재료가 유효하게 사용되지 못하는 2가지 낭비를 말한다.

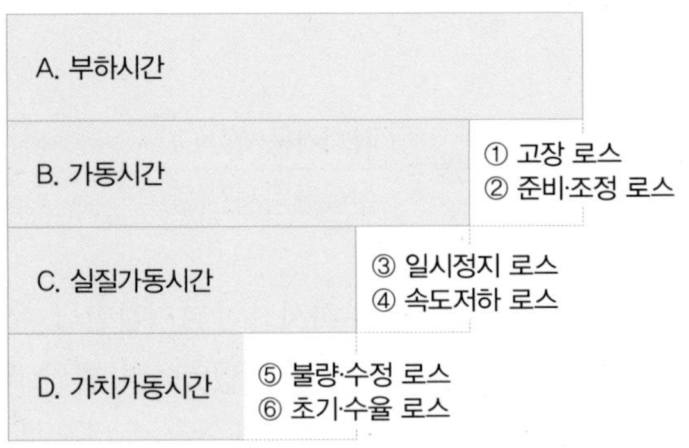

〈그림 4.4〉 설비종합효율의 개념

〈그림 4.4〉는 설비종합효율을 개념적으로 나타낸 것이다. 이 그림에서 막대 A의 길이는 설비를 운용하고자 하는 부하시간이며, 막대 B의 길이는 실제로 기계가 돌아간 가동시간이다. 부하시간과 가동시간의 차이는 고장 로스와 준비·조정 로스 때문에 발생한다. 설비를 돌려야 하는 부하시간(*A*) 중 실제로 설비가 돌아간 시간인 가동시간(*B*)의 비율을 시간가동률이라고 한다.

$$\text{시간가동률} = \frac{\text{가동시간}(B)}{\text{부하시간}(A)}$$

실질가동시간(*C*)의 의미는 다음과 같다. 설비가 막대 B의 길이만큼 가동되었지만, 일시정지나 속도저하 없이 가동되었다면 막대 *C*의 길이만한 시간에 같은 분량의 일을 할 수 있었다. 따라서 설비가 B기간 동안 가동되었지만 실질적으로는 성능(performance) 부족 때문에 *C*기간 동안에 해낼 수 있는 일밖에 못했다. 따라서 설비가 가동 중 얼마만큼 성능을 발휘하였는가는 다음과 같이 평가할 수 있다.

$$\text{성능가동률} = \frac{\text{실질가동시간}(C)}{\text{가동시간}(B)}$$

또한, 가치가동시간(*D*)의 의미는 다음과 같다. 만약 불량이 전혀 발생하지 않고 투입된 원재료가 100% 유효하게 사용되었다면 실질가동시간(*C*) 동안 해야 할 일을 더 짧은 기간 *D* 동안에 해낼 수 있었다. 따라서 설비가 본래의 가치만큼 가동된 시간은 기간 D에 불과하다.

$$양품률 = \frac{가치가동시간(D)}{실질가동시간(C)}$$

이상의 설명을 요약하면 본래 설비를 부하시간인 A기간만큼 운용했는데 고장, 일시정지, 속도저하, 불량발생, 수율문제 등이 전혀 없었다면 훨씬 더 짧은 D기간 동안 해야 할 일밖에 하지 못했다. 따라서 설비의 종합적 효율은 다음과 같이 정의된다.

$$설비종합효율 = \frac{가치가동시간(D)}{부하시간(A)}$$

설비종합효율은 다음과 같이 이해할 수도 있다.

$$설비종합효율 = 시간가동률 \times 성능가동률 \times 양품률$$

$$= \frac{가동시간(B)}{부하시간(A)} \times \frac{실질가동시간(C)}{가동시간(B)} \times \frac{가치가동시간(D)}{실질가동시간(C)}$$

$$= \frac{가치가동시간(D)}{부하시간(A)}$$

부하시간에 대비해 설비가 그야말로 가치 있게 가동되는 비율이라고 볼 수 있는 설비종합효율은 통상적으로 30~50% 정도이기 때문에 TPM에서는 "설비는 잠재능력의 절반만이 유효하게 사용되고 있다"고 말한다. 다시 말해, TPM을 통해 설비를 이상적인 상태로 관리할 수 있다면 동일한 설비를 가지고도 현재보다 두 배의 능력을 발휘할 수 있다는 것이다.

참고문헌

- 김경준(2006), "386 CEO가 만난 철강왕 박태준: 독재도 빈곤도 기억하게 하라", 중앙일보, 6월 18일.
- 박영택(2005), 「이노베이션 스토리: 혁신에 성공한 기업들이 펼치는 감동의 경영 파노라마」, 네모북스.
- 박영택(2013), "과학적 관리의 태동: 작업의 과학화로 철저하게 낭비 제거", 품질경영, 4월호, pp.54–57.
- 박영택(2013), "5S와 설비보전: 품질과 안전의 기초, 청결", 품질경영, 5월호, pp.82–85.
- 천광암(2007), "문제와 직접 부닥치려 변기 맨손으로 닦아", 동아일보, 10월 12일.
- 後藤文夫, 田尻正滋 저, KMAC TPM추진본부 역(1994), 「TPM 추진의 포인트: 자주보전 7스텝」, 한국능률협회컨설팅.
- Barnes R.M.(1980), Motion and Time Study: Design and Measurement of Work, Seventh Edition, John Wiley & Sons Inc.
- Gilbreth, Jr., F.B. and Carey, E.G.(1975), Cheaper by the Dozen, Bantam Books.
- Sensenbrenner, J.(1991), "Quality comes to the city hall", Harvard Business Review, March–April, pp.64–75.

Ⅱ부

전원참가의 품질활동

5장

무결점(ZD) 운동

품질의 역사상 가장 큰 사상적 혁명은 '품질의 표준은 무결점(ZD)'이라는 것이었다. ZD를 표준으로 삼는다는 것은 '최초에 올바르게 하는 것'을 의미한다. '품질을 높이면 원가도 줄어든다'는 현대적 품질경영의 핵심 개념도 여기서 나왔다. 식스시그마를 포함한 모든 품질혁신 전략의 원조(元祖)는 ZD라고 볼 수 있다.

5.1 무결점운동의 개요

(1) 무결점운동의 탄생 배경

스탈린이 사망한 후 그에 대한 비판이 일어나자 1956년 당시 헝가리의 임레 나지(Imre Nagy) 수상은 바르샤바 조약기구를 탈퇴하고 중립국으로의 전환을 추진한다. 아울러 나지 수상이 공산당의 일당 독재를 포기하고 자유주의적 복수 정당제도를 채택하고 집단농장 체제를 포기하는 등 일련의 개혁 조치들을 발표하자 크레믈린은 크게 분노하였다. 당시 소련의 공산당 서기장 흐루시초프는 3만 명의 군대를 동원하여 부다페스트로 진격한다.

침략자에 맞선 헝가리 시민들과 정부군은 완강하게 저항하지만 소련군의 무자비한 공격에 2천 5백 명이 사망하고 1만 3천 명이 부상하는 등 큰 희생을 겪고 결국은 점령당한다. 헝가리 주재 유고슬라비아 대사관으로 피신한 나지 수상은 신변 안전을 보장 받고 대사관 밖으로 나왔지만 현장에서 체포되어 2년간 구금되어 있다가 처형당한다. 쇠사슬에 묶인 채 타르용지에 둘둘 말린 상태로 공동묘지에 매장된 그의 시신은 1989년에 발견되었다.

소련이 부다페스트를 침공한 1956년 김춘수 시인은 총에 맞아 숨진 13살의 한 헝가리 소녀에 관한 짧은 외신 기사와 사진을 보고 다음과 같이 썼다.

너는 열세 살이라고 그랬다.
네 죽음에서는 한 송이 꽃도
흰 깃의 한 마리 비둘기도 날지 않았다.
네 죽음을 보듬고 부다페스트의 밤은 목놓아 울 수도 없었다.
죽어서 한결 가비여운 네 영혼은
감시의 일만(一萬)의 눈초리도 미칠 수 없는
다뉴브 강 푸른 물결 위에 와서
오히려 죽지 못한 사람들을 위하여 소리 높이 울었다.

이것은 '부다페스트에서의 소녀의 죽음'이라는 시의 일부분이다.

헝가리 혁명이 소련의 무력에 의해 좌절되고 난 후 북대서양 조약기구(NATO)의 집행부는 소련이 유럽의 심장부로 더 가까이 침공할 것을 우려해 신속히 대응하였다. 만약 NATO에 속해 있는 어떤 국가라도 공격당한다면 미국은 대규모의 핵공격으로 반격할 것을 천명하였다. 그러나 이러한 전략을 뒷받침하려면 소련이 철의 장막 서쪽으로 세력을 확장하려 했다가는 갑절 이상 당할 것이라는 것을 각인시킬 수 있는 강력한 무기를 서독에 배치할 필요가 있었다.

신형 퍼싱 미사일(왼쪽)과 구형 레드스톤 미사일(오른쪽), Wikimedia Public Domain

1958년 1월 7일 미국 국방부는 기존의 낡고 육중한 레드스톤 미사일을 대체할 신형 탄도 핵미사일의 개발을 승인하고 7개 업체에 제안요청서(RFP)를 발송하였다. 입찰 결과 마틴사의 제안이 선정되었다. 마틴 사가 제안한 퍼싱(Pershing) 미사일은 헬리콥터나 비행기로 쉽게 옮길 수 있고, 혹독한 기후조건에도 견딜 수 있을 뿐 아니라 잘 훈련된 중대 병력만 있으면 명령이 떨어지는 즉시 발사 가능하였다.

2차 세계대전 중에는 신속한 실전 배치를 위하여 항공기의 설계와 제작에 있어서 사소한 결함들은 용인되었다. 이러한 결함들은 일상적 정비와 수리를 통해 제거되었다. 그러나 종전 후 항공시대에서 우주시대로 접어들자 이러한 관행은 더 이상 지속되기 어려웠다. 한 번 발사된 로켓을 회수하여 격납고에서 수리하는 일은 불가능하다. 작은 결함도 치명적 결과를 초래하는 시대가 온 것이다.

(2) 무결점운동의 4대 원칙

1962년 퍼싱 미사일을 제조하던 마틴사의 플로리다 올랜도 공장에서는 획기적인 품질 프로그램을 도입하였다. 그것은 현대적 품질경영의 원조가 된 무결점(ZD, Zero Defects)운동이었다. 퍼싱 미사일 프로그램의 품질 책임자로 있던 필립 크로스비는 ZD를 위한 4가지 원칙을 확립하였다.

- 품질이란 요구사항에 대한 적합도이다.
- 검사를 통해 결함을 수정하기보다는 결함 발생을 사전에 방지해야 한다.
- 무결점(ZD)이 품질의 표준이다.
- 품질은 부적합 비용이라는 금전적 척도로 측정된다.

간단히 말해, 사후에 실수를 수정하는 것보다 최초에 올바르게 하는 것이 더 좋다는 것이었다. ZD라는 새로운 표준을 적용함으로써 퍼싱 미사일 프로그램의 전반적 검사 불합격률을 25% 낮추고 폐기비용도 30% 줄일 수 있었다. ZD는 '더 좋은' 제품을 '더 싸게' 제조하는 것을 의미하였다. 마틴 사의 성과와 더불어 미국 국방부의 권장으로 인해 ZD 프로그램은 군수업체 전반으로 보급되었으며 이후 다른 업종으로 계속 확산되었다. 포드, GM, 크라이슬러 등과 같은 자동차 제조업체도 모두 ZD를 채택하였다.

(3) ECR(Error Cause Removal)

매사추세츠 주(州) 린(Lynn)에 있는 GE의 항공기 엔진 공장도 ZD를 도입하였다. 이 공장에서는 '실수(error)'의 '원인(cause)'을 찾아서 '제거(removal)'하자는 ECR을 ZD에 접목하여 큰 성과를 거두었다. ECR을 고안한 배경을 요약하면 다음과 같다.

- 현장 작업자들이 최초에 올바르게 하려고 해도 그렇게 할 수 없는 원인이 있다.
- 최초에 올바르게 할 수 없는 원인이 제거되지 않으면 ZD를 실현할 수 없다.
- 관리자들은 결함을 유발하는 원인을 제거해 주어야 한다.
- 그러나 관리자들은 결함을 유발하는 원인을 알지 못한다. 현장에서 직접 일하는 작업자들만 그것을 알고 있다.

- 그러므로 현장 작업자들은 결함을 유발하는 원인을 관리자들이 알 수 있도록 알려주어야 한다.

실수의 원인을 쉽게 보고(報告)할 수 있도록 표준양식을 만들어 작업자들에게 배포하였다. 이 양식은 세 개의 부분으로 구성되어 있었는데 다음과 같은 절차에 따라 운영되었다.

- 작업자가 실수를 유발하는 원인에 대해 아는 것이 있다면 양식의 첫 번째 부분에 간략히 기술한 다음 감독자에게 전달한다. 만약 그것을 제거하기 위한 아이디어가 있다면 함께 기록하여 제출한다.
- 작업자로부터 양식의 첫 번째 부분을 전달 받은 감독자는 기록된 내용을 점검하고, 필요한 경우 실수의 원인을 확인하기 위해 추가적인 정보를 구한다.
- 감독자는 양식의 세 번째 부분에 서명하고 제안이 접수되었다는 증거로 해당 작업자에게 이를 돌려준다.
- 감독자는 접수된 실수의 원인을 면밀히 검토하고 이를 제거하기 위해 적절한 조처를 취한다.
- 대부분의 경우 감독자나 현장 직반장(職班長)에 의해 문제를 유발한 원인이 제거되는데, 이 경우 실수의 원인을 제거하기 위해 어떤 조처를 취했는지 양식의 두 번째 부분에 기록한 후 이를 해당 작업자에게 전달한다. 또한 문제의 원인을 보고한 작업자가 포상을 받을 수 있도록 사본 1부를 ZD 프로그램 관리자에게 전달한다.
- 만약 접수된 실수의 원인을 일선 감독자나 해당 부문에서 제거할 수 없을 경우에는 조직 내 더 높은 수준에 이의 해결을 의뢰하기 위해 작업장 책임자는 필요한 제언을 ECR 양식에 기록하고 이를 ZD 프로그램 관리자에게 보낸다.

필요한 조처라면 무엇이든 신속하게 실행하고 문제를 제안한 원래 작업자에게 알려주었다. 신속한 조처와 피드백은 ECR 제도의 성공적 운영에 크게 기여하였다. 설령 보고된 원인이 사실과 다르거나 제도에 대한 작업자의 오해가 있었다고 하더라도 해당 작업자가 추가적인 제안을 하는 용기를 잃지 않도록 적절하게 피드백해 주어야 했다. ECR 자체로도 훌륭한 품질개선의 수단이었지만 ZD 프로그램과 함께 적용함으로써 더 큰 성과를 거둘 수 있었다.

5.2 무결점운동이 주는 교훈

(1) ZD의 의미

품질의 발전에 있어서 ZD는 매우 중요한 의미를 갖는다. 당시 품질관리 전문가들은 완전무결이라는 것은 현실적으로 불가능하다고 생각했기 때문에 이를 작업자들에게 요구한 적이 없었다. 그러나 마틴 사에서는 ZD를 작업자들에게 요구하였고 작업자들은 이를 받아들였다. 또한 ZD를 통해 실제로 큰 성과를 얻었으며, 작업자들도 자신들이 이룬 성과에 대해 자긍심을 가졌다. ZD를 통해 얻은 중요한 교훈은 다음과 같다.

- **완전무결을 품질의 목표로 삼고 그것을 조직 내에 주지시켜야 한다.**
  - '어느 정도의 불량이 발생하는 것은 현실적으로 불가피하다'는 안일한 자세로는 결코 품질혁신을 이룰 수 없다. 무결점이란 목표는 매우 단순하여 누구라도 쉽게 이해할 수 있다. 완전무결이 현실적으로 불가능하다고 할지라도 작업자들에게 자신이 맡은 일을 매번 올바르게 하는 것이 품질의 표준이라는 것을 인지시켜야 한다.
- **품질을 높이면 원가도 줄어든다.**
  - 경영자들이 품질을 '최우선'으로 하지 않는 이유는 '품질을 높이려면 비용이 더 들어간다'는 잘못된 인식을 갖고 있기 때문이다. 이런 점에서 품질혁신을 가로막는 가장 큰 심리적 장벽은 품질을 높이려면 비용이 더 들어간다는 오해이다. ZD를 통해 "품질을 높이려면 최초에 올바르게 하는 것이 무엇보다 중요하며, 또한 그렇게 노력하면 원가가 줄어든다"는 것을 실제로 경험할 수 있었다.
- **품질에 대한 최종 책임은 경영진에게 있다.**
  - 흔히들 '품질은 작업자의 손끝에서 나온다'고 한다. 그러나 이것은 일견 맞는 듯 하지만 오해의 소지가 크다. 품질이 작업자의 손끝에서 나온다면 품질에 대한 책임은 작업자에게 있으며 경영관리층에는 실질적인 책임이 없다고 생각할 수 있다. 품질에 대한 책임이 일선 작업자들에게 있다는 선입관이 잘못되었다는 것을 설명하기 위해 크로스비는 다음과 같은 비유를 들고 있다.

"감옥에 있는 죄수들의 대부분이 빈민층 출신이라고 하여 범죄에 대한 책임을 경제적으로 곤궁한 사람들에게 돌리는 것은 잘못된 일이다. 중·상류층에 의해 이루어지는 범죄율도 빈민층의 범죄율보다 결코 적지 않으나, 중·상류층에 의해 저질러지는 범죄는 잘 드러나지 않을 뿐이다. 컴퓨터 범죄와 같이 심각한 범죄는 고등교육을 받은 자만이 저지를 수 있는 것이다."

ECR에서 볼 수 있듯이 결함을 유발하는 원인은 대부분 시스템 내에 있으며 이를 제거해야 할 책임은 경영관리층에 있다. 데밍 박사나 주란 박사의 지적에 의하면 현장에서 발생하는 문제 중 작업자들이 직접 통제할 수 있는 것은 20% 미만이며, 80% 이상은 작업자들의 능력 밖에 있는 시스템 자체의 결함으로 인한 것이다. 또한 '품질이 작업자의 손끝에서 나온다'고 하더라도 '작업자의 손끝을 지배하는 것은 경영관리층의 리더십'이라는 것을 분명히 인식해야 한다.

(2) ZD가 과거의 유물이 된 이유

적어도 식스시그마 품질혁신이 나오기 이전까지 품질의 역사상 가장 큰 영향을 미쳤던 ZD는 그리 오래가지 못했다. ZD를 도입한 대부분의 기업들은 1년 정도 지나면 열의와 활력이 현저하게 떨어지는 것을 경험하였다.

ZD 프로그램을 창안한 필립 크로스비는 ZD가 실패한 이유는 '납기와 원가 압박 때문에 규격에 부합하지 않는 것들을 여전히 내보내고자 하는 경영진의 이중적 태도'가 원인이었다고 진단하였다. 또한 ZD에 대해 진지하게 생각해 본 적이 없는 세칭 전문가라는 사람들이 'ZD는 유치한 발상이며, 동기부여에만 치중하며, 비현실적이라고 폄하하고 있다'며 불만을 토로하였다. ZD는 일과성 프로그램이 결코 아니며 시대가 변해도 여전히 유효한 진리라고 주장하였다.

주란 박사와 일본의 이시카와(石川) 박사는 ZD운동이 실패한 이유에 대해 자신들의 생각을 비교적 자세하게 기술한 바 있다. 이들의 지적 중 다음과 같은 것들은 귀담아 들을 만하다.

- ZD는 단순한 정신운동에 불과하였다. 정신 차려서 열심히 하면 무결점을 실현할 수 있다고 생각했기 때문에 품질기법에 대한 교육이 없었다. 이것은 마치 빈손으로 병사를 전쟁터에 내보내는 것과 같다.

- 자발적 개선운동이 아니었다. 미국에서는 테일러의 사고방식이 강한 영향을 미치고 있었기 때문에 '기술자가 표준을 만들면 작업자는 이를 준수하기만 하면 된다'는 생각이 만연하였다. 이것은 ZD운동이 '상부의 결정에 따라 아래에서 일제히 함께 시작하는 킥오프(kick off) 방식'이었다는 것에서도 알 수 있다.
- ECR을 도입하지 않은 대다수 현장에서는 ZD가 불량이나 결함이 발생하는 책임을 모두 작업자에게 떠넘기는 것이나 다름없었다. 실제로 불량이 발생하는 문제의 책임은 작업자의 능력 밖에 있는 시스템의 문제이며, 이것을 해결해야 할 책임은 경영자, 관리자, 참모의 책임이다.
- 보이기 위한 운동으로 전락하였다. 미국 국방부가 이를 권장하였기 때문에 군수업체에서는 이를 도입하지 않을 수 없었다. ZD운동에 참여한 대다수의 기업이 국방부와 계약관계에 있었다는 것이 이를 방증한다. (미국 국방부가 발간한 ZD 안내서에는 ZD 프로그램이 성공하기 위해서는 모든 면에서 자발적이어야 하며, 이 때문에 ZD의 도입 유무를 계약과 관련해서는 고려하지 않는다고 기술하였다. 그러나 국방부가 관여한 여러 행사에서 ZD를 도입한 기업들의 성과를 홍보하였으며 ZD에 참여하는 기업들에게 시상하기도 하였다.)

참고문헌

- 박영택(1994), "품질시스템의 발전과 품질경영", 산업공학, 7권 2호, pp.1–19.
- Crosby, D.C.(2009), "Let employees help improve quality", Quality Digest, 16 January.
- Crosby, P.B., "ZD – What happened in the 60's?", www.wppl.org/wphistory/philipcrosby/zdwhathappenedinthe60s.pdf.
- Crosby, P.B., "The myths of Zero Defects", www.wppl.org/wphistory/philipcrosby/themythsofzerodefects.pdf.
- Crosby, P.B.(2005), "Crosby's 14 steps to improvement", Quality Progress, December, pp. 60-64.
- Juran, J.M.(1996), "Quality problems, remedies and nostrums", Industrial Quality Control, Vol.24 No.2, pp.647–653.
- Lal, H.(2004), Total Quality Management: A Practical Approach, New Age International.
- Office of the Assistant Secretary of Defense(1965), "A guide to Zero Defects", Quality and Reliability Assurance Handbook 4155.12–H.
- Office of the Assistant Secretary of Defense(1968), "Zero Defects: The quest for quality", Quality and Reliability Assurance Technical Report.

6장

소집단 개선활동

강력한 토네이도의 파괴력은 2차 세계대전 중 일본 히로시마에 투하된 원자폭탄보다 수백 배 더 크다고 한다. 자동차가 휴지조각처럼 날아다니고 집이 통째로 날아가고 큰 나무가 뿌리째 뽑혀 토네이도가 지나간 자리는 그야말로 쑥대밭으로 변하지만 땅 위의 작은 잔디만은 온전히 보존된다. 이것은 풀뿌리의 강인한 생명력을 잘 보여준다. 소집단 개선활동과 제안제도는 품질경영 활동의 풀뿌리(grassroots)이다.

6.1 품질 분임조의 기원

(1) 데밍 신화의 시작

1993년 12월 만 93세를 넘기고 세상을 뜬 데밍 박사는 이제 품질의 전설적 인물이 되었다. 전설적 이야기의 무대가 된 일본을 그가 처음 방문한 것은 1947년이었다. 2차 세계대전 종전 후 일본을 점령한 연합군 총사령관 맥아더 장군이 관장하던 군정청(軍政廳)이 1951년에 실시할 예정이었던 대규모 인구조사의 샘플링에 대한 자문에 응하기 위해서였다.

이것이 인연이 되어 데밍 박사는 JUSE(Japanese Union of Scientists and Engineers, 일본과학기술연맹)의 초청으로 1950년 일본을 다시 방문하게 된다. 1946년 설립된 JUSE의 초대 회장은 이시카와 이치로(石川一郎)였는데 그는 1948년 발족한 일본 경단련(경제단체연합회)의 초대 회장도 함께 맡았다. 이 때문에 일본의 과학기술계와 경제계는 강력한 유대관계를 형성할 수 있었다.

신화에는 항상 허구나 과장이 있기 마련이다. 일본의 품질관리가 데밍의 가르침으로부터 시작되었다고 알려져 있으나 그것은 사실과 다르다. 일본은 1904년 러·일 전쟁을 일으켜 승리하고, 1937년 중·일 전쟁을 일으켜 중국 대륙에서 전쟁을 벌이면서 1941년 하와이 진주만 공습을 통해 미국과의 일전을 선포하여 아시아 전역을 전쟁의 소용돌이로 몰아갔다. 과학기술의 뒷받침 없이 강대국을 대상으로 이렇게 광활한 지역에서 동시 다발적인 전쟁을 수행한다는 것은 불가능한 일이다.

영국의 저명한 수리 통계학자 칼 피어슨(Karl Pearson)의 아들이자 왕립통계협회 회장을 지낸 에곤 피어슨(Eagon Pearson)의 저서 「통계적 방법의 산업표준화와 품질관리 적용(The Application of Statistical Methods to Industrial Standardization and Quality Control)」의 번역본이 2차 세계대전 중이던 1942년에 이미 일본에서 출판되었다.

또한 데밍을 초청하기 1년 전인 1949년, JUSE도 산하(傘下)에 '품질관리 연구그룹(QCRG, Quality Control Research Group)'을 결성하였는데 산업체, 대학, 정부의 여러 인재들이 여기에 참여하였다. 1949년 9월 QCRG는 기업의 기술자들을 대상으로 매월 3일 동안 1년간 지속되는 품질관리 기초과정을 개설하였다. 또한 품질관리 교육에 대한 수요가 급증하자 1950년 3월 월간지 「품질관리」를 창간하였다.

JUSE의 초청으로 1950년 6월 일본에 온 데밍의 첫 강의는 도쿄대학에서 개최되었는데 정부 관료, 대학 교수 및 학생을 포함하여 5백 명 이상이 참석하는 대성황을 이루었다. 도쿄에서 시작한 그의 품질 강의는 전국 주요 도시를 순회하며 10여 차례 계속되었다. 부과장(部課長)과 기술자를 위한 8일 과정의 통계적 품질관리 세미나도 개최되었는데 강의의 주요 내용은 다음과 같았다.

- 품질을 향상시키기 위한 PDCA(Plan–Do–Check–Action)의 회전
- 통계적 분산(分散)에 대한 이해의 중요성
- 관리도를 중심으로 한 공정관리 방법

데밍의 강의는 워낙 명쾌하여 수강생은 물론 QCRG 멤버들도 깊은 감명을 받았다고 한다. 이뿐 아니라 1일 과정의 최고경영자 특별 세미나를 하코네(箱根)에서 개최하였는데 이것이 일본 경영자들에게 큰 자극이 되었다.

데밍은 샘플링 분야의 전문가임에도 불구하고 품질에 대한 폭넓은 이해와 깊은 통찰력을 가지고 있었다. 또한 데밍은 자신의 강의에 참여한 수강생들의 높은 지적 수준에 놀랐으며, 겸손하고 친근한 태도로 일본인들의 호감을 샀다. 이후 그는 1951년과 1952년 거듭 일본을 다시 방문하고, 그 이후에도 기회 있을 때마다 일본에 들러 품질지도를 계속하였다.

JUSE는 품질관리의 보급을 촉진하기 위해 데밍의 8일짜리 강의 교안을 영어와 일어로 출간하였다. 데밍은 이 교안의 인세(印稅)를 개인적으로 갖지 않고 기부하였다. 비록 소액이지만 상징적 의미를 생각하여 JUSE는 이를 품질상 제정을 위한 기금으로 사용하였다. 이렇게 해서 탄생한 것이 (1988년 미국의 말콤 볼드리지 국가품질상이 나오기 전까지) 최고의 권위를 자랑하던 '데밍상(Deming Prize)'이었다.

1951년부터 수여된 데밍상은 본상과 실시상이 있는데 모두 통계적 품질관리에 초점을 맞추었다. 본상은 통계적 품질관리의 이론 개발과 보급 및 계몽에 기여한 개인에게 수여하며, 실시상은 당해 연도에 통계적 품질관리를 가장 잘한 기업에게 준다.

(2) 창의적 일상

1950년 8월 하코네에서 개최된 최고경영자 세미나에서 데밍은 〈그림 6.1〉과 같은

흐름도를 처음으로 사용하였다. 이 그림은 생산을 '시스템' 관점으로 표현한 것이다. 구입한 원재료는 수입검사를 거친 뒤 내부 공정으로 투입되어 가공·조립·검사의 과정을 거친 후 고객에게 전달되며, 고객에게 전달된 이후에도 고객의 의견을 제품이나 서비스의 설계 및 재설계에 반영할 수 있도록 피드백하는 전체 순환고리(closed loop)가 하나의 시스템이다. 자신이 수행하는 특정 업무 하나에 시선을 고정시키지 말고 이러한 시스템 전체를 보아야 한다는 것이 데밍의 주장이었다.

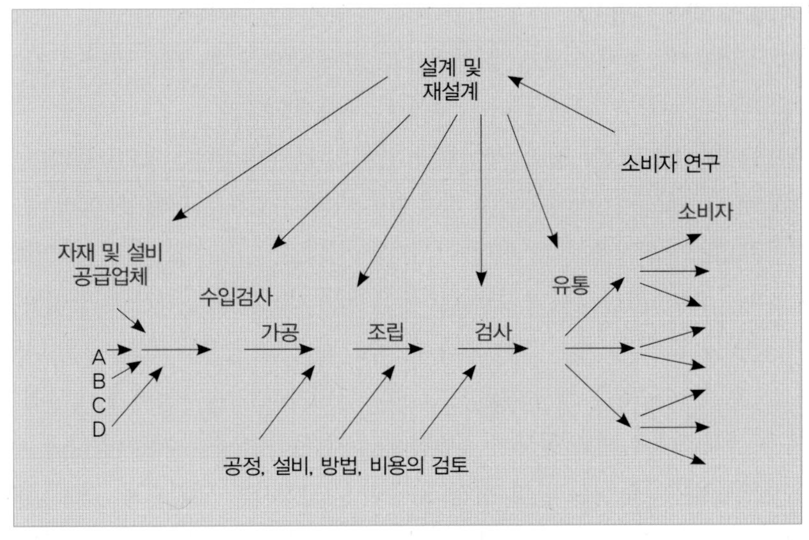

〈그림 6.1〉 데밍 흐름도

시스템이란 공동의 목표 달성을 위해 함께 노력하는 상호 의존적인 요소들로 이루어진 네트워크이다. 시스템이 높은 성과를 내려면 '자신의 목표'가 아니라 '공동의 목표'를 위해 일해야 한다. 구성요소들이 자신의 목표를 위해서 서로 경쟁하거나 자신의 업무만 생각하는 것은 시스템적 관점이 아니다. 공동의 목표 달성을 위해 서로 협력하는 것이 시스템이다. 예를 들면 품질향상과 원가절감을 위해서는 협력업체와 상호 신뢰하는 장기적 동반자 관계가 좋은 조건을 찾아 수시로 옮겨 다니는 경쟁적 관계보다 좋다.

데밍 흐름도를 다른 관점에서 보면, 모두가 개선활동에 동참해야만 시스템을 구성하는 고리가 순환되면서 시스템의 수준이 나선(螺線, 나사모양의 곡선)처럼 지속적으로 상승할 수 있다. '전사적(Total)' 품질경영이란 '모두'가 개선활동에 동참하는 것이다.

모두가 개선활동에 동참하면 일상적 일이 반복되는 속에서도 끊임없는 개선이 이루어진다. 지식경영의 세계적 권위자인 노나카 이쿠지로(野中郁次郎) 교수가 말한 '창의적 일상(creative routine)'이란 바로 이런 모습이다.

(3) 품질 분임조의 탄생 배경

일상적 일을 반복하면서도 지속적 개선이 이루어지는 '창의적 일상'을 구현하는 효과적 방법이 없을까? 반세기 이상 효과적으로 사용되어 온 두 가지 방법이 있다. 하나는 '소집단 개선활동'이고, 다른 하나는 '종업원 제안제도'이다.

1949년 결성된 QCRG의 멤버들은 훗날 일본의 품질관리를 이끄는 주역이 되었다. 도쿄대학교에서 화학공학 박사학위를 받은 이시카와 가오루(石川馨)도 멤버 중 하나였는데 그는 JUSE의 회장을 맡고 있던 이시카와 이치로(石川一郎)의 장남이었다. 이시카와 가오루는 1949년 QCRG가 개설한 품질관리 기초과정의 강사로 참여하면서 품질교육에 보람을 느꼈다. 이후 그는 기술자, 중간관리자, 경영자 등과 같은 다양한 계층을 대상으로 품질교육을 실시하였다. 그러나 관리자나 기술자들에게 아무리 고도의 품질교육을 실시한다고 해도 현장이 뒷받침해 주지 못하면 좋은 제품이 나올 수 없다.

1960년 3월 월간 「품질관리」의 창간 10주년 기념행사의 일환으로 직조장(職組長) 대상, 소비자 대상, 고등학교 교사 대상의 특집호를 발행했는데 특히 직조장을 대상으로 한 것이 호응이 컸다. 또한 1961년 11월호 「품질관리」에 실을 현장장(現場長) 특집기사를 준비하기 위해 여러 기업의 직조장을 초청하여 좌담회를 개최하였다. 이 좌담회의 참석자들은 모두 한결같이 "우리들이 공부할 수 있는 도서가 필요하다. 가능하다면 잡지를 발간해 달라"고 이야기하였다. 이것이 계기가 되어 월간지 「현장과 QC」가 창간되었다.

1962년 4월 「현장과 QC」의 창간호 발매에 즈음하여 이 잡지의 편집위원장을 맡고 있던 이시카와 가오루는 'QC서클(circle)'이라는 이름의 소집단 품질활동을 시작하자고 호소하였다.(「현장과 QC」는 1973년 「FQC(공장품질관리)」로 개칭한 후 1988년 「QC서클」로 다시 바뀌었다.)

이시카와 가오루가 품질 분임조 활동을 제창한 배경에는 크게 다음과 같은 두 가지 이유가 있었다.

첫째, 직조장들은 공부하는 습관이 몸에 배지 않았기 때문에 애써서 그들을 위한 잡지를 발간하더라도 읽히지 않을 것이라는 우려가 있었다. 혼자 공부하는 것을 기대하기 힘들다면 그룹을 만들어서 윤독회(輪讀會) 방식으로 이 잡지를 공부하는 모임을 만들어야겠다고 생각했다. 이와 관련하여 이시카와는 다음과 같이 자신의 생각을 밝힌 바 있다.

"QC서클 활동을 잘 모르는 사람들은 개선을 행하는 그룹이라고 생각하는데 이것은 틀린 것이다. 일차적으로는 공부하는 그룹이고 재발방지를 위한 관리를 실행하는 그룹이다."

둘째, 품질관리는 책상머리에서 공부한 것만으로는 아무런 쓸모가 없다. 공부한 것을 즉시 자신의 직장에 응용하고, 학습한 간단한 품질기법들을 자기 직장의 문제해결에 활용해야 한다. 이를 위해서는 그룹으로 활동하는 것이 바람직하다.

6.2 소집단 개선활동의 운영과 평가

(1) 품질 분임조 운영의 기본

이시카와 등은 품질 분임조 활동을 전국적으로 확산시키기 위해 1963년 'QC서클 본부'를 발족하고 그 이듬해에는 여러 곳에 지부를 설치하였다. QC서클 본부가 주축이 되어 분임조 활동의 바이블(Bible)이 될 만한 안내서를 만들기로 하고, 1970년과 1971년에 각각 「QC서클 강령」과 「QC서클 활동 운영의 기본」이라는 책을 발간하였다. 이 중에서 분임조 활동의 기본적 사고방식에 관계된 것을 요약하면 다음과 같다.

- **품질 분임조의 정의**
  - 같은 직장 내에서 품질관리 활동을 자주적으로 실행하는 소그룹
- **품질 분임조의 기본이념**
  - 기업의 체질개선과 발전에 기여한다.
  - 인간성을 존중하고 사는 보람이 있는 밝은 직장을 만든다.
  - 인간의 능력을 발휘하여 무한한 가능성을 이끌어낸다.

이상이 품질 분임조의 기본적인 사상이지만 이 외에 분임조 활동의 각오로서 자기계발, 자주성, 그룹활동, 전원참가, 품질 기법의 활용, 직장에 밀착한 활동, 분임조 활동의 활성화와 영속(永續), 상호계발, 창의고안, 품질의식·문제의식·개선의식의 10가지를 강조하고 있다. 이 중에서 이시카와 박사가 부가 설명한 몇 가지를 소개하면 다음과 같다.

- 자주성
  - 인간은 기계나 동물과 다르다. 인간은 자신의 의지에 따라 자주적으로 생활한다. 남이 시키는 대로만 하면 기계나 동물과 다를 바 없다. 또한 인간은 머리를 사용한다. 여러 가지로 생각하고 아이디어를 내고 지혜를 발휘하는 두뇌를 가지고 있다. 따라서 품질 분임조 활동은 인간성 존중의 기반 위에 자주적으로 진행되어야 한다.
- 자기계발
  - 문자 그대로 스스로 공부하는 것이다. 좋은 교육을 받고도 학교를 졸업하는 순간 공부를 더 이상 하지 않는 사람이 많다. 자신의 능력 향상과 발전을 위해서는 스스로 공부해야 한다.
- 상호계발
  - 우물 안의 개구리가 되지 않으려면 상호계발이 필요하다. 그룹 활동 자체가 상호계발의 장(場)이지만 직장 내 다른 분임조, 나아가 다른 직장의 분임조와 교류하면 시야가 넓어지고 안목이 높아진다.
- 전원참가
  - 여기서 말하는 전원참가란 조직의 전체 구성원이 분임조 활동에 참여하라는 의미는 아니다. 관리자, 경영자, 기술자는 본래의 직책을 통하여 전사적 품질경영에 참여해야 한다. 그러나 일선 현장에서 같은 일을 함께 하는 사람이라면 모두 분임조 활동에 참여해야 한다. 그렇지 않으면 분임조 활동이 제대로 되기 어렵다.
- 영속성
  - 품질 분임조 활동은 일시적인 것이 아니다. 직장이 있고 기업이 있는 한 영원히 계속되어야 한다. 특정한 문제나 과제를 해결하기 위해 한시적으로 운영되는 프로젝트 팀이나 태스크포스(Task Force)와는 구분되어야 한다.

(2) 품질 분임조 활동의 운영

품질 분임조와 같은 소집단 개선활동을 도입하고자 하는 조직에서는 다음과 같은 절차에 따라 진행하는 것이 좋다.

- 먼저 분임조의 리더(분임조장)가 될 사람을 모집하고 품질관리의 기초, 품질 분임조 활동, 기본적인 품질기법 등을 교육한다.
- 교육받은 리더가 분임조 활동을 함께 할 다른 동료들을 모집한다. 이때 총 인원수는 10명 이내로 제한한다. 인원이 너무 많으면 전원참가의 활동이 어렵다. 일반적으로 분임조 당 인원수는 3~6명 정도가 좋다.
- 분임조의 리더는 직조장(職組長)과 같은 일선 책임자가 처음 얼마간은 좋다. 그러나 어느 정도 활동이 진행되면 호선(互選)으로 결정하거나 직제(職制)에 구애받지 않는 다른 방법을 사용하는 것이 좋다.

분임조가 자신의 문제를 해결하기 위해 사용하는 표준적 절차를 'QC 스토리'라고 한다. 이것은 원래 일본의 건설 기계 및 중장비 제작업체인 코마츠(小松)제작소에서 품질개선 활동의 발표와 공유를 위해 고안한 것이지만 논리적으로 구성되어 있기 때문에 문제해결의 절차로 널리 사용된다. QC 스토리는 다음과 같은 9가지 단계로 구성되어 있다.

① 주제 선정
② 주제로 선정한 이유
③ 현상파악
④ 해석 – 원인의 추구
⑤ 대책의 도출과 실행
⑥ 효과 확인
⑦ 표준화 – 개선효과의 유지관리
⑧ 반성 및 남은 문제점
⑨ 향후 계획

(3) 품질 분임조 활동의 평가

소집단 개선활동은 유형적 성과만으로 평가해서는 안 된다. 특히 금전적 효과는 맡은 일에 따라 크게 차이가 있으므로 주의할 필요가 있다. 예를 들어 양산(量産)을 담당하는 현장에서는 조금만 개선해도 큰 재무적 효과가 있지만 간접 부문은 개선을 해도 재무적 효과가 크지 않거나 재무적 효과를 측정하기 힘든 경우가 많다. 또한 오랜 기간의 개선활동을 통해 상당한 수준으로 올라가고 나면 재무적 효과가 큰 개선 주제를 발굴하기 어려운 경우도 많다.

따라서 분임조 활동의 평가는 문제를 해결하려는 자세와 열의, 구성원들 사이의 상호협력, 문제해결을 위한 체계적 접근 등을 중점적으로 볼 필요가 있다. 〈표 6.1〉은 평가항목별 상대적 비중의 일례이다.

〈표 6.1〉 분임조 활동 평가표의 예

평가항목	배점
주제선정	20점
상호협력 및 노력도	20점
현상파악과 원인분석	30점
효과	10점
표준화와 재발방지	10점
반성	10점
총점	**100점**

이러한 생각을 바탕으로 이시카와는 다음과 같은 것들을 강조하였다.

- **자주성**: 분임조의 결성은 자주적으로 하고 싶은 사람들부터 시작한다.
- **자기계발**: 먼저 공부해야 한다.
- **상호계발**: 시야를 넓히기 위해 다른 분임조와 교류한다.
- **전원참가**: 현장의 모든 사람들이 참가하는 것을 목표로 삼아야 한다.

6.3 과제달성형 개선활동

결함이나 낭비의 제거에 초점을 맞춘 전통적 개선활동으로는 경쟁력을 높이는 데 한계가 있다. 기존의 '문제해결형' 개선활동의 한계를 돌파하기 위해 1980년대 말부터 일본 산업계에서는 '과제달성형' 개선활동을 연구하고 보급하기 시작했다. 이러한 전환의 계기가 된 것은 카메라 제조업체인 코니카가 혁신적 신상품의 개발에 사용한 새로운 접근방법이었다.

1970년대 초반 카메라산업은 성숙기에 접어들어 더 이상 성장 가능성이 없는 것으로 생각되었다. 성숙기에 들어선 시장에서 두 자리 수 이상의 고성장을 목표로 코니카는 새로운 카메라를 개발하기로 하고 R&D 요원과 마케팅 요원이 함께 참여하는 프로젝트팀을 구성했다. 고객의 소리를 광범위하게 경청했지만 고객의 요구와 희망은 모두 사소한 개선이나 변경을 요구하는 정도여서 더 이상의 해결책이 보이지 않았다.

코니카의 프로젝트팀은 고객의 소리에 귀를 기울이는 대신 고객들이 사진을 찍을 때 어떤 일이 발생하는지 알아보기 위해 필름 현상소를 대상으로 조사하였다. 이 조사에서 관찰된 가장 큰 문제는 초점이나 노출이 맞지 않아 제대로 나오지 않은 사진이 너무 많다는 것이었다. 이를 토대로 코니카는 플래쉬가 내장된 자동초점 카메라를 세계 최초로 개발하였다. 코니카가 개발한 '보고 누르기'만 하면 된다는 '포인트 & 슛(point and shoot)' 개념의 콤팩트 카메라는 성숙기에 접어든 시장을 새롭게 재창조했다. 오늘날 카메라 시장에서 콤팩트 카메라가 차지하는 비중이 70%를 넘어선 지 오래다.

도쿄와 요코하마를 중심으로 한 게이힌(京浜) 지구의 품질연구회에서는 코니카의 성공에 주목하고 수년간의 연구를 계속한 끝에 과제달성형 접근방법의 기본적 체계를 제시하였다. 이 지역이 중심이 된 것은 여러 기업의 본사와 서비스 조직이 자리하고 있는 지리적 특성과 관련이 있다. 종래의 소집단 개선활동은 주로 현장의 문제를 해결하기 위한 것이었으며 제조 부문을 중심으로 운영되어 왔다. 전통적인 '문제해결형' 개선활동을 사무·서비스 부문에 적용하는 데 많은 어려움을 느낀 게이힌 지구의 품질연구회는 '과제달성형' 개선활동에 큰 의미를 부여하였다.

〈표 6.2〉 과제달성형 개선활동과 문제해결형 개선활동의 비교

<table>
<tr><th>과제달성형</th><th>문제해결형</th></tr>
<tr><td colspan="2">주제선정</td></tr>
<tr><td rowspan="3">공략할 목표 설정</td><td>현상파악</td></tr>
<tr><td>목표설정</td></tr>
<tr><td>원인분석</td></tr>
<tr><td>대책수립</td><td rowspan="2">대책검토</td></tr>
<tr><td>성공 시나리오 추구</td></tr>
<tr><td>성공 시나리오 실시</td><td>대책실시</td></tr>
<tr><td colspan="2">효과 확인</td></tr>
<tr><td colspan="2">표준화 및 유지관리</td></tr>
<tr><td colspan="2">반성 및 이후 계획</td></tr>
</table>

〈표 6.2〉는 과제달성형 개선활동과 문제해결형 개선활동의 일반적 절차를 비교한 것이다. 문제해결형 개선활동에서는 문제해결에 필요한 현상파악과 원인분석이 중요한 부분이지만, 현상타파를 위한 도전적 과제나 경험이 없는 신규 과제의 성공적 수행을 목표로 하는 과제달성형 개선활동에서는 공략할 목표의 설정과 이를 달성하기 위한 성공 시나리오가 더 중요하다. 그러나 품질 분임조 활동이 현장의 문제를 탐구하고 해결하는 '상시적' 활동인데 반해 과제달성형 접근 방법은 특정 과제의 해결을 위한 '한시적' 프로젝트 성격이 강하다.

참고문헌

- 유한주(2009), "과제달성형 접근방법", 글로벌 품질경영, 김연성 외 6인 공저, 제4판, 박영사, pp.446-451.
- 綾野兎俊 監修(2001)「課題達成マニュアル」, 日科技連出版社.
- 石川馨 저, 노형진 역(1985), 「일본적 품질관리」, 경문사.
- 狩野紀昭監修(1999), 「QCサークルのための課題達成型QCストーリー」, 日科技連出版社.
- Deming, W.E.(1993), The New Economics, MIT Press.
- Deming, W.E.(1986), Out of Crisis, MIT Press.
- Kelada, J.N.(1996), Integrating Reengineering with Total Quality, ASQ Quality Press.
- Noguchi, J.(1995), "The Legacy of W. Edwards Deming", Quality Progress, December, pp.35-37.
- Tsutsui, W.M.(1966), "W. Edwards Deming and the origins of quality control in Japan", Journal of Japanese Studies, Vol.22 No.2, pp.295-325.

6장 부록 벼랑 끝 회생의 주인공 글로브금속

GLOBE

1988년 11월 제1회 말콤 볼드리지 미국품질상의 수상업체가 공개되었을 때, 모토롤라나 웨스팅하우스의 핵연료사업부가 선정되었다는 것은 그리 놀라운 일이 아니었다. 그러나 나머지 마지막 수상업체로 발표된 글로브금속의 경우는 아무도 예상하지 못하였기 때문에 하나의 사건으로 받아 들여졌다. 이 회사의 수상이 더욱 눈길을 끌었던 이유 중 하나는 미국에서는 사양화되어 가던 굴뚝산업에 속했기 때문이다. 기업의 장기적인 체질개선을 위해 품질제일을 추구해 온 다른 기업들과는 달리 이 회사는 목전의 파산위기를 극복하기 위해 품질혁신을 추진하였다.

풍전등화(風前燈火)의 위기

글로브금속은 철합금 및 실리콘금속 제조업체로 오하이오의 비벌리와 알라바마의 셀마에 공장을 둔 중소기업이다. 1988년 수상 당시 이 회사의 사업개요는 다음과 같았다.

- 비벌리와 셀마의 두 공장에 근무하는 전체 종업원의 수는 210명, 연간 매출액은 약 1억 2천만 달러.
- 연간 합금생산량은 약 10만 톤 규모이며, 미국 제일의 실리콘금속 공급업체.
- 주요 납품처는 GM자동차, 포드자동차, 다우코닝 등.

이 회사는 1873년 오하이오 주의 잭슨에서 글로브제철소로 출발하였으며, 1955년에 비벌리 공장을 건설하고 1960년대 중반 셀마공장을 인수하였다. 글로브의 전성기였던 1950년대에서 1970년대 중반까지의 20여 년 동안은 공장을 완전가동하고서도 주문 물량을 다 채울 수 없었기 때문에, 가격인상 요인은 모두 고객에게 전가할 수 있었다. 그러나 1970년대 중반부터 브라질이나 아르헨티나와 같은 남미국가들로부터의 값싼 수입품들이 글로브의 시장을 잠식하기 시작하였으며, 미국 달러화의 강세는 해외 경쟁자들과의 싸움을 더욱 힘들게 만들었다.

설상가상으로 1980년대에 접어들면서 글로브의 주요고객들인 알루미늄, 철강 및 주물 공장들도 철강산업의 하락으로 인해 크게 위축되었다. 또한 전기요금의 대폭적인 인상은 글로브에겐 치명적이었다. 비벌리공장과 셀마공장에 10 내지 20 메가와트 규모의 전기로가 각각 5대와 2대 가동되고 있었기 때문에, 전기요금이 총생산원가의 25%나 차지하고 있었다. 해외경쟁자들에 비해 턱없이 높은 인건비와 올라만 가는 전기요금 때문에 글로브의 수익성은 날로 악화되어 갔다. 최대의 고객이었던 LTV가 파산하자, 글로브의 모업체인 무어맥코믹 자원개발은 금속산업에서 철수할 방법을 모색하기 시작하였다.

시련은 여기서 그치지 않았다. 비벌리공장의 시간제 근로자들은 미국 철강노조에 가입하였다. 강경한 노조활동 때문에 작업규정과 인력배치에 상당한 제약이 따랐으며, 그 결과 작업인력의 규모는 글로브의 수익으로는 도저히 감당할 수 없을 만큼 비대해졌다. 이 회사의 부사장이었던 리치는 당시의 분위기를 다음과 같이 설명하였다: "품질, 생산성 또는 원가의 개선방안에 대한 아이디어를 제공하고자 하는 종업원들은 노동조합 동료들 사이에서 배신자로 낙인 찍혔다." 당시의 상황은 비상구조차 보이지 않는 어려움의 연속이었다. 벼랑 끝까지 내밀린 글로브로서는 이를 타개할 수 있는 대책마련이 시급하였다.

품질혁신에 착수하다

글로브의 사령탑이 교체되었다. 심스(A. Sims)가 사장으로 임명되고, 리치(K. Leach)가 부사장을 맡았다. 새로운 사령탑은 무엇보다 먼저 노사 간의 불신을 해소하지 않으면 안되었다. 그들은 사내 커뮤니케이션의 개선을 통해 불신의 장벽을 허물어뜨리기로 하였다. 시간이 걸리긴 하였지만, 종업원들의 태도가 조금씩 변하고 많은 아이디어들이 나오기 시작하였다. 심스와 리치는 다른 두 명의 관리자들과 함께 차입매수(LBO, leveraged buyout) 방식으로 이 회사를 사들였다.

1985년 포드자동차는 'Q-1'이라는 공급업체 인증프로그램을 도입하였다. 글로브는 포드에 여러가지 주물용 합금을 납품하고 있었기 때문에, 포드와의 관계를 장기적으로 지속시키려면 Q-1 프로그램에서 지정한 기준들을 충족시켜야만 했다. Q-1 인증을 획득하기 위한 첫 번째 단계는 포드의 전문요원으로 부터 'Q-101 감사'라고 불리는 광범위한 품질감사를 받는 것이다. 만약 이 감사에서 70% 이상(200점 만점에 140점 이상)의 점수를 받게 되면, 포드의 각 공장에 그때까지 납품한 성적을 평가 받게 된다. 납품성적이 우수하였다는 것을 모든 공장에서 인정받으면 Q-1 상을 받을 수 있다. 각 공장의 평가기준은 매우 엄격하였기 때문에, Q-1 상의 수상은 미국 자동차업계에서 품질수준에 대한 객관적인 공인을 받는다는 것을 의미하였다.

포드의 Q-1 프로그램은 글로브가 품질시스템을 구축하게 된 결정적 계기가 되었다. 글로브는 Q-101 기준에 따라 자체적으로 자사진단을 실시한 결과 자사의 수준이 형편없는 것을 인지하고, Q-101 기준을 근간으로 한 품질시스템의 구축에 착수하였다. 포드에 계속 납품하기 위해서 Q-1 인증이 필수적인 것이었지만, 글로브의 경영진은 단순히 인증 자체를 목표로 하지는 않았다. 그들의 목표는 포드의 요구조건을 충족시킴은 물론, 이를 계기로 자사가 속한 산업분야에서 최고의 품질 선도기업이 되고자 하는 야심찬 것이었다.

당시 글로브의 가장 큰 문제점은 사후검사에 의존하는 품질활동이었다. 품질계획이 없었을 뿐 아니라 일반 종업원들이 품질개선에 참여하는 일도 찾아 볼 수 없었다. 검사중심에서 예방 및 개선중심의 품질시스템으로 전환하기 위해 먼저 다음과 같은 3가지 사항을 실천에 옮겼다: 모든 종업원들에게 통계적 공정관리(SPC)에 관한 교육을 실시한다, 품질매뉴얼과 품질시스템의 방법을 개발한다, 자사에 납품하는 외주업체에게도 통계적 공정관리와 품질에 대해 교육시킨다.

QEC 위원회

글로브는 Q-101 기준을 토대로 포괄적인 품질시스템을 신속히 구축하였다. 이 품질시스템이 제대로 돌아갈 수 있도록 하기 위하여 각 공장별로 QEC(품질-능률-원가)위원회를 결성하였다. QEC위원회는 품질, 능률, 원가의 3가지 영역 모두에서 개선의 기회를 찾아내고, 이를 실행에 옮기는 역할을 맡았다. 이 위원회의 이름은 글로브금속이 추진하고자 하는 일의 우선순위가 Q, E, C의 순서라는 것을 명시적으로 나타낸다.

모든 종업원들이 관리도를 읽고, 해석하고, 유지할 수 있도록 SPC에 대한 교육을 실시하였다. 교육의 효과를 극대화하기 위하여 실제 현장 데이타를 교육내용에 포함시켰다. 비벌리 공장에서는 외부강사가 교육을 담당하였지만, 셀마 공장에서는 QEC위원회에서 교육을 담당하였다.

이러한 활동이 진전되자, QEC위원회의 활동을 강력하게 지원하기 위한 QEC경영위원회가 만들어졌다. 이 경영위원회는 고위경영진들로 구성되었으며, 사장인 심스가 위원장을 맡았다. 그들은 회사의 전반적인 품질시스템에 대한 활동들을 점검하기 위해 매월 모임을 가졌다. 이 모임은 비벌리 공장과 셀마 공장에서 번갈아 가며 개최되었다. 도출된 문제와 그에 대한 대책을 일선 근로자들에게 전달하는 데 많은 시간이 할애되었다. QEC경영위원회는 회사의 품질 목표를 세우는 책임을 맡았고, 생산현장의 종업원들로부터 많은 정보를 입수하였다.

비벌리와 셀마의 공장장들은 각기 그들 자신의 QEC위원회를 운영하였다. 공장장이 주관하는 이 위원회에는 각 부서장들이 위원들로 참여하였다. 그들은 공장 내에서 추진해야 할 사안들에 대해 함께 일을 하였다. 전날의 일일 성과를 검토하기 위해 매일 아침 개최되는 이 위원회를 통해, 그들은 관리도를 살펴보고 어떠한 이상상태라도 발생하면 함께 토론하고 필요한 수정조처들을 취하였다. 또한 이 위원회는 품질 분임조가 제안한 사항들을 평가하고, 경영위원회에 상정되어야 할 큰 주제들을 도출하였다. QEC위원회의 위원장인 공장장이 상급 조직인 경영위원회의 위원으로 참여하기 때문에, 공장장은 현장의 문제를 경영위원회에 전달하고 경영위원회에서 논의된 내용들을 공장에서 실천하는 허리역할을 맡았다.

비벌리 공장의 QEC위원회가 처음으로 추진한 과제는 공장 내 각종 공정들을 검토하고, SPC나 다른 기법들을 적용하여 통제하지 않으면 안 될 주요 공정변수들을 밝히는 것이었다. 이 과제는 전수검사를 하지 않고서도 고객의 요구사항에 부합하는 최종제품을 일관되게 만들 수 있는 시스템을 구축하기 위한 것이었다. 그들은 종래와 같은 검사중심 활동에서 탈피하여 예방중심의 품질시스템 구축에 치중하였다. 공장 내 개선활동들을 세심히 추적하고, 그 결과가 성공이든 실패든 매월 공지하였다.

실제로 글로브에서는 중요한 가공변수들에 대한 목표치의 달성여부를 작업자들에게 지속적으로 알려주는 컴퓨터제어 시스템의 폭넓은 활용을 통해, 제품품질에 영향을 미치는 모든 인자들을 모니터하고 계량화하였다. 가장 고장나기 쉬운 제조단계를 확인하기 위해 사용되는 통계적 평가방법인 고장유형 및 영향분석(FMEA)을 포함한 다양한 방법을 통해 핵심변수들을 확인하였다. 또한 자체 개발한 시스템으로부터 각 제품의 공정 이력을 볼 수 있는 유색(color) 관리도가 작성된다. 이 관리도는 SPC에 대해 교육을 받은 근로자들에게는 공정성능에 대한 평가자료가 되고, 고객들에게는 그들의 제조공정에 필요한 중요한 정보가 된다.

컴퓨터제어 시스템의 도입은 목표등급의 금속을 제조하는 데 큰 도움이 되었으며, 이에 따라 스크랩과 저(低)등급품의 생산이 크게 줄어들었다. 생산공정의 안정화는 용광로당 생산량을 증대시키고, 생산원가의 상당부분을 차지하는 전력소모량을 대폭 감소시켰다. 이와 동시에 글로브는 인력활용도를 크게 개선시켰는데, 일부 부문에서는 50% 이상 개선되기도 하였다.

품질계획

1986년 이전에는 품질이 글로브의 계획과정에 고려되지 않았지만, 이제는 지속적 개선계획이 매년 개정되어 사내·외로 배포되는 아주 중요한 문서가 되었다. 현재 이 계획서는 20쪽 분량이며, 96개의 개선항목이 나와 있다. 계획서에 있는 각 항목들은 회사의 전략계획에서 도출된 사항들을 전적으로 지지하고 있다. 이 두 가지 계획은 5개년을 대상으로 한 것이다.

지속적 개선계획에는 개선의 목적과 목표, 목표달성을 지원하기 위한 개별 프로젝트와 책임소재 및 목표일정이 명시되어 있다. QEC경영위원회는 계획의 목적을 수립하는 책임을 맡고, 공장 QEC위원회는 구체적인 프로젝트를 결정하고 책임소재를 정하는 일을 맡고 있다. 시간제 근로자들의 의견을 듣고 그들이 계획에 기여할 수 있도록 하기 위해, 계획서 사본을 이들에게도 배포하고 계획수립 모임에 초청한다. 또한 품질 분임조의 제안사항 중 큰 투자가 필요한 것들도 매년 이 계획에 포함된다. 글로브는 매 분기마다 약 20명 단위로 종업원들과의 모임을 갖는데, 이 모임을 통해 종업원들로부터 계획이 어떻게 실행되고 있는지, 만약 문제가 있다면 어떠한 조처가 필요한지 듣는다. 개별 프로젝트의 진행 상태를 추적하기 위해, 매 분기마다 개정된 보고서를 제출할 사람을 지정하도록 하는 감사시스템을 도입하였다. 개정된 보고서는 품질관리자에게 배포된다.

글로브의 계획에서 색다른 점은 개별 프로젝트 책임자들의 주의를 환기시키기 위해 사용하는 일정표 형태의 양식인데, 이것은 벽에 걸 수 있도록 되어 있다. 이 일정표 형태의 계획에는 각 프로젝트의 구체적 일정과 책임소재가 표시되어 있는데, 세부목표의 달성책임을 맡은 종업원들의 이름이 함께 나와 있다. 프로젝트의 완료예정일이 되면 근로자의 이름과 프로젝트 번호 및 프로젝트의 개요가 일정표 위에 표시된다. 실질적인 추적(follow-up)시스템에 의해 뒷받침되고 있는 이 일정표는 글로브의 품질활동이 궤도를 벗어나지 않도록 해주는 결정적 요인이 되었다.

고객들의 의견 또한 계획과정에 반영된다. 글로브의 품질계획팀은 신제품 개발에 앞서 고객들을 방문한다. 공장 QEC위원회는 고객의 목소리를 제품설계에 반영하기 위해 파레토도, 스토리보딩, FMEA 등을 활용하고 있다.

품질개선팀

품질개선에 근로자들이 보다 많이 참여할 수 있도록 하기 위하여, 1986년 글로브의 각 공장에서는 품질 분임조 팀 활동이 도입되었다. 회사 내에 모두 4가지 유형의 팀을 두었다. 부서 내 팀, 부서 간 혼성팀, 프로젝트 팀, 공장 간 혼성팀. 팀 활동에 참여하는 사람들은 모두 자원자들인데, 전체 종업원의 60퍼센트 이상이 팀 활동에 참여하고 있다. 이러한 팀 활동을 통하여 품질, 능률, 원가를 개선하기 위한 아이디어가 매주 평균 70개 정도 나오고 있다.

부서 내의 각 팀은 7명의 시간제 근로자들로 구성이 되며, 팀장 역시 훈련 받은 시간제 근로자가 맡는다. 부서 내 팀은 일주일에 한 번 작업교대시간 전이나 후에 모임을 갖고, 그들 부서 내의 개선사항에 대해 토론한다. 여기에 참여하는 근로자들에게는 이러한 팀 활동시간을 근무시간으로 인정하여 잔업수당을 지급하고 있다. 팀장은 매일 아침 열리는 QEC모임에 참석하여, 그들의 의견과 제안사항을 개진한다. QEC위원회는 즉석에서 결정을 내리며, 공장장은 더 이상의 결재 없이 아이디어를 신속히 실행에 옮길 수 있는 광범위한 재량권을 갖고 있다.

프로젝트 팀은 특수한 문제의 해결이나 프로젝트의 수행을 위하여 한시적으로 운영된다. 다른 팀들과 달리 프로젝트 팀은 전문지식을 가진 정규직 근로자들로 구성된다. 그들의 전문지식에는 다구찌 실험계획법, 스토리보딩, 브레인스토밍 기법 및 다른 통계적 방법과 기법들이 포함된다. 전통적으로 프로젝트 팀들에 의해 수행되는 활동은 정규직 근로자들만 참여하고, 경영진은 특정 부서 내에서 그들의 아이디어를 실행에 옮기도록 지시해 왔다. 시간제 근로자들은 프로젝트의 개발과정에서 소외되었기 때문에 그것의 실행을 지원할 마음이 없거나 현실에 대해서는 자신들이 더 많이 알고 있다고 느끼는 경우가 허다하였다. 지금은 프로젝트 활동 시 시간제 근로자들의 의견을 적극적으로 구하고 있기 때문에, 시간제 근로자들도 의사결정과정에서 주인의식을 느끼고 프로젝트의 실행을 기꺼이 도우고자 한다.

통상적으로 어떤 특정시점에서 볼 때 7개의 부서 내 팀, 3개의 부서 간 혼성팀, 2개의 프로젝트 팀, 2개의 공장 간 혼성팀이 활동 중에 있다. 또한 글로브는 정규 종업원과 시간제 근로자 모두를 대상으로 한 이익 공유 프로그램을 도입하였다. 매 분기마다 종업원들은 배당금을 지급받고 있는데, 종업원 1인당 연간 배당액은 평균 5천 달러에 이른다.

글로브는 수입자재의 일관된 품질을 확보하기 위해 공급자들과 협력하였다. 1985년 10월 초, 글로브는 5개의 주요 공업업체들을 대상으로 품질교육을 실시하였으며, 그 후 이러한 교육을 모든 공급업체로 확대하였다. 경우에 따라서는 공급업체들이 글로브의 시설로 와서 교육 받기도 하였고, QEC위원들이 노상(路上)에서 교육을 실시하기도 하였다. 시간제 근로자들도 관리도를 작성하고 중요한 공정변수들을 추적할 수 있도록 하기 위해, 그들에게 SPC에 대한 기초교육을 실시하였다. 이러한 글로브의 노력 덕분으로 공급업체들이 설계한 품질시스템들은 QEC경영위원회의 요구사항에 잘 부합하였다. 이러한 공급업체 품질교육을 통해 보다 일관성 있는 품질의 원자재를 확보할 수 있게 되자, 글로브는 1988년부터 공급업체 인증프로그램을 도입하였다. 인증을 취득한 공급업체는 글로브의 우선 구매대상 업체가 될 뿐 아니라, 장기적으로 납품할 수 있는 혜택을 얻는다.

품질활동의 성과

품질활동의 성과는 분명하고 확실하였다. 1986년 6월 철합금 업체로는 처음으로 포드의 Q-1 상을 수상하였으며, GM이 수여하는 엑셀런스마크상(Mark of Excellence Award)의 첫 번째 수상업체가 되었다.

여러 공정에서 생산성이 50% 이상 증가하였다. 또한 1988년에는 시장점유율이 5%에 불과하던 어떤 고급 주물품의 점유율이 50%로 뛰어 올랐다. 품질혁신에 착수한 1985년에는 44건의 고객불만이 있었고 4만 9천 파운드의 제품이 반품되어 왔으나, 2년 후에는 고객불만이 4건으로 대폭 줄어들었을 뿐 아니라 반품도 없어졌다. 철합금 산업의 안전사고율이 계속 증가하고 있었음에도 불구하고, 산업평균치와 비슷하던 글로브의 안전사고율은 계속 줄어들었다.

말콤 볼드리지상이 처음 수여된 1988년 글로브는 이 상에 도전한 66개의 업체 중 중소기업으로는 유일하게 수상자로 선정되었다. 수상 후 부사장인 리치는 그들의 성공비결에 대해 다음과 같이 말하였다.

"국가품질상에 도전한 다른 경쟁자들을 물리칠 수 있었던 비결은 무엇이었을까? 고객에게 초점을 맞춘 것, 경영진이 총체적 품질시스템의 구축에 대해 분명하고도 확실한 결단을 보여준 것, 지속적 개선을 끊임없이 추구한 것, 나는 이것이 성공의 비결이라고 생각한다."

1989년 글로브는 탁월한 생산능력을 인정받아 제1회 시게오신고상(Shigeo Shingo Prize)을 수상하였다. 시게오신고(新鄕重夫)는 일본의 공장개선 전문가로서 미국에서 많은 컨설팅 활동을 수행하였는데, 신고상은 품질개선과 아울러 원가절감을 이룩하여 생산성을 혁신시킨 기업에게 수여하는 상이다. 글로브는 풀프루프(fool-proof) 방식과 같은 신고의 기법들이 데밍 및 다구찌의 통계적 품질기법들과 함께 사용될 수 있다는 것을 알아내고, 신고의 현장개선 기법들을 적극적으로 도입하였다. 1986년에서 1988년 사이에 글로브의 생산성은 36% 증가하였으며, 당시 연간 매출액의 10%가 넘는 천만 달러 이상의 원가가 절감되었다.

품질혁신에 착수한 1985년 이래, 글로브는 그들의 초점을 철강제조와 같은 일용품시장에서 부가가치가 높은 주물과 화학산업, 알루미늄산업의 일부 세분시장으로 옮겼다. 3년 후 글로브는 경쟁우위에 설 수 있는 고품질 세분시장을 차지하였다. 이를 계기로 미국 내 고품질 주물합금시장의 점유율을 획기적으로 높일 수 있었다. 또한 캐나다 및 유럽에서의 판매도 대폭 늘어나고 수익성도 크게 개선되었다.

1990년 12월에는 유럽 철합금 시장의 20%를 장악하고, 다음해 4월에는 일본시장에 진출하기 위한 20톤의 시험용 시료를 보냈다. 1992년 이래 글로브의 매출액은 60% 이상 증가하였고, 순수익도 40% 증가하였다. 1994년 글로브의 생산량은 네 차례나 기록을 갱신하였다. 이제는 철실리콘 합금 시장에서 '글로브 품질'이라는 것은 벤치마크 품질수준으로 통용되고 있으며, 세계적 품질 선도기업이 되겠다는 글로브의 야심찬 목표는 마침내 실현되었다.

미국 내 많은 동종업체들이 해외 경쟁자들과의 경쟁을 이기지 못하고 쓰러져 갔으나, 글로브는 품질혁신을 통해 위기를 비약적 성장의 계기로 바꾸었다. 글로브의 성공은 사양길에 접어들었다고 생각되던 산업에 속한 말썽 많던 기업의 재기였기 때문에 더욱 찬란히 빛나는 것이다.

참고문헌

- 박영택(2005), 「이노베이션 스토리: 혁신에 성공한 기업들이 펼치는 감동의 경영 파노라마」, 네모북스.
- Rayner, B.(1992), "Trial-by-fire transformation: an interview with Globe Metallurgical's Arden C. Sims," Harvard Business Review, May-June, pp.117-129.

7장

종업원 제안제도

현업을 가장 잘 아는 사람들은 일선에서 직접 일하고 있는 종업원들이다. 따라서 업무 생산성을 높이고 싶다면 일선 직원들의 실천적 경험에서 나오는 지혜를 구해야 한다. 종업원 제안제도란 원가절감, 생산성향상, 업무환경 개선, 작업안전 확보, 고객서비스 개선 등에 관한 아이디어를 일선 직원들로부터 얻고 이를 적극적으로 활용하려는 다양한 노력을 총칭한다.

7.1 제안제도의 기원

기록상 세계 최초의 제안제도는 1880년 스코틀랜드의 한 조선회사에서 윌리엄 데니(William Denny)에 의해 시작되었다. 윌리엄 데니는 1864년 16세의 나이로 아버지의 조선소에서 견습공 생활을 시작하였다. 그로부터 5년 후 21번째 생일날 경영진에 합류하면서 그는 조선소의 경영관행을 개조하는 작업에 착수했다. 조선소는 지속적으로 성장했기 때문에 예전의 운영방법으로는 모든 공정을 감독하기가 어렵게 되어 개혁의 필요성이 강력히 대두되었다.

조선소의 독특한 문화와 평판을 유지하고 싶었던 데니는 회사의 규모가 커질수록 비공식적으로 진행되던 예전의 여러 일들이 시스템적으로 수행되어야 한다는 것을 깨달았다. 그가 고안해 낸 시스템은 일련의 규정으로 구성되었는데, 그는 그 사본을 모든 종업원들에게 배포하였다. 이러한 규정을 명기한 목적은 조선소를 더욱 효율적이고 안전하게 만들고, 나아가 효율과 안전에 대한 종업원들의 관심을 증진시키기 위한 것이었다. 이 포괄적인 규정은 5개의 범주로 나누어져 있었는데 그 중 하나가 "작업자들의 발명과 개선에 대한 보상지침으로서의 포상위원회 규정"이었다.

이것은 종업원들의 창조성을 촉진시키기 위한 시스템을 만들자는 최초의 시도였다. 데니에 의해 도입된 이 선구적 제도는 단기간에 성공하였다. 이 제도를 운영하기 위해 회사의 기술부문과 사외에서 각 1명씩을 선발하여 2인 포상위원회를 구성하고 위원장은 사외 인사가 맡았다.

포상위원회 위원과 공장장 및 각 부서장을 제외한 어느 누구라도 다음과 같은 경우에는 포상위원회에 포상 요청을 할 수 있도록 하였다.

- 작업에 사용할 수 있는 새로운 기계나 공구를 발명 또는 도입할 경우
- 기존에 사용되고 있는 기계나 공구를 개선할 경우
- 기존의 기계나 공구를 새로운 종류의 작업에 이용할 수 있도록 응용할 경우
- 새로운 작업방법이나 절차를 고안하거나 도입할 경우
- 사고방지를 위한 도구나 장비를 발명하거나 도입할 경우
- 물자를 절약할 수 있는 방법을 제안할 경우
- 일반적으로 작업의 질을 높이거나 경비를 절감할 수 있도록 한 다른 모든 경우

채택된 아이디어에 대해서는 위원회의 평가에 따라 2파운드에서 15파운드까지의 보상금이 지급되었다. 특허를 받을 수 있는 아이디어라면 규정에 따라 발명자에게 15파운드의 보상금을 주고 그의 이름으로 특허를 획득하는 데 소요되는 일체의 비용을 지원해 주었다. 이 경우 회사가 아이디어를 무상으로 사용한다는 규정이 있었지만 이와는 별도로 발명자는 자신의 특허로부터 나올 수 있는 다른 기회를 자유롭게 추구할 수 있었다.

이러한 제도를 도입한 후 4년이 경과한 1884년에는 5개 이상의 아이디어를 제출하는 종업원들에게는 보상금을 2배로 지급한다는 인센티브가 추가되었다. 1887년까지 600개 이상의 아이디어가 제출되었는데 그 중 196개가 채택되어 총 933파운드의 보상금이 지불되었다. 데니에 의해 시작된 제안제도는 영국과 유럽을 거쳐 미국으로 전파되었는데 대체로 소수의 전문인력들을 대상으로 뛰어난 아이디어를 얻기 위한 목적으로 운영되었다.

〈표 7.1〉 제안제도의 비교

서양식 제안제도	일본식 제안제도
뛰어난 아이디어 발굴	작은 아이디어의 누적
소수의 전문인력 참여	전원참여를 목표
높은 금전적 유인	금전적 보상과 비금전적 인정
수동적 아이디어 접수	적극적 아이디어 제출 장려

전문가 중심의 서구식 제안제도와는 달리 일본 기업들은 전사적 품질관리의 일환으로 '개선제안' 중심의 제도를 도입하였다. 일본이 도입한 개선제안은 가능한 한 많은 아이디어를 내도록 하는데 그 목적이 있으며, 이를 통해 생각하는 습관이 직원들의 몸에 배기 시작하면 피드백과 격려를 통해 질이 높은 아이디어가 나올 수 있도록 유도한다.

7.2 일본 미라이공업의 제안제도

(1) 베짱이들의 천국

'전(全) 직원 정년 70세 보장, 연간 휴일 140일 이상, 직원들의 출·퇴근 교통 편의를 고려하여 일일 근무시간 45분 단축, 잔업은 없지만 급여는 잔업 있는 타회사와 동등, 육아휴직 3년', 그럼에도 불구하고 '1965년 창사 이래 연속 흑자'

잘 나가는 첨단기업 이야기가 아니다. 전기설비 자재, 관재(管材) 등을 만드는 미라이공업(未來工業)의 이야기이다. 일본 기후현(岐阜県)에 있는 이 기업은 종업원 800명, 연매출 250억 엔 규모의 중견 제조업체이다.

연극 극단 감독자 출신의 창업자 야마다 아키오(山田昭男)는 현재 일선에서 물러나 상담역(相談役)을 맡고 있다. 야마다 상담역은 "'고객이 신(神)'이라는 발상은 30년 전의 이야기다. 고객만족보다 더 중요한 것이 사원만족이다"라고 말한다. 자기 회사 사원 하나 감동시키지 못하는 기업이 고객을 감동시킨다는 것은 어불성설(語不成說)이라고 말한다. 그래서 '업무 할당량' 등과 같은 그 어떠한 목표치도 설정하지 않고 성과평가도 하지 않는다. 사원들에게 부담을 주지 않고 자발적으로 일하도록 하기 위해서이다. 또한 출퇴근 시간을 기록하는 타임카드도 없다.

직원들의 개성을 존중하기 위해 유니폼을 없애고 대신 유니폼 수당 1만 엔을 매년 현금으로 지급한다. "피부색도 다르고 체형도 다른 사원, 흰색을 좋아하는 사원, 노란색을 좋아하는 사원, 십인십색의 사원에게 회사가 일방적으로 정한 같은 색, 같은 디자인의 유니폼을 입히게 되면 개성을 살릴 수가 없다"는 것이 그 이유다.

직원의 행복과 만족을 최우선으로 하는 경영철학은 젊은 시절 극단 대표를 맡았던 창업자의 경험에서 우러나온 것이다. "연극을 하다 보면 객석에 감동을 주는 이가 감독이 아니고 배우라는 사실을 알게 된다. 감독은 막이 오르면 무대 뒤에 설 수밖에 없다. 마찬가지로 주체는 직원이다. 경영진이 직원을 감동시켜야 하는 이유가 여기에 있다"고 그는 말한다.

(2) 자린고비 경영의 극치

직원들에게 이토록 잘해 주려면 문제는 돈이다. 독점적 상품을 공급하고 있어서 가격결정권을 쥐고 있지 않는 이상 철저한 낭비의 제거를 통해 이윤을 확보해야 한다. 따라서 미라이공업은 사원들에겐 너그럽지만 불필요한 낭비엔 매우 엄격하다.

수십 년간 계속 흑자를 내고 있는 기업으로선 회사 위치가 어울리지 않는다. 본사는 논두렁 한가운데 있다. 게다가 회사의 현관과 복도에 조명등의 숫자를 줄였기 때문에 외부 방문자가 유령공장처럼 느낄 정도로 어둡다. 낮에는 불을 켜지 않는 게 원칙이다. 생산·근무공간에는 손쉽게 끌 수 있도록 형광등에 끈을 달았다. 형광등마다 담당자를 붙여 관리한다. 자리를 비울 때 당기기만 하면 전기절약이 가능하도록 했다. 사용하지 않는 공간은 완전히 단전된다. 복사기도 380명당 한 대꼴로 본사에 두 대밖에 없다. 꼭 필요한 복사만 하도록 하고 이면지를 사용한다. 여름엔 에어컨 대신 선풍기만 돌아간다. 설정온도가 27도이니 켜봐야 시원하지도 않다.

이게 다가 아니다. 서류봉투는 수신·발신 항목을 기재해 50번씩 사용한다. 인쇄비가 아까워 식권도 안 찍는다. 바이어 접대도 사원식당에서 간단히 한다. 회장도 사장도 모두 자기 차를 타고 다닌다. 업무용 자동차로는 승용차보다 연료를 훨씬 적게 먹는 미니 승합차를 사용한다. 정문에 수위실이 있지만 이곳을 지키는 수위는 없다. 경비원을 둘 때 발생하는 비용보다 도둑 맞아 잃게 될 비용이 더 적다는 계산 때문이다.

지나치게 작은 것까지 절약하는 데 대해 곱지 않은 시선도 있지만 회사의 입장은 명확하다. "작은 것은 절약하되 큰 것은 낭비한다"는 것이다. 여기서 '큰 것을 낭비한다'는 것은 "인력 구조조정이나 임금 등과 같이 직원 복지와 관계된 것은 줄이지 않는다"는 의미이다.

직원을 해고하거나 임금을 삭감하기보다는 임금을 올려줘 열심히 일하도록 해 돈을 더 버는 게 낫다는 생각이다. 또 하나의 큰 낭비는 설비투자다. 아끼는 것에 몰두해 설비투자를 미루면 장차 곤란을 겪을 수 있다. 설비투자에 대한 결정은 현장의 판단에 맡긴다. 설령 잘못된 투자라도 크게 신경쓰지 않는다. 설비를 도입했는데 제대로 활용이 되지 않으면 현장에서 어떤 식으로든 활용하려고 애쓸 것이기 때문이다. 딱히 쓸 일이 없으면 부품 전용(轉用)이라도 할 수 있다.

어쨌든 회사에 그리 큰 위험은 아닌 셈이다. 이 외에도 직원들의 사기앙양을 위해 5년마다 전체 직원들의 해외여행을 실시하고 있다. 물론 경비는 회사가 전액 부담한다.

(3) 경쟁력의 원천은 직원제안

'작은 것을 절약하여 크게 쏜다'는 것에는 현실적으로 한계가 있다. 제품의 차별적 경쟁력이 없이는 불가능하다. 야마다 아키오는 처음 창업할 때부터 마쓰시타, 도시바 등과 같이 쟁쟁한 기업들과 경쟁하기 위해 어떻게 할까 궁리하고 또 궁리했다. "가장 중요한 것은 차별화이고, 차별화를 위해선 직원들의 뛰어난 아이디어가 필수적이다"고 생각했다.

미라이공업의 연구개발 예산은 매출액 대비 1%에도 못미친다. 그럼에도 매년 시장에 내놓은 신제품의 수는 수백 종에 달한다. 현재 생산 중인 1만 8천여 종의 상품 중 90%가 특허나 실용실안 등을 취득하였는데 대부분이 직원들이 제안한 아이디어를 접목한 것이다. 미라이가 일본 시장의 80%를 석권하고 있는 전기 콘덴서 박스가 대표적인 예이다. 벽이나 기둥 안에 넣는 이 박스의 내부 전기 장치가 고장나면 대충 어림짐작으로 벽을 뚫어서 봐야 했다. 그런데 이 박스에 알루미늄 테이프를 붙여 휴대용 금속탐지기로 위치를 정확히 찾아낼 수 있도록 함으로써 시장을 장악할 수 있었다.

이런 제품개발을 뒷받침하고 있는 것이 독특한 '종업원 제안제도'이다. 어떤 아이디어이든지 제안만 하면 무조건 500엔을 지급한다. 일본의 다른 기업들이 접수된 제안서의 내용을 검토한 뒤 평가등급에 따라 보상하는 것과는 취지가 다르다. 말하자면 그 500엔은 동기부여를 위한 비용이다. 미라이에서도 제안된 아이디어가 채택되면 다른 기업들과 마찬가지로 최고 3만 엔까지 준다.

제안을 한 건도 하지 않는다고 해서 어떤 불이익이 있는 것은 아니다. 또한 제안에 대한 목표나 할당량은 따로 없다. 그럼에도 불구하고 매년 1만 건 이상의 개선 아이디어가 제안제도를 통해 접수된다.

야마다 상담역은 직원들에게 자율성을 보장하면 평범한 사람들도 충분히 성과를 낼 수 있다고 믿는다. "회사는 우수한 인재 20%와 평범한 직원 80%로 구성돼 있다"며, "중소기업은 우수한 인재를 확보하기 쉽지 않아 이 비율이 더 낮다"고 그는 말했다. 따라서 "평범한 인재의 성과를 끌어내는 것이 중요하다"는 것이다.

미라이공업의 제안제도는 아이디어의 보고(寶庫)이기도 하지만 이보다 더 중요한 것은 전 사원이 주인의식을 갖게 된다는 것이다. 사실 제안제도는 기업을 위한 것만은 아니다. 직원들의 참여와 제안이 늘어날수록 생산성이 올라가고 원가가 절감이 되는데, 이로 인한 혜택이 결국은 종업원들에게 돌아간다. 따라서 제안제도는 종업원과 기업의 상생(win-win) 생태계의 일부라고 볼 수 있다.

(4) 관건은 자발적 참여

미라이공업의 내부 곳곳에는 "늘 생각하라(常に考える)"는 표어가 붙어 있다. 공장 내부뿐 아니라 사무실이나 복도, 계단, 건물 외벽에까지 붙어 있다. 말하자면 '늘 생각하라'는 것은 사훈, 사시, 신조가 된 것이다. 이것의 의미는 "현장의 일은 현장을 가장 잘 아는 일선 직원이 직접 생각하고 결정하라"는 것이다.

이를 대변하듯 미라이공업에는 '호렌소(ホウレンソウ)'를 최소화한다는 원칙을 갖고 있다. 시금치를 뜻하는 '호렌소'는 일본 기업의 3가지 보편적 관행인 '보고(報告)', '연락(連絡)', '상담(相談)'의 일본어 발음의 머리글자를 모은 것이다. 책임 회피를 위해 상사에게 묻거나(相談), 서류를 작성(報告)하고, 일일이 허락(連絡)받으려 하지 말고 스스로 직접 생각해서 결정하라는 것이다.

야마다 상담역은 "직원들이 아이디어를 낼 수 있는 습관을 길러주는 것이 중요하다"며, "아침에 일어나서 밤에 잘 때까지 다양한 상황에서 아이디어를 낼 수 있도록 습관화해야 한다"고 강조한다. 이러한 맥락에서 볼 때 '늘 생각하라'는 것은 지시도 아니고 호소도 아니다. "자신의 의지로 자발적인 생각을 하자"는 기업문화의 한 단면일 뿐이다.

미라이공업은 일본에서 도요타자동차 다음으로 견학 방문객이 많은 회사다. 도요타와 다른 점은 1인당 2천 엔의 견학료를 받는다는 것이다. 여러 면에서 도요타와 닮았다는 이야기에 야마다 상담역은 다음과 같이 대답한다. "도요타는 거짓말만 하지. '사람을 중시한다'라고 하면서도 비정규직이 많잖아. 우린 전부 정규직이야, 난 그런 회사 흉내 안 내." 이 대목에선 '마른 수건도 쥐어짠다'는 세계적 기업인 도요타자동차도 고개를 숙이지 않을 수 없을 것 같다.

7.3 제안제도의 성공요소

제안제도를 도입한 회사는 많으나 유명무실하게 운영되고 있는 곳이 적지 않다. 이것은 제안제도의 성공을 위해 반드시 고려해야 할 요소가 있다는 것을 의미한다. 이 중 상당수는 미라이공업의 사례에 나타나 있지만 다음과 같이 요약할 수 있다.

• 최고 경영자의 지원과 리더십

무엇보다 중요한 것은 최고경영자가 직원들의 제안을 정말 소중하게 생각하고 있다는 것을 일선 직원들뿐 아니라 그들의 상급자인 관리자들까지 체감할 수 있도록 효과적으로 소통하고, 일선 직원들의 자발적 참여를 위한 제도와 여건을 마련해야 한다.

• 제도의 가시성(可視性)

제안제도에 대한 직원들의 인지도가 낮으면 직원 참여가 낮을 수밖에 없다. 따라서 도입에서부터 운영 전반에 걸쳐 제안제도를 공개적인 방식으로 추진할 필요가 있다. 미라이공업에서는 눈이 닿는 곳마다 '늘 생각하라'는 슬로건을 붙이고, 눈에 잘 띄는 여러 곳에 제안함을 비치하고 있다. 이뿐 아니라 제안을 통해 개선이 이루어진 곳에는 모든 사람들이 볼 수 있도록 '개선제안을 실시한 곳'이라는 표시를 해두고 있다.

• 제안 절차와 양식의 간소화

무슨 일이든 번잡한 것은 피하는 것이 인간의 본성이므로 제안서 양식은 극도로 간소하게 만들어야 한다. 또한 제안서에 기입된 내용이 미비(未備)하다거나 불명확하다는 것을 이유로 접수된 제안을 기각시켜서는 안된다. 제안 채널로는 전통적인 제안함 외에도 아이디어를 써 붙일 수 있는 게시판, 무료전화, 이메일, 웹사이트 등과 같은 여러 가지 수단을 고려할 수 있다.

• 신속한 피드백과 평가

제안을 한 당사자에게는 신속한 피드백이 '회사가 자신의 제안을 소중하게 생각하고 있다'는 것을 의미한다. 따라서 접수된 제안은 얼마 이내에 처리한다는 운영 내규를 만드는 것이 좋다. 미라이공업에서 제안이 활성화된 이유 중 하나도 신속한 피드백이다. 직원들이 낸 아이디어에 대해 24시간 내에 접수 통보를 하고 72시간 내에 심사하도록 하고 있다.

LG전자 창원공장은 2007년 직원들이 작업 현장에서 생각난 아이디어를 메모지에 간략히 적어 게시판에 붙이도록 하고, 현장 감독자는 아이디어를 보는 즉시 채택 여부를 판단토록 했다. 그 결과 세탁기 1대당 제조시간을 평균 11초에서 9초로 앞당기고, 컴프레서(압축기)와 모터 생산라인의 길이도 100m에서 50m로 줄일 수 있었다고 한다. 주식회사 농심에서도 제안제도의 핵심은 소통에 있다고 생각하여 제출된 아이디어에 대해 해당부서에서 반드시 검토의견을 제안자에게 피드백해주고 가능성과 효과가 큰 경우 현장에 즉시 적용하고 있다고 한다. 농심에서는 연간 3만여 건의 아이디어가 등록되고 있는데 이는 종업원 1인당 연간 6건의 제안에 해당한다.

• **인정과 보상**

제안된 아이디어는 평가등급에 따라 금전적 보상을 하는 것이 일반적 관행이지만 비금전적인 인정(recognition)도 필요하다. 제안 자체를 힘들고 낯설어하는 직원들이 많기 때문에 제안을 처음 제출하는 직원들을 특별히 격려할 필요가 있다. 예를 들어 격려의 의미로 T셔츠나 우산, 특별한 볼펜 등을 주면 이들의 자긍심을 높일 수 있을 뿐만 아니라 다른 직원들에게도 제안제도에 대한 긍정적인 인식을 확산시킬 수 있다.

채택되지 않은 제안에 대해서도 인정과 보상을 해주면 제안제도에 대한 직원들의 심리적 장벽을 없앨 수 있을 뿐 아니라 그들의 지속적 동참을 유도할 수 있다. 미라이공업에서는 어떤 제안이라도 제출하면 500엔을 지급하고 있다. 제안을 제출한 모든 직원들에게 감사편지를 보내는 것도 대안이 될 수 있다.

제안 성과가 높은 직원들에 대한 비금전적 인정 방법으로는 사보에 게재하거나 사내 명예의 전당에 헌정, 경영진과의 특별 만찬 등을 생각할 수 있다. 1992년부터 제안제도를 도입한 우리나라 농심에서는 제안 성과에 따라 농원장, 만석꾼, 천석꾼 등의 등급을 부여하고 있으며, 탁월한 성과를 낸 제안자에게는 '창조의자'라는 임원급의 고급의자를 선물하고 있다고 한다. 또한 농심은 팀별, 개인별 상금 지급은 물론 연말 종합평가를 통해 10여 명을 선발하여 미국, 일본, 중국 등지로의 해외연수 기회를 제공하고 있다고 한다. 한 가지 유념할 점은 맡은 직무에 따라 채택되는 제안의 금전적 효과가 다를 수 있으므로 제안의 금전적 효과뿐 아니라 독창성이나 참신성 등을 함께 고려해야 한다.

• **협력업체와 고객의 동참**

사내 제안제도가 성공적으로 정착되면 제안제도의 대상을 외부 협력업체나 고객들로 확대하는 것을 고려해 볼 필요가 있다. 이 경우 외부인들이 이메일이나 인터넷을 통해 쉽게 제안할 수 있도록 접근성(accessibility)을 확보해야 한다. 또한 외부 공급업자나 고객의 유용한 제안을 입수한 사내 직원들에 대한 보상도 함께 고려할 필요가 있다.

SK텔레콤은 2012년 7월 '고객제안 사수 프로젝트'라는 고객제안 프로그램을 도입하였다. 이 프로그램에는 SK텔레콤 전국 고객센터와 지점에서 1천 명이 넘는 상담사들이 참여하고 있는데 도입 6개월 동안 상품/부가서비스, 요금제, 접점 관련, 단말기, 멤버십 등과 관련된 제안이 무려 2천여 건 이상 등록되었다고 한다. 등록된 고객 제안 중 30건을 우수 제안으로 선정하고 8건은 실제 서비스에 반영하기로 하였다고 한다. 또한 우수한 고객제안을 전달하거나 고객의 제안에 자신의 의견을 개진한 상담사에게는 별도의 포상 혜택을 제공하고 있는데, 이는 사내의 모든 조직과 구성원들이 고객의 제안을 경청하고 이를 경영활동에 즉각 반영할 수 있도록 노력하는 고객중심적 조직문화를 구축하기 위한 것이다.

SK텔레콤의 대표적인 고객제안 사례로는 고객이 스마트폰을 분실했을 때 분실신고를 하면 희망자에 한해 일주일 동안 전화 수신이 가능하도록 조치를 취하는 것이다. 이것은 분실 휴대폰을 습득한 사람과 통화가 되도록 하여 휴대폰을 찾는 데 도움을 주기 위한 것이다.

참고문헌

- 강영연(2013). "야마다 아키오 미라이공업 CEO, 어떤 아이디어라도 현금 보상", 한국경제신문, 11월 15일.
- 김현성(2010). "괴짜 CEO가 만든 천국의 일터", 이코노미 인사이트, 3호, 7월 1일.
- 선우정(2008). "유토피아 경영 日 미라이공업 창업주 야마다 아키오", 조선일보, 10월 11일.
- 염동호(2009). "베짱이들의 천국, 미라이공업", 월간조선, 10월호.
- 이승현(2013). "잘 나가는 농심, 비결은 제안제도", 이데일리, 11월 21일.
- 홍원상(2011). "직원의 '노르웨이 고등어 아이디어'가 대박 낳다", 조선일보, 5월 9일.
- Bell, R.F.(1997). "Constructing an effective suggestion system", IIE Solutions, February, pp.22-25.
- Robinson, A.G. and Stern, S.(1998). Corporate Creativity: How Innovation and Improvement Actually Happen, Berrett-Koehler Publishers.
- SK텔레콤 공식블로그, http://blog.sktworld.co.kr

7장 부록 1 제안할당제도의 종말

범국가적 제안할당제도

동서냉전 시대에 옛 소련은 서방세계를 따라잡기 위하여 국가적 차원의 '합리화 제안제도'라는 것을 도입하였다. 국가적 차원에서 각 산업별, 지역별 제안 목표량을 설정하고 이를 달성하기 위해 공장별로 월간 할당량을 배분하였다. 공장책임자는 자기 공장에 할당된 제안건수를 채워야 할 뿐 아니라 접수된 제안을 실행에 옮겨 재무적 성과를 내고 제안자에게 소정의 보상금을 지불해야 했다. 만약 이러한 목표가 달성되지 못하면 관리자들은 총급여의 절반 정도에 해당하는 보너스를 받을 수 없었다. 더욱이 문제가 된 것은 국가에서 공장별, 도시별, 지역별로 경쟁을 붙이면서 제안 할당량의 무리한 책정이 다반사라는 점이었다. 이러한 제도의 도입결과는 어떠했을까?

무엇보다도 '눈가리고 아옹' 식의 속임수가 문제였다. 월말이 가까워지면 목표 제안건수를 채우기 위해 관리자들이 애태우고 있다는 것을 잘 알고 있는 종업원들이 현실성이 없거나 우스꽝스런 아이디어를 고의로 제출하곤 했는데 관리자들은 그것마저도 채택하지 않을 수 없었다. 레닌그라드(지금의 상트 페테르부르크)에 소재한 국영기업인 이스메론(Ismeron)사에서 있었던 예를 들어보자.

이 회사는 계측기를 제조하고 있었는데 어느 달 월말이 가까워졌는데도 불구하고 할당량을 채우지 못하고 있었다. 이때 한 종업원이 선반의 금속 구동축을 목재로 바꾸자는 제안을 하였다. 그 달의 보상금 할당액을 충족시키기 위해 공장책임자는 그 아이디어를 채택하고, 당시 최대 보상금액이었던 2,000루블을 지불했다.(석유 1갤런의 가격이 0.5루블이었다는 것을 생각해보면 이 돈이 얼마나 큰 금액인지 알 수 있다.) 공장책임자가 이 아이디어를 실천에 옮기지 않은 것은 물론이다. 모스크바 당국자들도 멍청한 사람들이 아니었기 때문에 이 경우 공장책임자는 또 다른 위험을 감수해야만 했다.

합리화 제안에 대한 보고(報告) 숫자 중 상당수가 진실이 아니라는 것을 당국자들도 알고 있었기 때문에 채택된 제안이 실제로 실행되고 있는지 확인하기 위해 경찰을 동원하여 기습적으로 감사하는 제도를 도입했다. 거짓임이 발각되면 가혹한 처벌이 뒤따랐다. 그야말로 공장책임자로서의 삶이란 고달픈 것이었다. 어리석은 아이디어에 돈을 나누어 주면서도 정해진 생산

목표량은 달성해야만 했다. 물론 생산목표량을 달성하지 못할 경우의 처벌도 가혹하였다.

문제 있는 아이디어를 실천에 옮김으로써 생산 목표량을 달성하지 못할 위험과 그러한 아이디어를 실행하지 않았다는 것이 기습 감사에서 드러날 위험 중 어느 것을 선택해야 하는지가 그들의 고민이었다.

이제는 전설적인 이야깃거리가 된 또 하나의 예를 들어보자. 모스크바 인근의 대규모 자동차 공장에서 있었던 일이다. 금속절단용 프레스 작업자 중 한 사람이 프레스 작동스위치 두 개 중 하나를 제거하자는 어이없는 제안을 하였다. 일반적으로 프레스는 작업자의 안전문제 때문에 양손으로 두 개의 스위치를 동시에 눌러야만 작동된다. 제안 할당량을 채우기에 혈안이 된 공장책임자는 이 제안을 채택하고 제안상금을 지불한 후 이를 실제로 실행에 옮겼다. 아마도 모스크바 가까이 있는 큰 공장이었기 때문에 기습감사의 위험성이 더 높았는지도 모른다. 그로부터 6개월 후 이처럼 엉뚱한 제안을 한 작업자 자신이 작업 중 부주의로 팔이 절단되었다.

공포관리로 변질된 목표관리

소련의 합리화 제안제도에는 또 다른 문제점이 있었다. 그것은 브레즈네프 독재정권 하에 있던 특수한 환경 때문에 더욱 문제가 되었지만 중앙집권적 관료문화가 존재하는 곳이라면 어디에서라도 있음직한 종류의 것이었다.

당시의 통제경제 하에서는 모든 것이 만성적으로 부족했음에도 불구하고 관리자들은 자신의 부하들이 물자나 장비를 획기적으로 절약할 수 있는 아이디어를 생각해 내는 것 자체를 바라지 않았다. 예를 들어 관리자가 매년 철강 수백 톤을 절감할 수 있는 제안을 접수받았다고 가정해 보자.

그는 애초에 자신의 직무를 제대로 수행하지 못했다고 피소되어 "이전에 왜 그러한 생각을 하지 못했는지" 추궁당해야 할 가능성이 있다. 심한 경우 스탈린이 숙청의 수단으로 사용했던 경제적 사보타지(sabotage)의 혐의마저 뒤집어쓸 수 있다. 이렇게 되면 당에서 쫓겨나 음식, 주택, 의료상의 특권을 박탈당하는 것은 물론 장기간의 징역형이나 사형에 처하게 될지도 모른다.

공동으로 생산해서 함께 나누자는 공산(共産)-공분(共分)주의가 실현되기 위해서는 어디에서 무엇을 얼마나 생산하고, 또한 그것을 어떻게 나누어야 하는지가 사전에 철저히 계획되어야만 한다. 따라서 각 공장에 필요한 것들이 언제 얼마만큼 공급될 것이며, 이를 이용하여 무엇을 언제까지 얼마만큼 만들어야 한다는 식의 계획이 위로부터 내려왔다.

그러나 모든 계획에는 차질이 있게 마련이므로 이렇게 수립된 계획이 제대로 돌아갈 리 없었다. 그럼에도 불구하고 소련 경제가 하루아침에 무너지지 않도록 지탱해 준 유일한 힘은 바로 '공포'였다. 무슨 일이 있더라도 지시받은 할당량을 제 날짜에 해내야 하는 것이 공장 관리자의 책무였다. 생산에 필요한 물자가 예정된 날짜에 공급되지 못하는 경우라고 해서 예외가 될 수는 없었다. 어떠한 일이 발생하게 될지 상상해 보라.

최후에 남는 것은 요령뿐

레닌그라드 중심가에 있는 레니네츠(Leninetz) 진공청소기 공장의 예를 보자. 월말이 되기 며칠 전에 진공청소기에 들어갈 호스를 싣고 오던 기차가 중도에 탈선하였다. 할당된 생산 목표량을 달성하기 위해서는 수일 내로 1만 5천 개의 진공청소기를 만들어야 하는데 여기에 필요한 호스가 제때에 공급될 수 없게 된 것이다. 그러나 다른 공장의 관리자들처럼 이 공장 책임자의 문제해결 능력도 신기(神技)에 가까웠다.

몇 차례의 전화통화 후 문제를 해결할 수 있게 된 것이었다. 시청의 서비스 부서에 근무하고 있던 그의 친구에게 훗날 어떠한 형태로든 보답하기로 하고, 시에서 보관하고 있던 수십 킬로미터의 수도용 호스를 빌리기로 하였다. 공장의 기술자들은 그 호스를 잘라서 굽히고, 그것에 노즐과 다른 필요한 것들을 부착시킬 수 있도록 임시 조립라인을 설치하였다. 단기간에 그들은 진공청소기용 호스의 그럴싸한 대용품을 만들어냈다.

이렇게 만들어진 진공청소기가 소비자들에게는 다소 이상하게 보였을지 모르지만, 여하튼 지시된 계획은 충족되었다. 이에 관계된 두 사람(공장 책임자와 그의 친구)이 시에서 보유하고 있던 호스가 없어진 사실을 어떻게 감출 수 있었는지 알 수 없다. 도난 당했다거나 화재로 소실되었다고 보고했는지 알 수 없다. 그게 아니라면 책상머리에 앉아서 세상 물정도 모른 채 계획을 수립한 사람들을 현실과 더욱 격리시키기 위해 없어진 사실 자체를 보고하지 않았을 수도 있다.

생산에 필요한 물자가 제때에 공급되지 않더라도 할당량을 생산해 내기 위해서 대부분의 기업들은 음성적인 방법으로 많은 원재료를 비축하고 있었다. 이러한 과잉재고들이 장부에서 고의적으로 누락된 것은 두말할 필요가 없다. 또한 공장창고의 열쇠는 한두 명의 고위간부가 가지고 있으면서 다른 사람들의 출입을 통제하였다. 가공(架空)의 산출량, 엉터리 기록, 허위 기장, 꼬리에 꼬리를 문 거짓말, 거기에다가 도둑질이나 뇌물까지 생겨났다. 서류상으로는 언제나 계획대로 달성되고 있었지만 그것이 사실이 아니라는 것은 공공연한 비밀이었다. 이것이 당시의 형편이었다.

요란한 소문 조용한 잠적

이렇게 우스꽝스러운 일들이 옛 소련에서나 발생할 수 있었다고 생각하면 오산이다. 오늘날 선도적인 기업들도 '아이디어 할당량의 설정'이라는 함정에 빠지는 수가 있다. 세계적으로 가장 찬사받는 기업 중 하나이며 혁신의 대명사로 통하고 있는 3M의 경우를 보자.

1974년 이후 이 회사는 각 사업부로 하여금 "최근 5년 이내에 도입한 신상품의 매출액이 전체 매출액의 25퍼센트 이상" 되도록 할 것을 요구하였다. 이 정책은 근무시간의 15%를 자유롭게 쓸 수 있도록 공식적으로 허용해 주는 '15% 규칙'과 함께 3M의 이노베이션 문화를 상징하는 것으로 널리 알려져 있다.

1992년 3M의 최고경영자였던 리비오 드시몬느(Livio DeSimone)는 이 정책을 한층 더 강화하여 '최근 4년 이내에 출시된 신제품의 매출액이 30퍼센트 이상'될 것을 요구하였다. 신제품 매출액 비중에 대한 이러한 할당제도는 20년 이상 지속되었다. 할당량을 채우는가에 따라 승진과 보너스가 결정된다는 것을 관리자들은 잘 알고 있었다.

이러한 할당량이 거의 대부분 충족되었다는 것은 그리 놀랄 만한 일이 아니다. 관리자들이 할당량을 채우기 위해 제품의 색상을 빨강색에서 초록색으로 바꾸는 식의 일들을 적지 않게 하였다.

이미 귀에 익은 이야기 같지 않은가?

할당량의 설정이 소련에서 실패했던 것처럼 3M의 정책도 엉뚱한 결과를 가져왔던 것이다. 더욱 문제가 되었던 것은 이 정책 때문에 기업의 연구개발 부문이 기존상품의 문제점을 개선하는 것은 외면하고 신상품을 만들어내는 것에만 치중하는 것이었다.

문제는 거기서 그치지 않았다. 연구개발 부문은 신규 개발상품의 세부사항들을 꼼꼼히 검토해 보지도 않고 생산 부문으로 넘기는 경향이 생겨났다. 신상품의 목표량을 할당한 것이 품질문제와 더불어 생산 부문에 또 다른 문제를 야기한 것이다. 1996년 3M은 슬그머니 이 정책을 포기하였다.

신화는 없다

세계적 수준의 개선제안 프로그램을 운영하고 있는 일본의 기업들조차도 할당방식의 유혹에 빠진 경우가 적지 않다. 믿기 어렵겠지만 일본 기업의 종업원 중 매년 8천 건 이상의 아이디어를 제출하는 사람도 있다고 한다. 이것은 대략 하루에 30개의 아이디어를 제출했다는 것을 의미한다.

믿기 어려울 정도로 많은 제안을 한 여러 종업원들의 제안 내용을 들여다보면 그것이 불가사의가 아니라는 것을 알 수 있다. 거의 모든 경우 하나의 아이디어로 볼 수 있는 것을 여러 개로 쪼개어 제안한다. 더욱이 이러한 개선 아이디어들 중 상당수는 너무나 사소한 것이어서 다른 기업들 같으면 기록할 가치조차 느끼지 않았을 것이었다.

소련과 미국 및 일본에서 실제로 일어난 이상의 사례들은 결국 모두가 같은 이야기가 아닌가! 비록 기업이 명시적인 목표 할당량을 정하고 있지 않더라도 지나친 숫자 경쟁을 유도하면 그 결과는 이와 다를 바 없다.

품질경영의 대가였던 데밍 박사가 경영진을 위해 제시한 14가지 지침 중 "수치적인 할당량을 없애는 대신 개선을 위한 방법을 배우고 실천하라"는 항목을 상기해 보라. '목표에 의한 관리'는 '공포에 의한 관리'와 다름이 없다는 그의 주장이 무엇을 의미하는지 알 수 있을 것이다.

경영의 주제가 겉으로 드러나는 '숫자'가 아니라 그것을 만들어내는 '사람'이라는 것은 동서고금을 통해 불변의 진리인 것이다.

참고문헌

- 박영택(1998), "목표관리의 위험성", 공장혁신, 9월호.
- Robinson, A.G. and Stern, S.(1998), Corporate Creativity: How Innovation and Improvement Actually Happen, Berrett-Koehler Publishers.

7장 부록 2 아메리칸항공의 자존심

크랜달 전설

1981년 로버트 크랜달(Robert Crandall)이 아메리칸항공의 사장으로 취임하면서 추진한 지독한 경비절감은 오늘날 '크랜달 전설'로 회자되고 있다. 그가 주도한 인정사정없는 경비삭감 때문에 크랜달은 항공산업 내에서조차 별종으로 간주되고 있다. 다음의 두 가지 일화는 경비절감에 대한 그의 광적인 집착을 잘 나타내고 있다. 아메리칸항공의 기항지 중 하나인 버진 아일랜드의 세인트 토마스에 있는 작은 사무소에서 있었던 일이다.

이 사무소에서는 고객 서비스의 일환으로 고객의 짐을 일시적으로 보관해 주는 작은 화물 창고를 운영하고 있었다. 예를 들면 세인트 토마스에서 아메리칸항공의 중요한 고객 중 하나는 타이멕스(Timex)사였는데 이 회사의 전자시계 조립공장이 시내에 있었다. 항공사무소에서 시계조립용 부품들을 창고에 밤새 보관해 주는 일이 종종 있었다. 이 부품들은 고가였기 때문에 다른 비싼 물품들과 함께 도둑들의 표적이 되었다.

사무소에서는 3명의 전담 경비원을 고용하고 있었는데 이것이 크랜달의 눈에 띄었다. 크랜달로부터 예산사용에 대한 지독한 추궁을 받게 되자 경비원의 수를 2명으로, 다음에는 1명으로 줄였다가, 나중에는 1명의 시간제 경비원으로 교체하였다. 이후 남은 한 명의 시간제 경비원마저도 경비견으로 대체되었다. 그러나 크랜달은 여전히 고삐를 늦추지 않았다.

크랜달이 세인트 토마스 사무소의 관리자인 조지 엘비로부터 예산사용 내역을 보고 받을 때의 일이었다. 엘비가 보고한 예산 중 한 줄이 '서비스 구매'란 항목이었다. 크랜달이 이 항목에 대해 물어보자 엘비는 경비견을 보내주는 회사에 지불하는 돈이라고 대답하였다. 크랜달은 일주일에 무작위로 3일 밤만 경비견을 이용하면 어떻겠느냐는 의견을 제시하였다. 이렇게 하면 창고 안에 경비견이 있는지 없는지 도둑들이 알 수 없을 것이며 경비도 절감될 수 있을 것이라는 것이 크랜달의 생각이었다. 세인트 토마스로 돌아온 엘비는 이를 실천에 옮겨 효과를 보았다.

이듬해 예산집행 보고 때에는 서비스 구매 항목의 비용이 전년도보다 상당히 줄어들었지만 크랜달은 이 항목에 대해 다시 질문하였다. 그것은 일주일에 무작위로 3일 밤만 경비견을 쓰는 데 지출하는 경비라고 상기시켜 주었을 때 크랜달은 그것이 성공적이었느냐고 물었다. 그렇다는 대답을 들은 크랜달은 엘비에게 새로운 지시를 내렸다. "개 짖는 소리를 녹음하고 타이머를 이용해 이를 불규칙적으로 틀어서 진짜 경비견이 창고 안에 있는 것처럼 도둑들을 속여라." 세인트 토마스로 돌아온 엘비는 이를 곧바로 실행에 옮겼다. 놀랍게도 이것은 효과가 있었다!

두 번째 이야기 또한 아메리칸항공 내에서 크랜달 전설로 남아있다. 수년 동안 비행기 객실의 음식 쟁반을 수거해 본 승무원들은 승객 대부분이 샐러드에 들어 있는 올리브를 먹지 않는다는 것을 알게 되었다. 이 사실이 크랜달에게 알려지자 그는 샐러드에 올리브를 넣지 않는다면 원가가 얼마나 절감될 수 있을지 조사해 보라고 지시하였다. 조사 결과 승객의 72퍼센트가 올리브를 먹지 않는 것으로 나타났다. 항공사는 샐러드에 들어가는 내용물의 가지 수에 따라 대금을 지불하고 있었다. 내용물의 가지 수가 4개 이하는 60센트, 5개에서 8개까지는 80센트였다. 그런데 올리브는 샐러드에 들어간 5번째 재료였다. 올리브가 빠지면 매년 약 50만 달러를 절감할 수 있다는 계산이 나왔다. 이 사실이 올리브 재배 협동조합에 알려지자 그들은 올리브가 기내식 샐러드에서 빠진다면 아메리칸항공에 대한 보이코트에 들어가겠다고 크랜달을 위협했다.

아메리칸항공은 협동조합과의 협상을 통해 모든 비행기에 올리브를 싣되 원하는 승객에게만 제공하기로 합의하였다. 그러나 이미 약간의 올리브를 마티니 칵테일용으로 비행기에 싣고 있었기 때문에 이러한 합의로 인해 아메리칸항공이 추가적으로 부담해야 할 것은 사실상 별로 없었다.

IdeAAs 제안 프로그램

전사적인 경비절감의 추진을 위해 크랜달은 "IdeAAs in Action"이라는 제안 프로그램을 고안하고 1989년 실행에 들어갔다. (IdeAAs는 Idea와 American Airlines라는 두 낱말을 합해서 만든 조어이다.) 이 프로그램의 발대식에서 크랜달은 종업원들에게 다음과 같이 연설하였다.

"우리 아메리칸항공에서 큰 변화를 만들어내기 위한 새로운 프로그램의 시작을 선언하게 되어 본인은 더없이 기쁩니다. 이 프로그램은 여러분들의 창조성, 여러분들의 지식, 그리고 여러분들의 아이디어를 활용하기 위해 만든 것입니다. 여러분 모두가 아시다시피 끊임없이 변하고 있는 항공업계에서 경쟁력 있는 기업으로 살아남기 위해서는 비용을 관리하고 수익을 창출할 수 있는 새로운 방법을 찾아내지 않으면 안 됩니다. 이를 성취하기 위한 더 좋은 방법이 무엇인지 가르쳐 주십시오. 우리는 여러분들의 이야기를 듣고, 실행하며 그에 상응하는 보상을 할 것입니다."

크랜달은 이 제안 프로그램을 성공적으로 이끌기 위해 훌륭한 리더십을 발휘했다. 1996년 자료에 의하면 당시 이 프로그램을 전담하는 47명의 직원이 근무하고 있었는데, 이들은 그 해에 접수된 약 1만 7천 건의 아이디어를 평가하고 채택된 아이디어들이 현장에서 실제로 적용되고 있는지 감독하였다고 한다. 경비절감을 위해서라면 피도 눈물도 없을 것 같이 여겨졌던 크랜달이 제안제도의 운영을 위해서는 세계 어느 기업에서도 보기 힘들 정도로 큰 투자를 한 것이다.

또한 이유 여하를 막론하고 150일 이내에 처리가 완결되지 못하는 아이디어들은 모두 크랜달의 책상으로 보내졌다. 처리가 지연되는 제안이 모두 크랜달에게 자동적으로 회부된다는 위협은 제안제도의 운영에 관계된 모든 사람들에게 자기가 맡은 일을 신속하게 처리하지 않으면 안 된다는 것을 상기시켜 주는 각성제가 되었다. 사내의 어느 누구도 기업의 경비절감에 기여할 수 있는 제안의 처리를 지체시켰다는 이유로 크랜달에게 소환되는 것을 원치 않았다.

일선 직원들의 참여

모든 준비가 끝나고 진군 나팔이 울리자 각계각층의 종업원들이 참여하기 시작했다. 그 중 일부만 소개하면 다음과 같다.

● 비행기 승무원의 참여

한 스튜어디스가 제출한 제안용지에는 플라스틱 뚜껑이 붙어 있었다. 그녀의 설명에 의하면 이 뚜껑은 승무원이 승객들에게 커피를 제공할 때 사용하는 금속 주전자의 일회용 덮개였다. 그것은 커피를 따뜻하게 유지하고, 비행기가 흔들릴 때 승객들에게 엎질러지는 것을 방지하기 위해 사용되었다. 운영지침에 따라 이 뚜껑은 매 비행당 10개씩 지급되었지만 그녀는 매번 비행이 끝날 때마다 최소한 5개의 뚜껑이 사용되지 않고 버려지는 것을 알게 되었다. 그래서 매 비행당 5개의 뚜껑만 실을 것을 제안하였다. 얼핏 보기에는 그 제안의 효과가 미미할 것 같았다. 뚜껑 한 개의 가격이 1.5센트였으므로 5개를 절약한다 하여도 7.5센트에 불과하였기 때문이다. 그렇지만 아메리칸항공이 하루에 총 2,300회 이상을 비행하기 때문에 일 년 365일 동안의 절감액을 계산해 보니 무려 매년 6만 2천 달러가 되었다.

● 훈련 아카데미의 참여

IdeAAs in Action 프로그램이 시작된 후 처음으로 접수된 제안은 항공사의 훈련 아카데미에 근무하고 있는 한 종업원이 보낸 것이었다. 텍사스 주 댈러스에 있는 이 훈련아카데미에서는 승무원들의 훈련을 위해 매년 새 소화기를 구매하고 있었다. 기내에 비치된 소화기의 유효기간이 지나면 이를 버리는 대신 수거하여 훈련용으로 쓰면 상당한 예산절감이 가능할 것이라는 제안이었다. 비록 유효기간이라는 공식적 수명이 다한 소화기이지만 훈련용으로 사용하는 데에는 아무런 문제가 없었다.

이 제안이 실행되자 더 이상 훈련용 소화기를 구매할 필요가 없어졌을 뿐 아니라 수백 개의 소화기가 훈련에 이용될 수 있었기 때문에 종업원들의 안전사고 대처능력도 높일 수 있었다.

● 정비센터의 참여

한 정비공이 제출한 제안용지에는 두 개의 너트가 부착되어 있었는데 그 중 하나에는 파란색, 다른 하나에는 분홍색의 기저귀 핀이 매달려 있었다. 파란 핀으로 매단 너트는 맥도널 더글라스 DC-10 기종에 사용되는 것이고, 분홍색 핀으로 고정시킨 너트는 수퍼-8 기종에 사용되는 것이었다. 두 너트는 모두 맥도널 더글라스로부터 구입하고 있었는데 구매가격은 각각 1달러 19센트와 79센트였다. 제안자의 생각으로는 두 너트가 동일한 것이므로 똑 같이 79센트에 구매해야 된다는 것이었다.

제안사무국의 회계담당자는 이 제안에 대해 기술 부문에 검토를 의뢰한 결과 두 너트가 동일한 것이라는 것을 확인할 수 있었다. 그 후 맥도널 더글라스로부터 구매하고 있는 1달러 19센트짜리 너트의 구입단가를 79센트로 내렸다. 아메리칸항공에서는 이 너트를 많이 사용하고 있었기 때문에 이를 통해 매년 30만 달러 정도의 비용을 절감할 수 있었고, 아이디어를 제공한 정비공은 3만 7,500달러의 보상금을 받았다. 아메리칸항공은 이러한 개선을 촉진시키기 위해 정비공들에게 원가 및 가격 정보를 알려주기 위한 노력을 계속하였다.

아이디어 확산의 촉매

아메리칸항공의 IdeAAs in Action 제안 프로그램이 성공할 수 있었던 결정적 요인 중 하나는 아이디어 후원자(IdeAAdvocates)들을 임명한 것이었다. 각 부서나 현장사무소마다 자원자 중 1인이 아이디어 후원자로 임명되는데 이들의 임기는 1년이다. 일반적으로 아이디어 후원자라는 호칭이 관리층으로 승진하는데 한 걸음 다가섰다는 것으로 인식되었기 때문에 자원자들이 부족한 경우는 없었다.

이들은 활동에 들어가기 전 1일간 사전 교육을 받는데, 교육의 핵심적 내용은 불평을 제안으로 바꾸는 것이었다. 이 제도가 도입되고 나서 사내 제안건수가 2배 이상 증가하였다. 더욱 중요한 것은 이들의 임기가 끝나고 새로운 사람이 그 자리에 임명되더라도 '한번 후원자는 영원한 후원자'로 남게 되었다는 점이었다.

철갑상어의 여왕

이러한 모든 성과에도 불구하고 크랜달은 잠시도 멈추지 않았다. 텍사스 주 댈러스에 있는 아메리칸항공의 본부에는 매년 수만 건의 아이디어가 접수되고 있었는데 그 중 하나를 살펴보자.

1991년 1월 캐쓰린 크라이델(Kathryn Kridel)이라는 아메리칸항공의 수석 승무원은 회사의 경비절감에 크게 기여할 수 있는 작은 제안 하나를 제출하였다. 당시 걸프전이 발발하지 않았더라면 그러한 아이디어를 생각해 내지 못했을 것이라고 그녀는 말했다.

걸프전이 진행되는 동안 이라크가 서방 비행기에 대한 테러를 자행할지도 모른다는 우려 때문에 대서양을 횡단하는 비행기의 승객이 급격히 줄어들었다. 미국 항공사의 승무원들이 유럽에서 숙박하는 경우 비밀장소에서 무장 경호원들의 호위를 받아야 할 만큼 공포와 긴장이 지속되었다. 수석 승무원인 크라이델은 일등실에 배치되었기 때문에 걸프전이 항공사에 미친 영향을 직접 피부로 느낄 수 있었다. 일등실 손님의 대부분은 사업가들이었는데, 이들의 사업상 여행이 사실상 중단되었다. 크라이델이 근무하는 일등실에 손님이 한두 명밖에 탑승하지 않는 경우가 적지 않았으며, 손님이 전무한 경우마저 있었다.

기내식 담당 부서에서는 예약하고도 탑승하지 않는 승객수까지 감안하여 매번 비행 전에 얼마나 많은 음식과 음료를 실을 것인지 계산한다. 따라서 일등실의 승객수가 적을 것으로 예상될 경우에는 음식 공급량도 줄일 수 있었다. 예를 들어 단 1명의 일등실 손님이 있고 일등실에서 4종류의 선택 메뉴를 제공한다면 각 종류별로 단지 하나씩만 실었다.

그것까지는 좋았으나 한 가지 간과된 것이 있었다. 그것은 기내식 중에서 가장 비싼 철갑상어의 알이었다. 일등실 손님이 몇 명이건 간에 비행기에는 항상 철갑상어 알 200그램짜리 캔이 공급되었는데 캔 하나의 용량은 승객 13명이 먹기에 충분한 양이었다. 캔 하나의 가격은 약 250달러였다. 걸프전 당시 일등실이 거의 비어 있었기 때문에 막대한 양의 철갑상어 알이 낭비되고 있다는 사실에 크라이델은 주목하였다.

조종사와 승무원들까지 먹고도 남는 것은 도착 즉시 버려졌다.(그들은 철갑상어 알에 금방 질려 버렸다.) 이것이 마음에 걸린 크라이델은 아이디어를 제출하였다. 일등실 손님이 적을 경우에는 철갑상어 알의 공급량도 줄일 수 있도록 캔의 용량을 줄이자는 것이었다.

제안사무국으로부터 신속한 회신이 왔다. 그녀의 제안에 대해 감사하고 있으나 그것을 당장 실행에 옮기는 것은 곤란하다는 것이었다. 그녀는 자기의 제안이 실행에 옮기기 어려운 상당한 이유가 있을 것이라고 생각하고 이 일에 대한 모든 것을 잊었다. 그러나 그녀가 이를 잊고 있는 동안에도 문제해결을 위한 바퀴는 계속 돌아가고 있었다.

그로부터 1년 반이 지난 1993년 6월 크라이델은 마이애미에서 탑승대기를 하고 있던 중 이메일을 확인하기 위해 승무원 라운지에 앉았다. 모든 수석 승무원들에게 다음과 같은 지시사항이 공시되어 있었다.

"지금부터 일등실에 200그램짜리 철갑상어 알 캔이 공급되지 않는다. 대신 승객이 7명 이상일 경우에는 100그램짜리 캔 2개, 7명 미만일 경우는 캔 1개가 제공된다."

이러한 변화는 매년 남미, 일본, 유럽으로 가는 4만 3천 번의 비행에 적용되는 것이었다. 크라이델은 혼자 미소를 지으면서 생각했다 '좋아, 회사가 이제서야 현명해졌군.' 그리고 그것에 대해 더 이상 생각하지 않았다. 그렇지만 3달 후 꿈같은 소식이 날아들었다. 그녀의 제안으로 인해 회사는 매년 철갑상어 알에 지출하는 3백만 달러의 비용 중 56만 7천 달러를 줄일 수 있게 되었으므로 5만 달러의 보상금을 지불하겠다는 것이었다. 이 일이 있은 후 그녀에게는 '철갑상어의 여왕'이라는 별명이 붙여졌다. 이 별칭은 나이 어린 승무원들에게 그녀를 지칭할 때 널리 사용되고 있다고 한다.

제안사에 길이 남을 금자탑

1991년 아메리칸항공은 전사적 경비절감을 위한 제안 프로그램의 인지도를 높이고, 종업원들의 참여를 촉진시키기 위한 "IdeAAs in Flight"라는 새로운 캠페인을 전개하였다. 이 캠페인은 미국제안협회로부터 1991년도 최고의 제안 프로그램으로 선정되었다.

이 캠페인은 아메리칸항공의 50번째 보잉 757기를 구매하기 위한 5천 30만 달러의 자금을 향후 1년간 제안 프로그램의 운영을 통해 전액 충당하자는 야심찬 것이었다. 1년 동안 4만 9천 건의 제안이 접수되었고 그 중 약 4천 6백 건이 채택되어 실행에 옮겨졌다. 이를 통해 얻은 총 경비절감액은 새 비행기를 구매하고도 남는 5천 8백만 달러나 되었다.

아메리칸항공으로서는 이 비행기가 특별한 의미를 지닌 것이었기 때문에 별도의 이름을 붙이고 그것을 기수(機首)에 쓰기로 하였다. 전사적인 공모를 통해 린다 조 핸더슨(Linda Jo Henderson)이 제안한 '아메리칸항공의 자존심(Pride of American)'이란 이름이 수상작으로 결정되었다. 이 비행기는 아메리칸항공에서 별도의 이름을 갖고 있는 유일한 비행기이다.

1992년 1월 보잉사가 있는 시애틀에서 이 비행기의 첫 공개와 인수식이 있었다. 비행기의 명명식과 처녀비행까지의 기간인 3일 내내 축하행사가 진행되었다. 이 행사에는 크랜달 사장과 8명의 임원들, 그리고 상위 등급의 제안자 194명이 참석하였다.(이들 194명이 제출한 제안의 총 효과금액은 항공기 가격의 80%에 상당하는 4천만 달러였다.) 3일 동안 진행된 축하행사의 하이라이트를 비디오에 담아 사내의 모든 종업

아메리칸항공의 보잉 757
Wikimedia Public Domain

원들에게 보여주었다. 이후 '아메리칸항공의 자존심'은 세계 각국을 운항하였다.

아메리칸항공의 종업원들은 이 비행기를 볼 때마다 그것이 왜 거기에 있을 수 있는지 회상에 잠긴다. 아메리칸항공의 "IdeAAs in Action"과 "IdeAAs in Flight" 제안 프로그램은 종업원 참여의 잠재적 위력을 보여주는 놀라운 예이다. 그 이후 아메리칸항공의 제안제도를 벤치마킹하기 위한 세계 여러 기업들의 방문행렬이 끊이지 않았다.

자존심에 가린 그늘

아메리칸항공이 제안사에 길이 남을 족적을 남겼다는 것을 부인할 사람이 누가 있겠는가? 또한 그러한 큰 성과에 흡족해 하지 않을 경영자가 어디 있겠는가? 그러나 아메리칸항공이 거둔 이러한 성과도 사실은 종업원들의 잠재력으로부터 얻을 수 있는 것 중 극히 일부에 불과한 것이다. 1996년도 조사자료에 의하면 아메리칸항공에서 종업원들이 제출한 제안 중 채택된 것은 8% 미만이었으며, 제안에 참여한 종업원도 전체의 9%에 불과하였다. 그 중에서도 경비절감에 가장 크게 기여한 사람들은 정비 부문의 종사자들이었다.(이러한 현상은 제안제도를 성공적으로 운영하고 있는 우리나라 기업에서도 흔히 볼 수 있다.) 정비요원들의 맹활약이 기업의 경쟁력 강화에 크게 기여하는 것이야 말할 필요가 없지만 우리는 다음과 같은 의문을 가져 볼 필요가 있다.

"정비요원들이 사내의 다른 사람들보다 훨씬 더 창조적인가? 아니면 단지 그들이 막대한 금액의 경비절감을 가능하게 하는 아이디어들을 얻기 쉬운 위치에 있을 뿐인가?"

아이러니컬하게도 제안사에 금자탑으로 남은 IdeAAs in Flight의 성공 그 자체가 아메리칸항공이 더 높은 수준의 창조적 기업으로 나아가는 데 장애가 되고 있다.

대폭적인 경비절감의 요령

1996년 한 해에 정비공들이 제출한 아이디어 덕분에 절감할 수 있었던 금액이 2천만 달러를 넘었는데, 이는 제안활동을 통해 절감한 총금액의 47%에 해당한다. 실제로 10만 달러 이상의 제안상금을 받은 정비공도 여러 명 있었다. 그들이 취급하는 부품의 가격과 그들의 손을 거쳐가는 엄청난 물량을 생각해 보면 이러한 결과가 실현 불가능한 것이 아니라는 것을 이해할 수 있다.

아메리칸항공에서 탁월한 제안성과를 올린 어느 팀이 실제로 사용하고 있는 방법을 살펴보자. 회계부서에서 근무하는 팀원이 부품 구매비용을 주기적으로 검토하고 다량으로 사용되는 품목 중 고가의 부품을 찾아낸다. 대폭적인 경비절감의 기회가 될 수 있는 이러한 부분을 찾으면 그는 대형 제트기의 수석정비공인 다른 팀원에게 알려준다. 이때부터 수석정비공은 비행기가 정비를 받으러 들어올 때마다 이 부품을 떼어내어 마모나 손상의 형태를 살펴보고, 부품의 수명을 연장시킬 수 있는 방안을 찾기 위해 골몰한다. 또한 정비공이 어느 특정부품에 대해 너무 많은 비용이 지출되고 있다고 느끼면 그 팀은 보다 값싼 다른 대용품을 찾기 위해 노력한다. 이러한 방식으로 그 팀은 일년에 거의 백만 달러의 경비를 절감하고 상당한 제안상금을 받을 수 있었다.

이 사례는 '다수의 관심사(Interesting Many)'보다는 '소수의 중대사(Vital Few)'에 집중하면 같은 노력으로도 훨씬 더 큰 성과를 얻을 수 있다는 파레토 원칙의 효용성을 잘 보여준다. 그러나 다른 한편으로 좀 더 생각해 보면 이렇게 현명하고도 영악한 접근방법은 아메리칸항공의 모든 경영활동이 경비절감을 지향하고 있는 방향성의 산물인 것임을 알 수 있다.

기업활동의 방향정렬

'방향정렬(Alignment)'이란 기업문화와 관계된 것이기 때문에 명확히 정의하기는 어렵지만 방향정렬이 잘된 기업에서는 사내의 모든 사람들이 조직의 중요한 목표를 공유하고 있으며 그들이 행하는 모든 선택과 결정이 설정된 목표를 지향한다. 아메리칸항공의 IdeAAs in Action 제안 프로그램이나 그 성과인 '아메리칸항공의 자존심'은 조직이 추구하는 목표가 무엇인지를 명확히 보여준다. 또한 경비절감을 위해서라면 피도 눈물도 없을 것 같던 크랜달 사장도 IdeAAs in Action의 실행을 위하여 1,250만 달러 이상을 투입하였을 뿐 아니라 최고경영자로서의 바쁜 일정 가운데서도 항상 이 프로그램은 직접 챙겼다. 이러한 크랜달의 탁월한 리더십 덕분에 아메리칸항공의 모든 활동이 경비절감에 분명한 초점을 맞출 수 있었다. 아메리칸항공의 방향정렬에 관한 핵심적 질문은 다음과 같다.

"경비절감이 우리 회사의 중대한 관심사라는 것을 모르고 있는 종업원이 있는가? 또한, 경비절감의 기회를 그냥 지나치는 사람이 있는가?"

이러한 질문에 대해 사내의 그 누구라도 '결코 아니다'고 대답할 수 있을 정도의 강력한 방향정렬은 아메리칸항공의 제안시스템이 그렇게 잘 돌아가도록 한 원동력이었다. 그러나 총체적인 기업활동의 방향이 경비절감을 향하여 강력하게 정렬되어 있다면 경비절감과 직접적인 관계가 없는 다른 아이디어들이 좀처럼 나오기 어렵지 않을까?

퍼스트 앤 패스트

영국의 브리티시항공(BA)에서 있었던 전혀 다른 종류의 제안을 살펴보자. 런던 히드로공항의 제4터미널에서 수화물 취급자로 근무하고 있던 이안 하트(Ian Hart)라는 사람의 이야기이다. 도착승객들의 수화물이 나오는 회전 컨베이어 구역에서 일할 때 그는 같은 질문을 여러 번

받았다. 노랑바탕에 검정 줄무늬 꼬리표가 부착된 수화물이 언제나 먼저 나오는 것처럼 보였는데 고객들은 어떻게 하면 자기들의 가방에도 그러한 꼬리표를 부착시킬 수 있는지 알고 싶어했다.

하트는 이러한 질문을 하는 고객들이 항상 비행기에서 가장 먼저 내린 사람들, 즉 BA의 일등석 승객이라는 것을 알게 되었다. 그는 정체불명의 이 꼬리표에 대해 좀 더 자세히 알아보기로 했다. 얼마간의 탐문과 조사 후 꼬리표가 대기 승객인 자사 직원(무료 탑승하는 자사의 승무원, 임지로 부임하거나 임지에서 돌아오는 직원)들의 수화물에 부착된다는 것을 알았다. 무료탑승 직원들보다 유료승객에게 우선권을 주는 것이 BA의 정책이었기 때문에 이 대기승객들은 비행기가 떠날 시간이 임박할 때까지 특정한 비행기에 좌석을 얻을 수 있을지 모른 채 기다려야 했다.

마침내 하트는 현행 제도가 의도한 바는 아니었지만 대기승객의 수화물에 우선권을 주고 있다는 것을 알게 되었다. 통상적으로 승객들의 수화물을 컨테이너에 넣은 다음 화물칸에 싣는데, 대기승객들의 수화물이 언제나 일등석 손님의 컨테이너에 실릴 뿐 아니라 때로는 이 컨테이너에 있는 짐들이 마지막에 내려졌다. 이 때문에 일등석 승객들은 종종 수화물을 찾기 위해 오래 기다려야 했고, 줄무늬 꼬리표가 붙은 가방들의 행렬을 보고서야 자기 가방이 곧 나올 것이라는 것을 알았다. 이러한 수화물 서비스가 일등석 승객들에게 좋은 인상을 줄 리 만무하였다. 하트는 이러한 업무처리 방식을 바꾸어야 한다고 생각했다.

일등석 수화물을 컨테이너에 넣지 말고 이륙 직전에 비행기 앞쪽 화물실에 실었다가, 목적지에 도착하는 즉시 직원 중 한 사람이 이 짐을 신속히 수화물용 회전 컨베이어 위에 갖다 놓자고 제안했다. 그의 아이디어가 복잡한 것은 아니었지만 여러 사람들에게 영향을 미칠 수 있는 일이었기 때문에 BA는 1993년 여름 몇몇 노선에 시험적으로 적용해 보았다. 그 시도는 매우 성공적이었다.

이제는 이 아이디어가 히드로공항의 제4터미널로 들어오는 BA의 모든 대형 여객기에 적용되고 있는데 BA에서는 이 절차를 '퍼스트 앤 패스트(First & Fast)'라고 부르고 있다. 일등석 승객들의 수화물이 회전 컨베이어에 도착하는 데 걸리는 시간이 평균 20분에서 12분으로 금방 단축되었고, 1994년 말에는 9분 48초로 줄어들었으며 몇몇 노선에서는 7분 이하로 떨어졌다.

이 아이디어가 실행에 들어간 다음에야 누군가가 하트에게 BA의 제안제도인 '브레인웨이브스(Brainwaves)'에 이것을 자세히 써서 제출해 보라고 권유했다. 이 제안으로 하트는 1994년도 '올해의 고객서비스 회장상'을 수상했고, 미국행 콩코드 비행기 왕복표 2장과 11,000파운드(약 2천만 원)의 상금을 받았다.

일등석 승객은 어느 항공사에서나 가장 수익성 높은 고객이다. 따라서 그들이 지불하는 만큼 각별한 관심과 배려의 대상이 되고 있음을 느끼게 있도록 해주는 것은 항공사의 이익과 직결되는 것이다.

경비절감의 한계

기업활동의 방향정렬은 본질적으로 어떠한 유형의 행위를 기대할 수 있는지를 좌우한다. 아메리칸항공과 같이 기업활동의 초점을 경비절감에 집중시키고 있는 기업에서도 창조적 이노베이션의 여지가 있는 것일까?

항공업계의 역사상 아메리칸항공은 두 가지 특별한 혁신을 남긴 것으로 평가된다. 상용고객 우대 프로그램과 항공업계 최초의 컴퓨터예약시스템인 SABRE가 바로 그것이다. 그러나 이 두 가지는 IdeAAs in Action 프로그램이 도입되기 이전에 나온 것이다. 이인 하트가 '퍼스트 앤 패스트'에 대한 아이디어를 생각해 내었을 때 브리티시항공에도 브레인웨이브스라는 제안제도가 있었다.

그러나 다행히도 브리티시항공은 아메리칸항공만큼 경비절감에 강력한 초점을 맞추고 있지 않았을 뿐 아니라 제안을 통해 받을 수 있는 보상금의 규모도 종업원들의 행위를 지배할 만큼 크지 않았다.

하트는 단지 호기심 때문에 그 일에 착수하였으며, 그의 아이디어가 실행에 옮겨진 후에서야 그것도 다른 누군가의 권유에 따라 브레인웨이브스에 제출하였다. 만약 그가 아메리칸항공처럼 경비절감에 강력한 초점을 맞추고 있는 기업에 근무했다면 이러한 일을 해낼 수 있었을까? 아마도 그는 자신의 아이디어가 기업이 추구하고 있는 강력한 목표인 경비절감과는 무관한 것이라고 생각하여 그냥 지나치고 말았을 것이다. 이러한 사실은 사내의 모든 활동이 경비절감을 향해 정렬되어 있는 기업의 한계를 보여준다.

참고문헌

- 박영택(1998), "기업경비 절감의 신화", 공장혁신, 10월호.
- 박영택(1998), "작은 제안 큰 성과", 공장혁신, 11월호.
- 박영택(1998), "후면경만 보는 경영의 한계", 공장혁신, 12월호.
- Robinson, A.G. and Stern, S.(1998), Corporate Creativity: How Innovation and Improvement Actually Happen, Berrett-Koehler Publishers.

8장

품질 개선도구

일본의 이시카와 박사는 현대적 품질경영의 철학적 토대가 되었던 미국의 ZD운동이 실패한 이유 중 하나로서 품질기법에 대한 교육의 부재를 지적하였다. 정신 차려서 열심히 하면 무결점을 실현할 수 있다고 생각하는 것은 단순한 정신운동에 불과하며, 이것은 마치 빈손으로 병사를 전쟁터에 내보내는 것과도 같다는 것이다. 품질의 무기라고 할 수 있는 기본적 개선도구에는 주로 수치적 데이터를 이용하는 '7가지 기초도구'와 언어 정보를 도식적으로 나타내는 '7가지 신(新)도구'가 있다.

8.1 품질관리 7가지 기초도구

(1) 파레토차트

① 개요

'파레토차트(Pareto Chart)'는 이탈리아의 경제학자 빌브레도 파레토(Vilfredo Pareto, 1848-1923)의 이름을 따서 주란 박사가 붙인 이름이다. 1906년 파레토는 스위스 국민들의 소득분포에 대해 연구한 결과 상위 20%의 부유층이 전체 국민재산의 80%를 점유하고 있다는 사실을 발표하였다. 다른 지역을 대상으로 한 후속 연구들에서도 이러한 소득분포의 비율은 그대로 적용되었다.

주란 박사는 이러한 '20:80의 비율'이 소득분포뿐 아니라 다른 분야에서도 광범위하게 적용될 수 있다고 생각하였다. 예를 들면, 재고관리 경험에 의하면 고가의 20% 품목이 전체 재고금액의 80%를 차지한다. 또한, 제조업이나 서비스업의 경우 문제를 발생시키는 원인이 많더라도 대부분의 문제는 소수의 원인 때문에 발생한다. 이처럼 문제의 원인은 '중대한 소수(vital few)'와 '사소한 다수(trivial many)'로 분류할 수 있다. 중요한 20%의 원인이 전체 문제의 80%를 발생시키기 때문에 이것을 특히 "20:80의 법칙"이라고도 한다. 이 법칙은 '중대한 소수(vital few)' 요인의 관리와 개선에 집중해야 상대적으로 큰 성과를 얻을 수 있다는 '중점관리'를 강조하기 위해 자주 사용된다.

파레토차트는 중요한 요소를 구별하기 위한 일종의 막대그래프이다. 막대는 높이가 큰 것부터 왼쪽에서 오른쪽으로 배열한다. 조사 중인 문제에 어떤 인자가 큰 영향을 미치는가를 알아보기 쉽도록 그래프의 위쪽에 누적 백분률을 나타내는 꺾은선그래프를 함께 그린다. 파레토차트는 작성하기 쉽고 효과도 뛰어나기 때문에 품질개선팀에서 사용하는 가장 유용한 기법 중의 하나이다.

② 적용사례

(i) 호텔 고객불만 분석

어느 호텔에서 지난 한 달간 모두 30건의 고객불만이 접수되었다. 〈그림 8.1〉은 이를 파레토차트로 작성한 것이다. 이 호텔에서는 접수된 고객의 불만을 모두 50가지 유형으로 나누어 데이터베이스로 관리하고 있다. 〈그림 8.1〉을 보면 객실 내의 '배수구 막힘'과 '욕조 머리카락' 청소 미비가 전체 불만의 70% 가까이 차지하고 있는 것을 볼 수 있다.

(ii) 실업수당 청구 문의 분석

〈그림 8.2〉는 플로리다 주의 웨스트 팜비치에 있는 실업수당 청구팀이 작성한 것이다. 이들은 개선 전·후를 비교할 수 있도록 두 개의 차트를 하나의 그림으로 표현하였다. 이 팀에서는 고객들이 사무실로 전화문의를 많이 하는 것의 원인을 찾기 위해 파레토차트를 작성하였다.

중심선 좌측의 막대는 개선 전 1개월 동안의 문의전화 건수를 분류한 것이고, 우측의 막대는 개선 후 1개월 동안의 문의전화 건수를 나타낸 것이다. 이 차트에서 볼 수 있듯이 개선 전에는 지역 사무소의 위치를 묻는 전화가 가장 많이 걸려왔다. 이에 따라 고객에게 발송하는 최초의 안내문에 사무실까지 오는 약도를 첨부하도록 개선하였다. 개선 전·후를 비교해보면 다음과 같은 특징을 쉽게 확인할 수 있다.

- 사무실의 위치를 묻는 전화의 대폭적인 감소
- 자료요청 전화의 증가

사무실 위치를 묻는 전화 때문에 발생하는 통화대기 시간을 대폭 줄였기 때문에 이러한 변화가 가능하였다고 생각된다.

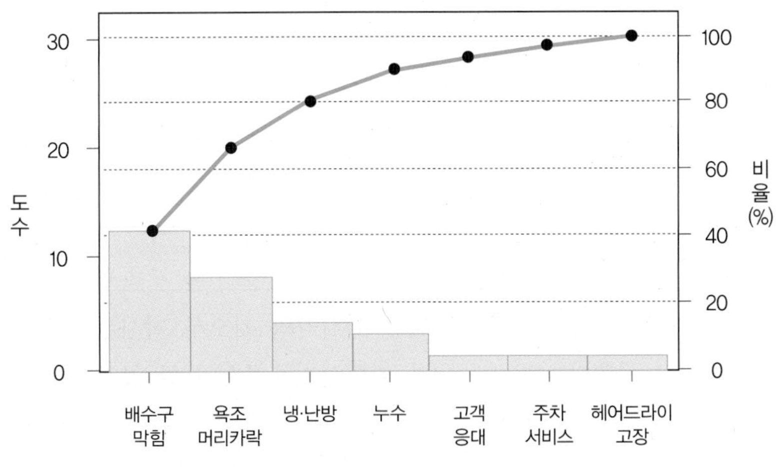

〈그림 8.1〉 호텔 고객불만에 대한 파레토차트

〈그림 8.2〉 개선 전·후의 비교를 위한 파레토차트

(2) 특성요인도

① 개요

'특성요인도(Cause and Effect Diagram, C&E Diagram)'란 일의 결과(특성)와 그것에 영향을 미치는 원인(요인)을 계통적으로 정리한 그림이다. 즉, 특성에 대하여 어떤 요인이 어떤 관계로 영향을 미치고 있는지 명확히 하여 원인규명을 쉽게 할 수 있도록 하는 기법이다. '특성'이란 길이·속도·불량률 등 제품의 품질을 표시하는 품질특성이란 말을 줄인 것이다. 또한 제품 및 서비스의 성능이나 기능 또는 일의 결과를 나타낸 것이라고 할 수 있다. '요인'이란 원인 중에서 영향이 큰 것을 말한다.

이 기법은 일본의 품질관리 전문가였던 이시카와 가오루 박사가 고안하고 이름을 '특성요인도'라고 붙였다. 1953년 일본 가와사키제철소의 한 공장에서 이를 전공정에 적용하여 큰 효과를 본 후 널리 보급되기 시작하였다고 한다. 그 후 1962년 주란 박사가 자신의 「QC 핸드북」 개정판을 내면서 이를 '이시카와 다이어그램(Ishikawa diagram)'이라고 이름을 붙인 후 이 이름으로도 많이 불린다. 또한 이 다이어그램의 모양이 생선뼈와 닮았다고 '피시본 다이어그램(fishbone diagram)'이라고도 한다.

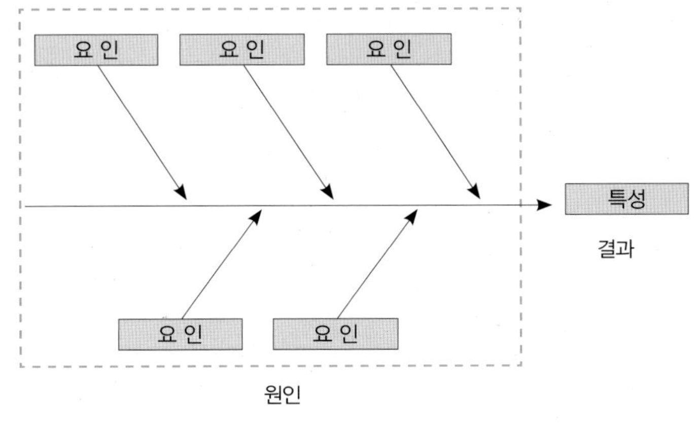

〈그림 8.3〉 특성요인도의 개념

특성요인도의 작성절차는 다음과 같다.

[단계 1] 개선해야 할 문제가 되는 특성을 결정한다.

특성이라고 하면 어렵게 들리지만 앞에서 설명한 것처럼 일의 결과로 나오는 것으로서 현장에서 문제가 되는 것을 말한다. 간단히 일의 결과라고 생각해도 좋다.

[단계 2] 특성과 등뼈를 기입한다.

특성요인도는 오른쪽 끝의 박스 안에 앞에서 정한 특성을 기입하고 왼쪽에서 오른쪽으로 굵은 화살표를 표시한다. 예를 들어 '불행한 인생'이라는 주제에 대해 그 원인을 특성요인도로 작성해 보자. 등뼈(또는 줄기라고도 함)를 긋고, 그 끝에 '불행한 인생'이라는 문제를 적는다.

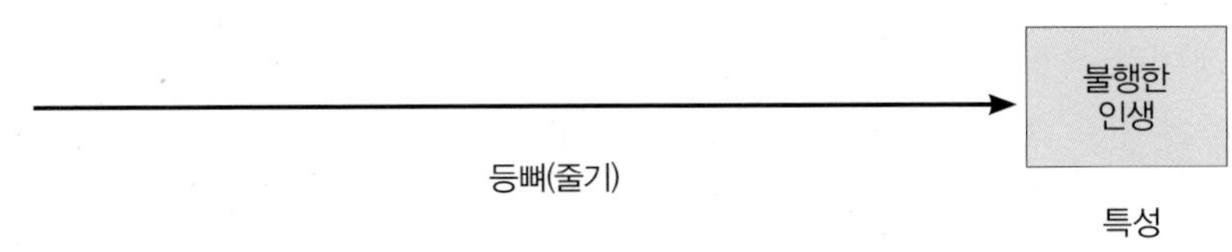

〈그림 8.4〉 특성요인도의 등뼈 작성

[단계 3] 큰 뼈를 기입한다.

다음에는 큰 뼈(큰 가지라고도 한다)를 기입한다. 많은 요인들 중 큰 요인을 4~8개 정도로 분류하여 등뼈를 향해 비스듬히 큰 뼈를 붙인다. 아마도 행복한 삶을 방해하는 주된 요소는 건강, 금전, 배우자, 자녀, 지식 등이 있을 것이다.

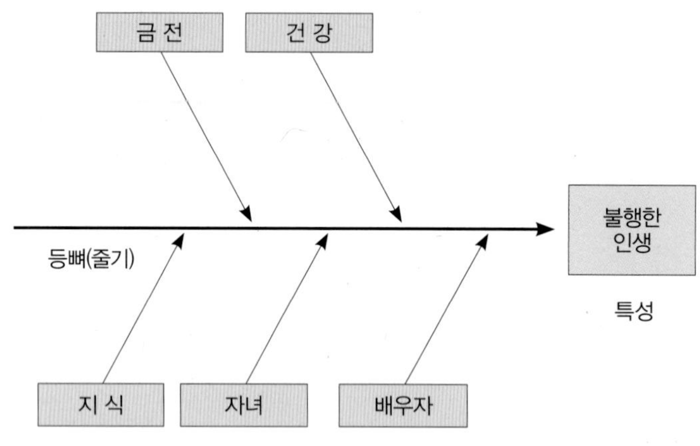

〈그림 8.5〉 특성요인도의 큰 뼈 작성

이시카와 박사는 현업에서 자주 발생하는 큰 뼈의 요인으로 사람(Man), 설비(Machine), 자재(Material), 방법(Method), 측정(Measurement)에 환경(Environment) 요인을 더한 6가지를 사용할 것을 권장하였다. 이 6가지 요인의 영문 머리글자를 따서 보통 '5M+1E'라고 부른다.[참고: 5M 중에서 측정을 빼고 4M(Man, Machine, Material, Method)을 쓰는 현장도 많이 있다.]

[단계 4] 중뼈·작은 뼈·잔뼈를 기입한다.

큰 뼈로 표시한 요인은 너무 커서 구체적 조치가 어렵다. 이 때문에 큰 뼈를 중뼈(중간 가지)·작은 뼈(작은 가지)·잔뼈(더 작은 가지) 등 계속 더 작은 하부요인으로 분해하여 구체적인 조치를 취할 수 있는 요인에 이를 때까지 세분화한다. '불행한 인생'이란 특성에 영향을 주는 하부요인들을 이런 식으로 계속 세분화하면 〈그림 8.6〉과 같은 형태가 나올 수 있다.

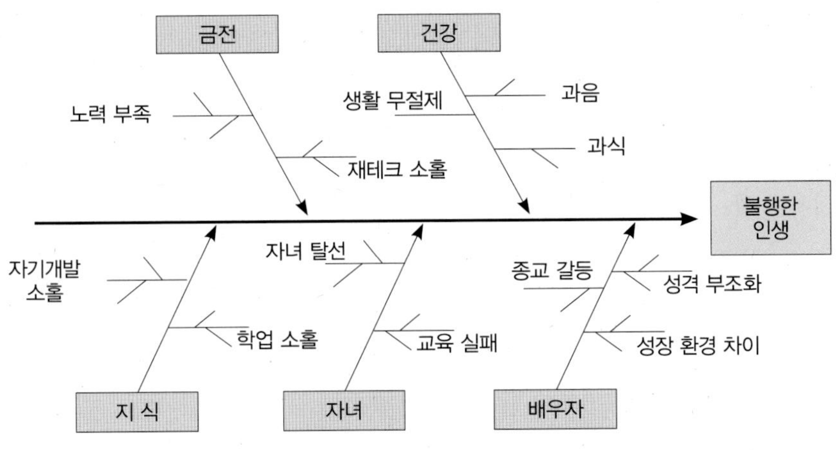

〈그림 8.6〉 특성요인도의 작은 뼈와 잔뼈 작성

[단계 5] 요인을 확인한다.

일단 요인이 다 나왔다고 생각되면 그것을 보면서 함께 내용을 확인한다. 이 단계에서는 다음과 같은 두 가지 사항을 유념할 필요가 있다.

- 누락된 요인이 없는지 체크한다.

한 사람만으로는 사물을 보는 방법과 생각이 한쪽으로 치우치기 쉽다. 많은 사람이 의견을 내고 그것을 함께 정리하면 보다 넓은 관점에서 요인을 빠짐없이 열거할 수 있다. 반드시 구성원 모두가 빠진 요인은 없는지 확인해야 한다. 이 때에는 팀원들뿐 아니라 다음 공정을 맡고 있는 사람이나 윗사람, 스태프 등 관계자 모두의 의견을 들으면 더욱 충실한 특성요인도가 작성될 수 있다.

- 인과관계를 철저히 파악한다.

큰 뼈의 요인이 중뼈, 중뼈의 요인이 작은 뼈, 작은 뼈의 요인이 잔뼈로 잘 분해되어 있는지, 또한 잘못된 곳에 포함되어 있지 않은지 점검한다. 이를 위해서는 '왜(why)'라는 질문을 반복할 필요가 있다.

[단계 6] 요인의 비중을 매긴다.

어떤 요인이 특성에 큰 영향을 미치고 있는지 함께 검토한다. 업무를 통해 체득한 경험에 비추어 특성에 큰 영향을 미친다고 생각되는 요인에 테두리를 그리거나 색깔로 구분하여 한눈에 알아볼 수 있도록 표시한다.

[단계 7] 관련사항을 기입한다.

특성요인도가 완성되면 빈자리에 특성요인도의 제목, 작성날짜 및 작성자 등 관련 사항을 기입한다.

② 적용사례

다음은 미국의 한 항공사에서 실행한 개선활동의 일부이다. 이 항공사 고객들의 가장 큰 불만은 항공기가 정시에 출발하지 않는다는 것이었다. 이 항공사는 정시출발의 장애요인을 찾기 위해 특성요인도를 사용하기로 하였다. 항공기 출발지연의 주요 원인을 사람, 설비, 자재, 절차의 4개(4M) 범주로 나누고, 각 범주별로 잠재적 배후 원인들을 찾아서 〈그림 8.7〉과 같은 특성요인도로 정리하였다.

특성요인도에 정리된 요인들을 검토한 결과 '지각한 승객을 탑승시키기 위한 대기', '탑승계단 연결지연', '연료주입 대기', '화물중량 측정 및 요금부과 지연'이 정시출발의 주된 장애요인으로 나타났다.

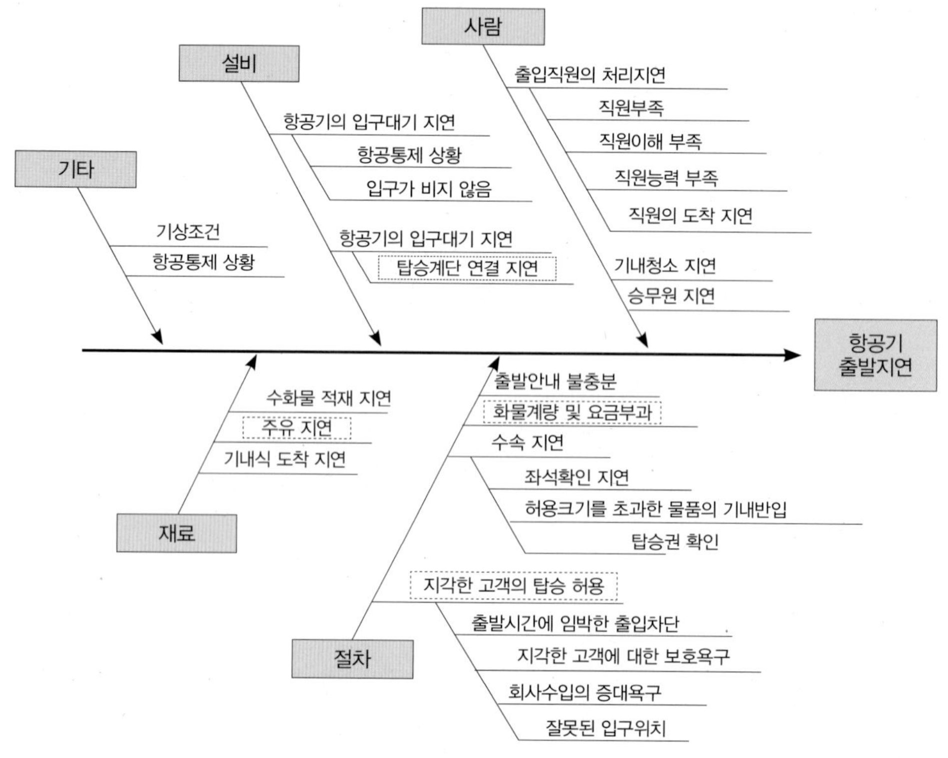

〈그림 8.7〉 항공기 출발지연에 대한 특성요인도

〈표 8.1〉은 이 항공사의 중심(허브)공항인 워싱턴 국제공항과 그 외의 주요공항에서 항공기가 정시출발을 하지 못하는 이유를 정리한 것이다. 항공기 지연의 가장 주된 요인은 정시에 도착하지 못한 고객들을 태우기 위해 대기하는 것인데, 이것은 늦게 오는 고객에 대한 항공사의 탑승정책이 분명치 않았기 때문이었다.

〈표 8.1〉 항공기 출발 지연의 주요원인

구분	워싱턴 국제공항		허브를 제외한 모든 공항	
	비율	누적비율	비율	누적비율
승객지각	33.3%	33.3%	53.3%	53.3%
탑승계단 연결 지연	33.3%	66.6%	15.0%	68.3%
연료주입 대기	19.0%	85.6%	11.3%	79.6%
화물계량 및 요금정산 지연	9.5%	95.1%	8.7%	88.3%

도출된 주요원인에 대한 대책을 수립하고 이를 실행에 옮긴 결과 정시 출발률을 획기적으로 높일 수 있었다. 〈그림 8.8〉은 이러한 대책을 실행에 옮기고 난 처음 2년간의 개선 추세를 나타낸 것인데, 이를 보면 첫 해에 정시 출발률이 꾸준히 높아졌으며 다음 해부터는 개선된 수준이 유지되는 것을 알 수 있다.

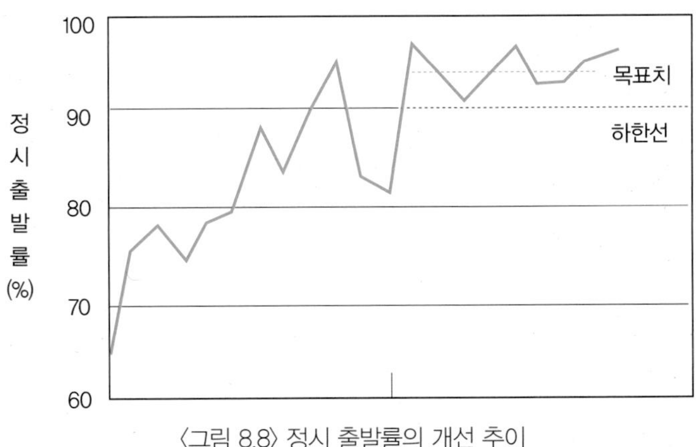

〈그림 8.8〉 정시 출발률의 개선 추이

⑶ 체크시트

① 개요

'체크시트(Check Sheet)'는 종류별로 데이터를 구분해서 취합하거나, 데이터의 누락이나 오류를 없애기 위해 간단히 체크할 수 있도록 만든 도표이다. 체크시트는 다음과 같은 경우에 사용한다.

- 현장의 문제점을 명확하게 파악하고 싶을 경우
- 가공하지 않은 데이터를 목적에 맞게 정리하고 싶을 경우
- 일이 표준대로 진행되고 있는지 현재의 상태를 확인하고 싶을 경우
- 검사한 결과를 이용하여 품질수준을 파악하고 싶을 경우

② 적용사례

〈표 8.2〉는 공공 화장실 청소상태를 점검하기 위한 일일 체크시트의 예이다.

〈표 8.2〉 화장실 청소상태 점검 체크시트

점검사항	09:00	10:00	11:00	12:00	13:00	14:00	15:00	16:00	17:00	18:00
1. 바닥 청소상태										
2. 변기 청소상태						V				
3. 변기 급수상태										
4. 세면기 청소상태			V							
5. 세면기 급수여부										
6. 거울 청소상태										
7. 전등 점등상태										
8. 환기 상태										
9. 화장지 비치여부										
10. 전기 드라이어 작동상태										

경우에 따라서는 그림을 이용한 체크시트가 이용되기도 한다. 〈그림 8.9〉는 가죽장갑을 생산하는 어느 업체의 결함발생 상황을 표시한 예이다. 이를 보면 손가락이 갈라지는 부분에서 결함이 많이 발생하는 것을 볼 수 있다.

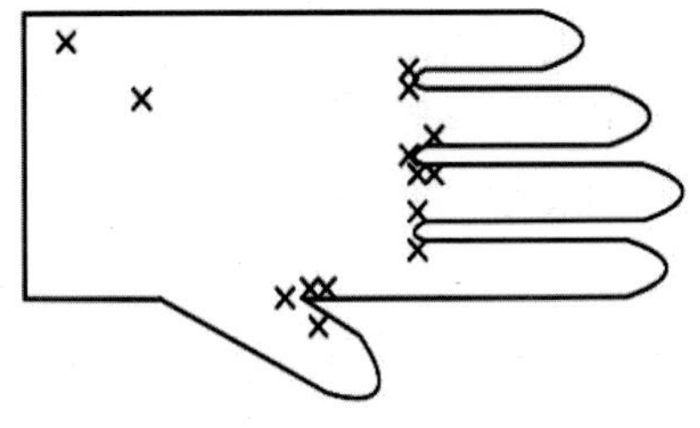

〈그림 8.9〉 그림을 이용한 체크시트

(4) 히스토그램

① 개요

'히스토그램(Histogram)'은 많은 양의 데이터가 어떻게 분포되어 있는지 시각적으로 보여준다. 우리가 측정하는 거의 모든 데이터는 산포를 갖고 있다. 예를 들어 서비스 대기라인에서 기다리는 시간을 측정해 보면 측정치가 균일하지 않고 각기 다른 값을 가질 것이다. 운이 좋은 고객이라면 짧은 시간 안에 서비스를 받겠지만 그렇지 않은 사람은 오래 기다려야 한다. 히스토그램은 데이터의 분산이나 분포형태를 쉽게 볼 수 있도록 정리하는 방법이다. 간단한 막대그래프처럼 보일지 모르지만 많은 정보를 담고 있다.

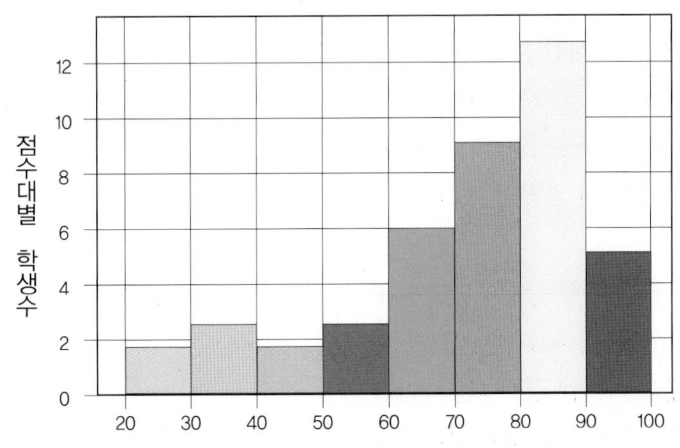

〈그림 8.10〉 학생들의 기말고사 성적을 나타낸 히스토그램

〈그림 8.10〉은 학생들의 기말고사 성적을 나타낸 히스토그램이다. 이를 보면 80점대가 가장 많이 있으며, 대체로 학생들이 양호한 성적을 받았으나 일부 학생들이 낙오된 것을 알 수 있다.

② 히스토그램의 유형

일반적으로 히스토그램은 중간에 봉우리가 있는 종 모양의 분포를 보이지만 그렇지 않을 경우에는 해석에 주의할 필요가 있다.

(i) 고원(高原)형

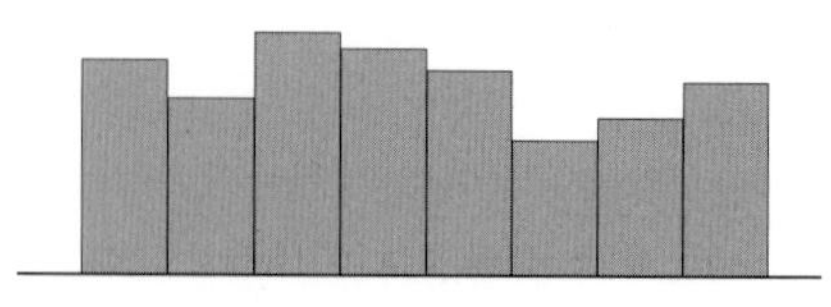

봉우리나 골짜기 등과 같이 특징이 될 만한 형태가 없는 고원 형태의 히스토그램은 특별한 정보를 제공해 주지 못한다. 이러한 경우는 대개 무언가 잘못된 것이다. 데이터를 제대로 측정하지 못했거나 평가방법이 잘못되었을 수도 있다. 다른 수단을 이용하거나 '층별화(stratification)'한 히스토그램을 작성할 필요가 있다.

(ii) 쌍봉(雙峯)형

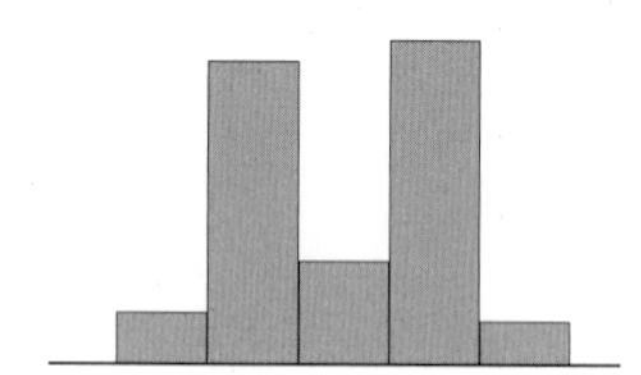

봉우리가 2개인 이러한 형태의 히스토그램은 특별히 그럴 만한 상황적 이유가 없으면 이질적인 두 종류의 데이터가 혼합된 결과일 가능성이 높다. 이 경우에도 '층별화(stratification)'한 히스토그램을 작성해서 관찰할 필요가 있다.

(iii) 고도(孤島)형

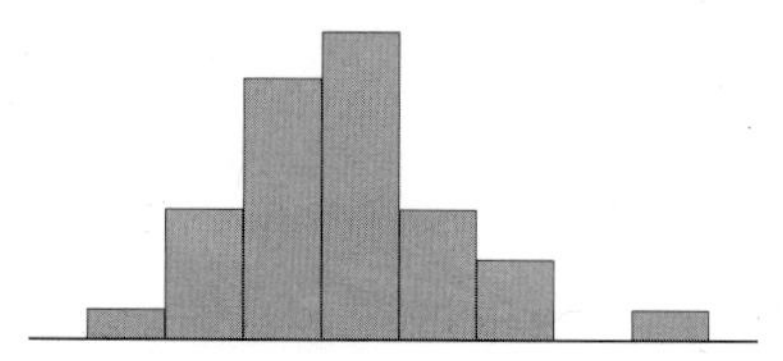

히스토그램에 무리에서 떨어진 고도(외딴 섬)가 나타날 경우에는 데이터에 이상치(outlier)가 들어 있다. 따라서 이상치가 들어간 이유를 밝힐 필요가 있다.

(5) 산점도

① 개요

파레토차트, 히스토그램 등과 같은 기법들은 한 가지 종류의 데이터를 분석하는 방법이다. 그러나 어떤 상황에서는 한 종류의 데이터만이 아니라 두 종류 이상의 데이터 사이의 관련성을 고려해야 할 필요가 있다. 특성요인도를 작성하면 한 특성에 대해 관계가 있다고 생각되는 많은 요인이 떠오른다. 이 경우 특성과 요인 사이에 통계적으로 유의한 상관관계가 있는지 판단하고, 많은 요인들 중 특성에 더 큰 영향을 미치는 주요인이 무엇인지 찾아야 하는 경우가 있다.

'산점도(Scatter Diagram)'는 두 변수에 대해서 특성(결과)과 요인(원인)의 관계를 규명하고 이 관계를 시각적으로 표현하고자 할 때 사용된다. 산점도는 주로 문제해결을 위한 사전 원인조사 단계에서 쓰인다.

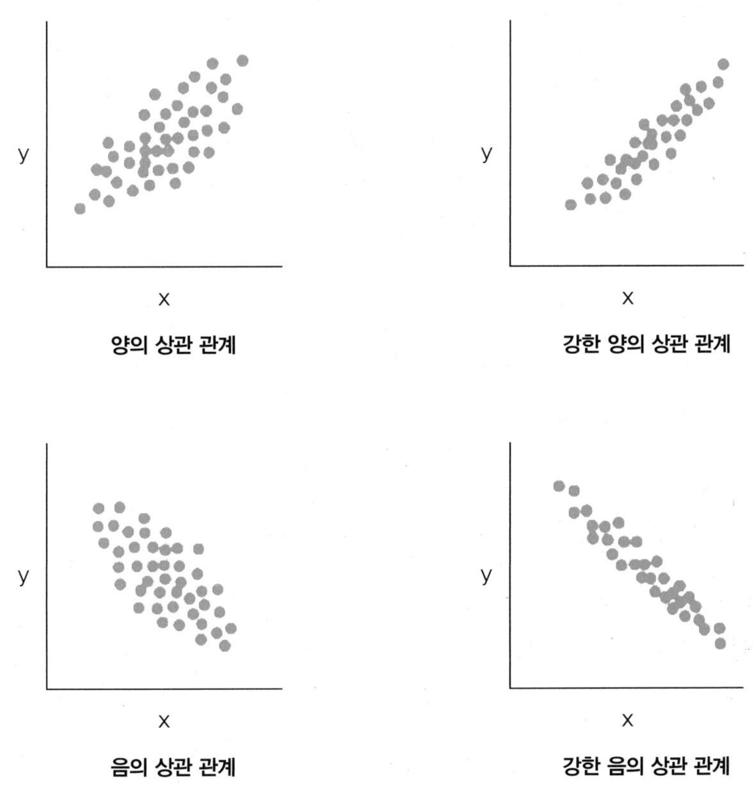

〈그림 8.11〉 산점도의 형태와 상관관계

② 산점도의 층별화

결과에 영향을 미칠 것으로 예상되는 이질적 항목이 있을 때에는 자료를 수집하는 단계에서부터 (예를 들어 남녀별, 데이터 수집 장소별, 데이터 수집 시기별 등과 같이) 층별해서 관찰할 필요가 있다.

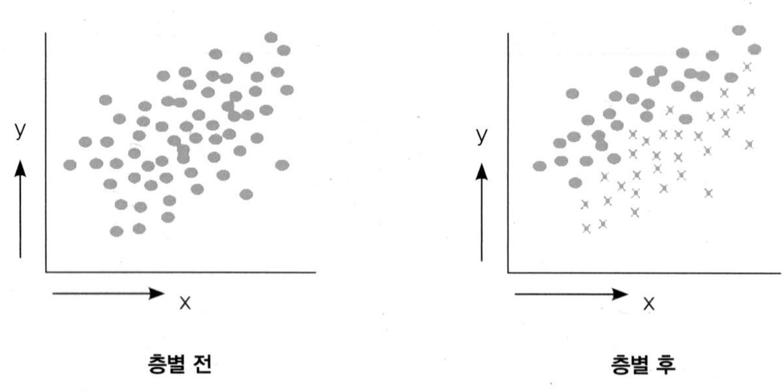

〈그림 8.12〉 층별화 전과 후의 산점도

〈그림 8.12〉에서 왼쪽에 있는 층별 전의 산점도를 보면 전체적으로 별 상관관계가 없는 것처럼 보이지만 오른쪽과 같이 층별해 보면 상관관계가 존재하는 것을 볼 수 있다. 이와 반대로 전체적으로 상관관계가 있을 것 같아도 층별해서 보면 상관관계가 없는 경우도 있다. 따라서 산점도를 그릴 때에는 먼저 층별해서 그리거나, 아니면 하나의 산점도로 나타내더라도 점의 표식을 구분해서 표시할 필요가 있다.

(6) 그래프

'그래프(Graph)'는 데이터를 도형으로 나타내어 수량의 크기를 비교하거나 수량의 변화 형태를 알기 쉽게 나타낸 것이다. 그래프의 가장 큰 장점은 대체적인 내용을 한 눈에 파악할 수 있다는 점이다. 일반적으로 많이 사용되는 그래프로는 다음과 같은 것들이 있다.

① 막대그래프

막대그래프는 수량의 상대적 크기를 비교할 때 흔히 사용된다. 시간적인 변화를 나타내는 데에는 적합하지 않지만 어느 특정 시점에서의 수량을 상호 비교할 때 사용하면 좋다.

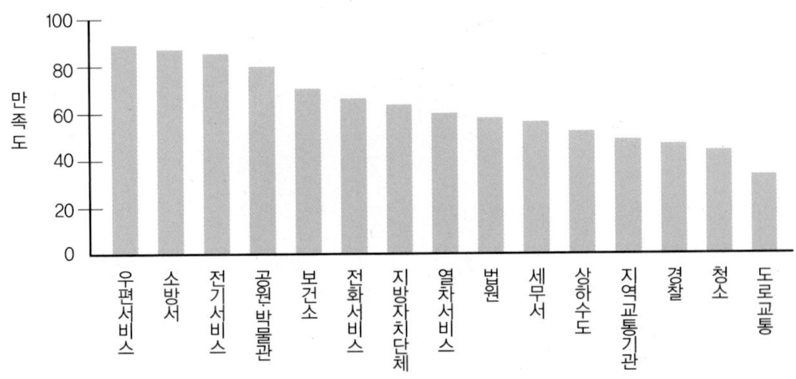

〈그림 8.13〉 공공부문의 서비스만족도를 비교한 막대그래프

② 꺾은선그래프

꺾은선그래프는 가로축에 시간, 세로축에 수량을 잡고 데이터를 시간순으로 표시하고 그것을 꺾은선으로 이은 것이다. 꺾은선그래프는 막대그래프와 더불어 보기 쉬운 그래프 중 하나이다. 특히 추세 변화를 나타내는 데에는 꺾은선그래프가 적합하다.

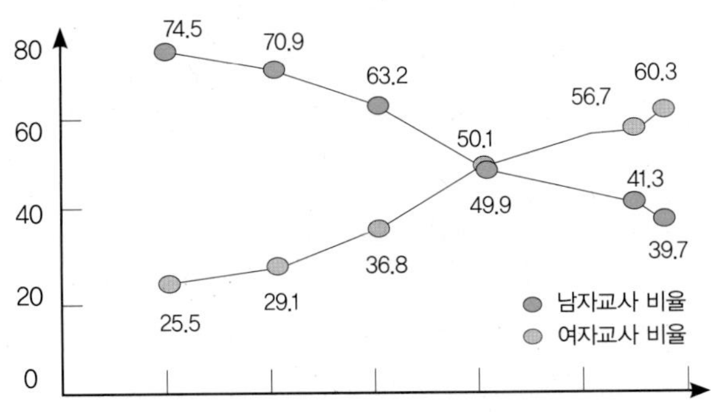

〈그림 8.14〉 남녀교사의 비율 변화를 보여주는 꺾은선그래프

③ 원그래프

원그래프는 원 전체를 100%로 보고 각 부분의 비율을 원의 부채꼴 면적으로 표현한 그림이다. 전체와 부분, 부분과 부분의 비율을 비교해서 볼 때 사용한다. 일반적으로 원그래프 작성할 때 항목의 배열은 시계방향을 따라 크기순으로 한다.

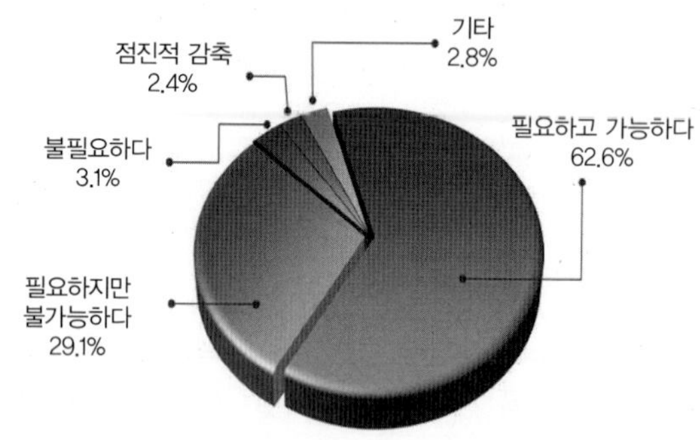

〈그림 8.15〉 공무원 수 감축에 대한 여론을 정리한 원그래프

④ 띠그래프

원그래프와 원리는 같지만 전체를 가느다란 직사각형의 띠로 나타내고, 띠(직사각형)의 면적을 각 항목의 구성비율에 따라 구분한다. 이 그래프는 시간 경과에 따른 구성비율의 변화 추세를 효과적으로 보여준다.

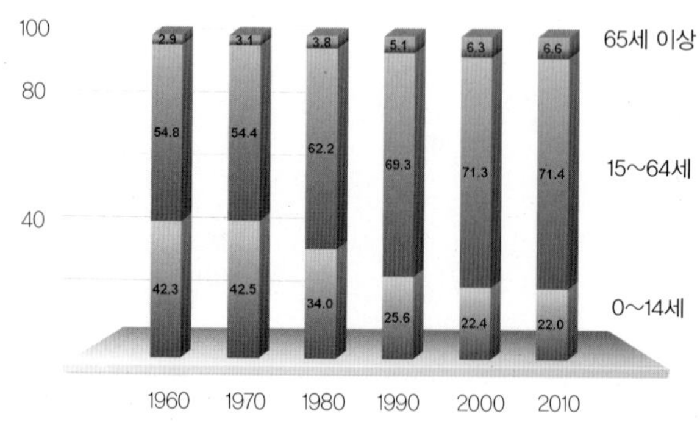

〈그림 8.16〉 연령대별 인구 구성비 변화를 보여주는 띠그래프

⑤ 레이더차트

레이더차트는 평가항목이 여러 개일 경우에 사용한다. 항목 수에 따라 원을 같은 간격의 직선으로 나누고, 그 선 위에 평가점수를 점으로 표시한 후 이 점들을 연결한 그래프이다. 이 그래프는 항목별 균형을 한눈에 볼 수 있도록 해준다.

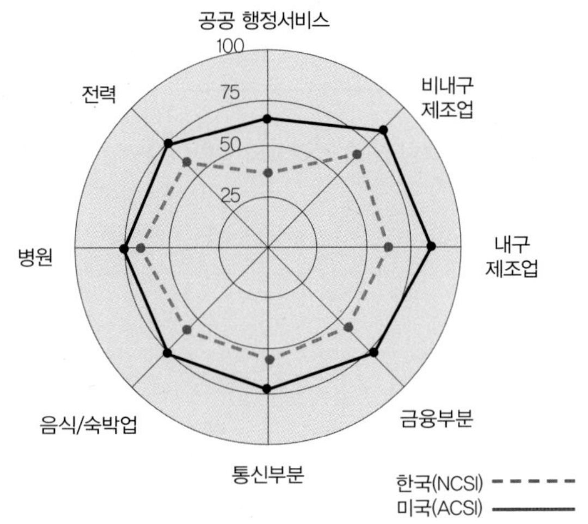

〈그림 8.17〉 한국과 미국의 고객만족도를 비교한 레이더차트

〈그림 8.17〉은 한국과 미국의 국가고객만족도 조사결과를 비교한 레이더차트이다. 이 차트를 보면 전반적으로 우리나라가 미국보다 만족도가 낮으며, 특히 공공행정서비스에 대한 만족도가 더 낮은 것을 알 수 있다.

(7) 관리도

'관리도(Control Chart)'란 측정된 데이터를 시간순으로 점을 찍어 가면서, 이 점들의 위치와 움직임의 형태를 미리 정해놓은 기준과 비교하여 프로세스의 이상유무(異常有無)에 대한 판정을 내리고, 이를 프로세스 관리에 반영하기 위한 기법이다. 관리도는 14장에서 자세히 다루고 있으므로 여기서는 별도의 설명을 하지 않기로 한다.

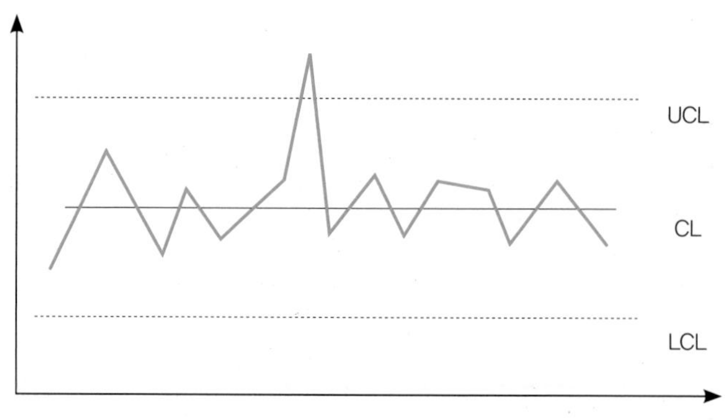

〈그림 8.18〉 관리도의 일반적 형태

8.2 품질관리 신7가지 도구

(1) 친화도

① 개요

'친화도(Affinity Diagram)'는 다량의 아이디어를 유사성이나 연관성에 따라 묶는 방법이다. 이 기법을 이용하면 자연스런 연관관계에 따라 다양한 아이디어나 정보를 몇 개의 그룹으로 분류할 수 있다. 친화도의 일반적 용도는 다음과 같다.

- 여러 가지 아이디어나 생각들이 정돈되지 않은 상태로 있어서 전체적인 파악이 어려울 때 이를 이해하기 쉽도록 정리한다.
- 브레인스토밍 등을 통해 도출된 많은 아이디어들을 연관성이 높은 것끼리 묶어서 정리한다.

친화도의 작성절차는 다음과 같다.

[단계 1] 아이디어를 포스트 잇(Post-it) 메모지나 카드에 하나씩 따로 기록한다.

친화도의 사전 단계로서 브레인스토밍을 실시할 경우에는 브레인스토밍에서 나온 아이디어들을 하나씩 바로 카드에 기록해도 무방하다. 기록이 끝나면 모든 사람들이 볼 수 있도록 기록된 아이디어들을 테이블, 마루, 플립차트 등에 무작위로 펼쳐 놓는다.

[단계 2] 유사한 아이디어들끼리 그룹으로 묶는다.

어떤 식으로든 관련이 있어 보이는 아이디어들을 찾아서 그것들을 나란히 놓는다. 모든 카드를 그룹으로 묶을 때까지 이 작업을 반복한다. 아무 그룹에도 속하지 않는 아이디어가 따로 남아도 무방하다. 다른 사람이 이미 옮겨놓은 카드를 또 다시 이동시켜도 괜찮다. 하나의 아이디어가 두 그룹과 관련되어 있으면, 카드를 하나 더 만들어 양쪽 모두에 하나씩 둔다.

[단계 3] 분류된 각 그룹에 제목을 붙인다.

아이디어들에 대한 분류가 끝나면 각 그룹에 속한 아이디어들을 대표할 수 있는 표제어를 붙인다. 그룹 내에 있는 아이디어들 중에서 표제어가 될 만한 것이 있으면 그 카드를 그룹 상단에 올려놓는다. 만약 그런 카드가 없으면 새로운 카드에 표제어를 기록하고 그룹 상단에 놓는다. 표제어는 다른 색깔을 이용하여 눈에 잘 띠도록 표시하는 것이 좋다.

[단계 4] 몇 개의 그룹을 묶어 새로운 더 큰 그룹으로 만든다.

이 단계가 반드시 필요한 것은 아니다. 분류된 그룹이 여러 개이고, 그들 사이에 관련성이 있는 것들이 있다면 유사한 그룹들을 묶어서 더 큰 그룹을 만든다.

② 적용사례

휴대폰 배터리를 공급하고 있는 S사는 신제품 개발을 위해 지역 대학생 20명을 대상으로 인터뷰를 실시한 결과 〈표 8.3〉과 같은 고객 요구사항(VOC)을 도출하였다.

〈표 8.3〉 휴대폰 배터리에 대한 사용자의 요구사항

- 급속충전이 가능해야 한다.
- 자동차 시가 잭을 이용하여 충전 가능하면 좋겠다.
- 무선 충전이 가능하면 좋겠다.
- 장시간 사용 시에도 발열되지 않으면 좋겠다.
- 휴대폰 기종에 상관없이 호환성이 있어야 한다.
- 매우 높은 온도에서도 사용가능해야 한다.
- 매우 낮은 온도에서도 사용가능해야 한다.
- 휴대폰을 떨어뜨려도 분리되지 않아야 한다.
- 한번 충전으로 일주일 이상 쓸 수 있으면 좋겠다.
- 무게가 더 가벼워야 한다.
- 태양열을 이용하여 충전할 수 있으면 좋겠다.
- 폭발 위험이 없어야 한다.
- 소형화하여 휴대폰 안에 여분을 삽입할 수 있으면 좋겠다.
- 별도의 충전기 없이 전기코드로 충전할 수 있으면 좋겠다.
- USB 포트로 충전할 수 있으면 좋겠다.
- 수은전지를 쓸 수 있으면 좋겠다.
- 흔들어서 충전할 수 있으면 좋겠다.
- 배터리 크기가 표준화되어야 한다.
- 일반 건전지로 대용할 수 있으면 좋겠다.
- 수영장에서도 사용 가능해야 한다.
- A/S가 완벽해야 한다.
- 열쇠고리처럼 매달고 다니면 좋겠다.
- 겨울에 손난로로 사용 가능하면 좋겠다.
- 보증기간이 더 길어야 한다.
- 대리점에서 무료로 충전해 주면 좋겠다.
- 수명이 끝난 후 무상 교환이 가능하면 좋겠다.
- 목욕탕에서도 사용 가능하면 좋겠다.
- 원터치로 착탈이 되면 좋겠다.
- 손전등 기능이 되면 좋겠다.

이를 토대로 친화도를 작성한 결과 전체 요구사항을 충전, 호환성 및 표준화, 사용환경, 소형경량화, 부착 및 분리, 안전성, 애프터서비스, 다양한 용도 등과 같은 그룹으로 묶을 수 있었다.

〈그림 8.19〉 휴대폰 배터리의 요구사항을 정리한 친화도

(2) 연관도

① 개요

'연관도(Relations Diagram)'는 문제와 관련된 여러 가지 측면의 인과관계를 정리한 그림이다. 연관도를 사용하면 요인이 복잡하게 얽힌 문제를 정리할 수 있고, 계획 단계에서부터 문제를 넓은 시각에서 관망할 수 있다. 또한 중요한 항목을 쉽게 파악할 수 있다는 장점이 있다. 연관도는 다음과 같은 경우에 사용된다.

- 복잡한 문제의 원인을 분석하고 싶을 경우

- 친화도, 특성요인도, 계통도를 그린 후 더욱 자세하게 아이디어들의 연관성을 조사하고 싶을 경우

연관도 작성에 사용되는 아이디어의 수는 15~50개가 적당하다. 15개 이하는 연관도가 필요치 않고, 50개 이상이 되면 연관도가 너무 복잡해져서 중요한 요인들의 관계를 누락시킬 가능성이 크다. 연관도는 자유롭게 그리기 때문에 같은 문제라도 누가 그리느냐에 따라 달라진다. 그러나 결론은 대체로 같다. 다른 사람이 그린 연관도를 보면 간단하게 그릴 수 있을 것 같지만 실제로는 처음부터 순조롭게 그려지는 것은 아니다. 또한 상황에 따라서는 그림을 고쳐 새로 그릴 필요가 있기 때문에 시간이 많이 걸린다.

연관도의 작성절차는 다음과 같다.

[단계 1] 연관도를 통해 조사하려는 문제를 정의한다.

이 문제를 포스트 잇 메모지나 카드에 쓰고 테이블이나 플립차트 위에 둔다.

[단계 2] 정의한 문제와 관련된 요인들을 도출한다.

문제와 관련된 요인(항목)들을 찾기 위해 브레인스토밍을 실시하고, 도출된 요인들을 각각 포스트 잇 메모지나 카드에 쓴다. 같은 문제에 대해 다른 기법들이 이미 적용되었다면 친화도 내의 항목, 계통도의 마지막 줄에 나타난 항목, 특성요인도의 가장 작은 가지들에 나타난 항목들을 가져다 쓸 수 있다. 또한 이들을 토대로 브레인스토밍을 실시하여 추가적인 잠재 요인들을 도출할 수도 있다.

[단계 3] 관련이 있다고 생각되는 요인들을 가까이 배열한다.

관련이 있다고 생각되는 각 요인에 대해 '이 요인이 다른 것들과 관련이 있는가?'라는 질문을 한다. 관련된 요인들을 주위에 놓되, 나중에 화살표를 그릴 수 있도록 카드 사이에 약간의 공간을 둔다. 모든 카드가 테이블 위에 배열될 때까지 이러한 과정을 반복한다.

[단계 4] 요인들 사이의 인과관계를 파악한다.

각 요인에 대해 '이 요인이 다른 요인에 영향을 미치는가, 아니면 다른 요인으로부터 영향을 받는가?' 묻는다. 영향을 주는 요인에서 영향을 받는 요인으로 화살표를 그린다. 모든 요인들에 대해 이러한 과정을 반복한다.

[단계 5] 작성된 연관도를 분석한다.

들어오고 나가는 화살표의 수가 많은 항목이 핵심적 요인이 된다. 들어오는 화살표가 많은 항목이 문제가 되는 주요한 결과나 증상이 되고, 나가는 화살표가 많은 항목이 문제의 주요한 원인이 된다. 그러나 화살표의 수가 절대적인 판단기준은 아니기 때문에 화살표의 수가 적은 다른 요인들 중에 핵심적인 것이 있는지 추가적으로 검토한다. 핵심적 요인으로 파악된 항목들은 눈에 잘 띄도록 표시한다.

② 적용사례

〈그림 8.20〉은 기술지원팀의 고객서비스에 불만이 많다는 문제를 해결하기 위해 작성한 연관도이다. 이를 보면 '고객지원이 제대로 안 된다'는 항목으로 들어오는 화살표가 가장 많으므로 이것이 결과적으로 고객이 느끼는 문제의 주된 증상이 된다. 또한 나가는 화살표가 가장 많은 항목인 '고객문제 처리절차가 없다'는 것이 이 문제의 주된 배후 원인이 된다.

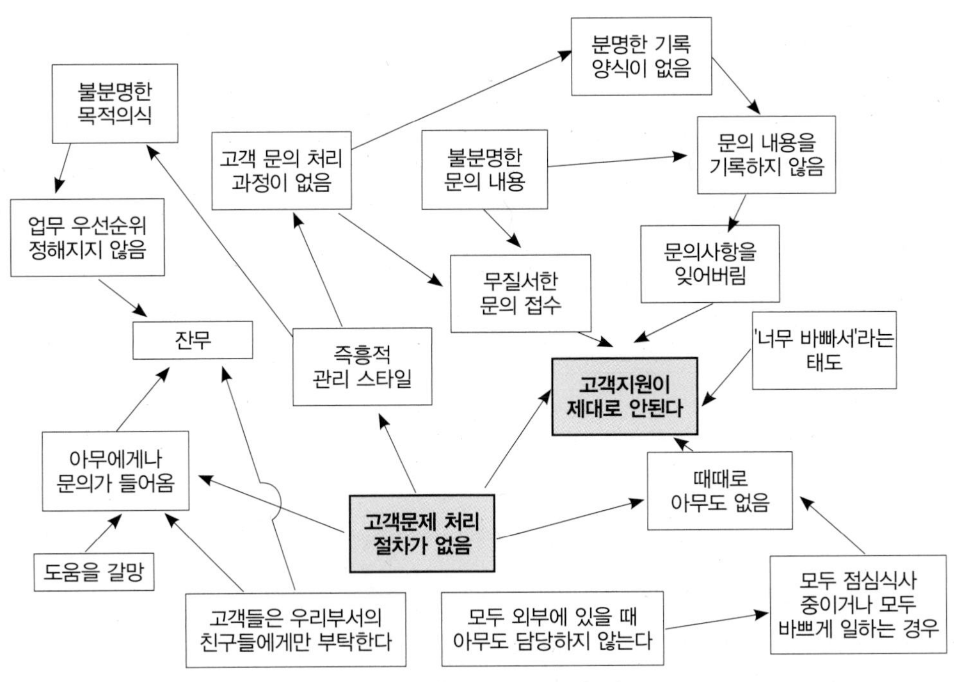

〈그림 8.20〉 고객서비스 불만에 대한 연관도

(3) 계통도

① 개요

'계통도(Tree Diagram)'는 설정된 목표를 달성하기 위해 목적과 수단의 계열을 계통적으로 전개하여 최적의 목적달성 수단을 찾고자 하는 방법이다. 목적을 달성하기 위한 수단을 찾고, 또 그 수단을 달성하기 위한 하위 수준의 수단을 찾아나간다. 따라서 상위 수준의 수단은 하위 수준의 목적이 된다. 이처럼 상위단계에서 하위단계로 목적과 수단의 연결관계를 찾아나가는 것을 '전개'라고 하는데, 이것이 계통도의 기본적 개념이다. 이를 그림으로 나타내면 〈그림 8.21〉과 같다.

계통도는 친화도나 연관도 등을 통해 파악된 문제를 해결하거나 목표를 달성하는데 필요한 최적의 수단과 방법을 찾는데 이용된다. 따라서 문제에 영향을 미치는 원인은 밝혀졌지만 해결방법이나 수단이 아직 개발되지 않은 경우에 사용된다.

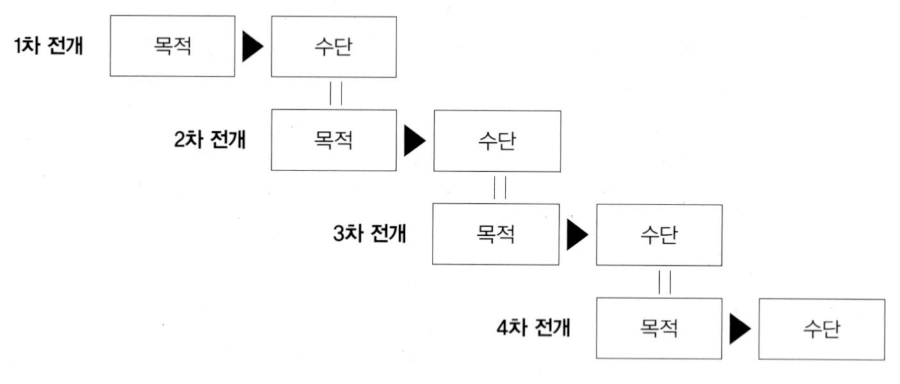

〈그림 8.21〉 계통도의 기본개념

계통도의 작성절차는 다음과 같다.

[단계 1] 해결해야 할 문제나 성취하고자 하는 목표를 명확히 한다.

해결해야 할 문제 (또는 성취하고자 하는 목표)를 포스트 잇 메모지나 카드에 적고 테이블이나 플립차트의 왼쪽 가장자리에 둔다.

[단계 2] 문제 해결(또는, 목표 달성)에 필요한 수단을 찾기 위한 1차 전개를 실시한다.

'이것을 어떻게 하면 달성할 수 있을까?' 질문한다. 브레인스토밍을 통해 가능한 모든 수단을 찾는다. 만약 친화도나 연관도를 이미 적용하였다면 거기서 나온 아이디어들을 가져온다. 각각의 아이디어들을 카드에 적고 첫 번째 카드 오른쪽 옆에 위에서 아래로 정렬하여 놓는다.

[단계 3] 더 세부적인 수단을 찾기 위해 하부 전개를 계속한다.

새로 나온 아이디어 각각에 대해 '이것을 어떻게 하면 달성할 수 있나?' 다시 질문한다. 이렇게 해서 나온 아이디어들을 상위 수준의 아이디어 오른쪽에 위에서 아래로 정렬하여 놓는다. 구체적인 대응책이 나올 때까지 이러한 절차를 반복한다.

[단계 4] 전개가 제대로 되었는지 확인한다.

전개를 통해 도출한 대책의 실효성을 확인하기 위해 새로 나온 각각의 아이디어에 대해 '이것을 수행하면 상위 단계의 목적 달성에 기여하는가?'라는 질문을 한다. 만약 이 질문에 대해 '아니오'라는 대답이 나오는 아이디어가 있다면 제거해야 한다.

[단계 5] 전개의 총체적인 타당성을 다시 확인한다.

계통도가 작성되고 나면 도출된 세부 수단들을 모두 실행했을 때 원래 의도한 목표가 달성될 수 있는지 확인한다. 만약 그렇지 않으면 계통도의 미비한 부분을 보완한다.

② 적용사례

이상의 절차들에 대한 이해를 돕기 위해 〈그림 8.22〉에서는 '사진을 잘 찍는 방법'이란 주제를 가지고 계통도의 작성방법을 설명하였다.

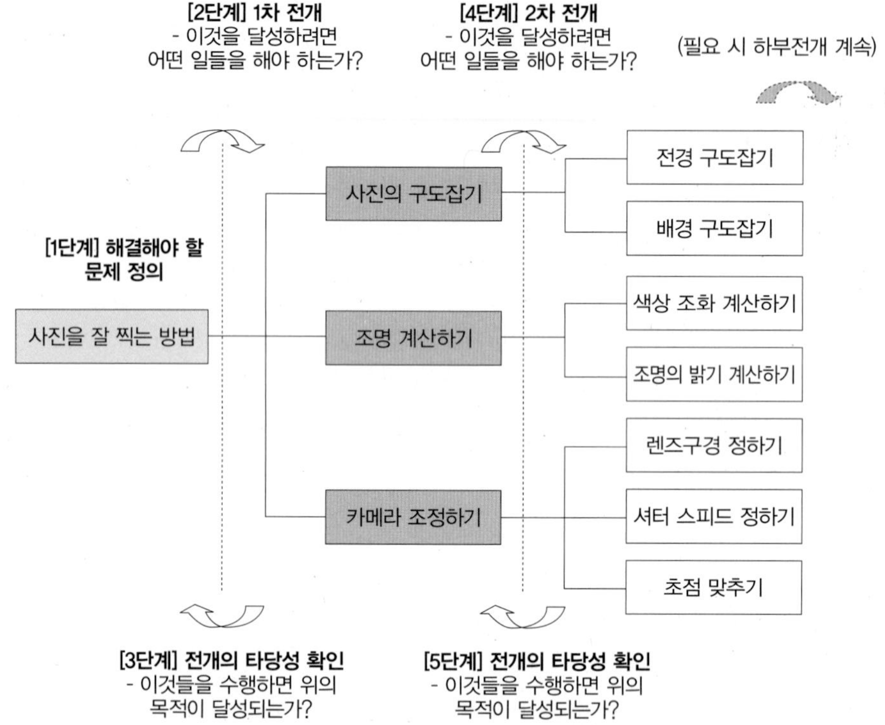

〈그림 8.22〉 사진 잘 찍는 법을 주제로 작성한 계통도(Straker, 1997 자료를 일부 수정)

(4) 매트릭스도

① 개요

'매트릭스도(Matrix Diagram)'는 두 개 또는 그 이상의 특성, 기능, 아이디어들 사이의 상호관련 정도를 행렬 형태로 나타내는 기법이다. 매트릭스도는 다음과 같은 경우에 자주 사용된다.

- 여러 개선 과제 중 품질개선팀이 우선적으로 추진해야 할 과제를 선택하고자 할 경우
- 한 가지 종류의 특성이 다른 종류의 특성과 어떤 관계에 있는지 이해하고자 할 경우
- 필요한 업무가 누락 또는 중복되지 않도록 조직 전체의 관점에서 업무분담을 명확히 하고자 할 경우
- 달성하고자하는 목표와 그에 필요한 수단 사이의 관련 정도를 알고자 할 경우
- 수행해야 할 업무기능과 필요한 자원들의 관련성을 알고자 할 경우

매트릭스도에서 상관의 정도를 나타내는 일반적 기호는 〈표 8.4〉와 같다.

〈표 8.4〉 매트릭스도에 사용되는 일반적 기호

기호	관계정도	점수
◎ 또는 ⊙	강한 관계, 일차적 책임	9
○	중간 관계, 2차적 책임	3
△ 또는 ×	약한 관계, 정보만 공유	1

② 적용사례

(i) 여러 가지 운송수단과 서비스요소의 관계

〈표 8.5〉 운송수단과 서비스요소의 관계를 나타낸 매트릭스도

서비스요소 \ 운송수단	항공기	철도	선박	트럭
운임	⊙	○	△	○
운송속도	⊙	○	△	△
안전도	○	⊙	○	○
운반용량	○	⊙	⊙	○
편의성	○	○	○	⊙

[범례] ⊙=높음, ○=보통, △=낮음

(ii) 전사적 품질경영의 추진을 위한 업무분장

〈표 8.6〉 업무분장을 나타내는 매트릭스도

책임부분 책임영역	최고경영자	재무관리	마케팅	개발설계	생산관리	제조기술	품질관리	자재관리	현장운영
고객요구 확인			⊙						
품질목표 설정	⊙			○	○				
제품규격 설계				⊙					
제조공정 설계				○	△	⊙	△	△	○
규격에 따른 생산			△	○	○	○	△	△	⊙
공정능력 결정					△	○	⊙	△	○
외주업체 품질인증	⊙		○	○	○	○	⊙	○	○
검사계획 및 시험절차						○	⊙	○	○
시험 및 검사설비 계획						○	⊙		○
품질정보 피드백			○	○	△	△	⊙	○	○
불만자료 수집			⊙						
불만자료 분석			△	△			⊙		
시정조처 마련			△	○	○	○	⊙	○	○
품질비용 편집		⊙	○	○	○				
품질비용 분석		△					⊙		
공정 내 품질 측정							⊙		○
공정 내 품질감사				○		○	⊙		
최종 제품검사			○	○	△	○	⊙		

[범례] ⊙=주관 및 책임, ○=지원 의무, △=기여 가능

(iii) 경영혁신에 사용될 수 있는 개선도구

〈표 8.7〉 혁신활동의 도구를 정리한 매트릭스도

개선도구 / 업무기능	QFD	SPC	JIT	CTM	BPR	CSA	서베이	벤치마킹	DOE	IPD	매트릭스도
연구개발	○	○				○	⊙	⊙	⊙	△	
기획	⊙			○	⊙			⊙		⊙	△
재무											⊙
프로젝트 관리		△	△	⊙			△	○		⊙	⊙
사무지원				⊙							⊙
기술	○	○	△	△	⊙			○	⊙	○	○
제조		⊙	⊙	⊙	△			△	○	△	○
품질	⊙	⊙	○	△		⊙	△	○	△	△	⊙
마케팅	○		△			⊙	⊙	○		△	○
판매/서비스	○	△	△	△		⊙	⊙	△		△	○

[범례] ⊙=주관 및 책임, ○=지원 의무, △=기여 가능
QFD = 품질기능전개(Quality function deployment)
SPC = 통계적 공정관리(Statistical process control)
JIT = 적시생산시스템(Just-in-time)
CTM = 사이클타임관리(Cycle-time management)
BPR = 프로세스 재설계(Business process reengineering)
CSA = 고객서비스분석(Customer service analysis)
DOE = 실험계획법(Design of experiments)
IPD = 통합적 제품개발(Integrated product development)

(5) 매트릭스데이터 해석도

① 개요

'매트릭스데이터 해석도(Matrix Data Analysis)'는 매트릭스데이터를 쉽게 비교해 볼 수 있도록 그림으로 나타낸 것이다. 마케팅 분야에서 제품이나 서비스의 포지셔닝

(positioning)을 비교·결정하기 위해 자주 사용된다. 앞서 매트릭스도에서 소개한 〈표 8.5〉의 운송수단과 서비스요소와의 관계에 대해 매트릭스데이터 해석도를 작성하면 〈그림 8.23〉과 같다.

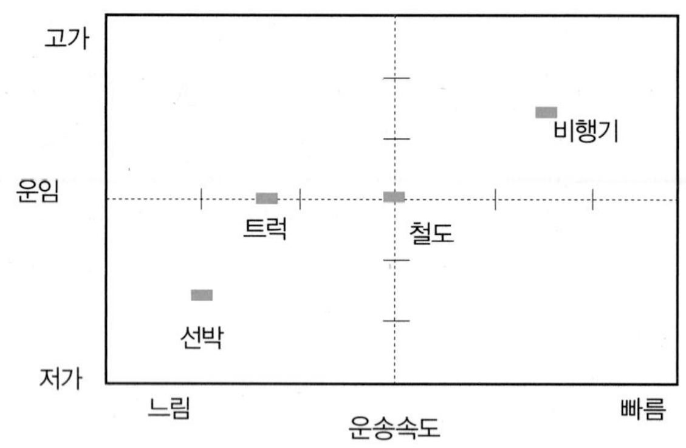

〈그림 8.23〉 운송수단별 운임과 속도를 비교한 매트릭스데이터 해석도

여기서는 운임과 운송속도의 관계만 그래프로 표시하였으나 운임과 안전도, 안전도와 편의성 등과 같은 나머지 관계들에 대해서도 같은 그림을 그릴 수 있다.

② 적용사례

대학별 학위과정의 교육의 질과 수업료 비교

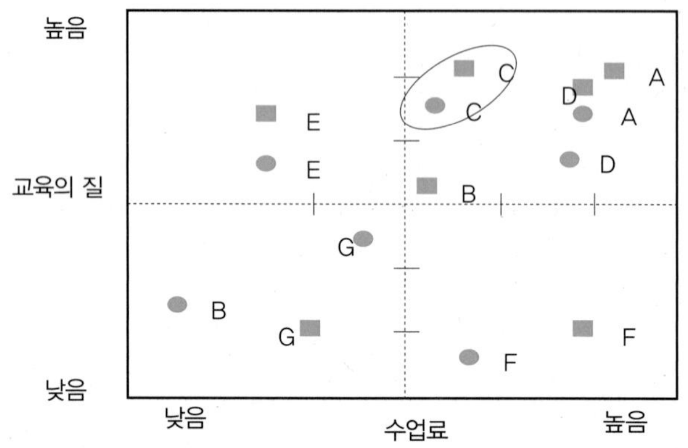

〈그림 8.24〉 대학교육의 질과 수업료를 비교한 매트릭스데이터 해석도

⑹ 네트워크도

① 개요

어떠한 임무를 완수하거나 목표를 달성하기 위해서 여러 가지 활동이나 단계를 거쳐야 할 경우, 필요한 활동들의 선후관계를 네트워크로 표시하고 그 일정을 관리하기 위한 기법이 '네트워크도(Network Diagram)'이다. 네트워크도는 '화살도(Arrow Diagram)'라고도 불린다. 이러한 네트워크도를 대규모 프로젝트의 일정관리에 이용할 수 있도록 개발한 것이 PERT/CPM이다. 네트워크도의 일반적 용도는 다음과 같다.

- 프로젝트 완수에 필요한 모든 활동들의 선후관계를 밝히고, 이를 알기 쉽도록 그림으로 나타낸다.
- 프로젝트의 완성일자를 사전에 추정하고, 완성일자를 좌우하는 주경로(critical path)를 찾는다.
- 프로젝트의 진척도를 모니터하면서 일정관리를 추진한다.

〈그림 8.25〉는 공항에 도착하여 출국하기까지의 과정을 네트워크도로 나타낸 것이다.

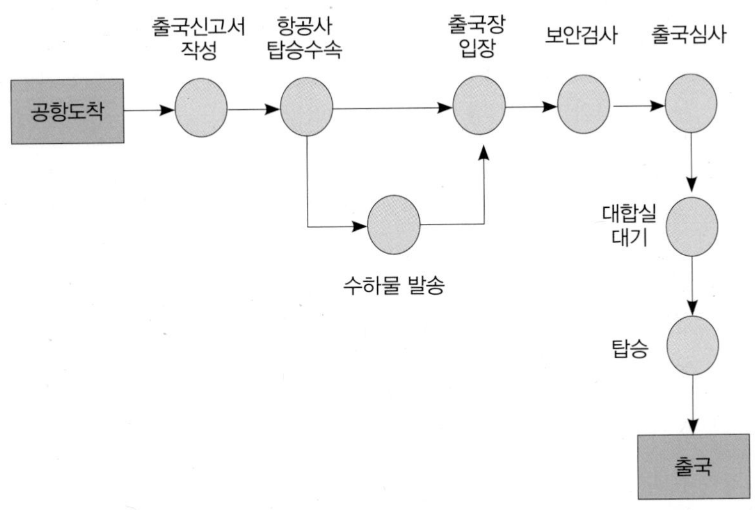

〈그림 8.25〉 공항에서 출국할 때까지의 과정을 나타낸 네트워크도

네트워크도의 작성절차는 다음과 같다.

[단계 1] 프로젝트 수행에 필요한 모든 활동들을 세로로 나열한다. 먼저 착수해야 할 선행작업들부터 나열하는 것이 네트워크도 작성에 편리하다.
[단계 2] 나열된 각 활동의 오른쪽에는 소요시간과 직전 선행활동을 기록한다.
[단계 3] 화살표와 마디(◯)를 이용하여 네트워크도를 작성한다.
[단계 4] 필요하다면 주경로(critical path)를 구하고 프로젝트의 완료 일자를 추정한다.

② 적용사례

신도시 개발로 인해 주민들의 인구분포가 달라졌기 때문에 시립병원을 이전하기로 하였다. 새로 이전하고자 하는 지역에는 현재 종합병원이 하나도 없다. 시립병원의 이전을 위해서는 새로운 병원을 짓고 사전에 운영준비를 완료해야 한다. 병원 이전 추진팀을 결성하고, 사전에 필요한 활동들을 조사한 결과 〈표 8.8〉과 같은 자료를 얻었다.

〈표 8.8〉 병원 이전에 필요한 활동

활동	내 용	소요시간(주)	직전 선행활동
A	관리요원과 의료진 선발	12	–
B	부지 조사와 입지 결정	9	–
C	장비의 선정	10	A
D	최종 건설 및 배치 계획 작성	10	B
E	전기, 수도 등의 유틸리티 연결	24	B
F	간호사 및 기타 운영요원 선발	10	A
G	장비의 구매	35	C
H	병원 건축	40	D
I	정보시스템 개발	15	A
J	장비의 설치	4	E,G,H
K	간호사 및 운영요원 교육	6	F,I,J

이 표에 있는 자료를 이용하여 네트워크도를 그리면 〈그림 8.26〉과 같다. 마디 안에 있는 숫자는 각 활동의 소요시간을 나타낸다.

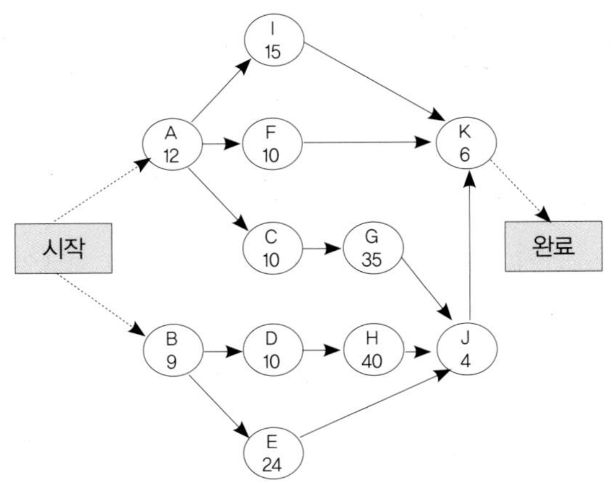

〈그림 8.26〉 병원 이전에 필요한 활동들을 정리한 네트워크도

경로(path)란 네트워크의 시작과 끝을 연결하는 일련의 활동을 말하며, 경로 중 시간이 가장 많이 걸리는 경로를 주경로(critical path)라고 한다. 병원 이전 프로젝트의 주경로와 완료일자를 추정해 보자. 이 네트워크에서는 다음과 같은 5개의 경로가 있다.

- A → I → K(소요시간 12+15+6=33)
- A → F → K(소요시간 12+10+6=28)
- A → C → G → J → K(소요시간 12+10+35+4+6=67)
- B → D → H → J → K(소요시간 9+10+40+4+6=69)
- B → E → J → K(소요시간 9+24+4+6=43)

A에서 K까지 11개의 활동에 필요한 총소요시간은 175주이지만, 선행관계를 깨뜨리지 않고 동시에 진행시킬 수 있는 병행활동들(예: 활동 A와 B, 활동 I,F,C 등)이 있으므로 실제 소요시간은 훨씬 더 단축될 수 있다. 병원 이전 프로젝트가 모두 완료되기 위해서는 위에서 정리한 5개의 경로상에 있는 작업이 모두 완료되어야 한다. 따라서 전체 완료일정은 5개 경로 중 소요시간이 가장 긴 경로 'B→D→H→J→ K'에 의해 좌우된다. 이 경로가 '주경로(critical path)'가 되며, 프로젝트의 정상적인 완료시간은 주경로의 소요시간인 69주 이하가 될 수 없다. 또한 주경로상에 있는 활동이 지체되

면 전체 완료시간이 지체되므로 주공정상의 활동들을 잘 관리해야만 프로젝트를 순조롭게 끝마칠 수 있다.

(7) PDPC

① 개요

어떠한 목표달성을 위해 미리 계획을 수립하고, 계획대로 진행하기 위해 노력하더라도 예기치 못한 일이 발생한다든지 상황이나 여건이 변하여 당초 계획대로 진행할 수 없는 경우가 허다하다. 과거에 경험하지 못했던 새로운 프로젝트의 경우에는 계획된 시간 내에 성공적으로 임무를 완수하기까지 많은 불확실성이 존재한다.

'PDPC(Process Decision Program Chart)'는 프로젝트의 진행과정에서 발생할 수 있는 여러 가지 우발적인 상황들을 상정하고, 그러한 상황들에 대처할 수 있는 대응책들을 미리 마련하고 점검하기 위한 방법이다. 다음과 같은 경우에 PDPC가 주로 이용된다.

- 불확실성이 큰 새로운 과제나 활동을 추진하고자 할 경우 우발적인 상황에 대비하기 위한 계획을 수립한다.
- 생소한 활동을 추진할 경우에 봉착할 수 있는 문제를 사전에 도출하고, 그로 인한 피해를 최소화하기 위한 대책을 미리 마련한다.
- 불완전한 계획 때문에 일어날 수 있는 문제점들을 얘기하고 그 영향을 따져본다.

일반적으로 PDPC의 작성에는 〈그림 8.27〉과 같은 기호들이 사용된다.

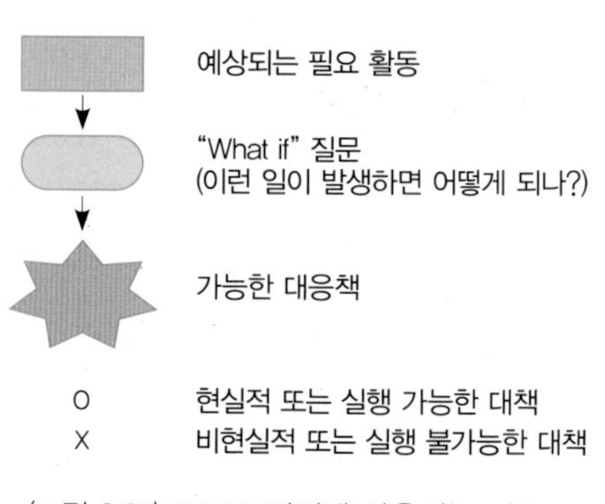

〈그림 8.27〉 PDPC 작성에 사용되는 기호

PDPC의 작성절차는 다음과 같다.

[단계 1] PDPC를 적용하고자 하는 과제의 프로세스와 발생 가능한 우발적 상황을 이해하고 있는 사람들로 팀을 구성한다.

[단계 2] 과제의 최종목표를 기록하고, 그러한 목표를 달성하기 위해 필요한 일차적 활동들을 아래에 가로로 나열한다. 일차적 활동들을 수행하기 위해 필요한 하위 단계의 활동들을 찾아 계통도와 같은 형식으로 전개한다.

[단계 3] 전개 결과 도출된 최하위 활동 각각에 대해 우발적인 상황을 가정하는 'What if' 질문을 한다.('설비가 고장나면?,' '필요한 소모품이 제때에 공급이 되지 않으면?' 등과 같이 여러 가지 우발적 상황을 상정하고 질문한다.)

[단계 4] 각각의 'What if' 질문에 대한 대응책을 질문 아래에 쓴다. 또한 그 대응책이 현실적이거나 실행가능하면 "○", 그렇지 않으면 "×" 표를 대응책 밑에 표시한다.

[단계 5] 완성된 PDPC에 수정되어야 할 부분은 없는지 검토한다.

② 적용사례

시청에 각종 증명서류 자동발매기를 설치한다고 가정해 보자. 자동발매기를 설치할 경우 민원인, 시청 직원, 설비 등에 변화가 일어난다. 민원인의 경우 자동발매기를 사용해 보지 못한 사람도 있고, 문맹자도 있을 수 있다.

문맹자의 사용이 불가능하다면 어떤 해결책이 있을까? 증명서류를 발급받지 못하는 일이 있어서는 안 되며, 직원이 대행하거나 문맹자를 위한 특수설비를 제공하는 것은 가능한 대안이 될 수 있다.

자동발매기의 사용방법을 안내해 주는 직원이 있어야 하는데 그 사람이 부재중이라면 어떤 해결책이 있을까? 그렇다고 서비스가 중단되어서는 안 되며, 다른 직원이 대신 안내하는 것은 현실적 대안이 될 수 있다.

자동발매기가 고장난다면 어떤 해결책이 가능한가? 그렇다고 서비스가 중단되어서는 안 되며, 시청 직원이 수작업으로 대신하는 것을 생각해 볼 수 있다.

이러한 상황을 PDPC로 나타내면 〈그림 8.28〉과 같다.

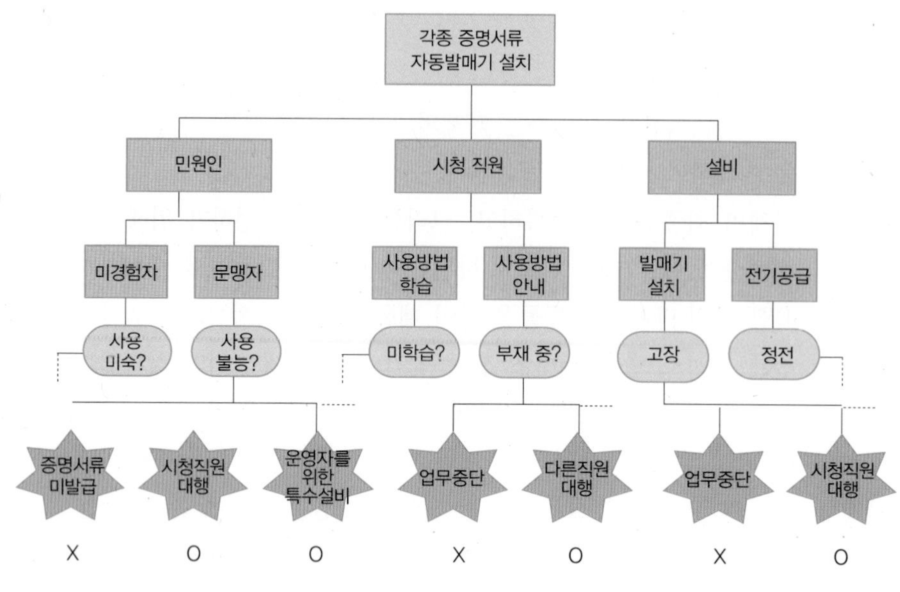

〈그림 8.28〉 증명서류 자동발매기 설치에 대한 PDPC

8.3 기타 품질개선도구

(1) 근본원인분석(RCA)

① 개요

'근본원인분석(RCA, Root Cause Analysis)'은 품질문제를 유발하는 진정한 원인을 찾기 위한 방법이다. 문제의 원인을 찾기 위해 "왜 그런 문제가 발생했는가?"라고 물었을 때 나오는 일차적 대답은 문제의 '근본원인(root cause)'이 아니라 피상적 원인인 경우가 대부분이다. 문제를 일으킨 참된 원인은 그 배후에 있기 때문에 "왜 그런 문제가 발생했는가?"라는 질문을 반복해서 물어야만 진정한 배후 원인을 찾을 수 있다는 것이다.

미국 워싱턴에 있는 토머스 제퍼슨(Thomas Jefferson) 기념관의 예를 보자. 그는 미국의 독립선언서 초안을 만들었으며 3대 대통령을 지냈다.

토머스 제퍼슨 기념관, Wikimedia Public Domain

한때 이 기념관의 석재(石材)가 부식되어 부스러지는 문제가 부각되었다. "왜 석재가 부스러지는가?"라는 물음에 대한 대답은 연마 성분이 포함된 세제로 자주 세척하기 때문이었다. 그러나 이것은 진정한 원인이 아니다. 그렇게 해야만 하는 다른 이유가 있기 때문이다. 배후에 있는 진정한 원인을 찾기 위해서는 다음과 같이 '왜?'라는 질문을 다섯 번 반복해야 한다.

"연마 세제로 자주 세척해야 하는 이유는 무엇인가?"
- 새들의 배설물을 제거하기 위해서이다.

"왜 그렇게 많은 새들의 배설물이 생기는가?"
- 기념관 내에 새들의 먹잇감이 되는 거미가 많기 때문이다.

"왜 거미가 그렇게 많은가?"
- 거미들의 먹잇감이 되는 작은 날벌레들이 많기 때문이다.

"왜 작은 날벌레들이 몰려드는가?"
- 관리사무소에서 해질녘에 밝은 조명등을 켜기 때문에 이 불빛을 향해 날벌레들이 몰려든다.

이 사례에서 첫 번째 질문의 대답인 연마 세제의 사용은 문제의 피상적 원인이고 배후에 있는 진정한 원인은 '왜?'를 다섯 번 반복한 후에 나온 조명등 문제이다. 이러한 근본원인 분석을 토대로 조명등의 점등시간을 일몰 후 1시간 뒤로 늦춤으로써 날벌레의 수를 90퍼센트 이상 줄일 수 있었기 때문에 연마 세제의 사용을 대폭 줄일 수 있었다고 한다.

어떤 문제에 대한 피상적 원인보다는 그 배후에 있는 진정한 원인을 찾아야 한다는 '진인(眞因)추구'의 철학은 카이젠('개선'의 일본식 발음으로서 '지속적 개선'이라는 의미로 통용되고 있음)의 중요한 사상 중 하나이다. 일본의 도요타자동차에서는 "왜 그렇게 되었을까?"를 다섯 번 반복해서 물으면 문제의 진정한 원인이 나온다는 것을 '5 Whys'라고 이름을 붙였는데, 이것이 서양에서는 RCA(Root Cause Analysis)라고 불린다. RCA를 의미하는 '5 Whys'에서 숫자 5는 근본원인이 나올 때까지 계속 반복해서 질문하라는 것이지 꼭 '5번' 물으라는 것은 아니다.

② 적용사례

[2장 부록]에서 소개한 미국 매디슨시청의 자료 중 시영 자동차정비소 사례를 다시 보자.

정비대기 중인 자동차로 혼잡한 시영정비소는 데밍의 주장을 시험적으로 적용해 볼 만한 곳으로 생각되었다. 시영정비소의 직원들은 시장이 수석보좌관을 대동하고 나타나서 자신들의 문제를 조사하자 놀라움을 감추지 못했다. 그도 그럴 것이 이전에 역대 시장들이 그곳을 찾았던 것은 차량 주유가 필요할 때뿐이었다. 그 후 몇 년 동안 센센브레너 시장이 거듭해서 깨달은 것은 변화가 일어나야 할 일선 현장에 최고책임자가 직접 참여하는 것이 매우 중요하다는 점이었다.

정비소 직원들의 대다수가 회의적인 태도로 임했지만 시장은 노조 지도자인 홈즈 위원장을 만나 시장 자신이 직접 참여하겠다는 것을 진솔하게 토로하고, 그의 참여가 없으면 성공하기 어렵다는 점을 설명하였다. 그러자 그도 참여하기로 동의하였다. 그들은 팀을 구성하여 기술자들의 이야기를 듣고, 또한 정비공정에서 직접 자료를 수집했다. 마침내 정비작업이 지체되는 주된 이유가 정비소에서 필요한 부품들을 제대로 구비하지 못했기 때문이라는 것을 알 수 있었다. 부품관리 담당자에게 문제를 제기했더니 부품확보에 문제가 야기되고 있는 것은 시 당국이 매년 다양한 모델의 차량을 구입하고 있기 때문이라고 하였다. 시청의 보유차량을 형식·제조업체·모델·연식 등으로 나누어 살펴보았더니 그 종류가 무려 440종이나 되었다. 어째서 이토록 다양하단 말인가? 부품관리자의 말로는 어떤 차량이건 간에 구입 당일의 고시가격이 가장 싼 것을 구매한다는 시 당국의 방침 때문에 그렇게 된 것이라고 했다.

어떤 기술자는 이렇게 말했다. "이것이야말로 상식 이하의 일이다. 놀고 있는 장비들, 2·3류 메이커들에게서는 기대할 수 없는 품질보증, 그리고 싸구려 기계들의 형편없는 신뢰도나 헐값의 매각처분 가격 등을 감안해 볼 때 단순히 값싼 것을 구입한다고 해서 이득이 되는 것은 결코 아니다."

다음으로 그들이 찾아간 곳은 부품구매 담당자였다. 그도 같은 견해를 갖고 있었다. "부품의 종류를 줄이고 신뢰할 수 있는 소수의 공급자들로부터만 납품받는다면, 부품구매 담당자의 업무가 매우 수월해질 것이다. 그런데 구매본부가 이것을 허용하지 않는다." 그래서 구매본부를 찾아갔더니 이런 이야기였다. "그 이야기라면 이미 알고 있다. 한결같이 그러한 점을 호소하고 있기 때문에 잘 알고 있다. 그렇지만 기존의 구매방침을 바꾸기는 어렵다. 감사원이 이를 허용하지 않는다."

감사관의 말은 다음과 같았다. "당신의 주장은 일리가 있다. 그렇지만 시 법무관이 그러한 것을 인가해 주도록 허용하지 않는다." 그래서 법무관을 찾아갔더니 그는 이렇게 말하는 것이었다. "천만에, 그렇게 해도 된다. 품질보증, 정비의 용이성, 부품의 입수용이성, 매각 시의 잔존가치 등에 대한 명세서를 작성하기만 하면 된다. 미리 이러한 점을 분명히 하면 문제될 것이 없다. 실은 당신네들이 줄곧 그렇게 해온 줄 알고 있었다."

이상의 내용을 RCA로 설명하면 다음과 같다.

- **첫 번째 Why: 시영정비소에 입고된 차량의 정비대기 시간이 왜 그렇게 긴가?**
  → 필요한 정비부품이 제대로 구비되어 있지 않기 때문이다.
- **두 번째 Why: 필요한 정비부품이 왜 제대로 구비되지 못했는가?**
  → 시청의 보유차량이 각양각색으로서 무려 440종이나 되기 때문이다.
- **세 번째 Why: 시청에서 보유하고 있는 차량이 왜 각양각색인가?**
  → 구매시점에서 가격이 가장 싼 차량을 구입하기 때문이다.
- **네 번째 Why: 구매 담당자는 왜 차량 가격만을 구매기준으로 삼고 있는가?**
  → 그것은 시청 구매본부의 방침이다.
- **다섯 번째 Why: 구매본부는 왜 가격을 유일한 구매기준으로 삼고 있는가?**
  → 그렇게 하지 않으면 감사에서 문제가 생긴다.
- **여섯 번째 Why: 감사원은 왜 구매 가격만을 문제로 삼는가?**
  → 시 법무관이 다른 것을 허용하지 않기 때문이다.
- **일곱 번째 Why: 시 법무관은 왜 구매가격에만 집착하도록 하는가?**
  → 그렇게 요구한 사실이 없다. 객관적으로 납득할 만한 합당한 이유가 있다면 구매기준은 무엇이든 상관이 없다. 우리는 시 당국이 가장 합당한 기준에 따라 구매하고 있는 것으로 생각해 왔다.

이렇게 '왜(Why)'를 반복한 결과 정비 대기시간이 지나치게 길다는 문제의 진정한 원인이 정비부품의 재고관리 문제가 아니라, 차량의 구매 의사결정 기준에 있다는 것을 알 수 있었다.

(2) Why-Why도

① 개요

앞서 설명한 RCA에서는 '왜'라는 질문 하나에 대답도 하나였지만 하나의 문제를 유발하는 잠재적 원인은 여러 개일 수 있다. 이러한 점을 고려하여 'Why-Why도 (Why-Why Diagram)'는 RCA를 계통도 형태로 확장한 것이다.

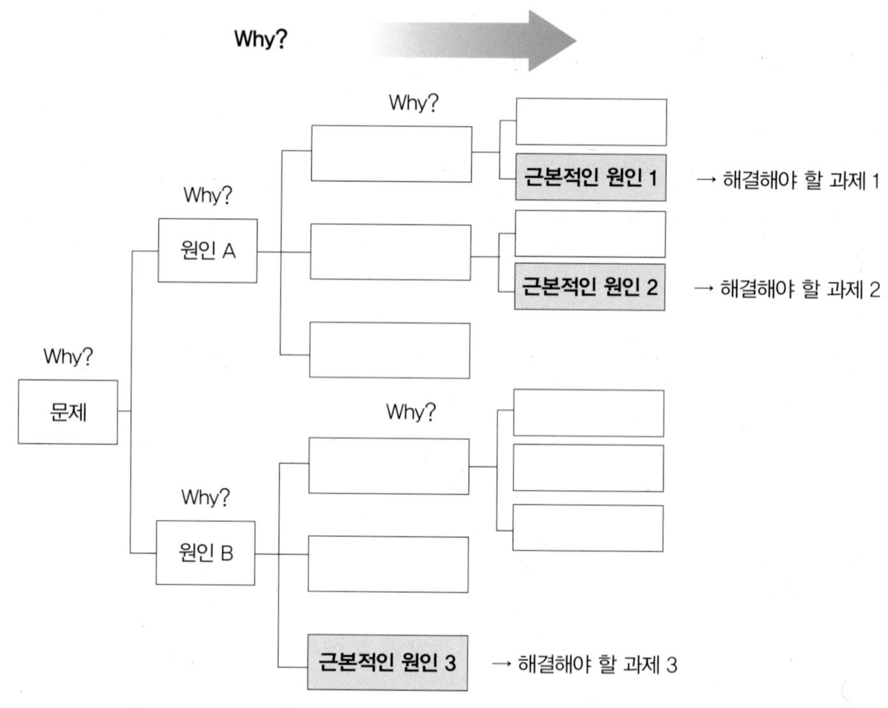

〈그림 8.29〉 Why-Why도의 개념(齋藤嘉則, 1997)

Why-Why도를 설명하기 위해 우체국 통신판매의 예를 생각해 보자. 우체국에서는 각 지역의 특산품과 각종 상품을 우편으로 판매하는 서비스를 제공하고 있다. 이 서비스는 고객이 물건을 사기 위해 직접 상점에 가야 하는 수고를 덜어줄 뿐만 아니라 전화 한 통화로 원하는 상품을 우체국의 체인망을 통해 신속히 배송할 수 있다는 장점이 있다. 그러나 종종 주문품이 분실되는 경우가 있다. 이러한 문제는 금전적 손해를 발생시키고 우체국 서비스에 대한 소비자들의 불신을 가중시킬 수 있다.

우체국에서는 이러한 피해를 유발하는 주문품 분실문제를 해결하기 위한 원인규명에 나섰다. 〈그림 8.30〉은 이 문제에 대한 원인을 규명하기 위한 가상적 Why-Why도이다.

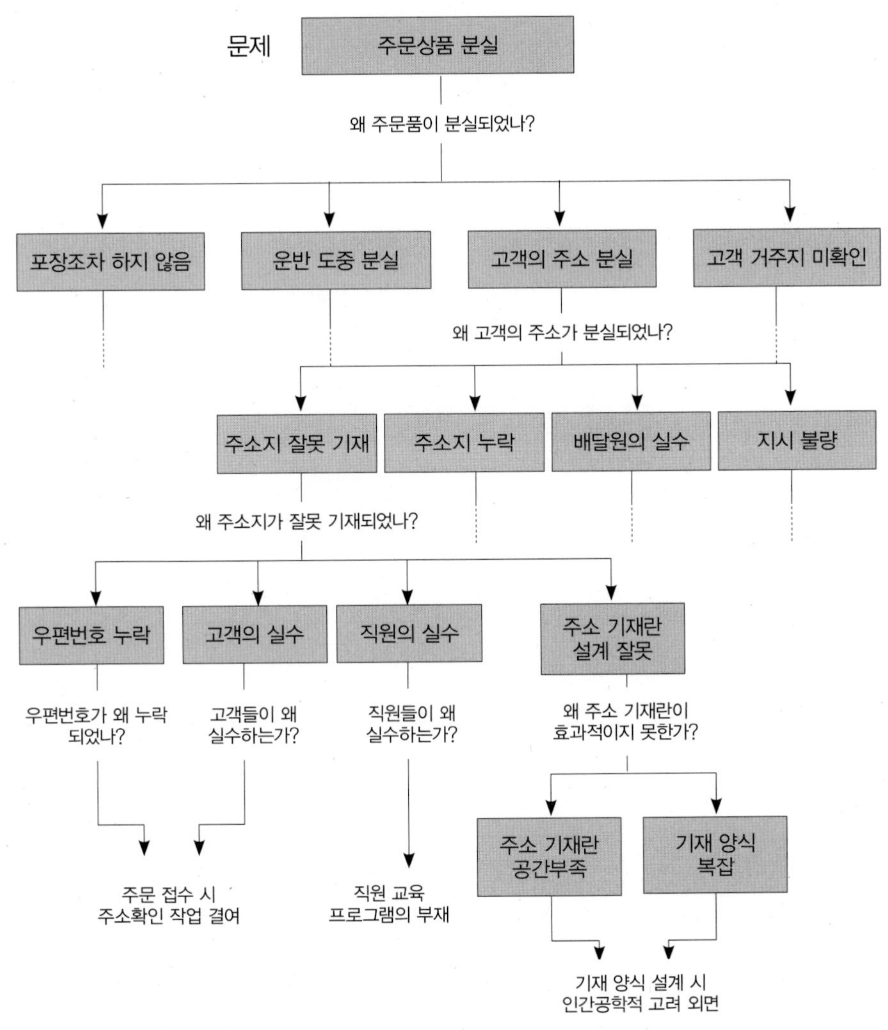

〈그림 8.30〉 통신판매 제품의 분실문제를 분석한 Why-Why도

② 적용사례

어떤 회사에서는 최근 몇 개월 동안 영업사원 1인당 매출액이 지속적으로 줄어들고 있었다. 〈그림 8.31〉은 이 문제의 원인을 찾기 위해 작성한 Why-Why도이다.

인당 매출액 감소의 직접적 원인으로는 유통망의 약화, 상품력의 저하, 영업사원의 영업력 저하가 있을 수 있는데 그 중에서도 영업력 저하가 주된 원인으로 생각되었다. 영업력이 저하되는 원인에 대해 다시 조사하였더니 영업사원의 거래선 방문횟수 감소와 1회 방문당 영업성과 저하라는 두 가지가 문제가 지적되었다. 따라서 이 회사는 두 문제를 해결하기 위한 개선활동에 착수하기로 하였다.

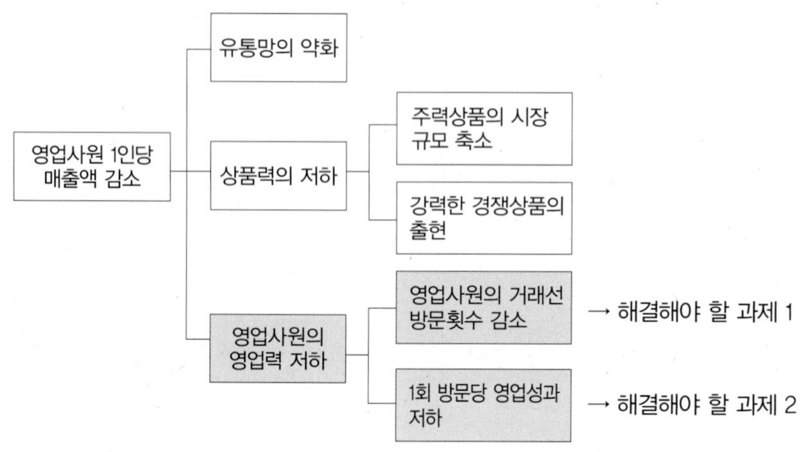

〈그림 8.31〉 매출액 감소의 원인분석을 위한 Why-Why도(齋藤嘉則, 1997 자료를 일부 수정)

(3) How-How도

① 개요

'How-How도(How-How Diagram)'는 품질관리 신7가지 도구 중 하나로 소개한 계통도와 동일하다. How-How도의 특징은 전개를 통해 문제를 논리적으로 이해하는 데 목적을 두지 않고, 주어진 목표달성을 위한 구체적 수단을 찾기 위해 사용한다. 정해진 목표달성을 위해 '어떻게(How)'라는 질문을 반복하여 계속 전개함으로써, 목표달성을 위한 구체적인 실천방안들을 도출하고 도출된 방안에 대한 유용성과 현실성을 검토한다.

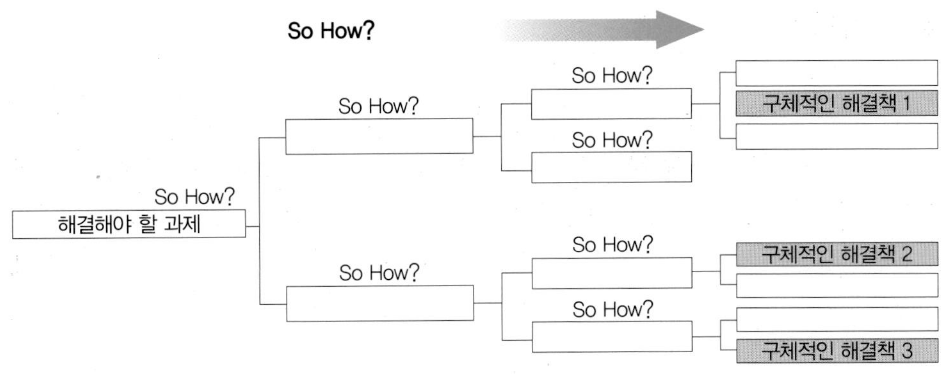

〈그림 8.32〉 How–How도의 개념(齋藤嘉則, 1997)

② 적용사례

〈그림 8.33〉은 '어떻게 하면 살을 뺄 수 있을까' 하는 것을 주제로 작성한 How–How도이다. 여기서는 3차 전개까지만 실시했지만 더 세부적인 방안이 필요하다면 4차, 5차 전개를 실시할 필요가 있다.

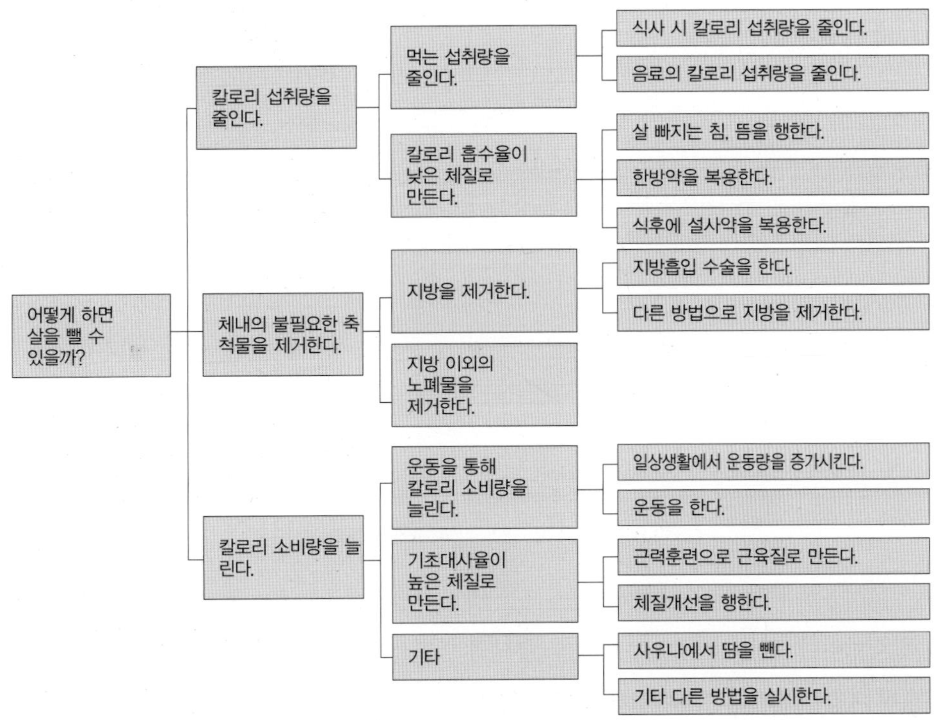

〈그림 8.33〉 살 빼는 방법을 찾기 위한 How–How도(齋藤嘉則, 1997 자료를 일부 수정)

(4) 로직트리

'Why-Why도'와 'How-How도'는 모두 로직트리의 한 가지 형태이다. '로직트리(Logic Tree)'란 분석대상 과제를 'MECE(미시)'의 사고방식에 기초해서 나무 모양으로 분해·정리하는 기술로서, 원인파악이나 해결책을 구체화하는 데 유용하다. 배후에 있는 근본원인을 찾기 위해 사용하는 로직트리를 'Why-Why도'라고 하는 데 반해, 목표달성을 위한 구체적인 수단을 도출하기 위해 사용하는 로직트리를 'How-How도'라고 한다.

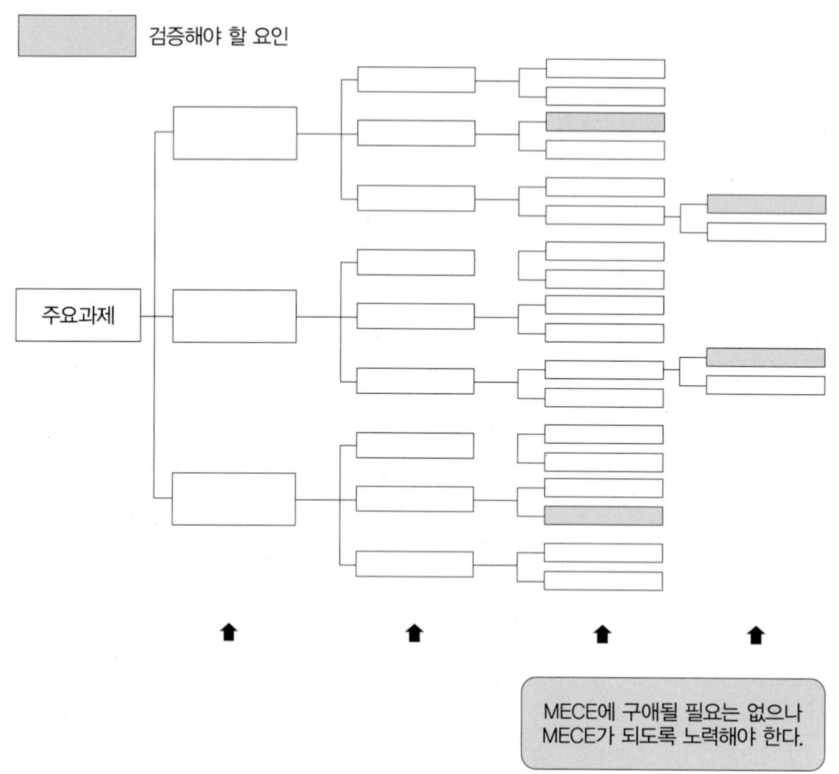

〈그림 8.34〉 로직트리의 기본형태(齋藤嘉則, 1997)

로직트리를 이용하여 하부전개를 수행할 때 가능한 한 'MECE 원칙'을 지켜야 한다. 'MECE(Mutually Exclusive and Collectively Exhaustive)'란 전체를 부분으로 나눌 때 나누어진 각 부분들이 '서로 중복되지 않으면서(mutually exclusive)', 분류에서 '누락된 부분이 없도록(collectively exhaustive)' 하는 것을 말한다. "중복도 누락도 없어야 한다"는 MECE 원칙이 준수되면 전체를 부분으로 나누어 보더라도 문제가 없다. 따라서 로직트리 작성시 MECE 원칙에 얽매일 필요는 없지만 이 원칙이 잘 지켜질수록 좋은 결과를 얻을 가능성이 높다.

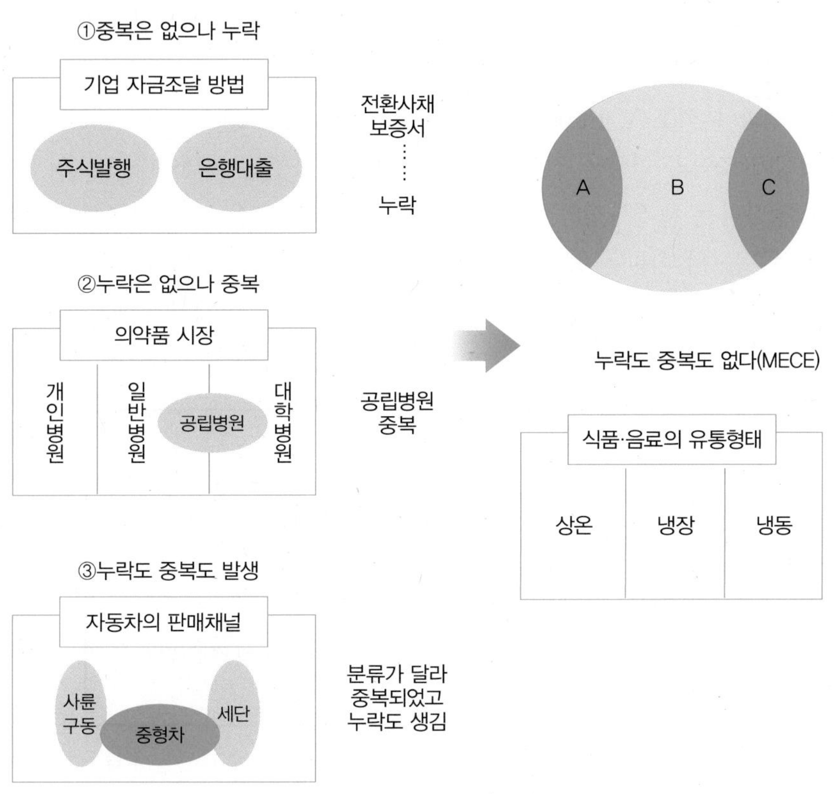

〈그림 8.35〉 MECE의 개념(齋藤嘉則, 1997)

(5) 중요도-성과 비교분석(IPA)

① 개요

품질을 간단하게 정의하면 '고객을 만족시키는 능력'이라고 할 수 있다. 이 경우 고객만족에 영향을 주는 특성(요인)을 '품질특성'이라고 한다. 식당을 예로 들어 보면 맛, 가격, 양, 위생, 신속성, 영양, 친절도, 입지, 주차시설 등이 품질특성이 된다.

모든 품질특성에서 최고가 되는 것이 이상적이기는 하지만 현실적으로 그렇게 하기는 힘들다. 예를 들어 맛은 최고, 가격은 최저, 양은 푸짐하게, 완벽한 위생관리, 주문하면 곧바로 제공, 웰빙 음식, 최고의 친절, 요지에 위치, 넉넉한 주차시설 등과 같은 것을 모두 다 갖출 수는 없다. 따라서 표적 고객이 상대적으로 더 중요하게 생각하는 품질특성에 중점을 둘 필요가 있다. 이를테면, 학교 앞에서 영업을 한다면 양과 가격이 상대적으로 더 중요한 반면 경제력 있는 중년층을 주고객으로 영업한다면 맛과 위생이 더 중요할 것이다.

'중요도-성과 분석(IPA, Importance-Performance Analysis)'은 이처럼 더 중요한 품질특성에 조직의 역량을 집중시킬 수 있도록 도와주는 기법이다. IPA의 세로축은 고객이 생각하는 품질특성의 중요도를 나타내고, 가로축은 각 품질특성에 대한 현재의 성과수준을 나타낸다. 따라서 '중요도(Importance)'와 '성과(Performance)' 수준의 높고 낮음에 따라 품질특성을 〈그림 8.36〉에 표시한 4개 영역에 배치할 수 있다.

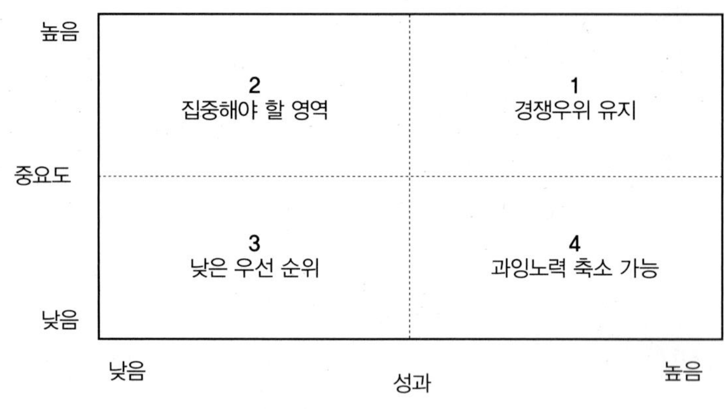

〈그림 8.36〉 IPA의 4가지 영역

IPA에 사용되는 4가지 영역의 의미는 다음과 같다.

- **1사분면**: 고객이 중요하게 생각하는 영역에서 높은 성과를 내고 있으므로 경쟁우위의 원천이 되는 부분이다. 따라서 이 부분의 핵심능력을 계속 유지·발전시킬 수 있도록 해야 한다.
- **2사분면**: 고객이 중요하게 생각하고 있는 영역에서 성과수준이 낮으므로 가장 문제가 되는 영역이다. 따라서 이 부분의 개선을 위해 자원을 집중시킬 필요가

있다.

- **3사분면**: 성과수준은 낮으나 고객이 중요하게 여기지 않는 영역이므로 크게 문제될 것은 없다.
- **4사분면**: 고객이 중요하게 생각하지 않는 영역이지만 높은 성과를 내고 있다. 따라서 현 상태로 나쁠 것이 없다. 만약 이 부분에 과다한 노력이나 투자가 들어가고 있다면 줄여도 좋다.

② 적용사례

채석장을 운영하는 조그마한 가족기업이지만 말콤 볼드리지 미국 품질상을 수상한 그래니트로크(Graniterock) 사는 중요도-성과 비교분석(IPA)을 고객서비스 그래프라는 이름으로 다음과 같이 사용하고 있다

건축용 골재의 경우 일반적으로 가격을 가지고 경쟁해 왔으나 그래니트로크는 자사의 제품을 경쟁사보다 6% 이상 높은 가격에 판매하고 있다. 가격경쟁이 관행화된 시장에서 고가격 정책으로 승부를 건다는 것은 결코 쉬운 일이 아니다. 그것은 고객들로 하여금 더 높은 가격을 기꺼이 지불하도록 만드는 부단한 노력을 요구한다. 그렇다면 이 회사가 이렇게 할 수 있는 비결은 무엇일까?

그래니트로크는 고객이 구매 의사결정 시 고려하는 요인별로 자사와 경쟁사의 성과를 비교하기 위해 매년 모든 고객에게 그들이 가장 자주 거래하는 3개 업체의 수준을 평가해 달라는 간단한 고객평가서 양식을 발송한다. 고객평가서가 회수되면 분석결과를 토대로 IPA를 실시하고 이를 사내의 각 사업장에 공시한다.

고객이 구매 의사결정 시 고려하는 요인들의 중요도는 적시인도, 제품품질, 스케줄링(신속한 공급능력, 즉 짧은 리드타임), 문제해결, 가격, 대금지불조건, 직원의 판매기술 순으로 나타났다. 적시인도가 가장 중요한 요인으로 나타난 것은 그래니트로크의 주요 고객이 종합건설업체들이었기 때문이다. 이들은 여러 회사로부터 건자재를 납품 받고 복잡한 건설 프로젝트를 조정하는 일을 수행한다. 이 경우 프로젝트의 한 단계가 지체되면 전체 일정이 영향을 받으므로 자재의 적시 공급이 무엇보다 중요하다. 한 가지 주목할 만한 사실은 이들이 가격을 상대적으로 덜 중요하게 생각한다는 것이다. 이것은 고품질 고가격 정책을 고수해 온 그래니트로크로서는 매우 고무적인 사실이었으며, 가격보다는 품질에 중점을 두어 온 자사의 전략이 옳은 것이라는 확신을 주었다. 그러나 고객이 중요하게 생각하는 구매 결정요인은 시간의 흐름에 따라 변할 수 있다. 예를 들어 가격을 상대적으로 덜 중요하게 생각하는 고객의 태도가 경기 침체기

에도 변하지 않고 그대로 지속될 수 있을까? 만약 고객이 가격에 민감해진다면 현재의 고품질 고가격 정책이 계속 유효할 것인가? 그래니트로크가 매 3~4년마다 폭넓은 고객의견조사를 실시하는 것도 고객이 고려하는 구매 의사결정 기준들의 중요도가 변하는지 알아보기 위한 것이다.

매년 실시하는 제품품질과 고객서비스에 대한 고객의 평가는 각 항목별로 5가지 등급으로 분류되는데, 그래니트로크는 이 평가등급 중 상위등급인 A등급과 B등급을 받은 전체 숫자를 각 평가기준의 성과수준으로 삼고 있다. 특정 평가기준에 대해 모든 고객사가 A 또는 B등급으로 판정하였다면 성과수준은 'A+'가 되며, A 또는 B등급을 하나도 받지 못했다면 성과수준은 'F'가 된다.

〈그림 8.37〉은 이런 방식으로 계산된 각 평가기준별 성과수준을 중요도에 따라 표시한 IPA의 실례(實例)이다.

그래니트로크가 가장 큰 관심을 두고 있는 사항 중 하나는 자사와 경쟁사 간의 성과수준 비교치이다. 고객이 중요하게 생각하는 평가기준에서 아무리 좋은 성과를 내더라도 경쟁사가 동등한 수준의 성과를 올린다면 우수한 성과가 경쟁우위의 원천이 될 수는 없다. 그래니트로크는 고객이 중요하다고 생각하는 각 평가기준에서 최고의 경쟁사보다 10% 이상의 성과 격차를 내는 것을 목표로 삼고 있다.

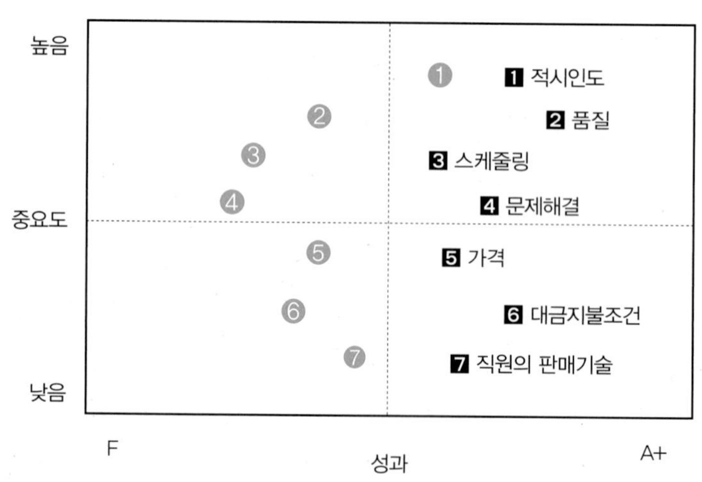

〈그림 8.37〉 그래니트로크의 IPA

참고문헌

- 박영택(2000), 「공공행정 부문 Single PPM 품질혁신」, 대한상공회의소 Single PPM 품질혁신 추진본부.
- 박영택(2005), 「품질기법 핸드북」, 한국품질재단
- 박영택(2005), 「이노베이션 스토리: 혁신에 성공한 기업들이 펼치는 감동의 경영 파노라마」, 네모북스.
- 박영택(2013), "품질개선도구: 품질 툴은 사고방식을 바꾸는 생각의 도구", 품질경영, 9월호, pp.38-41.
- 한국표준협회 편(1982), 「신 QC 7가지 도구」, 한국표준협회.
- 石原勝吉 저, KSA 역(1984), 「현장의 QC 7가지 도구」, 한국표준협회.
- 齋藤嘉則(1997), 「問題解決プロフェッショナル: 思考と技術」, ダイヤモンド社. (서한섭, 이정훈 역(2009), 「맥킨지식 사고와 기술」, 거름.)
- Koehler, J.W. and Pankowski, J.(1996), Continual Improvement in Government Tools and Methods, CRC Press.
- Martilla, J.A. and James, J.C.(1977), "Importance Performance Analysis", Journal of Marketing, January, pp.77-79.
- Straker, D(1997), Rapid Problem Solving with Post-It Notes Paperback, Da Capo Press. (윈윈북스 편집부 역(2004), 「포스트잇 100% 활용법」, 윈윈북스.)
- Tague, N.R.(2013), The Quality Toolbox, Second Edition, ASQ Quality Press.

Ⅲ부

설계품질의 확보와 전략적 고려

9장

품질기능 전개 (QFD)

전통적으로 품질관리란 불량이나 결함을 줄이기 위한 활동이라고 생각해 왔다. 그러나 무결점(ZD)이 고객만족을 보장하지 못한다. 현대적 품질경영에서는 품질이란 '고객을 만족시키는 능력'이라고 정의한다. 따라서 무결점이란 품질의 필요조건이지 충분조건은 아니다.

9.1 품질기능전개 개요

(1) 순차적 설계와 동시공학

설계 단계에 지출되는 비용은 총 생애비용(LCC, Life Cycle Cost)의 일부에 불과하지만 설계가 잘못되면 이후 생산 및 사용 등과 같은 하류(下流)에서 발생하는 비용이 급격하게 늘어난다. 〈그림 9.1〉은 제품 라이프사이클의 각 단계에서 설계 변경에 소요되는 비용의 상대적 크기를 개념적으로 나타낸 것인데, 변경 시점이 늦어지면 늦어질수록 그에 소요되는 비용이 기하급수적으로 늘어나는 것을 보여준다.

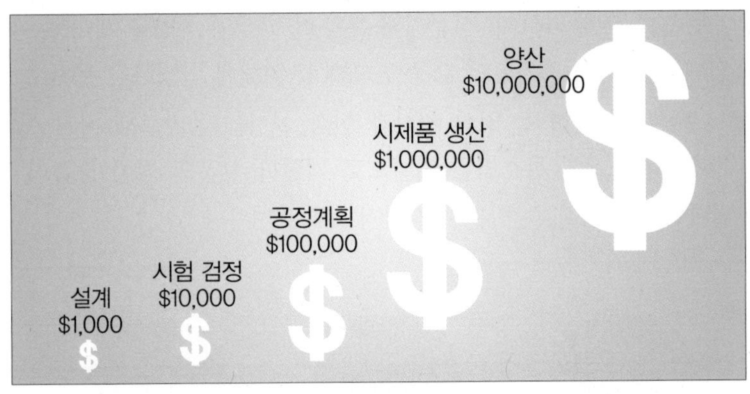

〈그림 9.1〉 제품 라이프사이클 단계별 변경 비용

설계 변경이 일어나는 근본적 이유는 〈그림 9.2〉에 나타낸 바와 같이 조직의 각 부분이 기능별로 업무를 분담하고 기능별 순서에 따라 순차적으로 일을 수행하기 때문이다. 기능별로 업무를 분담하고 순차적으로 업무를 진행하는 것이 논리적으로 타당해 보이지만, 부문 간의 보이지 않는 의사소통 장벽 때문에 하류 단계로 내려갈수록 고객의 요구사항이 점점 더 왜곡되는 문제가 발생한다.

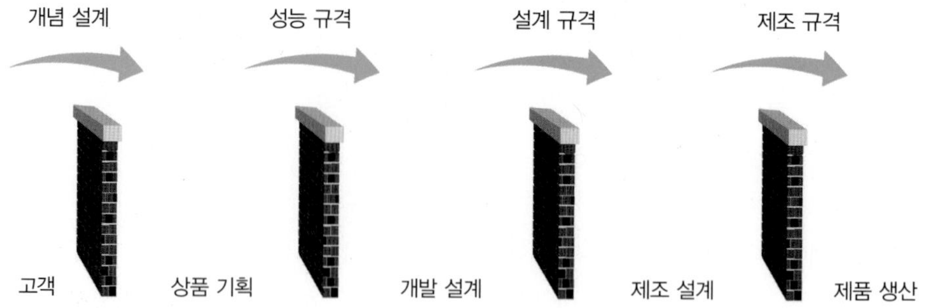

〈그림 9.2〉 의사소통 장벽이 존재하는 순차적 설계

이러한 순차적 설계의 문제를 설명하기 위해 〈그림 9.3〉에 나타낸 '나무 그네'의 비유가 자주 인용된다. 가상적 사례이지만 이 그림은 고객이 자신의 진정한 요구를 제대로 표현하지 못하는 데에 더하여, 상품기획 부문이 고객의 설명을 제대로 이해하지 못하고, 제품설계 부문이 상품기획의 요구를 제대로 설계에 반영하지 못하고, 제조부문이 설계대로 생산하지 못하고, 일선 기사가 현장 설치를 올바르게 하지 못하는 등의 왜곡이 누적되면서 고객의 목소리를 기반으로 기획한 상품의 최종 모습이 고객의 진짜 요구와 얼마나 동떨어질 수 있는지 시각적으로 보여준다.

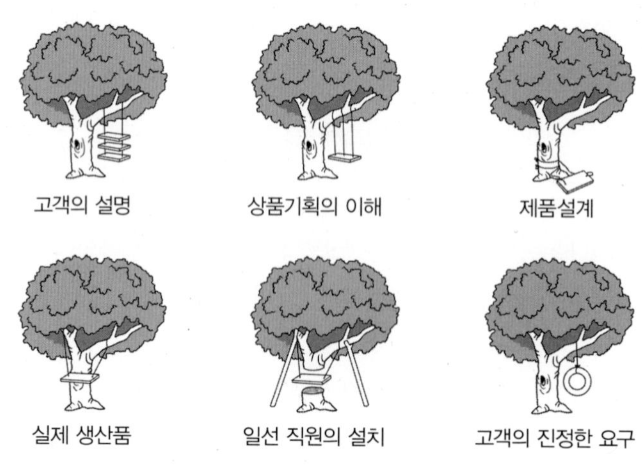

〈그림 9.3〉 나무 그네 문제

순차적 설계의 문제점을 극복하기 위해서는 부문 간의 의사소통 장벽을 없애야 한다. 의사소통 장벽을 제거하는 가장 확실한 방법은 '순차적' 설계방식 대신 관계자들

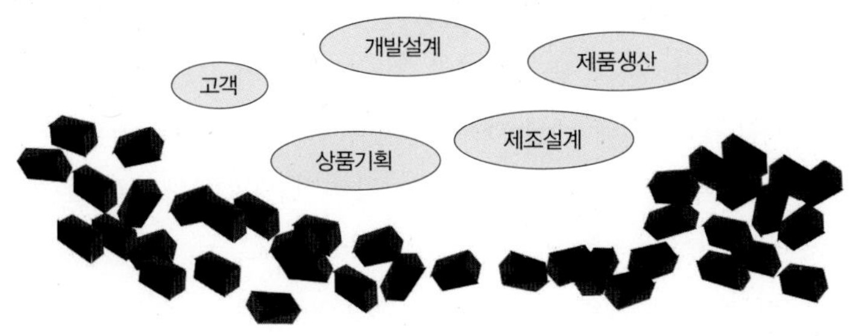

〈그림 9.4〉 동시공학의 개념

모두가 한자리에 모여 함께 의논하는 '병행' 설계를 실시해야 한다. 일반적으로 이러한 병행 설계의 개념을 '동시공학(Concurrent Engineering)'이라고 한다.

상품기획 부문에서 사용하는 용어와 제품설계 부문에서 사용하는 용어가 다르듯이 업무 기능별로 사용하는 용어부터가 다르다. 따라서 동시공학을 실천하기 위해서는 업무 기능이 다른 사람들이 원활하게 의사소통할 수 있는 도구가 필요하다. 이러한 도구가 바로 품질기능전개(QFD)라는 품질기법이다.

(2) 품질기능전개의 효용

'품질기능전개(QFD,Quality Function Deployment)'란 신제품 개념 정립, 설계, 부품계획, 공정계획, 그리고 생산계획과 판매에 이르기까지 모든 단계를 통해 고객의 요구가 최종 제품과 서비스에 충실히 반영되도록 함으로써 고객만족을 실현하려는 방법이다. QFD의 기본개념은 고객의 요구사항을 제품의 기술특성으로 변환하고, 이를 다시 부품특성과 공정특성, 그리고 생산에서의 구체적인 사양과 활동으로까지 변환하는 것이다. QFD의 전체적인 목적은 신제품의 개발기간을 단축하고 동시에 제품의 품질을 향상시키는 것이며, 이런 목적을 달성하기 위해 신상품 개발의 초기단계부터 마케팅, 기술 및 생산 부서가 서로 밀접하게 협력해야 한다.

QFD는 1960년대 후반 일본의 아카오요지(赤尾洋二)에 의해 연구되기 시작하여, 1972년 미쓰비시중공업의 고베조선소에서 원양어선 제작에 처음 사용되었다. 엄격한 정부의 규제조항과 고객의 요구사항을 설계과정에서 동시에 고려하기 위한 수단으로 미쓰비시의 기술자들이 사용했던 행렬형태의 도표가 QFD의 시초가 되었다. 1970년대 중반부터 도요타와 그 부품업체들에 의해 QFD는 더욱 발전되었다. 도요타는 QFD의 사용을 통하여 1977년부터 1984년 사이에 생산 직전 단계까지의 비용을 60% 가량 절감하였으며, 시장 출고까지의 기간도 3분의 1 가량 단축하였고, 제품의 품질 또한 향상시킬 수 있었다. 이외에도 일본에서는 1970년대 이후 가전, 집적회로, 건설장비, 합성수지, 섬유, 금속제품 및 소프트웨어의 개발에까지 QFD가 폭넓게 사용되었다. 1980년대 중반부터 미국에서도 Motorola, DEC, Hewlett Packard, AT&T, ITT, NASA, Kodak, Goodyear, P&G, NCR, Polaroid, Ford, GM 등을 비롯한 많은 기업들이 QFD를 사용하기 시작했다.

제조업을 중심으로 널리 보급되었던 QFD가 1980년대 후반부터는 서비스업과 같은 비제조업 분야에서도 활발히 사용되고 있다. 서비스업에서는 서비스 제공과정 자체를 최종 상품으로 볼 수 있으며, 특히 다양한 고객계층을 상대로 하고 있다는 점에서 제조업과는 차이가 있다. 그러나 고객의 요구가 신제품 개발에 최우선적으로 반영되어야 한다는 기본적인 측면은 제조업과 다를 바 없으므로 QFD는 비제조업 분야에도 적용될 수 있다. 현재까지 발표된 사례로는 자동차 정비관리, 고객 전화상담, 호텔경영, 교육시스템, 국가안보, 환경보존 등과 같이 거의 영역의 제한없이 폭넓게 사용되고 있다.

품질기능전개가 전 세계적으로 널리 알려지게 된 계기는 1988년 MIT의 하우저(J.R. Hauser) 교수 등이 「하버드 비즈니스 리뷰」에 '품질주택(The House of Quality)'이라는 제목의 논문을 통해 품질기능전개를 소개했기 때문이다.

〈그림 9.5〉는 이 논문에 소개된 것인데 일본 자동차업체와 미국 자동차업체의 설계변경 횟수와 기간을 비교한 것이다. 일본 업체는 미국 업체보다 설계변경 횟수가 상당히 적지만 이보다 더 중요한 것은 설계변경이 훨씬 더 상류에서 이루어진다는 점이다.

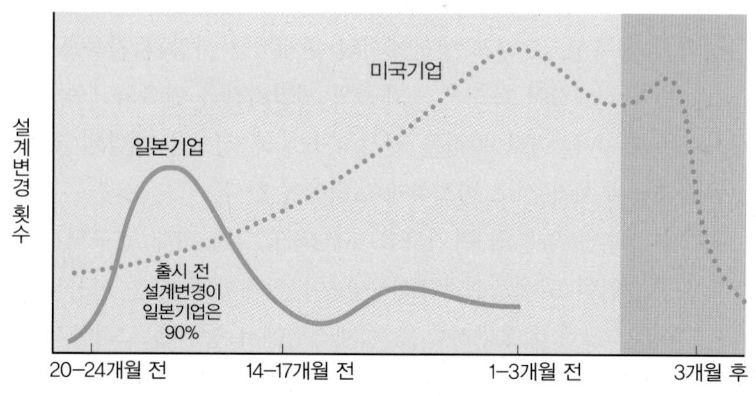

〈그림 9.5〉 일본 자동차 업체와 미국 자동차 업체의 설계변경 비교

설계변경 시점이 하류로 갈수록 변경에 소요되는 비용이 기하급수적으로 증가한다는 것은 〈그림 9.1〉을 통해 이미 설명한 바 있다.

일본 자동차업체의 이러한 설계 경쟁력은 품질기능전개를 활용하기 때문이라는 것이다. 품질기능전개의 일반적인 적용 효과를 정리하면 다음과 같다.

- 설계변경 횟수 30~50% 감소
- 설계 사이클타임 30~50% 감소
- 양산 전 초기 투입비용 20~60% 감소
- 보증수리비용 20~50% 감소
- 업무지식의 체계적 문서화

9.2 품질주택(HOQ)

(1) HOQ의 구조

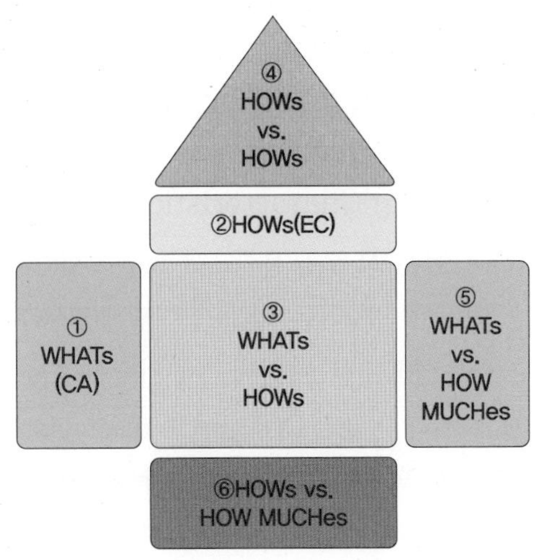

〈그림 9.6〉 HOQ의 구조

품질주택(HOQ) 또는 품질표란 QFD의 핵심적 부분이다. 특히 신제품 개발 시 각기 고유한 업무영역을 갖고 있는 관련 부서간의 커뮤니케이션을 촉진하여 효과적이고 체계적인 논의가 가능하도록 도와준다. 예를 들어, 신제품 개발을 위해 최고경영자와 마케팅, 기술, 그리고 생산 부서의 책임자들이 한자리에 모였다면, 이들은 무엇에 관해 어떠한 방법으로 이야기할 수 있을 것인가? 바로 여기에서 HOQ가 그 유용성을 발휘하게 된다.

다음은 제품계획 단계에서 사용되는 HOQ에 대한 설명이다. 〈그림 9.6〉과 같이 HOQ는 주택모양을 하고 있으며 구체적인 작성절차는 아래와 같다. (다음 설명문의 번호는 〈그림 9.6〉 내의 번호와 일치하므로 대조하면서 읽으면 이해가 빠르다.)

① 고객 요구속성(CA, Customer Attributes)

HOQ의 왼쪽에 위치하고 이 부분은 "무엇을(What)을 설계에 반영할 것인가?"를 나타낸다. 여기서 반영해야 할 그 '무엇(What)'은 '고객의 요구속성(CA)'이다. CA를 '고객의 소리(VOC, Voice of Customer)' 또는 '요구품질'이라고도 한다. 고객의 요구속성들의 중요도가 모두 동일한 것은 아니므로 CA의 오른쪽 옆에는 이들의 '상대적 중요도'를 표시하는 별도의 칸이 있다.

CA는 고객이 사용하는 언어로 표현되기 때문에 정성적이며 모호한 경우가 많다. 이들 정보는 설문조사, 개별면담, 전시회 참가, 계획된 실험 등 여러 가지 방법을 통해 얻을 수 있다. 이 단계는 QFD의 활용에 있어 매우 중요하며 전체 노력의 절반 가량이 이와 같이 고객집단을 규정하고 그들의 요구사항을 추출하는 데 소요된다.

② 기술특성(EC, Engineering Characteristics)

HOQ의 위쪽에 위치하고 있는 이 부분은 "고객 요구속성(CA)을 어떻게(How) 반영할 것인가?"를 나타낸다. 여기서 반영하는 방법인 '어떻게(How)'는 적어도 하나 이상의 CA에 영향을 미치는 '기술특성(EC)'을 말한다. 이 기술특성들은 설계자가 결정할 수 있는 변수들이기 때문에 '설계특성(DC, Design Characteristics)'이라고도 한다. CA와 달리 EC는 제품이 완성된 후 정량적으로 측정할 수 있는 것으로서 제품에 대한 고객의 인식에 직접 영향을 주는 것이라야 한다. 일본사람들은 이 기술특성이 고객의 요구사항을 대변한다고 해서 '대용(代用)특성'이라고도 한다.

③ CA와 EC의 관계

HOQ의 몸체인 이 부분은 "무엇(What)과 어떻게(How)의 관계", 즉 "CA와 EC의 관계"를 나타내는 행렬이다. 이 행렬의 내부 요소들은 CA와 EC간의 상관관계(양, 음)와 상관강도(강, 약)를 표시한다. 이와 같은 관계도의 작성은 CA와 EC의 설정이 적절히 되었는지 점검하는 기회를 제공하기도 한다. 즉, 비어 있는 행이나 열이 있다면 이것은 CA나 EC의 설정에 문제가 있음을 나타낸다. 예를 들어 비어 있는 열은 중요한 CA의 누락 또는 의미 없는 EC의 포함 등을 나타내는 것이다.

④ EC 간의 상호관계

HOQ의 지붕에 해당하는 부분에는 "어떻게(How)와 어떻게(How)의 상호관계", 즉 "EC들 간의 상호관계"를 나타낸다. 이 상호관계에는 한 가지 기술적 특성(EC)을 개선하면 다른 특성(EC)이 악화되는 '상충관계'가 포함될 수 있다. 상충관계는 '기술적 모순'이라고도 하는데, 예로서 "강도를 개선하고자 하면 무게가 무거워진다"는 것을 들 수 있다. 이러한 상충관계를 근본적으로 해결할 수 있다면 획기적인 품질향상이 이루어지기 때문에 잠재적인 연구개발의 기회가 되기도 한다. 이러한 상충관계(기술적 모순)의 해결에는 '발명적 문제해결론(TRIZ)'이 많이 이용된다. [참고: TRIZ의 핵심내용은 참고문헌의 박영택(2016) 참조.]

⑤ 고객 인지도 비교

HOQ의 오른쪽에 위치한 이 부분은 "무엇(What)이 얼마만큼(How Much) 충족되고 있는가?", 즉 'CA의 충족정도'를 나타낸다. 여기서는 앞서 도출한 CA별로 자사제품과 경쟁제품들에 대한 고객 인지도를 비교한다. 이것은 설계자의 판단이 아니라 고객들이 내린 평가를 토대로 작성되기 때문에 필요한 자료는 주로 고객설문을 통해 얻는다. 대개의 경우 고객의 평가는 5점 척도로 표현된다.

⑥ EC값 비교 및 목표설정

HOQ의 아래쪽에 위치한 이 부분은 "어떻게(How)라는 부분을 얼마만큼(How Much) 충족시킬 것인가?", 즉 'EC의 충족수준'을 나타낸다. 이 부분에는 자사제품 및 주요 경쟁제품에 대한 현재의 EC값들이 기록된다. 이 자료는 대개의 경우 실제 제품의 EC값 측정을 통해 얻을 수 있다.

또한 그 아래쪽에는 EC의 목표치가 기록된다. EC의 목표치는 앞서 작성된 HOQ의 모든 정보를 이용하여 설계되는 제품이 고객의 요구사항을 가장 잘 만족시킬 수 있도록 정해진다. 앞서 실시한 CA와 EC 간의 연관관계의 강도와 각 CA의 상대적인 중요도를 곱하여 각 EC별로 가중합(weighted sum)이 산출된다. 높은 가중합을 가진 EC들이 중요한 기술특성으로 간주되며 이들의 목표수준 설정에 초점이 맞추어진다. 이 단계에서는 EC 상호간의 관계도 고려되어야만 한다.

이 외에도 제품의 특성과 HOQ의 활용목적에 따라 선택적으로 필요한 항목을 추가할 수 있다. 예를 들어 고객의 불만횟수를 CA별로 기록한 열이나 EC별로 기술적인 어려움을 기록한 행을 추가할 수도 있다.

이상에서는 고객의 요구사항을 기술특성의 목표치, 즉 실현가능한 정량적인 특성치로 변환하는 것을 설명하였다. 그러나 이것만으로 고객이 원하는 제품이 만들어지는 것은 아니다. 제품이 만들어지려면 적절한 부품이 필요하며, 그 부품의 제조를 위한 적절한 공정계획과 생산계획, 나아가 각 공정에서의 적절한 작업방법이 필요하다. 이를 위해 〈그림 9.7〉과 같이 HOQ의 연속적인 확장이 필요하다. 이와 같은 일련의 HOQ에 의해 고객의 요구속성을 기술 및 생산 요구사항과 연결시킴으로써 신상품이 효율적이고 체계적으로 만들어질 수 있다. 즉, 고객의 소리가 생산활동과 제품에까지 전개되는 것이다.

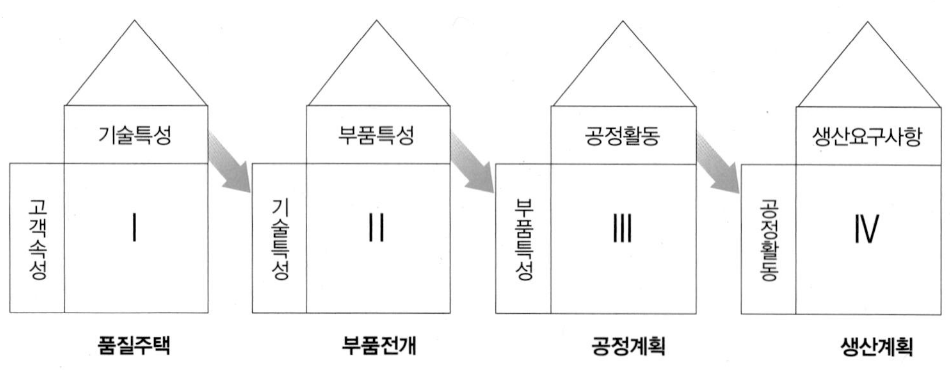

〈그림 9.7〉 고객의 요구를 제조과정으로 전달하기 위한 일련의 HOQ

(2) HOQ의 적용사례

다음은 자동차 문짝(door)의 품질향상을 위한 QFD의 적용사례를 통해 HOQ의 작성과정을 설명하고 있다.

① 고객 요구속성(CA)

이 단계는 크게 고객집단의 정의, 고객 요구속성의 수집 및 분류, 요구속성의 중요도 설정으로 나누어진다. 고객의 요구속성을 수집하는 절차는 요구의 유도, 요구의 예상, 요구의 검증과 타당성의 확인 단계로 나누어진다. 수집된 요구속성의 원시정보는 간결하고도 명확한 표현의 언어정보로 변환한 다음 친화도 등을 통해 2~4차 정도 하부로 전개하여 구체화한다. 구체화된 각 요구속성이 도출되고 나면 각각의 요구속성에 대한 상대적인 중요도를 결정한다.

〈표 9.1〉 자동차 문짝에 대한 고객 요구속성의 전개

1차	2차	3차
뛰어난 조작성과 사용성	개폐 용이성	바깥에서 닫기 쉬움
		언덕 위에서도 열린 상태 유지
		바깥에서 열기 쉬움
		문짝이 다시 튀어 나오지 않음
		안에서 닫기 쉬움
		안에서 열기 쉬움
	차단성	비가 새지 않음
		도로 소음의 차단
		세차 시 물이 새지 않음
		바람소리 차단
		문이 열려 있을 때 빗방울이나 눈이 차 안으로 들어오지 않음
		덜컹거리지 않음
	팔걸이	부드럽고 편안함
		위치가 맞음
근사한 외관	내장 처리	자재 색상이 바래지 않음
		매력적임(플라스틱처럼 보이지 않음)
	청결성	청소가 쉬움
		문짝에서 윤활제가 묻어나오지 않음
	적합성	연결패널 사이의 간격이 일정함

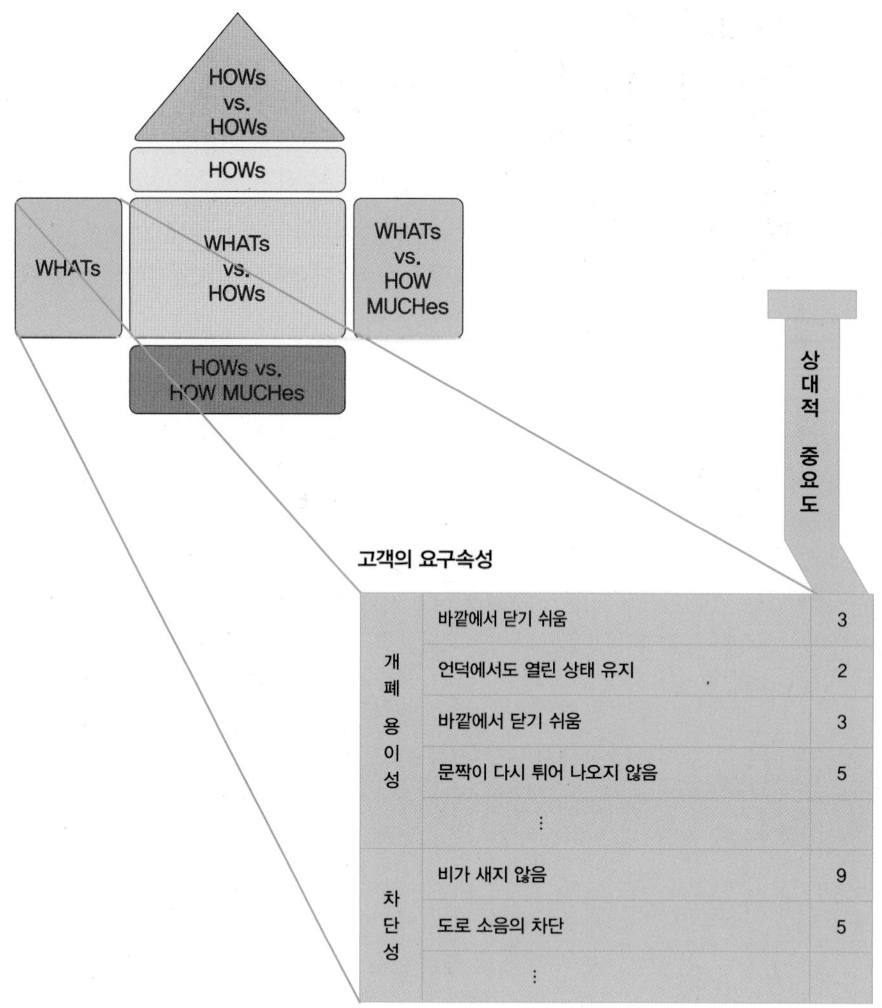

〈그림 9.8〉 고객 요구속성의 결정

일반적으로 고객의 요구는 '훌륭한 맵시'나 '좋은 승차감' 등과 같이 정성적이고 주관적이다. 이러한 고객 요구속성을 설계에 반영하기 위해서는 기술적인 설계특성으로 변환해야 한다. 이를 위해서는 〈표 9.1〉에 나타낸 것처럼 고객 요구속성을 '전개'해야 한다. 품질분야에서 '전개(deployment)'란 상위 목적을 달성하기 위한 구체적인 하위 수단들을 찾는 것을 말한다.

고객 요구속성의 도출 결과는 〈그림 9.8〉에서와 같이 HOQ의 왼쪽에 나타낸다. 일반적인 적용사례들에서는 30~100가지의 속성이 포함되지만, 본 예에서는 '닫기 쉬움',

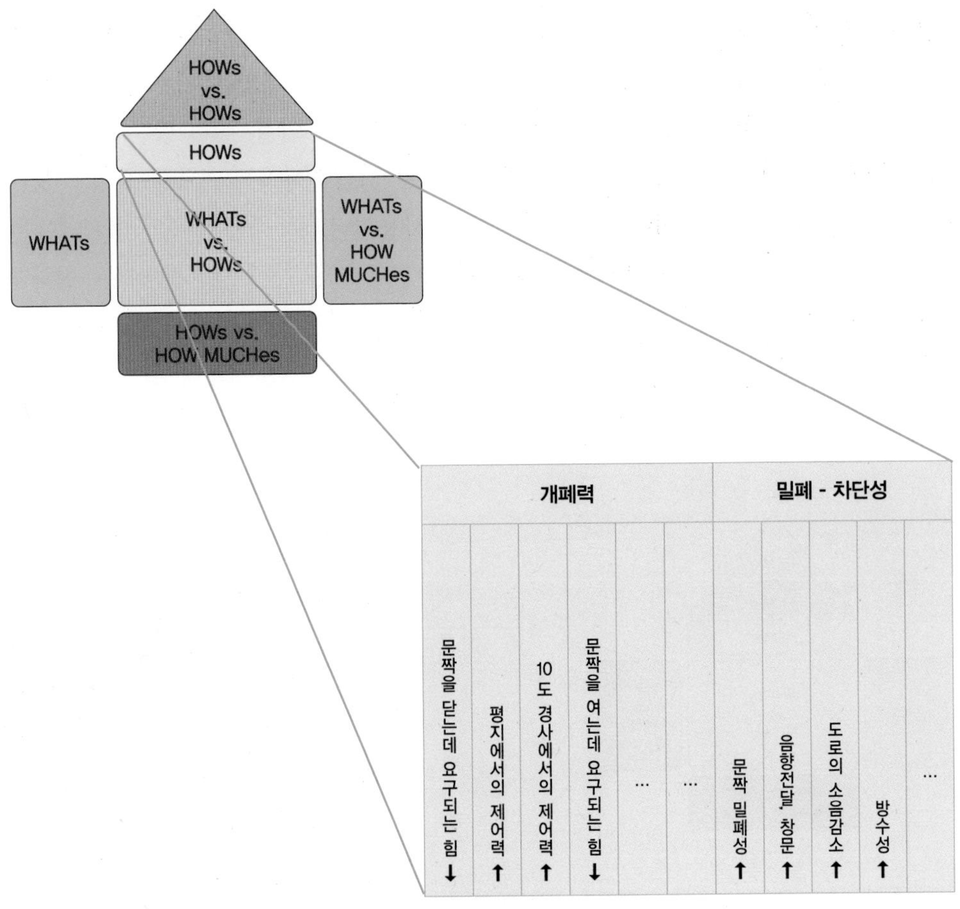

〈그림 9.9〉 기술특성의 결정

'언덕에서도 열린 상태의 유지', '비가 새지 않음', '소음의 차단' 등과 같은 몇 가지만 나열하였다.

② 기술특성(EC)

고객의 요구속성을 구체적으로 어떻게 구현할 것인가를 결정하기 위해 기술팀은 고객의 요구속성을 기술특성으로 변환해야 한다. 예를 들면 '소음의 차단'이라는 고객의 요구속성으로부터 도출될 수 있는 기술특성은 '밀폐성'과 '도로 소음 감소' 등이 된다. 도출된 기술특성들은 유사한 것끼리 분류되어 〈그림 9.9〉에서와 같이 HOQ의 위쪽에 위치하게 된다. 기술특성 아래 표시된 '↑' 또는 '↓' 기호는 그 기술특성을 증가 또는 감소시키는 것이 바람직하다는 것을 의미한다.

③ CA와 EC의 관계

이 단계에서는 각 기술특성이 고객의 요구속성에 미치는 영향을 평가하여 HOQ의 몸통 부분에 표시하게 되는데, 설계팀은 전문가와 고객의 의견, 실험 및 통계분석 자료 등을 이용하여 그 관계를 도출한다. 일반적으로 기술특성과 고객 요구속성의 상관관계와 강도를 나타내기 위해서 숫자나 기호를 사용한다. 본 예에서는 양의 관계에는 플러스(+), 음의 관계에는 마이너스(–) 표시를 하였다. 또한 강한 상관관계에는 진하게 '**+**', '**–**' 기호를 표시하였다. 예를 들어 〈그림 9.10〉에서 '바깥에서 문을 닫기 쉬워야 한다'는 고객의 요구속성과 '문을 닫는데 요구되는 힘을 줄인다'는 기술특성은 강한 양의 관계를 나타낸다.

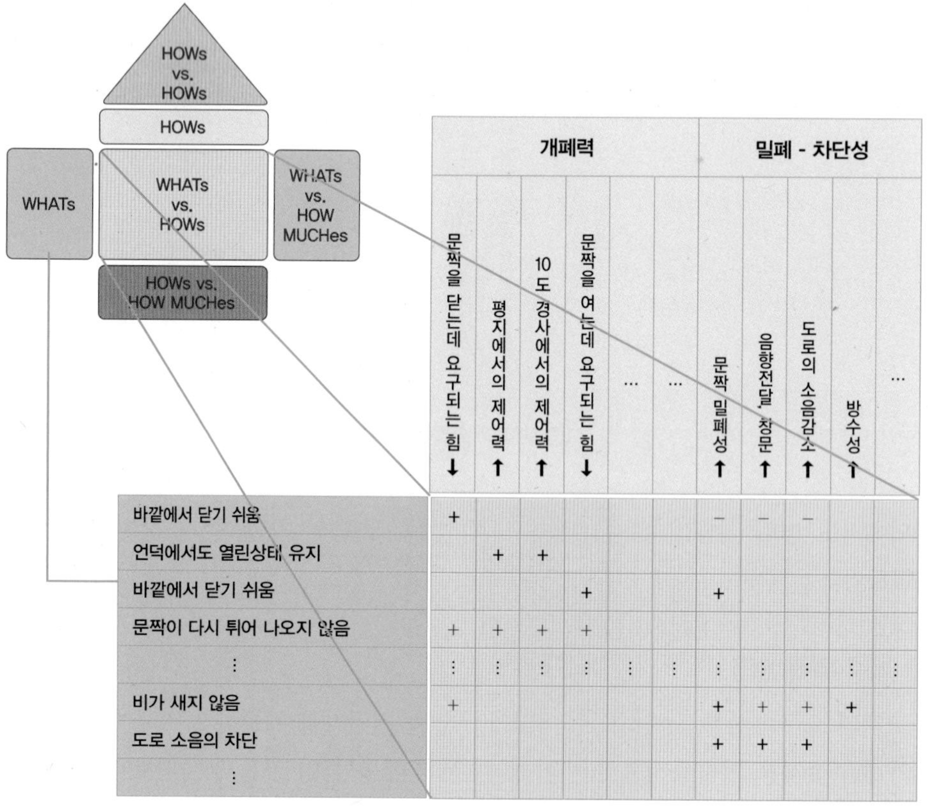

〈그림 9.10〉 요구속성과 기술특성의 관계 결정

④ EC 간의 상호관계

고객 요구속성의 충족을 위해 어떤 하나의 기술특성을 변경하였을 경우, 이것이 다른 기술특성들에 어떤 영향을 줄 것인가? 예를 들어, 파워 윈도우의 모터를 작게 하면 문의 무게가 가벼워져 문을 닫는데 요구되는 힘은 감소하지만, 유리창을 오르내리는 속도가 느려지는 문제가 발생한다. 이와 같이 HOQ의 지붕에 위치한 관계도는 기술특성 간의 상관관계를 나타낸다. 파워 윈도우 모터의 예에서와 같이 기술특성들 간에 모순이 발생할 경우에는 상호절충(trade-off)을 하거나 모순을 근본적으로 해결하기 위한 혁신적 해결책을 찾아야 된다. 이와 같이 기술특성 간의 상호관계는 설계자에게 중요한 정보를 제공한다.

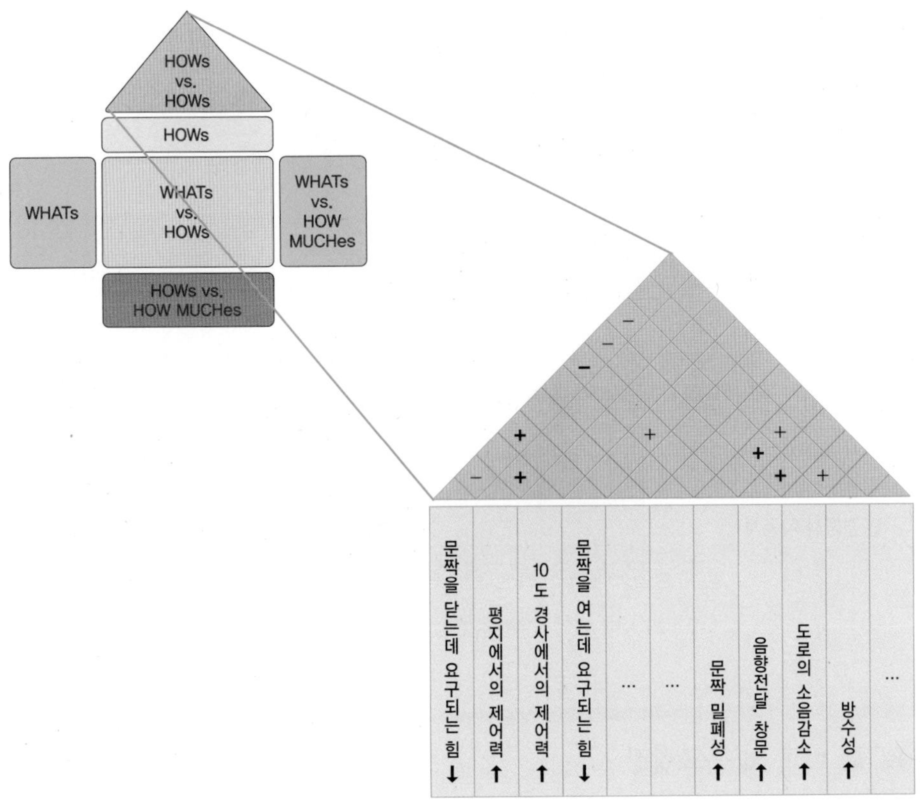

〈그림 9.11〉 기술특성들 상호간의 관계 결정

⑤ 고객 인지도 비교

경쟁우위를 확인하기 위해서 〈그림 9.12〉와 같이 자사제품과 경쟁사 제품에 대한 고객 인지도를 비교한다. 이러한 비교 정보는 HOQ의 오른쪽에 표시된다. 마케팅 분야에서는 이것을 '지각지도(perceptual map)'라고 하는데, 제품의 전략적 위치를 확인하기 위해 자주 사용한다. HOQ에 지각지도를 접목함으로써 품질요소들을 기업의 전략적 관점과 연결시킬 수 있다.

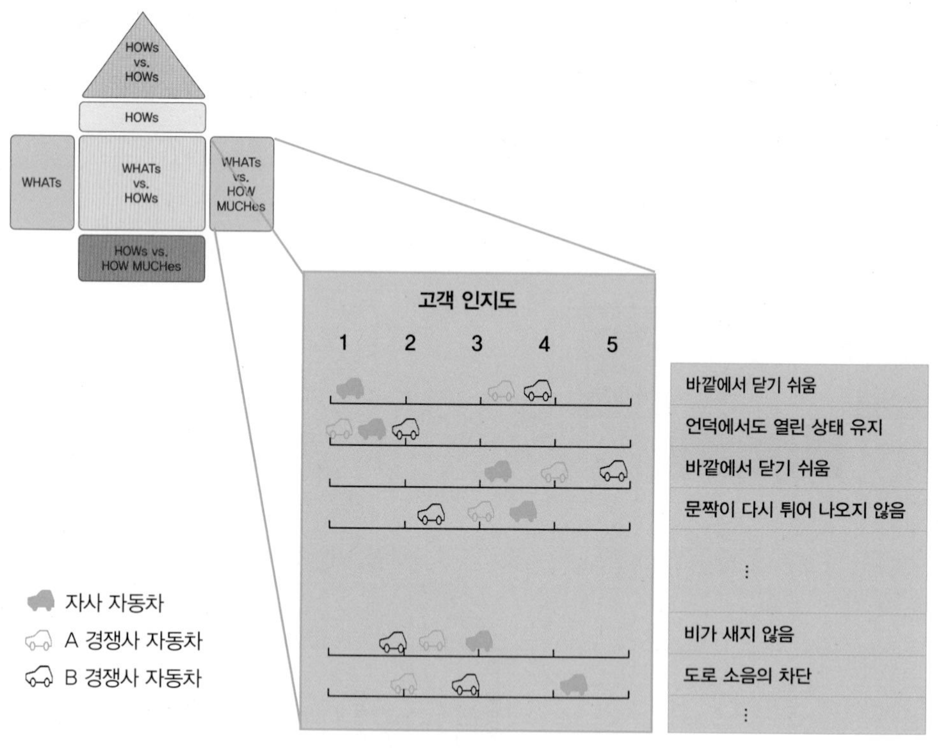

〈그림 9.12〉 경쟁사에 대비한 고객의 인지도 결정

⑥ EC값 비교 및 목표설정

자사와 경쟁사 제품에 대한 기술특성의 비교 정보는 HOQ 아래쪽에 표시된다. 고객 요구속성과 그 중요도, 기술특성과 그들 간의 상호관계, 고객 요구속성과 기술특성의 관계, 고객 인지도, 각 기술특성에 대한 비교수준과 그 중요도, 고객불만 정보, 마케팅 정보, 기술적 난이도, 비용 추정치 등과 같은 여러 사항을 함께 고려하여 가능한 범위 내에서 고객의 요구를 최대한 만족시킬 수 있도록 기술특성의 목표치를 설정한다.

지금까지 설명한 과정을 모두 거치면 〈그림 9.14〉와 같이 HOQ가 완성된다. 이러한 절차를 자동차 문짝의 제조에 소요되는 부품과 그 부품을 제조하는 공정, 공정의 생산계획 및 생산요구사항에 이르기까지 연속적이고 반복적으로 적용하면 "고객의 소리를 최종제품으로"라는 QFD의 궁극적인 목적이 달성될 수 있다.

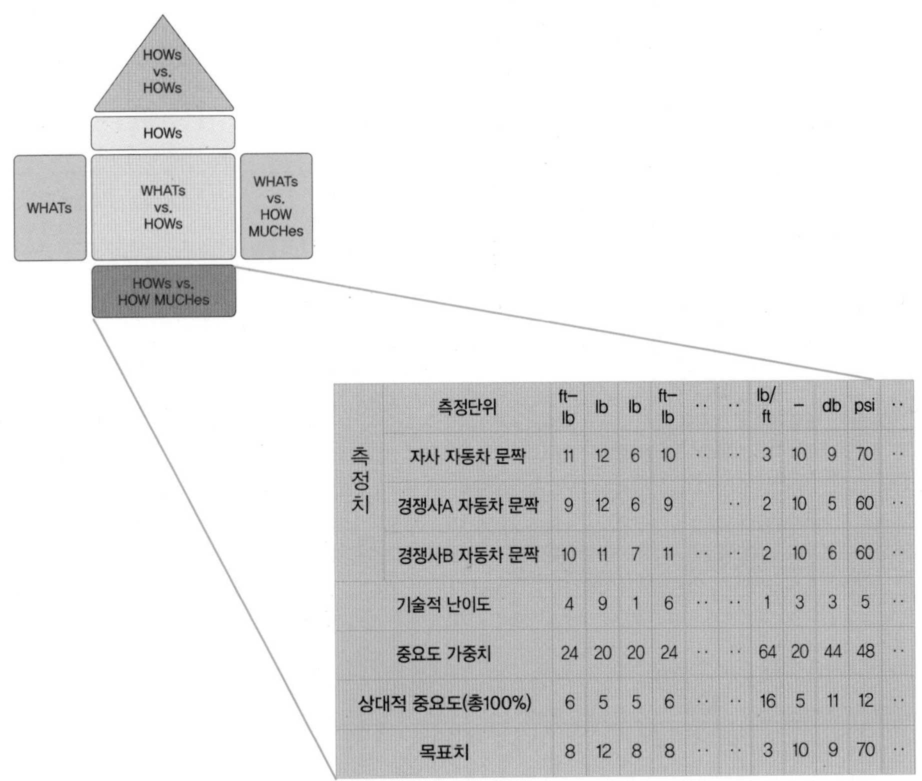

	측정단위	ft–lb	lb	lb	ft–lb	··	··	lb/ft	–	db	psi	··
측정치	자사 자동차 문짝	11	12	6	10	··	··	3	10	9	70	··
	경쟁사A 자동차 문짝	9	12	6	9		··	2	10	5	60	··
	경쟁사B 자동차 문짝	10	11	7	11	··	··	2	10	6	60	··
	기술적 난이도	4	9	1	6	··	··	1	3	3	5	··
	중요도 가중치	24	20	20	24	··	··	64	20	44	48	··
상대적 중요도(총100%)		6	5	5	6	··	··	16	5	11	12	··
목표치		8	12	8	8	··	··	3	10	9	70	··

〈그림 9.13〉 EC값 비교 및 목표치 결정

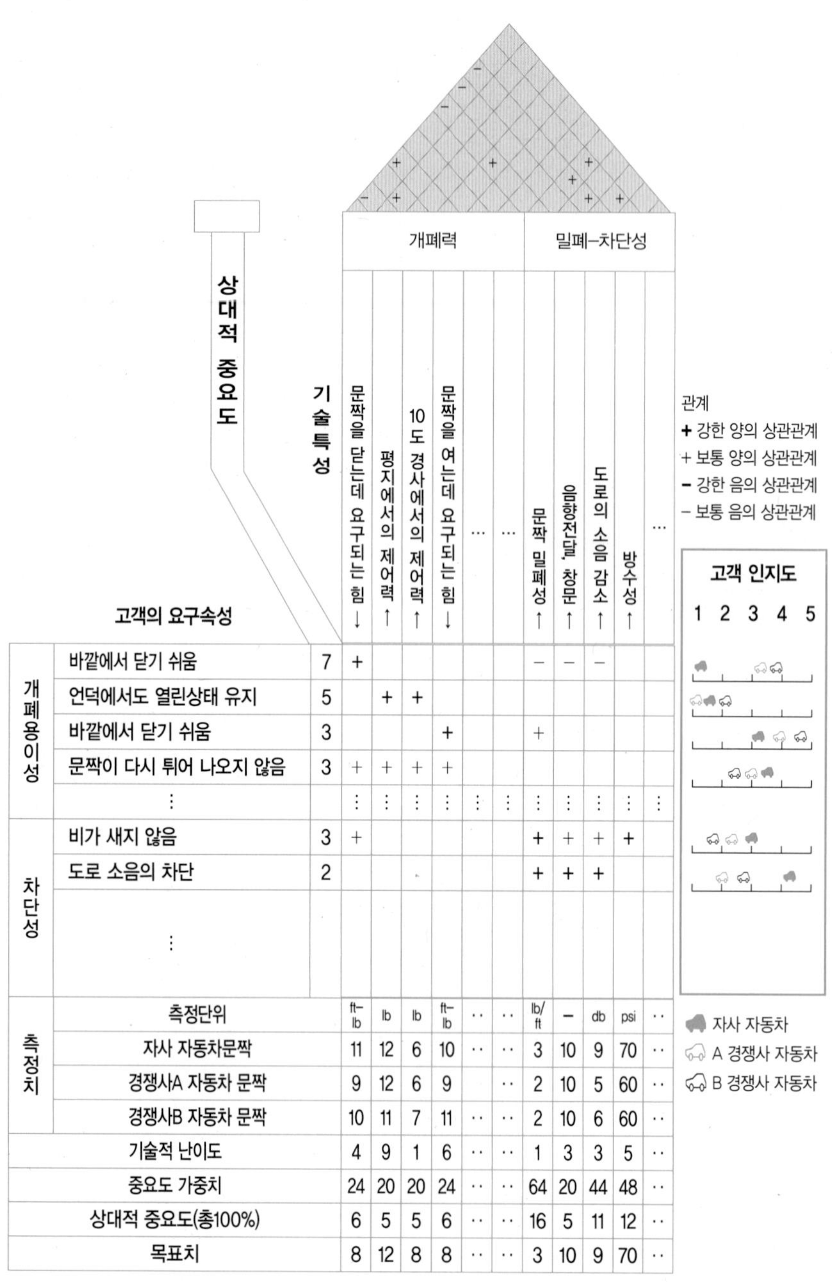

기술특성		개폐력						밀폐-차단성				
고객의 요구속성	상대적 중요도	문짝을 닫는데 요구되는 힘 ↓	평지에서의 제어력 ↑	10도 경사에서의 제어력 ↑	문짝을 여는데 요구되는 힘 ↓	…	…	문짝 밀폐성 ↑	음향전달, 창문 ↑	도로의 소음 감소 ↑	방수성 ↑	…
개폐용이성: 바깥에서 닫기 쉬움	7	+						−	−	−		
개폐용이성: 언덕에서도 열린상태 유지	5		+	+								
개폐용이성: 바깥에서 닫기 쉬움	3				+			+				
개폐용이성: 문짝이 다시 튀어 나오지 않음	3	+	+	+	+							
⋮		⋮	⋮	⋮	⋮	⋮	⋮	⋮	⋮	⋮	⋮	⋮
차단성: 비가 새지 않음	3	+						+	+	+	+	
차단성: 도로 소음의 차단	2							+	+	+		
⋮												
측정치: 측정단위		ft-lb	lb	lb	ft-lb	··	··	lb/ft	−	db	psi	··
측정치: 자사 자동차문짝		11	12	6	10	··	··	3	10	9	70	··
측정치: 경쟁사A 자동차 문짝		9	12	6	9		··	2	10	5	60	··
측정치: 경쟁사B 자동차 문짝		10	11	7	11	··	··	2	10	6	60	··
기술적 난이도		4	9	1	6	··	··	1	3	3	5	··
중요도 가중치		24	20	20	24	··	··	64	20	44	48	··
상대적 중요도(총100%)		6	5	5	6	··	··	16	5	11	12	··
목표치		8	12	8	8	··	··	3	10	9	70	··

〈그림 9.14〉 자동차 문짝 설계를 위한 HOQ

9.3 퓨 설계개념 선정

QFD를 사용하는 이유는 설계의 초기단계에서 시간이 더 걸리더라도 고객의 요구를 충실히 반영하면 향후에 발생할 시행착오를 줄일 수 있기 때문에 훨씬 더 효과적이라는 것이다. 그러나 QFD는 설계 개념이 결정된 이후에 적용하는 것이다. 예를 들어 자동차 경음기 설계에는 〈그림 9.15〉와 같은 14가지 개념적 설계대안이 있다고 한다. 그렇다면 QFD 적용 이전에 여러 종류의 설계 개념 중 가장 적합한 선택을 도와주는 방법은 없을까? 이러한 방법 중 대표적인 것이 '퓨 개념선정 프로세스(Pugh concept selection process)'이다.

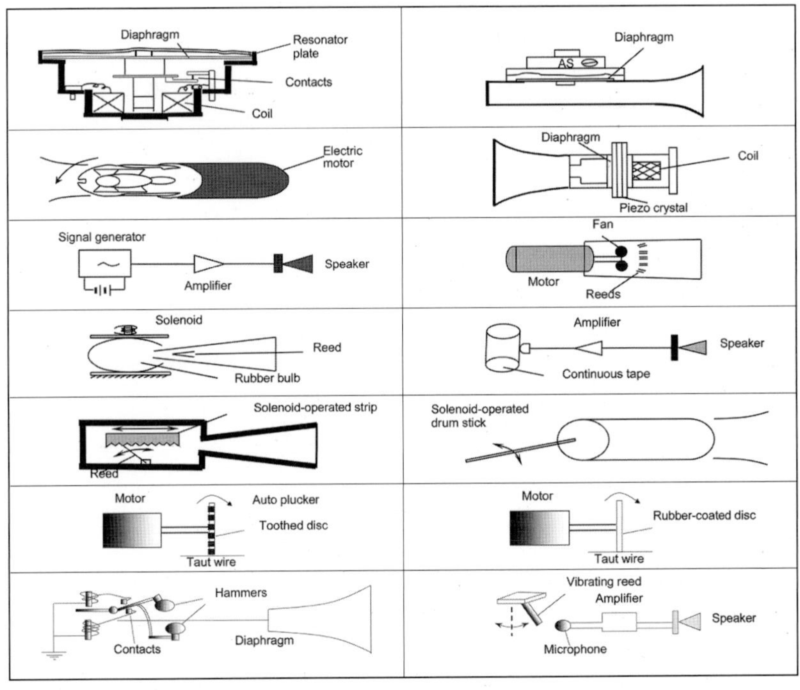

〈그림 9.15〉 자동차 경음기 설계의 개념적 대안(Pugh, 1991)

퓨(S. Pugh)는 설계개념의 선택을 위해 다음과 같은 절차를 제안하였다.

(i) 먼저 각 설계개념에 대해 간략하게 기술한다. '어떻게' 한다는 것이 아니라 '무엇'

을 한다는 것만 기술해야 한다. 가능하다면 그림으로 나타내는 것이 더 좋다. 5~10개 정도의 대안을 기술하는 것이 좋다.

(ii) 좋은 해결책이 되기 위한 바람직한 특성을 간단히 기술한다. '무게', '경제성', '사용편의성' 등과 같은 이러한 특성을 10~20개 정도 나열한다.

(iii) 설계개념과 특성을 행과 열로 하는 행렬을 작성한다. 대안들의 비교에 사용할 기준(baseline)으로서 한 가지 설계개념을 선택한다. 만약 기존에 사용되고 있는 설계가 있다면 이것을 기준으로 삼아도 좋다.

(iv) 각 대안을 특성별로 하나씩 비교한다. 만약 기준개념보다 더 좋으면 '+'(또는 +1점), 더 나쁘면 '–'(또는 -1점), 별 차이가 없으면 'S'(또는 0점)를 행렬 내에 기입한다.

〈표 9.2〉 설계대안의 비교행렬

비교특성 \ 설계개념	1	2	3	4	5	6	7	8	9	10	11	12	13	14
목표 음량 달성 용이도	기준개념	s	–	비교에서 제외	+	–	+	+	–	–	–	–	s	+
목표 음고 달성 용이도		s	s		+	s	s	+	s	–	–	–	s	+
부식 저항력		–	–		s	–	–	s	–	+	–	–	–	s
진동 저항력		s	–		s	–	s	–	–	s	–	–	–	–
온도 저항력		s	–		s	–	–	–	s	s	–	–	s	s
반응시간		s	–		+	–	–	–	–	s	–	–	–	–
복잡성: 단계의 수		–	+		s	+	+	–	–	–	+	+	–	–
전력 소모량		–	–		+	–	–	+	–	–	–	–	s	+
정비 용이성		s	+		+	+	+	–	–	s	+	+	s	–
무게		–	–		+	–	–	–	s	–	–	–	–	+
크기		–	–		s	–	–	–	–	–	–	–	–	–
부품 수		s	s		+	s	s	–	–	+	–	–	s	–
사용 수명		s	–		+	–	s	–	–	–	–	–	–	–
정비 비용		–	s		–	+	+	–	–	s	–	–	–	–
설치 용이성		s	s		s	s	+	–	s	–	–	–	s	–
보관 수명		s	s		s	s	–	–	s	s	s	s	s	s
Σ+		0	2		8	3	5	3	0	2	2	2	0	4
Σ–		6	9		1	9	7	12	11	8	13	13	8	9
Σs		10	5		7	4	4	1	5	6	1	1	8	3

(v) 각 대안의 점수 합을 구하고, 이 중에서 가장 높은 점수를 받은 대안을 최적 개념으로 선택한다.

〈표 9.2〉는 자동차 경음기에 대한 14가지 설계개념의 비교를 예시한 것이다. 여기서 5번째 대안이 최적 대안으로 선택되었다. 이 대안은 14가지 특성 중 기준개념보다 8가지 특성이 우수하며, 비교 열세인 특성은 정비비용 하나뿐이다.

비교를 통해 최적 대안을 선택할 때 한 가지 유념할 점은 '긍정적 판단(affirmative judgement)'을 견지해야 한다는 것이다. 선택되지 못한 다른 대안들을 그냥 버릴 것이 아니라 그것들의 장점을 찾아서 최적안으로 선택한 대안을 더 개선하려는 노력을 기울여야 한다. 예를 들어 6번째 대안과 7번째 대안은 선택되지 못했지만 정비비용 측면에서는 최적안으로 선택된 대안보다 더 우수하다. 따라서 이들 대안에서 지혜를 빌려 선택된 5번째 대안을 더 개선할 필요가 있다.

참고문헌

- 박영택(1997), "품질기능전개의 확장에 대한 연구", 품질경영학회지, 25권 4호, pp.27–49.
- 박영택(2013), "품질기능전개: 품질 목표, 무결점이 아니다", 품질경영, 6월호, pp.78–81.
- 박영택(2016), 「박영택 창의발상론」, 한국표준협회미디어.
- 赤尾洋二(2005), 「品質展開入門」, 日科技連出版社.
- 大藤正, 赤尾洋二, 小野道照(1990), 「品質展開法(1)」, 日科技連出版社.
- 大藤正, 赤尾洋二, 小野道照(1990), 「品質展開法(2)」, 日科技連出版社.
- Akao, Y.(1997), "QFD: Past, Present, and Future", Proceedings of the International Symposium on QFD.
- Hauser J. R. and Clausing D.(1988), "The house of quality", Harvard Business Review, May–June, pp.63–73.
- Hauser, J. R.(1993), "How Puritan–Bennett used the house of quality", Sloan Management Review, Spring, pp. 61–70.
- Oakland, J.S.(1995), Total Quality Management: The route to improving performance, 2nd edition, Butterworth–Heinemann.
- Pugh, S.(1991), Total Design: Integrated Methods for Successful Product Engineering, Addison–Wesley.
- Zahedi F.(1995), Quality Information Systems, International Thomson.

9장 부록

실버레이크 신화의 주역 IBM 로체스터

IBM®

세계 최고(最古)이자 최대의 컴퓨터 회사인 IBM에서 지금까지 만든 컴퓨터 중 최고의 히트작은 중형 서버인 AS/400 기종이다. 이 기종의 개발 프로젝트가 착수되었던 1980년대 중반에는 IBM이 중형 컴퓨터 시장에서 극심한 어려움을 겪고 있었다. 일반적으로 중형 컴퓨터의 개발에는 약 5년이 소요되었으나 AS/400은 그 절반인 28개월 만에 출시되어 공전의 히트를 기록하였을 뿐 아니라 컴퓨터업계의 최장수 제품이 되었다. '실버레이크 프로젝트'라고 널리 알려진 AS/400의 개발은 어떻게 이루어졌을까?

매출증대에 은폐되었던 위기

미국 미네소타 주 미니애폴리스 남쪽에 자리 잡은 IBM 로체스터는 1956년 조그마한 제조 공장으로 출발하였다. 많은 회사들이 낮은 부동산 가격, 값싼 인건비, 강한 직업윤리 때문에 지방에 공장을 세우는 것처럼 IBM 로체스터도 같은 이유로 이곳에 자리 잡았다. 개발연구소와 생산공장이 함께 있는 이곳에서 최초로 개발한 컴퓨터는 1969년에 출시한 IBM 시스템/3이었다. 이 제품은 소규모 조직에 적합한 사양을 갖추고 있었으며 생산관리, 일정계획, 사무관리 등에 바로 이용할 수 있는 다양한 소프트웨어를 제공하였기 때문에 기술적으로나 사업적으로 모두 성공작이었다. IBM 로체스터는 시스템/32, 시스템/33, 시스템/36과 같은 후속기종을 계속 출시하였다. 특히 1978년에 선보인 시스템/38은 프로그래머의 생산성을 7~10배 높일 수 있었고, 관계형 데이터베이스 등과 같은 당시로서는 혁신적 기능들을 대폭 수용하였다. 1970년대 말까지만 해도 모든 것이 순조로웠다. 2년마다 신제품이나 업그레이드 제품을 내놓는 등 계속 새로운 제품을 선보였고 종업원들의 사기도 올라갔다. 그러나 1980년대에 접어들면서 모든 것이 변하기 시작했다. 중형 컴퓨터 시장의 규모가 커지자 HP, 왕, 데이터 제너럴, 탠덤 등과 같은 경쟁자들이 진입했다.

그러나 최대의 도전은 디지털 사의 공략이었다. 이 회사는 오랫동안 과학 및 엔지니어링 시장에서의 성공에 힘입어 IBM 로체스터의 텃밭이었던 상업용 컴퓨터 시장을 맹렬히 파고들었다. 디지털 사가 이렇게 성공할 수 있었던 이유 중 하나는 소프트웨어 호환성이 좋은 기종을 내놓았기 때문이다. IBM 제품은 특히 호환성이 문제였다. 시스템/3과 후속기종인 시스템/38은 호환이 안 되었으며, 더욱이 다른 사업부에서 IBM 4300, IBM 8100 등과 같은 다양한 목적의 다른 중형기종을 공급하였다. IBM의 중형 컴퓨터를 구매하려면 누구와 접촉해야 하나? IBM의 여러 사업부에서 각기 자신들이 공급하는 컴퓨터가 최적이라고 내세웠으므로 혼란은 가중되었다. 호환성 문제를 해결하지 않고서는 사업을 지속하기가 어려워지자 전혀 새로운 기종의 개발에 착수하였다. 1982년 포트 녹스(Fort Knox)라는 암호명으로 추진된 이 개발 프로젝트의 목표는 IBM의 잡다한 중형 기종의 유일한 후계자를 만들자는 것이었다. 상이한 기종을 가진 고객들로 하여금 자신의 데이터와 소프트웨어를 포트 녹스에 이식할 수 있도록 하자는 이 목표가 간단하게 들릴지 모르지만 결코 쉽지 않은 과제였다. 자동차 회사에 비유하면 승용차, 스포츠카, 웨건, 지프, 트럭 등 다양한 사양을 묶어서 만인에게 매력을 끌 수 있는 단일 차종을 만들자는 것과도 같았다.

1985년 IBM은 엄청난 돈을 쏟아 부은 포트 녹스 프로젝트를 중도에 포기하였다. 수많은 기종을 하나로 묶는다는 것은 기술적으로 실현가능성이 극히 희박하였다. 설령 그것이 기술적으로 가능하다 하더라도 중형 컴퓨터로서는 가격이 지나치게 높을 것이 분명하였다. 포트 녹스의 중단은 심각한 문제를 수반하였다. 경쟁력 있는 주력 기종이 없는 상태에서 새 기종을 내놓으려면 통상 4~5년이 걸리기 때문에 중형 컴퓨터 시장에서 완전히 밀려날 가능성이 높았다.

더 큰 문제는 이전까지 이러한 사실을 깨닫지도 못했다는 것이었다. 경쟁환경이 천천히 지속적으로 변하였기 때문에 마치 데워지는 물속에 있는 개구리와 같이 수온이 올라가는 것을 느끼지 못하고 있었다. 중형 컴퓨터 시장의 확대로 인해 시장점유율의 하락에도 불구하고 매출액은 늘어갔다. 이 때문에 물이 뜨거워지고 있다는 것을 느끼지 못했던 것이다. 1970년대 후반에 중형 컴퓨터 시장의 3분의 1을 차지하였던 시장점유율이 1986년의 조사결과 한 자리 숫자로 떨어졌다. 치료하기 힘들 만큼 문제가 심각해진 후에야 자각증상이 온 것이다.

실버레이크 프로젝트에 착수하다

IBM의 개발 프로젝트에는 항상 코드명이 붙는다. 이것은 주로 보안을 유지하기 위한 것이지만 일체감을 조성하려는 뜻도 있다. 로체스터에는 발전소의 냉각수로 사용되는 큰 호수가 있다. 발전소에서 나오는 뜨거운 물 때문에 이 호수는 로체스터의 혹독한 겨울 추위에도 얼지 않는다. 이 호수의 이름인 실버레이크(Silver Lake)가 1985년에 착수된 새로운 프로젝트의 암호

명이 되었다. 무슨 심오한 뜻이 있었던 것은 아니지만 호수 이름을 한 단어로 줄여서 쓴 실버레이크(Silverlake)의 어감과 이미지는 한 가닥 남은 희망을 담기에 더없이 적합하였다.

실버레이크는 거대한 기술적 도전이었다. 그들이 지금까지 만들었던 그 어떤 기종보다 큰 개발 프로젝트였다. 일례로 시스템/38의 운영체계는 2백만 라인의 프로그램 코드로 구축되었으나, 실버레이크는 7백만 라인이 요구될 것으로 생각되었다. 이러한 기술적 문제를 접어두더라도 실버레이크에는 더 큰 어려움이 있었다. 포트 녹스의 실패로 신제품의 출시 주기를 놓친 중형 컴퓨터 시장에서 생명력을 이어 가려면 1988년 초까지는 새 기종이 나와야만 했다. 그때까지는 주요 경쟁사들도 신제품이나 업그레이드 제품을 출시할 것이 분명하기 때문이었다. 이것은 정상적인 준비기간의 약 절반인 3년 이내에 새로운 기종을 시행착오 없이 출시해야 한다는 것을 의미하였다.

IBM 로체스터 개발연구소의 소장이었던 톰 퍼레이(Tom Furey)가 이 도전적 프로젝트의 팀장을 맡았다. 퍼레이는 자신이 성취해야 할 목표를 두 가지로 압축하였다.

첫째, IBM 로체스터는 중형 컴퓨터 시장에서 업계의 리더가 되어야 한다. 이를 위해서는 고객에게 만족을 줄 수 있는 제품을 유례없이 짧은 기간인 2~3년 내에 개발해야만 한다.

둘째, IBM 로체스터가 기술중심에서 고객중심으로 변신하고자 하는 IBM 전체의 역할모델이 되어야 한다.

퍼레이는 숙고했다. 대다수의 기업들이 해왔던 것처럼 이윤 중심으로 움직일 수도 있다. 그러나 이윤을 최우선으로 삼는 것은 단기적 성과에 집착하는 근시안적 사고를 조장할 것이 분명하기 때문에 고객중심으로 가는 것이 장기적으로 유리하다고 판단했다. 결심이 서자 퍼레이는 직원들을 불러 모았다. 그래픽 슬라이드 자료를 통해 시장점유율이 지속적으로 하락하고 있는 것을 보여주면서, "이러한 하강 추세를 중단시키지 못하면 IBM 로체스터는 설 자리가 없을 것"이라고 설명하였다. 직원들에게 위기의식을 불어넣은 퍼레이는 리더로서의 면모를 보여주었다. 힘을 모으면 이러한 위기를 극복할 수 있다는 희망과 확신을 주면서 자신의 비전을 털어놓기 시작했다.

"우리는 실버레이크 프로젝트를 절반의 시간으로 완수할 수 있으며, 앞으로 5년 이내에 중형 컴퓨터 시장에서 세계 제일이 될 것이다. 또한 우리 IBM 로체스터는 전사적으로 추진하고 있는 고객주도 혁신의 선도자가 될 것이다."

사업의 장래가 달린 두 가지 질문

실버레이크 프로젝트가 힘을 얻기 시작하자 두 가지 기본적인 의문이 생겨났다. 그것은 새 기종에 관한 거의 모든 것을 결정할 중대한 것이었다. 기초설계가 있기는 하였지만 이 질문은 새 기종의 작동속도, 메모리 용량, 프로그래밍 언어, 응용 프로그램 등을 포함한 2천여 가지 제품특성의 결정 근거가 되는 것이었다. 뿐만 아니라 설계단계를 넘어 가격결정, 출하시기, 광고 등의 방향을 좌우하는 것이기도 하였다. 말하자면 사업의 장래가 이 두 가지 질문에 대한 대답에 의존한다고 해도 틀린 말은 아니었다.

- 누가 우리의 고객인가?
- 그들이 원하는 것은 무엇인가?

믿기 어려울지 모르나 IBM 로체스터에서 이 두 가지 질문에 대해 명확히 대답해 줄 사람이 없었다. 우리의 고객이 중형 컴퓨터 구매자라든가 아니면 사무용 소프트웨어 패키지의 구매자라는 식의 대답은 너무 모호하고 광범위하여 쓸모가 없었다. 고객이 누구인지 모르는 이상 그들의 요구를 알 수 없는 것은 당연지사였다. 지금까지 알고 있다고 착각해 왔을 뿐이다.

1980년대 중반에는 이미 컴퓨터시장의 구조가 변해 있었으나 당시 IBM의 인식은 바뀐 게 없었다. IBM은 전통적으로 대형 컴퓨터 중심으로 운영되어 왔다. 크고 강력한 메인프레임은 IBM이 거두는 수익의 대부분을 차지했다. 또한 승진을 원한다면 메인프레임 경험이 필수적이었다. 그러나 성능이 비약적으로 향상되고 가격이 떨어지면서 컴퓨터가 사업의 필수도구로 자리를 잡아가자 본사가 쥐고 있던 상업용 컴퓨터의 구매결정권이 사용자에게로 넘어가고 있었다. 1980년대 중반에 닥쳐온 시련은 시장환경이 이처럼 변하였음에도 불구하고 메인프레임 위주의 의식구조를 그대로 유지하고 있던 IBM이 치러야 할 마땅한 대가였던 셈이다. 이제는 제품중심 기업에서 고객중심 기업으로의 문화적 대변혁이 일어나지 않으면 IBM 제국의 장래마저 기대할 수 없게 되었다.

지금껏 개발 프로젝트에서 논의된 사항의 90%는 기술규격, 즉 박스 안에 무엇을 집어넣느냐는 것이었으나 고객은 기종의 내부를 따지지 않는다. 고객이 진짜로 관심을 갖고 있었던 문제는 호환성이었다. 기능과 용량이 뛰어난 새 기종을 구매하더라도 고객들은 기존에 쓰고 있던 프로그램들을 계속 사용할 수 있기를 원했다.

IBM의 방향이 잘못되었다는 것은 포트 녹스의 실패가 생생히 말해준다. 시스템/36, 시스템/38, 그리고 IBM의 다른 사업부에서 만든 중형 컴퓨터의 사용자들에게 향후 선택을 위한 단일 대안을 제공한다는 취지에서 추진된 포트 녹스가 '모든 이에게 모든 것'을 제공해 줄 것으로 기대했었다. 시장이 작다면 이것이 가능할지 모르나 중형 컴퓨터와 같은 대규모 시장은 사정이 다르다. 그렇게 하려고 하면 아무에게도 만족을 주지 못하는 진부한 제품이 나오고 만다. 이런 복잡한 시장에서 단일 기종으로 천하를 통일한다는 것은 처음부터 실현될 수 없는 것이었다. IBM은 수백만 달러를 날렸을 뿐 아니라, 더욱이 제품주기를 놓쳤기 때문에 경쟁의 기반마저 허물어졌다. 실버레이크는 같은 실패를 반복할 여유가 없었다. 철저한 시장분석을 통해 잠재고객은 누구이며, 그들이 실제로 원하는 것이 무엇인지 알아야 했다.

고객에 기반을 둔 경쟁전략

실버레이크를 성공시키기 위해서는 전략이 필요했다. 설계, 생산, 영업, 마케팅을 포괄하는 전략계획의 기초는 고객과 그들의 요구를 이해하는 것이었다. 시장은 동질성이 높은 여러 부분으로 나눌 수 있다. 시장은 위치, 규모, 사용자, 요구사항 등과 같은 여러 가지 방식으로 나눌 수 있지만 최선의 분류방법은 공략 대상의 기본단위로 내려가는 것이다.

시장을 분할한 다음 공략할 표적을 선택하는 것이다. 힘을 모을 부분을 결정하였다면 마지막 단계는 제품과 서비스를 경쟁사와 차별화하는 것이다. 이것은 고객중심적 회사의 최대 특징인 포지셔닝을 의미한다. 올바른 포지셔닝은 고객이 중요하게 고려하는 요인을 차별화의 대상으로 삼는다.

일반적으로 제품기획에는 영업부분의 의견이 주로 고려된다. 그 이유는 그들이 고객과 가장 가까운 거리에 있기 때문이다. 그러나 영업사원은 전략이 아니라 전술을 강조하는 풍토에서 성장한다. 영업부분의 일반적 목표는 단기 실적을 높이는 것이기 때문에 그들의 사고와 행동은 당장의 실적을 올리는 데에만 급급한 경향이 있다.

실버레이크 프로젝트팀은 고객을 바로 알기 위해 지금까지 그들이 판매한 중형 컴퓨터가 사용되고 있는 장소와 수량 및 그 용도를 살펴보기로 하였다. 이것은 단지 제품을 구매한 기업이나 기관을 피상적으로 파악하던 종전의 관행과는 근본적으로 다른 것이었다. 예를 들어 시스템/36의 주요 고객 중 하나는 농무부이나, 이 컴퓨터는 미국 전역의 2,400개 모든 카운티에 설치되어 거대한 농가지원 프로그램을 수행하고 있다. 컴퓨터의 구매결정권이 본사에서 지사나 현지 공장으로 넘어가고 있었으므로 이러한 구분은 상당히 중요한 것이었다.

고객을 분석하기 위해 처음 손을 댄 곳은 보건산업이었다. 노동통계국의 자료를 이용하여 보건산업을 고용형태에 따라 위치별 크기로 세분하였다. 예를 들어 병원의 부서, 제약회사, 의원, 의사 사무실 그리고 각종 의학연구소 등으로 나누었다. 또한 각 지역에서 사용되는 기종과 IBM의 내부 자료를 조사하였다. 이러한 연구를 통해 보건 분야의 사용자들이 왜 특정한 컴퓨터를 구매하는지 알 수 있었다.

이러한 노력은 더욱 중요한 사실들을 밝혀주었다. 첫째, 보건산업의 위치별 크기와 구매성향을 알았으므로 향후 얼마나 판매할 수 있을지 대략적으로 추정할 수 있게 되었다. 둘째, 하드웨어로서의 기종 자체는 구매 의사결정의 많은 고려사항 중 하나에 불과하며 소비자들은 소프트웨어나 서비스 등과 같은 다른 요인들을 보다 더 중요하게 고려하였다.

고객들은 전문기술자들이 훌륭한 제품이라고 판단하기 때문에 특정 제품을 구매하는 것이 아니다. 그들은 청구서 발행, 입원수속 관리, 환자 병력기록 등의 응용업무를 위해 컴퓨터를 구매하는 것이다. 이러한 단순한 깨달음은 사업에 대한 인식을 근본적으로 바꾸어 놓았다. 여태껏 고객들이 제품을 구매한다고 생각하였으나 그것은 사실이 아니다. "고객들이 구매하는 것은 제품이 아니라 그들의 문제를 해결해 줄 수 있는 '솔루션(solution)'이다!" 이러한 인식의 전환은 IBM 로체스터가 제품과 기술 중심의 기업에서 시장과 고객중심의 기업으로 다시 태어나는 계기가 되었다.

고객의 가치를 창출해야 한다

고객의 요구를 가능한 한 철저히 이해하기 위하여 엔지니어링, 프로그래밍, 기획, 생산, 마케팅 직원이 모두 참여하는 다기능(cross-functional) 팀들을 구성하였다. 각 팀은 고객을 방문하고 전문가의 조언도 구하였다. 이러한 활동이 진척되자 새로운 중요한 사실들을 깨닫게 되었다. 실버레이크와 같은 중형 컴퓨터의 수요는 IBM 로체스터가 생각해 왔던 것과는 전혀 달랐다. 그들이 주요 고객이라고 생각하였던 대규모 조직에 판매된 수량은 총수요의 극히 일부분에 불과하였다. 실제로는 중소규모의 기업이나 사무실에서의 수요가 대부분을 차지하고 있었다. 5천 명 이하 규모의 고객사가 구매한 것이 전체 판매량의 85%를 넘었으며, 이들이 중형 컴퓨터 시장의 성장 동인이었다.

이런 관점에서 시장점유율의 분석결과는 문제가 심각하다는 것을 보여 주었다. 전체 수요의 4분의 3 이상을 주도하고 있는 중소규모 조직만을 대상으로 보면 IBM 로체스터의 점유율이 고작 6%에 불과하였다. 이것은 그들이 얼마나 엉뚱한 곳에 기업의 능력을 허비하고 있었던가를 보여주었다. 또한 고객의 컴퓨터 사용실태를 검토한 결과 중형 컴퓨터용으로 1백 종 이상의 주요 응용소프트웨어가 현장에서 사용되고 있었으며, 그 중 약 40종이 전체 고객 중 75%의 구매결정을 좌우한다는 것을 알 수 있었다.

표적시장에서 실버레이크의 호소력을 극대화하려면 경쟁기종과 차별화해야 한다. 그것은 자사의 제품이 경쟁제품보다 훨씬 더 가치가 있다는 것을 고객의 뇌리에 강하게 심어주는 것을 의미한다. 고객들이 알고자 하는 것은 실버레이크가 그들에게 어떤 혜택과 편의를 주는가 하는 것이다. 이것은 실버레이크의 특장점을 그들에게 간단명료하게 전달하는 것이 제품의 우수성 못지않게 중요하다는 것을 시사한다. 실버레이크는 다음과 같은 5가지 사항을 고객에게 호소하기로 하였다.

① **단순성**: 전문기술이 없어도 실버레이크를 사용할 수 있다. 이를 위해 선택메뉴와 도움화면을 만들어 사용편의성을 높이고, 해외 고객들에게는 내장 소프트웨어의 사용방법을 현지어로 제공한다.

② **솔루션**: 실버레이크를 사용할 경우 응용프로그램의 부족으로 인한 불편은 없다. 기존의 시스템/36과 시스템/38에서 운용되는 모든 프로그램이 실버레이크에서 작동될 뿐 아니라 다른 기종과의 네트워킹 기능도 종전 기종보다 훨씬 우수하다.

③ **생산성** : 실버레이크에는 프로그래밍 언어, 다양한 툴(tool), 기타 유틸리티들이 제공되기 때문에 프로그램의 생산성을 높일 수 있다.

④ **확장성** : 실버레이크는 가격이 1만 5천 달러의 소형 시스템에서부터 1백만 달러에 이르는 아주 큰 기종까지 모두 6개의 모델이 있다. 따라서 사용자의 필요에 따라 새로운 기종으로 바꾸지 않고도 용량과 기능을 확장시킬 수 있다.

⑤ **지원** : 실버레이크는 사실상 '전자 교실(electronic classroom)'이 내장되어 있기 때문에 컴퓨터의 사용방법에 대한 별도의 교육이 불필요하다. 또한 '전자적 고객지원(electronic customer support)' 기능을 이용하면 IBM 로체스터의 기술자가 원격으로 고객의 컴퓨터를 진단 및 수리하고 소프트웨어를 업데이트 할 수 있다.

이러한 5가지의 특장점은 컴퓨터의 문외한이라도 이해할 수 있는 것이다. 시장을 분할한 후 표적시장을 선택하고 고객이 느낄 수 있는 차별적 이득을 제공한다는 접근방법은 IBM 로체스터가 고객중심적 기업으로 변하고 있다는 것을 보여준다. 그러나 이처럼 올바른 궤도에 올라섰다는 사실만으로 성공이 보장되는 것은 아니었다.

예산배분의 갈등을 해결한 AHP

실버레이크 프로젝트를 수행하면서 이제까지는 모든 것이 성공적이었다. 가장 유망한 시장과 그들이 원하는 것을 알았으나 그 다음이 문제였다. 고객과 시장에 적합한 사양과 기능을 결정한다는 것은 '어디에 얼마나 돈을 투자할 것인가' 하는 문제를 수반한다. 따라서 이것은 예산을 조금이라도 더 차지하기 위한 이전투구가 일어날 소지를 안고 있다.

문제를 논의하기 시작한 첫날부터 갈등은 시작되었다. 각 부서는 실버레이크가 구비해야 될 기능과 사양에 대한 집념을 갖고 있었다. 그러나 다양한 기능과 특징을 갖추려면 사람과 장비 및 기타 자원, 한마디로 돈이 든다. 각양각색의 여러 부분들에 대한 자금지원 문제는 불화의 원천이 되었다. 자금배분을 더 많이 요구하는 사람들의 이야기를 들어보면 모두 다 나름대로의 합당한 이유가 있는 것 같았기 때문에 어떻게 풀어가야 할지 난감하였다. 그러나 그들의 요구를 다 들어주기에는 가용 자금이 턱없이 부족하였다. 무엇을 기준으로 얼마씩 배분해야 하는가? 과거의 경험은 별 도움이 되지 못했다. 아무도 이렇게 크고 복잡한 문제를 다루어 보지 못했기 때문에 예전에 배웠던 그 어떤 것도 무용지물이었다. 그렇다고 육감에 맡길 수 있을까? 그러기에는 너무나 많은 것들이 달려 있었다. '제한된 예산에 무제한의 요구'라는 보편적 난제를 피할 수가 없었다. 어떠한 결정을 내리든지 간에 불만족한 쪽은 있기 마련이고 팀워크와 사기에 부정적 영향이 미칠 것이다. 그러나 각 부문은 자신들의 결정이 전체에 어떠한 영향을 줄 것인가를 헤아리려 하지 않고 그저 자신들의 단편적 요구만 관철하려 했기 때문에 문제를 해결하기가 쉽지 않았다.

자원배분에서 유일한 합리적 결정은 각 항목에 대한 우선순위를 부여하는 것이다. 순위가 높은 것이 우선적 투자대상이 되며, 아래에 있는 항목들은 경우에 따라 희생될 수 있다. 또한 새로운 요구항목이 나타나면 이에 대한 우선순위를 매겨 추가한다. 그러나 우선순위 결정을 위한 기준은 무엇인가? 시장, 기술적 사항, 아니면 재무적 목표? 사실상 이 세 가지 측면이 모두 다 고려되어야 한다.

기준이 하나라면 우선순위의 결정이 그리 어렵지는 않다. 예를 들어 구매가격이 가장 싼 자동차를 사고 싶다면 시중 판매가격들을 조사하여 서로 비교하면 된다. 그러나 연비나 유지보수비 등과 같은 다른 요인들을 함께 고려한다면 그렇게 간단치 않다. 나아가 승차감이나 품위 등과 같은 주관적 요인들까지도 포함시키면 문제해결은 더욱 어려워진다. 의사결정 시 가격은 몇 퍼센트나 반영해야 하는가? 또한 승차감은 얼마나 고려해야 하는가? 더욱이 이러한 요인들은 상호 독립적인 것이 아니다. 일례로 품위와 승차감을 원한다면 가격과 연비는 어느 정도 희생되어야 한다.

팀원 중 한 사람이 객관적이고 체계적인 방법으로 우선순위를 결정할 수 있는 방법론을 소개하였다. 그것은 피츠버그 대학의 사티(Thomas Satty) 교수가 개발한 AHP(Analytic Hierarchy Process)라는 의사결정 방법론으로서 가격이나 연비와 같은 계량적인 기준과 품위와 승차감 같은 정성적인 기준을 함께 고려하는 것이다. 다행히 AHP를 사용하는 데에는 수학적 전문지식이 없어도 무방하다. AHP를 이용하면 상호의존적인 여러 요인들을 종합적으로 고려하여 우선순위를 합리적으로 결정할 수 있다. '중형컴퓨터 시장에서 선두가 된다'는 실버레이크의 최종목표를 충족시키는 데 가장 적합하도록 의사결정이 이루어진다는 것을 조직 내에 납득시키는 데에도 AHP가 큰 기여를 하였다.

개발단계부터 고객을 참여시키다

AHP를 이용하여 실버레이크의 사양과 기능을 합리적으로 결정할 수 있었지만 그것은 어디까지나 하나의 계획일 뿐이다. 이러한 계획을 작동하는 기계로 바꾸어야 하는 힘든 과제를 2년 이내에 완수해야 했다. 통상 4~5년이 소요되는 신기종의 개발기간을 절반으로 단축한다는 것은 하나의 도전이었다. 직선적이고 순차적인 종래의 방법으로는 시간장벽을 허물 수가 없었으므로 실버레이크팀은 프로젝트의 여러 단계를 동시에 진척시키는 병렬적 접근방법을 채택하였다. 또한 결점은 사후에 수정할 수 있다는 안이한 생각을 버리고 설계단계에서부터 '최초에 올바르게 한다'는 각오를 다졌다.

동시공학(concurrent engineering)의 채택으로 개발기간을 단축하고, '버그 박멸단(Bug Stompers)'이라는 전문 프로그래머 집단을 조직하여 결함을 초기에 제거할 수 있었다. 그러나 고객을 만족시키기 위해서는 단순히 신뢰성 있는 기종만으로는 충분치 않다. 고객에게 기대 이상의 것을 제공하기 위해서 무엇이 더 필요할까? 고객과 다른 외부 관계자들을 개발의 동반자로 참여시키는 것보다 더 나은 대안이 없을 것이다.

실버레이크 프로젝트가 진행됨에 따라 수천 가지의 문제들을 다루어야 했다. 예를 들어 실버레이크의 설계 시 고려해야 할 사용성(usability) 문제만 하더라도 수많은 의사결정이 필요했다. 다양한 기능들을 실행하기 위한 선택화면의 메뉴는 어떻게 설계할 것인가? 또한 거기에 부수되는 도움화면(help screen)은 어떻게 구성할 것인가?

Delete키를 Save키 바로 옆에 붙여 놓을 경우 야기될 수 있는 문제점은 쉽게 상상할 수 있다. 그러나 이처럼 자명한 문제는 거의 없다. 예를 들어 테이프 드라이브를 둘러싼 논쟁을 보자. 하드웨어 엔지니어링 책임자는 고객들이 테이프 드라이브 한 개당 5만 달러라는 거금을 지불하였으므로 그것을 쓸 수 있도록 해야 한다고 주장하였으나, 프로그래밍 관리자는 그것이 한물간 구식 기술이기 때문에 머지않아 수명을 다할 것이므로 거기에 자원을 낭비할 필요가 없다고 맞섰다. 몇 주간이나 논쟁이 지속되자 프로젝트의 책임자인 톰 퍼레이가 손을 들고 조용히 해줄 것을 요청하였다.

"지금 우리는 고객들을 대신하여 결정을 내리려 하고 있다. 문제의 본질은 '그들'이 무엇을 원하는가 하는 것이지, 우리가 그들에게 무엇을 제공해 줄 것인가 하는 것은 아니다. 우리는 고객들이 실제로 원하는 것이 무엇인지 모르고 있기 때문에 결정을 내리기 힘들다. 그들을 이곳에 초청하여 무엇을 해주기를 바라는지 물어보면 될 일이 아닌가?" 이 간단한 제안은 실버레이크 프로젝트의 추진과정에서 가장 중요하였다고 볼 수 있는 새로운 업무수행 방식의 도입 계기가 되었다. IBM에서는 전통적으로 새 기종을 개발할 때 자신들만의 힘으로 비밀리에 추진해 왔었다. 그러나 퍼레이의 권고는 이러한 전통과 상반되는 것이었다. 이 프로젝트의 추진과정에서 수천 명의 고객과 외부 소프트웨어 개발자, 재판매업자, 그리고 기타 외부 관계자들을 실버레이크 프로젝트의 동반자로 삼고자 하였다.

외부 관계자를 개발동반자로 만들어야 할 이유는 테이프 드라이브에만 국한된 것이 아니었다. 또한 IBM에 근무하는 프로그래머와 엔지니어들이 아무리 우수하더라도 호텔에서 비용을 청구하거나 봉급을 계산하고 공장의 재고를 추적하는 등과 같은 현장문제를 직접 경험해 보지 못했기 때문에 고객의 참여 없이는 그들이 원하는 것을 제공하기가 어려웠다. 여러 명의 고객들을 초대하여 실버레이크 프로젝트에 관해 상세히 설명하고 그들의 의견을 청취하기 위한 이틀간의 모임을 갖기로 결정하였다.

이러한 결정은 결코 쉬운 것이 아니었다. 1980년대 초반 IBM은 소프트웨어 시스템을 도용했다는 혐의로 경쟁사 중 하나를 고발한 적이 있다. 그 회사는 IBM의 가장 성공적인 메인프레임 중 하나에 적용된 오퍼레이팅 시스템의 극비 사양을 보유하고 있었다. 이를 계기로 IBM은 보안규정을 강화하고 자사 직원들에게 철저히 준수할 것을 요구하였다. 사실상 IBM 직원들은 일과 후에 보안유지가 필요한 모든 자료들을 서랍에 넣고 자물쇠로 잠그는 '클린 데스크 정책(Clean Desk Policy)'을 포함한 여러 가지 보안규정의 준수여부에 대한 평가를 받고 있다.

초청된 고객들에게 관계된 모든 자료를 공개해도 되는가? 그들이 비밀을 유출시키지 않을 것이라고 믿어도 되는가? 경쟁업체에 노출되지 않는 범위 내에서 몇 명이나 초청할 수 있는가? 이러한 문제 외에도 관료주의적 장벽과 직면해야만 했다. 회사의 기본정책에 따라 모임에 초대되는 모든 사람들은 매번 개별적으로 특별승인을 받아야만 했다. 또한 이러한 요구조건이 모두 충족된다고 하더라도 초청할 수 있는 사람의 수는 제한되어 있었다. 이 모든 것이 실버레이크 팀에게는 적지 않은 부담이 되었다.

고객들로부터 기대 이상의 것을 얻다

많은 어려움이 있었으나 실버레이크 팀은 이를 극복하고 나아갔다. 태스크 포스를 만들어 개발과정에 참여가 필요한 고객들을 선정하는 작업에 착수하였다. 시장분할 분석을 통해 기존 고객들 중에서 대표적인 고객들을 가려내고, 시장 흐름의 향방에 큰 영향을 끼칠 수 있는 선도고객들을 추가하였다.

시스템/36과 시스템/38의 단골고객이었던 10여 개의 회사로부터 대표자 2명씩을 초대하여 '고객협의회'를 개최하였다. 첫 날 모임은 회사가 주도하였다. 오전에는 실버레이크의 하드웨어 설계에 대해 고객들에게 소개하고 오후에는 소프트웨어에 대해 설명하였다. 또한 몇 가지 모델을 출시할 것인가와 실버레이크의 첨단기능에 대해서도 말했다. 뿐만 아니라 잠정적인 가격과 구입 및 임대 조건에 대해서도 논의하였다. 그 어떤 것도 숨기지 않고 모두 공개하였다. 그들이 알고자 하는 것 이상으로 많은 것을 공개하자 고객들은 놀라움을 금치 못했다. 어떤 고객은 마치 첫 데이트를 하고 있는 기분이라고 말했다.

뒤이어 계속된 질의응답 시간은 어려움의 연속이었다. 의지나 협동심이 부족해서가 아니라 쌍방이 사용하는 언어가 달랐기 때문이었다. IBM은 오랫동안 제품중심으로 운영되어 왔기 때문에 타국어는 아니라고 하여도 고객이 이해할 수 없는 언어를 사용해 왔다. 개발팀은 엔지니어의 언어로 실버레이크의 기술적 규격과 내부 구성에 대해 이야기하였으나 고객들은 일상적인 비즈니스 용어로 말해주기를 원했다. 그들은 회계, 재고관리, 주문처리, 생산계획 등과 같이 새 컴퓨터가 어떤 일을 잘 수행할 수 있는지 설명해 주기를 바랐다. 이러한 모든 것은 IBM 로체스터가 고객의 실질적 관심사와 얼마나 동떨어져 있었던가를 일깨워 주었다.

둘째 날이 되자 고객들이 모임을 주도했다. 오전에 그들은 소집단으로 나누어 개발팀에게 들은 사항들에 대해 토론하고 평가하였다. 그들이 진지하게 의논하는 것으로 봐서 IBM의 자문위원이 되었다는 뿌듯함이 넘치는 듯하였다. 오후가 되자 그들은 개발팀이 궁금하게 생각하고 있던 여러 가지 사항에 대한 자신들의 생각을 토로하고, 새로운 방향도 제시하였다. 다행히 실버레이크는 올바른 방향으로 가고 있다는 평가를 받았다. 또한 시스템/38의 테이프 드라이브를 사용할 수 있도록 설계해야 한다는 것이 그들의 확고한 의견이었다. 개발팀이 예기치 못했던 의견도 나왔다. 일례로 어떤 고객은 거래방식을 단순화시켜 줄 것을 요청하였다. 그는 매월 3개의 대금청구서(시스템/36의 임대료, 소프트웨어 사용료, 서비스 계약료)를 따로 받고 있었는데 그러한 청구서를 하나로 통합해야 한다고 말하였다. 회사는 이를 즉시 수용하기로 하였다.

고객협의회는 단연 성공적이었다. 개발팀은 고객으로부터 많은 것을 배웠다. 고객들이 비밀을 철저히 지켜주었기 때문에 문제가 될 만한 정보유출은 없었다.

이러한 성과에 고무된 개발팀은 다른 고객들과의 모임도 마련하였다. 또한 분기별로 한 번씩 로체스터에서 고객협의회를 개최하기로 하였다. 협의회를 통하여 제품과 서비스의 어떤 측면이 고객에게 중요한지 알 수 있었다. 사용편의성을 높이기 위해 도움화면과 메뉴를 어떻게 구성해야 하는지에 대해서도 자문을 구했다. 또한 협의회의 도움으로 가격책정이라는 어려운 문제도 해결할 수 있었다. 실버레이크 개발팀은 스스로 개방함으로써 고객을 동반자로 만들 수 있었다. 이것의 가치는 돈으로 따질 수 없지만 더없이 소중한 것이었다.

성공적 출시를 위한 마지막 점검

노스웨스턴 대학의 코틀러(Philip Kotler) 교수의 자문을 받아 실버레이크의 포지셔닝 전략을 구상하였다. 그것은 포드 자동차의 대히트상품인 토러스(Taurus)가 표방한 "일본 차의 품질, 유럽 차의 맵시, 미국 차의 가격을 결합한 가정용 자동차"라는 포지셔닝 전략과 유사한 것이었다. "실버레이크, 사용하기 쉽고 사업의 생산성을 높이는 응용시스템"이라는 메시지가 간결하면서도 분명한 핵심적 이미지를 전달할 것이라고 판단하였다. 이것은 판매 및 마케팅의 접근방법은 물론 광고나 PR 같은 부차적인 활동방향을 결정하는 기초가 되었다.

실버레이크가 경쟁이 치열한 중형 컴퓨터 시장에서 히트할 조짐을 보이면 경쟁사들이 전력을 다해 반격할 것이다. 경쟁사들의 역습에 대비하기 위해 군대의 아이디어를 원용하였다. 미국 공군에서는 적군 전투기 조종사의 전술을 훈련받은 이른바 '침략자 편대'를 보유하고 있다. 실제 공중전에 대비하기 위하여 조종사들은 공중전투 시뮬레이션 게임에서 침략자 편대와 접전한다. 실버레이크 팀도 영업현장의 베테랑 20명으로 '레드팀(Red Team)'이라는 침략자 편대를 구성하였다. 레드팀은 경쟁사의 관점에서 3개월 동안 실버레이크와 그 영업 전략을 철저히 파헤쳤다. 그들은 실버레이크의 현실적 취약점들을 지적해 주었다. 또한 과학적 응용업무와 같은 비사업적 시장에는 진출하지 않는 것이 실버레이크의 강점을 보다 선명히 부각시킬 수 있을 것이라고 충고하였다. 이러한 레드팀의 보고서 덕분에 경쟁사는 물론 언론매체 등으로부터의 비판이 있을 경우에 대비한 대응자료도 미리 준비할 수 있었다.

실버레이크 팀은 출시 전에 '주문포장(packaging an offering)'이라는 중요한 문제도 검토하였다. 실버레이크를 고객의 문전에 배달한다는 것은 단순히 물품 상자를 전달하는 것과는 차원이 다르다. 포장의 의미가 고객과 관련 있는 실버레이크의 모든 요소 –하드웨어, 소프트웨어, 프린터, 데이터 저장장치, 나아가 자금 문제까지– 를 포함하는 광범위한 것이라고 생각하였다. 과거에는 말 그대로 부품별로 컴퓨터 시스템을 공급하던 때가 있었다. 컴퓨터는 IBM의 공장 중 하나에서, 그리고 프린터는 다른 어디에선가 공급하였다. 고객들은 포장을 풀고 전체를 상호 연결한 후 소프트웨어를 설치해야 했다. 컴퓨터를 임대하려면 상당량의 서류를 작성해야 하였으며, 장기적 서비스와 지원을 원하면 또 다른 서류를 작성해야 했다.

실버레이크의 개발과정에서 고객 및 기타 외부관계자들과 파트너십을 구축하면서 고객들이 이렇게 단편적인 대응방식에 대해 불만이 많다는 것을 알 수 있었다. 특히 소규모의 고객일수록 컴퓨터와 씨름할 시간도 전문지식도 의욕도 없었다. 그들은 TV처럼 컴퓨터도 플러그만 꽂고 스위치를 켜면 작동되기를 원했다. 이러한 고객들의 요구에 부응하기 위하여 컴퓨터를 즉시 사용할 수 있도록 모든 준비를 다 갖추어 배송하자는 '총체적 시스템 패키지' 개념을 도입하였다. 소프트웨어는 공장에서 미리 설치하고, 프린터와 저장장치 및 주변장치를 사전에 설치하거나 또는 같은 상자에 넣어 접속단자로 간단히 연결할 수 있도록 하였다. 또한 '총 시스템 임대'의 개념을 도입하여 고객들이 한 장의 서류만으로 하드웨어 또는 소프트웨어를 임차하고 서비스 및 지원 계약을 맺을 수 있도록 하였다. 또한 이 세 가지 요금 모두를 한 장의 청구서에 통합하였다.

언론까지도 성공의 동반자로 삼다

1988년 초 실버레이크의 공식 발표가 임박해지자 이 프로젝트를 둘러싼 소문이 점점 더 무성해졌다. 사방에 떠도는 소문 가운데 주류는 매우 큰 무엇인가를 준비하고 있다는 것이었다. 컴퓨터 전문지들은 실버레이크에 대한 지면을 점점 더 많이 배정하였는데 그 중 일부는 감각적으로 흘러 많은 억측과 화제를 계속 만들어냈다. IBM 로체스터는 이 모든 것에 기뻐하였다. 그러나 'VAX 킬러' 제2탄이라는 기사가 나오자 실버레이크에 대한 기대가 위험 수준에 이르렀다는 것을 깨닫게 되었다.

VAX는 DEC(Digital Equipment Company) 사가 만든 중형 기종의 이름이다. DEC은 IBM이 경쟁해야 할 최고의 맞수였다. 1986년 IBM이 새로운 중형 컴퓨터를 출시했을 때 전문지에서는 그것이 DEC을 공략하기 위해 IBM이 오랫동안 준비해 온 비장의 카드라고 대서특필하였다. IBM 9370이라고 명명했던 이 기종은 당시 'VAX 킬러'라고 소개되었다. 그러나 그것은 IBM/370 메인프레임 소유자를 겨냥하여 그들의 부서 사무실이나 지사에 판매할 수 있는 작고 값싼 호환기종을 공급하기 위한 것이었지 VAX를 공략하기 위한 의도는 조금도 없었다. IBM의 잘못된 보안의식 때문에 고객의 기대는 본래의 기획의도를 벗어난 풍문에 의해 형성되었으며, 이로 인해 IBM 9370은 뛰어난 기술적 우수성에도 불구하고 시장에서 실패하였다.

이러한 실패 경험으로부터 실버레이크 팀은 이미지와 여론의 선도자인 언론기자, 컨설턴트, 시장분석가 등이 새로운 기종의 장래에 결정적 영향을 미칠 수 있다는 사실을 깨달았다. 그들이 고객의 인식에 어떠한 영향을 주는가에 따라 실버레이크의 운명이 뒤바뀔 수도 있다. 과거에는 신제품의 출시 당일이 되어서야 언론사 기자와 컨설턴트들에게 간단한 브리핑을 하는 것이 관례였다. 이러한 상황 하에서는 여론 선도자들이 순간적 판단에 의존할 수밖에 없으며, 기자들도 보도 마감시간에 쫓기게 된다.

언론이 실버레이크에 대해 정확히 소개하고, 컨설턴트들도 올바른 정보에 근기하여 여론을 조성할 수 있도록 하기 위한 방안을 모색하였다. 많은 논쟁 끝에 영향력이 큰 기자와 칼럼니스트 및 컨설턴트들을 대상으로 이틀간에 걸친 상세한 사전 브리핑을 하기로 결정하였다. 그들은 공식 발표일까지 그 정보를 공표하지 않기로 약속했으며, 실버레이크 팀은 새 기종에 관한 모든 것을 설명해 주고 그들의 질문에 대해 숨김없이 답변하였다.

출시와 더불어 '대박이 터지다'

출시에 앞서 새 기종의 제품명을 결정하는 일에도 많은 신경을 썼다. 마케팅 자문을 맡았던 코틀러 교수와 다수의 팀원들은 오랫동안 사용해 온 실버레이크를 제품명으로 사용하자고 주장하였다. 개발팀의 마음을 사로잡았던 이 이름은 예비공개를 통해 이미 언론에도 잘 알려져 있었다. 그러나 실버레이크란 명칭은 IBM이 전사적으로 사용해 온 명칭 부여 방식과는 너무나 동떨어진 것이었으므로 새로운 이름을 찾기로 하였다.

IBM 시스템/9380으로 하자는 의견도 있었으나 많은 사람들은 그것이 IBM 9370에 너무 가깝다고 생각하였다. 또 다른 대안은 시스템/36과 시스템/38을 연결한다는 의미로 시스템/37로 하자는 것이었다. 그 외에도 기존의 두 기종보다 더욱 진화된 것이라는 의미에서 시스템/39로 하자는 의견도 있었다.

마침내 새 기종의 공식명칭은 'AS/400'으로 결정되었다. 'AS'는 두 가지 의미를 갖는다. 애초부터 실버레이크는 또 하나의 다른 컴퓨터로 인정받고자 기획된 것은 아니었다. 응용소프트웨어의 활용을 통해 고객들에게 진정한 비즈니스 솔루션을 제공할 수 있는 수단이 되고자 했던 것이다. 따라서 '응용시스템(Application System)'이라는 의미를 담고자 했다. 또한 실버레이크에는 유행을 선도할 수 있는 새로운 기술이 응용되었으므로 '첨단 솔루션(Advanced Solution)'이라는 뜻도 있었다. 400이라는 숫자는 중형 컴퓨터라는 의미에서 붙였다. IBM은 개인용 컴퓨터에 IBM PS/1이나 IBM PS/2와 같이 한 자리 숫자를 붙여왔으며, 메인프레임에는 IBM 3080이나 IBM 3090처럼 4자리 숫자를 부여하였다. 그렇다면 실버레이크는 기종으로 볼 때에 그 사이에 있는 3자리 숫자가 적합할 것으로 생각되었다. 여하튼 실버레이크의 공식명칭이 결정되지 않아서 매뉴얼조차 인쇄에 들어가지 못하고 있었기 때문에 AS/400이라는 이름이 확정되자 모두들 기뻐했다.

1988년 6월이 되자 출시를 위한 모든 준비가 완료되었다. IBM의 오랜 역사에서 이처럼 철저한 준비를 거쳐 시장에 나온 제품은 없었다. AS/400의 공식 발표일을 6월 21일로 잡았다. 그날은 연중 해가 가장 긴 하지였는데 실버레이크 팀은 AS/400이 가장 오랫동안 시장에서 빛을 볼 수 있는 제품이 되기를 염원하였다.

이렇게 치밀한 준비 끝에 출시된 AS/400은 출시되자마자 폭발적으로 판매되었다. 출시된 지 며칠이 지나지 않아 AS/400의 성공에 힘입어 IBM의 주가는 10포인트 이상 상승하였다. 출시 4개월 만에 약 2만 5천 대를 판매하였는데, 이러한 실적은 1981년에 도입되어 대성공을 거둔 IBM PC의 신장세를 능가하는 것이었다. AS/400은 IBM 역사상 가장 성공한 신형 컴퓨터로 우뚝 선 것이다.

볼드리지 상에 도전하였으나 쓰라린 실패

1988년 12월 제1회 말콤 볼드리지 시상식이 워싱턴에서 열리고 있을 때 AS/400의 판매는 공전의 히트를 기록하고 있었다. IBM은 볼드리지 상의 강력한 후원자로서 운영기금을 기부한 회사 중 하나이다. 당연히 IBM은 이 상에 도전하여 영예로운 수상자가 되기를 원했다. 로체스터 사업부가 IBM을 대표하여 이 상에 도전해야 한다고 의견이 모아졌다. 볼드리지 상의 신청서류 마감기한인 1989년 5월까지는 5개월밖에 남지 않았다. 심사기준의 7가지 범주 각각에 대한 준비를 현장의 관련 책임자에게 맡겼다.

품질과 탁월성에 관한 IBM 로체스터의 비전이 볼드리지 상의 심사기준에 부합한다는 사실에 무척 고무되었다. 표현방식은 다소 달랐지만 로체스터 사업부는 볼드리지 상이 제정되기 이전부터 이 상의 초점과 동일한 가치를 추구하였다. 일례로 볼드리지 기준에서는 품질의 궁극적 척도가 고객만족이라고 보고 있다. IBM 로체스터에서도 다른 어떤 것 –시장점유율, 매출액, 이익 등– 보다 고객을 우선하면 모든 것이 부수적으로 따라오게 된다는 것을 전제로 '시장주도(market-driven)' 품질을 추구해 왔었다. 고객을 감동시키기 위해서는 단순히 혁신적이고 믿을 만한 제품을 공급하는 것만으로는 안 된다. 제품과 더불어 응용프로그램, 유통, 지원 및 서비스를 함께 제공해야만 한다. 이를 위해 실버레이크 팀은 자신과 사업파트너들의 기업 운영방식을 전면적으로 재검토하였다.

볼드리지 상에 도전하기 위한 준비 작업이 사내 정보를 수집하여 정리하는 정도라고 생각하면 큰 오산이다. 그것은 사실상 비즈니스의 모든 측면과 프로세스를 자체 분석해야 하는 지난(至難)한 작업을 필요로 한다. 전 세계적으로 140억 달러나 판매되고 있는 방대한 사업에 관한 모든 자료를 수집하여 75페이지의 신청서에 요약한다는 것은 보통 힘든 일이 아니었다. 볼드리지 기준은 심사원들이 기업의 전반적 운영방식을 평가할 수 있도록 '총체적 경영시스템'에 대한 설명을 요구한다. 이러한 요구에 부응하기 위해서는 사업의 주요한 측면들이 서로 어떻게 연관되어 있으며 어떠한 영향들을 주고받는지 이해하여야 한다. 그러나 불행하게도 최고경영진 외에는 사업의 총체적 기능을 이해하는 사람이 드물다. IBM처럼 다양한 업무가 상호 독립적으로 이루어지는 대규모 조직에서 기업운영의 전반적 측면을 체계적으로 이해한다는 것은 더 더욱 힘들다. 사람들은 자기가 일하는 분야에서 더 유능해지려 하지만 자신의 일이 다른 사람의 일과 어떻게 결부되어 조직의 목표달성에 얼마나 효과적으로 기여하는가에 대해서는 생각하지 않는다. 이처럼 구성원들이 자신의 나무는 세심히 보면서도 전체 숲을 보지 않는다면 '탁월성의 추구'라는 목표는 한낱 구호에 그치고 만다.

우여곡절 끝에 IBM 로체스터는 마감시간에 맞추어 75페이지의 볼드리지 신청서를 제출하였다. 모두 40개의 업체가 볼드리지 상에 도전하였다. 신청서를 제출한 지 4개월이 지난 1989년 9월 로체스터 주변의 옥수수 밭이 누르스름한 빛깔로 익어갈 무렵 3일간의 현장심사를 받았다. 5명의 심사위원 중 1명이 대학교수였으며, 나머지는 컨설턴트 1명과 기업체의 품질담당 중역 3명이었다. 심사위원들이 로체스터에 도착하면 공항에 마중 나가기로 계획을 세웠으나 그들은 심사의 공정성을 위해 공항 영접을 사양하였다.

현장심사의 목적은 두 가지였다. 그 중 하나는 신청서에 수록된 정보에 관해 보다 더 정확하고 상세한 내용을 알기 위한 것이고 다른 하나는 신청서에 기술된 내용이 사실인지 확인하는 일이다. 현장심사의 두 가지 목적 중 후자가 더 중요하다. 왜냐하면 품질에 대해 이야기하는 것과 그것을 실천하는 것은 별개의 문제이기 때문이다. 심사위원들은 신청서에 기술된 내용이 사실이라는 증거를 찾고자 했다. 따라서 그들은 여러 가지 예리한 질문들을 끊임없이 던졌다. 마치 박사학위 논문심사를 받는 것처럼 심사위원들에게 사실과 논리로 방어하고 납득시켜야 했다.

이러한 현장 방문심사를 받아 본 적이 없었기 때문에 수심준비에 많은 어려움을 겪었다. 최선의 준비란 방대한 증빙자료를 모아서 정리하는 것이라고 생각했다. 5단 캐비닛의 서랍이 모두 보완자료로 가득 채워지고 각 분과 책임자는 관련 정보를 요약한 자료를 별도의 바인더에 보관하였다. 심사위원들 앞에 각 분과별 책임자와 로체스터의 중역 및 지원요원 등 모두 15명이 마주 앉았다. 심사위원들의 질문공세가 시작되었다. 로체스터 경영이사회 의사록을 볼 수 있는가? 이 통계치는 어떻게 산출된 것인가? 이 실적은 경쟁사와 비교해 볼 때 상대적으로 어느 수준인가? 어떻게 그러한 실적을 달성할 수 있었는가? 귀사가 판매한 컴퓨터의 신뢰성추적 담당자를 면담할 수 있는가?

이런 식의 질문이 계속 이어지자 초점을 잃은 로체스터 직원들은 답변은 더욱 장황해졌다. 그러면 그럴수록 심사위원들은 끈질기게 물고 늘어졌다. 이러한 상황은 저녁 8시까지 계속되었다. 다음 날도 아침 8시부터 저녁 8시까지 진행되었다. 심사위원들도 직원들도 모두 지쳤다. 현장심사가 이처럼 힘들게 끝났지만 그래도 상을 탈 수 있을 것이라는 기대와 미련은 남아 있었다. 몇 주가 더 지나고 AS/400의 판매는 하늘을 찌를 듯 계속 높아만 갔다. 볼드리지 수상자가 발표되는 10월이 되자 한 통의 전화가 걸려왔다. 볼드리지 상의 운영책임을 맡고 있는 국립표준기술원(NIST)의 커트 라이만(Curt Reimann)의 전화였다. 그는 서운해 하는 눈치였고 로체스터는 즉시 그 이유를 알았다. 수상업체로 선정되면 상무부 장관이 직접 통보한다. 로체스터 사업부는 크게 낙담했다. 실버레이크 프로젝트의 성공을 극적으로 장식할 기회가 무산된 것이었다.

오늘 네가 나와 함께 낙원에 있으리라

1989년 볼드리지 상은 40개의 도전업체 중 제록스의 비즈니스 제품 및 시스템 사업부와 사우스캐롤라이나의 섬유회사인 밀리켄에 돌아갔다. 심사위원들이 작성한 피드백 리포트를 받고서야 탈락한 이유를 알 수 있었다. 현장 방문심사 기간 중 로체스터 사업부는 본사의 품질담당 중역이 임석해 줄 것을 요청받았으나 그렇게 하지 못했다. 이 때문에 심사위원들은 품질에 대한 IBM의 결단이 과연 확고한 것인지 의문을 품게 되었다. 또한 볼드리지 심사기준은 품질성과의 추세에 비중을 두고 3~5년간의 실적을 평가한다. 그러나 AS/400의 실적이란 겨우 1년에 불과하였다. 시스템/36과 시스템/38로 거슬러 올라가는 로체스터의 품질전통을 적극적으로 설명하지 못했기 때문에 사정은 더욱 어려워졌다. 최대의 패인은 품질에 대한 자신의 노력을 제대로 전달하지 못한 것이었다. 한 걸음 뒤로 물러서 전체 조직의 운영방식을 조망하고 이를 잘 설명할 수 있도록 준비하지 못한 점이 못내 아쉬웠다.

피드백 리포트에는 개선을 위한 충고도 들어 있었다. 제품과 직접 관련이 없는 기업 활동의 다른 측면(예컨대, 관리 및 사무 서비스 분야)도 품질원칙에 입각하여 운영되어야 한다는 것이었다. 제품 이외의 분야에서 벤치마킹이 보다 강화되어야 한다는 것도 지적되었다. IBM 로체스터는 이러한 지적을 즉시 실행에 옮겼다.

누런 들판이 흰 눈으로 뒤덮이면서 1990년에 접어들자 볼드리지 상에 재도전할 것인가 하는 문제가 대두되었다. 볼드리지가 요구하는 혹독한 자가진단에는 막대한 시간과 에너지가 소모된다. AS/400은 성공의 여세를 계속 몰아가고 있었지만 1990년도 볼드리지 상의 신청 마감일까지 탁월한 성과가 지속되더라도 추세를 입증하기에는 너무 이르다. 또한 1989년의 평가점수가 수상업체의 성적과 거의 대등했다는 것을 관련자들로부터 듣기는 하였지만 모든 것이 제대로 갖추어질 수 있는 1992년까지 연기하자는 의견도 적지 않았다. 로체스터 내의 의견이 팽팽히 맞섰을 때 존 에이커스 회장의 권고가 있었다. 비록 지난해에는 실패했지만 이 상을 수상할 수 있는 최우수 후보는 여전히 로체스터 사업부이다. 다시 한번 도전해 보라. 회장의 요구를 누가 무시할 수 있겠는가?

이번에는 좀 더 현명하게 준비하였다. 75페이지의 신청서에 기술한 문장 하나마다 그것을 입증할 수 있는 실질적 증거들을 정리한 서류철을 따로 마련하였다. 이렇게 함으로써 심사위원들의 요청에 허겁지겁 분주하게 대응하는 일을 피할 수 있었다.

전년도와 마찬가지로 2단계의 예비심사에 통과되어 현장 방문심사를 받게 되었다. 6명의 심사위원들과 NIST의 관계자 1명이 함께 도착하였다. 상견례와 현장투어가 끝나자 곧바로 심사가 시작되었다. 심사위원들의 질문에 핵심적 사항만 간단명료하게 대답하고, 요구가 있을 경우 증거자료를 즉시 제시하였기 때문에 심사는 일사천리로 진행되었다. IBM의 판매영업소가 로체스터에 있다는 이야기를 듣고 심사위원들은 방문을 희망했다. 그들은 영업사원들에게 품질에 대한 질문을 하고, 그것이 로체스터 공장과 어떻게 연계되는지 물었다. 영업사원들의 대답에 만족한 심사위원들은 내친 김에 80마일이나 떨어진 미니애폴리스 영업소도 방문하자고 했다. 거기서도 심사위원들은 IBM 로체스터의 품질활동이 개발연구소와 생산공장에 국한되지 않고 전체 사업부로 확산된 것을 확인할 수 있었다. 1년 전과는 달리 피로나 좌절감을 느끼지 않고 모든 심사를 끝마쳤다.

약 한 달이 지난 10월 10일 반년마다 한 번씩 개최되는 전략기획회의 도중 수상업체로 선정되었다는 소식이 전해지자 모두들 일어나서 환호작약(歡呼雀躍)하였다. 볼드리지 상을 손에 쥐자 언론도 그야말로 폭발적 관심을 보였다. 수백 개의 신문과 전문잡지가 앞다투어 취재 경쟁을 벌였다. 1990년 12월 부시 대통령이 주최하는 시상식 행사가 백악관에서 개최되었다. 이 자리에서 부시 대통령은 다음과 같이 연설하였다.

"오늘날 대부분의 기업들은 격심한 경쟁에 시달리고 있습니다. 그러나 볼드리지 상을 수상하게 된 이 영광의 주인공들은 다른 어떠한 경쟁자들도 부과할 수 없을 만큼 엄격한 연단(鍊鍛)의 시간을 스스로 부과하고 감내하였기 때문에 정상에 오를 수 있었습니다."

그것은 진실이었다. 실버레이크 프로젝트를 추진해 온 지난 2년간은 지옥 같은 시련의 세월이었지만 "내가 진실로 네게 이르노니 오늘 네가 나와 함께 낙원에 있으리라"는 성경의 기록처럼 그날 실버레이크 팀은 지상 낙원에 있었다.

이러한 놀라운 성과에도 불구하고 IBM 로체스터는 거기에 자족하지 않았다. 왜냐하면 그들은 이 모든 여정에서 '어떤 일이 아무리 잘 수행되고 있더라도 개선의 여지가 있기 마련'이라는 것을 깨달았기 때문이다. 그러나 IBM 로체스터의 직원들 스스로도 믿기 어려운 것은 미네소타의 시골 한구석 옥수수밭 가운데에서 이렇게 큰 변화의 물결이 시작되었다는 사실이다.

참고문헌

- 박영택(2005), 「이노베이션 스토리: 혁신에 성공한 기업들이 펼치는 감동의 경영 파노라마」, 네모북스.
- Bauer, R. A., Collar, E. and Tang, V.(1992), The Silverlake Project, Oxford University Press. (하이테크 정보 출판부 역(1993), 「실버레이크 프로젝트」, 하이테크정보.)

10장 당연적 품질과 매력적 품질

오늘날 대부분의 소비자들은 상품의 미비한 부분에 대해서는 불만을 가지면서도 충분한 경우에는 당연하다고 여기고 별다른 만족감을 갖지 않는 경향이 있다. 이에 반해 기대하지도 않았던 다른 어떤 특성이 제공될 때 크게 만족하고 기뻐하지만, 그것이 제공되지 않는다고 해도 별 불만을 느끼지 않는다. 이것은 물리적 충족도와 주관적 만족도가 비례하지 않는다는 것을 보여준다. 일본 동경이과대학 교수였던 카노는 이러한 개념을 당연적 품질과 매력적 품질로 정리하였다.

10.1 카노모델

(1) 품질의 이원적 인식

'동기-위생 이론'으로 널리 알려진 허즈버그(F. Herzberg)의 연구에 의하면 직무에 만족을 주는 요인과 불만족을 유발하는 요인은 별개이다. 기업정책이나 작업조건 등과 같은 직무의 환경적 요인이 나쁘면 불만족을 초래하지만 이것이 개선된다고 해서 직무만족이 창출되지는 않는다. 반면에 성취감이나 역량개발 등과 같은 직무의 내재적 요인이 충족되면 만족도가 높아지지만 이러한 것들이 충족되지 않는다고 해서 불만족이 초래되지 않는다.

즉, 직무 만족을 창출하는 동기요인(motivator)과 불만족을 유발하는 위생요인(hygiene factor)이 다르다는 것이다. 여기서 '위생'이라는 용어가 사용된 것은 의학에서 위생이란 말이 예방적인 의미와 환경적인 의미를 갖고 있기 때문이다.

직무 만족에 대한 이러한 이원적(二元的) 인식이 상품이나 서비스의 만족에 영향을 주는 품질에도 적용되지 않을까? 이러한 생각을 가장 먼저 한 사람은 일본 동경이과대학에 재직하였던 카노(狩野紀昭, Kano Noriaki) 교수였다.

품질에 대한 전통적 정의가 표현상의 차이는 있지만 대개 '요구조건의 충족'이라는 객관적 측면과 '사용자 만족'이라는 주관적 측면 중 하나를 따르고 있다. 이러한 생각의 이면에는 요구조건에 대한 물리적 충족도가 높을수록 주관적인 만족도도 높아질 것이라는 생각이 자리잡고 있다. 이것은 물리적 충족도와 주관적 만족도의 관계가 선형적(일차원적) 비례관계라는 것이다. 그러나 만약 '동기-위생 이론'의 개념이 품질에도 적용된다면 무엇이든지 많이 충족시켜 줄수록 만족도가 더 높아질 것이라는 막연한 생각이 잘못된 것이라는 것을 알 수 있다.

(2) 품질특성의 종류

품질을 간략하게 정의하면 '고객만족을 제공하는 능력'이라고 할 수 있다. 그러나 고객만족에 영향을 주는 요인들은 매우 다양하다. 예를 들어 스마트폰 경우 고객만족에 영향을 주는 요인들은 화질, 화면크기, 무게, 내(耐)충격성, 통화 연결성, 배터리 용량, 메모리 용량, 인터넷 속도, 보안성, 전자파 차단, 카메라 해상도, 앱(App) 구동 속도, 앱 다양성, 음성 인식률 등 여러 가지가 있다. 고객만족에 영향을 주는 이러한 요인들을 '품질특성'이라고 한다.

허즈버그의 '동기-위생(M-H) 이론'에서 착상을 한 카노 교수는 품질특성을 다음과 같이 분류하였다.

(i) **매력적 품질특성**(A, Attractive quality attribute)

동기요인에 대응하는 품질특성으로서 충족이 되면 만족을 주지만 그렇지 않더라도 불만족을 유발하지 않는 요인을 말한다. 일반적으로 고객은 이러한 품질특성의 존재를 모르거나 기대하지 못했기 때문에 충족이 되지 않더라도 불만을 느끼지 않는다. 예를 들어 스마트폰에 자동차 키나 집 열쇠 등으로 쓸 수 있는 만능 키(key) 기능이 들어 있다고 가정해 보자. 만약 이러한 기능이 제공된다면 고객의 만족도가 높아지겠지만 그렇지 않다고 해서 불만이 초래되는 것은 아닐 것이다. 이 경우 스마트폰의 만능 키 기능은 매력적 품질특성이 된다.

(ii) **일원적 품질특성**(O, One-dimensional quality attribute)

종래의 일원적 품질인식이 적용되는 품질특성으로서 충족이 되면 만족, 충족이 되지 않으면 불만을 일으키는 특성을 말한다. 스마트폰의 배터리 용량과 같이 충족도가 올라갈수록 만족도도 따라서 증가하는 요인은 일원적 품질특성이 된다.

(iii) **당연적 품질특성**(M, Must-be quality attribute)

위생요인에 대응하는 품질특성으로서 충족이 되면 당연한 것으로 받아들이기 때문에 별다른 만족감을 주지 못하는 반면, 충족이 되지 않으면 불만을 일으키는 특성을 말한다. 예를 들어 스마트폰의 경우 통화 연결이 잘 되면 당연한 것으로 생각하지만 그렇지 않으면 크게 불만족할 것이다. 이 경우 스마트폰의 통화 연결성은 당연적 품질특성이 된다.

〈그림 10.1〉은 이상과 같은 품질의 이차원적 인식을 나타낸 것이다. 이러한 3가지 주요한 품질특성 외에도 다음과 같은 두 가지 특성이 더 존재할 수 있다.

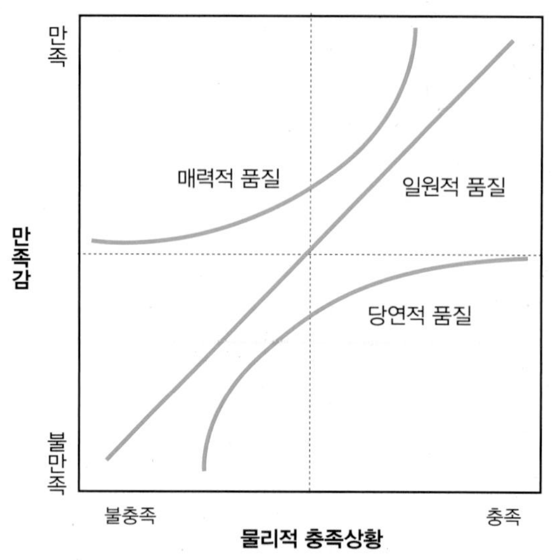

〈그림 10.1〉 카노모델에서의 품질인식

(iv) **무관심 품질특성**(I, Indifferent quality attribute)

충족 여부가 만족과 불만족에 영향을 미치지 않는 특성을 말한다. 예를 들어 스마트폰 화면에 3D 기능이 있더라도 사용자들이 이를 사용할 필요성을 느끼지 못한다면 이 기능은 무관심 품질특성이 된다.

(v) **역(逆)품질특성**(R, Reverse quality attribute)

충족이 되면 오히려 불만을 일으키고, 충족이 되지 않으면 만족하는 요인으로서 일원적 특성에 반대되는 요인을 말한다. 예를 들어 스마트폰의 화면을 측면에서도 쉽게 볼 수 있도록 화면 인지각도를 넓힌다고 가정해 보자. 그러나 고객은 주변의 다른 사람들이 쉽게 자신의 화면을 엿볼 수 있기 때문에 사생활이 침해 받는다고 생각할 수 있다. 이 경우 화면 인지각도가 넓으면 넓을수록 오히려 고객불만이 커지기 때문에 역(逆)품질특성이 된다.

⑶ 품질특성의 분류방법

카노는 품질특성을 분류하기 위한 설문지 조사법을 제시하였다. 설문지의 모든 문항은 긍정적 질문과 부정적 질문의 짝으로 되어 있다. 예를 들어 스마트폰의 인터넷 접속 속도가 어떤 품질특성인지 알아보기 위한 질문은 다음과 같은 한 쌍의 질문으로 구성된다.

Ⅰ. 만약, 스마트폰의 인터넷 속도가 빠르다면 어떤 느낌이 들겠습니까?

① 마음에 든다.
② 당연하다.
③ 아무런 느낌이 없다.
④ 하는 수 없다.
⑤ 마음에 안 든다.

Ⅱ. 만약, 스마트폰의 인터넷 속도가 느리다면 어떤 느낌이 들겠습니까?

① 마음에 든다.
② 당연하다.
③ 아무런 느낌이 없다.
④ 하는 수 없다.
⑤ 마음에 안 든다.

이상과 같은 한 쌍의 질문 중 "만약 인터넷의 속도가 빠르다면 어떤 느낌이 들겠습니까?"라는 긍정적(또는 충족) 질문에 '마음에 든다'라는 답변을 선택하고, "만약 인터넷의 속도가 느리다면 어떤 느낌이 들겠습니까?"라는 부정적(또는 불충족) 질문에 '마음에 안 든다'라는 답변을 선택하였다면, 인터넷의 속도가 빠를수록 만족도가 높아진다는 의미이므로 일원적 품질특성으로 분류되어야 한다.

〈표 10.1〉은 이러한 분류를 위한 평가표이다. '인터넷 속도'의 경우 "속도가 빠르다면?" 이라는 긍정적 질문에는 "①마음에 든다"라고 답하고, "속도가 느리다면?"이라는 부정적 질문에 "⑤마음에 안든다"라고 답을 할 때, 〈표 10.1〉에서 이 답변에 해당하는 칸에는 일원적 품질을 의미하는 'O'가 표시된 것을 볼 수 있다.

〈표 10.1〉 품질속성 분류를 위한 평가이원표

충족 \ 불충족		부정적 질문에 대한 대답					
		① 마음에 든다	② 당연하다	③ 아무런 느낌이 없다	④ 하는 수 없다	⑤ 마음에 안 든다	⑥ 기타
긍정적 질문에 대한 대답	① 마음에 든다	S	A	A	A	O	
	② 당연하다	R	I	I	I	M	
	③ 아무런 느낌이 없다	R	I	I	I	M	
	④ 하는 수 없다	R	I	I	I	M	
	⑤ 마음에 안 든다	R	R	R	R	S	
	⑥ 기타						

[범례] 기호의 설명

O(일원적 평가) – 충족되면 만족, 불충족되면 불만을 느낀다.

A(매력적 평가) – 충족되면 만족, 불충족되면 {하는 수 없다 / 아무런 느낌이 없다 / 당연하다}

M(당연적 평가) – 충족되면 {당연하다 / 아무런 느낌이 없다 / 하는 수 없다}, 불충족되면 불만을 느낀다.

I(무관심 평가) – 충족되든 불충족되든 불만이나 만족을 느끼지 않는다.

R(역 평가) – 충족되면 오히려 불만을 느끼고 불충족되면 만족한다.

S(회의적 대답) – 일반적인 평가로서는 생각할 수 없는 회의적(sceptical) 답변.

역품질 'R'의 경우 일원적 품질과 움직이는 방향이 반대이므로 긍정적 질문이 부정적 질문이 되도록(또한, 부정적 질문이 긍정적 질문이 되도록) 질문의 표현을 바꾸면 일원적 품질로 분류가 된다. 앞서 예로 든 스마트폰 화면인지 각도의 경우, "만약 스마트폰의 화면 인지각도가 넓다면 어떤 느낌이 들겠습니까?"라는 긍정적 질문을 "만약 스마트폰의 화면 인지각도가 좁다면 어떤 느낌이 들겠습니까?"라는 형태로 바꾸면 역품질로 분류된 특성이 일원적 품질로 바뀌게 된다.

회의적(sceptical) 품질 'S'는 '이럴 경우 마음에 든다'라는 답변과 아울러 '그 반대의 경우도 마음에 든다'(또는 '이럴 경우 마음에 안 든다'라는 답변과 아울러 '그 반대의 경우도 마음에 안 든다')고 답한 것이기 때문에 이해하기 힘든 응답을 말한다. 응답자가 불성실하게 답변했거나 질문 방법이 잘못되어 응답자가 질문의 내용을 이해하지 못할 경우 이러한 결과가 나올 수 있다.

(4) 범주강도

카노모델을 적용할 경우 동일한 품질요소에 대한 사람들의 평가가 각기 다를 수 있다. 예를 들어 곡면 스마트폰의 경우 동영상을 많이 보는 사람은 화면 몰입도가 높기 때문에 이를 '매력적' 특성이라고 대답할 수 있다. 그러나 스마트폰으로 동영상을 거의 보지 않는 사람들의 경우에는 이것에 '무관심'하거나 아니면 주머니에 넣으면 몸에 밀착되지 않는다는 이유로 '역품질'로 평가할 수 있다. 따라서 카노모델에서는 가장 많은 응답자들이 선택한 유형을 해당 품질의 대표 특성이라고 분류한다.

예를 들어 스마트폰의 곡면 디스플레이의 경우 100명의 응답자 중 40명이 '매력적', 39명이 '무관심', 21명이 '역품질'로 평가했다면 카노모델에서는 이를 매력적 품질특성으로 분류한다. 그러나 응답 빈도수의 차이가 단 1%(100명 중의 한 사람)인데 이렇게 분류하는 것이 통계적으로 의미가 있을까? 전체 응답자 수가 매우 많지 않다면 1%의 차이는 통계적으로 의미가 없다. 응답 최빈값만 사용하는 이러한 문제를 해결하기 위해 나온 것이 '범주강도'의 개념이다.

Lee와 Newcomb(1997)은 최빈(最頻)값의 비율과 그 다음으로 많은 차빈(次頻)값의 비율 차이를 '범주강도(CS, Category Strength)'라고 정의하였다. 그들은 최빈값과 차빈값의 차이가 대략 6% 이상일 때만 통계적으로 유의하다고 볼 수 있으므로, 범주강도가 6% 이하면 '혼합(C, combination)' 특성으로 분류하였다. 앞서 예로든 곡면 디스플레이의 경우 범주강도가 1%이므로 '매력적' 특성과 '무관심' 특성이 혼합된 것으로 볼 수 있다.

(5) 적용사례

스마트폰의 품질특성을 파악하기 위해 국내 스마트폰 제조업체들의 홈페이지 게시판과 안티 홈페이지 등 8곳을 방문하여 고객의 목소리(VOC)를 수집하였다. 이들 중 유사한 VOC들을 묶어서 분류한 결과 다음과 같은 21가지 품질특성을 도출할 수 있었다.

- 통신료 : 통신서비스 이용요금
- 통화 연결성 : 전화가 끊어지지 않고 잘 연결되는 정도
- 배터리 용량 : 한 번 충전으로 사용 가능한 시간
- 메모리 용량 : 그림, 동영상 등의 파일 저장공간의 크기
- 화질 : 스마트폰 화면의 색조나 선명도 등의 화질
- 두께 : 스마트폰의 두꺼운 정도
- 무게 : 스마트폰의 무거운 정도
- 통화 안정성 : 통화가 임의로 잘 끊어지지 않는 정도
- 인터넷 속도 : 스마트폰으로 웹 접속 시 연결 속도
- 카메라 해상도 : 스마트폰에 내장된 카메라의 해상도
- 음질 : 오디오 또는 동영상 소리의 질
- 배터리 안전성 : 배터리 과열로 인한 화재나 폭발 가능성의 정도
- 기기 내충격성 : 내충격성이 크면 떨어뜨려도 잘 파손되지 않음
- 보안성 : 악성코드 감염, 개인정보 유출 및 악용 방지
- 전자파 차단 : 스마트폰에서 방출되는 전자파가 차단되는 정도
- 음성인식 기능 : 음성으로 원하는 작업을 수행할 수 있는 범위
- 앱 다양성 : 앱 스토어에서 검색 가능한 프로그램의 다양한 정도
- 앱 구동속도 : 응용 프로그램이 빠르게 실행되는 정도
- 앱 구동안정성 : 애플리케이션 사용 중에 임의로 작동이 멈추지 않음
- 다중작업 기능 : 웹 서핑 중에 문자메시지나 다른 앱 등의 동시 사용이 가능
- 3D 기능 : 사물이 입체적으로 보이는 실감영상 기능

이 21가지 품질특성의 분류를 위해 서울 및 경기 지역의 대학생 331명을 대상으로 설문조사를 실시하였다. 〈표 10.2〉는 설문 참여자에 대한 정보이다.

〈표 10.2〉 스마트폰 품질특성 분류를 위한 설문 응답자 정보

전체 응답자	남성	여성	스마트폰 사용시간			
			1시간 미만	1~2시간	2~3시간	3시간 이상
331	234 (71%)	97 (29%)	48 (14%)	58 (18%)	67 (20%)	158 (48%)

331명의 설문 응답자 중 남성이 234명(71%), 여성은 97명(29%)이었다. 스마트폰을 하루 3시간 이상 사용하는 사람이 응답자의 절반에 가까운 48%로 나타났다. 또한 2~3시간 사용이 20%, 1~2시간 사용이 18%, 그리고 1시간 미만 사용은 14%로 나타났다.

〈표 10.3〉의 분류 결과를 보면 응답자들은 '통화 연결성', '통화 안정성', '배터리 안전성', '보안성', '앱 구동 안정성', '다중작업' 등과 같은 안전 및 통신의 기본 기능들은 모두 당연적 품질이라고 평가하였다. 여기서 당연하다는 의미는 아무렇게나 해도 좋다는 것이 아니라 충족되지 않는다면 큰 불만이 야기된다는 것을 의미한다.

'카메라 해상도'는 매력적 특성으로 분류되었는데 이 설문의 조사 당시 내장 카메라의 해상도가 좋은 스마트폰이 시장에서 인기를 끌고 있었다. 이것은 품질특성의 분류 결과와 부합하는 것이다. 또한 '3D 기능'과 '음성인식 기능'은 무관심 특성으로 분류되었는데 이 특성들은 다음에 설명할 '품질의 동태성' 관점에서 향후 매력적 품질로 바뀔 가능성을 배제할 수 없다.

〈표 10.3〉 스마트폰 품질특성의 분류 결과

품질요소	매력적	일원적	당연적	무관심	역품질	회의적	합계	분류
통신료	85 (25.7%)	104 (31.4%)	115 (34.7%)	25 (7.6%)	1 (0.3%)	1 (0.3%)	331	C(M/O)
통화 연결성	16 (4.8%)	65 (19.6%)	221 (66.8%)	25 (7.5%)	2 (0.6%)	2 (0.6%)	331	M
배터리 용량	107 (32.4%)	149 (45.0%)	56 (16.9%)	18 (5.4%)	0 (0%)	1 (0.3%)	331	O
메모리 용량	110 (33.2%)	105 (31.7%)	40 (12.1%)	75 (22.7%)	1 (0.3%)	0 (0%)	331	C(A/O)
화질	67 (20.2%)	156 (47.1%)	74 (22.4%)	33 (10.0%)	1 (0.3%)	0 (0%)	331	O
두께	122 (36.9%)	109 (32.9%)	40 (12.1%)	58 (17.5%)	0 (0%)	2 (0.6%)	331	C(A/O)
무게	130 (39.3%)	119 (36.0%)	27 (8.2%)	51 (15.4%)	3 (0.9%)	1 (0.3%)	331	C(A/O)
통화 안정성	19 (5.7%)	80 (24.2%)	207 (62.5%)	22 (6.6%)	1 (0.3%)	2 (0.6%)	331	M
인터넷 속도	75 (22.7%)	156 (47.1%)	75 (22.7%)	25 (7.6%)	0 (0%)	0 (0%)	331	O
카메라 해상도	132 (39.9%)	104 (31.4%)	36 (10.9%)	58 (17.5%)	1 (0.3%)	0 (0%)	331	A
음질	85 (25.7%)	127 (38.4%)	62 (18.7%)	56 (16.9%)	1 (0.3%)	0 (0%)	331	O
배터리 안전성	6 (%)	73 (%)	226 (%)	25 (%)	0 (0%)	1 (0.3%)	331	M
기기 내충격성	50 (15.1%)	135 (40.8%)	126 (38.1%)	20 (6.0%)	0 (0%)	0 (0%)	331	C(O/M)
보안성	29 (8.8%)	93 (28.1%)	172 (52.0%)	37 (11.2%)	0 (0%)	0 (0%)	331	M
전자파 차단	87 (26.3%)	93 (28.1%)	79 (23.9%)	72 (21.8%)	0 (0%)	0 (0%)	331	C(O/A)
음성인식 기능	107 (32.3%)	31 (9.4%)	10 (3.0%)	183 (55.3%)	0 (0%)	0 (0%)	331	I
앱 다양성	111 (33.5%)	114 (34.4%)	53 (16.0%)	52 (15.7%)	1 (0.3%)	0 (0%)	331	C(O/A)
앱 구동 속도	60 (18.1%)	138 (41.7%)	94 (28.4%)	39 (11.8%)	0 (0%)	0 (0%)	331	O
앱 구동 안정성	16 (5.05%)	102 (32.18%)	165 (52.05%)	34 (10.73%)	0 (0%)	0 (0%)	331	M
다중작업	86 (25.98%)	82 (24.77%)	133 (40.18%)	30 (9.06%)	1 (0.3%)	0 (0%)	331	M
3D 기능	141 (42.99%)	25 (7.62%)	2 (0.61%)	160 (48.78%)	2 (0.6%)	1 (0.3%)	331	I

[범례] A: 매력적 특성, O: 일원적 특성, M: 당연적 특성, I: 무관심 특성, C: 혼합 특성

카노모델은 제품뿐 아니라 서비스에도 적용할 수 있다. 〈표 10.4〉는 항공운수업의 여객서비스를 대상으로 품질특성을 분류한 결과를 예시한 것이다.

〈표 10.4〉 항공서비스의 품질특성 분류

질문항목 \ 품질항목	매력적	일원적	당연적
지상 여직원의 접객태도		○	
직원의 태도			○
스튜어디스의 접객태도		○	
기내비품의 준비	○		
식사	○		
주류	○		
탑승감			○
전화	○		
TV	○		
이상 시 서비스			○
안전대책			○
정보(방송)			○
노선 수	○		
소요시간	○		
정시운항		○	
운항회수		○	
공항까지의 교통수단			○
예약		○	
탑승수속		○	
요금		○	
할인제도		○	
이미지		○	

10.2 품질특성의 전략적 활용

(1) 만족지수와 불만족지수

'동기-위생이론'에서는 동기요인과 위생요인이 독립적으로 작용하여 어떤 면에서는 직무에 만족하고 다른 면에서는 직무에 불만족할 수 있지만 카노모델에서는 그렇지 않다. 예를 들어 스마트폰의 경우 통화 연결성과 같은 당연적 특성이 충족되지 못하면 다른 매력적 특성이 있더라도 고객은 만족할 수가 없다.

효과적인 품질경쟁을 위해서는 당연적 품질의 충족이 선행되어야 한다. 전략적 관점에서 당연적 품질특성의 충족은 고객에게 상품을 판매하기 위한 하나의 자격조건이라고 볼 수 있다. 따라서 일원적 특성을 개선하거나 매력적 특성을 부가하기 전에 당연적 품질특성들은 모두 충족되어야 한다. 당연적 특성을 모두 충족시킨 후 일원적 특성을 경쟁자보다 더 높은 수준으로 개선하거나 매력적 특성을 부가할 수 있다면 경쟁우위를 확보할 수 있다.

개별 품질특성들의 변화가 고객만족에 얼마나 영향을 미치는지를 평가하는 척도로서 '고객만족계수(CSC, Customer Satisfaction Coefficient)'라는 지표가 있다. Berg 등(1993)이 제안한 이 지표는 다음과 같은 '만족지수(SI, Satisfaction Index)'와 '불만족지수(DI, Dissatisfaction Index)'로 구성되어 있다.

$$\text{만족지수}\,(SI) = \frac{A+O}{A+O+M+I}$$

$$\text{불만족지수}\,(DI) = -\frac{M+O}{A+O+M+I}$$

여기서 A, O, M, I 는 카노모델의 설문에 응한 응답자 중 해당 품질특성을 각각 매력적, 일원적, 당연적, 무관심 특성으로 분류한 응답자 수를 나타낸다.

만족지수의 분자에 포함된 매력적(A) 특성과 일원적(O) 특성은 그것이 개선 또는 충족될 경우 만족한다고 응답한 사람의 수라고 볼 수 있으므로, 만족지수가 1에 가까울수록 그 특성의 개선 또는 충족이 고객 만족도를 더 크게 증가시킨다고 볼 수 있다. 마찬가지로 불만족지수의 분자에 포함된 당연적(M) 특성과 일원적(O) 특성은 그것이 악화 또는 불충족될 경우 불만족한다고 응답한 사람의 수라고 볼 수 있으므로 불만족지수가 -1에 가까울수록 그 특성의 악화 또는 불충족이 고객불만족을 더 크게 초래한다고 볼 수 있다.

만족지수(SI)와 불만족지수(DI)의 절댓값을 좌표축으로 하는 평면 위에 품질특성들의 (DI값, SI값)을 타점한 그래프를 'SI-DI 다이어그램'이라고 한다. 이 다이어그램의 4개 모서리의 의미는 다음과 같다.

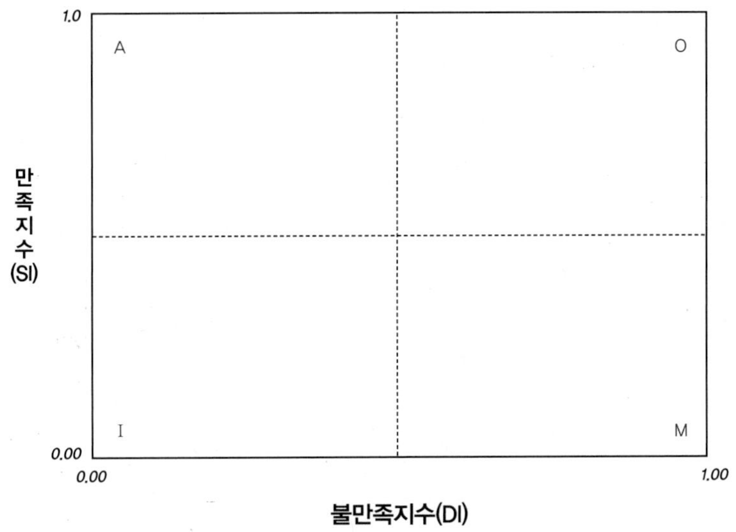

〈그림 10.2〉 SI-DI 다이어그램

- 오른쪽 위 모서리 : SI값과 DI값이 모두 1이므로 충족 시에는 모두가 만족하고, 불충족 시에는 모두가 불만을 갖는다. 따라서 이 모서리는 '일원적(O)' 특성이 된다. 또한 이 모서리에 가까워질수록 일원적 특성이 강하다고 볼 수 있다.
- 오른쪽 아래 모서리 : SI값이 0, DI값이 1이므로 충족된다고 만족도가 증가하지는 않지만 충족되지 않으면 모두가 불만을 갖는다. 따라서 이 모서리는 '당연적(M)' 특성이 된다. 또한 이 모서리에 가까워질수록 당연적 특성이 강하다고 볼 수 있다.
- 왼쪽 위 모서리 : SI값이 1, DI값이 0이므로 충족 시에는 모든 사람이 만족하나 충족되지 않는다고 불만이 생기지는 않는다. 따라서 이 모서리는 '매력적(A)' 특성이 된다. 또한 이 모서리에 가까워질수록 매력적 특성이 강하다고 볼 수 있다.
- 왼쪽 아래 모서리 : SI값과 DI값이 모두 0이므로 충족되든 불충족되든 만족도에

아무런 영향이 없다. 따라서 이 모서리는 '무관심(I)' 특성이 된다. 또한 이 모서리에 가까워질수록 무관심 특성이 강하다고 볼 수 있다.

따라서 이 다이어그램을 작성하면 각 품질특성이 어떤 유형의 경향을 갖는지 쉽게 눈으로 볼 수 있다. 〈그림 10.3〉은 대학생들을 대상으로 카노모델을 이용하여 스마트폰의 품질특성을 분류하고, 분류 결과를 SI-DI 다이어그램으로 나타낸 것이다.

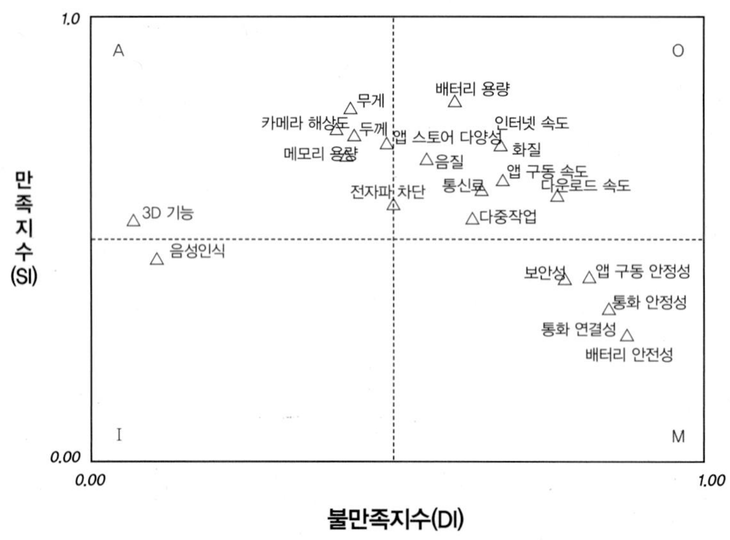

〈그림 10.3〉 SI-DI 다이어그램의 예

(2) 품질의 동태성

카노모델을 사용할 때 명심해야 할 사항 중 하나는 품질특성들이 '동태성(動態性)'을 갖고 있다는 것이다. 예를 들면 손가락으로 스마트폰의 이미지를 확대하거나 축소하는 '핀치 투 줌(pinch to zoom)' 기술이 처음 도입되었을 때에는 매력적 품질특성이었지만 이제는 이 기능이 스마트폰의 보편적 기능 중 하나가 되었으므로 당연적 품질특성으로 바뀌었다.

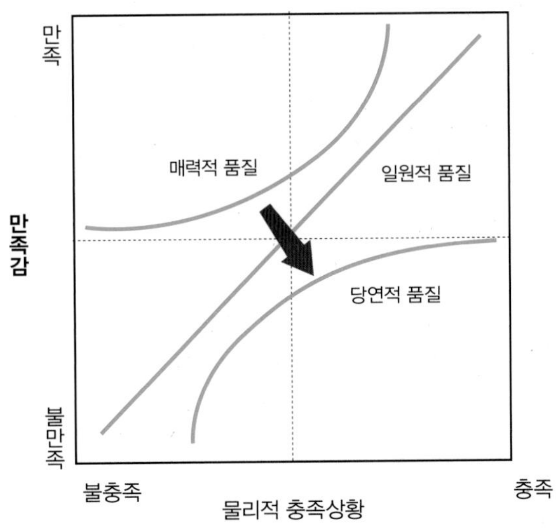

〈그림 10.4〉 품질특성의 진부화

카노의 연구에 의하면 품질특성은 시간이 경과함에 따라 "매력적 특성 → 일원적 특성 → 당연적 특성"으로 퇴화하는 '진부화(陳腐化)' 현상을 보인다고 한다. 따라서 경쟁우위를 확보하고 지속가능한 성장을 위해서는 제품 및 서비스 개발 담당자들이 새로운 매력적 특성을 찾아내어 구현하고, 일원적 특성의 충족 정도를 높이려는 노력을 계속하지 않으면 안 된다. 또한 무관심 특성 중 상당수는 시대에 너무 앞서갔거나 기술의 완성도가 낮기 때문일 수 있으며, 시간이 지나면서 매력적 특성으로 변해갈 수 있다. 그러므로 품질의 진부화 현상과 무관심 특성의 매력적 변화 등을 세심하게 관찰하기 위한 '환경주시(environmental scanning)'를 게을리 하지 말아야 한다. [참고: '환경주시'란 조직의 현재 및 미래 계획에 기회나 위협이 될 수 있는 내·외부 환경의 변화를 조기에 탐지하기 위한 세심한 모니터링을 의미한다.]

예를 들어 항공택배의 도입 초기에는 익일(翌日)배송이라는 빠른 배달 속도가 매력적 특성이었지만 지금은 이것이 보편화되어 당연적 품질로 퇴화하였다. 페덱스와 같은 항공 택배사는 환경주시를 통해 바이오제품과 같이 주의를 요하는 특송품의 배달이 늘어나는 추세를 감지하고 새로운 매력적 품질특성으로 저온 배송이나 냉각 포장 등의 서비스를 도입하였다.

참고문헌

- 김학균, 송해근, 박영택(2013), "Kano 모델을 이용한 자동차 시트 조절기능에 대한 고객 인식 연구", 품질경영학회지, 41권 4호.
- 박영택(2013), "당연적 품질과 매력적 품질: 품질은 다다익선이 아니다", 품질경영, 8월호, pp.46–49.
- 송해근, 박영택(2012), "Kano 모델의 설문 워딩에 관한 연구", 품질경영학회지, 40권 4호, pp.453–466.
- 신유근 (1987), 「조직행위론」, 다산출판사.
- 임성욱, 박영택(2010), "Kano 모델을 기반으로 한 잠재적 고객만족 개선지수", 품질경영학회지, 38권 2호, pp.248–260.
- 狩野紀紹 外 3人(1984), "魅力的品質と當り前品質", 品質, Vol.14, No.2, pp.39–48.
- 赤尾洋二 外 4人(1984), "航空運輸業における旅客サービスの 要求品質展開–フリーアンサー情報の分析法," 品質, Vol.14, No.3, pp. 68–75.
- Berger et. al.(1993), "Kano's methods for understanding customer–defined quality", Center for Quality of Management Journal, Vol. 2, No. 4, pp.2–36.
- Lee, M.C. and Newcomb, J.F.(1997), "Appling the Kano methodology to meet customer requirements: NASA's microgravity science program", Quality Management Journal, Vol. 4, No. 3, pp. 95–106.

자동차 시트 조절기능의 품질요소 분석

(김학균, 송해근, 박영택, 품질경영학회지, 41권 4호, 2013)

1. 서론

1886년 칼벤츠(Karl Benz)에 의해 세계 최초의 자동차가 탄생한 이래 자동차 시트는 운전자와 가장 밀접한 관계를 유지해 왔으며, 최근에는 자동차 실내 품질을 선호하는 소비자들이 늘어나면서 시트의 중요성이 점점 증가하고 있다. Power(2012)의 자동차 시트 만족도 연구에 의하면 최고급 차종뿐 아니라 소형차에서도 시트의 감성품질이나 안락감에 대한 소비자의 높은 선호도로 인해 전반적인 고객만족 수준이 여전히 낮은 것으로 나타났다. 따라서 항공기 일등석 수준의 안락감과 편의성, 여유 있는 공간뿐 아니라 고급감을 연출하기 위해 자동차 시트 R&D에 대한 지속적인 투자가 요구된다.

시트의 중요성이 강조되는 이유는 시트가 운전자와 가장 오랫동안 접촉하는 부분으로 고객만족에 매우 민감한 부분이기 때문이다. 자동차 시트의 주요 역할은 편안하고 안락한 경험을 제공하는 것과 더불어 충돌 시 승객을 상해로부터 보호하고, 운전 중에는 쾌적한 환경을 제공하며, 자동조절 등의 사양을 갖춤으로써 고객에게 편의성을 제공하는 것이다.(Harrison 등, 2000; Farmer 등, 2003)

시트에 대한 고객의 요구사항도 갈수록 다양해지고 있으므로 모든 운전자를 충족시키는 자동차 시트의 개발에는 현실적으로 많은 어려움이 따른다. 더욱이 새로운 기능의 도입은 자동차 시트 제조사 입장에서 비용 상승과 직결되기 때문에 전략적 고려가 요구된다.

지금까지 자동차 시트에 대한 사양은 고객과 시장이 주도하는 Market-Pull 방식보다는 자동차 제조사의 선임 엔지니어에 의한 Technical-Push 방식에 의해 대부분 결정되어 왔다.(Kolich, 2008) 현재 자동차 시트에 대한 고객만족의 관리는 접수된 불만에 대한 대응형 형태로 이루어지고 있으며, 여러 속성들 중 개선 우선순위 결정 시 과학적 기법의 적용 없이 관련자의 경험에 의해 운영되고 있다. 특히, 시트 전동조절 기능은 수동조절에 비해 높은 만족도를 기대할 수 있으나 제품의 가격 상승이 동반되므로 현재 중형차급 이상에만 적용하고 있다. 이러한 상황에서 전동조절 기능을 탑재한 자동차 시트가 차종(크기)별 고객만족을 어느 정도 향상시키는지(혹은 불만족을 어느 정도 예방하는지) 설계자에게 제시한다면 유용한 정보가 될 것이다.

이를 위해 본 연구에서는 고객인식도 조사에 널리 활용되고 있는 카노모델(Kano 등, 1984)

을 이용하여 차급별 시트 기능 및 사양에 대한 설문 조사를 실시하였다. 총 17개의 자동차 시트 조절기능 관련 속성들의 고객인식을 분석하여, 충족 또는 불충족 시 어느 속성이 고객 만족과 불만족에 더 많은 영향을 미치는지 알아보았다. 본 연구에서는 자동차 시트 설계팀의 주요 관심사항인 자동조절 기능 중 '시트 높이 조절', '시트 전·후 조절', '등받이 조절' 및 '허벅지부 높이 조절'에 대해 소비자가 생각하는 상대적 중요도를 쌍대비교(Saaty, 1977)를 통해 추가적으로 분석하였다.

2. 자동차 시트의 품질속성 도출

자동차 시트의 설계에는 장거리·고속 주행에도 탑승자의 피로를 경감할 수 있는 안락감(Kolich, 2008), 충돌 시 탑승자를 고정하고 충격을 흡수할 수 있는 안전성, 운전감을 최적화시키는 편의성, 장인정신에 입각한 고급감, 연비향상에 직결되는 경량화뿐 아니라 운전자 및 탑승자를 위한 조절기능 등이 고려되어야 한다. 중형차 1대를 기준으로 볼 때 자동차 시트는 350여 개의 부품으로 구성되어 있으며, 크게 엉덩이 지지용 좌판(cushion), 등 지지용 등받이(back), 머리지지용 받침대(headrest)의 3부분으로 구분된다.

〈표 1〉 자동차 시트의 부위와 역할

부 위		역 할
좌판	Frame	• 착좌감 확보 : 지지감, 스프링감, 이물감 • 신뢰성 시험 : 강도 및 내구성 확보
	Pad	• 착좌감 확보 : 스프링감, 좌면각 등
	Trim	• 상품성 : 외관미, 접촉감
	Bracket	• 프레임 조립부와 슬라이더 조립부의 연결 • 신뢰성 시험 : 강도 및 내구성 확보
등받이	Frame	• 머리받침대 강도, 모멘트 시험 : 강도 및 내구 신뢰성 확보 • 착좌감 : 스프링감, 이물감
	Pad	• 착좌감 확보 : 지지감, 피트(fit)감
	Trim	• 상품성 : 외관미, 접촉감
머리받침대	Frame	• 후면충격 시험 : 강도 확보 • 상하·전후 조절
	Pad	• 사용 시 소프트감 및 지지감 확보
	Trim	• 상품성 : 외관미, 접촉감
	Bracket	• 머리받침대 상하 조작 시 잠금 기능, 머리받침대 상하·전후·좌우 유격방지 • 이탈방지 및 조작력 확보

좀 더 구체적으로 보면 〈표 1〉에 나타낸 바와 같이 시트의 뼈대 역할을 담당하는 프레임(frame), 푹신한 안락감을 제공하는 폼 패드(foam pad), 외관미를 좌우하는 가죽 또는 천 재질의 커버링과 플라스틱 커버류의 외부 마감처리(trim), 그리고 시트의 기능을 담당하는 골격용 부품(예: 시트와 차체를 연결하는 철제 구조물인 bracket, 머리받침대 높이 조절에 필요한 시트백 상단의 플라스틱 구조물인 pole guide 등)으로 구성된다.(Kim 등, 2012)

본 연구에서는 한 종류의 시트로 다양한 운전자의 체형 및 운전 자세의 선호도를 충족시키기 위해 시트의 전동조절 기능을 중심으로 17가지의 품질속성을 도출하여 〈표 2〉에 정리하였다. 시트의 조절기능은(시트 전·후 길이 및 높이, 허벅지부, 머리지지대, 등받이, 허리지지대) 위치 조절, 온도 조절, 피로도 저감, 안전, 화물공간 확장 기능으로 구분하였다.

〈표 2〉 자동차 시트의 17가지 주요 품질속성

구분	속성			
시트 위치	전·후 조절	시트 전체를 앞·뒤로 움직임	높이조절	시트 전체를 위·아래로 움직임
	허벅지부 전·후 조절	허벅지 지지부 길이를 전·후로 움직임	허벅지부 높이조절	허벅지 지지부 높이를 상·하로 움직임
	머리받침대 전·후 조절	머리받침대를 전·후로 움직임	머리받침대 높이조절	머리받침대를 위·아래로 움직임
	등받이 조절	등받이 각도의 기울기 조절	동승석 조절	운전석에서 동승석의 전·후 조절 및 등받이 각도 조절
	위치기억 기능	운전자별 시트 위치를 저장시킨 후 운전 시 메모리 버튼을 통해 자동으로 시트를 움직임	허리지지대 조절	허리통증 저감을 위한 허리지지대 조절
시트 온도	통풍조절	시트 내부 팬을 이용한 온도 및 습도 조절	난방조절	시트 열선을 이용한 온도 조절
피로도 저감	등받이 마사지 기능	허리 및 등 부위의 피로 저감을 위한 마사지 기능	쿠션부 스트레칭	시트 엉덩이부 좌우 높이 조절로 장거리 운전 시 피로 저감
안전	코너링 조절	코너링 시 시트 측면부 크기 자동 조절로 운전자의 상체 쏠림 방지	목 상해 저감시스템	후방 추돌 시 머리 받침대가 전방으로 돌출되어 목 꺾임 방지
화물공간 확장	등받이 폴딩	전방으로 한 번 또는 여러 번 접어 화물공간 증대		

3. 연구방법

3.1 설문 및 데이터 수집

본 연구의 설문지는 <표 2>에 정리한 17가지 품질속성을 대상으로 다음과 같이 구성하였다.

- Song과 Park(2012)이 제안한 Kano 모델의 설문 워딩을 적용한 질문지(속성별 앞·뒤 좌석으로 구분하여 설문)
- 자동차 시트의 대표적 전동조절 장치(시트 높이와 전·후 길이, 등받이, 허벅지)의 상대적 가중치 도출을 위한 6개의 쌍대비교 질문지(Jang 등, 2012)
- 성, 직업, 연령, 보유차종 등과 같은 응답자의 인구통계학적 특성을 묻는 질문지

설문은 현재 차량을 보유하고 있는 내·외국인 179명을 대상으로 조사하였다. 질문지를 완성하지 않았거나 중복 체크된 응답은 제외하고 모두 140명의 유효한 응답자 정보를 <표 3>에 정리하였다.

응답자는 대부분 국내 30대 남성들이며, 외국인이 전체 응답자의 23%를 차지하였다.(독일 17명, 인도 8명, 미국 5명, 프랑스 2명) 아울러 설문 응답자가 보유한 차량은 차급별로 경차가 10명(7%), 소형차가 7명(5%), 준중형차가 40명(28%), 중형차가 63명(45%), 준대형차가 16명(11%), 대형차가 5명(4%)으로 다양하게 나타났다. 자동차 시트에 대한 전반적인 만족도를 묻는 질문에 81명(57%)이 만족, 42명(30%)은 보통, 그리고 17명(12%)은 불만족하는 것으로 나타났다.

<표 3> 응답자 정보

응답자	남자	여자	나이				국적		차량 크기	
			20-29세	30-39세	40-49세	50세 이상	내국인	외국인	소형-준중형	중형-대형
140	133 (94%)	8 (6%)	30 (21%)	81 (57%)	27 (19%)	3 (2%)	108 (77%)	32 (23%)	57 (40%)	84 (60%)

3.2 분석 방법

카노모델을 이용한 설문 결과는 자동차 시트의 앞좌석과 뒷좌석을 구분하여 분석하였다. 운전자와 관련 있는 '위치기억 기능', '허리지지대 조절', '등받이 마사지 기능', '쿠션부 스트레칭', '코너링 조절', '목 상해 저감' 기능은 뒷좌석 분석에서 제외하였다. 또한 앞·뒤 좌석 모두 고객의 선호가 높은 전동조절 기능에 대해서는 별도의 분석을 실시하였으며(앞좌석은 운전석과 동승석으로 구분), 쌍대비교에 의한 상대적 가중치를 도출하였다.

Kano 등(1984)은 5가지 선택 답변 중 가장 많은 응답이 나온 최빈값만을 이용하여 품질속성의 유형을 분류하였으나 Lee와 Newcomb(1997)은 최빈값과 그 다음으로 빈도수가 높은 값의 비율의 차이를 '범주강도(CS, Category Strength)'로 정의하고, 이 차이가 통계적으로 유의미한 차이인지 고려하였다.

본 연구에서는 Lee와 Newcomb(1997)의 연구에서와 같이 CS가 6% 이하일 경우 '혼합(combination) 속성'으로 분류하였다. 예를 들어 〈표 4〉에서 자동차 시트의 '목 상해 저감' 기능의 경우 '당연적' 특성이 가장 높은 30%로 나타났고, '매력적' 특성이 28%로 두 번째로 높게 나타났다. 따라서 이 속성의 CS값은 2%(=30%-28%)로서 6% 미만이기 때문에 당연적(M) 속성과 매력적(A) 속성의 혼합으로 분류하고 'C(M/A)'로 표기하였다. 또한 결과 분석을 위해 CS가 20% 미만으로 나타난 속성들을 해당 속성이 약한 그룹으로, CS가 20%에서 40% 범위에 있을 경우는 중간 그룹, 그리고 CS가 40% 이상일 경우는 해당 속성이 강한 그룹으로 분류하였다. 아울러 충족 시 만족의 증가 정도를 나타내는 '만족지수(SI, Satisfaction Index)'와 불충족 시 불만족의 증가 정도를 나타내는 '불만족지수(DI, Dissatisfaction Index)'를 함께 고찰하였다.

4. 결과 및 토의

4.1 카노모델의 적용 결과 분석

(1) 앞좌석의 분류 결과

〈표 4〉에서 보는 바와 같이 자동차 앞·뒤 좌석에 대한 분류 결과 일원적 속성과 무관심 속성은 나타나지 않았고, 당연적 속성과 매력적 속성만 나타났다. 구체적으로 살펴보면 자동차 앞좌석의 '목 상해 저감'과 같은 안전관련 기능과 운전자 입장에서 기본적 기능인 '시트 높이 조절', '시트 전·후 조절', '머리 받침대 높이 조절', '등받이 조절' 기능들은 모두 당연적 속성으로 분류되었다. 특히 앞좌석의 '시트 전·후 조절' 기능과 '등받이 조절' 기능은 범주강도(CS)가 모두 40% 이상인 뚜렷한 당연적 속성이며, 불만족지수(DI) 역시 모두 1에 가까운 0.95이므로 문제가 생길 경우 고객불만을 가장 많이 야기할 것으로 파악되었다.

매력적으로 분류된 속성들 중 앞좌석의 '운전석 전동 조절' 기능과 '통풍 조절' 기능은 범주강도(CS)가 모두 40% 이상인 뚜렷한 매력적 속성이며, 만족지수(SI) 역시 모두 0.8 이상으로 나타나 이 기능들이 충족될 경우 고객만족을 가장 많이 향상시킬 것으로 판단되었다. 당연적 속성이라고 생각할 수 있는 후방추돌 시 '목 상해 저감' 기능이 당연적 속성과 매력적 속성의 혼합으로 나타난 이유는 '목 상해 저감' 기능을 비교적 신기술로 받아들이는 운전자의 인식이 반영된 것으로 보인다.

〈표 4〉 카노모델의 적용 결과

품질속성		A	O	M	I	R	Q	합계	CS	SI	DI	결과
앞좌석	시트 전·후 조절	5(4%)	35(25%)	98(70%)	2(1%)	0(0%)	0(0%)	140	45%	0.29	0.95	M
	시트 높이 조절	26(18%)	33(23%)	71(50%)	10(7%)	0(0%)	0(0%)	140	27%	0.42	0.74	M
	허벅지부 전·후 조절	83(59%)	14(10%)	13(9%)	28(20%)	2(1%)	0(0%)	140	39%	0.70	0.20	A
	허벅지부 높이 조절	75(53%)	13(9%)	3(2%)	45(32%)	3(2%)	1(1%)	140	21%	0.65	0.12	A
	머리받침대 전·후 조절	62(44%)	26(18%)	10(7%)	42(30%)	0(0%)	0(0%)	140	14%	0.63	0.26	A
	머리받침대 높이 조절	28(20%)	24(17%)	57(41%)	29(21%)	0(0%)	0(0%)	140	20%	0.38	0.59	M
	등받이 조절	5(4%)	31(22%)	102(72%)	2(1%)	0(0%)	0(0%)	140	50%	0.26	0.95	M
	동승석 조절	76(54%)	6(4%)	2(1%)	53(38%)	3(2%)	0(0%)	140	16%	0.60	0.06	A
	위치기억 기능	91(65%)	12(9%)	3(2%)	33(23%)	0(0%)	1(1%)	140	42%	0.74	0.11	A
	허리 지지대 조절	76(55%)	22(16%)	14(10%)	25(18%)	1(1%)	0(0%)	140	37%	0.72	0.26	A
	통풍 조절	99(70%)	16(11%)	7(5%)	18(13%)	0(0%)	0(0%)	140	57%	0.82	0.16	A
	난방 조절	59(42%)	27(19%)	38(27%)	14(10%)	2(1%)	0(0%)	140	15%	0.62	0.47	A
	등받이 마사지 기능	97(69%)	7(5%)	0(0%)	35(25%)	1(1%)	0(0%)	140	44%	0.75	0.05	A
	쿠션부 스트레칭	94(67%)	15(11%)	2(1%)	27(19%)	2(1%)	0(0%)	140	46%	0.79	0.12	A
	코너링 조절	96(68%)	8(6%)	2(1%)	29(21%)	4(3%)	1(1%)	140	47%	0.77	0.07	A
	목 상해 저감시스템	40(28%)	38(27%)	43(30%)	19(13%)	0(0%)	0(0%)	140	2%	0.56	0.58	C (M/A)
	운전석 전동 조절	101(72%)	14(10%)	5(4%)	19(13%)	1(1%)	0(0%)	140	59%	0.83	0.14	A
	동승석 전동 조절	95(67%)	5(4%)	4(3%)	33(23%)	2(1%)	1(1%)	140	44%	0.73	0.07	A
뒷좌석	시트 전·후 조절	85(60%)	18(13%)	8(6%)	27(19%)	2(1%)	0(0%)	140	41%	0.75	0.19	A
	허벅지부 전·후 조절	72(51%)	5(4%)	2(1%)	56(40%)	5(4%)	0(0%)	140	11%	0.57	0.05	A
	머리받침대 전·후 조절	82(58%)	7(5%)	6(4%)	43(30%)	2(1%)	0(0%)	140	28%	0.64	0.09	A
	머리받침대 높이 조절	47(33%)	20(14%)	37(26%)	35(25%)	1(1%)	0(0%)	140	7%	0.48	0.41	A
	등받이 조절	69(49%)	25(18%)	24(17%)	20(14%)	2(1%)	0(0%)	140	31%	0.68	0.36	A
	허리 지지대 조절	82(58%)	6(4%)	2(1%)	46(33%)	4(3%)	0(0%)	140	25%	0.65	0.06	A
	통풍 조절	91(65%)	17(12%)	2(1%)	28(20%)	2(1%)	0(0%)	140	45%	0.78	0.14	A
	난방 조절	73(52%)	22(16%)	21(15%)	22(16%)	2(1%)	0(0%)	140	36%	0.69	0.31	A
	전동 조절	90(64%)	5(4%)	2(1%)	36(26%)	7(5%)	0(0%)	140	38%	0.71	0.05	A
	시트백 폴딩	63(45%)	44(31%)	24(17%)	8(6%)	0(0%)	1(1%)	140	14%	0.77	0.49	A

* A: 매력적, O: 일원적, M: 당연적, CS: 범주강도, SI: 만족 지수, DI: 불만족 지수

(2) 뒷좌석의 분류 결과

뒷좌석의 경우 앞좌석과 달리 10개의 모든 속성들이 매력적으로 분류되었다. 이러한 결과는 앞좌석에서 당연히 있을 것으로 기대하는 기능들이 뒷좌석에 적용될 경우 고객만족이 크게 향상될 수 있음을 시사한다. 예를 들어 앞좌석에서 당연적 속성으로 분류된 '시트 전·후 조절' 기능과 '등받이 조절' 기능을 뒷좌석에 적용할 경우 만족지수(SI)가 각각 0.75와 0.68로 높게 나타났다. 따라서 이 속성들을 뒷좌석에 적용하면 고객만족을 크게 향상시킬 수 있을 것으로 예상된다.

품질의 이원론(Vargo 등, 2007) 관점에서 볼 때 매력적(또는 satisfiers) 속성보다 당연적(또는 dissatisfiers) 속성에 대한 고객의 기대치가 높은데, 본 연구에서는 이러한 사실을 확인하기 위해 앞좌석과 뒷좌석에 공통적으로 포함된 9개의 속성에 대해 무관심 빈도를 비교하였다. 무관심 빈도의 차이를 확인하기 위한 t-검정을 실시한 결과 뒷좌석 기능들의 무관심 빈도가 통계적으로 매우 유의하게 높은 것으로 나타났다. 이러한 결과는 뒷좌석에 대한 고객의 기대치가 앞좌석보다 상대적으로 낮은 것을 의미한다. 따라서 뒷좌석의 매력적 속성을 충족시키기 위한 투자를 고려하기 전에 앞좌석의 기본(basic) 속성들에 대한 충족이 선행되어야 한다.

〈표 5〉 범주강도(CS)의 분류 결과

유형		분류결과		
		0% ≤ CS ≤ 20%	20% 〈 CS ≤ 40%	40% 〈 CS
앞좌석	당연적	후방추돌 시 목 상해 저감(2%), 머리받침대 높이 조절 (20%)	시트 높이 조절(27%)	시트 전·후 조절(45%), 등받이 조절(50%)
앞좌석	매력적	머리받침대 전·후 조절 (14%), 난방 조절(15%), 동승석 조절(16%)	허벅지부 높이 조절 (21%), 허리지지대 조절(37%), 허벅지부 전·후 조절 (39%)	위치 기억 기능(42%), 동승석 전동 조절(44%), 등받이 마사지 기능 (44%), 쿠션부 스트레칭(46%), 코너링 조절(47%), 통풍 조절(57%), 운전석 전동 조절(59%)
뒷좌석	매력적	머리받침대 높이 조절 (7%), 허벅지부 전·후 조절 (11%), 시트 백 폴딩(14%)	허리지지대 조절(25%), 머리받침대 전·후 조절 (28%), 등받이 조절(31%), 난방 조절(36%), 전동 조절(38%)	시트 전·후 조절(41%), 통풍 조절(45%)

(3) 앞·뒤 좌석의 분류 결과 비교

앞좌석에서는 강한 당연적 속성인 '시트 전·후 조절(CS=45%)' 기능이 뒷좌석에서는 강한 매력적 속성(CS=41%)으로 바뀌었다. 이러한 결과는 뒷좌석의 '시트 전·후 조절' 기능이 아직 보편화되지 않은 현실이 반영된 결과이며, 이 기능이 뒷좌석에 도입될 경우 고객만족도가 크게 향상될 것으로 생각된다. 이와 유사한 현상은 '등받이 조절' 기능에서도 찾아볼 수 있다.

(4) 내·외국인의 분류 결과 비교

본 연구에서는 내국인과 외국인의 자동차 시트에 대한 인식의 차이를 추가적으로 고찰하였다. 분석 결과 외국인들은 앞좌석 조절 기능의 부가적 기능이라고 볼 수 있는 '허벅지부 높이 조절', '머리받침대 전·후 조절', '동승석 조절' 및 '동승석 전동 조절' 기능들에 대해 내국인들보다 상대적으로 무관심한 것으로 나타났다. 이러한 현상은 뒷좌석에서 더욱 두드러지게 나타났다. 이에 반해 외국인들은 앞좌석의 기본 기능(시트 전·후 조절, 시트 높이 조절, 등받이 조절)을 내국인들보다 상대적으로 더 당연하게 여기는 것으로 나타났으며, 특히 안전과 관련된 '목 상해 저감' 기능과 실용성을 고려한 뒷좌석의 '시트 백 폴딩 기능'을 내국인들보다 훨씬 더 당연한 속성으로 생각하였다.

4.2 쌍대비교에 의한 가중치 도출

〈표 6〉 쌍대비교에 의한 전동 조절 기능의 중요도 결과

품질속성	중요도
시트 전·후 전동 조절	0.44
등받이 전동 조절	0.31
시트 높이 전동 조절	0.18
허벅지 전동 조절	0.07

카노모델의 적용 분석 결과 앞좌석과 뒷좌석의 전동조절 기능에 대한 고객의 선호도가 높은 것으로 나타났다. 이러한 고객의 의견을 수용하면 만족도를 높일 수 있으나 재무적 제약으로 인해 전동 기능을 모두 다 설계에 반영하는 것은 현실적으로 무리가 있다. 따라서 비용효과를 고려하여 고객이 상대적으로 더 중요하게 여기는 속성들을 우선적으로 개선하는 것이 바람직하다. 이를 위해 본 연구에서는 쌍대비교법(Saaty, 1977)을 이용하여 주요 전동기능(시트 높이 및 전·후 길이, 등받이, 허벅지부 조절)에 대한 상대적 중요도를 분석하였다. 결과 분석에는

일관성 기준(CR≤0.2)을 통과한 55개의 응답만이 사용되었다. 〈표 6〉에 정리한 바와 같이 여러 전동조절 기능들 중 Kano 모델에서 당연적 속성으로 분류된 '시트 전·후 조절(CS=45%)' 기능을 소비자들이 가장 중요하게 생각하였다. 따라서 뒷좌석에 전동조절 기능을 도입할 경우 우선 시트 전·후 전동조절 기능을 우선적으로 고려해야 한다. 참고로 '등받이 조절'과 '시트 높이 조절' 기능도 모두 카노모델에서 당연적 속성으로 분류되었는데, 이들 속성도 그 다음으로 중요하게 나타났다.

5. 결론

지난 120여 년간 자동차 시트는 안락감, 안전성, 편의성, 고급감과 함께 다양한 편의기능을 갖춘 중요한 부분으로 성장하였으며, 자동차 OEM 및 시트 공급사들을 중심으로 고객의 높은 기대에 부응하기 위해 지속적인 기술발전을 거듭하여 왔다. 그러나 자동차는 운전자마다 선호하는 자세가 다르며 지리적 환경이나 도로 사정에 따라 운전 자세와 위치가 변하기 때문에 하나의 시트에 모든 운전자의 요구사항을 반영하는 것은 결코 쉬운 일이 아니다. 예를 들어 좁은 비탈길이나 눈 덮인 도로에서의 운전은 평상시와 다른 긴장된 자세를 요구하므로, 수시로 변하는 운전자의 요구사항을 충족하지 못할 경우 고객불만의 원인이 된다. 더욱이 자동차 시트의 외관과 성능이 많이 개선되었음에도 불구하고 운전자의 시트에 대한 만족도가 여전히 낮다는 Power(2012)의 보고서는 시트에 대한 운전자의 요구사항이 갈수록 다양해지며 복잡해지고 있다는 사실을 보여준다.

본 연구에서는 카노모델을 이용하여 자동차 시트의 중요한 17개 기능에 대한 고객의 인식도를 조사·분석하였다. 분석 결과 응답자들은 현재 앞좌석과 뒷좌석의 조절기능을 다르게 인식하고 있었다. 예를 들어 '등받이 조절'과 '시트 전·후 조절' 기능은 앞좌석에서는 당연적 속성이지만 뒷좌석에서는 매력적 속성으로 분류되었다. 그러나 전동조절 기능들은 앞·뒤 좌석 모두 매력적 속성으로 나타났다. 또한 외국인들은 안전 기능이나 실용적 기능을 내국인들보다 훨씬 더 당연하게 여기는 것으로 나타났다. Berger 등(1993)이 제안한 만족/불만족지수와 Lee와 Newcomb(1997)이 제안한 범주강도(CS)의 개념을 적용하여 동일한 유형(당연적, 일원적, 매력적)의 속성이라도 만족과 불만족에 상대적으로 더 강한 영향을 미치는 속성들을 파악할 수 있었다.

본 연구의 결과는 자동차 시트의 설계 개선 및 투자 우선순위 결정에 유용한 정보가 될 것으로 기대된다. 아울러 보다 신뢰성 있는 결과를 도출하기 위해서는 본 연구에서 소개한 설문방법을 국적별, 차종별, 만족수준별로 나누어 분석할 필요가 있을 것으로 생각된다.

참고문헌

- Berger, C., Blauth, R., Boger, D., Bolster, C., Burchill, G., DuMouchel, W., Pouliot, F., Richter, R., Rubinoff, A., Shen, D., Timko, M., and Walden, D., (1993), "Kano's methods for understanding customer-defined quality", Center for Quality of Management Journal, Vol. 2, No. 4, pp. 2–36.
- Farmer, C. M., Wells, J. K., & Lund, A. K., (2003), "Effects of head restraint and seat redesign on neck injury risk in rear-end crashes", Traffic injury prevention, Vol. 4, No. 2, pp. 83–90.
- Harrison, D. D., Harrison, S. O., Croft, A. C., Harrison, D. E., and Troyanovich, S. J., (2000), "Sitting biomechanics, part II: Optimal car driver's seat and optimal driver's spinal model", Journal of Manipulative and Physiological Therapeutics, Vol. 23, No. 1, pp. 37–47.
- Jang, H. Y., Song, H. G., and Park, Y.T., (2012), "Determining the importance values of quality attributes using ASC", Journal of Korean Society of Quality Management, Vol. 40, No. 4, pp. 589–598.
- J.D. Power, (2012), "2012 U.S. seat quality and satisfaction study results", Accessed August 22, http://www.jdpower.com.
- Kano, N., Seraku, N., Takahashi, F. and Tsjui, S., (1984), "Attractive quality and must-be quality", Hinshitsu, Vol. 14, No. 2, pp. 147–56.
- Kim, M. H., Song, H. G., and Park, Y.T., (2013), "Comparing the questionnaires for classifying quality attributes in the Kano model", Journal of Korean Society of Quality Management, Vol. 41, No. 2, pp. 589–598.
- Kolich, M, (2008), "A conceptual framework proposed to formalize the scientific investigation of automobile seat comfort", Applied Ergonomics, Vol. 39, No. 1, pp. 15–27.
- Kim, Y. S., Park, Y. T., Suh, Y. H., Yoo, W. J., Yoo, H .J., (1999), Total Quality Management, Park-Young-Sa.
- Lee, M. C., Newcomb, J. F., (1997), "Appling the Kano methodology to meet customer requirements: NASA's microgravity science program", Quality Management Journal, Vol. 4, No. 3, pp. 95–106.
- Lofgren, M. and Witell, L., (2008), "Two decades of using Kano's theory of attractive quality: a literature review", Quality Management Journal, Vol. 15, No. 1, pp. 59–75., ASQ.
- Saaty, T.L., (1977), "A scaling method for priorities in hierarchical structure", Journal of Mathematical Psychology, 15:234–81.
- Song, H. G. and Park, Y.T., (2012), "Wordings of the Kano model's questionnaire", Journal of Korean Society of Quality Management, Vol. 40, No. 4, pp. 453–466.
- Vargo, S.L., Nagao, K., He. Y. and Morgan. F.W., (2007), "Satisfiers, dissatisfiers, criticals, and neutrals: A review of their relative effects on customer (dis)satisfaction", Academy of Marketing Science Review, Vol. 11, No. 2, pp. 1–13.

11장
다구찌 품질공학

"뿌리깊은 나무는 바람에 흔들리지 아니하니," 훈민정음으로 쓴 최초의 작품인 용비어천가의 내용 중 가장 잘 알려진 구절이다. 다구찌의 사상을 이에 비유해 설명하면 바람은 '노이즈'이고 뿌리깊게 심는 것은 '강건설계'이다. 노이즈인 바람을 원천적으로 제거하는 것은 불가능하거나 돈이 많이 들어가므로, 노이즈는 그대로 두고 그 대신 노이즈에 영향을 적게 받도록 뿌리를 깊게 심자는 것이다.

11.1 손실함수

(1) 손실함수의 개념

다구찌 겐이치(田口玄一, 1924~2012)는 종래의 방법과 다른 관점에서 품질을 보고, 품질을 향상시키기 위해 전통적인 접근방법과는 다른 각도로 접근할 것을 주장하였다. 다구찌 방법의 핵심은 두 가지로 볼 수 있는데 그것은 '손실함수(loss function)'와 '강건설계(robust design)'이다. 먼저 손실함수에 대해 살펴보자.

손실함수가 무엇인지 이해하기 위해서는 우선 품질에 대한 기존의 개념과 다구찌의 개념이 어떻게 다른지 살펴볼 필요가 있다. 전통적으로 품질은 고객을 만족시키는 바람직한 속성이라고 정의되었다. 그러나 다구찌는 품질을 '손실'이라는 관점에서 바라보고 손실을 줄여야만 더 좋은 품질을 얻을 수 있다고 보았다. 다구찌는 "품질이란 물품이 출하된 다음 사회에 주는 손실이며, 다만 기능 그 자체에 따른 손실은 제외된다"라고 정의하고 있다. 여기서 손실이란 제품이 완전하지 못함으로써 발생하는 낭비나 비용 또는 잠재적인 손해 등을 모두 포함한다. 다구찌는 이러한 자신의 관점을 설명하기 위해 다음과 같은 예를 들고 있다.

와이셔츠를 깨끗이 입으려면 세탁을 하거나 다림질을 해야 한다. 사람들은 보통 와이셔츠를 약 80회 정도 세탁하여 입은 후 버린다고 한다. 현재 세탁을 맡기면 1회에 약 4천 원 정도가 든다. 한 벌의 와이셔츠 세탁비는 32만 원이라는 결과가 된다. 만약 오염이나 구김을 절반으로 줄여주는 새로운 와이셔츠가 개발된다면, 그것은 소비자의 세탁비 부담을 16만 원 덜어준다. 이 새로운 와이셔츠의 제조원가가 1만 원 더 높더라도 그것을 2만 원 더 비싸게 팔면 제조자는 1만 원의 이익을, 소비자는 14만 원의 이익을 누리게 된다. 그뿐 아니라 세탁횟수가 절반으로 줄어들기 때문에 세탁 후의 더러워진 물이나 세탁시의 소음도 절반이 된다. 결국 공해를 반감시키고 물이나 세제 등의 자원도 절반만 소요된다.

다른 예로 제약회사에서 새로운 수면제를 개발했을 때 이 약이 수면제로서의 효능이 탁월하다고 할지라도 많은 부작용이 있다면 그것을 손실이라고 볼 수 있다. 수면제의 경우와 같이 해로운 부작용이 발생하는 것 이외에도 제품에 대한 소비자의 사용상 요구가 만족되지 못하거나 제품이 이상적인 성능을 발휘하지 못하는 것도 손실로 볼 수 있다.

기존 관점과 다구찌 관점의 차이를 좀 더 구체적으로 살펴보기 위해, 생산한 제품에 대한 양/불량의 판정에 따라 발생하는 손실을 생각해 보자. 전통적 기준에 따르면 생산품의 특성치가 규격상한과 규격하한의 사이에 들어가면 양품(합격품), 규격 허용범위를 벗어나면 불량품(불합격품)으로 판정한다. 예를 들어 지름 10㎝인 포탄을 생산할 때 규격하한이 10−0.02=9.98㎝, 규격상한이 10+0.02=10.02㎝라고 한다면 생산된 포탄의 지름이 9.98㎝와 10.02㎝ 사이에 들어가면 합격, 9.98㎝보다 작거나 10.02cm보다 크면 불합격으로 처리한다.

이러한 전통적 관점으로 볼 때 규격하한과 규격상한 사이에 들어간 양품은 비용(즉, 손실)을 발생시키지 않지만 그 사이를 벗어난 불량품은 폐기비용이나 수리비용과 같은 비용을 발생시키므로 생산자에게 손실이 된다. 따라서 생산자는 어떻게 하든지 규격범위 내에 들어가는 제품을 만드는 것을 목표로 한다. 이것은 마치 축구경기에서 공을 골대 안에만 넣으면 점수로 인정되는 것과 같으므로 '골대(goal post) 모형'이라고도 한다. 〈그림 11.1〉은 손실에 대한 이러한 전통적 관점을 나타낸다.

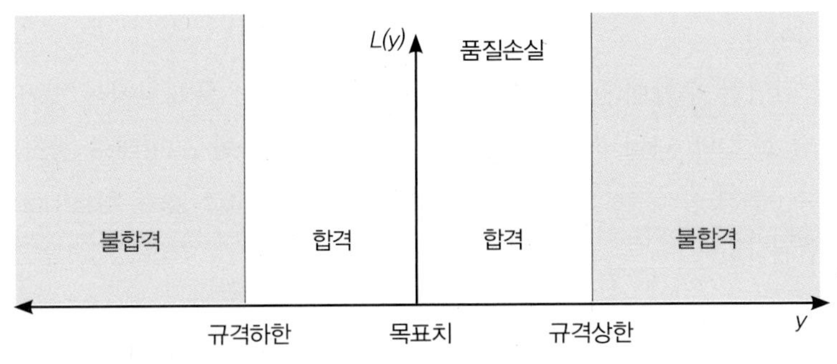

〈그림 11.1〉 전통적 손실함수

전통적인 골대모형의 관점에서 한 가지 생각해 볼 점은 "골대 안의 어느 부분에 속하더라도 손실이 없다는 것이 현실적으로 타당한가" 하는 문제이다. 축구라면 그렇지만 규격에 맞추어야 하는 품질경쟁에서는 그렇지 않다. 앞서 예로 든 포탄의 직경 문제를 생각해 보자. 생산품의 오차가 허용치를 경계로 한쪽은 전혀 손실이 없고 다른 한쪽은 상당한 손실이 발생한다는 것은 납득하기 힘들 것이다.

다구찌의 관점으로 볼 때는 생산한 제품이 목표치를 정확하게 충족시키지 않는 이상 그 제품은 손실을 발생시킨다. 전통적 관점에서는 생산한 제품이 불량품으로 판정되지만 않으면 폐기비용이나 수리비용 등을 발생시키지 않으므로 생산자에게 손실이

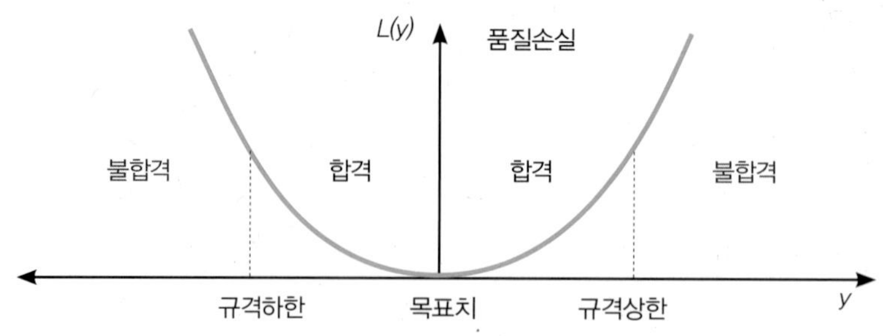

〈그림 11.2〉 다구찌의 2차함수형 손실함수

생기지 않는다. 그러나 품질특성치가 규격범위 내에 있다고 하더라도 목표치와 일치하지 않으면 고객에게 불편을 야기하는 등의 다른 손실을 수반한다.

예를 들어 고객이 와이셔츠를 입을 경우, 목둘레나 소매 길이가 원하는 치수보다 다소 크거나 작은 것을 입을 수는 있어도 고객들은 자기가 원하는 정확한 치수를 보다 선호한다. 따라서 생산자는 규격범위 내에 들어가는 것을 목표로 하지 말고 목표치에 정확히 맞추려고 노력해야 한다. 〈그림 11.2〉는 손실에 대한 이러한 다구찌의 관점을 나타낸 것이다.

다구찌는 간단한 수학이론을 이용하여 제품의 특성치가 목표치에서 벗어나면 벗어날수록 〈그림 11.2〉에 나타낸 것과 같이 손실은 대략 2차함수 형태로 증가한다고 주장하였다. 다구찌가 주장한 '2차함수형 손실함수(quadratic loss function)'는 다음과 같이 표현된다.

$$L(y) = k \cdot (y-m)^2$$

여기서 $L(y)$ = 손실의 크기
k = 품질손실계수(상수)
m = 품질특성의 목표치
y = 생산된 제품의 품질특성치

이 식은 손실의 크기 $L(y)$가 목표치를 벗어난 오차 $(y-m)$의 제곱에 비례한다는 것을 의미한다. 다구찌는 미적분학에서 미분가능한 함수를 다항식의 형태로 나타내는 테일러급수(Taylor series) 전개를 이용해 손실함수의 근사식을 다음과 같이 구하였다.

$$L(y) = f(y-m)$$

$$= L(m) + \frac{L'(m)}{1!}(y-m) + \frac{L''(m)}{2!}(y-m)^2 + \cdots$$

$(L(m) = 0,\ L'(m) = 0$이므로)

$$\approx k \cdot (y-m)^2$$

다구찌는 자신이 제안한 손실함수가 전통적 관점에 비해 더 현실적이라는 것을 설명하기 위해 〈그림 11.3〉과 같은 TV 색상밀도의 분포를 예로 들었다.

소니의 일본 도쿄공장(Sony-Japan)에서 만든 TV는 색상밀도가 허용오차를 벗어난 D등급도 조금 있었으나 대부분이 목표치에 근접하는 A등급이었다. 이에 반해 미국 샌디에이고공장(Sony-USA)의 생산품은 전량 모두 규격범위 내에 들어가기는 하였으나 색상밀도의 분포가 규격범위 내에 골고루 퍼져 있는 일양(uniform)분포의 형태를 취하고 있었기 때문에 A, B, C등급품의 비율이 비슷하게 나왔다.

미국공장에서 생산된 제품은 전량 규격을 충족시키는 양품이지만 실제로 소비자들은 불량품이 조금 나오더라도 생산된 제품의 대부분이 A등급품인 일본공장의 제품을 더 선호하였다고 한다. 불량이 나오지 않는 미국공장 제품보다 불량이 나오는 일본공장 제품을 더 선호한다는 사실은 전통적 개념으로는 설명할 수 없는 것이다. 이것은 규격범위 내에 들어가기만 하면 손실이 전무하다고 간주하는 전통적 손실함수의 개념보다 규격범위 내에 있다고 하더라도 목표치와 완전히 일치하지 않으면 손실이 존재한다고 보는 다구찌의 손실함수가 더 큰 효용을 갖고 있음을 보여주는 것이다.

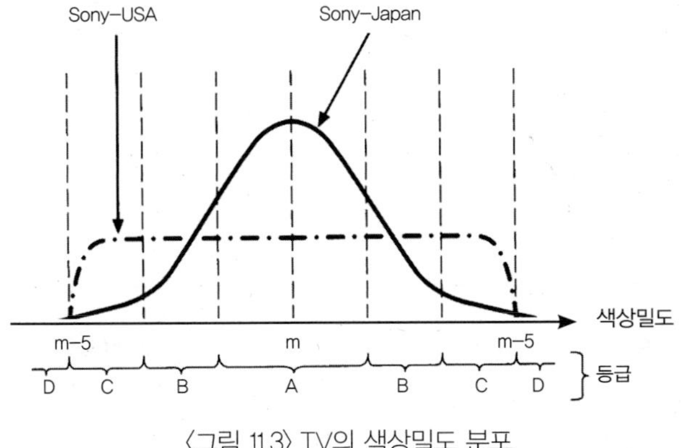

〈그림 11.3〉 TV의 색상밀도 분포

(2) 손실함수의 유형

앞의 예에서는 품질특성치가 목표치보다 크지도 작지도 않아야 바람직한 경우를 나타낸 것이다. 그러나 모든 경우가 그런 것은 아니다. 제품의 품질특성은 보통 망목(望目), 망소(望小), 망대(望大) 특성의 세 가지로 구분된다.

- 망목특성 : 제품의 길이, 무게, 두께 등과 같이 목표치가 주어진 경우 품질특성치가 목표치에 가까울수록 좋은 특성을 말한다. 망목특성 중에서 손실의 방향에 따라 크기가 다른 비대칭 망목특성이 있을 수 있다. 예를 들어 신발의 치수는 목표치에 가까울수록 좋으므로 망목특성이지만 원하는 치수보다 조금 큰 신발은 조금 작은 신발보다 불편이 덜하다. 이처럼 목표치에 모자라서 발생하는 오차와 목표치를 넘어서서 발생하는 오차가 초래하는 손실의 크기가 다를 경우에는 비대칭 망목특성이 된다.
- 망소특성 : 배기가스량, 마모량, 처리시간, 불순물의 함량, 균열, 소음 등과 같이 특성치의 값이 작으면 작을수록 좋은 특성을 말한다.
- 망대특성 : 인장강도, 접착강도, 사용수명, 효율, 내구성 등과 같이 크면 클수록 좋은 특성을 말한다.

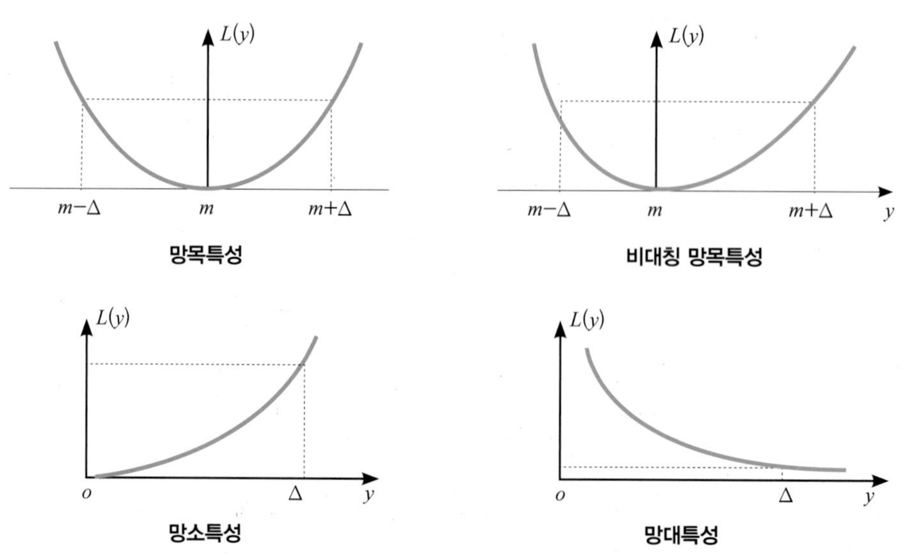

〈그림 11.4〉 손실함수의 유형

11.2 강건설계

(1) 강건설계의 개념

'강건설계(Robust Design)'의 개념을 이해하기 위해서는 먼저 '노이즈(noise, 잡음)'의 개념을 알아둘 필요가 있다. 노이즈란 제품특성에 변동을 초래하는 원인으로서 통제가 불가능하거나 통제가 가능하다고 하더라도 이를 통제하기 위해서는 지나치게 많은 돈이 들어가는 경우를 말한다. 일반적으로 잡음은 다음과 같은 3가지 종류로 나눌 수 있다.

- 외부잡음(Outer Noise) : 온도, 습도, 기압 등과 같은 외부 사용 환경조건 등에 의한 제품특성의 변동
- 내부잡음(Inner Noise) : 제품사용에 따라 발생하는 마모나 열화 등에 의한 제품특성의 변동
- 제품 간 잡음(Between Product Noise) : 작업자, 재료, 작업조건 등과 같이 제조상의 문제 때문에 발생하는 제품 간의 특성 불균일

강건설계란 제품의 특성이 노이즈에 둔감하도록(즉, 노이즈에 의한 영향을 받지 않거나 덜 받도록) 설계하자는 개념이다. 다구찌의 강건설계를 설명하기 위해 잡음에 대한 기존의 접근방법과 다구찌의 접근방법이 어떻게 다른지 살펴보기로 하자.

기존에는 제품에 변동을 일으키는 노이즈가 존재하면 그 노이즈를 제거하거나 차단하기 위해 생산공정을 재설계하는 것이 보통이었다. 이럴 경우 문제의 원인을 제거한다는 면에서 바람직해 보일 수도 있으나 실제로는 재설계에 의한 고비용이 문제가 된다. 이에 반해 강건설계의 개념은 노이즈는 그대로 두고 노이즈에 의한 영향을 없애거나 줄일 방법을 찾자는 것이다. 다음의 예는 노이즈에 둔감한 강건설계의 개념을 적용할 경우 전통적 접근방법보다 비용이 더 적게 드는 것을 보여준다.

일본의 한 타일회사는 가마 안에서 구워져 생산되는 타일에 치수불량이 많이 발생하는 문제로 고민을 하고 있었다. 똑같은 크기의 타일을 가마 속에 넣더라도, 구워져 나온 타일의 크기가 균일하지 않아서 많은 양을 치수불량으로 폐기해야 했다. 가마 내의 온도분포가 균일하지 않기 때문에 굽는 위치에 따라 타일의 변형율이 달라지는

것이 문제라는 것을 알았다. 손쉽게 생각할 수 있는 해결책은 가마 내의 온도가 균일하게 되도록 가마 자체를 재설계하는 것이었다. 이 방법은 장기적으로 볼 때 기존방식보다 비용이 덜 들지 모르지만 가마의 재설계 비용이 많이 든다.

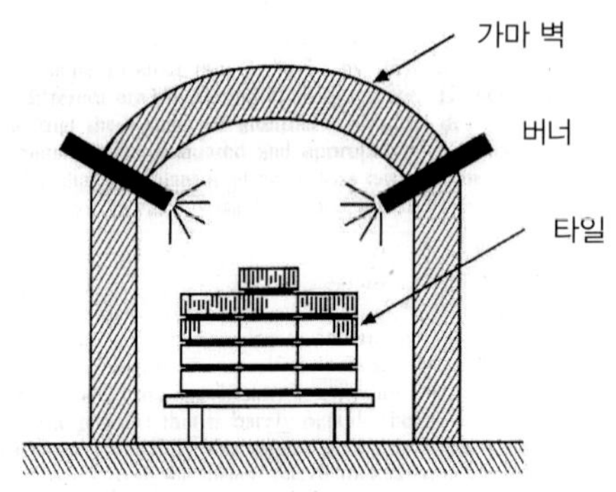

〈그림 11.5〉 가마의 형태

이 문제의 해결에 나선 품질개선팀은 가마를 재설계하지 않고도 문제를 해결할 방법을 모색하였다. 타일 내의 석회석 성분 비율을 약간 변경하면 온도차에 의한 영향을 덜 받는다는 것을 알아내었다. 이 방법은 비용이 적게 들면서도 가마를 재설계하는 것 못지않게 그 효과가 좋았다. 〈그림 11.6〉은 개선 전·후의 타일 치수를 비교한 것이다.

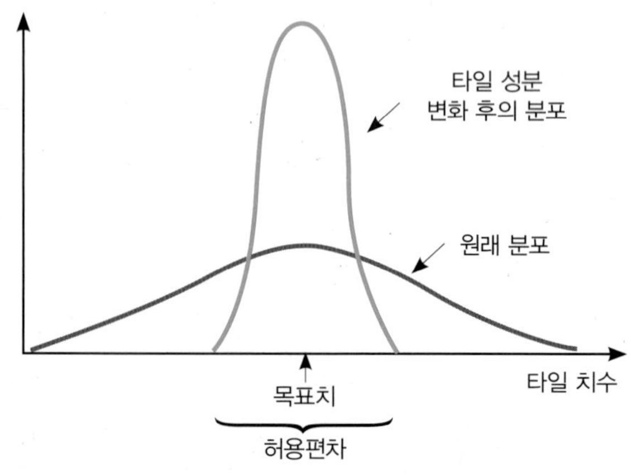

〈그림 11.6〉 타일 치수의 분포

(2) 강건설계의 절차

노이즈에 둔감한 강건설계의 실현을 위해 다구찌는 다음과 같은 3단계 절차를 제시하고 있다.

〈그림 11.7〉 강건설계의 3단계 절차

① 시스템설계(System Design)

이상적인 조건 하에서 고객의 요구를 충족시키는 제품 원형(prototype)을 설계하는 단계로서 기술, 공정, 재료, 잠정적인 파라미터값 등을 선정하는 것이 포함된다. 개념설계(Concept Design)라고도 한다.

② 파라미터설계(Parameter Design)

다구찌방법의 핵심적인 부분으로서 노이즈에 둔감하도록 파라미터의 수준(즉, 설계변수의 값)을 결정하는 단계이다. 파라미터설계의 개념을 이해하기 위해 〈그림 11.8〉에 나타낸 '파라미터 다이어그램(P-diagram)'을 보자.

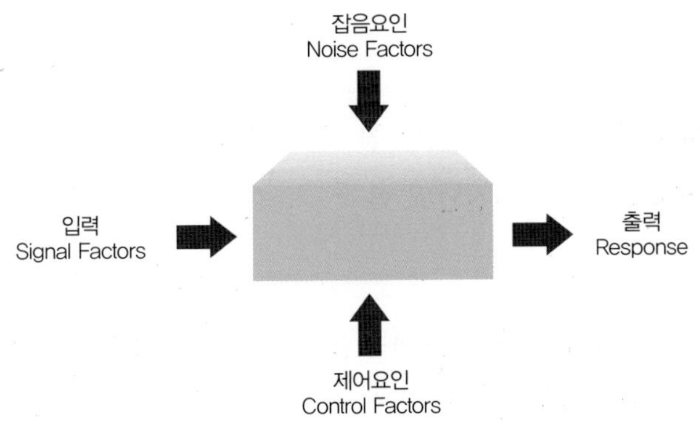

〈그림 11.8〉 파라미터 다이어그램

실내 냉방시스템 설계를 예로 들면 파라미터 다이어그램의 각 요소는 다음과 같다.

- 입력(signal factors) : 온도조절 장치에 입력한 희망온도
- 출력(response) : 실제 실내온도
- 잡음요인(noise factors) : 외부온도, 실내에 있는 사람 수, 창문의 개폐 여부 등과 같이 설계자가 통제할 수 없는 파라미터
- 제어요인(control factors) : 에어컨의 용량, 설치 위치, 단열재의 재질 등과 같이 설계자가 결정할 수 있는 설계 파라미터(design parameters)

파라미터설계란 잡음요인에 영향을 적게 받도록 제어요인을 선택하고 선택된 제어요인의 값을 결정하는 것이다. 앞서 설명한 타일 치수불량 문제에서는 제어요인으로 석회석 성분의 비율을 선택하고 최적 비율을 결정한 것이다.(일반적으로 제어요인은 여러 개이다. 타일치수 문제에서도 석회석의 성분 비율은 여러 제어요인 중의 하나이다.)

파라미터설계에 고려되는 제어요인들의 최적수준을 결정하기 위해서는 많은 실험이 필요하다. 예를 들어 5개의 제어요인에 대해 각각 3개의 수준을 고려한다면 최적 수준의 조합을 결정하기 위해서는 모두 243(=3^5)회의 실험이 필요하다.

이처럼 많은 실험을 하는 것이 현실적으로 불가능하기 때문에 다구찌 방법에서는 직교배열(orthogonal arrays)을 이용하여 비교적 적은 횟수의 실험으로 최적해에 가까운 해결책을 도출한다.

제어요인의 최적조합 결정에는 다음과 같은 SN비(signal-to-noise ratio)가 이용된다.

$$SN\text{비} = \frac{\text{신호입력이 출력에 전달된 힘}}{\text{노이즈가 출력에 전달된 힘}} = \frac{\text{신호의 힘}}{\text{노이즈의 힘}}$$

노이즈의 영향력이 작아질수록 SN비가 커지므로 더 강건한(robust) 설계가 된다. SN비의 계산공식은 품질특성의 종류(망목, 망대, 망소)별로 다르다.

③ 허용차설계(Tolerance Design)

파라미터설계가 끝나고 나면 제어요인들의 허용오차를 결정해야 한다. 출력변수에

영향을 많이 미치는 주요 제어인자들을 확인하고 이들에 대해서는 상대적으로 엄격하게 허용차를 관리할 필요가 있다.

11.3 품질공학

품질손실을 최소화하기 위해 수행하는 모든 관리활동의 체계를 '품질공학(Quality Engineering)'이라고 한다. 〈그림 11.9〉에 나타낸 것처럼 품질공학은 제품이 제조라인에 투입되기 이전의 강건설계와 제조라인에 투입된 이후의 통계적 공정관리 모두를 포함하는 개념이다.

원류관리의 관점에서 볼 때 제품이 제조단계에 투입되기 이전의 오프라인 품질관리가 제조라인상에서 이루어지는 온라인 품질관리보다 훨씬 더 중요하다.

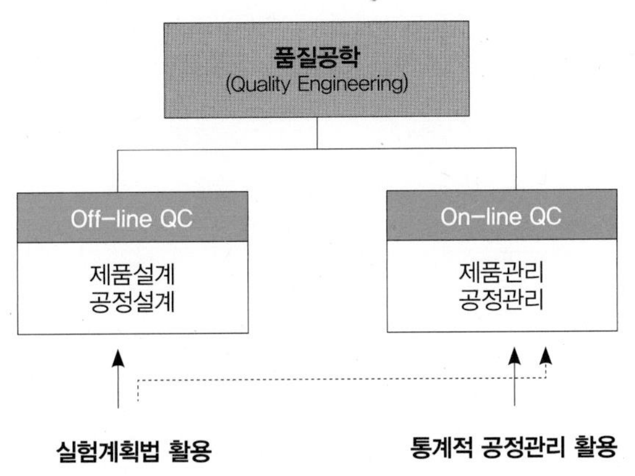

〈그림 11.9〉 품질공학의 개요

연간 매출액이 1조 원이 넘는 우리나라의 대표적 중견기업인 휴맥스의 최고경영자는 국내 한 경제신문과의 인터뷰에서 디지털 셋톱박스에 대한 자신의 사업경험을 다음과 같이 토로한 적이 있다(임도원, 2007).

처음에는 잘 나갔지요. 당시 국내에는 수요가 없어 유럽 시장을 노렸는데 1996년 처음 수출에 성공했죠. 3개월 만에 수출액이 3천만 달러에 달했어요. '대박이다' 싶었

는데 이게 웬걸, 다음 해에 절반이 반품돼 들어온 거예요. 1년 내내 고장 난 제품 고치러 돌아다니느라 시간 다 보냈어요. 벤처기업의 착각 중 하나가 '자본은 없어도 기술력은 뛰어나다'는 거예요. 우리도 예외가 아니었고, 실상은 기술력도 모자랐던 거지요. 날씨가 조금만 안 좋아도 수신이 안 되니 누군들 좋아하겠어요. 반품이 들어온 제품들을 수리하면서 단점을 보완한 신제품을 개발해 1997년 말에 내놨어요. 그런데 이 제품이 히트를 쳤어요. 아마 몇 달만 늦게 나왔어도 망했을 텐데, 품질이 안정되면서 고객이 갈수록 늘어났지요. 이후 꾸준히 신제품을 내놓으면서 차츰 업계를 선도하는 업체로 부상한 거죠.

그의 경험담은 품질이 사업의 흥망을 좌우한다는 것을 잘 보여준다. "날씨가 조금만 안 좋아도 수신이 안 되니 누군들 좋아하겠어요"라는 그의 말을 상기해보자. 날씨라는 환경 노이즈에 둔감하도록 강건설계를 하지 못했기 때문에 큰 위기를 겪었다는 것이다.

참고문헌

- 박영택(1994), "품질의 현대적 의미", 품질경영학회지, 22권 2호, pp.177-192.
- 임도원(2007), "CEO들의 세상사는 이야기: 변대규 휴맥스 사장", 한국경제신문, 3월 2일.
- Phadke, M.S.(1989), Quality Engineering Using Robust Design, Prentice Hall.
- Taguchi, G. and Clausing, D.(1990), "Robust Quality", Harvard Business Review, January-February, pp.65-75.

IV부
통계적 품질관리와 신뢰성

12장

통계적 사고와 방법

수리통계학을 정립한 영국의 수학자 칼 피어슨은 "통계는 과학의 문법"이라고 했지만 영국의 수상을 지낸 벤저민 디즈레일리는 "이 세상에 3가지 종류의 거짓말이 있다 - 거짓말, 새빨간 거짓말, 그리고 통계"라고 했다. 이것은 잘 쓰면 약이지만 잘못 쓰면 독이 되는 통계의 양면성을 표현한 것이다.

12.1 통계의 기본적 척도

(1) 대푯값

우리나라 1인당 국민총소득(GNI)은 2천 5백만 원이 조금 넘는다고 한다. 이것을 4인 가족 기준으로 환산하면 연소득이 1억 원을 넘어선다는 의미인데 대다수 사람들은 이를 사실로 받아들이기 힘들 것이다. 통계로 나타난 1인당 국민소득이 우리의 인식과 상당한 차이를 보이는 가장 큰 이유는 부의 편재(偏在) 현상 때문이다. 다음 예를 통해 이를 설명해 보자.

2012년 총선에 출마한 927명의 국회의원 후보들의 평균 재산은 약 40억 원 정도로 나타났다. 이들 중 가장 큰 재력가 한 사람의 개인 재산은 나머지 후보들 모두의 재산 총액보다 더 많기 때문에 최고 재력가 1인만 제외하면 총선 후보들의 평균 재산이 통계치의 절반 이하로 떨어진다. 이처럼 다른 데이터 값들과 현저하게 떨어진 이상치(outlier)가 있거나 데이터의 쏠림 현상이 있을 때에는 평균값이 일반적 인식과는 상당히 차이날 수 있다.

통계에서 모집단의 특성을 하나의 수치로 나타낸 값을 대푯값이라고 한다. 우리는 보통 대푯값으로서 평균값을 사용하지만 앞서 설명한 예는 평균값이 대푯값으로서 적절하지 못한 경우가 있다는 것을 보여준다. 일반적으로 대푯값으로 사용되는 척도에는 다음과 같은 3가지가 있다.

① 평균값(mean)

우리가 일반적으로 사용하는 단순 산술평균으로서 통계적 분포에 치우침이나 이상치가 없을 때 대푯값으로서 적합하다.

② 중앙값(median)

데이터 값들을 크기순으로 정렬했을 때 정중앙에 위치하는 값을 말하며 통계적 분포에 치우침이나 이상치가 있을 경우 대푯값으로서 적합하다.

③ 최빈값(mode)

데이터 중 출현 빈도가 가장 많은 값을 말한다.

2010년 기준의 통계청 자료에 따르면 우리나라 가구당 평균 구성원 수는 2.7명이며, 구성원 수의 비율은 1인 가구 23.9%, 2인 가구 24.3%, 3인 가구 21.3%, 4인 가구 22.5%, 5인 이상 가구가 8.1%로 나타났다. 이 경우 가구당 구성원 수의 평균값은 2.7명이지만 최빈값은 구성원 비율이 가장 높은 2명이 된다.

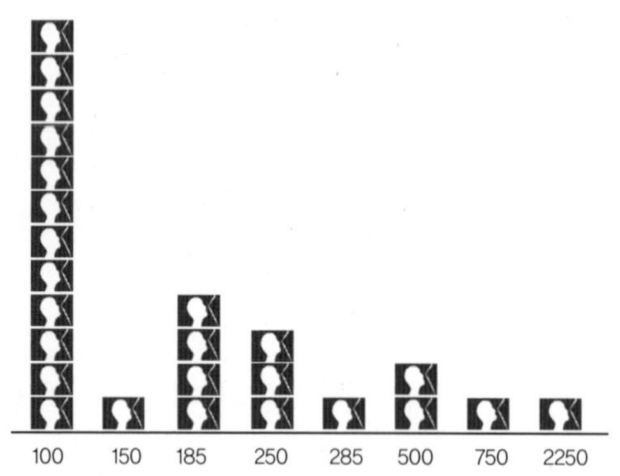

〈그림 12.1〉 월평균 소득수준의 가상 데이터(단위: 만 원)

이상과 같은 3가지 종류의 대푯값을 설명하기 위해 어떤 직장에 근무하는 25명의 직원들의 월급을 가상적으로 나타낸 〈그림 12.1〉을 보자. 이 그림에 따르면 조사된 25명 중 최하 월급인 100만 원을 받는 사람이 무려 10명이나 되지만 최고 2천 250만 원의 월급을 받는 사람도 있다.

이 데이터를 가지고 평균값을 계산하면 285만 원이 되므로 이 직장의 월평균 급여는 285만 원이 된다. 그러나 중앙값은 월급 수준이 중간(즉, 25명 중 13번째)에 위치한 150만 원이 된다. 또한 월급이 100만 원인 사람이 가장 많으므로 최빈값은 100만 원이 된다.

(2) 산포도(散布度)

산포도란 대푯값을 중심으로 데이터 값들이 얼마나 흩어져 있는지를 나타내는 척도이다. 산포도의 척도 중 가장 간단한 것은 최댓값과 최솟값의 차이를 나타내는 '범위(range)'이다. 그러나 이상치가 존재할 경우 이것이 범위에 큰 영향을 미치기 때문에 통계적 방법에서는 산포도의 척도로서 범위 대신 '표준편차(standard deviation)'를 널리 사용하고 있다. 여기서 '편차(deviation)'란 평균값과의 차이를 의미한다. 즉, 데이터 값이 평균값에서 많이 떨어져 있을수록 편차는 커진다. 통계 분야에서는 편차 제곱의 평균을 '분산(variance)'이라고 하고, 분산의 제곱근을 표준편차라 한다.

일반적으로 어떤 모집단에서 추출한 샘플들을 측정한 데이터의 대푯값(즉, 중심치)과 이들이 대푯값을 중심으로 흩어져 있는 정도를 나타내는 산포도를 알면 대략 모집단의 분포를 짐작할 수 있다. 이 때문에 통계적 방법에서는 기본적으로 대푯값과 산포도를 먼저 계산한다.

(3) 치우침

일반적으로 대푯값과 산포도를 알면 모집단의 분포 형태를 어느 정도 짐작할 수 있지만 그렇지 않는 경우도 있다. 〈그림 12.2〉에 나타낸 두 분포는 모양이 매우 다르지만 평균값과 표준편차는 동일하다. 왼쪽의 분포는 치우침이 없는 좌우 대칭형이지만 오른쪽의 분포는 봉우리가 왼쪽으로 많이 치우쳐 있다.

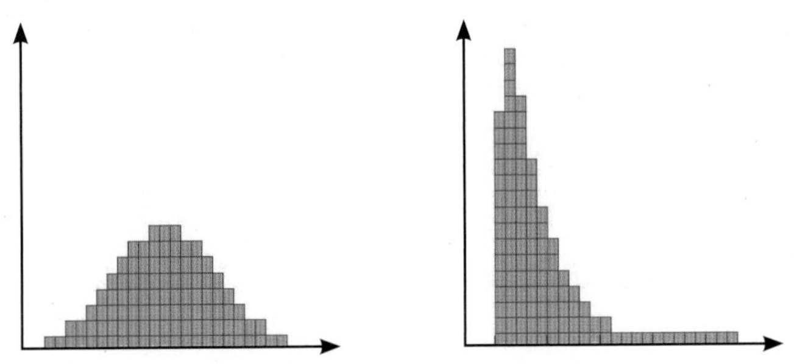

〈그림 12.2〉 평균과 표준편차가 동일한 두 분포

따라서 모집단의 특성을 잘 이해하려면 대푯값과 산포도뿐 아니라 치우침(bias)도 알아야 한다. 대푯값과 산포도 및 치우침을 쉽게 알 수 있도록 한눈에 보여주는 그래프가 다음에 설명할 박스플롯이다.

12.2 박스플롯

(1) 박스플롯의 개념

'박스플롯(Box Plot)'을 좀 더 정확히 표현하면 '상자 수염 그림(Box and Whisker Plot)'이라고 하는데 그 이유는 그림의 모양이 상자 아래와 위로 수염을 붙인 것 같기 때문이다. 이제부터 박스플롯의 구성 원리를 차근차근 살펴보자.

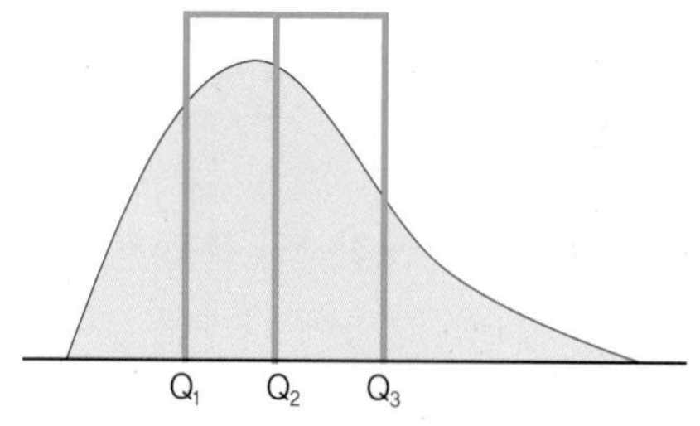

〈그림 12.3〉 박스플롯의 개념(1)

〈그림 12.3〉에서 Q_1, Q_2, Q_3는 데이터를 크기순으로 정렬했을 때 이를 사등분하는 경계값인 사분위수(四分位數)를 나타낸다. 여기서 Q_1 이하의 면적, Q_1에서 Q_2 사이의 면적, Q_2에서 Q_3 사이의 면적, Q_3 이상의 면적이 모두 전체 면적의 25%로 동일하므로 Q_2는 앞서 설명한 중앙값이 된다.

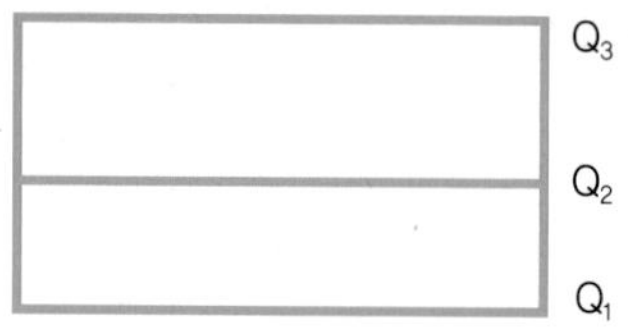

〈그림 12.4〉 박스플롯의 개념(2)

〈그림 12.4〉는 〈그림 12.3〉의 상자 부문을 반시계 방향으로 90도 회전시킨 그림이다. 두 개의 상자가 붙어 있는 것과 같은 모양의 이 그림은 마치 여닫이문을 문틀에

고정하는 경첩과 같은 모양을 하고 있다. 여기서 두 상자가 맞닿은 Q_2(즉, 경첩이 접히는 부분)는 중앙값이다. 또한 Q_2를 기준으로 모집단의 분포를 상반부와 하반부로 나누면, Q_1(1사분위수)은 하반부의 중간값, Q_3(3사분위수)는 상반부의 중간값이 된다.

만약 모집단의 분포 형태가 중앙값 Q_2를 중심으로 좌우 대칭이라면 윗상자와 아랫상자의 높이가 같아지는 데 반해 모집단의 분포 형태의 치우침이 클수록 두 상자의 높이 차가 커진다.

박스플롯에서는 어떤 데이터가 다른 많은 데이터로부터 상당히 떨어져 있을 경우, 이 데이터가 이상치(異常値)인지 아닌지 판단하기 위해 〈그림 12.5〉와 같이 상자 아래위로 수염을 붙인다. 만약 어떤 데이터가 수염을 벗어난 위치에 있으면 이상치라고 판정한다.

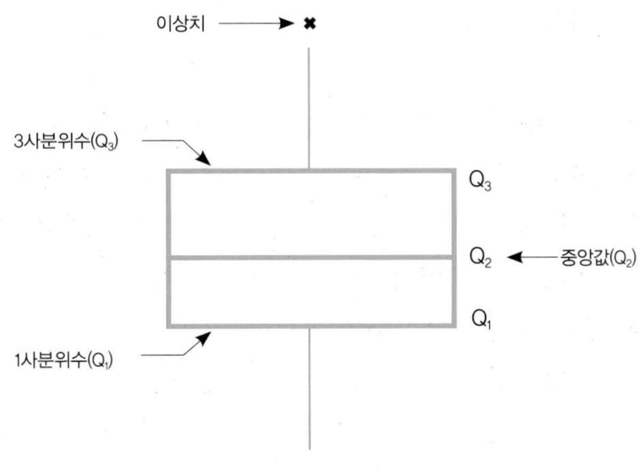

〈그림 12.5〉 박스플롯의 일반적 모양

참고로 수염의 길이가 어떻게 결정되는지 보자. 아랫수염의 하한(下限)과 윗수염의 상한(上限)은 다음과 같다.

- 하한(lower limit) = $Q_1 - 1.5(Q_3 - Q_1)$
- 상한(upper limit) = $Q_3 + 1.5(Q_3 - Q_1)$

모집단이 정규분포를 따를 경우 평균값에서 표준편차의 3배(3σ) 범위를 벗어나면 통상적으로 이상치라고 판단하기 때문에 박스플롯에서도 이에 맞추어 위의 식과 같이 수염 길이의 한계를 정하였다. 이를 자세히 살펴보자. 1사분위수 Q_1과 3사분위수 Q_3 사이에는 전체 모집단의 50%가 분포하는데, 정규분포에서는 평균값(μ)이 중앙값 Q_2가 되므로 $Q_3 = \mu - 0.75\sigma$, $Q_1 = \mu + 0.75\sigma$가 된다. 또한 $(Q_3 - Q_1) = 1.5\sigma$이므로 이 3개의 식들을 위의 하한과 상한 공식에 대입하면 이 값들이 평균에서 $\pm 3\sigma$ 거리에 있는 것을 알 수 있다.

박스플롯에서 아랫수염은 박스의 하단(Q_1)에서부터 하한을 벗어나지 않은 데이터 중 하한에 가장 가까운 값까지, 또한 윗수염은 박스의 상단(Q_3)에서부터 상한을 벗어나지 않은 데이터 중 상한에 가장 가까운 값까지 연결한 직선이 된다.

(2) 박스플롯의 판독

지금까지 설명한 박스플롯의 이해를 돕기 위해 다음과 같은 예를 생각해 보자. 기존 공정의 수율을 높이기 위해 품질 개선활동을 추진하였다. 개선활동 전과 후의 수율을 각각 30번씩 측정하고, 이를 토대로 박스플롯을 작성하였더니 〈그림 12.6〉과 같이 나타났다. 개선활동의 성과가 있었다고 판단해도 될까?

먼저 개선 전과 후의 수율을 비교해 보기 위해 대푯값(즉, 경첩이 접히는 부분의 위치)을 보자. 개선 전에는 수율의 중앙값이 90% 정도였으나 개선 후에는 92.5% 정도로 높아진 것을 볼 수 있다.

또한 수율의 산포를 보기 위해 상자 높이를 비교해 보면 개선 후의 상자 높이가 매우 낮아졌으므로 개선 후에는 높아진 수율 수준이 비교적 일관되게 유지된다는 것을 알 수 있다. 또한 개선 전에는 수율의 분포가 아래쪽으로 길게 늘어지는 치우침이 있었으나 개선 후에는 상하 대칭 형태로 바뀌었다. 따라서 박스플롯을 통해 볼 때 개선활동의 성과가 뚜렷하다는 것을 쉽게 알 수 있다.

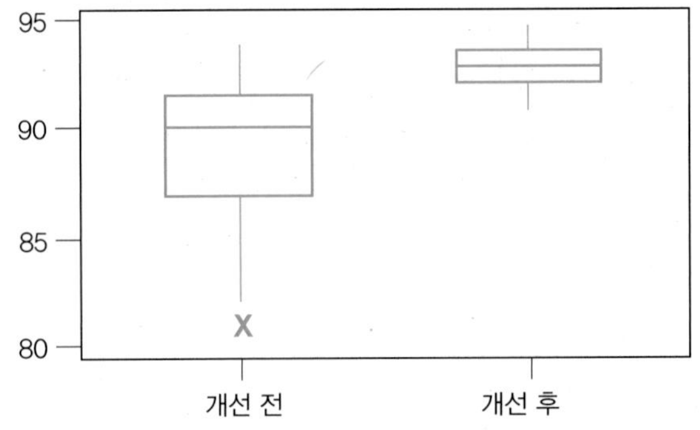

〈그림 12.6〉 품질 개선활동 전·후의 수율 비교

참고로 개선 전의 박스플롯을 보면 수염을 벗어난 이상치가 존재하는 것을 볼 수 있다. 이처럼 수율이 다른 측정치들에 비해 현저하게 낮은 이유는 사고나 정전 등의 특별한 이유 때문일 수도 있고, 아니면 데이터의 측정 오류나 입력 오류일 수도 있다. 이상치가 나온 원인을 분석한 결과 재발 방지가 가능하다면 이상치는 통계적 계산이나 비교에서 제외하지만 그렇지 않다면 이상치도 비교분석에 포함시켜야 한다.

이상에서 설명한 바와 같이 박스플롯을 통해 통계적인 판단을 직관적으로 할 수 있으나 보다 객관적인 판단을 위해서는 통계적인 가설검정이 필요하다.

12.3 통계적 가설검정

통계적 가설검정은 다음과 같은 두 개의 가설 중 어느 것이 진실인지 통계를 이용해서 판정하는 것을 말한다.

- 귀무가설(null hypothesis, H_0) : 비교 대상이 되는 두 집단의 특정 모수(모집단의 특성치)가 '같다', '차이가 없다', '변하지 않았다'는 등의 가설. 영(零)가설이라고도 함.
- 대립가설(alternative hypothesis, H_1) : 비교 대상이 되는 두 집단의 특정 모수(모집단의 특성치)가 '다르다', '차이가 있다', '변했다'는 등의 가설

가설검정을 형사사건의 유력한 피의자가 진범인지 아닌지 재판관이 판정하는 것에 비유해서 생각하면 이해가 쉽다. 이 경우 피의자는 '죄가 없다(무죄)'라고 보는 것이 귀무가설 H_0가 되고, 이 가설과는 반대로 피의자는 '죄가 있다(유죄)'라고 보는 것이 대립가설 H_1이 된다. 형사피고인이 유죄 확정 판결을 받기 전까지는 무죄로 추정한다는 '무죄추정의 원칙'과 같이 가설검정에서는 일단 귀무가설 H_0가 맞다고 가정하고, 이러한 가정이 맞는지 틀리는지를 판정한다.

〈표 12.1〉 가설검정과 형사재판 비교

	형사재판	가설검정
H_0	죄가 입증되기 전까지는 무죄라고 가정하고, 죄의 유무를 판정한다. 판사의 무죄 판결이 죄가 없다는 것을 의미하지는 않는다. 그것은 유죄라고 보기에는 증거가 부족하다는 의미다.	일단 귀무가설이 참이라고 가정하고, 이 가정이 맞는지 틀리는지 검증한다. 귀무가설 채택은 귀무가설이 맞다는 것을 의미하지는 않는다. 그것은 대립가설을 채택하기에는 증거가 부족하다는 의미다.
H_1	무죄라는 가정을 부정하는 것은 현실적으로 유죄 판결을 의미한다. 그러나 이것이 유죄를 입증하는 것이 아니다.	귀무가설을 기각한다는 것은 현실적으로 대립가설을 채택한다는 의미다. 그러나 이것이 대립가설이 진실이라는 것을 입증하는 것은 아니다.

재판에서 무죄를 유죄로 또는 유죄를 무죄로 오판하는 판결 오류가 있듯이 가설검정에서도 판정 오류가 있을 수 있다. 이를 형사재판에 비유해 보자. 피의자가 실제로는 죄가 없는데 유죄라고 오판할 확률(즉, 귀무가설 H_0가 참인데 이를 기각할 확률)을 '1종 오류', 이와는 반대로 피의자가 죄가 있는데 무죄라고 오판할 확률(즉, 귀무가설 H_0가 거짓인데 이를 채택할 확률)을 '2종 오류'라고 한다.

그런데 죄 없는 피의자에게 유죄 판결을 내리는 것에 비유할 수 있는 1종 과오를 줄이려면 유죄라고 판단하기 위해 보다 엄격한 증거를 요구해야 한다. 그러면 죄가 있는 피의자가 무죄 판결을 받는 2종 오류가 늘어나는 문제가 생긴다. 따라서 현실적으로 1종 과오의 크기를 어느 정도까지 용납해야 할 것인가를 정해야 한다. 가설검정에서는 1종 과오의 크기를 'p-값(p-value)', 그것의 허용정도를 '유의수준(α, significance level)'이라고 한다. 통계적 가설검정의 관점에서 이를 다시 설명하면 다음과 같다.

		판정	
		H_0 채택	H_0 기각
귀무가설 H_0	참	올바른 판단	잘못된 판단 (제1종 오류)
	거짓	잘못된 판단 (제2종 오류)	올바른 판단

〈그림 12.7〉 가설검정의 오류

일반적으로 가설검정에서 우리는 내심 귀무가설이 기각(즉, 대립가설이 채택)되기를 기대한다. 예를 들어, 개선활동 전·후의 불량률을 비교할 때에는 개선활동 후의 불량률이 이전의 불량률보다 낮아졌기를 기대한다. 또한 신약을 개발한 후 이것이 치료효과가 있는지 임상실험을 할 경우에는 이 약을 복용한 환자 그룹이 그렇지 않은 그룹에 비해 치료율이 높기를 기대한다.

이처럼 가설검정 시 "개선활동 전·후의 불량률 차이가 없다", "신약 복용 환자 그룹과 그렇지 않은 그룹의 치료율 차이가 없다"는 등의 귀무가설이 기각되었으면 하는 기대를 갖고 있는 것이 일반적이다.

가설검정 시 (내심 기대하는 바대로) 귀무가설을 기각할 경우 그 판단이 오판일 확률이 p−값, 또한 이러한 오류의 허용 정도가 유의수준(α)이다. 일반적으로 통계적 가설검정에서는 유의수준 1%와 5%를 사용하여 다음과 같이 판정한다.

$p < 0.01$ → 유의수준 1%에서 H_0를 기각(매우 유의한 판정이라고 함)
$0.01 \le p \le 0.05$ → 유의수준 5%에서 H_0를 기각(유의한 판정이라고 함)
$p > 0.05$ → H_0를 채택(즉, 기각하기에는 증거나 확신이 부족)

예를 들어 보자. 사출공정의 작업 소요시간을 줄이기 위한 공정개선 프로젝트를 실행하기 전과 실행한 후에 사이클타임을 각각 15회씩 측정한 데이터가 〈표 12.2〉에 정리되어 있다.

〈표 12.2〉 공정개선 전·후의 사이클타임

측정치 1 (개선 전)	**측정치 2** (개선 후)
27 22 23 27 20 23 27 26 25 22 23 24 19 30 23	19 24 22 21 21 30 21 17 21 27 22 26 18 19 20
$n_1 = 15$ $\hat{\mu}_1 = 24.07$	$n_2 = 15$ $\hat{\mu}_2 = 21.87$

개선 전에 측정한 사이클타임의 표본평균이 24.07이었으나 개선 후에는 21.87으로 줄었다. 이 경우 개선 후의 작업 사이클타임이 실제로 줄어들었다고 볼 수 있을까? 참고로 가설검정에 앞서 박스플롯을 그려보면 〈그림 12.8〉과 같다.

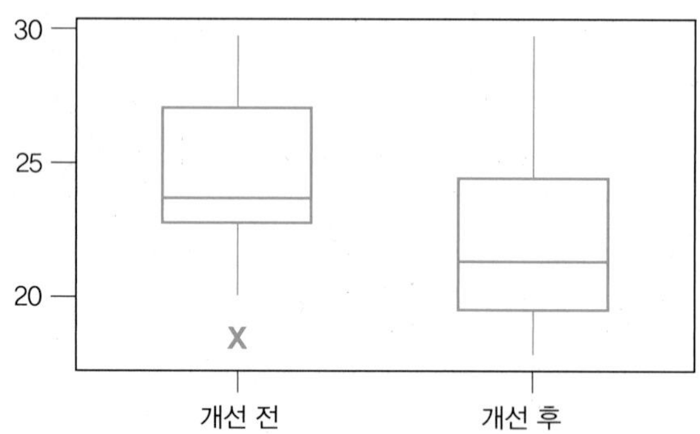

〈그림 12.8〉 공정개선 전·후의 사이클타임 비교

공정개선 전·후의 사이클타임을 비교한 박스플롯에서 개선 후 사이클타임의 분포 위치가 전체적으로 낮아지긴 했으나 개선 전의 것과 중첩되는 부분이 적지 않게 존재한다. 따라서 개선 후 공정의 사이클타임이 실제로 낮아진 것인지, 아니면 개선 후 측정 샘플에 사이클타임이 양호한 것들이 우연히 상대적으로 많이 들어간 탓인지 직관적으로 판단하기 어렵다. 이를 통계적으로 판단하기 위해 가설검정을 실시하려면 먼저 다음과 같은 가설을 세운다.

$$H_0 : \mu_1 = \mu_2$$
$$H_1 : \mu_1 \neq \mu_2$$

여기서 귀무가설 H_0는 개선 전의 공정 사이클타임의 모평균(μ_1)과 개선 후의 모평균(μ_2)이 차이가 없다는 것이고, 대립가설은 그 반대가 된다. 귀무가설 H_0를 기각할 경우 그 판정이 오류일 확률 $p-$값을 직접 계산하거나 통계 패키지를 활용하면 다음과 같은 값이 나온다.

$$p-\text{값} = 0.075$$

여기서 $p-$값이 (통상적으로 사용하는) 유의수준 5%보다 크게 나왔으므로 "귀무가설 H_0를 채택한다"는 것이 통계적 판정이다. 또한 이 판정의 현실적 의미는 "공정개선 후에 사이클타임이 줄어들었다고 보기에는 증거가 부족하다"는 것이다.

참고문헌

- 배도선 외 6인(2006), 「최신 통계적 품질관리」, 개정판, 영지문화사.
- 박영택(2013), "통계적 사고와 방법: 샘플이라는 창문을 통해 모집단을 들여다보는 방법", 품질경영, 11월호, pp.32–35.

13장

공정능력 지수

만약 경영진에게 나의 주장을 몇 마디로 요약해 주어야 한다면 "산포를 줄이지 않으면 안 된다"라고 말하겠다. 이것은 현대적 품질경영의 초석을 놓은 데밍 박사의 말이다. 산포관리가 이루어지지 않으면 품질이 안정화될 수 없기 때문이다. 공정능력지수는 프로세스의 산포관리 능력을 평가하는 기본적 척도이다.

13.1 산포관리

산포관리가 얼마나 중요한지 설명하기 위해 다음과 같은 가상적인 사례를 생각해 보자.

[사례] 전수검사도 무용지물?

국내 중소기업인 SKK사에서는 세계적인 A기업으로부터 "협력업체 후보로 선정되었으니 품질평가에 필요한 시료 1,000개를 보내 달라"는 제의를 받았다. 무엇보다 판로가 중요한 중소기업으로서는 이보다 더 중요한 기회를 잡기 어렵다. 세계적 기업의 협력업체가 되기만 하면 회사가 폭발적으로 성장할 것이다.

사장은 품질부장을 불러서 철저한 품질검사를 통해 규격에 맞는 양품만 골라서 보내라고 신신당부하였다. 품질부장은 자사의 생산품 중에서 규격에 맞는 제품 1,000개를 선별하고, A사에 보내기 전에 규격 충족 여부를 다시 확인하였다.

규격을 충족하는 양품으로만 골라 보냈으니 기쁜 소식이 곧 올 것이라고 모두가 기대하였다. 그러나 실망스럽게도 결과는 반대였다. '품질수준 미달로 거래할 수 없다'는 통보였다. 사장은 품질부장을 불러 그렇게 신신당부를 했건만 어떻게 일을 이 모양으로 망쳤느냐고 질책하였다. 시쳇말로 '꼭지가 돈' 품질부장은 아무리 생각해도 영문을 알 수 없었다.

어떻게 이런 일이 일어날 수 있었을까? 우리는 다음과 같은 추론을 해볼 수 있다.

SKK사에서 생산된 제품의 품질특성치는 〈그림 13.1〉에 나타낸 것과 같이 산포가 커서 규격하한(LSL)과 규격상한(USL)을 벗어난 제품이 많을 것이다.

그런데 사장의 지시를 받은 품질부장은 어떻게든 거래를 성사시키기 위해 〈그림 13.2〉와 같이 규격을 벗어나는 제품은 모두 걸러내고, 규격을 충족시키는 제품들만 골라서 A사에 보냈을 것이다.

A사에서는 납품받은 시료 1,000개의 품질특성을 자체적으로 측정하고, 측정된 데이

〈그림 13.1〉 SKK사에서 생산한 제품

터를 이용하여 히스토그램을 그렸더니 〈그림 13.2〉가 복원되었을 것이다.

이를 토대로 A사는 〈그림 13.3〉에 나타낸 것처럼 다음과 같은 결론을 내렸을 것이다.

"SKK사가 규격을 벗어나는 것들은 모두 걸러내고 규격을 충족시키는 제품만 우리에게 보냈다. 따라서 우리가 받은 1,000개의 시료는 모두 규격을 충족하지만 SKK사의 산포관리 능력은 부족하다."

그럴듯한 추론이다. 만약 이러한 추론이 옳다면 SKK사가 A사와의 거래를 충족시키기 위해 어떻게 대응했어야 할까?

규격을 벗어난 불량품의 사전 선별을 A사가 눈치 채지 못하도록 하면 될 것이다. 이를 위해서는 〈그림 13.4〉에 나타낸 것처럼 규격을 충족시키는 제품들 중 일부를 추가적으로 더 빼내면 될 것이다.

이처럼 규격 내에 들어가는 것들도 추가적으로 더 선별해 내면 산포관리 실력이 좋은 것으로 위장할 수 있다. 그러나 이렇게까지 하려면 상당한 손실이 수반된다. SKK사는 '엄청난 희생을 각오하고 산포관리 능력이 높은 것으로 위장하든지' 아니면 '산포관리 능력을 실제로 높이든지' 양자택일을 해야 한다. 물론 대답이야 자명하지 않은가.

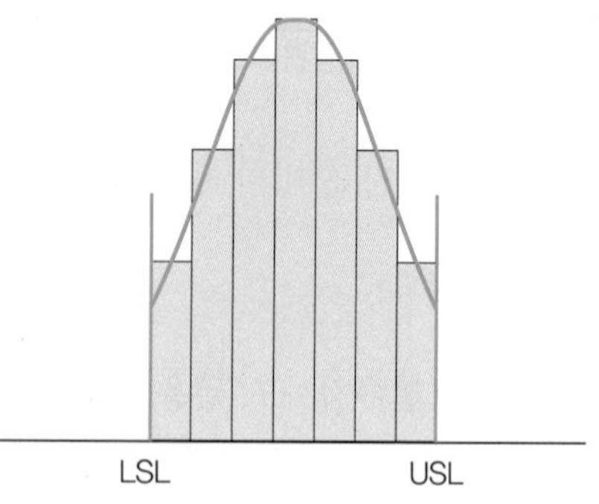

〈그림 13.2〉 SKK사가 납품한 제품

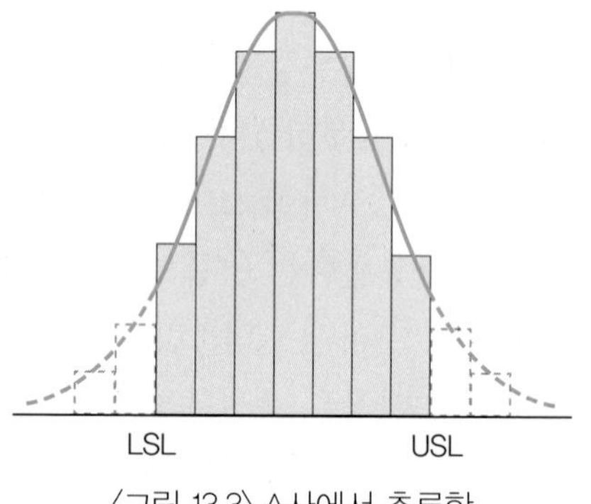

〈그림 13.3〉 A사에서 추론한 SKK사의 산포관리 능력

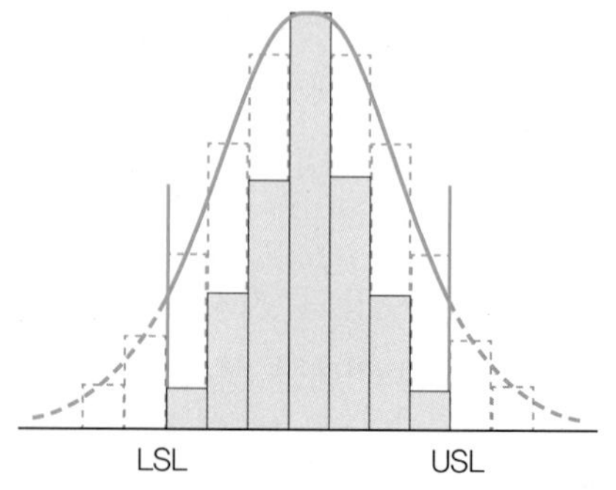

〈그림 13.4〉 산포관리 능력의 부족을 감추기 위한 추가 선별

13.2 공정능력의 평가

(1) 공정능력의 개념

제조공정의 산포관리 능력을 '공정능력(process capability)'이라고 한다. 다시 말해 공정능력이란 제조공정이 얼마나 균일한 품질의 제품을 생산할 수 있는지를 반영하는 공정의 고유능력을 지칭한다. 〈그림 13.5〉에 나타낸 바와 같이 제품의 품질특성이 정규분포를 따르는 경우에는 거의 대부분(99.73%)이 공정평균(μ)을 중심으로 $\pm 3\sigma$범위(즉, 6σ범위) 내에 포함된다.

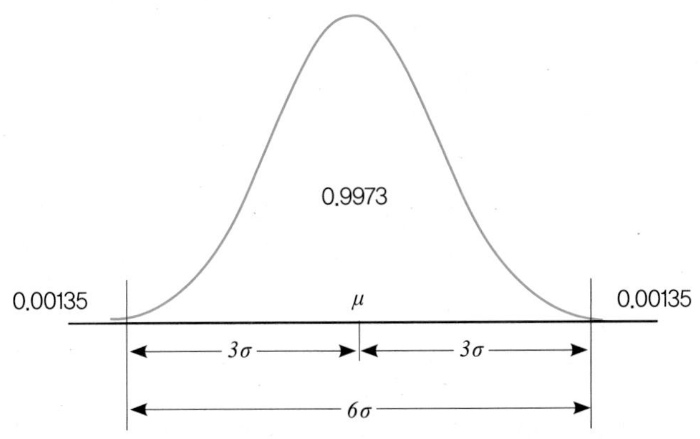

〈그림 13.5〉 품질특성이 정규분포를 따를 경우 품질특성치의 분포

생산품들의 품질특성치가 균일하게 나올수록(즉, 품질특성치의 산포 크기를 나타내는 σ값이 적을수록) 공정의 산포관리 능력이 우수하다. 따라서 공정의 산포관리 능력이 높을수록 산포의 크기를 나타내는 σ값이 작아지므로 분포의 형태가 뾰족해진다. 〈그림 13.6〉에 나타낸 분포함수의 경우에는 오른쪽으로 갈수록 공정능력이 더 우수하다.

(2) 공정능력지수

'공정능력지수(process capability index)'는 규격의 산포허용 범위에 비추어 산포관리를 얼마나 잘 하는지 평가하는 척도로서 다음과 같이 정의된다.

공정능력지수 $C_P = \dfrac{USL - LSL}{6\sigma}$

여기서,
USL = 규격상한(upper specification limit)
LSL = 규격하한(lower specification limit)

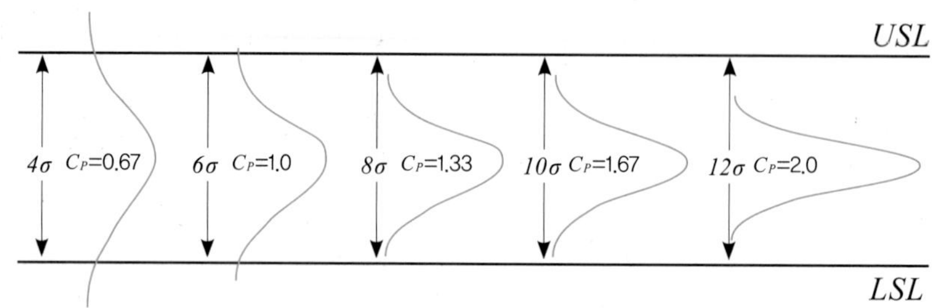

〈그림 13.6〉 규격범위와 공정능력의 관계

〈그림 13.6〉은 공정능력지수 값에 따라 품질특성치의 산포가 어떻게 변하는지 나타낸 것이다. 이를 보면 공정능력지수 값이 커질수록 규격범위를 벗어나는 제품이 나올 확률이 적어지는 것을 쉽게 알 수 있다. 〈표 13.1〉은 공정능력지수 값에 따라 규격한계를 벗어나는 제품이 나올 확률을 정리한 것이다.

일반적으로 공정능력지수를 토대로 공정능력을 〈표 13.2〉와 같이 평가한다.

〈표 13.1〉 공정능력지수별 백만단위당 불량수

공정능력지수	백만단위당 불량수(ppm)
0.67	45,400
1.00	2,700
1.33	63
1.67	0.57
2.00	0.002

〈표 13.2〉 공정능력 평가표

공정능력지수	공정능력의 평가
$C_P \geq 1.33$	공정능력이 충분함
$1.33 > C_P \geq 1$	공정능력이 있음
$1 > C_P \geq 0.67$	공정능력이 부족함
$0.67 > C_P$	공정능력이 없음

망목특성의 경우에는 규격상한과 규격하한이 모두 존재하지만 망대특성이나 망소특성의 경우는 상·하한 중 하나만 있다. 예를 들어 인장강도와 같이 특성치가 클수록 좋을 경우에는 규격상한이 없는 반면, 반응시간과 같이 작을수록 좋을 경우에는 규격하한이 없다. 이처럼 한쪽 규격만 있는 경우에는 품질특성 분포의 한쪽만 고려하여 공정능력지수를 다음과 같이 수정할 수 있다.

- 규격상한만 있을 경우의 공정능력지수

$$C_P = \frac{USL - \mu}{3\sigma}$$

- 규격하한만 있을 경우의 공정능력지수

$$C_P = \frac{\mu - LSL}{3\sigma}$$

이상의 설명에서는 모두 공정중심이 목표치에 맞추어져 있다고 가정하였으나 〈그림 13.7〉에서와 같이 한쪽으로 치우친 경우도 적지 않다.

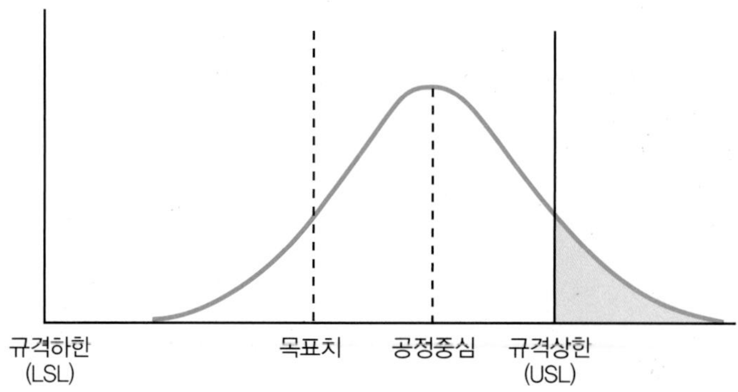

〈그림 13.7〉 공정중심이 치우친 경우

이 경우에는 공정중심에서 가까운 쪽 규격을 벗어난 불량이 대부분이다. 따라서 공정중심에서 가까운 쪽의 품질특성 분포만 고려하여 다음과 같이 공정능력지수를 계산한다.

$$C_{Pk} = Min[\frac{USL - \mu}{3\sigma}, \frac{\mu - LSL}{3\sigma}]$$

일반적으로 공정중심이 한쪽으로 치우쳐져 있을 경우에는 공정능력지수를 나타내는 기호를 C_p대신 C_{pk}라고 쓴다. 앞서 설명한 C_{pk}는 다음과 같이 계산된다.

$$C_{Pk} = (1-k) \cdot C_P$$

여기서,

$$k = \frac{|설계목표치 - 공정중심치|}{(USL - LSL)/2} = \frac{|(USL + LSL)/2 - \mu|}{(USL - LSL)/2}$$

참고적으로 C_{pk}가 이와 같이 계산되는 이유를 설명하면 다음과 같다.

$$C_{Pk} = \frac{\text{공정중심에서 가까운 규격한계까지 거리}}{3\sigma}$$

$$= [\frac{\text{공정중심에서 가까운 규격한계까지 거리}}{\text{목표치에서 규격한계까지 거리}}] \times [\frac{\text{목표치에서 규격한계까지 거리}}{3\sigma}]$$

$$= [\frac{\text{목표치에서 규격한계까지 거리} - \text{공정중심의 이동거리}}{\text{목표치에서 규격한계까지 거리}}] \times C_P$$

$$= [1 - \frac{\text{공정중심의 이동거리}}{\text{목표치에서 규격한계까지 거리}}] \times C_P$$

$$= (1 - k) \cdot C_P$$

〈표 13.3〉은 지금까지 설명한 공정능력지수를 요약한 것이다.

〈표 13.3〉 공정능력지수 계산공식

구분	공정능력지수
양쪽 규격 모두 존재하는 경우	$C_P = \frac{USL - LSL}{6\sigma}$
규격상한만 존재하는 경우	$C_P = \frac{USL - \mu}{3\sigma}$
규격하한만 존재하는 경우	$C_P = \frac{\mu - LSL}{3\sigma}$
공정중심이 치우친 경우	$C_{Pk} = (1-k) \cdot C_P$

참고문헌

- 박영택(2013), "통계적 공정관리: 산포를 줄여야 품질수준이 높아진다", 품질경영, 12월호.
- 배도선(1992), 「최신 통계적 품질관리」, 영지문화사.
- 한국표준협회, 「통계적 품질관리」, 전문교육과정 교재.

14장

관리도

관리도란 제조공정의 산포관리를 위한 대표적 수단이다. 그런데 '관리상태'라고 하면 '더 이상 개선할 것이 없는 상태'라고 생각하는 사람들이 많다. 그러나 이것은 틀린 생각이다. 간단히 말해 관리상태란 평소의 산포관리 수준이 유지된다는 의미일 뿐이다. 따라서 관리상태를 유지하는 일은 현장의 책무인 반면 관리상태를 더 높은 수준으로 끌어올리는 것은 경영진의 책무이다.

14.1 관리상태와 이상상태

(1) 산포의 발생원인

일반적으로 생산공정의 관리목표는 설계품질에 부합하는 제품을 만들어 내는 것이다. 그런데 동일한 조건 하에서 동일한 작업자들이 동일한 작업을 반복하더라도 생산된 제품의 품질에는 반드시 산포(변동)가 생기기 마련이다. 이러한 산포를 발생시키는 원인은 크게 다음과 같은 두 가지로 분류할 수 있다.

첫째, 생산조건이 엄격히 관리되고 있는 공정에서도 일상적으로 발생하는 산포로서 기존의 관리수준으로는 줄이기 힘든 불가피한 산포이다. 이러한 산포의 발생 원인을 '우연원인'이라고 하는데, 식별하기 어려울 정도의 원·부자재나 생산설비의 제반 특성 차이, 작업자의 숙련도 차이, 작업표준의 허용범위 내에 있는 작업조건 및 작업환경의 변화 등이 여기에 속한다.

둘째, 평상시와 다른 특별한 이유가 포함된 경우로서 그냥 넘기기에는 문제가 되는 산포이다. 평상시와 다른 이러한 산포의 발생 원인을 '이상원인'이라고 한다. 불량 원·부자재의 사용, 생산설비의 이상 또는 고장, 작업자의 부주의, 측정 오차 등이 여기에 속하는데, 이러한 산포의 발생 원인은 이유를 알 수 있기 때문에 제거할 수 있으므로 '가피원인(可避原因)'이라고도 한다. 이러한 이상원인들은 만성적으로 존재하는 것이 아니라 돌발적(또는 산발적)으로 발생하며 품질의 변동에 크게 영향을 미치므로 우선적으로 제거해야 한다.

(2) 공정의 두 가지 상태

생산공정이 우연원인의 영향만 받는다면 현재의 상태가 계속 유지되므로 앞으로 생산될 제품의 품질도 예측할 수가 있다. 이처럼 품질의 변동이 우연원인에 의해서만 발생할 경우 '관리상태(under control)' 또는 '안정상태'에 있다고 한다.

일반적으로 생산공정은 작업시간의 대부분이 관리된 상태로 가동되고 있다. 그러나 이상원인이 하나라도 발생하면 공정은 관리상태를 이탈한 '이상상태(out of control)'가 되어 불량 발생이 늘어나고 앞으로 생산될 제품의 품질 또한 예측하기 어렵다.

따라서 품질변동의 원인을 파악하고 이상원인에 대해 일선 현장에서 즉시 조치하여 더 이상 재발하지 않도록 해야 한다. 또한 현상유지에 만족하지 말고 우연원인의 유지/감소를 위해 생산설비 및 작업방법의 개선, 작업자의 교육·훈련, 작업환경의 개선 등을 통한 품질향상을 지속적으로 추진해야 한다.

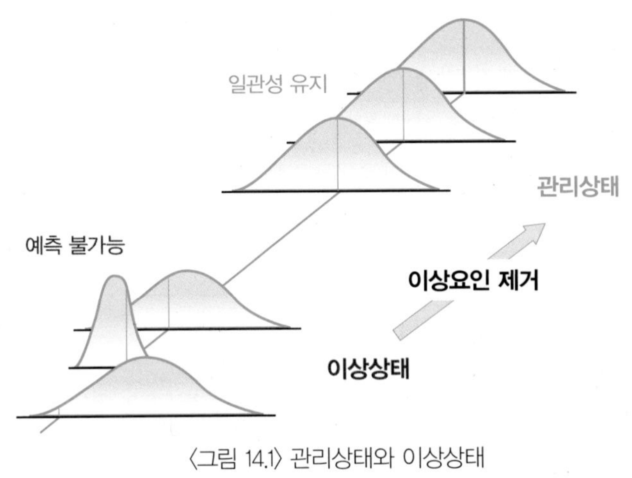

〈그림 14.1〉 관리상태와 이상상태

14.2 관리도의 기본개념

(1) 공정상태의 판단

공정의 상태를 나타내는 품질 특성치(데이터)를 이용하여 품질변동에 영향을 끼치는 원인을 판별하고, 이상상태가 발생할 경우 신속한 조처를 통해 공정을 관리상태로 복구시킬 수 있는 통계적 방법이 있다면 매우 편리할 것이다. 이러한 필요에 부합하는 것이 바로 관리도이다.

'관리도(Control Chart)'란 〈그림 14.2〉와 같이 우연원인으로 인한 산포와 이상원인으로 인한 산포를 구분할 수 있도록 중심선 상·하에 관리한계선을 표시한 후, 공정의 상태를 나타내는 특성치(측정치)를 타점하고 이를 연결한 꺾은선 그래프를 말한다. 관리도에서 타점치들이 모두 관리한계선 내에 있으면 '관리상태', 그렇지 않으면 '이상상태'라고 판단한다. 따라서 관리도를 작성하면 시간경과에 따라 공정의 산포가 어떻게 변하는지 쉽게 알 수 있다. 공정이 관리된 상태라면 〈그림 14.2〉의 왼쪽 그래프와 같이 거의 모든 점들이 관리한계선 안에 랜덤하게 타점된다. 이 경우 공정의 상태가 우연원인에 의해서만 영향을 받기 때문에 공정관리상 특별한 조치를 취할 필요가 없다. 이에 반해 관리한계선 밖으로 점들이 자주 타점되면 공정상태가 안정적으로 관리되지 못한다고 볼 수 있다. 즉, 우연원인뿐 아니라 이상원인도 공정상태에 영향을 미치고 있기 때문에 품질상 문제가 발생한다고 보는 것이다. 이런 경우에는 이상원인을 규명하고 적절한 관리 및 기술적 조치를 취해야 한다.

이처럼 관리도의 사용목적은 공정의 이상 유무를 신속히 판단하고 이상원인으로 인한 불량이 대량으로 발생하기 전에 미리 필요한 조치를 취할 수 있도록 하는 데 있다.

〈그림 14.2〉 관리도와 공정상태

(2) 관리한계선의 결정

관리도에는 다음과 같은 3개의 관리선이 존재한다.

- 중심선(CL, Center Line) : 실선으로 표시
- 관리상한선(UCL, Upper Control Limit) : 점선으로 표시
- 관리하한선(LCL, Lower Control Limit) : 점선으로 표시

공정의 상태를 판별하는 기준인 관리한계선은 어떻게 결정하는 것이 합리적일까? 통상적으로 공정에서 나오는 제품의 품질 특성치의 산포 척도인 시그마(σ)값을 이용하여 다음과 같이 결정한다.

- 관리상한선(UCL) = 공정중심치(μ) + 3σ
- 관리하한선(LCL) = 공정중심치(μ) − 3σ

이처럼 공정중심에서 $\pm 3\sigma$ 범위를 관리한계선으로 결정하는 것을 슈하트(W.A. Shewhart)의 '3σ 관리도'라고 한다. 공정이 관리상태에 있을 경우 공정에서 제조되는 제품의 특성치를 취하여 히스토그램을 그려보면 거의 정규분포를 따른다. 데이터가 정규분포를 따를 경우 $\pm 3\sigma$ 범위 내에 들어갈 확률은 99.73%이다. 따라서 공정이 안정상태를 유지하더라도 타점치가 관리한계선 밖으로 벗어날 확률은 0.27% 정도 존재한다. 따라서 관리한계선을 기준으로 공정의 이상 유무를 판단할 경우 어느 정도의 판단 과오는 피할 수 없다. 이런 과오를 구체적으로 살펴보면 다음과 같다.

첫째, 공정이 실제로 관리상태를 유지하고 있음에도 불구하고 관리한계선 밖으로 나간 타점치가 있기 때문에 이를 이상상태라고 오판하는 것을 '1종 과오(type1 error)'라고 한다. 3σ 관리도에서 1종 과오의 크기는 0.27% 정도이다.

둘째, 공정의 상태가 실제로 변하였는데도 불구하고 타점치들이 모두 관리한계선 내에 있기 때문에 관리상태가 유지되고 있다고 오판하는 것을 '2종 과오(type2 error)'라고 한다.

1종 과오를 줄이려면 관리한계선의 범위를 넓히면 되지만 그렇게 할 경우 2종과오가 커지는 문제가 있다. 이처럼 한쪽 과오를 줄이려면 다른 쪽 과오가 커지기 때문에 3σ 관리도에서는 1종 과오를 0.27% 허용하는 기준을 적용한다.

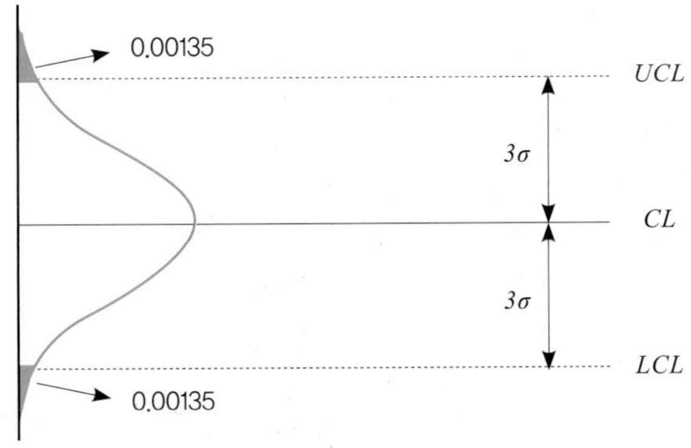

〈그림 14.3〉 관리한계선과 타점치의 분포

(3) 공정상태와 불량발생

관리상태라고 하면 '아무런 문제가 없는 좋은 상태'라고 막연히 생각하기 쉬우나 이것은 잘못된 것이다. 관리상태란 간단히 말해 평소의 산포관리 수준이 유지되고 있다는 의미이다. 따라서 평소의 산포관리 수준이 낮아서 품질이 균일하지 못하고 이에 따라 규격을 벗어난 불량이 자주 발생했다면, 평소의 상태가 그대로 유지되는 관리상태 하에서 불량이 종전과 같이 계속 발생하게 된다.

'관리상태 하에서도 불량이 발생할 수 있다'는 것을 이해하기 위해서는 규격한계(*USL*, *LSL*)와 관리한계(*UCL*, *LCL*)를 혼동하지 말아야 한다.

규격한계란 양품과 불량품을 구분하기 위한 품질 특성치의 경계값을 말한다. 즉, 다시 말해 설계 목표치에서 허용오차를 더하면 규격상한(*USL*)이 되고 허용오차를 빼면 규격하한(*LSL*)이 된다. 따라서 품질특성의 측정치가 규격범위인 규격하한(*LSL*)과 규격상한(*USL*) 사이에 들어가면 양품으로, 이를 벗어나면 불량품으로 판단한다.

이에 반해 관리한계선이란 평상시에 생산된 제품 특성치의 거의 대부분(99.7%)이 포함되는 한계선을 말한다. 따라서 관리상태가 유지되고 있다는 것은 품질 특성치가 여전히 관리범위인 관리하한(*LCL*)과 관리상한(*UCL*) 사이에 거의 대부분 들어가고 있다는 말이다. 만약 평상시의 산포관리 수준이 낮아서 산포가 크면 특성치들이 들쑥날쑥하므로 관리범위의 폭도 넓으며, 이에 따라 규격범위를 벗어난 불량품이 많이 발생할 수 있다.

이러한 이해를 바탕으로 〈그림 14.4〉를 살펴보자.

- **경우 ①**
  - 측정한 특성치들을 연결한 꺾은선그래프가 모두 관리범위인 LCL과 UCL 사이에 들어가므로 관리상태라고 판단할 수 있다. 또한 관리범위가 규격범위인 LSL과 USL 내에 있으므로 불량도 발생하지 않는다. 즉, 다시 말해 관리상태임과 동시에 불량도 발생하지 않는 경우이다.
- **경우 ②**
  - 측정한 다수의 특성치들이 관리범위를 벗어난 이상상태를 보이고 있으나 관리범위가 규격범위 내에 있기 때문에 규격범위를 벗어난 불량은 발생하고 있지 않다. 따라서 이 경우는 평소의 산포관리 수준이 높기 때문에 관리상태를 이탈했지만 불량은 발생하지 않는 상황을 나타낸다.

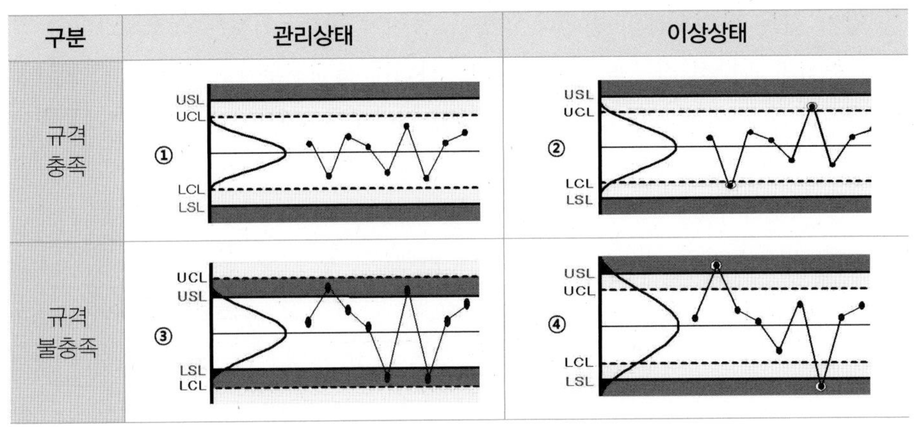

구분	관리상태	이상상태
규격 충족	① USL UCL LCL LSL	② USL UCL LCL LSL
규격 불충족	③ UCL USL LSL LCL	④ USL UCL LCL LSL

〈그림 14.4〉 공정의 상태에 따른 규격의 충족 상태 비교

● **경우 ③**

- 측정한 특성치들이 모두 관리범위인 LCL과 UCL 사이에 들어가므로 관리상태가 유지되고 있다고 판단할 수 있다. 그러나 관리범위가 규격범위보다 넓기 때문에 규격범위를 벗어난 불량은 발생하고 있다. 따라서 이 경우는 평소의 수준이 그대로 유지되는 관리상태에 있더라도 평소의 산포관리 실력이 낮기 때문에 평상시와 마찬가지로 불량이 발생하고 있는 상황을 보여준다.

● **경우 ④**

- 특성치들 중 다수가 관리범위를 벗어난 이상상태를 보이고 있다. 또한 관리범위가 규격범위 내에 있기는 하지만 규격범위도 벗어난 불량이 발생하고 있다. 따라서 이 경우는 평소의 산포관리 수준이 높더라도 프로세스가 심한 이상상태가 되어 불량까지 발생하는 상황을 나타낸다.

(4) 관리상태의 개선

돌발적인 문제의 발생으로 인해 이상상태가 발생하면 이를 신속히 탐지하고 원상복구하여 평소의 관리상태로 되돌리는 것은 현장의 책무이다. 이를 위해 오랫동안 통계적 공정관리에서 사용해 온 기법이 '관리도'이다. 그러나 앞서 설명한 바와 같이 관리상태의 유지만으로는 프로세스의 관리가 충분치 못한 경우가 있다.

관리상태를 개선하여 산포관리의 수준을 더욱 높이려면 품질의 변동을 초래한 이유를 알기 힘든 '우연요인'의 발생과 영향을 줄여야 한다. 이것은 식스시그마와 같이 전문가 중심의 과학적 접근을 필요로 한다. 사내에 품질전문가를 양성하고 그들이 제대로 활동할 수 있도록 뒷받침하는 것은 경영진의 책무이다.

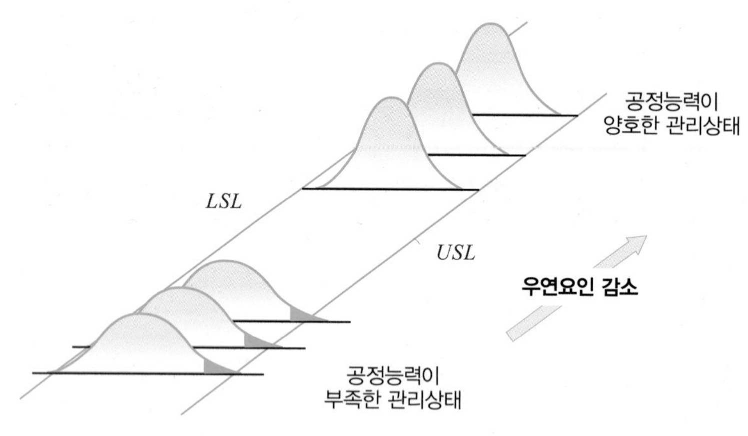

〈그림 14.5〉 관리상태의 개선

14.3 관리도의 종류

(1) 관리도의 분류

관리도는 사용되는 데이터의 종류에 따라 계량형 관리도와 계수형 관리도로 나누어진다.

- 계량형 데이터 : 길이나 무게처럼 연속적 값을 갖는 변수(continuous variable)에 대한 측정치
- 계수형 데이터 : 불량개수나 등급 구분처럼 이산적 값을 갖는 변수(discrete variable)에 대한 측정치

계량형 관리도에는 $\bar{x}$-R 관리도, $\bar{x}$-σ 관리도, $\tilde{x}$-R 관리도, x 관리도 등이 있는데, 이 중 가장 기본이 되는 것은 $\bar{x}$-R 관리도이다. 일반적으로 계량형 관리도에는 정규분포

를 적용한다. x 관리도는 데이터의 발생 간격이 길 때 개별 데이터를 그대로 이용하는 관리도로서 많이 사용되지는 않는다. 또한 계수형 관리도에는 p 관리도, pn 관리도, c 관리도, u 관리도 등이 있는데 이 중 가장 기본이 되는 것이 p 관리도이다.

〈표 14.1〉 관리도의 종류

	데이터의 종류	관리도	적용분포
계량형 관리도	길이, 무게, 강도, 화학성분, 압력, 무게, 비율, 원단위, 생산량	$\bar{x}$-R관리도(평균치와 범위의 관리도) $\bar{x}$-σ관리도(평균치와 표준편차의 관리도) $\tilde{x}$-R관리도(중앙치와 범위의 관리도) x 관리도(개별 데이터의 관리도)	정규분포
계수형 관리도	제품의 불량률	p관리도	이항분포
	불량개수	pn관리도	
	결점수 (검사단위가 같을 때)	c관리도	포아송분포
	단위당 결점수 (검사단위가 다를 때)	u관리도	

(2) 계량형 관리도

계량형 관리도에서 가장 기본이 되는 ' $\bar{x}$-R 관리도(평균치와 범위의 관리도)'의 활용에 대해 살펴보자. $\bar{x}$-R 관리도는 관리항목으로서 길이, 무게, 시간, 인장강도, 순도, 비율 등과 같이 양을 측정할 때 사용한다(한국산업규격 KS A3201). $\bar{x}$-R 관리도는 평균치의 변화를 관리하는 $\bar{x}$ 관리도와 산포의 변화를 관리하는 R 관리도로 구성된다.

- **$\bar{x}$-R 관리도의 작성순서**

① 데이터를 수집한다.

일정기간 동안 측정한 데이터를 대상으로 샘플크기(n) 4~5개 정도 규모의 군(群)을 약 20~25개 정도 형성하고, 이들에 대한 측정치를 데이터시트(data sheet)에 기입한다. 데이터시트에는 품명, 샘플 추출방법, 측정방법 등 추후 문제가 발생

〈표 14.2〉 $\bar{x}$-R 관리도 자료표(data sheet)

일시	샘플군 번호	측정치					계 Σx	평균 $\bar{x}$	범위 R
		x_1	x_2	x_3	x_4	x_5			
	1	9	13	16	7	9	54	10.8	9
	2	14	9	13	16	3	55	11.0	13
	3	13	11	6	16	9	55	11.0	10
	4	14	12	10	20	12	68	13.6	10
	5	6	7	12	11	13	49	9.8	7
	6	12	10	15	16	7	60	12.0	9
	7	17	11	16	11	10	65	13.0	7
	8	14	11	10	15	10	60	12.0	5
	9	16	13	9	3	14	55	11.0	13
	10	15	1	8	7	8	39	7.8	14
	11	5	6	7	5	10	33	6.6	5
	12	12	10	10	12	12	56	11.2	2
	13	11	14	10	15	8	58	11.6	7
	14	9	6	5	6	7	33	6.6	4
	15	4	8	4	2	11	29	5.8	9
	16	10	8	7	3	9	37	7.4	7
	17	4	7	8	6	11	36	7.2	7
	18	4	6	11	7	8	36	7.2	7
	19	7	9	3	8	10	37	7.4	7
	20	5	11	11	5	11	43	8.6	6
	21	10	9	14	14	16	63	12.6	7
	22	8	6	12	8	4	38	7.6	8
	23	6	14	9	16	10	55	11.0	10
	24	11	10	15	14	12	62	12.4	5
	25	12	16	14	13	10	65	13	6
	26	14	13	12	13	8	60	12	6
	27								
	28								
	29								
	30								
							계	260.2	200

$\bar{x}$ 관리도

$UCL = \bar{\bar{x}} + A_2\bar{R}$
$= 10+0.58\times7.69 = 14.46$

$LCL = \bar{\bar{x}} - A_2\bar{R}$
$= 10-0.58\times7.69 = 5.53$

R관리도

$UCL = D_4\bar{R} = 2.11\times7.69$
$= 16.22$

$LCL = D_3\bar{R} = -$

$\bar{\bar{x}} = 10.0$, $\bar{R} = 7.69$

n	A_2	D_4	D_3
4	0.73	2.28	—
5	0.58	2.11	—

할 경우 원인분석에 필요한 사항들도 함께 기입한다. 이해를 돕기 위해서 내경(內徑) 연마공정에서 $\bar{x}$-R 관리도를 적용한 예를 보기로 한다(표 14.2 참조).

② 각 군의 평균치 $\bar{x}$를 계산한다.

③ 각 군에서(데이터 값이 가장 큰 측정치와 가장 작은 측정치의 차이인) 범위 R을 계산한다.

④ 관리도 용지에 〈그림 14.6〉에 나타낸 것처럼 세로축에 $\bar{x}$ 와 R의 눈금을 매기고, 가로축에는 샘플군의 번호를 기입한다.

⑤ $\bar{x}$의 평균인 총평균 $\bar{\bar{x}}$를 계산한다.

⑥ R의 평균인 $\bar{R}$를 계산한다.

⑦ 중심선 $\bar{\bar{x}}$ 와 $\bar{R}$를 관리도 용지에 각각 실선으로 그린다.
($\bar{\bar{x}}$는 $\bar{x}$ 관리도의 중심선, $\bar{R}$는 R관리도의 중심선이 된다.)

⑧ 관리한계선의 값을 계산한다.

$\bar{x}$ 관리도는

$UCL = \bar{\bar{x}} + A_2\bar{R}$

$LCL = \bar{\bar{x}} - A_2\bar{R}$

R관리도는

$UCL = D_4\bar{R}$

$LCL = D_3\bar{R}$

〈표 14.2〉의 자료로 계산하면

$\bar{x}$ 관리도는

$UCL = \bar{\bar{x}} + A_2\bar{R} = 10.0 + 0.58 \times 7.69 = 14.46$

$LCL = \bar{\bar{x}} - A_2\bar{R} = 10.0 - 0.58 \times 7.69 = 5.53$

R관리도는

$UCL = D_4\bar{R} = 2.11 \times 7.69 = 16.22$

$LCL = D_3\bar{R} = (0) \times 7.69 = 0$ (즉, LCL은 고려하지 않는다.)

⑨ $\bar{x}$ 관리도 및 R관리도상에 관리상한선(UCL)과 관리하한선(LCL)을 점선으로 그린다.

⑩ 관리도상에 $\bar{x}$ 와 R의 값을 군번호 순서대로 타점한다.

⑪ 관리도를 보고 제조공정의 관리상태를 판단한다. 타점치 중에서 관리한계선 밖으로 나간 것이 있을 때에는 이상원인이 발생했다고 간주하고 그 원인을 찾아서 조처한다.(점이 한계선상에 있는 경우도 이상상태로 본다.)

⑫ 관리한계선 밖으로 나간 점을 제거하고 관리선을 재계산한다. 한계선을 벗어난 점에 대한 발생 원인이 밝혀지면 재발방지를 위한 적절한 조처를 취하고, 이상치로 판정된 데이터를 제외한 후 ⑤~⑩까지의 순서에 따라 관리선을 재계산한다.

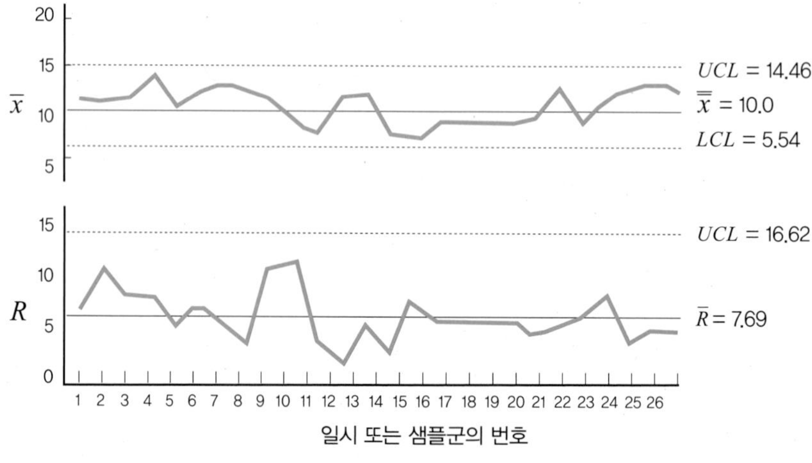

〈그림 14.6〉 $\bar{x} - R$ 관리도

$\bar{x}$ - R 관리도는 공정 평균에 대한 $\bar{x}$ 관리도와 산포에 대한 R관리도가 결합된 것이다. 이러한 경우에는 두 개의 관리도를 동시에 보고 해석해야 효율적인 공정의 관리가 가능하다.

(3) 계수형 관리도

계수형 관리도의 기본이 되는 'p 관리도(불량률 관리도)'는 품질특성을 불량률로 보고, 불량률이 통계적으로 안정되어 있는가를 판정하기 위한 관리도이다.

● **p 관리도의 작성순서**

① 불량률로 나타나는 데이터를 수집한다.

층별(層別)된 모집단에서 추출된 검사개수 n과 불량개수 pn에 대한 데이터가 필요하다.

② 데이터를 군으로 구분한다.

군의 크기는 20~100개 정도로 하되, 각 군에 불량개수가 평균 1~5개 정도가 들어가도록 잡는 것이 좋다.

③ 각 군의 불량률 p를 계산한다.

$$p = \frac{pn}{n} = \frac{\text{불량개수}}{\text{검사개수}}$$

④ 평균불량률 $\bar{p}$를 계산한다.

$$\bar{p} = \frac{\sum pn}{\sum n} = \frac{\text{총불량개수}}{\text{총검사개수}}$$

⑤ 관리도 용지에 〈그림 14.7〉과 같이 불량률 p를 검사순으로 타점하고 평균불량률을 $\bar{p}$를 실선으로 나타낸다. 이것이 중심선이 된다.

⑥ 관리한계를 계산한다.

$$관리상한선\ UCL = \bar{p}+3\sqrt{\frac{\bar{p}(1-\bar{p})}{n}}$$

$$관리하한선\ LCL = \bar{p}-3\sqrt{\frac{\bar{p}(1-\bar{p})}{n}}$$

⑦ 관리도상에 관리한계를 점선으로 기입한다.

군별로 샘플의 크기(n)가 일정하면 상·하의 관리한계선도 일직선이 되지만, n의 크기가 샘플군마다 다를 경우에는 관리한계선이 요철(凹凸)형으로 나타난다.

⑧ 작성된 관리도를 보고 공정이 이상상태라고 판단되면 필요한 조처를 취한다.

⑨ 관리한계선 밖으로 나간 점을 제거하고 ④~⑨까지의 순서로 관리선을 다시 계산한다.

● p**관리도의 작성 예**

〈표 14.3〉에 제시된 데이터 시트에는 완구 제조업체에서 나온 규격 불량 개수와 불량률에 관한 자료를 정리한 것이다. 이 자료를 이용하여 p관리도를 작성한 것이

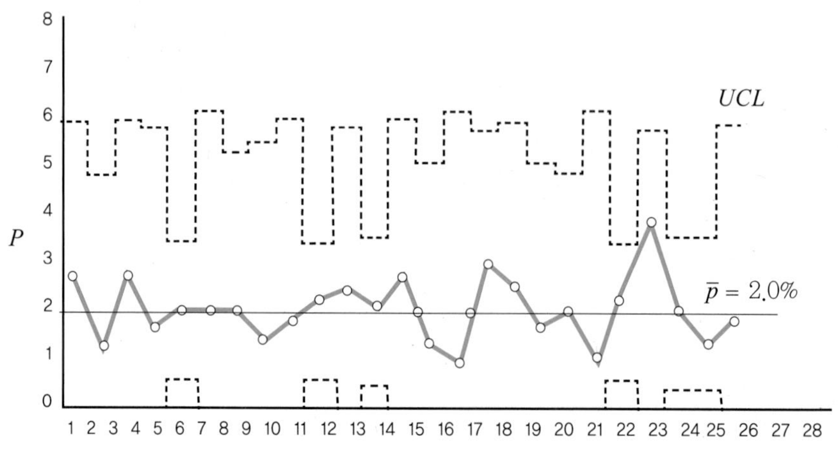

〈그림 14.7〉 p관리도

〈그림 14.7〉이다. 샘플군의 크기가 일정하지 않으므로 관리한계선이 요철형으로 나타나는 것을 볼 수 있다.

〈표 14.3〉 p관리도 데이터 시트

샘플군 번호	샘플크기 n	불량개수 pn	불량률 p(%)	$A=\frac{3}{\sqrt{n}}$	$A\times\sqrt{\bar{p}(1-\bar{p})}$ (%)	UCL $\bar{p}+A\sqrt{\bar{p}(1-\bar{p})}$ (%)	LCL $\bar{p}-A\sqrt{\bar{p}(1-\bar{p})}$ (%)
1	113	3	2.7	0.282	4.0	6.0	–
2	250	3	1.2	0.190	2.7	4.7	–
3	110	3	2.7	0.286	4.0	6.0	–
4	125	2	1.6	0.268	3.8	5.8	–
5	850	17	2.0	0.103	1.4	3.4	0.6
6	100	2	2.0	0.300	4.2	6.2	–
7	150	3	2.0	0.245	3.4	5.4	–
8	140	2	1.4	0.254	3.5	5.5	–
9	112	2	1.8	0.283	4.0	6.0	–
10	900	20	2.2	0.100	1.4	3.4	0.6
11	125	3	2.4	0.268	3.8	5.8	–
12	750	16	2.1	0.110	1.5	3.5	0.5
13	110	3	2.7	0.286	4.0	6.0	–
14	160	2	1.3	0.237	3.3	5.3	–
15	100	1	1.0	0.300	4.2	6.2	–
16	135	4	3.0	0.258	3.6	5.6	–
17	120	3	2.5	0.274	3.8	5.8	–
18	180	3	1.7	0.224	3.1	5.1	–
19	200	4	2.0	0.212	3.0	5.0	–
20	100	1	1.0	0.300	4.2	6.2	–
21	870	20	2.3	0.102	1.4	3.4	0.6
22	132	5	3.8	0.261	3.7	5.7	–
23	750	15	2.0	0.110	1.5	3.5	0.5
24	760	10	1.3	0.109	1.5	3.5	0.5
25	110	2	1.8	0.286	4.0	6.0	–
계	7,452 $\sum n$	149 $\sum pn$	$\bar{p}=\sum pn/\sum n=149/7{,}452=0.0199\fallingdotseq 2.0\%$ $\sqrt{\bar{p}(1-\bar{p})}=\sqrt{0.02(1-0.02)}=\sqrt{0.0196}=0.140\fallingdotseq 14.0\%$				

14.4 관리상태의 판정조건

관리도를 제대로 활용하기 위해서는 정상상태와 이상상태를 잘 판단하여야 한다. 정상상태와 이상상태를 판정하기 위한 조건을 좀 더 자세히 살펴보자.

(1) 정상상태의 판정조건

관리도에서 타점치들이 모두 관리상한선(UCL)과 관리하한선(LCL) 사이에 있다고 해서 공정이 정상상태라고 판정하지는 않는다. "점의 배열에 습관성이 없다"는 한 가지 조건이 더 충족되어야 한다. 왜냐하면 점의 배열에 습관성이 있다는 것은 타점치들의 변동이 우연요인 때문만은 아니라는 것을 의미하기 때문이다.

공정이 정상상태라고 판정하기 위해서는 〈그림 14.8〉의 왼쪽 관리도와 같이 타점치들이 모두 관리한계선 내에 있고, 중심선에 가까울수록 상대적으로 점의 수가 많아야 한다. 이 관리도의 타점치들을 평행 이동시킨 오른쪽 그림은 평균이 중심선(CL)과 일치하고, 모양이 정규분포 형태이다.

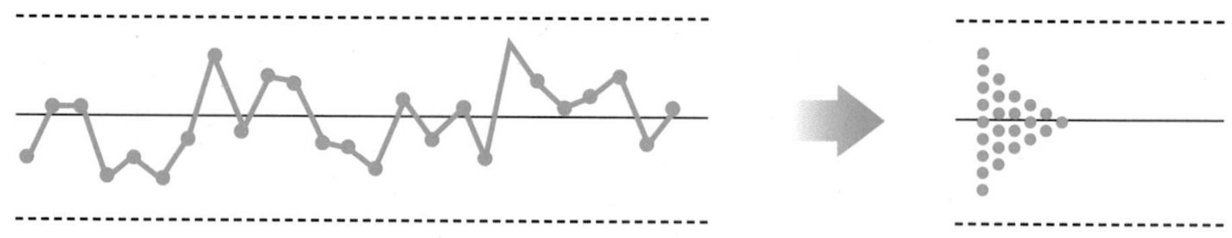

〈그림 14.8〉 정상상태의 관리도와 점의 분포

(2) 이상상태의 판정조건

앞서 정상상태의 판정조건은 "관리한계선을 벗어난 점이 없고, 점의 배열에 특별한 습관성이 없다"라는 것을 설명하였다. 따라서 관리도에서 관리한계선을 벗어난 점이 있거나, 점의 배열에 습관성이 있으면 공정이 이상상태라고 판정한다. 공정이 이상상태라고 판정하기 위한 조건을 좀 더 자세히 정리하면 다음과 같다.

- **관리한계선을 벗어난 점이 있다.**

관리한계선 상에 점이 있더라도 이상상태라고 판단한다.

- **점의 배열에 습관성이 있다.**

관리한계선을 벗어난 점이 없더라도 점의 배열에 습관성이 있으면 이상상태라고 판단한다. 점의 배열에 나타나는 습관성을 분류하면 다음과 같다.

① 런(run)이 나타날 경우: 길이 9 이상

타점치들이 중심선의 위 또는 아래 중 어느 한쪽에 연속해서 몰리는 경우를 런(run) 또는 연(連)이라고 한다.

예전에는 길이 7의 런이 발생할 경우 이상상태라고 보았으나 개정된 KS A 규격에서는 이상상태의 판정기준을 길이 9로 변경하였는데 그 이유는 다음과 같다.

하나의 타점치가 중심선 위쪽과 아래쪽에 위치할 확률이 0.5라고 할 때, 길이 9의 런이 발생할 확률은 0.195%(; $0.5^9 = 0.00195$)이다. 런은 중심선 위쪽과 아래쪽 두 곳에서 발생할 수 있으므로 길이 9의 런이 발생할 확률은 2×0.195% = 0.39%가 되는데, 이는 3σ 관리도를 설계할 때 정상상태를 이상상태로 오판할 확률을 0.27% 허용하는 기준과 근접하기 때문이다.

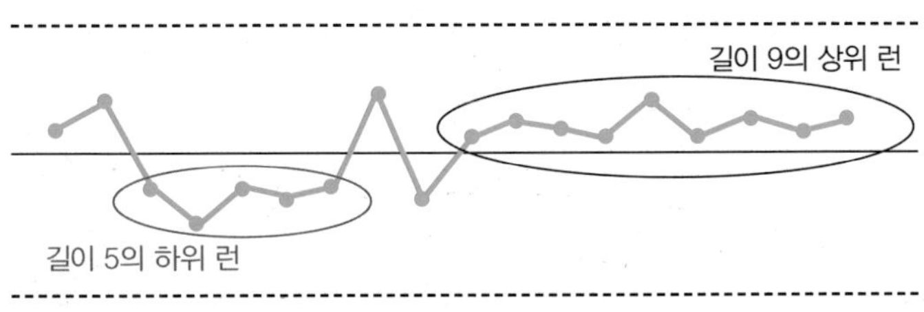

〈그림 14.9〉 런(run)이 나타나는 관리도

② 추세(trend)가 나타날 경우: 길이 7 이상

점의 배열에 상승 또는 하강 경향이 뚜렷이 나타나는 경우에는 관리한계선을 벗어난 점이 없더라도 이상상태일 가능성이 높다. 일반적으로 7개의 점들이 연속해서 상승 또는 하강하면 이상상태라고 판단한다.

타점치 배열이 상승 또는 하강 추세를 보이는 이유에는 공구의 점진적 마모나 작업자의 피로 누적 등이 포함될 수 있다.

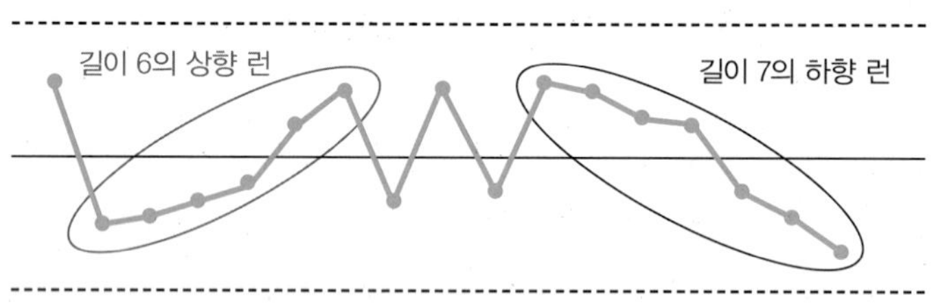

〈그림 14.10〉 추세(trend)가 나타나는 관리도

③ 점들이 중심선 한 쪽에 많이 몰려 있는 경우

런의 길이가 9개 미만이라도 중심선 한쪽에 점들이 많이 몰리면 공정이 정상상태가 아닐 가능성이 높다. 일반적으로 연속된 11개의 점 중 10개 이상, 14개의 점 중 12개 이상, 17개의 점 중 14개 이상이 중심선 한쪽에 있을 때 이상상태라고 판단한다.

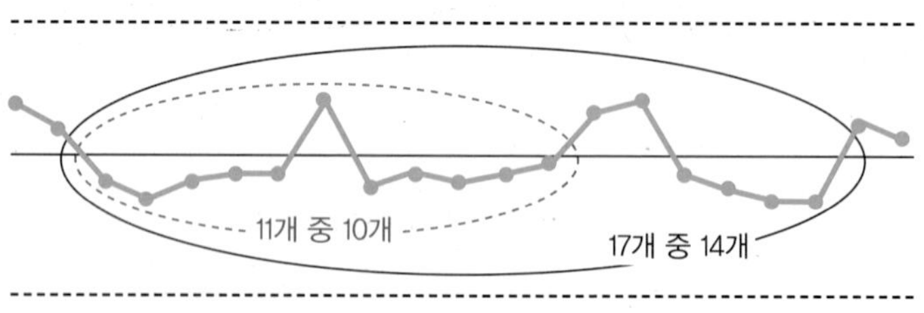

〈그림 14.11〉 중심선 한쪽에 많은 점들이 몰려 있는 관리도

④ 점들이 관리한계선 가까이 많이 있는 경우

관리한계선을 벗어난 점이 없더라도 관리한계선 가까이 많은 점들이 있으면 공정이 정상상태가 아닐 가능성이 높다. 일반적으로 연속된 3개의 점 중 2개 이상, 7개의 점 중 3개 이상이 2σ에서 3σ 사이에 있으면 이상상태라고 판단한다.

참고적으로 기술하면 3σ관리도에서 임의의 타점이 중심선 위쪽에 있는 2σ에서 3σ 사이 영역과 아래쪽에 있는 2σ에서 3σ 사이 영역에 위치할 확률은 각각 0.02145이다. 따라서 임의의 타점이 2σ에서 3σ 사이의 영역에 위치할 확률은 0.0429(=2×0.02145)이며, 연속된 3개의 점 중 2개가 2σ에서 3σ 사이에 있을 확률은 ${}_3C_2 \cdot 0.0429^2 \cdot (1-0.0429) = 0.0053$이 된다. 이것은 3σ 관리도를 설계할 때 정상상태를 이상상태로 오판할 확률을 0.27% 허용하는 기준에 근접한다.

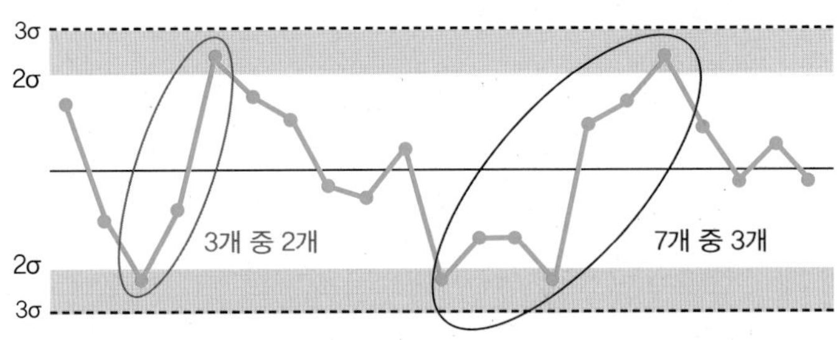

〈그림 14.12〉 관리한계선 가까이 있는 점들이 많은 관리도

⑤ 점의 배열에 주기성이 있을 경우

관리한계선을 벗어난 점이 없더라도 점의 배열에 주기성이 나타나면 공정이 정상상태가 아닐 가능성이 높다. KS A 규격에서는 연속된 14개의 점이 교대로 증감을 반복하면 주기성이 있다고 판정하고 있으나, 주기성에 대해서는 이상 여부를 판정하기 위한 일반적 기준이 없으므로 주관적으로 판단한다.

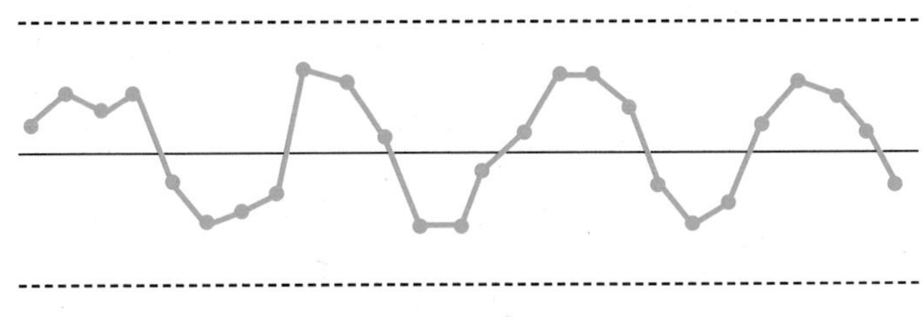

〈그림 14.13〉 점의 배열에 주기성이 있는 관리도

〈그림 14.14〉에서와 같이 점들의 절반 이상이 관리한계선 밖으로 나가 있거나, 대부분의 점들이 중심선 부근에 몰려 있는 경우에는 이상요인의 존재보다는 관리도의 작성방법에 문제가 있을 가능성이 크다. 이를 테면 샘플 군(群) 구분이나 데이터의 층별

(層別) 방법에 문제가 있는 경우가 대부분이다. 샘플 군 내의 산포 발생 원인에는 가능한 한 우연요인만 포함되도록 샘플링검사를 계획해야 한다.

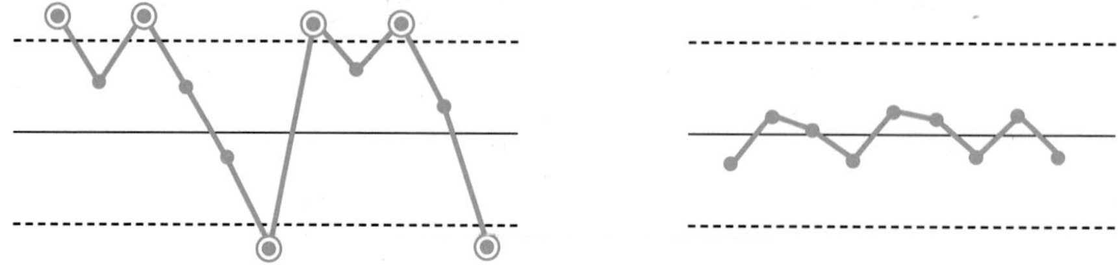

〈그림 14.14〉 공정의 이상 여부 판단에 주의가 필요한 관리도

지금까지 설명한 관리도를 프로세스(공정) 관리에 이용하는 절차는 〈그림 14.15〉와 같다. 공정에서 산출되는 제품이나 서비스의 중요한 품질특성을 측정하여 관리도를 작성하고, 작성된 관리도를 토대로 공정의 이상 여부를 판단한다. 이상상태라고 판정이 되면 이상요인을 찾아서 적절한 대책을 마련하고, 이를 실행하여 공정의 상태를 신속하게 원상태로 되돌린다. 또한 공정이 관리상태에 있더라도 공정능력이 충분하지 못하다면 경영진의 주도 하에 공정능력을 확보하기 위한 개선 프로젝트를 추진할 필요가 있다.

기술의 진보나 관리수준의 향상에 따라 공정의 상태에 뚜렷한 변화가 있을 경우에는 관리선을 다시 계산하여 공정관리에 적용해야 한다. 관리선을 재계산할 때에 관리한계선을 벗어난 점은 다음과 같이 처리한다.

- 원인을 알 수 있는 경우에는 재발방지를 위해 이상원인을 제거하고, 관리선을 계산한다.
- 원인 불명이거나 원인을 알아도 조처가 불가능한 경우에는 관리선 계산 시 이상(異常) 데이터를 제거하지 않는다.

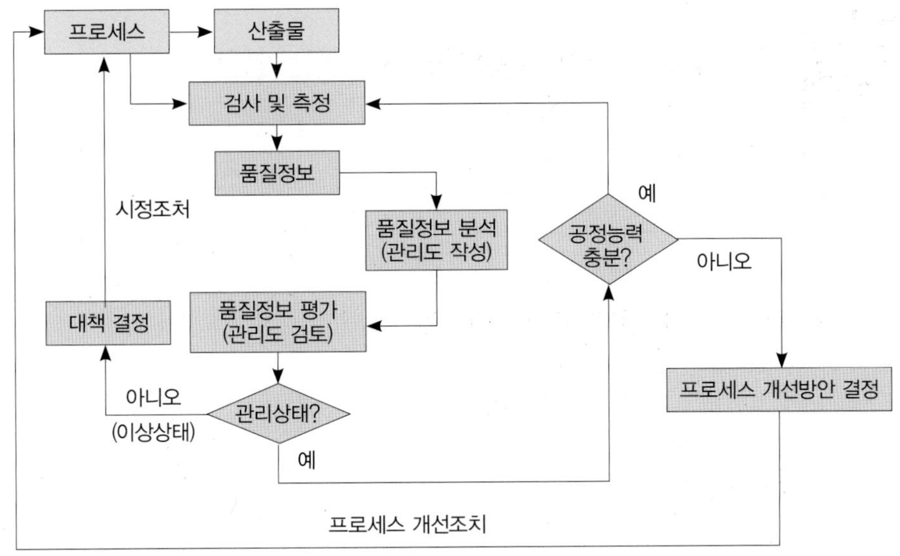

〈그림 14.15〉 관리도를 이용한 프로세스 관리 절차

참고문헌

- 박영택(2013), "통계적 공정관리: 산포를 줄여야 품질수준이 높아진다", 품질경영, 12월호.
- 배도선 외 6인(2006), 「최신 통계적 품질관리」, 개정판, 영지문화사.
- 염경철, 정영배(2009), 「개정된 KSA·ISO가 적용된 통계적 품질관리」, 성안당
- 이순룡(1993), 「품질경영론」, 법문사.
- 한국표준협회, 「통계적 품질관리」, 전문교육과정 교재.

14장 부록 공정상태의 변화가 관리도에 미치는 영향

공정의 평균과 산포의 변화가 관리도의 타점치 배열에 미치는 영향을 살펴보기 위해 앞서 설명한 $\bar{x}-R$ 관리도를 생각해 보자.

① 관리상태의 관리도

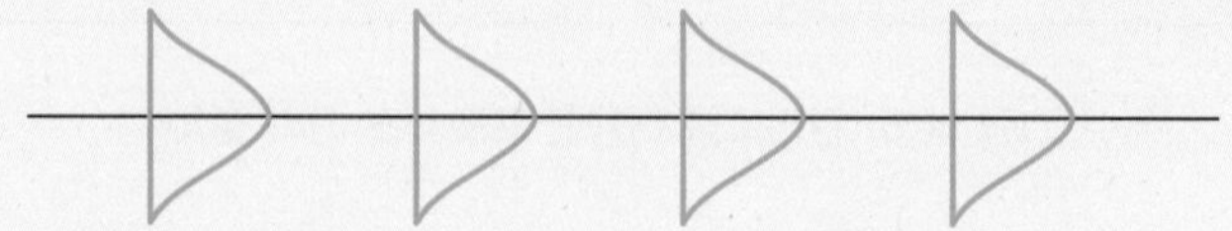

〈그림 1〉 공정의 평균과 산포가 안정적인 상태

공정이 관리상태에 있다는 말은 〈그림 1〉에 표시한 것처럼 공정의 평균과 산포가 평소 상태를 안정적으로 유지하고 있다는 뜻이다. 이 경우 평균치($\bar{x}$) 관리도와 범위(R) 관리도 모두 〈그림 2〉와 같이 관리상태를 유지한다.

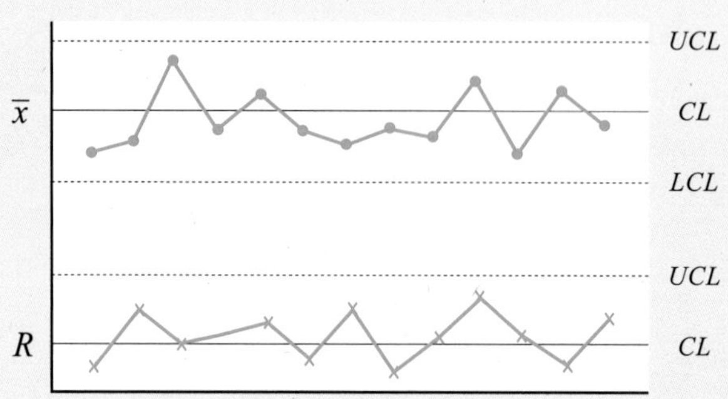

〈그림 2〉 공정의 평균과 산포가 안정적일 경우의 $\bar{x}-R$ 관리도

② **공정 평균이 약간 커지는 경우**(산포 불변)

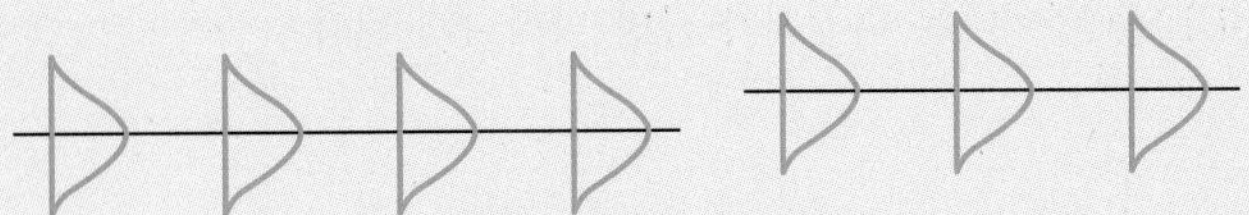

〈그림 3〉 공정 평균이 위로 조금 이동한 상태

〈그림 3〉과 같이 공정의 산포는 변하지 않으나 공정의 중심이 조금 위로 이동하는 상황을 생각해 보자. 공정 산포가 변하지 않으면 범위(R) 관리도는 관리상태를 유지한다. 그러나 공정 평균이 조금 위로 이동하면 평균치($\overline{x}$) 관리도에는 중심선(CL) 위에 찍히는 점들이 상대적으로 많아지며, 조만간 관리상한선(UCL)을 벗어나는 타점치가 나타난다.

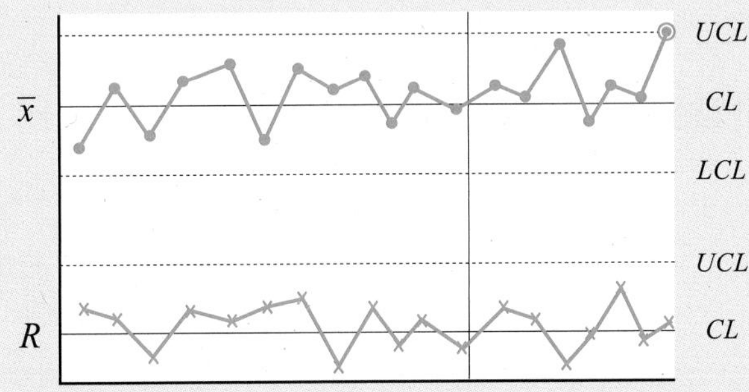

〈그림 4〉 공정 평균이 위로 조금 이동할 경우의 $\overline{x}-R$ 관리도

③ **공정 평균이 많이 커지는 경우**(산포 불변)

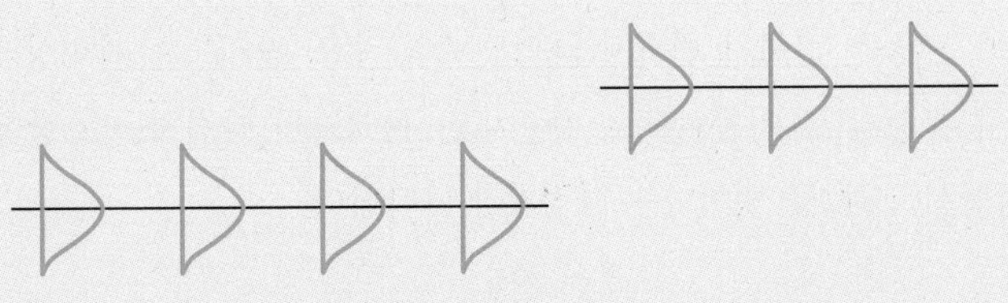

〈그림 5〉 공정 평균이 위로 많이 이동한 상태

〈그림 5〉와 같이 공정의 산포는 변하지 않으나 공정의 중심이 많이 위로 이동하는 상황을

생각해 보자. 공정 산포가 변하지 않으므로 범위(R) 관리도는 관리상태를 계속 유지한다. 그러나 공정 평균이 대폭 위로 이동하면 하면 평균치($\overline{x}$) 관리도의 타점치들도 함께 대폭 이동하므로 관리상한선(UCL)을 벗어나는 타점치가 금방 나타나게 된다.

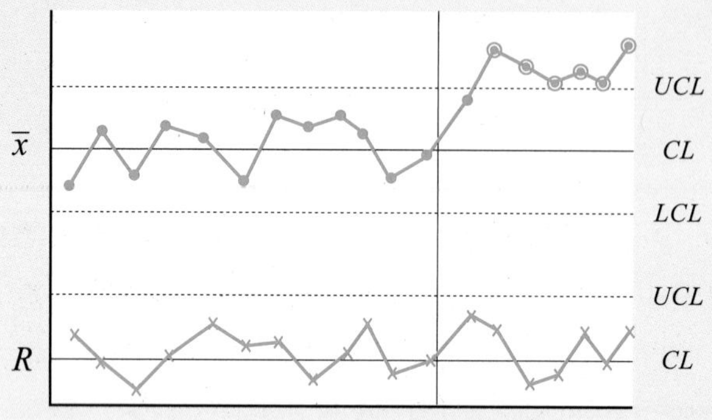

〈그림 6〉 공정 평균이 위로 많이 이동할 경우의 $\overline{x} - R$ 관리도

④ **공정 평균이 경향을 갖고 변하는 경우**(산포 불변)

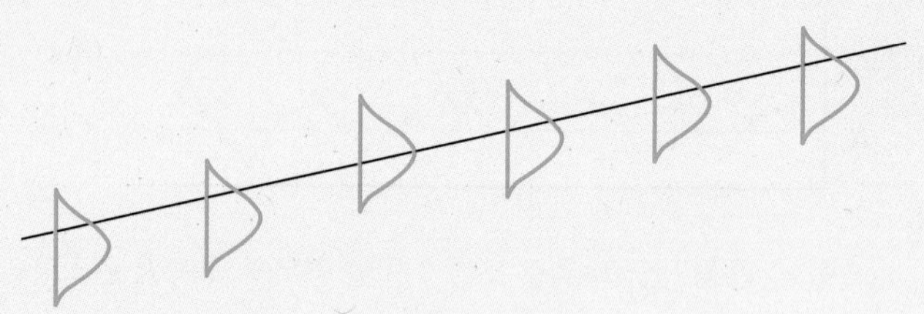

〈그림 7〉 공정 평균이 상향 추세인 상태

〈그림 7〉과 같이 공정의 산포는 변하지 않으나 공정의 중심이 조금씩 위로 계속 이동하는 상황을 생각해 보자. 공정 산포가 변하지 않으므로 범위(R) 관리도는 관리상태를 유지한다. 그러나 공정 평균이 계속 위로 이동하므로 평균치($\overline{x}$) 관리도의 타점치들도 상향 추세를 보이며, 머지않아 관리상한선(UCL)을 벗어나는 타점치가 나타난다.

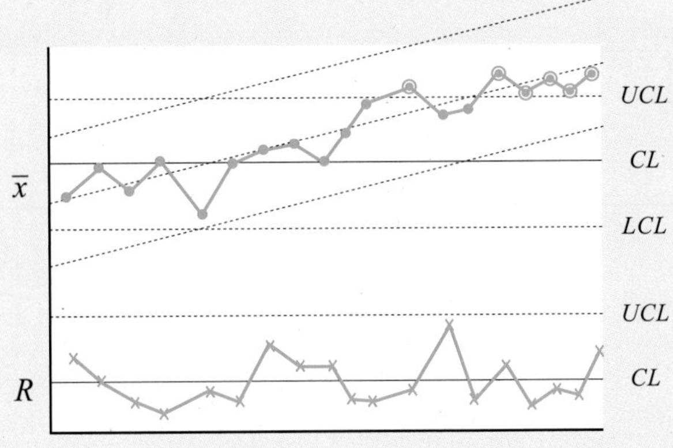

〈그림 8〉 공정 평균이 상향 추세일 경우의 $\bar{x} - R$ 관리도

⑤ 공정 평균이 랜덤하게 크게 변하는 경우(산포 불변)

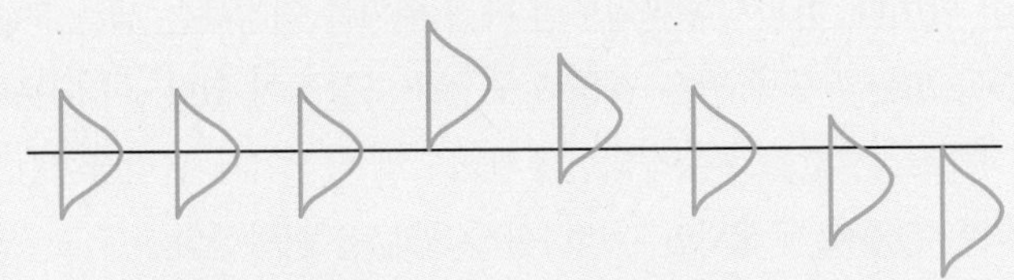
〈그림 9〉 공정 평균이 랜덤하게 변하고 있는 상태

〈그림 9〉와 같이 공정의 산포는 변하지 않으나 공정의 중심이 랜덤하게 아래위로 조금 움직이는 상황을 생각해 보자. 공정 산포가 변하지 않으므로 범위(R) 관리도는 관리상태를 유지한다. 그러나 공정 평균의 움직임에 따라 평균치($\bar{x}$) 관리도의 타점치들도 함께 이동하며, 관리상한선(UCL)과 관리하한선(LCL)을 벗어나는 타점치들이 나타난다.

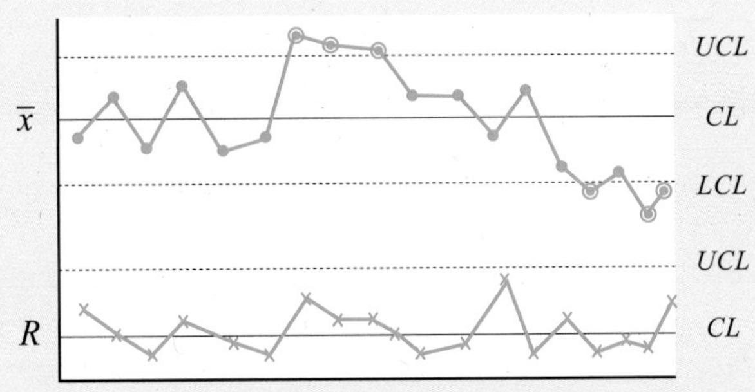

〈그림 10〉 공정 평균이 랜덤하게 변할 경우의 $\bar{x} - R$ 관리도

⑥ 공정 산포가 커지는 경우(평균 불변)

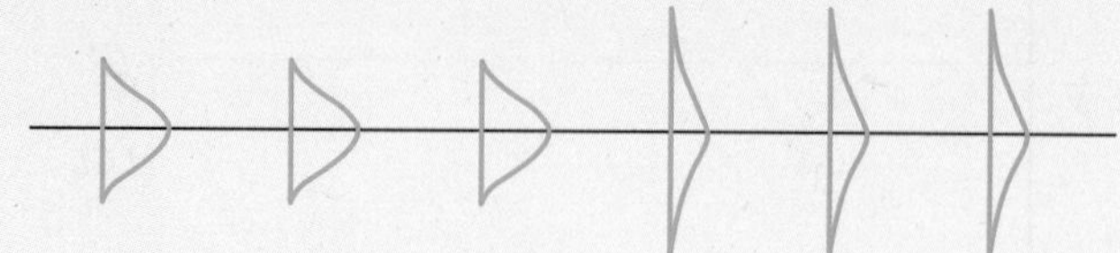

〈그림 11〉 공정 산포가 커진 상태

〈그림 11〉과 같이 공정의 평균은 변하지 않으나 공정의 산포가 커지는 상황을 생각해 보자. 공정의 평균은 변하지 않고 산포만 커지더라도 〈그림 12〉와 같이 평균치($\bar{x}$) 관리도와 범위(R) 관리도 모두 관리상태를 이탈한다.

공정 산포가 커졌으니 R관리도가 이상상태를 보이는 것은 당연하다. 그런데 공정 평균은 변하지 않았는데 왜 $\bar{x}$관리도까지 관리상태를 이탈할까? 공정 산포가 크다는 것은 품질 측정치가 들쑥날쑥하다는 말이다. 따라서 $\bar{x}$관리도의 타점 위치를 결정하는 샘플 군(群) 내에 측정치들이 우연히 큰 것들 또는 우연히 작은 것들로 구성될 가능성이 있다. 이 때문에 샘플 군 내의 측정치들이 상대적으로 큰 값들로 구성되면 $\bar{x}$관리도의 타점치가 관리상한선(UCL)을 벗어나고, 이와 반대로 작은 값들로 구성되면 관리하한선(LCL)을 이탈한다.

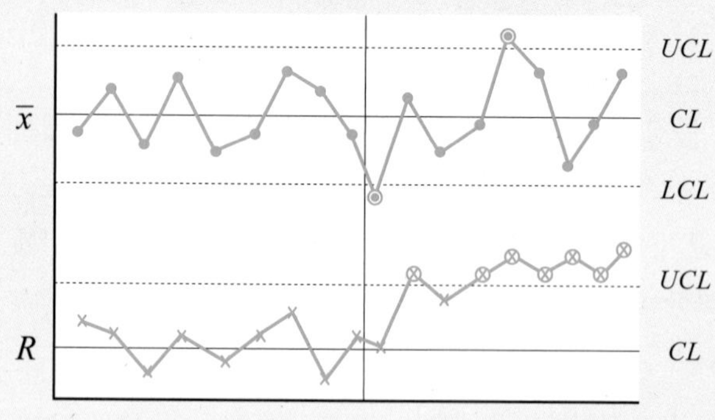

〈그림 12〉 공정 산포가 커질 경우의 $\bar{x}-R$ 관리도

⑦ **산포가 줄어드는 경우**(공정평균 불변)

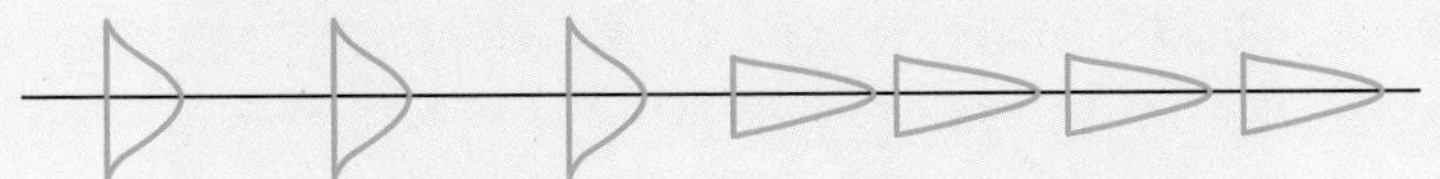

〈그림 13〉 공정 산포가 작아진 상태

〈그림 13〉과 같이 공정의 평균은 변하지 않으나 공정의 산포가 작아지는 상황을 생각해 보자. 이 경우 〈그림 14〉와 같이 평균치($\bar{x}$) 관리도의 타점치들은 중심선(CL) 가까이 몰리고, 범위(R) 관리도 타점치들은 바닥으로 쏠린다.

공정의 산포가 작아졌다는 것은 품질특성의 측정치가 비슷비슷한 값을 가진다는 의미이다. 따라서 $\bar{x}$관리도의 타점 위치를 결정하는 샘플 군(群) 내에 측정치의 값들이 비슷해지므로 $\bar{x}$관리도의 타점치들이 중심선(CL) 가까이 몰린다. 또한 샘플 군(群) 내에 측정치의 값들이 비슷해지면 군 내 데이터의 범위(R)값도 작아지므로 R관리도 타점치들도 밑으로 내려가게 된다.

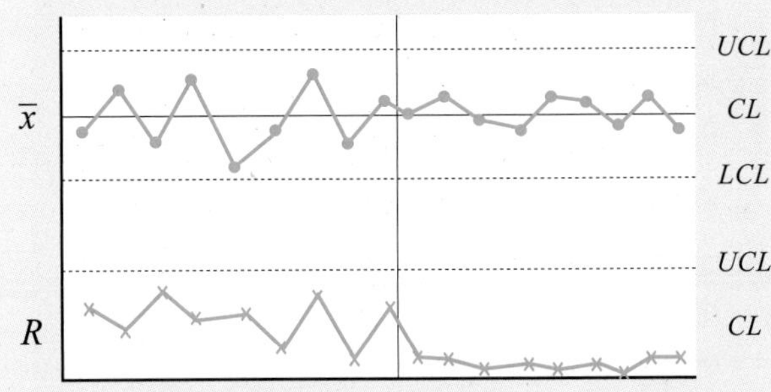

〈그림 14〉 공정 산포가 작아질 경우의 $\bar{x}-R$ 관리도

15장

샘플링 검사

샘플링검사와 관리도는 통계적 품질관리의 양대 기둥이다. 높은 수준의 품질을 보증하기 위해서는 전수검사가 좋지만, 전수검사에 들어가는 비용은 논외로 하더라도 파괴검사와 같은 경우에는 전수검사를 실시할 수가 없다. 적은 수의 샘플을 가지고 사용자와 생산자를 동시에 보호하는 샘플링검사 방법은 통계학이 창조한 예술의 세계와도 같다.

15.1 샘플링검사와 검사특성곡선

(1) 샘플링검사의 특징

'샘플링검사(Sampling Inspection)'는 로트(lot)에서 샘플(시료)을 추출하여 검사하고, 그 결과를 판정기준과 비교하여 로트의 합격여부를 결정하는 것을 말한다. 브레이크의 작동실험이나 고압용기의 내압시험 등과 같이 안전에 매우 중요하거나 고가 보석의 감정처럼 경제적 가치가 높은 품목의 검사에는 전수검사가 불가피하지만 샘플링검사가 필요한 경우도 많다. 샘플링검사가 효과적으로 적용될 수 있는 경우는 다음과 같다.

- 파괴검사를 해야 하는 경우
- (전수검사를 하지 못해서 발생하는) 불량품의 합격 처리로 인해 초래되는 비용이 전수검사 비용보다 더 적을 경우
- 검사항목이 많은 경우
- 유사한 품목이 많기 때문에 샘플링검사만으로도 전수검사와 비슷한 효과를 얻을 수 있는 경우
- 검사 자동화가 이루어지지 않은 경우

검사대상 제품을 전량 검사하는 전수검사에 비해 샘플링검사는 다음과 같은 장점이 있다.

- 검사대상이 많지 않으므로 다수의 검사 인력이 필요치 않고 검사 비용도 적게 든다.
- 전수검사의 경우 검사 대상의 과다로 인한 피로와 권태가 검사 오류를 유발할 수 있으나 샘플링검사의 경우에는 그러한 오류가 줄어든다.
- 불합격 로트의 퇴짜는 제조업자에게 품질향상을 위한 자극이 된다.

이와 같은 장점이 있는 반면에 다음과 같은 단점도 있다.

- 나쁜 품질의 로트를 합격시키고 좋은 품질의 로트를 불합격시킬 위험을 배제할 수 없다.
- 효율적인 샘플링검사를 계획하는 데 많은 시간과 노력이 든다.

(2) 검사특성곡선(OC곡선)

샘플링검사의 중요한 관심사는 좋은 품질의 로트와 나쁜 품질의 로트를 어떻게 구별하는가 하는 것이다. 샘플링검사의 로트품질 판별능력은 'OC곡선(Operating Characteristic Curve, 검사특성곡선)'으로 설명할 수 있다. OC곡선이란 〈그림 15.1〉에 나타낸 것처럼 로트의 불량률과 합격확률과의 관계를 보여주는 곡선이다.

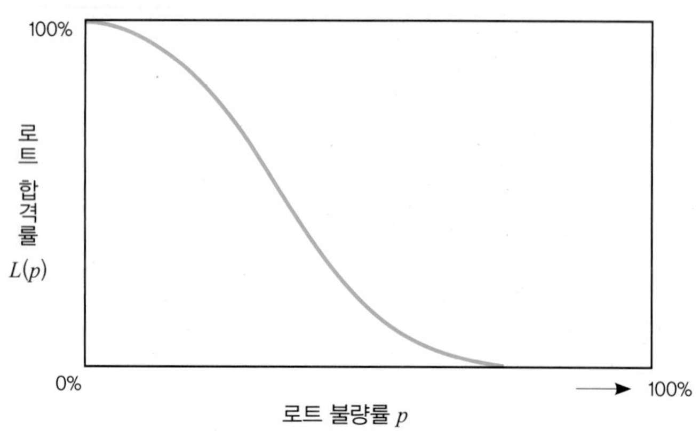

〈그림 15.1〉 OC곡선의 일반적 형태

OC곡선의 가로축은 로트의 불량률을 나타내고 세로축은 로트의 합격확률을 나타낸다. 모든 OC곡선은 기본적으로 다음과 같은 3가지 공통점이 있다.

- 불량품이 하나도 없는 불량률 0의 로트는 검사오류가 없는 한 100% 합격하기 때문에 OC곡선의 왼쪽 끝 높이는 1이다.
- 양품이 하나도 없는 불량률 100%의 로트는 검사오류가 없는 한 100% 불합격하기 때문에 OC곡선의 오른쪽 끝 높이는 0이다.
- 가로축에 표시한 로트의 불량률이 커질수록 합격확률이 낮아지기 때문에 OC곡선은 오른쪽으로 갈수록 낮아진다.(높이가 왼쪽 끝에서 1로 시작해서 오른 쪽 끝으로 가면 0으로 낮아진다.)

샘플링 검사는 샘플을 통해 전체 로트의 품질을 판단하기 때문에 불량률이 낮은 로트가 불합격될 수 있는 반면 불량률이 높은 로트가 합격될 수도 있다. 그것은 품질이 좋은 로트라도 우연히 샘플 속에 불량품이 상대적으로 많이 들어갈 수도 있고, 나

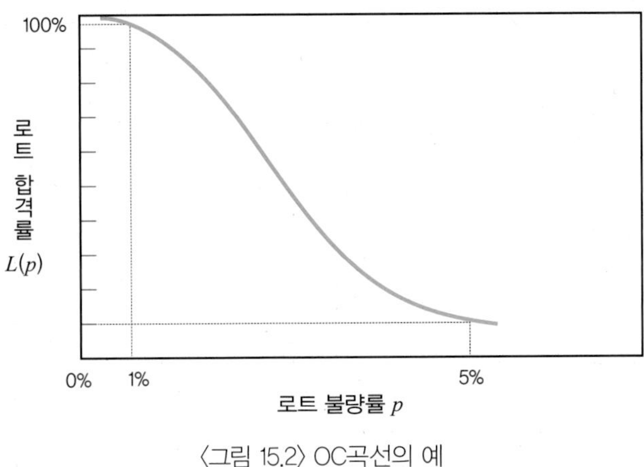

〈그림 15.2〉 OC곡선의 예

쁜 로트라도 샘플로 뽑히는 것은 거의 대부분 양품일 수도 있기 때문이다.

〈그림 15.2〉와 같은 OC곡선이 적용된다면 불량률 1%인 상대적으로 좋은 로트가 불합격될 확률이 5%정도 있는 반면, 불량률 5%의 나쁜 로트가 합격될 확률도 10% 정도 존재한다. [참고: 샘플링검사 방식의 설계에는 샘플의 크기와 합격판정기준을 결정하는 일이 포함되는데 이것에 따라 OC곡선의 형태가 결정된다.]

샘플링검사가 품질이 좋은 로트와 나쁜 로트를 선별해내는 정도는 OC곡선의 기울기와 관련이 깊다. 곡선의 기울기가 가파를수록 샘플링검사의 선별력이 높아진다. 〈그림 15.3〉에 나타낸 Z자 형태의 OC곡선은 좋은 로트와 나쁜 로트를 완벽하게 구분할 수 있는 이상적인 형태이다. 왜냐하면 품질이 좋은 로트와 나쁜 로트를 구분하는 경계선 왼쪽은 모두 합격시키고 오른쪽은 모두 불합격시키기 때문이다.

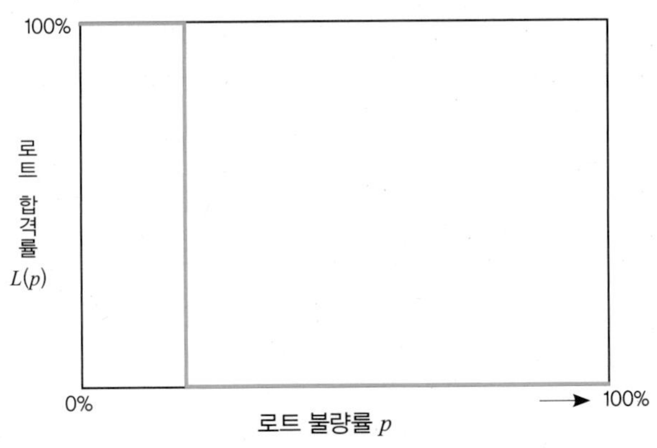

〈그림 15.3〉 이상적인 OC곡선의 형태

〈그림 15.3〉과 같은 이상적인 형태의 OC곡선은 전수검사를 실시할 때만 실현이 가능하다. 그러나 검사를 수행하는 데 드는 시간과 비용을 고려한다면 전수검사를 하는 것만이 능사가 아니다. 불량품 혼입으로 초래되는 비용이 크지 않다면 샘플링검사의 도입을 고려할 만한 경우가 많을 것이다.

15.2 샘플링검사의 종류

(1) 샘플링검사의 분류

샘플링검사는 품질특성의 표시방법, 유형, 형식에 따라 다음과 같이 구분된다.

① 품질 특성치의 표시방법에 따른 분류

- 계수형 샘플링검사
  - 불량개수나 결점수 등과 같은 계수형 품질 특성치를 사용하는 검사 방식.
- 계량형 샘플링검사
  - 길이, 무게, 인장강도 등과 같은 계량형 품질 특성치를 사용하는 검사 방식.

② 유형에 따른 분류

- 규준형 샘플링검사
  - 일반적으로 생산자는 좋은 품질의 로트가 불합격되는 것을 피하고 싶은 반면 소비자는 나쁜 품질의 로트가 합격되는 것을 피하려 한다. 이러한 양측의 요구를 동시에 만족시키고자 하는 검사 방식.
- 선별형 샘플링검사
  - 검사에서 불합격되는 로트에 대해 전수검사를 실시하여 불량품을 선별해내는 검사 방식. 불합격된 로트에 대해서는 전수검사를 실시해야 하므로 파괴검사의 경우에는 사용할 수 없다.
- 조정형 샘플링검사
  - 다수의 공급자로부터 로트를 연속적으로 구입하는 경우, 공급자가 제공하는

로트의 품질수준에 따라 검사를 까다롭게 또는 수월하게 조정함으로써 공급자에게 품질향상에 대한 자극을 주고자 하는 방식.

- 연속생산형 샘플링검사
  - (이미 만들어진 로트를 대상으로 하는 것이 아니라) 컨베이어를 이용하는 흐름생산에서와 같이 제품이 하나씩 연속적으로 생산되는 경우에 적용하는 검사 방식.

③ 형식에 따른 분류

- 1회 샘플링검사
  - 일정량의 샘플을 뽑아 검사를 실시하고 검사성적에 따라 합격 또는 불합격 판정을 내리는 방식.
- 2회 샘플링검사
  - 상대적으로 적은 양의 샘플을 뽑아서 검사를 실시한 후 검사성적이 아주 좋으면 합격, 아주 나쁘면 불합격 판정을 내린다. 첫 번째 검사에서 합격 또는 불합격 판정이 나오지 않을 경우 추가적으로 일정량의 샘플을 더 뽑아서 검사를 실시한 후 합격 여부를 판정하는 방식.
- 다회 샘플링검사
  - 2회 샘플링검사에서는 늦어도 2차 샘플링 검사에서는 합격여부에 대한 최종 판정이 이루어진다. 다회 샘플링검사는 합격여부에 대한 최종 판정이 2차를 넘어갈 수 있을 경우를 말한다. 이처럼 여러 단계의 검사를 하는 목적은 합격여부 판정에 필요한 평균샘플 개수를 줄이는데 있다.
- 축차 샘플링검사
  - 로트의 합격여부 판정을 위해 여러 차례 샘플을 취하는 다회 샘플링검사의 개념을 확장한 것이다. 매번 샘플을 한 개만 추출하여 검사하고 누적 검사성적에 따라 합격, 불합격, 추가 검사의 3가지 중 하나를 선택하는 방식.

〈표 15.1〉에는 지금까지 설명한 샘플링검사 방식을 요약한 것이다. 품질특성 표시, 유형, 형식에서 각각 하나를 선택하여 결합하면 하나의 검사 방식이 된다.(예: 계수 규준형 2회 샘플링검사, 계량 조정형 1회 샘플링검사 등)

〈표 15.1〉 샘플링검사 방식의 분류

품질특성 표시	유형별	형식별
계수	규준형	1회
	선별형	2회
계량	조정형	다회
	연속생산형	축차

(2) 샘플링검사의 유형

① 규준형 샘플링검사

규준형 샘플링검사는 OC곡선을 기초로 '좋은 품질의 로트가 불합격되는 것을 피하려고 하는 생산자의 요구'와 '나쁜 품질의 로트가 합격되는 것을 피하려고 하는 소비자의 요구'를 동시에 만족시키고자 하는 샘플링검사 유형이다.

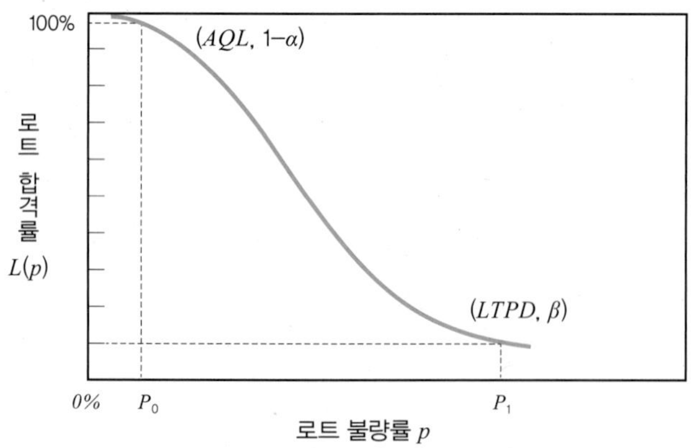

〈그림 15.4〉 규준형 샘플링검사의 설계

규준형 샘플링검사를 적용하기 위해서는 가능한 한 합격시키고 싶은 '좋은 로트'와 가능한 한 불합격시키고 싶은 '나쁜 로트'의 기준을 먼저 정해야 한다. 샘플링검사에서는 이 기준을 *AQL*과 *LTPD*라고 한다. 이를 설명하면 다음과 같다.

- *AQL*(Acceptable Quality Level, 합격품질수준)
  - 가능한 한 합격시키고 싶은 로트 불량률의 상한으로서 보통 p_0로 표시한다. (즉, 불량률이 p_0보다 낮은 로트는 합격시키고 싶다는 의미.)
- *LTPD*(Lot Tolerance Percent Defective, 로트허용불량률)
  - 가능한 한 불합격시키고 싶은 로트 불량률의 하한으로서 보통 p_1으로 표시한다.(즉, 불량률이 p_1보다 큰 로트는 불합격시키고 싶다는 의미.)

불량률이 p_0보다 낮은 좋은 로트가 불합격될 확률을 '생산자 위험(α)', 불량률이 p_1보다 큰 나쁜 로트가 합격될 확률을 '소비자 위험(β)'이라고 한다. 규준형 샘플링검사에서는 통상적으로 생산자 위험 5%와 소비자 위험 10%를 감수하도록 한다. 물론, 판정의 정확도를 높이기 위해 생산자위험과 소비자위험을 더 줄일 수는 있지만 이 경우 검사에 필요한 샘플의 수가 늘어나는 문제가 있다.

② 선별형 샘플링검사

선별형 샘플링검사에서는 검사에서 불합격되는 로트에 대해 전수검사를 실시하기 때문에 로트마다 검사개수가 다르다. 검사대상 품목이 N개 들어 있는 로트에서 n개의 샘플을 취하여 검사하는 경우를 생각해 보자. 검사에서 합격하면 n개의 샘플에 대한 검사만으로 합격이 되지만 불합격하면 나머지 $(N - n)$개를 모두 검사해야 한다. 따라서 '로트당 평균검사개수(*ATI*, Average Total Inspection)'는 다음과 같이 계산된다.

$$\begin{aligned} ATI &= n + (N - n) \cdot [1 - L(p)] \\ &= n \cdot L(p) + N \cdot [1 - L(p)] \end{aligned}$$

여기서 $L(p)$는 불량률 p인 로트가 검사에서 합격할 확률을 나타낸다.

또한, 선별형 샘플링검사에서는 합격된 로트는 그대로 통과시키지만 불합격된 로트에 대해서는 불량품을 선별해낸다. 따라서 검사하기 전의 로트 품질과 검사를 거친 로트 품질이 다르다. 검사를 거친 로트의 평균 불량률을 '*AOQ*(Average Outgoing Quality, 평균출검품질)'라고 하는데 이 값이 어떻게 계산되는지 보자.

검사에서 발견된 불량품을 모두 양품으로 대체한다고 가정하면 로트당 포함되는 평균 불량개수는 다음과 같다.

(i) 샘플링검사에서 합격하는 경우

- 검사를 하지 않은 나머지 $(N - n)$개는 그대로 받아들이므로 이 속에 들어 있는 불량품은 평균 $p \cdot (N - n)$개다.

(ii) 샘플링검사에서 불합격하는 경우

- 검사를 하지 않은 나머지 $(N - n)$개에 대해 전수검사를 실시하고 확인된 불량품은 모두 양품으로 보충하기 때문에 불량품이 하나도 들어가지 않는다.

따라서 '평균출검품질(AOQ)'는 다음과 같이 계산된다.

$$AOQ = \frac{L(p) \cdot p \cdot (N - n)}{N}$$

만약, 로트의 크기 N이 샘플의 개수 n보다 충분히 크다면 AOQ 값은 근사적으로 다음과 같다.

$$AOQ = L(p) \cdot p$$

이상의 계산식에서 볼 수 있듯이 AOQ는 로트 불량률 p의 함수이다. p와 AOQ의 관계를 나타낸 그림을 'AOQ곡선'이라고 하는데 일반적인 형태는 〈그림 15.5〉와 같다.

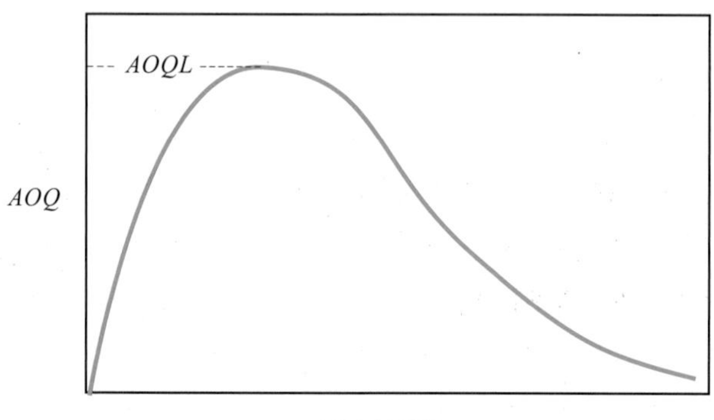

〈그림 15.5〉 AOQ곡선의 일반적 형태

AOQ와 로트 불량률 p의 관계에 대해 생각해 보자.

(i) **로트 불량률 p가 매우 낮은 경우**

- 검사하고자 하는 로트 내에 거의 불량품이 들어있지 않으므로 검사에서 대부분 합격될 것이며, 나머지 $(N - n)$개를 검사 없이 받아들여도 문제될 것이 없다. 따라서 AOQ곡선의 왼쪽 끝 부분의 AOQ 값은 0에 가깝다.

(ii) **로트 불량률 p가 매우 높은 경우**

- 검사하고자 하는 로트 내에 매우 많은 불량품이 들어있으므로 검사에서 대부분 불합격될 것이며, 검사에서 불합격되면 나머지 $(N - n)$개를 전수검사하여 불량품을 선별해내므로 AOQ곡선의 오른쪽 끝 부분 역시 0에 가깝다.

따라서 AOQ 값은 납입 로트의 불량률이 아주 낮지도 아주 높지도 않을 경우에 상대적으로 높게 나타나 〈그림 15.5〉와 같은 형태가 된다. AOQ곡선에서 AOQ값이 가장 높은 정점의 값을 '$AOQL$(Average Outgoing Quality Limit, 평균출검품질한계)'이라고 한다. 따라서 선별형 샘플링검사 하에서는 최악의 경우에도 검사를 거친 로트의 평균 불량률이 $AOQL$보다 더 높게 나오지는 않는다.

③ 조정형 샘플링검사

다수의 공급자로부터 지속적으로 대량 납품을 받는 경우 좋은 품질의 제품을 납품하는 공급자에게는 수월한 검사를 적용함으로써 높은 품질수준을 유지하도록 장려하고, 나쁜 품질의 제품을 납입하는 공급자에게는 까다로운 검사의 적용을 통해 합격을 더욱 어렵게 함으로써 품질향상을 유도하는 유형의 검사방식이다.

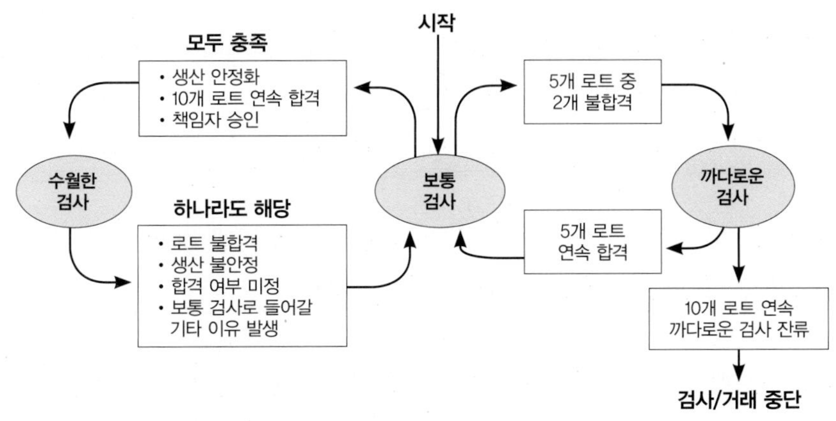

〈그림 15.6〉 조정형 검사의 엄격도 조정 절차(MIL-STD 105-E 경우)

(3) 샘플링검사의 형식

① 1회 샘플링검사

〈그림 15.7〉에 도식적으로 나타낸 것처럼 로트에서 일정량의 샘플을 뽑아서 검사하면 합격여부가 결정되는 경우를 말한다.

1회 샘플링검사를 요약해서 설명하면 다음과 같다. 크기 N인 로트에서 n개의 샘플을 뽑아서 검사를 실시한 후, 검사에서 발견된 불량품의 개수(x)가 '합격판정개수(c)' 이하이면 로트를 합격시키고 그렇지 않으면 불합격시킨다.

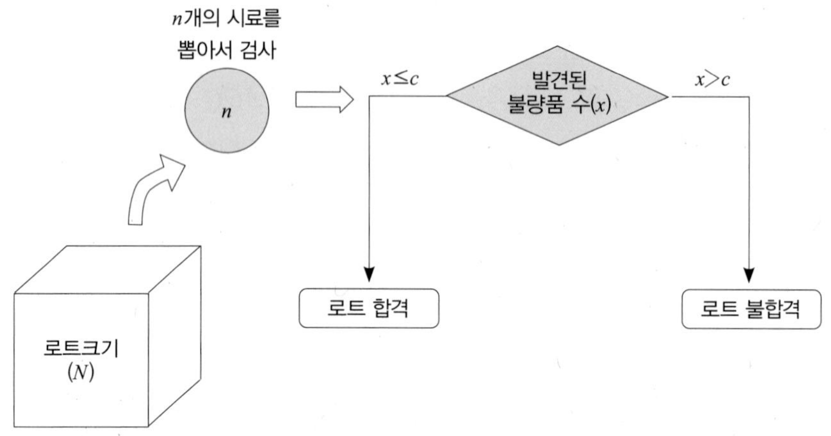

〈그림 15.7〉 1회 샘플링 검사의 절차

② 2회 샘플링검사

상대적으로 적은 양의 샘플을 뽑아서 검사한 후 검사성적이 아주 좋으면 합격, 아주 나쁘면 불합격 판정을 내린다. 첫 번째 검사에서 합격 또는 불합격 판정이 나오지 않을 경우 추가적으로 일정량의 샘플을 더 뽑아서 검사를 실시한 후 합격 여부를 판정한다.

〈그림 15.8〉은 2회 샘플링검사의 절차를 도식적으로 나타낸 것인데 〈표 15.2〉의 자료를 가지고 설명하면 다음과 같다.

[**단계**1] 로트에서 샘플 100개를 랜덤하게 추출한 다음 품질검사를 실시한다. 검사결과 100개의 샘플 중에 불량품이 2개 이하이면 합격, 불량품이 6개 이상이면 불합격

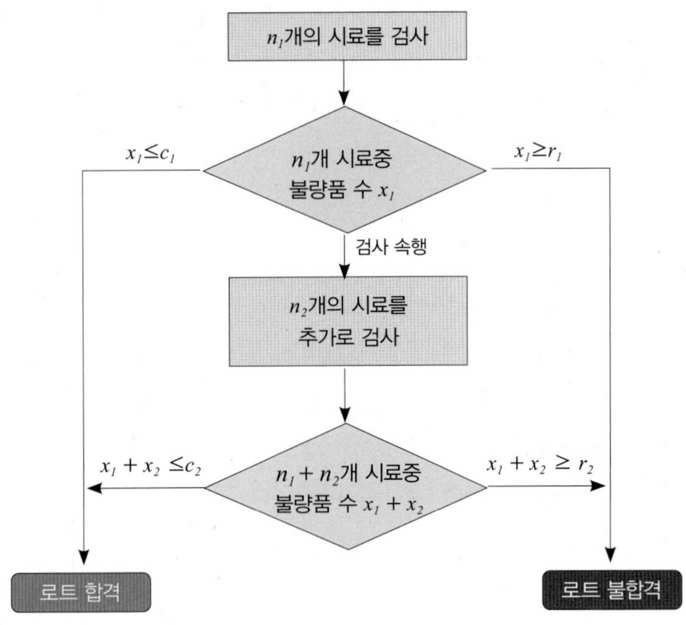

〈그림 15.8〉 2회 샘플링 검사의 절차

판정을 내린다. 만약 불량품이 3개나 4개 또는 5개이면 다음 단계로 간다.

[단계2] 로트에서 샘플 200개를 추가적으로 추출한 다음 품질검사를 실시한다.(샘플 100개를 대상으로 한 1차 검사에서 발견된 불량개수와 추가적으로 샘플 200개를 대상으로 한 2차 검사에서 발견된 불량개수를 합하여) 총불량개수가 5개 이하이면 합격, 6개 이상이면 불합격 처리한다.

〈표 15.2〉 2회 샘플링 검사의 예

시료	크기	누계	합격 판정개수	불합격 판정개수
n_1	100	100	$c_1 = 2$	$r_1 = 6$
n_2	200	300	$c_2 = 5$	$r_2 = 6$

이처럼 2회 샘플링검사는 1회 샘플링검사에 비해 절차가 복잡할 뿐 아니라, 합격여부의 판정이 1차 검사에서 날지 아니면 2차 검사까지 갈지 미리 알 수 없다. 그러나 2회 샘플링검사는 1회 샘플링검사에 비해 필요로 하는 '평균샘플개수(ASN, Average Sample Number)'가 상대적으로 작다는 장점이 있다.

③ 축차 샘플링검사

로트의 합격여부 판정을 위해 여러 차례 샘플을 취하는 다회 샘플링검사의 개념을 확장한 것이다. 매번 샘플을 한 개씩만 추출하여 검사하고 누적 검사성적에 따라 합격, 불합격, 추가 검사의 3가지 중 하나를 선택하는데 여러 형식의 샘플링검사 중 평균샘플개수(ASN, Average Sample Number)가 가장 작다.

예를 들어 한 번에 하나씩 샘플 검사를 하였더니 "양품, 양품, 불량품, 양품, 양품, 양품, 양품" 과 같은 순서로 검사결과가 나왔다고 가정해 보자. 이 검사결과를 축차 샘플링검사의 판정영역에 표시하면 〈그림 15.10〉과 같다. 이 경우 마지막 6번째 타점치가 합격판정 영역에 들어가므로 검사를 종료하고 로트를 합격시킨다.

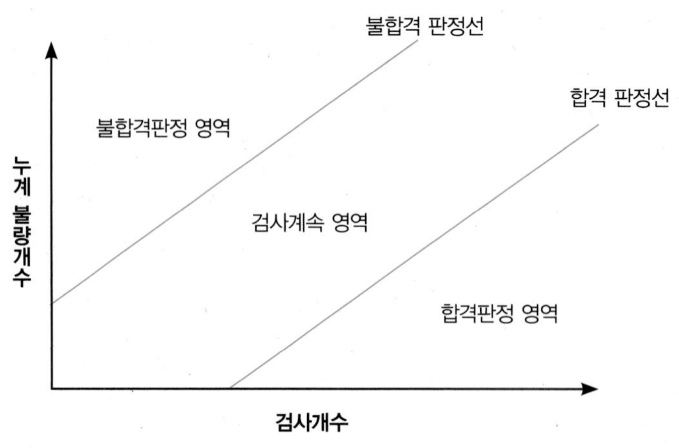

〈그림 15.9〉 축차 샘플링 검사의 판정영역

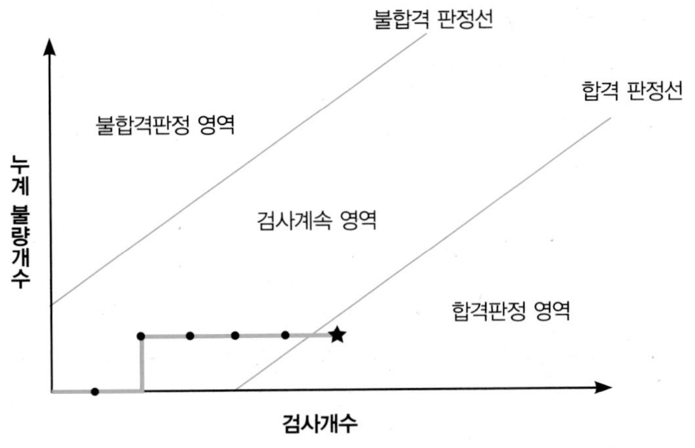

〈그림 15.10〉 축차 샘플링 검사의 판정 예

15.3 샘플링 검사표의 활용

샘플링 검사를 실시할 때 원하는 검사 방식을 선택하고 난 후 샘플수와 합격판정개수를 이론식에 따라 일일이 계산하는 일은 너무 번거롭다. 이 때문에 〈표 15.3〉과 같은 샘플링 검사표를 이용하는 것이 일반적이다.

샘플링검사 방식으로 가장 널리 이용되는 계수 규준형 1회 샘플링검사인 KS A 3102 규격의 이용방법을 살펴보자. 이 방식은 생산자와 소비자의 요구를 동시에 만족시킬 수 있도록 설계된 것으로서, 검사대상 로트로부터 n개의 샘플을 뽑아서 검사를 실시하고 발견된 불량개수가 합격판정개수 c개 이하이면 로트를 합격시키고, c개를 초과하면 불합격으로 처리한다. 이 검사 방식의 특징은 다음과 같다.

- 비교적 거래횟수가 적을 때도 적용 가능하다.(단 1회만 거래할 때에도 적용 가능)
- 다량의 물품을 일시에 구입할 때 적합하다.
- 파괴검사의 경우에도 사용 가능하다.
- 공급자의 품질수준에 대한 사전 정보가 없더라도 적용 가능하다.
- 로트의 합격여부에 대한 판정만 내리며 불합격 로트에 대한 별도의 처리규정은 없다.

계수규준형 1회 샘플링 검사는 생산자 위험 α=0.05에 대응하는 합격품질수준 p_0와 소비자 위험 β=0.10에 대응하는 로트허용불량률(불합격품질수준) p_1을 정한 다음 〈표 15.4〉에 설명한 절차에 따라 (n,c)를 결정한다.

〈표 15.3〉 계수규준형 1회 샘플링 검사표

p_1(%) p_0(%)	0.71 ~ 0.90	0.91 ~ 1.12	1.13 ~ 1.40	1.41 ~ 1.80	1.81 ~ 2.24	2.25 ~ 2.80	2.81 ~ 3.55	3.56 ~ 4.50	4.51 ~ 5.60	5.61 ~ 7.10	7.11 ~ 9.00	9.01 ~ 11.2	11.3 ~ 14.0	14.1 ~ 18.0	18.1 ~ 22.4	22.5 ~ 28.0	28.1 ~ 35.5	p_1(%) p_0(%)
0.090 ~ 0.112	*	400 1	↓	←	↓	→	60 0	50 0	←	↓	↓	←	↓	↓	↓	↓	↓	0.090 ~ 0.112
0.113 ~ 0.140	*	↓	300 1	↓	←	↓	→	↑	40 0	←	↓	↓	←	↓	↓	↓	↓	0.113 ~ 0.140
0.141 ~ 0.180	*	500 2	↓	250 1	↓	←	↓	→	↑	30 0	←	↓	↓	←	↓	↓	↓	0.141 ~ 0.180
0.181 ~ 0.224	*	*	400 2	↓	200 1	↓	←	↓	→	↑	25 0	←	↓	↓	←	↓	↓	0.181 ~ 0.224
0.225 ~ 0.280	*	*	500 3	300 2	↓	150 1	↓	←	↓	→	↑	20 0	←	↓	↓	←	↓	0.225 ~ 0.280
0.281 ~ 0.355	*	*	*	400 3	250 2	↓	120 1	↓	←	↓	→	↑	15 0	←	↓	↓	←	0.281 ~ 0.355
0.356 ~ 0.450	*	*	*	500 4	300 3	200 2	↓	100 1	↓	←	↓	→	↑	15 0	←	↓	↓	0.356 ~ 0.450
0.451 ~ 0.560	*	*	*	*	400 4	250 3	150 2	↓	80 1	↓	←	↓	→	↑	10 0	←	↓	0.451 ~ 0.560
0.561 ~ 0.710	*	*	*	*	500 6	300 4	200 3	120 2	↓	60 1	↓	←	↓	→	↑	7 0	←	0.561 ~ 0.710
0.711 ~ 0.900	*	*	*	*	*	400 6	250 4	150 3	100 2	↓	50 1	↓	←	↓	→	↑	5 0	0.711 ~ 0.900
0.901 ~ 1.12		*	*	*	*	*	300 6	200 4	120 3	80 2	↓	40 1	↓	←	↓	↓	↑	0.901 ~ 1.12
1.13 ~ 1.40			*	*	*	*	500 10	250 6	150 4	100 3	60 2	↓	30 1	↓	←	↓	↑	1.13 ~ 1.40
1.41 ~ 1.80				*	*	*	*	400 10	200 6	120 4	80 3	50 2	↓	25 1	↓	←	↓	1.41 ~ 1.80
1.81 ~ 2.24					*	*	*	*	300 10	150 6	100 4	60 3	40 2	↓	20 1	↓	←	1.81 ~ 2.24
2.25 ~ 2.80						*	*	*	*	120 10	120 6	70 4	50 3	30 2	↓	15 1	↓	2.25 ~ 2.80
2.81 ~ 3.55							*	*	*	*	200 10	100 6	60 4	40 3	25 2	↓	10 1	2.81 ~ 3.55
3.56 ~ 4.50								*	*	*	*	150 10	80 6	50 4	30 3	20 2	↓	3.56 ~ 4.50
4.51 ~ 5.60								*	*	*	*	120 10	60 6	40 4	25 3	15 2		4.51 ~ 5.60
5.61 ~ 7.10									*	*	*	*	100 10	50 6	30 4	20 3		5.61 ~ 7.10
7.11 ~ 9.00										*	*	*	*	70 10	40 6	25 4		7.11 ~ 9.00
9.01 ~ 11.2											*	*	*	*	60 10	30 6		9.01 ~ 11.2
p_0(%) p_1(%)	0.71 ~ 0.90	0.91 ~ 1.12	1.13 ~ 1.40	1.41 ~ 1.80	1.81 ~ 2.24	2.25 ~ 2.80	2.81 ~ 3.55	3.56 ~ 4.50	4.51 ~ 5.60	5.61 ~ 7.10	7.11 ~ 9.00	9.01 ~ 11.2	11.3 ~ 14.0	14.1 ~ 18.0	18.1 ~ 22.4	22.5 ~ 28.0	28.1 ~ 35.5	p_1(%) p_0(%)

[범례] 1. 화살표는 그 방향으로 이동하여 마주치는 칸의 n과 c를 이용한다.

2. *는 많은 샘플수가 필요한 경우이기 때문에 통상적으로 잘 이용되지 않는다.

3. 빈 칸의 경우 해당되는 샘플링검사 방법이 없다.

〈표 15.4〉 샘플링 검사표의 적용절차와 적용 예

순서	내 용	사 용 예
1	품질기준을 정한다.(양품과 불량품으로 분류하기 위한 기준을 정한다.)	나사의 유효지름을 측정하여 양품과 불량품을 나눈다
2	p_0와 p_1값을 , α=0.05, β=0.10을 기준으로 공급자와 구입자가 협의하여 정한다.	p_0=2%, p_1=12%
3	로트를 형성한다.	검사로트의 크기를 N=1,000개로 한다.
4	샘플의 크기 n과 합격판정개수 c를 검사표를 이용하여 구한다. ① 〈표 15.3〉에서 p_0와 p_1이 포함된 행과 열이 교차하는 칸을 찾는다. ② 찾는 칸에 있는 위의 수치가 n이며, 아래 수치가 c이다. 단, • 화살표(→)일 경우는 그 방향을 따라가서 처음 만나는 칸의 n과 c를 이용 • 별표(*)일 경우는 샘플이 많이 필요하므로 잘 사용하지 않는다. • 공란은 해당되는 검사방식이 없다. ③ 샘플 크기 n이 로트 크기 N보다 크면 전수검사를 한다.	n과 c는 다음 순서에 의한다. ① 〈표 15.3〉에서 p_0=2%를 포함한 행 (1.81~2.24)과 p_1=12%를 포함한 행 (11.3~14.0)이 교차하는 칸을 찾는다. ② 교차하는 칸의 수치가 40과 2이므로 (n,c)=(40,2)가 된다. ③ n=40 < N=1,000이므로 전수검사는 해당되지 않는다.
5	샘플 n개를 검사 로트로부터 추출한다.	검사대상 로트 N=1,000개에서 샘플 n=40개를 랜덤하게 추출한다.
6	추출한 샘플에 대한 검사를 실시한다.	추출한 샘플 40개를 검사한 결과 불량품이 2개 있었다.
7	합격여부를 판정한다. • '샘플 중 불량개수 ≤ c'이면 합격 • '샘플 중 불량개수 ≥ c+1'이면 불합격	샘플 중 불량개수 2≤c(=2)이므로 로트를 합격시킨다.
8	불합격된 로트가 있을 경우에는 거래 쌍방의 사전 약속에 따라 처리한다.	(예) • 불합격로트는 그대로 반품시킨다. • 선별한 후 불량품만 반품시킨다. • 특채하되 대금 결제 시 할인을 받는다.

참고문헌

• 배도선 외 6인(2006), 「최신 통계적 품질관리」, 개정판, 영지문화사.
• 한국표준협회, 「통계적 품질관리」, 전문교육과정 교재.

OC곡선의 작성

불량률 p인 크기 N의 로트에는 pN개의 불량품과 $(N-pN)$개의 양품이 들어있다. 크기 N의 로트에서 n개의 샘플을 추출할 때 pN개의 불량품에서 x개가 추출되고, $(N-pN)$개의 양품에서 $(n-x)$개가 추출되면 샘플 안에 불량품이 x개 포함된다. 따라서 n개의 샘플에 불량품이 x개 포함될 확률 $p(x)$는 다음과 같은 초기하분포를 따른다.

$$p(x) = \frac{{}_{pN}C_x \cdot {}_{N-pN}C_{n-x}}{{}_{N}C_n}$$

샘플 내에 포함된 불량개수 x가 합격판정개수 c이하이면 로트를 합격시키므로 로트 합격률 $L(p)$는 다음과 같다.

$$L(p) = \sum_{x=0}^{c} \frac{{}_{pN}C_x \cdot {}_{N-pN}C_{n-x}}{{}_{N}C_n}$$

로트 크기 N이 샘플 크기 n에 비해 충분히 크면(; 통상적으로 $N \geq 10n$이면), 초기하분포가 이항분포와 근사하므로 로트 합격률 $L(p)$는 이항분포를 이용하여 다음과 같이 계산한다.

$$L(p) \approx \sum_{x=0}^{c} {}_{n}C_x p^x (1-p)^{n-x}$$

또한, 위의 이항분포에서 불량률이 낮으면(; 통상적으로 $p < 0.1$이면) 이항분포는 평균 np인 포아송분포와 근사하므로 로트 합격률 $L(p)$는 포아송분포를 이용하여 다음과 같이 계산한다.

$$L(p) \approx \sum_{x=0}^{c} \frac{e^{-np}(np)^x}{x!}$$

통상적으로 샘플링검사에서 $N \gg n$, $p < 0.1$의 조건을 충족시키므로 로트 합격률 $L(p)$의 계산에는 포아송분포가 많이 이용된다.

N = 1,000개의 로트에서 n = 40개의 샘플을 뽑아서 검사한 후, 검사에서 발견된 불량품의 수 x가 합격판정개수 c = 3이하일 경우에 로트 합격률 $L(p)$를 계산해 보면 로트 불량률 p값에 따라 다음과 같이 변한다.

로트 불량률 p	로트 합격률 $L(p)$
0.00	1.000
0.05	0.857
0.10	0.433
0.15	0.151
0.20	0.042

이 표에서 계산된 값을 이용하여 불량률 p와 로트 합격률 $L(p)$의 관계를 보여주는 OC곡선을 그리면 〈그림 1〉과 같은 형태를 갖는다.

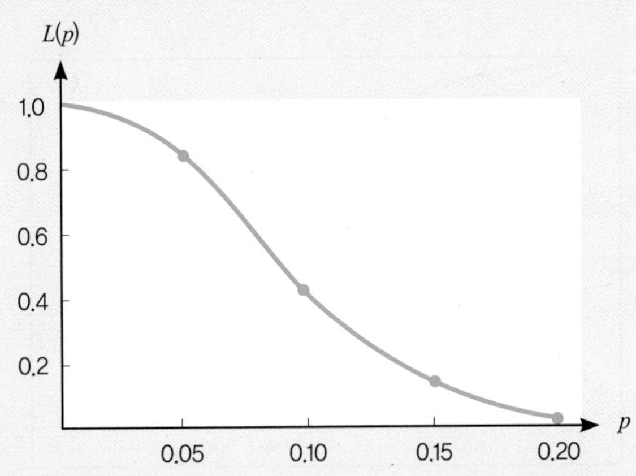

〈그림 1〉 N = 1,000, n = 40, c = 3일 경우의 OC곡선

OC곡선의 형태는 N, n, c값에 따라서 변한다. 먼저 합격판정개수 c만 변하는 경우를 생각해 보자. 샘플 크기 n은 고정되어 있는데 합격판정개수 c가 커진다는 것은 로트 합격기준이 느슨해진다는 것을 의미한다. 따라서 c값이 커짐에 따라 로트 합격률이 높아지므로 OC곡선은 〈그림 2〉와 같이 위로 올라간다.

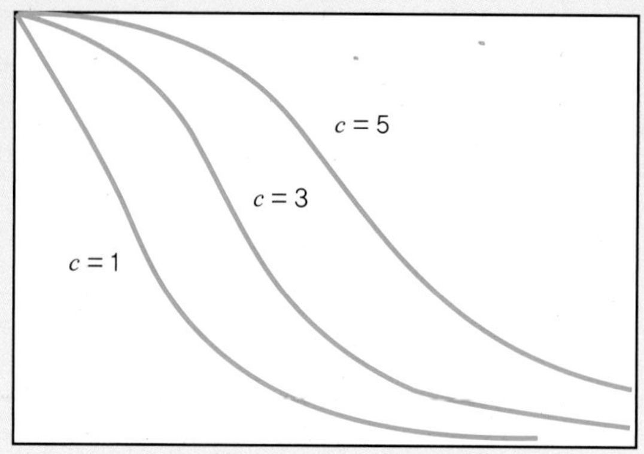

〈그림 2〉 합격판정개수 c가 변할 경우의 OC곡선

다음으로 샘플 크기 n만 변하는 경우를 생각해 보자. 합격판정개수 c는 고정되어 있는데 샘플 크기 n이 커진다는 것은 로트 합격기준이 상대적으로 까다로워진다는 것을 의미한다. 따라서 n값이 커짐에 따라 OC곡선은 〈그림 3〉과 같이 아래로 내려간다.

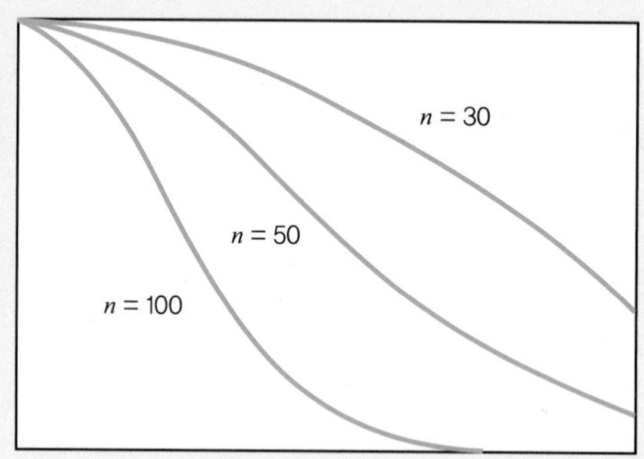

〈그림 3〉 샘플의 크기 n이 변할 경우의 OC곡선

이번에는 로트 크기 N만 변하는 경우를 생각해 보자. 샘플 크기 n은 고정되어 있는데 로트 크기 N이 커지면 전체 로트에서 검사 받는 비율이 상대적으로 작아진다. 검사량이 상대적으로 작아지면 좋은 로트와 나쁜 로트를 구분하는 판별력이 낮아진다. 즉, 불량률이 낮은 좋은 로트가 불합격할 생산자 위험과 불량률이 높은 나쁜 로트가 합격할 소비자 위험이 모두 커진다.

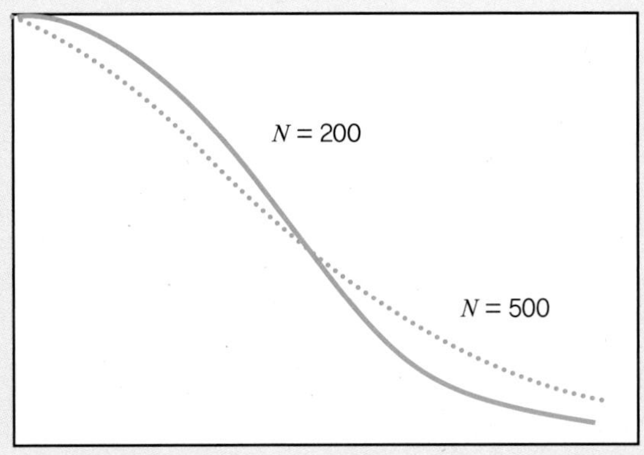

〈그림 4〉 로트의 크기 N이 변할 경우의 OC곡선

이와 반대로 샘플 크기 n이 고정되어 있는데 로트 크기 N이 작아지면 로트 전체에서 검사받는 비율이 증가하므로 불량률이 낮은 좋은 로트와 불량률이 높은 나쁜 로트를 구분하는 판별력이 높아지나다. 따라서 이 경우에는 OC곡선의 왼쪽은 올라가고 오른쪽은 내려가며, 중간 부분의 경사가 커진다. 검사 비율이 점점 커지면 본문의 〈그림 15.3〉과 같은 이상적인 OC곡선의 형태에 가까워진다.

16장
신뢰성

어떤 제품이 고객에게 인도되는 시점에서 요구사항에 부합하면 (적합)품질이 좋은 것이고, 이후에도 계속 이러한 상태가 유지되면 신뢰성이 좋은 것이다. 이런 의미에서 '품질은 현재, 신뢰성은 미래'라고 할 수 있다. 비유하자면 품질은 특정시점에서의 스냅 사진인데 반해 신뢰성은 그 이후 지속적으로 촬영된 동영상이라고 볼 수 있다.

16.1 신뢰성의 기초개념

(1) 신뢰성과 신뢰도

품질보증 활동을 효과적으로 수행하려면 공정검사나 보증수리 등과 같은 하류단계보다 연구개발 단계에서 실시되는 신뢰성 설계나 양산(量産)에 들어가기 전의 검증시험 등과 같은 상류단계의 활동이 훨씬 더 중요하다. 전자산업이나 자동차산업, 항공우주산업의 본격적인 등장에 따라 결함의 사전방지나 제품의 안전성, 내구성 등에 대한 요구가 한층 더 강화되었다. 이러한 변화에 따라 연구개발의 품질이 더욱 중요해지고 있으며, 이러한 변화에 부응하려면 신뢰성기술의 도입과 활용이 필수적이다.

넓게 보면 신뢰성은 품질의 한 단면이지만 통상적인 의미에서는 차이가 있다. 품질관리에서는 보통 검사 시점에 결함이 없으면(즉, 요구사항에 부합하면) 품질이 좋다고 판단한다. 그러나 1개월 후, 1년 후, 보증기간 내내 이러한 상태가 유지될까? 만약 그렇게 계속 유지된다면 신뢰성이 좋다고 이야기한다.

요약하면 신뢰성이란 '시간 경과에 따른 품질의 변화'라고 볼 수 있다. 시간경과에 따라 어떻게 변할지 예측·설명하기 위해 신뢰성에서는 수명(壽命) 분포함수를 이용한다. 〈표 16.1〉은 품질과 신뢰성의 통상적인 의미를 비교한 것이다.

〈표 16.1〉 품질과 신뢰성 비교

구분	품질	신뢰성
초점	규격 적합성	향후 발생할 고장
시험방법	규격적합 여부 판단	고장발생 때까지 수명시험
평가기준	결함 존재	고장 발생
평가결과	합격/불합격	수명과 고장률

정성적인 용어인 '신뢰성(reliability)'을 정량적 의미로 사용할 때에는 '신뢰도'라고 번역한다. 신뢰성을 정량적으로 측정하기 위한 척도인 신뢰도는 다음과 같이 정의된다.

'제품이 규정된 조건 하에서 의도하는 기간 동안 만족스럽게 작동할 확률'

따라서 신뢰성을 정량적으로 측정하기 위해서는 '규정된 조건', '의도하는 기간', '만족할 만한 작동'이라는 3가지 조건을 먼저 명확히 해야 한다.

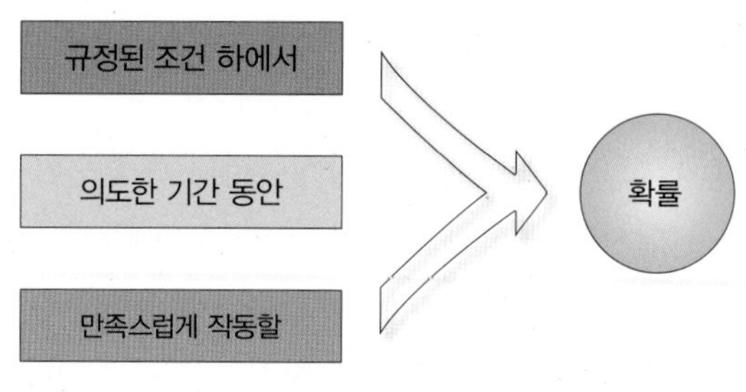

〈그림 16.1〉 신뢰도의 의미

(2) 고장률의 개념

시간 변수(t)가 들어가는 신뢰도를 수학적으로 표현할 때 함수 $R(t)$를 사용한다. '원래 의도한 성능을 만족스럽게 수행하지 못하는 것을 고장'이라고 본다면 신뢰도 함수 $R(t)$는 다음과 같이 정의된다.

$R(t)$ = 제품이 t시점까지 고장나지 않을 확률

통상적인 확률밀도함수와 마찬가지로 고장밀도함수를 $f(t)$로 표시하면, 신뢰도함수 $R(t)$는 고장이 t시점 이후에 발생할 확률이므로 다음과 같이 표현된다.

$$R(t) = \int_t^{\infty} f(x)dx$$

신뢰성분석에서는 고장률(hazard rate 또는 failure rate)의 개념이 매우 중요하다. 고장률 함수 $h(t)$는 다음과 같이 정의된다.

$$h(t) = f(t)/R(t)$$

고장률함수 $h(t)$는 (시점 t까지 고장이 나지 않았다는 조건 $R(t)$가 들어간) 조건부

확률로 표현된 것에 주목할 필요가 있다. 즉, 개념적으로 고장밀도함수 $f(t)$를 t시점 주위에서 고장날 가능성이라고 본다면 고장률함수 $h(t)$는 "시점 t까지 고장나지 않은 것이 시점 t에서 곧 고장 날 가능성"을 의미한다. 다시 말해 고장밀도함수 $f(t)$는 언제 고장이 많이 나는가를 보여준다면 고장률함수 $h(t)$는 지금까지 고장나지 않은 것이 지금 곧 고장날 가능성을 보여준다.

설비의 고장률을 나타내는 욕조곡선(bathtub curve)을 생각해 보자. 사람의 고장률 특성도 설비와 비슷하므로 사람에 비유해서 설명하기로 한다. 사람의 고장을 사망이라고 가정해 보자.

신생아는 사망할 확률이 어느 정도 있다. 의료수준이 열악하던 과거에 백일잔치, 돌잔치를 크게 하던 것은 이 시기를 잘 넘겼다는 것을 축하하는 의미가 있었다. 돌잔치를 치른 아이의 고장률(즉, 곧 사망할 확률)은 신생아의 고장률보다 낮다. 이처럼 1년된 중고품(1 year old)의 고장률이 신품의 고장률보다 낮다는 것은 아기가 태어난 후 첫 1년간은 고장률이 감소한다는 의미이다. 이와 같이 고장률이 줄어드는 초기구간의 고장률 특성을 'DFR(decreasing failure rate, 감소고장률)'이라고 한다.

신제품의 경우도 마찬가지이다. 공장에서 막 조립을 마친 신제품 TV보다는 고객이 한 달간 문제없이 사용한 TV의 고장률이 더 낮다. 제조라인에서 막 빠져나온 신제품은 조립불량, 납땜불량, 부품불량 때문에 곧 바로 고장 날 수 있다. 그러나 고객은 새로 산지 얼마 되지 않은 제품이 고장 나면 매우 불만족할 것이다. 이러한 문제를 피하기 위해 기업에서는 조립을 마친 제품을 바로 고객에게 내보내지 않고 얼마간 부하를 걸어 문제가 있는 제품을 걸러낸다. 말하자면 초기 결함이 있는 제품은 고객에게 전달되기 전에 빨리 고장이 나도록 만들어 선별해 내자는 것이다. 신뢰성에서는 이것을 '번인(burn-in)'이라고 한다. 설비의 경우도 신설비가 도입되면 이를 조기 안정화시키

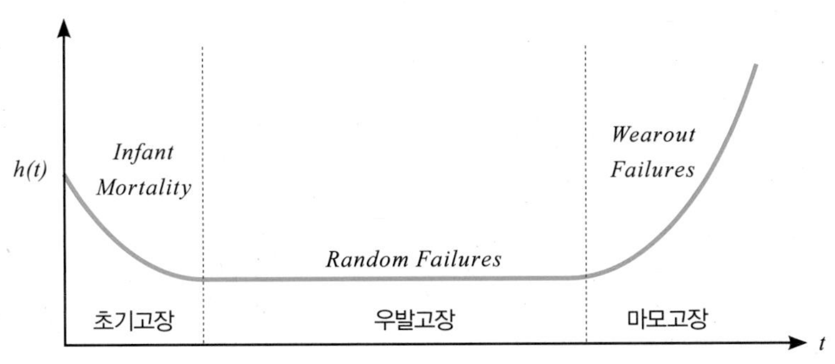

〈그림 16.2〉 욕조 형태의 고장률 함수

기 위해 설계·운용·정비 부문이 공동으로 노력해야 하는데 이것을 '초기 유동관리'라고 한다.

초기고장 기간을 넘기면 특별한 일이 없는 한 고장이 좀처럼 나지 않는다. 사람의 경우도 청소년기에서 중년기 사이에는 특별한 경우가 아니면 사망할 일이 없다. 이 기간에 일어나는 고장(사망)은 주로 예기치 못한 우발적 사고에 의해 일어난다. 이러한 우발고장 기간에는 고장률이 안정된 수준을 유지하기 때문에 고장률 특성을 'CFR(constant failure rate, 일정고장률)'이라고 한다. 우발고장 기간에는 제품이나 설비를 사용법에 맞도록 가동하고, '닦고 조이고 기름치자'는 것으로 상징되는 일상적 관리를 잘 실시하면 별다른 문제가 발생하지 않는다.

우발고장 기간이 지나면 설비나 제품이 노후화되어 시간이 지날수록 고장날 확률이 점점 더 커진다. 시간 경과에 따른 제품 열화(劣化)로 인해 고장률이 점점 더 커지는 마지막 구간을 마모고장 기간이라고 하는데, 이 기간의 고장률 특성을 'IFR(increasing failure rate, 증가고장률)'이라고 한다. 이 기간에는 고장나기 전에 미리 점검하고 필요한 사전 조처를 하는 '예방정비'가 매우 중요해진다.

고장률함수 $h(t)$와 고장밀도함수 $f(t)$를 혼동하지 않기 위해 한번 더 생각해 보자. 사람의 사망을 예로 들면 가장 많이 사망하는 시기가 70~80대일 것이며 90대 이후에는 이미 대다수의 사람들이 생존해 있지 않기 때문에 사망 자체가 별로 발생하지 않는다. 따라서 언제 많이 사망하는가를 나타내는 고장밀도함수 $f(t)$는 70대 후반에서 봉우리를 형성하고 그 이후로는 점차 감소할 것이다. 그러나 지금까지 사망하지 않은 사람이 이제 사망할 확률을 나타내는 고장률함수 $h(t)$는 노인의 나이가 더 많을수록 욕조곡선의 오른쪽 끝부분처럼 계속 증가할 것이다.

고장률함수의 개념을 〈표 16.2〉에 정리한 가상적 데이터를 가지고 설명해 보자.

〈표 16.2〉 수명시험의 결과 시간대별 고장개수

시간(단위: 주)	고장개수
0~1	100
1~2	200
2~3	300
3~4	200
4~5	100
5~6	100
계	1,000

총시험개수 1,000개에 대한 시간대별 고장비율과 구간 초에 고장나지 않고 살아남은 개수에 대한 고장비율을 정리하면 〈표 16.3〉과 같다.

〈표 16.3〉 시간대별 고장개수의 비율

시간(단위: 주)	고장개수	총 시험개수 대비 고장비율	생존개수대비 고장비율
0~1	100	100/1,000 = 10%	100/1,000 = 10%
1~2	200	200/1,000 = 20%	200/900 = 22%
2~3	300	300/1,000 = 30%	300/700 = 43%
3~4	200	200/1,000 = 20%	200/400 = 50%
4~5	100	100/1,000 = 10%	100/200 = 50%
5~6	100	100/1,000 = 10%	100/100 = 100%
계	1,000		

〈표 16.3〉에서 구한 고장개수의 비율을 히스토그램으로 그리고, 막대의 머리 위를 부드러운 선으로 연결하면 〈그림 16.3〉에서와 같이 대략적인 고장밀도함수 $f(t)$와 고장률함수 $h(t)$의 모양을 알 수 있다.

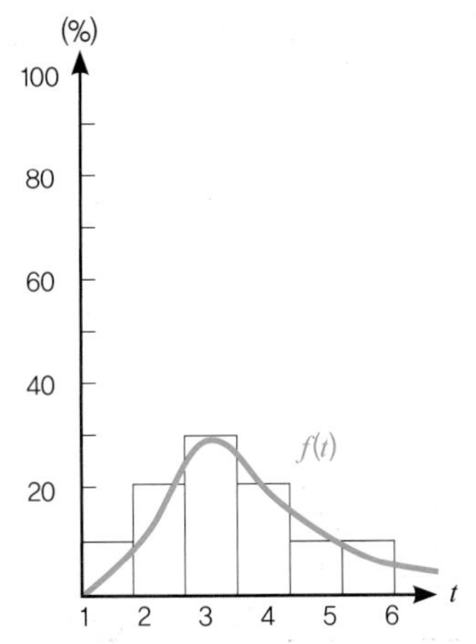

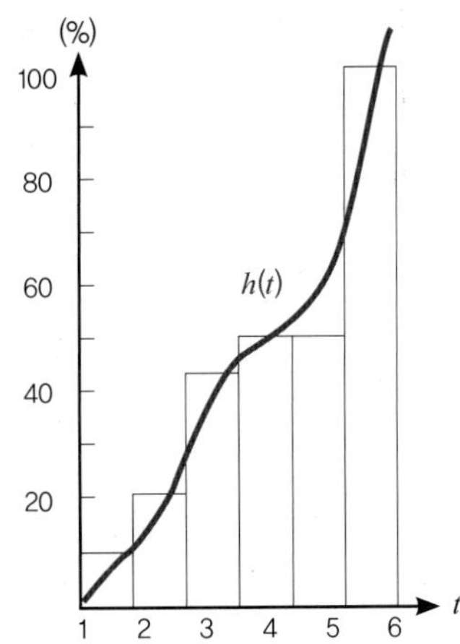

〈그림 16.3〉 고장밀도함수와 고장률함수의 추정

(3) 지수분포와 와이블분포

앞서 설명한 고장률 특성을 수학적으로 표현할 때 지수(exponential)분포와 와이블(Weibull)분포가 자주 사용된다. 지수분포의 고장률은 아래 식과 같이 상수값 λ이다.

$$\text{지수분포의 고장률 } h(t) = \lambda$$

따라서 지수분포의 고장률은 시간에 상관없이 일정한 CFR이다. 그렇다면 신품이나 중고품이 지금 곧 고장날 확률이 같다는 의미이다. 기계부품과는 달리 장기간 사용으로 인한 마모가 없는 전자부품의 경우에는 지수분포를 적용할 수 있다. 나이에 관계없이 고장날 확률이 같다는 것은 자기 나이를 기억하지 않아도 아무런 문제가 없다는 뜻이다. 지수분포의 이러한 특성을 통계학에서는 '기억상실증(memoryless property)'이라고 한다.

와이블분포는 지수분포와 달리 두 개의 모수(parameter) λ와 m이 있는데 고장률은 다음과 같이 표현된다.

$$\text{와이블분포의 고장률 } h(t) = m\lambda t^{m-1}$$

여기서 형상모수 m의 값이 1이면 와이블분포는 지수분포와 같아진다. 또한 m값이 1보다 크면 시간 t가 커질수록 고장률도 증가하는 IFR이 되고, m값이 1보다 작으면 시간의 경과에 따라 고장률이 작아지는 DFR이 된다. 이처럼 와이블분포는 모수 m값을 바꾸면 다양한 고장특성을 나타낼 수 있기 때문에 신뢰성에서 널리 사용된다.

〈그림 16.4〉는 모수 m값의 변화에 따라 와이블분포의 고장밀도함수 $f(t)$의 모양이 어떻게 변하는지 보여준다. 대략 m값이 3에서 4 사이에 있으면 와이블분포의 모양이 정규분포와 비슷해진다.

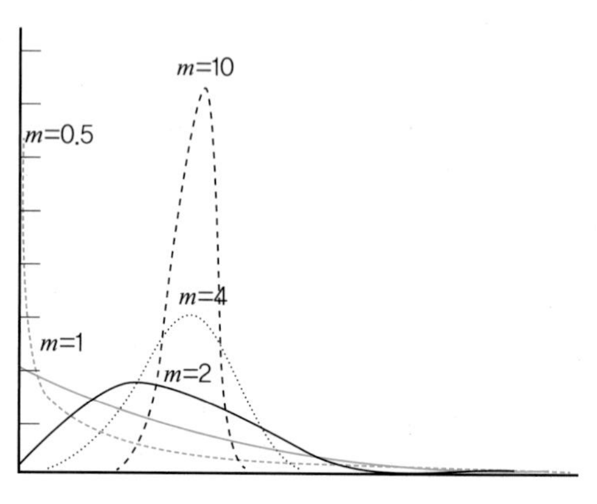

〈그림 16.4〉 와이블분포의 고장밀도함수

<그림 16.5>는 모수 m값의 변화에 따라 와이블분포의 고장률함수 $h(t)$의 모양이 어떻게 변하는지 보여준다. m값이 1보다 작으면 고장률이 지속적으로 감소하고, m값이 1이면 일정한 수준을 유지하고, m값이 1보다 크면 지속적으로 증가하는 것을 볼 수 있다. 또한 m값이 2이면 고장률이 시간에 따라 일정하게 선형적으로 증가하는 것을 볼 수 있다.

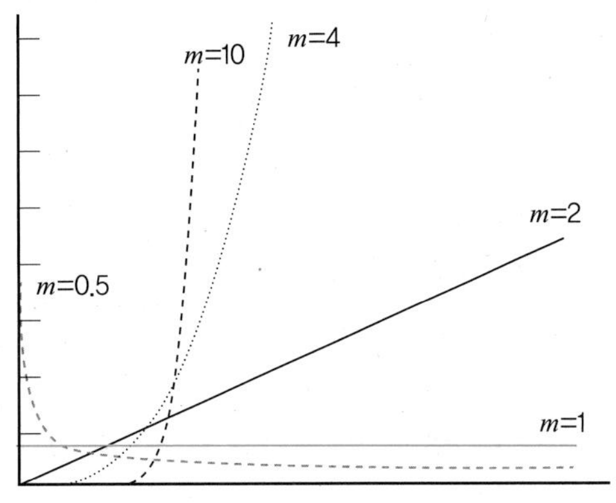

<그림 16.5> 와이블분포의 고장률함수

(4) 신뢰도의 관리 척도

신뢰도에서는 평균수명을 통상 '*MTTF*(Mean Time To Failure)'라고 한다. 고장밀도함수를 $f(t)$로 두면 평균수명은 통계에서 평균값 계산하듯이 다음과 같이 표현된다.

$$MTTF = \int_0^\infty t \cdot f(t)dt$$

고장나면 수리해서 재사용하는 경우 평균수리시간을 '*MTTR*(Mean Time To Repair)'이라고 한다. 만약 수리에 소요되는 시간의 확률밀도를 $g(t)$라고 두면 평균수리시간은 다음과 같이 계산된다.

$$MTTR = \int_0^\infty t \cdot g(t)dt$$

고장과 수리가 반복되는 상황을 <그림 16.6>과 같이 나타내 보자. 윗부분의 실선들은 가동상태를 나타내고 아랫부분의 실선들은 고장으로 인한 정지상태를 나타낸다. 여기서 평균수명은 가동상태를 나타내는 윗부분의 실선 길이의 평균이 된다. 가동상태 전과 후는 고장상태이므로 평균수명은 결국 고장과 고장 사이의 시간 간격의 평균을 의미한다. 이 경우 평균수명은 '*MTBF*(Mean Time Between Failures)'라고 한다.

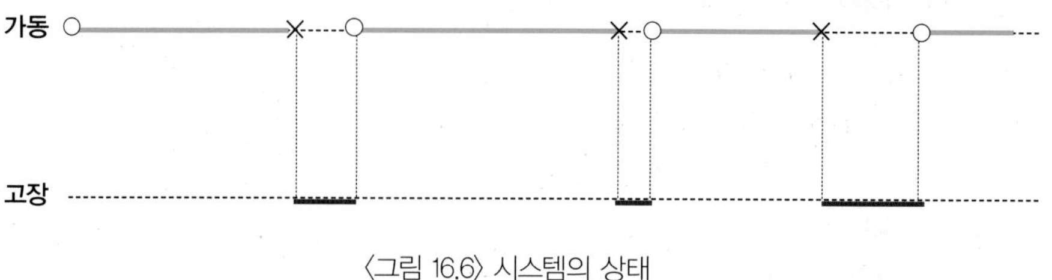

〈그림 16.6〉 시스템의 상태

이처럼 평균수명을 고장 사이의 평균간격을 의미하는 *MTBF*라고 쓰면 수리해서 계속 사용한다는 의미가 들어가 있다. 따라서 전구와 같이 고장나면 수리가 불가능하거나 수리하지 않고 버리는 제품에 대한 평균수명을 나타낼 때에는 고장까지의 평균시간이라는 의미의 *MTTF*를 쓰는 반면 기업의 설비나 자동차와 같이 고장나면 고쳐서 쓰는 경우에는 *MTTF* 대신 *MTBF*를 쓴다.

충분히 긴 시간을 대상으로 〈그림 16.6〉을 보면 전체 시간 중 시스템이 가동되는 시간의 비율인 안정상태 가동율(가용율)은 다음과 같이 표현된다.

$$\text{안정상태 가동률} = \frac{MTBF}{MTBF + MTTR}$$

설비나 제품을 내가 쓰고 싶을 때 쓸 수 있는 상태가 되려면 고장이 잘 나지 않아야 하며, 고장이 나더라도 신속한 수리나 교체가 가능해야 한다. 이것을 신뢰성 용어로 표현하면 '신뢰성(reliability)이 좋고 보전성(maintainability)이 좋으면 가용성(availability)이 높아진다'라고 할 수 있다. 시스템공학에서는 가용성, 신뢰성, 보전성을 포괄하여 '신인성(dependability)'이라고 한다.

16.2 신뢰도 구조와 시스템신뢰도

(1) 신뢰도 구조

제품이나 시스템의 신뢰도는 구성요소의 신뢰도뿐 아니라 구성방법에 따라서도 영향을 받는다. 구성요소들의 연결구조는 기본적으로 직렬구조와 병렬구조로 나눌 수 있다.

● 직렬구조

구성 요소 중 어느 하나라도 고장나면 시스템 전체가 작동하지 못하는 구조를 말한다. 〈그림 16.7〉에 나타낸 것과 같은 2개의 요소로 구성된 가장 간단한 직렬구조를 보자. 각 요소의 고장확률을 q_1, q_2라 하고 시스템의 고장확률을 Q라고 하자.

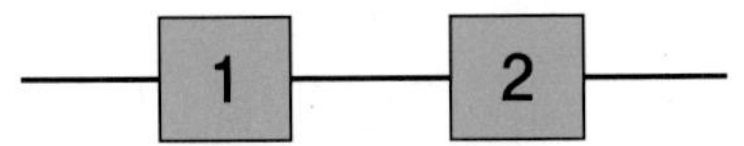

〈그림 16.7〉 2개의 요소로 구성된 직렬구조

이 경우 두 개의 요소 모두가 정상상태가 아니면 시스템은 고장상태가 된다. 따라서 시스템의 고장확률은 전체 값 1(즉, 100%)에서 두 개의 요소 모두가 정상일 확률을 빼면 되므로 다음과 같이 쓸 수 있다.

$$\begin{aligned} Q &= 1 - (1 - q_1)(1 - q_2) \\ &= q_1 + q_2 - q_1 \cdot q_2 \end{aligned}$$

만약 각 요소의 고장확률이 상당히 작다면 $q_1 \cdot q_2$가 0에 가까운 값이므로 시스템 고장확률 Q의 근사값은 다음과 같이 두 요소의 고장확률을 더하면 된다.

$$Q \approx q_1 + q_2$$

〈그림 16.8〉 n개의 요소로 구성된 직렬구조

같은 방식으로 계산하면 〈그림 16.8〉에 나타낸 것과 같이 n개의 요소로 구성된 직렬구조의 시스템 고장확률의 근사치는 다음과 같이 각 요소의 고장확률을 합하면 된다.

$$Q \approx q_1 + q_2 + \cdots\cdots + q_n = \Sigma q_i$$

● **병렬구조**

병렬구조는 구성요소 중 어느 하나라도 정상이면 시스템 전체도 정상 작동하는 경우를 말한다. 〈그림 16.9〉와 같이 2개의 요소로 구성된 병렬구조를 보자.

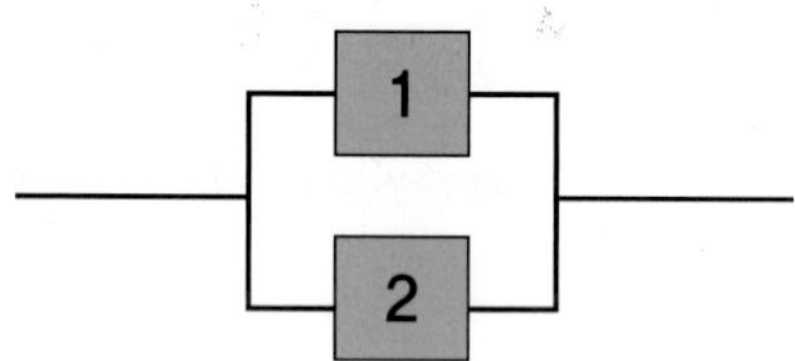

〈그림 16.9〉 2개의 요소로 구성된 병렬구조

2개의 요소 모두가 고장날 경우라야 시스템도 고장이므로 시스템 고장확률은 다음과 같이 계산된다.

$$Q = q_1 \cdot q_2$$

마찬가지로 n개의 요소로 구성된 병렬구조의 시스템 고장확률은 각 요소의 고장확률을 곱하면 된다.

$$Q = q_1 \cdot q_2 \cdots\cdot q_n = \Pi q_i$$

여기서 한 가지 유념해야 할 것은 겉으로 보이는 물리적 구조와 신뢰도 구조는 다르다는 것이다. 예를 들어 경주용 자동차의 네 바퀴를 보자. 겉으로 보기에는 병렬회로처럼 보이지만 4개의 바퀴 중 어느 하나라도 펑크가 나면 달릴 수 없다. 그러므로 신뢰도 구조상으로는 직렬구조인 것이다.

〈그림 16.10〉 경주용 자동차의 네 바퀴

다른 예로 역류 방지기능이 있는 정류기 2개를 〈그림 16.11〉과 같이 연결한 경우를 생각해 보자. 이 경우는 정류기 중 어느 하나라도 정상 작동하면 역류를 방지할 수 있기 때문에 겉보기는 직렬구조로 보이지만 신뢰도 구조로는 병렬구조인 것이다.

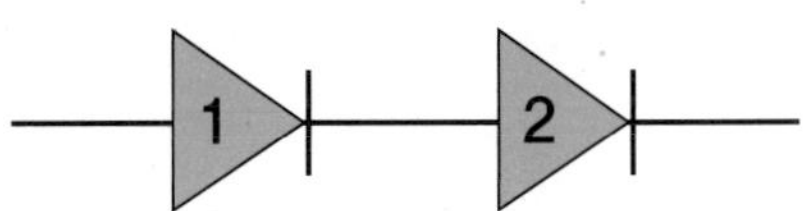

〈그림 16.11〉 두 개로 연결된 정류기

(2) 시스템신뢰도

많은 요소로 구성된 시스템의 신뢰도 구조는 직렬구조와 병렬구조가 혼합된 형태로 표현할 수 있다. 이와 같이 시스템의 신뢰도 구조를 직렬구조와 병렬구조가 혼합된 네트워크로 표현한 것을 '신뢰성 블록도(RBD, Reliability Block Diagram)'라고 한다.

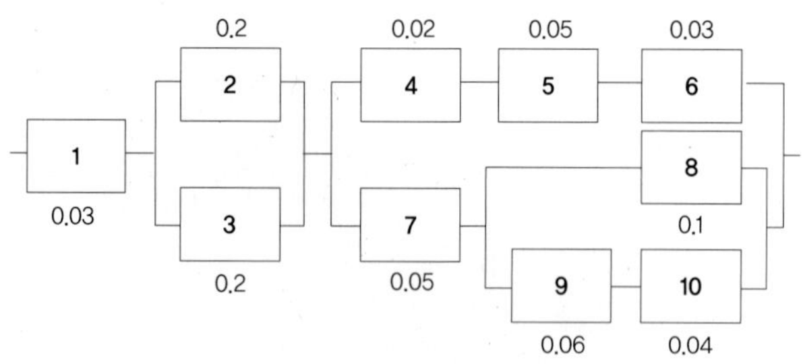

〈그림 16.12〉 신뢰성 블록도의 예

〈그림 16.12〉에 병기한 숫자는 각 요소의 고장확률이라고 가정해 보자. 그러면 시스템의 고장확률은 근사적으로 다음과 같이 계산된다.

먼저 요소 9와 요소 10은 직렬구조이므로 이 둘을 연결한 것의 고장률은

$$q_{(9,10)} = q_9 + q_{10} = 0.06 + 0.04 = 0.1$$

다음으로 요소 8과 요소 (9, 10)은 병렬구조이므로 이 3개를 연결한 부분의 고장률은

$$q_{(8,9,10)} = q_8 \cdot q_{(9,10)} = 0.1 \times 0.1 = 0.01$$

이와 같은 식으로 계속 계산해 보자. 요소 7과 요소 (8, 9, 10)은 직렬이므로

$$q_{(7,8,9,10)} = q_7 + q_{(8,9,10)} = 0.05 + 0.01 = 0.06$$

요소 (4, 5, 6)은 직렬이므로

$$q_{(4,5,6)} = q_4 + q_5 + q_6 = 0.02 + 0.05 + 0.03 = 0.1$$

요소 (4,5,6)과 요소 (7,8,9,10)은 병렬이므로

$$q_{(4,5,6,7,8,9,10)} = q_{(4,5,6)} \cdot q_{(7,8,9,10)} = 0.1 \times 0.06 = 0.006$$

또한, 요소 (2,3)은 병렬이므로

$$q_{(2,3)} = q_2 \cdot q_3 = 0.2 \times 0.2 = 0.04$$

따라서 전체 시스템은 요소 1, 요소 (2,3), 요소 (4, 5, 6, 7, 8, 9, 10)의 직렬구조이므로 시스템의 고장확률은 다음과 같이 계산된다.

$$Q = q_1 + q_{(2,3)} + q_{(4,5,6,7,8,9,10)} = 0.03 + 0.04 + 0.006 = 0.076$$

시스템의 신뢰성을 높이기 위해서는 취약한 부분에 여분의 요소를 추가하는 것을 생각할 수 있다. 취약한 부분에 동일한 요소를 중복 배치하여 그 중 하나가 고장 나더라도 시스템 운용에 영향을 미치지 않도록 하는 것을 '중복설계(redundancy design)' 또는 일본식 번역을 그대로 가져와서 '용장(冗長)설계'라고 한다. 비용대비 효과가 높도록 중복설계를 하기 위해서는 신뢰도 구조를 이해해야 한다.

16.3 신뢰성기법

(1) 신뢰성기법의 특징과 종류

신뢰성시험을 통해 고장데이터를 해석하거나 신뢰도 특성을 추정하기 위한 통계적 방법은 다음과 같은 3가지 특징이 있다.

- 중도에 관측이 중단된 데이터(censored data)를 사용하는 경우가 대부분이다.
  - 수명시험에서 시료(sample)가 모두 고장날 때까지 기다리면 너무 많은 시간이 소요되므로 미리 정해놓은 시간까지만 시험을 한다. 그러므로 시험이 중단되는 시점까지 고장나지 않은 시료는 그 시점에서 관측이 중단된 것이다.
- 정규분포보다 와이블 분포가 많이 사용된다.
  - 와이블 분포는 모수의 값에 따라서 다양한 특성의 고장률 함수(IFR, CFR, DFR 등)를 표현할 수 있는 장점이 있다.
- 평균값보다는 훨씬 더 아래쪽에 있는 백분위수(percentile)가 관심의 대상이 된다.
  - 예를 들어 의도하는 기간 동안 만족스럽게 작동할 확률을 최소한 95% 이상 되도록 하고 싶다면 평균수명보다는(먼저 고장나는 순서대로 나열했을 때) 5%째 백분위수(5th percentile)에 관심이 있을 것이다.

신뢰성 확보에 중요한 기법들을 간단하게 분류하면 다음과 같다.

① 기획·설계단계부터 고장의 발생을 방지하기 위한 기법

- FMEA(Failure Mode and Effects Analysis)
- FTA(Fault Tree Analysis)
- 설계심사(DR, Design Review)

② 시작(試作)·생산단계 이후에 발생하는 고장을 분석하기 위한 방법

- 고장해석
- 신뢰성시험

③ 고장데이터를 활용하기 위한 방법

- 고장데이터의 통계적 분석
- 품질·고장정보의 수집시스템

이 중에서 FMEA와 FTA에 대해 간략히 소개하면 다음과 같다.

(2) FMEA(Failure Mode and Effects Analysis)

FMEA(고장모드 및 영향도 분석)는 유사한 제품이나 공정상의 과거 경험을 토대로 발생 가능한 '고장(failure)'의 '유형(mode)'들을 도출하고, 각각의 고장 유형이 제품 사용이나 시스템 운용에 미치는 '영향도(effect)'를 '분석(analysis)'하는 기법으로서 FMECA(Failure Mode, Effects and Criticality Analysis)라고도 한다. 이러한 분석의 목적은 시스템 운용에 지장을 많이 주는 고장모드를 찾아내고 이러한 고장의 발생을 방지하거나 그 영향력을 감소시키는 대책을 마련하기 위한 것이다.

FMEA의 결과는 지속적 개선을 위한 근거자료로 유용할 뿐 아니라 향후 유사한 제품들의 FMEA 분석을 위한 기초자료가 된다.

각각의 고장 유형이 제품 사용이나 시스템 운용에 미치는 영향도는 고장이 발생했을 때 그것이 초래하는 결과의 심각도(severity)와 그러한 고장의 발생도(occurrence 또는 likelihood, 발생 가능성) 및 검출도(detection, 사전 검출 난이도)에 의해 결정된다. 다시 말해 고장의 영향이 심각하고, 발생 가능성이 상대적으로 높으며, 그러한 고장의 발생을 사전에 탐지하기 어려우면 그 영향도가 큰 것이다.

이러한 관점에서 고장으로 인한 위험의 방지 또는 감소를 위한 우선순위(priority)는 다음과 같은 *RPN* 점수에 의해 결정된다.

$$RPN(Risk\ Priority\ Number) = \text{심각도}(S) \times \text{발생도}(O) \times \text{검출도}(D)$$

통상적으로 심각도, 발생도, 검출도는 각각 10점 척도로 평가하기 때문에 *RPN*의 최대값은 1,000이 된다.

위험우선순위(*RPN*) 사용 시 주의할 점은 *RPN*이 클수록 대체로 위험도가 큰 고장이라고 볼 수 있지만 반드시 그렇지는 않다는 점이다. 예를 들어 *RPN* 값이 동일한 다음 3가지 경우를 생각해 보자.

[사례 1] **심각도**(S)=2, **발생도**(O)=10, **검출도**(D)=8
[사례 2] **심각도**(S)=10, **발생도**(O)=8, **검출도**(D)=2
[사례 3] **심각도**(S)=10, **발생도**(O)=2, **검출도**(D)=8

위의 3가지 사례는 모두 *RPN* 값이 160이지만 사례 2가 가장 문제가 된다. 왜냐하면 이러한 결함을 사전에 검출하는 것이 그리 어렵지 않더라도 심각한 고장 발생의 위험이 상시적으로 높기 때문이다. 또한 고객 입장에서는 심각한 고장이 경미한 고장과는 비교할 수 없을 정도로 문제가 되기 때문에 사례 3이 사례 1보다 더 중요하게 고려되어야 한다.

일반적으로 발생도(O)나 검출도(O) 값이 작더라도 심각도(S)가 9점 이상인 고장 모드는 고객에게 치명적인 손실을 끼칠 수 있으므로 우선적으로 고려해야 한다. 또한 *RPN* 값이 비슷하다면 S×O 값이 큰 고장 모드를 우선적으로 고려해야 한다.

〈표 16.4〉 FMEA를 설명하기 위한 가상적 사례

명칭	기능	서브 시스템	콤포넌트	고장모드	추정원인	잠재적 영향	심각도 (S)	발생도 (O)	검출도 (D)	RPN	대책
볼펜	기록을 남긴다	동작부	스프링	끝 부분 녹슨다	가공불량	기능 저하	2	2	4	16	설계 재검토
				탄성을 잃는다	가공불량	기능 저하	2	6	4	48	설계 재검토
			누름 버튼	누름단추 파손	피로마모	기능 저하	6	1	2	12	설계 재검토
				걸림장치 파손	피로마모, 가공불량	사용 불능	10	2	2	40	재질·형상 재검토
		지지부	볼펜 앞머리	볼펜 앞이 깨진다	손상, 압력부족	정도에 따라 사용 불능	8	6	2	96	재질 재검토
				몸체가 헛돈다	손상, 마모	정도에 따라 사용 불능	6	2	2	24	재질 재검토
			볼펜대	몸체 파손	손상, 압력	정도에 따라 사용 불능	8	2	2	32	재질 재검토
				몸체 휨	열	사용 불편	4	2	2	16	설계변경 재질 재검토
		볼펜심	볼펜 볼	볼 빠짐	충격에 의한 손상	사용 불능	10	2	1	20	공정표준 재검토
			잉크 튜브	잉크가 뒤로 흐름	온도변화	주변 물체 의류 오염	8	4	4	128	설계 재검토
				잉크 불균일	기포 포함	정도에 따라 사용 불능	6	4	5	120	제조공정 재검토
			잉크	볼펜 똥이 많이 나옴	볼 손상	기능 저하	4	8	2	64	공정표준 재검토
				잉크가 너무 많이 나옴	가공불량	기능 저하	4	6	8	192	설계 재검토
				잉크가 너무 적게 나옴	가공불량	기능 저하	8	8	4	256	설계 재검토
				잉크색 변색	재질불량	기능 저하	2	2	4	16	재료 재검토
				힘을 주어야 잘 나옴	가공불량	사용 불편	5	4	4	80	설계 재검토
				잉크 두께 불균일	가공불량	기능 저하	4	2	4	32	설계 재검토

〈표 16.4〉는 FMEA의 개념을 설명하기 위해 보급형 볼펜을 대상으로 가상 적용해 본 예이다. 여기서 심각도(S), 발생도(O), 검출도(D)는 각각 10점 척도로 평가한 것이기는

〈표 16.5〉 의료서비스 FMEA 평가기준의 예

평점	평가기준		
	심각도(S)	발생도(O)	검출도(D)
10	환자가 사망할 수도 있는 매우 심각한 위험	극히 높음 (500,000 *IPMO** 이상)	거의 불가능
9	환자에게 장기 장애를 남길 수도 있는 심각한 위험	매우 높음 (333,333 *IPMO* 이상)	극히 희박 (간접 검진만 가능)
8	환자의 건강에 심각한 영향	꽤 높음 (125,000 *IPMO* 이상)	희박 (육안으로만 검진 가능)
7	환자의 건강에 상당한 영향	높음 (50,000 *IPMO* 이상)	매우 낮음 (여러 종의 검진 필요)
6	실수를 복구하기 위해 다시 방문해야 함	약간 높음 (12,500 *IPMO* 이상)	낮음 (관리도 등 도표 활용 필요)
5	환자에게 불편 초래	보통 (2,500 *IPMO* 이상)	보통 (서비스 제공 후 점검 가능)
4	후속 단계에 불편 초래 (간단한 조처로 해결)	약간 낮음 (500 *IPMO* 이상)	꽤 높음 (후속 단계에서 발견 가능)
3	후속 단계에 약간의 불편 초래 (간단한 조처로 해결)	낮음 (67 *IPMO* 이상)	높음 (서비스 제공 시 발견 가능)
2	문제 발생 즉시 조처할 수 있는 경미한 수준	매우 낮음 (7 *IPMO* 이상)	매우 높음 (서비스 제공 시 자동 검출)
1	환자가 문제를 느끼지 못할 정도의 매우 경미한 수준	극히 낮음 (1 *IPMO* 이하)	거의 확실 (실수방지시스템 구비)

* *IPMO*(Incidents per million opportunities, 백만 번의 기회당 발생횟수)

하지만 주관적으로 그 크기를 부여한 것이다. 따라서 FMEA는 계량적 분석이 아니라 정성적 분석 도구라고 볼 수 있다. 이처럼 FMEA가 본질적으로 정성적 분석 도구이기 때문에 분석 결과에 대해 독립적인 제3자의 의견을 듣고 그것을 반영할 필요가 있다.

〈표 16.5〉는 의료서비스를 대상으로 FMEA를 실시할 경우 RPN 산출을 위한 평가기준을 예시한 것이다. '고장(failure)'이라는 단어가 통상 물리적 제품과 관련하여 사용되기 때문에, 서비스 부문에서는 FMEA 대신 EMEA(Error Mode and Effects Analysis)라는 용어를 사용하기도 한다.

FMEA는 설계(design) 대상과 공정(process) 대상의 두 가지 유형이 있다. 기본적인 형태는 같으나 '설계 FMEA(DFMEA)'는 설계 불량으로 인해 발생하는 부품이나 조립품의 고장을 제거하기 위해 사용하는 데 반해, '공정 FMEA(PFMEA)'는 공정상의 문제로 인해 발생되는 고장을 제거하기 위해 공정의 세부 단계들과 관리해야 될 공정변수들에 초점을 맞춘다.

FMEA는 1960년대 미국항공우주국(NASA)의 달 탐사선 아폴로 프로젝트에 처음 사용되었으며, 1970년대 말 자동차산업에서 제품책임예방(PLP) 대책의 하나로 도입되었다. 이후 FMEA는 PLP뿐 아니라 COPQ를 줄이기 위한 목적으로 제품설계와 공정설계에 널리 활용되고 있다.

(3) FTA(Fault Tree Analysis)

FTA(고장나무분석)는 안전성 분석을 위해 주로 사용되어 왔으나 신뢰성 분석에도 널리 쓰일 수 있는 유용한 기법이다. 이 기법에서는 논리기호를 사용하여 시스템의 고장을 유발하는 사상(event)에 대한 인과관계를 나무 가지 모양의 그림으로 나타내고, 이를 토대로 시스템의 고장 원인을 규명한다.

〈표 16.6〉 FMEA와 FTA의 비교

항 목	FMEA	FTA
목적	부품의 고장모드가 시스템이나 기기에 어떤 영향을 주는가를 평가	시스템이나 기기에 발생하는 고장이나 결함의 원인을 논리적으로 규명
해석 방법	• 부품의 고장모드를 도출하고 그러한 고장이 시스템의 작동이나 사용자에게 미치는 영향을 분석 • 상향식(bottom-up) 접근방식	• 정상사상을 일으키는 원인(기본사상)을 파악하고, 논리기호를 이용하여 고장 메커니즘을 표현 • 하향식(top-down) 접근방식
입력 자료	• 시스템이나 기기의 구성, 동작, 조종에 관련된 자료 • 신뢰성 블록도 • 고장모드	• 시스템이나 기기의 동작이나 운전에 관련된 자료 • 시스템의 결함 • 기본사상과 비전개사상의 확률
출력	• FMEA 양식	• FT도 • 정상사상의 확률
특징	• 하드웨어나 단일 고장분석에 용이 • 부품 고장에 대한 검토 가능 • 기기나 시스템의 고장에 대한 사전 검토 가능 • 효과적인 설계변경 가능	• 정상사상이 발생하는 메커니즘을 규명할 수 있음 • 시스템의 신뢰성 블록도로 사용이 가능

또한 각 원인의 발생확률로부터 시스템의 고장확률(불신뢰도)을 계산할 수 있다. FTA는 시스템 고장을 초래하는데 가장 영향이 큰 원인을 찾아내고 그것을 개선함으로써 신뢰성을 높이고자 하는 기법이다. FTA는 FMEA와 더불어 신뢰성 평가방법으로 많이 이용되고 있는데 FMEA와 비교하면 〈표 16.6〉과 같다.

FTA는 〈표 16.7〉에 있는 기호를 사용하여 다음과 같은 절차에 따라 실시한다.

- 분석하고자 하는 정상사상(top event, 시스템고장)을 선정한다.
- 시스템 고장을 일으키는 바로 아래 단계의 고장원인을 찾아내고, 논리기호를 사용하여 이들의 인과관계를 나타낸다.
- 논리기호를 사용하여 고장과 원인의 인과관계를 더 이상 세분화할 수 없는 수준까지 계속해서 아래로 전개하여 FT도(Fault Tree Diagram)를 완성한다.

〈표 16.7〉 FTA에 사용되는 기호

구분	기 호	설 명
논리기호	AND 게이트	입력사상이 모두 동시에 공존할 때 출력사상이 발생(신뢰성 블록도상의 병렬관계)
	OR 게이트	입력사상 중 어느 하나가 존재할 때 상위사상이 발생(신뢰성 블록도상의 직렬관계)
사상기호	사상(정상사상, 중간사상)	고장, 결과, 불량 등의 바람직하지 않은 하위사상의 결합사상
	기본사상	고장원인의 최하위사상
	비전개사상	분석이 필요하지만 정보의 부족, 기술의 부족 등으로 전개하지 않는 사상

〈그림 16.13〉은 병원의 정전사고가 어떻게 해서 발생할 수 있는지 FT도로 나타낸 것이다. 맨 위의 정상사상인 '정전사고'가 일어나려면 하위사상인 '전원전류 중단'과 '긴급발전 불가'가 '동시에 발생'해야 한다. 전원전류가 중단되어도 긴급발전이 가능하거나 그 반대로 긴급발전이 불가능하여도 전원전류가 중단되지 않으면 정전사고는 일어나지 않는다. 따라서 전원전류 중단과 긴급발전 불가는 AND 게이트로 연결된다.

중간사상인 '전원전류 중단'은 '수신설비 고장', '발전소 정지', '송전선 절단' 중 어느 하나라도 존재하면 발생하므로 OR 게이트로 연결된다. 마찬가지로 '긴급발전 불가'도 '발전기 정지'와 '인적 실수'라는 하위사상들과 OR 게이트로 연결된다. 여기서 마름모꼴 모양의 '인적 실수'는 '비전개사상'인데, 더 이상 하부 전개가 불가능하거나 하부전개가 가능하더라도 지나치게 복잡할 경우 이를 이용한다.

고장 원인을 찾는 것이 목적이라면 특성요인도와 같이 간단한 기법을 이용할 수도 있다. 〈그림 16.13〉에 있는 FT도를 시계방향으로 90도 회전하면 사실상 특성요인도와 같아지는데, 한 가지 차이점은 특성요인도에는 OR 게이트만 있으며 AND 게이트는 없다는 점이다.

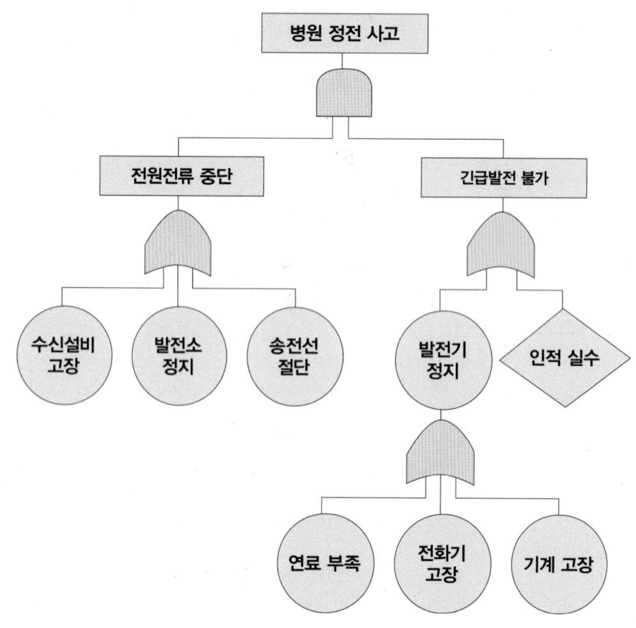

〈그림 16.13〉 병원의 정전사고를 나타낸 FT도

● **정상사상의 발생확률 계산**

신뢰도구조와 FTA에 사용되는 논리기호의 관계를 생각해 보자. 직렬구조는 구성요소 중 어느 하나라도 고장나면 시스템이 중단되므로 OR 게이트로 표현된다. 또한 병렬구조는 구성요소 모두가 고장나야 시스템이 중단되므로 AND 게이트로 표현된다. 따라서 〈그림 16.12〉의 신뢰성 블록도를 FT도로 표현하면 〈그림 16.14〉와 같다.

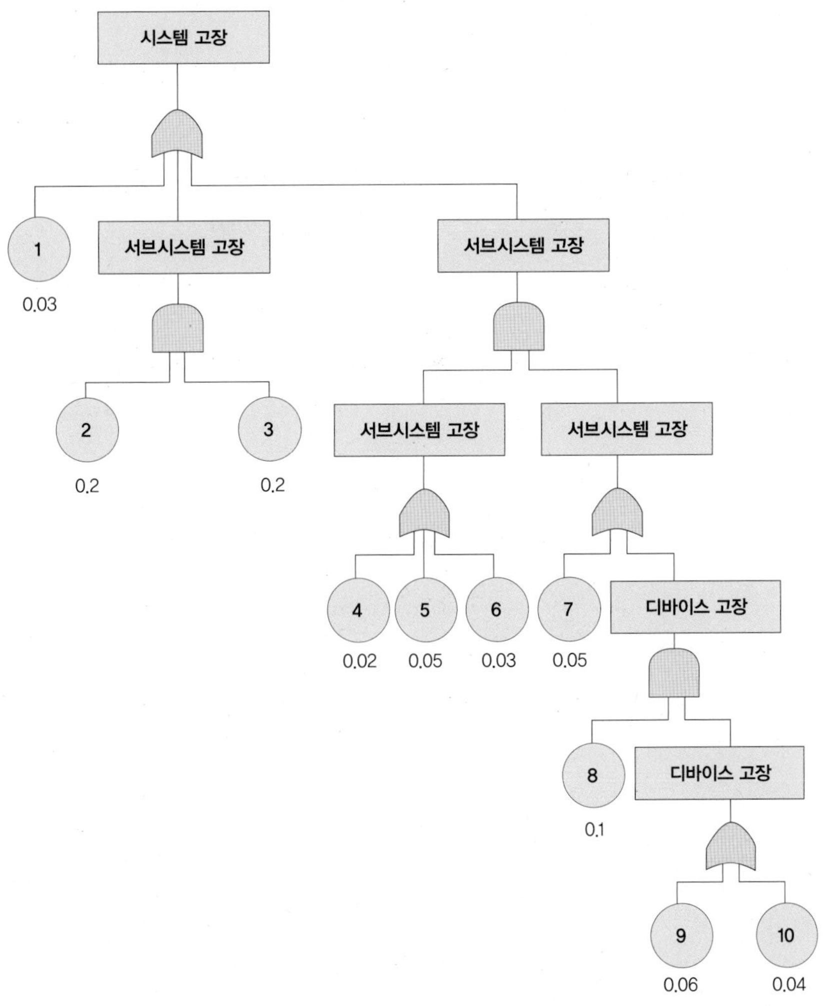

〈그림 16.14〉 그림 16.12의 신뢰성 블록도에 대응하는 FT도

정상사상의 발생확률을 구할 필요가 있는 경우에는 다음과 같은 절차에 따라 실시한다.

- 기본사상 및 비전개사상에 고장확률을 할당한다.
- 기본사상에 고장확률이 할당되면 정상사상(시스템고장)의 신뢰도를 계산한다.
- 신뢰성 해석 및 평가를 통해 신뢰성향상 대책을 마련한다.

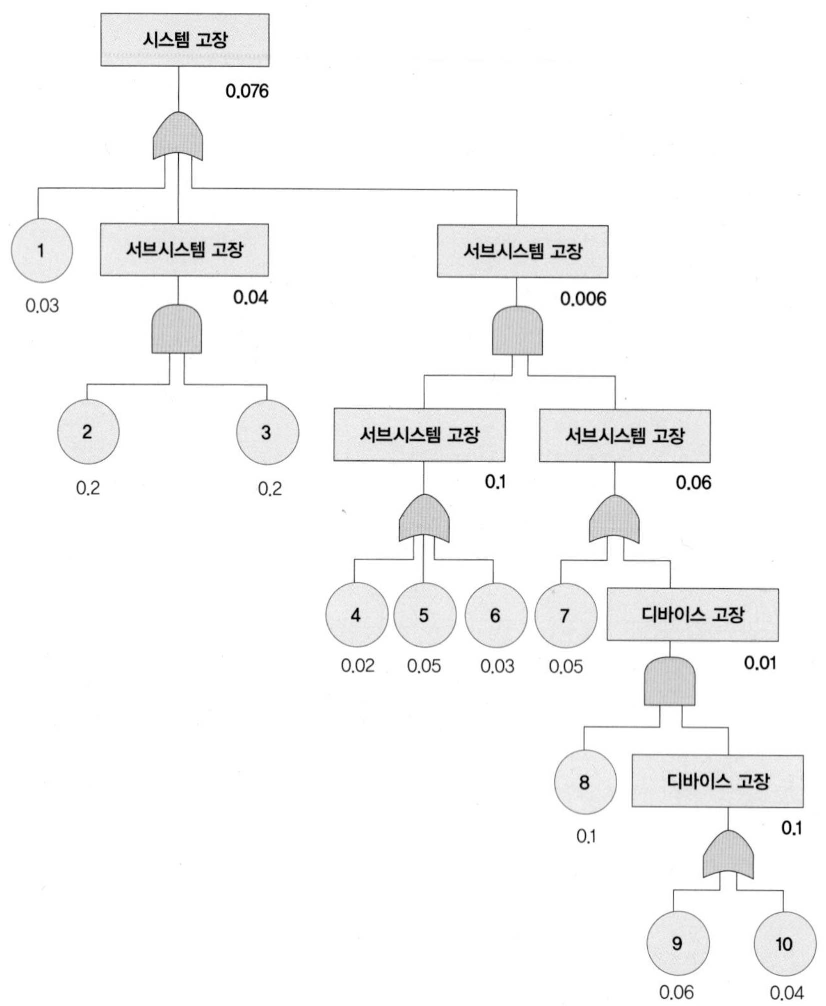

〈그림 16.15〉 정상사상의 발생확률 계산

〈그림 16.14〉의 FT도에 부여된 기본사상의 고장확률을 토대로 아래에서 위로 상위 사상들의 고장확률을 계산하면 〈그림 16.15〉와 같다. 신뢰성 블록도에서 시스템의 고

장확률을 계산한 과정과 대조해 보면 쉽게 이해가 될 것이다.

● 중복사상의 제거

정상사상의 발생확률을 계산할 때 한 가지 유념해야 할 사항은 〈그림 16.16〉에서와 같이 기본사상에 중복이 있을 경우 먼저 이를 제거해야 한다는 점이다.

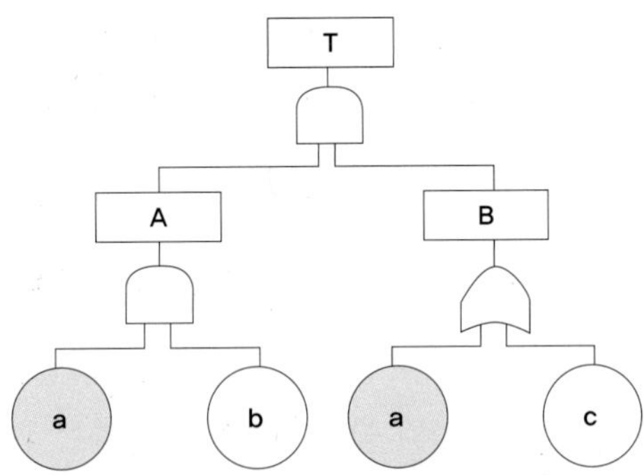

〈그림 16.16〉 기본사상에 중복이 있는 FT도

기본사상의 중복을 제거하기 위해서는 불 대수(Boolean algebra)를 이용한다. 불 대수의 기본법칙 중 몇 개만 보자.

- 동일법칙(Identity Law)

  $A + A = A$

  $A \cdot A = A$

- 흡수법칙(Absorption Law)

  $A + (A \cdot B) = A$

  $A \cdot (A \cdot B) = A \cdot B$

  $A \cdot (A + B) = A$

- 분배법칙(Distributive Law)

  $A \cdot (B+C) = (A \cdot B) + (A \cdot C)$

  $A + (B \cdot C) = (A+B) \cdot (A+C)$

여기서 '+'는 합집합(Union), '•'는 교집합(Intersection)을 나타낸다. 이러한 불 대수의 기본법칙은 벤다이어그램을 통해 쉽게 확인할 수 있다. 예를 들어 위에 정리한 흡수법칙 중 첫 번째 것은 〈그림 16.17〉과 같이 나타난다.

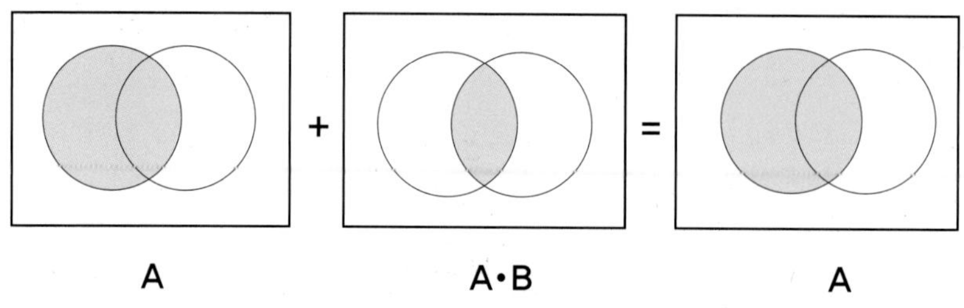

〈그림 16.17〉 흡수법칙을 벤다이어그램으로 표시한 예

불 대수를 이용하여 〈그림 16.16〉의 중복사상을 제거하는 과정은 다음과 같다.

$$\begin{aligned} T &= A \cdot B \\ &= (a \cdot b) \cdot (a+c) \\ &= (a \cdot b) \cdot a + (a \cdot b) \cdot c \\ &= a \cdot b + a \cdot b \cdot c \\ &= a \cdot (b + b \cdot c) \\ &= a \cdot b \end{aligned}$$

이 결과를 이용하면 〈그림 16.16〉의 중복사상이 제거되어 FT도가 〈그림 16.18〉과 같이 간소화된다. 기본사상의 발생확률로부터 정상사상의 발생확률을 계산하려면 이와 같이 먼저 중복사상을 제거해야 한다.

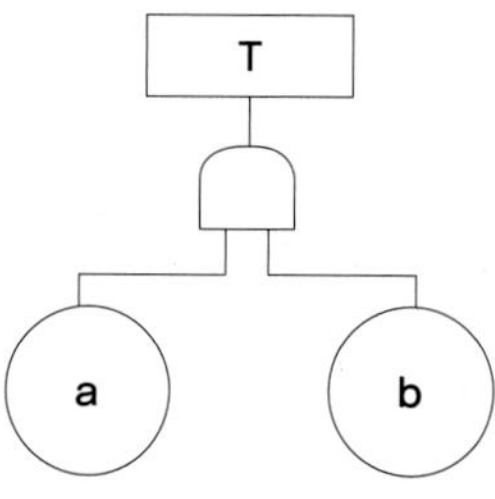

〈그림 16.18〉 그림 16.16의 중복사상 a를 제거한 FT도

FTA는 FMEA와 상호보완적으로 사용할 수 있다. FMEA를 이용해 시스템 운용에 큰 영향을 미치는 중요한 고장모드를 찾고 그 원인을 FTA로 분석하든지, 아니면 FTA를 이용해 정상사상의 발생에 큰 영향을 미치는 중간사상이나 하위사상을 찾고 난 후 FMEA를 이용해 그와 관련된 중요한 고장모드를 찾아내어 필요한 조처를 강구할 수 있다.

참고문헌

- 박경수(1999), 「신뢰도 및 보전공학」, 영지문화사.
- 日本品質管理學會 PL研究會(1994), 「品質保證と 製品安全」, 日本規格協會.
- Bertsche, B.(2008), Reliability in Automotive and Mechanical Engineering, Springer.
- Carlson, C. S.(2014), "Use FMEA as an ongoing way to evaluate risk", Quality Progress, September, pp.37–41.
- Lotfi, R.(2015), "Use FMEA as an ongoing way to evaluate risk", Quality Progress, April, pp.33–38.
- Reid, R. D.(2005), "FMEA – Something old, something new", Quality Progress, September, pp.90–93.
- Tague, N. R.(2013), The Quality Toolbox, Second Edition, ASQ Quality Press.
- Tobias, P.A. and Trindade, D.C.(2011), Applied Reliability, 3rd Edition, Chapman and Hall.
- http://www.fmea-fmeca.com

V부

표준화와 품질인증

17장

표준화

성서 창세기 11장에는 노아의 대홍수 뒤에 인류의 교만함을 심판하기 위해 여호와께서 언어를 갈라지게 하였다는 바벨탑 이야기가 있다. '바벨'은 히브리어로 '혼란'이라는 뜻이다. 언어는 인간의 중요한 표준이다. 신이 심판의 수단으로 언어를 갈라지게 한 후 그 결과를 바벨이라고 명명한 것에는 "표준이 무너지면 혼란이 온다"는 뜻이 들어 있다.

17.1 표준화의 의의와 특징

(1) 종이 크기에 대한 국제표준

ISO 216은 종이 크기에 대한 국제표준이다. 우리가 널리 사용하는 A4 용지의 크기도 여기에 포함되어 있다. 이 표준은 미국과 캐나다를 제외한 세계 대부분의 나라에서 통용되고 있다. 간단히 설명하면 가장 큰 사이즈인 A0 용지를 반으로 나누면 A1 용지가 된다. 또한 A1용지를 반으로 나누면 A2 용지가 되고, A2 용지를 또 다시 반으로 나누면 A3 용지가 된다. 마찬가지로 A3 용지를 나누면 A4 용지가 된다. 따라서 A0 용지 하나로 A1은 2장, A2는 4장, A3는 8장, A4는 16장, Ak는 2^k장이 나온다. 참으로 쉬운 셈법이다. 이와 같은 원리가 적용되려면 가로와 세로의 비율이 $1:\sqrt{2}$(대략 1:1.4)가 되어야 한다.

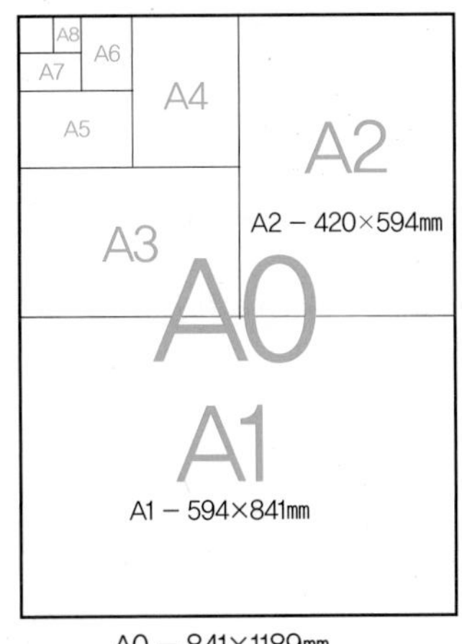

〈그림 17.1〉 A계열 종이의 ISO 표준

기준이 되는 A0용지의 크기는 〈그림 17.1〉에 표시하였듯이 841㎜×1189㎜인데 그렇게 정한 이유는 무엇일까?

- 그렇게 하면 용지의 넓이가 1㎡가 되기 때문이다.

그렇다면 왜 넓이 1㎡를 기준으로 삼았을까?

- 종이의 품질은 대부분 1㎡넓이의 무게로 표시하기 때문이다.

얼마나 과학적인가? 과학적이라서 좋다기보다는 편리하기 때문에 더 좋은 것이다.

다른 예로 ISO(국제표준화기구)가 정한 화물 컨테이너의 크기 표준화를 생각해 보자. 컨테이너의 크기가 표준화되지 않았을 때에는 목재로 상자를 만들었는데 그 크기가 제각각이라서 화물의 적재효율이 낮았을 뿐 아니라 하역장비도 효율적으로 사용할 수 없었다.

(2) 표준화가 문제된 사례

앞서 종이 크기나 운송 컨테이너의 예를 통해 표준이란 우리의 일상생활과 경제활동에 많은 편리를 가져다준다는 것을 설명했으나, 표준이 제대로 적용되지 못할 경우 어떤 문제가 발생할 수 있는지 다른 예를 보자.

1999년 9월 23일 1억 2,500만 달러가 투입된 미국 NASA의 화성 탐사선이 실종되었다. 이 탐사선은 화성에 물이 존재하였는지 또한 생명체가 존재할 가능성이 있는지에 대한 단서를 찾는다는 임무를 갖고 화성을 향해 286일 동안 우주 비행을 계속하고 있었다.

탐사선의 제작을 맡은 록히드마틴의 우주선팀은 '마일'을 단위로 위치 정보를 보냈으나 이를 조종한 NASA의 비행팀은 1990년부터 미터시스템을 사용하고 있었기 때문에 이를 '킬로미터' 단위의 정보로 오인하였다. 이 때문에 화성에 너무 근접한 탐사선이 대기권과의 마찰열에 의해 소실되었을 것이라는 것이 과학자들의 최종 결론이다.

"사람은 누구나 실수할 수 있지만 문제는 이것이 단순한 실수가 아니라는 것이다. 이것은 NASA의 시스템공학적 실패이자 실수를 찾아내는 프로세스상의 중대한 결함"이라는 것이 NASA 우주과학 부문 부단장을 맡았던 에드워드 와일러(Edward Weiler) 박사의 지적이다. 이것은 시스템 운영에 있어서 표준의 역할이 얼마나 중요한지 단적으로 보여준다.

실종된 NASA의 화성 기후탐사선 이미지, Wikimedia Public Domain

우리나라에서도 표준화의 중요성을 이야기할 때 자주 거론되는 사례가 있다. 서울 지하철 4호선 일부 구간에서 잠시 전원이 꺼지는 이유에 대한 것인데 그 내용을 요약하면 다음과 같다(최성우, 2016).

지하철을 이용하는 서울 시민들이 자주 겪는 일이지만, 1호선 서울역과 남영역 사이, 청량리역과 회기역 사이, 그리고 4호선 남태령역과 선바위역 사이를 지나는 전동차는 몇 개의 전등을 제외한 모든 전원이 꺼진 상태로 운행되다가 잠시 후에 전원이 다시 들어온다. 지금은 '전력 공급 방식의 변화'로 인한 것이라는 열차 내 안내방송이 나오지만, 예전에는 그런 안내조차도 없어서 의아해하거나 불안스럽게 생각하는 승객들도 많았을 것이다.

서울의 지하철 일부 구간에서 전동차들이 전원을 끄고 관성을 이용하여 달리는 위험을 무릅써야 하는 이유는, 코레일(옛 철도청)이 운영하는 구간과 서울메트로(옛 서울지하철공사)가 운영하는 구간에서 전력 공급을 위한 기술 표준방식이 서로 다르기 때문이다. 즉 코레일 운영 구역에서는 25,000V의 교류 전원을 사용하는 반면에, 서울메트로 운영 구역에서는 1,500V의 직류 전원을 사용하고 있다. 두 구역을 지나는 전동차는 물론 두 가지 전원을 다 사용할 수 있지만, 공급전원이 바뀌는 '마의 구간'에서는 잠시 전원을 끌 수밖에 없다.

또한 지하철의 운행 방향은 우측통행인 반면 코레일의 철도 구간은 좌측통행이어서, 4호선의 남태령과 선바위 사이 구간은 전력공급 방식의 변화에 더하여 선로가 X자형으로 엇갈리게 만들어져 있다. 이처럼 '표준'이 통일되지 않을 경우, 비용 부담과 불편이 가중될 수밖에 없다.

(3) 경로 의존성

'경로 의존성(path dependency)'이란 "한 번 경로가 정해지면 관성 때문에 다른 방식으로 바꾸기 어려운 것"을 말한다. 먼저, 경로 의존성을 설명하는 재미있는 이야기를 하나 소개하기로 한다(이부연, 2006).

오랜 옛날 모피 상인이 숲을 지나 시장에 가야 했는데, 지나야 할 숲 가운데 늑대 소굴이 있어 그곳을 피해 우회하여 갔다. 상인이 간 길은 아무도 가지 않았던 길이었기

때문에 새로운 길이 되었는데 숲을 우회했기 때문에 그 길의 모양은 곡선이 되었다.

길은 조금씩 넓어지고 다져져서 모피 상인 말고도 많은 사람들이 지나다니게 되었다. 길 주변에는 여행자들을 위한 가게와 대장간도 생겨났고, 그에 따라 사람들이 모여 사는 주거단지도 길을 따라 만들어졌다. 이렇게 숲 속이 번잡해지자 늑대들은 다른 곳으로 떠나버렸다. 늑대가 사라졌으니 굽은 길을 따라 여행할 필요가 없게 되었지만, 굽은 길은 계속 그대로 남아 이용되었다. 사람들은 곡선 거리의 아름다움을 얘기하기도 했다.

그런데 새로 부임한 영주가 길이 굽어 있기 때문에 여행에 불필요하게 시간이 많이 걸린다 해서 길을 직선으로 새로 내려고 했다. 그러자 온갖 민원과 반대가 쇄도해서 포기하고 말았다.

시간이 흘러 자동차가 발명되었다. 자동차는 곡선 도로의 주행에 필요한 복잡한 기능을 갖출 수 있도록 연구가 진행되었고 성능 개선도 이루어졌다. 또 다시 세월이 흘러 숲마저 없어지고 그곳은 완벽한 도시가 되었다. 숲이 사라지자 사람들은 왜 도시의 길이 휘어져 있는지 가끔 이상하게 여기면서 살아가게 되었다.

이 이야기는 한번 고착된 상황이 얼마나 바꾸기 어려운 것인가를 보여주는 사례다. 굽어진 길은 수차례 쓸모없는 상황이 되었음에도 불구하고, 거기에 있었다는 이유만으로 수백 년 동안 계속해서 존재하는 것이다.

이러한 경로 의존성은 표준화의 중요한 특징 중 하나이다. 이와 관련된 다른 이야기를 하나 더 들어보자(이희상, 2007).

우주왕복선인 엔데버호의 연료 탱크에는 두 개의 '솔리드 로켓 부스터'가 붙어 있다. 이 추진 로켓의 크기가 로마시대 이래로의 역사적 사건에 영향을 받아왔다는 것이 학자들의 주장이다. 즉, 이 장치는 미국 북서부 유타에 있는 공장에서 남동부 플로리다의 우주선 발사대까지 기차로 운반되었다. 추진 로켓이 철로 폭보다 크면 터널을 지나갈 수 없으므로 로켓의 크기는 미국의 기차 궤도의 폭보다 크지 않도록 설계되었다.

미국의 초기 기차 궤도 간격은 단거리 지역 철도회사들의 난립으로 다양한 규격이 존재하였다. 이후 각 지역 철도회사들의 인수합병과 남북전쟁에서 북군의 승리에 따라 동북부지역 표준인 영국식 기차 궤도 표준으로 통일되었다.

한편 영국의 기차는 1800년대 초 광산에서 광석 운반용으로 사용되던 궤도 마차에 증기기관을 얹어 일반 운송에 사용하면서 시작되었다. 영국의 마차는 약 2천 년 전 영

국을 정복했던 로마 병정들이 건설한 로마로 통하는 길을 이용하면서 바퀴의 폭 143.5 센티미터가 결정되었다. 고대 로마 마차는 말 두 마리가 끌었으므로 로마로 통하는 길의 폭은 말 두 마리가 나란히 달릴 수 있는 폭에 맞추어졌다. 따라서 우주 왕복선의 로켓의 크기의 결정은 2천 년 이상의 역사적 사건들의 연쇄적 발전 경로를 따르는 경로 의존성을 갖는다.

분할 운반 중인 솔리드 로켓 부스터(고체 추진 로켓), Wikimedia Public Domain

이처럼 한 번 표준이 정해지고 나면 그 영향력이 지속된다. 우리가 사용하고 있는 표준 영문 자판을 보자. 이 자판의 알파벳은 왼쪽 상단이 Q-W-E-R-T-Y의 순으로 배열되어 있어서 통상 '쿼티(QWERTY) 자판'이라고 한다. 이 자판은 1867년 크리스토퍼 숄스(Christopher Sholes)라는 신문 편집인이 특허를 신청한 것이다. 당시 타자를 칠 때 인접한 글자를 연달아 치면 키(key)들이 엉키는 문제가 자주 발생하였다. 이러한 문제를 방지하기 위해 'th'나 'st'처럼 연달아 나올 가능성이 높은 글자들을 서로 떨어뜨려 잼(jam)을 방지할 수 있도록 고안한 것이 쿼티 자판이다. 말하자면 잼을 방지하여 타자 속도를 높여보자는 것이었다.

시간이 지나면서 키가 엉키는 문제가 해결되자 타자 능률이 더 높은 자판들이 많이 제안되었다. 그 중 대표적인 것이 1936년 워싱턴대학교의 교육학과 교수로 있던 오거스트 드보락(August Dvorak)이 특허를 받은 자판이다.

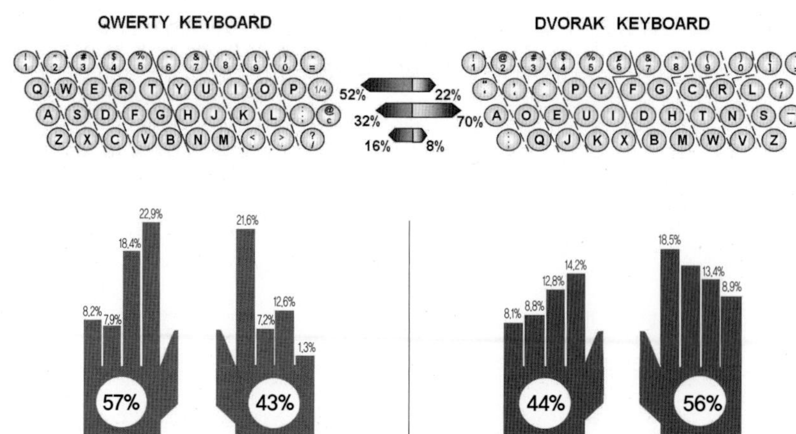

〈그림 17.2〉 QWERTY 자판과 드보락 자판 비교

〈그림 17.2〉의 오른 쪽에 표시한 이 자판은 타자속도를 높이기 위해 다음과 같은 원칙이 설계에 반영되었다.

- 주로 왼손은 모음을, 오른손은 자음을 담당하도록 하여 양손을 번갈아가며 사용할 수 있도록 한다.
- 많이 사용하는 글자들을 중간 줄에 배치하여 손가락의 이동거리를 단축한다.
- 대다수의 사람들이 오른손잡이임을 고려하여 오른손의 사용 비중을 상대적으로 높인다.

타자 속도 면에서 종래의 쿼티 자판보다 훨씬 더 우수하였기 때문에 드보락 자판을 종전의 쿼티 자판과 함께 표준으로 정했다. 그러나 종전의 쿼티 자판에 익숙해진 사람들이 선택하지 않아서 드보락 자판은 사실상 유명무실한 표준으로 전락하였다.

앞서 설명한 종이 크기의 표준화에서도 경로 의존성을 볼 수 있다. 종이 크기가 표준화됨으로써 바인더도 표준화되고, 종이에 파일링용 구멍을 뚫는 천공 펀치의 크기도 표준화되었다. 어디 그뿐이랴? 프린터나 복사기의 크기도 이에 맞추어 제작된다. 뿐만 아니라 종이 크기의 표준화에 따라 봉투의 크기도 정해지고 이에 따라 우편 업무까지 표준화될 수 있었다.

17.2 표준화의 역사

인류 역사를 보면 표준은 길이, 부피, 무게 등의 단위를 재는 도량형에서 시작되었다. 기원전 221년 전국시대(戰國時代) 한, 위, 조, 초, 연, 제나라 등 6개국을 정벌해 중국 대륙을 통일한 진시황은 먼저 도량형과 화폐 및 문자를 통일하였다. 나라마다 차이가 있던 이런 것들을 통일시키지 않으면 중앙집권적 통치와 조세 징수가 어려웠기 때문이다. 진시황의 정책으로 또 하나 유명한 것은 수레의 바퀴 폭을 통일한 것이다. 당시 수레는 대부분이 전차(戰車)였는데 다른 나라의 수레가 들어오지 못하도록 바퀴 폭을 달리 하고 있었다. 말이 끄는 전차는 도로에 깊은 바퀴 자국을 남겼는데 거기에 수레의 바퀴를 넣어서 달렸다. 바퀴 폭을 다르게 하면 적의 침입을 막는 효과가 있었다. 바퀴 자국의 차이가 전국적인 교통의 흐름을 저해한다고 여긴 진시황은 새 도로를 만들고 바퀴 폭을 통일시켰다. 그로 인해 지역간 교역이 활발해지고 경제가 번성하였다고 한다.

1904년 볼티모어 화재 피해 현장의 일부, Wikimedia Public Domain

표준화 미비 때문에 피해가 커진 재난으로는 1904년 발생한 미국 볼티모어 대화재가 많이 알려져 있다. 볼티모어에서 대규모 화재가 발생한 지 몇 시간 지나지 않아 가까이 있는 워싱턴에서 소방인력과 장비가 화재 진압을 지원하기 위해 도착하였으나 급수전(給水栓) 연결 장치의 규격이 상이하여 소방용 호스를 연결할 수 없었다. 이후 21

개 도시에서 화재 진압을 위해 추가적으로 도착하였으나 대부분 같은 문제를 겪었다. 결국 화재 발생 30시간 만에 1,500여 개의 빌딩이 소실되었으며 엄청난 인명 피해가 있었다. 당시 미국에서는 약 600개의 서로 다른 규격의 소화전이 사용되고 있었다. 볼티모어 대화재를 계기로 소방안전 장비에 대한 국가표준의 제정과 보급이 추진되었다.

산업적인 측면에서 표준화의 가장 큰 장점 중 하나는 '호환성(interchangeability)'의 확보이다. 미국의 엘리 휘트니(Eli Whitney)는 1793년 조면기를 발명하여 면 생산의 효율성을 획기적으로 높임으로써 발명가로서 명성을 얻었다. 1798년 휘트니는 호환 가능한 부품을 이용하여 1만 개의 소총을 대량생산하여 정부에 납품한다는 계약을 따냈다. 당시 미국은 프랑스와의 전쟁 가능성을 염두에 두고 있었기 때문에 무기에 대한 수요가 높았다. 숙련된 장인이 일일이 수작업으로 만드는 제작 방식으로는 양산(量産)이 어려울 뿐 아니라 부품의 호환성이 없어서 고장난 제품을 수리해서 사용하기도 어렵다. 휘트니는 표준화된 부품을 만들어 숙련되지 않은 사람도 제작에 참여할 수 있고 사후 정비도 쉽게 할 수 있도록 하였다.

부품의 호환성을 확보하기 위해서는 동일한 형상의 부품을 계속 생산해야 하는데 이를 위해서는 공작기계와 치공구의 이용이 필수적이다. 그러나 휘트니가 생존하던 당시에는 이러한 것들이 뒷받침되지 않았기 때문에 실제로는 대량생산 방식을 확립하지 못했다고 한다. 사실 '동일한 부품을 대량으로 제작하고 이를 조립하여 완제품을 만든다'는 발상은 휘트니 이전에 스웨덴, 프랑스, 영국 등과 같은 나라에서 군수산업에 이미 적용되고 있었지만 이를 이용해 생산성 혁명을 일으킨 곳은 미국이었다. 미국의 자동차왕 헨리포드(Henry Ford)는 제품 및 부품의 표준화뿐 아니라 제조공정과 작업방법까지 표준화하여 20세기 생산성 혁명의 시대를 열었다.

한 국가나 산업 내에서 이루어지던 표준화는 산업혁명과 더불어 국가간 교역이 활성화됨에 따라 국제적 표준으로 확대되었다. 미터시스템을 통한 도량형 통일을 다루기 위해 1875년 프랑스 파리에 설립된 '국제도량형국(BIPM, Bureau International des Poids et Mesures)'이 본격적인 국제표준화 활동의 시작이었다. 이 무렵에 제정된 표준들은 유럽의 주도 하에 주로 시간과 항해에 관한 것들을 대상으로 하였다. 영국의 그리니치 천문대를 통과하는 자오선의 경도를 0도로 정한 것이 대표적인 예이다.

산업 부문의 국제표준화는 전기기술 분야에서 시작되었다. 1908년 런던에 '국제전기기술위원회(IEC, International Electrotechnical Commission)'가 설립되었다. 또한 2차 대전이 끝난 1946년 10월 14일 25개국에서 파견된 64명의 대표들이 런던에 모여 공업표준화의 국제적 협력을 촉진할 목적으로 '국제표준화기구(ISO,

International Organization for Standardization)'를 설립하기로 합의하였으며, 그로부터 4개월 뒤인 1947년 2월 23일 ISO가 정식으로 발족하였다. 이때 IEC는 기존의 독립성을 유지하면서 ISO의 전기부회로 가입하여 활동하기로 결정하였다.

17.3 표준화의 체계

(1) 표준의 분류

우리나라 산업표준 관련 규정에는 '표준이란 관계되는 사람들 사이에서 이익 또는 편리가 공정하게 얻어지도록 통일·단순화를 도모할 목적으로 물체·성능·능력·배치·상태·동작·절차·방법·수속·책임·의무·권한·사고방법·개념 등에 대하여 규정한 결정'이라고 정의하고 있다. 또한 ISO/IEC Guide 2에서는 '표준이란 합의에 의해 제정되고 인정된 기관에 의해 승인되었으며, 주어진 범위 내에서 최적 수준의 질서 확립을 목적으로 공통적이고 반복적인 사용을 위하여 규칙, 지침 또는 특성을 제공하는 문서'라고 정의하고 있다.

간단히 말해 '표준이란 효율성, 편의성, 안전성을 높이기 위한 공동체의 약속'이라고 정의할 수 있으며, '표준화란 표준을 설정하고 이를 활용하는 조직적 행위'라고 할 수 있다. 〈그림 17.3〉에 정리한 것처럼 표준은 크게 인문사회계 표준과 자연과학계 표준으로 나눌 수 있는데, 품질경영에서 고려하는 표준은 과학기술계 표준이며 그 중에서도 각종 산업표준을 포괄하는 성문표준이 주된 관심사이다.

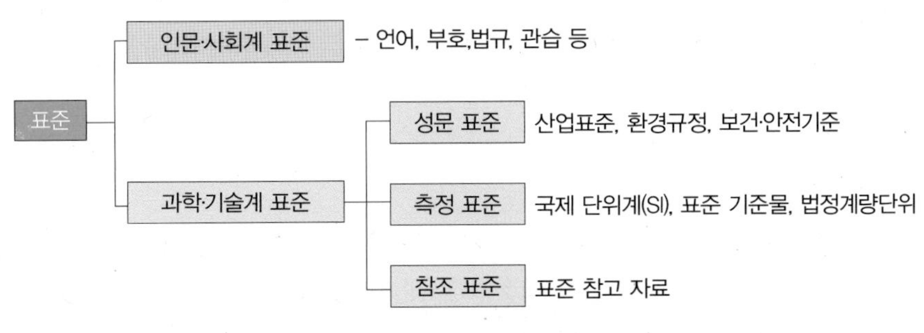

〈그림 17.3〉 광의(廣義)의 표준 개념

① 표준화의 3차원 공간

일반적으로 표준의 분류를 위해 표준화의 영역, 측면, 수준이라는 3차원 공간이 자주 이용된다.

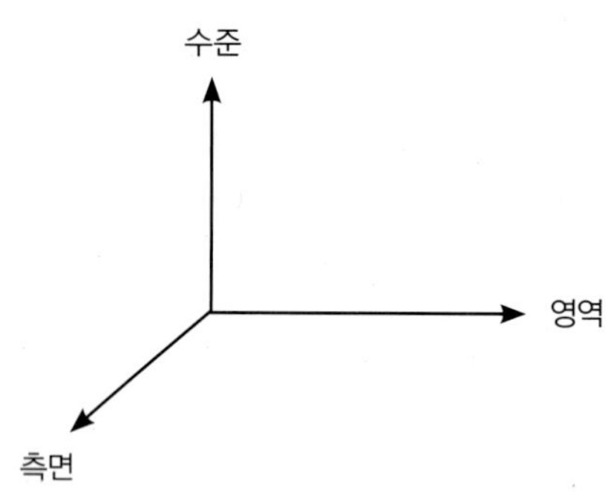

〈그림 17.4〉 표준화의 3차원 공간

(i) 표준화의 영역(domain)

표준화의 대상이나 주제(subject)를 지칭하는 것으로서 재료나 부품, 설비 등과 같은 유형적 하드웨어뿐 아니라 정보나 규칙, 방법, 절차 등과 같은 무형적 소프트웨어를 모두 포함한다.

(ii) 표준화의 측면(aspect)

표준화의 대상이 표준화 영역(주제)의 어느 측면(부분)인가를 지칭한다. 예를 들어 스마트폰 충전기의 충전 단자방식(20핀, 30핀, 마이크로 USB, 미니 USB, 2㎜ 배럴 등)을 표준화할 경우 표준화의 영역은 충전기이며, 측면은 충전 단자가 된다.

(iii) 표준화의 수준(level)

표준이 적용되는 범위를 나타내는 것으로 국제수준(국제표준), 지역수준(지역표준), 국가수준(국가표준), 단체수준(단체표준), 기업수준(사내표준) 등의 계층별 분류가 여기에 속한다.

② 적용범위에 따른 분류

표준을 적용범위에 따라 나누면 〈그림 17.5〉에 나타낸 바와 같이 국제표준, 지역표준, 국가표준, 단체표준, 사내표준(기업표준)으로 나눌 수 있다.

앞서 설명한 A계열 종이나 컨테이너의 크기 표준은 ISO(국제표준화기구)가 정한 국제표준이다. 국제표준보다 적용범위는 좁지만 역내(域內)의 여러 국가들에 의해 채택된 표준을 지역표준이라고 하는데, 유럽 EN표준이 지역표준의 대표적 예이다. 지역표준보다 한 단계 아래에는 특정국가 내에서 통용되는 국가표준이 있다. 우리나라의 KS, 일본의 JIS, 미국의 ANSI, 영국의 BS, 독일의 DIN 등이 대표적인 국가표준이다.

단체표준은 특정 단체나 업계에서 제정한 표준인데, 대표적인 예로는 미국의 ASTM 표준이나 IEEE 표준 등이 있다. 또한 특정 기업 내에서 통용되는 각종 표준이나 규정 등과 같은 사내(또는 기업)표준이 있으며, 사내표준도 적용범위에 따라 전사표준, 사업부 표준 등과 같이 수준별로 나눌 수 있다.

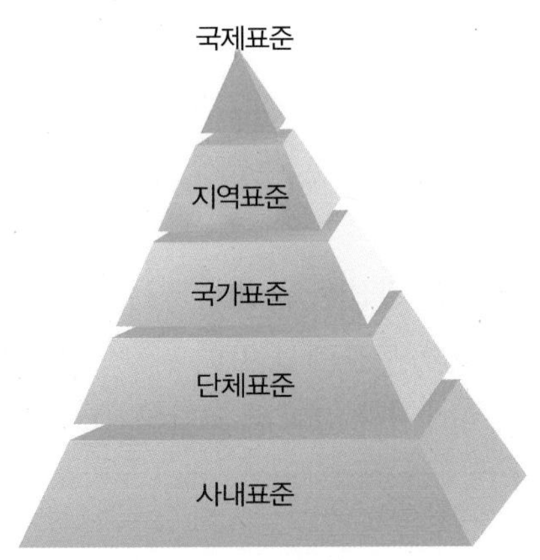

〈그림 17.5〉 표준의 적용범위에 따른 수준

③ 성립주체에 따른 분류

표준의 성립주체를 기준으로 분류해 보면 '공적 표준(de jure standards)'과 '사실상 표준(de facto standards)'으로 나눌 수 있다. 공적 표준은 공인된 표준화 기관에 의해 제정되는 규제적 표준인데 반해 사실상 표준은 시장경쟁에 의해 지배적으로 자리 잡은 자율적 표준을 말한다.

사실상 표준의 대표적인 예로는 마이크로소프트(MS)사의 PC 운영체계인 윈도우즈(Windows)를 들 수 있다. 단일 표준을 원칙으로 하는 공적 표준과는 달리 사실상 표준은 시장경쟁에 의해 결정되므로 시장에서 여러 개의 표준이 경합을 벌이면서 공존할 수 있다. 웹브라우저 표준으로는 마이크로소프트의 인터넷 익스플로러(Explorer)와 구글의 크롬(Chrome) 등이 경합을 벌이고 있으며, 스마트폰 운영체계 표준으로는 애플의 iOS와 구글의 안드로이드(Android) 등이 경쟁을 벌이고 있다.

〈표 17.1〉 공적 표준과 사실상의 표준

구분	공적 표준 (de jure standards)	사실상 표준 (de facto standards)
정의	· 표준화 기관에 의해 제정되는 표준	· 시장경쟁에 의해 결정되는 표준
특징	· 제정절차가 투명하고 개방적 · 표준개발 속도가 느림 · 관련 제품의 보급에 시간이 걸림 · 표준화가 우선 · 원칙적으로 단일표준 제공	· 제정절차가 불투명하고 폐쇄적 · 표준개발 속도가 빠름 · 표준과 관련 제품이 동시 보급 · 사업화가 우선 · 표준 주도자가 사업적 경쟁우위

(2) 성문표준

성문표준 중 품질경영과 가장 밀접한 관련이 있는 것은 산업표준이다. 국제적인 산업표준은 본서 20장의 품질인증 부문에서 따로 다루기로 하고 여기서는 우리나라 국가표준인 KS와 기업표준에 대해서만 간략히 고찰하기로 한다.

① 한국산업표준(KS)

한국산업표준인 'KS(Korean Industrial Standards)'는 기본 부문(A)부터 정보 부문(X)까지 21개 부문으로 구성되어 있으며, 내용상 크게 다음 세 가지로 분류할 수 있다.

- 제품표준 : 제품의 형상·치수·품질 등을 규정한 것
- 방법표준 : 시험·분석·검사 및 측정방법, 작업표준 등을 규정한 것
- 전달표준 : 용어·기술·단위·수열 등을 규정한 것

참고로 기술하면 품질경영 부문의 대분류 코드는 'Q'이며, 2012년 기준으로 KS규격의 총 수는 24,129개이다. KS 분류 번호는 'KS A 3102'처럼 KS 다음에 '알파벳 한 글자'와 '4자리 숫자'로 구성되어 있다. 여기서 알파벳은 21개 대분류 중 어디에 속하는가를 나타내며, 4자리 숫자는 해당 전문분야로 중분류한 후 붙인 일련번호이다.

② 사내표준

기업활동을 원활하게 수행하기 위해서는 사내 관계자들의 합의에 의해 결정된 '사내표준(기업표준)'이 필수적이다. 기업 내에서 통용되는 각종 규정과 표준이 여기에 해당된다. 사내표준의 분류체계는 기업규모나, 업종, 생산품목, 생산형태 등에 따라 차이가 많기 때문에 일률적으로 정리하기는 어렵다. 앞서 설명한 표준화의 3차원 공간에 따라 사내표준을 분류해 보면 다음과 같다.

(i) 사내표준의 영역별 분류

기업활동의 영역별로 분류하면 다음과 같은 것들이 포함된다.

- 조직관계 표준 : 조직 및 업무분장 규정, 인사관리 규정 등
- 총괄표준 : 경영방침, 사내표준관리 규정, 문서관리 규정 등
- 품질경영 표준 : 품질경영위원회 운영규정, 품질 분임조 운영규정, 제안제도 운영규정, PL관리 규정 등
- 설계관계 표준 : 설계심사 규정, 형상관리 규정, 설계표준, 제품규격 등
- 생산관계 표준 : 공정관리 규정, 치공구관리 규정, 작업표준, 기술표준 등
- 설비관계 표준 : 설비관리 규정, 계측기관리 규정 등
- 자재관계 표준 : 구매관리 규정, 외주관리 규정, 자재표준, 부품규격 등
- 검사관계 표준 : 검사업무 규정, 수입검사 규격, 공정검사 규격, 출하검사 규격 등
- 보관 및 운반 표준 : 재고관리 규정, 운반관리 규정, 포장규격 등
- 판매관계 표준 : 클레임처리 규정, 고객서비스 규정 등
- 안전 및 환경 표준 : 안전관리 규정, 유해물질 관리규정 등

(ii) 사내표준의 국면별 분류

사내표준의 국면 즉 표준의 성격별 분류로서 다음과 같은 형태로 나눌 수 있다.

- 기본표준 : 경영방침, 조직 및 업무분장 규정, 인사관리 규정, 문서관리 규정 등
- 품질표준 : 설계규격, 제품규격, 재료규격 등
- 방법표준 : 작업표준, 검사방법 등
- 업무표준 : 구매관리 규정, 외주관리 규정, 판매관리 규정 등

〈표 17.2〉 한국산업표준 분류체계

대 분 류	중 분 류
기본 부문(A)	기본일반/방사선(능)관리/가이드/인간공학/신인성관리/문화/사회시스템/기타
기계 부문(B)	기계일반/기계요소/공구/공작기계/측정계산용기계기구·물리기계/일반기계/산업기계/농업기계/열사용기기·가스기기/계량·측정/산업자동화/기타
전기 부문(C)	전기전자일반/측정·시험용 기계기구/전기·전자재료/전선·케이블·전로용품/전기 기계기구/전기응용기계기구/전기·전자·통신부품/전구·조명기구/배선·전기기기/반도체·디스플레이/기타
금속 부문(D)	금속일반/원재료/강재/주강·주철/신동품/주물/신재/2차제품/가공방법/분석/기타
광산 부문(E)	광산일반/채광/보안/광산물/운반/기타
건설 부문(F)	건설일반/시험·검사·측량/재료·부재/시공/기타
일용품 부문(G)	일용품일반/가구·실내장식품/문구·사무용품/가정용품/레저·스포츠용품/악기류/기타
식료품 부문(H)	식품일반/농산물가공품/축산물가공품/수산물가공품/기타
환경 부문(I)	환경일반/환경평가/대기/수질/토양/폐기물/소음진동/악취/해양환경/기타
생물 부문(J)	생물일반/생물공정/생물화학·생물연료/산업미생물/생물검정·정보/기타
섬유 부문(K)	섬유일반/피복/실·편직물·직물/편·직물제조기/산업용 섬유제품/기타
요업 부문(L)	요업일반/유리/내화물/도자기·점토제품/시멘트/연마재/기계구조 요업/전기전자 요업/원소재/기타
화학 부문(M)	화학일반/산업약품/고무·가죽/유지·광유/플라스틱·사진재료/염료·폭약/안료·도료잉크/종이·펄프/시약/화장품/기타
의료 부문(P)	의료일반/일반 의료기기/의료용 설비·기기/의료용 재료/의료용기·위생용품/재활보조기구·관련기기·고령친화용품/전자의료기기/기타
품질경영 부문(Q)	품질경영 일반/공장관리/관능검사/시스템인증/적합성평가/통계적 기법 응용/기타
수송기계 부문(R)	수송 기계일반/시험검사방법/공통부품/자전거/기관·부품/차체·안전/전기전자장치·계기/수리기기/철도/이륜자동차/기타
서비스 부문(S)	서비스일반/산업서비스/소비자서비스/기타
물류 부문(T)	물류일반/포장/보관·하역/운송/물류정보/기타
조선 부문(V)	조선일반/선체/기관/전기기기/항해용기기·계기/기타
항공우주 부문(W)	항공우주 일반/표준부품/항공기체·재료/항공추진기관/항공전자장비/지상지원장비/기타
정보 부문(X)	정보일반/정보기술(IT)응용/문자세트·부호화·자동인식/소프트웨어·컴퓨터그래픽스/네트워킹·IT상호접속/정보상호기기·데이터 저장매체/전자문서·전자상거래/기타

(iii) 사내표준의 수준별 분류

표준이 적용되는 범위에 따라 그룹공통 규정, 전사 규정, 부문별 규칙 및 시행 세칙 등과 같이 수준별로 나눌 수 있다.

(3) 측정표준

① 측정표준의 단위

고대의 측정단위들은 계획적으로 만든 단위 체계가 아니라 필요에 따라 생긴 것이다. 사회가 복잡해지면서 고대의 측정단위들이 발전되어 동양에서는 '척관법(尺貫法)', 서양에서는 '야드파운드(yard-pound)법'이 널리 사용되게 된다. 이들은 현재 대부분의 나라에서 사용하고 있는 국제단위계(SI)가 공식화되기 이전까지 오랜 기간 사용되어 왔다. 국제단위계의 사용이 보편화된 오늘날에도 척관법이나 야드파운드법의 영향력이 남아 있으며, 아직도 그것을 사용하는 지역이 있다.

SI의 시초는 프랑스 혁명 시기인 1790년경 프랑스에서 창안된 '십진 미터법'이다. 이 미터법으로부터 분야에 따라 여러 개의 하부 단위계가 생겨났다. 일례로 센티미터, 그램, 초에 바탕을 둔 CGS(Centimeter-Gram-Second)계가 1874년에 도입되었는데 그 이듬해에 17개국이 미터협약(Meter Treaty)에 동참하였다. 미터법은 이를 계기로 국제적인 단위 체계로 발전하였으며, 20세기에 접어들어 실용성을 감안하여 MKS(Meter-Kilogram-Second)계로 개편되었다.

1935년 국제전기기술위원회(IEC)가 전기단위로 암페어(ampere), 쿨롱(coulomb), 옴(ohm), 볼트(volt) 중 하나를 채택하여 역학의 MKS계와 통합할 것을 추천하였는데, 1939년 전기자문위원회(CCE, 현재의 CCEM)가 이들 중 암페어를 선정하여 MKSA계의 채택을 제안하였다. 이 제안은 1946년 국제도량형위원회(CIPM)에 의해 승인되었다.

1954년 제10차 국제도량형총회(CGPM)에서 MKSA계의 4개의 기본단위와 온도의 단위 '켈빈도', 그리고 광도의 단위 '칸델라'를 추가해 모두 6개의 단위에 바탕을 둔 단위계를 채택하였다. 그 후 1960년 제11차 국제도량형위원회에서 이 실용 단위계의 공식 명칭을 '국제단위계'로 정하고 그것의 국제적 약칭을 'SI'로 정하였다. 1967년에는 온도의 단위가 켈빈도(°K)에서 켈빈(K)으로 바뀌고, 1971년 7번째의 기본단위인 몰(mole)이 추가되어 현재와 같은 SI가 완성되었다.

[참고: 국제단위계를 나타내는 SI는 프랑스어 'Le Systéme International d'Unités'에서 온 약어이다.]

〈표 17.3〉 SI 기본단위

물리량	명칭	기호
질량	킬로그램(kilogram)	kg
길이	미터(meter)	m
열역학적 온도	켈빈(kelvin)	K
물질량	몰(mole)	mol
시간	초(second)	s
전류	암페어(ampere)	A
광도	칸델라(candela)	cd

또한 SI에서는 십진 배수 및 십진분수를 만드는데 사용하는 일련의 접두어를 채택하고 있는데 그 중에서 많이 쓰이는 것들을 〈표 17.4〉에 정리하였다.

〈표 17.4〉 SI의 대표적인 접두어

명칭	값	표준형태	기호
Tera	1,000,000,000,000	10^{12}	T
Giga	1,000,000,000	10^{9}	G
Mega	1,000,000	10^{6}	M
Kilo	1,000	10^{3}	k
deci	0.1	10^{-1}	d
centi	0.01	10^{-2}	c
milli	0.001	10^{-3}	m
micro	0.000001	10^{-6}	μ
nano	0.000000001	10^{-9}	n
pico	0.000000000001	10^{-12}	p

② 측정표준의 관리

측정표준을 제대로 활용하려면 측정의 신뢰성이 확보되어야 한다. 측정의 신뢰성과 관련된 두 가지 요소는 측정의 '불확도(uncertainty)'와 '소급성(traceability)'이다.

(i) 측정 불확도

어떤 측정도 오차를 피할 수 없다. 불확도는 오차가 포함된 측정값의 분산 정도를 나타낸다. 그 동안 측정값의 신뢰성을 표현하기 위해 정확도, 정밀도, 반복성, 재현성, 불확실성, 오차, 표준편차, 표준오차 등과 같은 여러 가지 용어들이 사용되어 혼란스러웠다. 이러한 혼란을 없애기 위해 국제적으로 측정값의 불확실성을 표현하는 방법을 정하였다.

예를 들어, 어떤 부품의 '길이가 12㎜이고, 95% 신뢰수준에서 불확도가 0.1㎜'라는 것은 '길이에 대한 측정값이 11.9㎜에서 12.1㎜ 사이에 들어간다는 것을 95% 확신할 수 있다'는 의미이다.

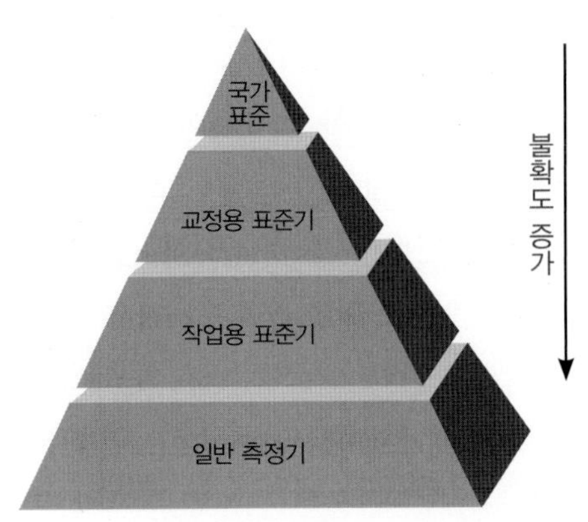

〈그림 17.6〉 측정 소급성 체계와 불확도의 크기

(ii) 측정 소급성

측정의 소급성이란 측정결과를 최상위 단계의 기준(reference)과 결부시킬 수 있는 성질을 말한다. 〈그림 17.6〉에 나타낸 측정소급성의 체계를 보자.

최하위 단계의 일반 측정기로 측정한 값의 불확도는 측정자의 측정 오차와 계측기 자체의 오차 때문에 발생한다. 그런데 계측기의 오차가 얼마나 불확도에 영향을 주

KOLAS 인정마크

었는지 알려면 차상위 단계의 작업용 표준기와 비교해 봐야 한다. 또한 작업용 표준기 자체에도 오차가 있기 때문에 그것이 불확도에 미치는 영향은 한 단계 더 상위에 있는 교정용 표준기와 비교해 봐야 한다. 마찬가지로 교정용 표준기의 정확도를 알려면 최상위 단계에 있는 국가 또는 국제 표준에서 정한 기준과 비교해 봐야 한다. 이처럼 측정값에 포함된 불확도를 위로 거슬러 올라가서 확인할 수 있는 성질을 '소급성(traceability)'이라고 한다. [참고: 측정 분야에서는 '소급성'이라고 번역하지만 품질경영에서는 일반적으로 '추적성'이라고 한다.]

소급성의 관점에서 볼 때 측정값이 신뢰성을 가지려면 단계를 거슬러 올라가면서 누적되는 불확도(uncertainty)의 크기를 관리해야 한다. 이러한 소급성 확보를 위해서는 모든 분야에서 사용되고 있는 계측기에 대해 교정관리를 실시해야 한다.

우리나라의 경우 측정표준을 관장하는 최상위 기관은 한국표준과학연구원이다. 이 연구기관에서는 표준기와 표준물질 등을 통해 기준(reference)을 제공하고 있다. 그런데 현실적으로 최상위 기관 하나가 계측기의 교정업무를 수행하는 것은 불가능하기 때문에 많은 교정기관이 필요하다. 우리나라 국가표준기본법에 따른 인정기구인 한국인정기구(KOLAS, Korea Laboratory Accreditation Scheme)에서는 교정기관의 측정소급성을 확인하고 경영시스템과 측정능력을 평가하여 국제기준을 만족한다고 평가될 경우 국가공인 교정기관 및 시험기관으로 인정하고 있다.

(4) 참조표준

참조표준이란 측정 데이터 및 정보의 정확도와 신뢰도를 과학적으로 분석·평가하고 이를 공인해줌으로써 국가사회의 모든 분야에서 지속적·반복적으로 사용할 수 있도록 만든 자료이다. 여기에는 물리화학적 상수, 공인된 물성 값, 공인된 과학기술적 통계 등이 포함된다.

대표적인 참조표준인 기본물리상수에는 중력가속도 G, 기본전하량 e, 진공 중 빛의 속도 c, 볼츠만상수 k, 플랑크상수 h 등이 있다. 참조표준의 다른 예로는 한국인의 인체 치수 및 형상정보를 들 수 있는데 이것은 의류, 자동차 등과 같은 공산품 생산에 활용될 수 있다. 또한 반도체 소재의 물성데이터는 반도체 공정의 중요한 자료가 된다.

1999년에 제정된 우리나라 국가표준기본법에서는 참조표준의 제정과 보급을 위해 한국표준과학연구원이 참조표준 관련 사업을 할 수 있도록 하였는데, 이 연구기관에서는 금속, 물리화학, 재료, 생명과학, 에너지, 보건 등과 같은 다양한 분야의 참조표준 데이터베이스를 구축하고 있다.

참고문헌

- 강병구 외(2011), 「미래사회와 표준」, 개정 4판, 한국표준협회
- 이순룡(1993), 「품질경영론」, 법문사.
- 이은호(2012), 「세상을 지배하는 표준 이야기」, 한국표준협회미디어
- 이부연(2006), "가끔 평소와 다른 길로 출근해 보자", 머니투데이, 5월 14일.
- 이희상(2007), "경로의존성과 전환비용", 디지털타임스, 8월 17일.
- 최성우(2016), "남태령역 지난 후 불 꺼지는 이유", 사이언스타임즈, 5월 27일.
- 최종완(1997), 「알기 쉬운 표준화 이야기」, 한국표준협회.
- Hotz, R.L.(1999), "Mars Probe Lost Due to Simple Math Error", Los Angeles Times, October 1.
- Nayak, P.R. and Ketteringham, J.M.(1994), Breakthroughs!, Revised Edition, Pfeiffer & Company.
- http://www.firemuseummd.org
- http://www.forgeofinnovation.org
- http://www.kriss.re.kr
- http://www.standard.go.kr

VCR 비디오테이프 표준전쟁

사실상 표준(de facto standard)의 결정과 관련된 고전적 사례는 VCR 비디오테이프 포맷 표준 전쟁이었는데 이것은 표준의 중요성을 산업계에 널리 알리는 계기가 되었다.

소니의 베타맥스와 JVC의 VHS

1954년 미국의 암펙스(Ampex)사는 소리와 영상을 모두 담을 수 있는 녹화기를 세계 최초로 개발하였다. 이 혁신적인 기계는 생방송만 가능하던 방송산업에 엄청난 변화를 몰고 왔다. 미리 녹화한 후 원하는 대로 편집하여 내보낼 수 있게 되었을 뿐 아니라, 미국 동부의 황금시간대에 방송된 쇼를 녹화한 후 서부의 황금시간대에 방송할 수 있게 된 것이다. 그러나 이 기계는 덩치가 크고 가격이 비쌌기 때문에 수요가 극히 제한적이었다.

일본의 전자업체들은 이 기술을 개량하여 가정용 녹화기를 개발하면 엄청난 시장을 개척할 수 있다는 것을 간파하고 시장을 선점하기 위한 경쟁에 나섰다. 이 경쟁에서 U-Matic 녹음 카세트 기술 특허를 갖고 있던 소니가 줄곧 선두를 유지하였다. 소니와 끝까지 경쟁한 마쯔시다의 자회사 JVC의 연구개발팀은 경영진의 독촉에도 아랑곳하지 않고 다음과 같은 12가지 개발 요구사항이 모두 충족된 후 출시하기로 하였다.

- VCR 관련 요구사항
  - 일반 TV에 연결 가능할 것
  - 일반 TV의 영상과 동일한 화질과 음질로 재생할 것

- 적어도 2시간 이상 녹화할 수 있을 것
- 다른 제조업자들의 기기와 호환성이 있을 것
- (비디오카메라와 함께 쓸 수 있는 등) 다양한 기능이 있을 것

• **사용자를 위한 요구사항**
- 너무 비싸지 않을 것
- 조작이 쉬울 것
- (테이프 등을 포함하여) 운영유지비가 적게 들 것

• **제조업자를 위한 요구사항**
- 만들기 쉬울 것
- 여러 모델에 쓸 수 있는 공용부품으로 설계할 것
- 애프터서비스가 쉬울 것

• **사회를 위한 요구사항**
- VCR은 정보와 문화의 전달매체가 되어야 할 것

1974년 말이 다가올 무렵 소니는 이듬해에 일본시장에 선보일 자사의 베타맥스 VCR을 공개한다고 JVC측에 초청장을 보냈다. 소니 도쿄 본사를 방문한 JVC 관계자들은 자사가 개발 중인 것과 흡사한 깜찍한 시제품을 보았다. 그러나 JVC는 18개월이 더 지나야 출시가 가능하였다. 소니의 설명을 듣던 중 갑자기 JVC측 방문자들이 의미심장한 눈빛을 서로 나누었다.

“한 시간밖에 녹화가 안 된다고?”

소니는 자사의 표준을 받아들이지 않으면 더 이상 타협하지 않고 시장을 쓸어버리겠다는 속내를 은연중에 내비쳤다. “우리의 제안을 받아들이든지 아니면 사라져라”는 메시지를 전하고자 한 것이었다. 자리를 뜨기 전에 JVC측은 정중히 인사했다. “초청해 주셔서 정말 감사합니다. 훌륭한 설명도 잘 들었습니다. 아주 멋진 기계를 만드셨군요. 귀사의 행운을 빕니다.”

JVC는 자사가 개발하고 있는 VHS 방식을 표준으로 정착시키기에는 많은 난관이 있으리라는 것을 잘 알고 있었다. 그러나 소니의 시제품은 작아야 하는 부분은 크고, 커야 하는 부분은 작다는 것에 승부수를 띄웠다. 소니의 VCR 본체 부피는 JVC보다 컸지만 녹화시간은 JVC의 절반인 한 시간밖에 되지 않았다. TV에 나오는 좋은 영화 한 편을 담으려면 녹화시간이 두 시간은 되어야 하기 때문에 JVC는 늦더라도 완벽한 제품을 가지고 경쟁하기로 하였다.

Sony Betamax 광고

VCR 표준전쟁의 양대 진영

시장을 선점하기로 한 소니는 곧바로 파트너의 물색에 나섰다. 도시바와 산요, 그리고 미국의 제니스(Zenith)가 소니의 진영에 합류했다. JVC는 시장 규모가 워낙 방대하기 때문에 독점할 필요가 없다고 생각하고 자사에 합류하는 모든 기업들에게 관련 기술과 정보를 공개하는 전략으로 맞섰다.

자국 기업들끼리의 경쟁이 격화되자 일본 정부가 조정에 나섰다. 통상산업성은 미리 시장에 진출한 소니의 베타맥스 방식으로 표준을 유도하고자 JVC에 VHS 방식의 포기를 종용하였다. 통상산업성이 내세운 논리는 베타맥스 방식의 화질이 더 좋다는 것이었지만 일반 고객들은 그 차이를 느끼지 못할 정도였다. 그것은 기술적 논쟁이 아니라 정치적인 싸움으로 변질하고 있었다.

마쯔시다, 히다찌, 샤프, 미쯔비시가 JVC 편으로 속속 합류하자 일본 정부도 손을 떼고 시장에 맡기기로 했다. 마쯔시다가 OEM으로 미국 굴지의 대기업인 RCA에 VCR을 공급하기로 하면서 팽팽하던 경쟁은 한쪽으로 기울기 시작했다. 1980년대 초반 베타맥스를 추월하기 시작한 VHS는 1985년에 이르러 시장의 80%를 장악하게 된다. 이것은 시장경쟁을 통해 결정되는 '사실상의 표준'은 정부 주도의 '공적표준'과는 달리 기술적 우위보다 고객 가치에 의해 결정된다는 것을 잘 보여주고 있다.

이상과 같은 기술표준 경쟁은 기술의 발전에 따라 DVD, HDTV 등과 같이 새로운 기술의 등장과 더불어 지속적으로 발생하였다. 오늘날 기술표준 경쟁의 특징은 iOS 기반의 애플 진영과 안드로이드 기반의 구글 진영의 주도권 싸움에서 보듯이 기업 생태계 간의 경쟁으로 확대되고 있다.

참고문헌

• Nayak, P.R. and Ketteringham, J.M.(1994). Breakthroughs!. Revised Ed., Pfeiffer & Company.

18장
안전품질

안전은 품질의 킹핀이다. 볼링의 10개 핀 중 중앙에 있는 킹핀이 공에 맞으면 나머지 모든 핀들이 다 넘어진다. 많은 기업들이 보다 더 저렴한 가격, 좋은 디자인, 우수한 성능, 매력적인 특성의 부가를 위해 골몰하고 있으나 안전에 문제가 발생하면 만사가 수포로 돌아간다. 이렇게 평범하고도 중요한 사실을 문제가 터진 다음에야 뼈저리게 느끼는 경우가 예나 지금이나 적지 않다.

18.1 사례를 통해 본 안전품질

품질의 요소 중 안전보다 더 중요한 것은 없다. 안전의 문제는 다른 어떤 경쟁우위 요소로도 대체할 수 없다. 이것은 다음 장에 설명할 제품책임(PL)의 문제와도 직결되어 있다. 먼저 제품안전에 관련된 다양한 사례를 통해 안전품질의 중요성에 대해 생각해 보자.

(1) 여성용 피임기구 달콘실드(Dalkon Shield)

원치 않는 임신을 피하기 위해 사용하는 자궁 내 피임기구(IUD, Intra-Uterine Device)의 역사는 천 년이 넘었다고 한다. 탈무드나 히포크라테스의 글에도 이러한 종류의 여성용 피임기구가 언급되어 있다. IUD의 역사는 이처럼 오래되었지만 의학적 연구물로 탄생한 것은 20세기 중반이 지나서였다.

1960년대에 이르러서야 미국 식품의약안전청(FDA)의 승인을 받은 최초의 플라스틱 IUD가 개발되었으며 이후 다른 IUD들이 계속 출시되었다. 당시 경구용(經口用) 피임약의 장기복용에 대한 위험성이 언론에 연일 보도되고 있었기 때문에 IUD 시장은 급팽창하고 있었다. 이러한 시대적 배경 하에 미국 존스홉킨스대학의 산부인과 의사였던 휴 데이비스(Hugh J. Davis) 박사는 자신과 같이 일하던 공학자 어윈 러너(Irwin Lerner)와 함께 '달콘실드(Dalkon Shield)'라는 새로운 IUD를 개발하였다.

벌레 모양으로 생긴 달콘실드는 다음과 같은 특징을 갖고 있었다.

- IUD가 자궁에서 이탈하는 것을 방지하기 위해 벌레의 발을 닮은 여러 개의 뾰족한 스파이크가 붙은 모양으로 만들었다.
- 피임 확률을 높이기 위해 중앙에 얇은 차단막을 부가하였다.
- IUD가 자궁 내에 제대로 위치하고 있는지 의사가 쉽게 검진할 수 있도록 가는 실을 여러 겹 엮어서 만든 다(多)섬유 끈을 달았다.

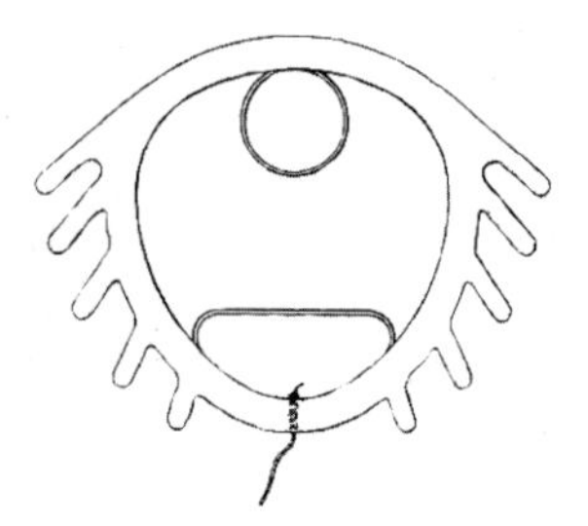

자궁 내 피임기구 달콘실드, RatchickAndy, Wikimedia CC BY SA

1971년 로빈스(A.H. Robins)사는 이 IUD 설계를 사들여 대대적인 판촉을 실시하였다. 달콘실드는 출산 경험이 있는 여성을 위한 대형 사이즈와 그렇지 않은 여성을 위한 소형 사이즈 두 종류가 시판되었다. 유명대학의 명망 높은 의사가 개발했다는 후광을 업고 출시 후 3년 반 동안 수백만 개가 팔려나갔다.

경쟁회사들의 IUD는 낚시줄처럼 한 가닥으로 된 나일론 끈을 매달았으나 달콘실드에 사용된 끈은 수백 가닥의 가는 플라스틱 섬유를 피복 안에 넣은 것이었다. 달콘실드가 다섬유로 된 끈을 사용한 이유는 사용자들이 IUD가 자궁 내에 잘 보존되고 있다는 것을 감각적으로 느낄 수 있고 의사가 검진 시 쉽게 꺼낼 수 있도록 하기 위한 것이었다. 사용자들은 몰랐지만 로빈스의 최고 경영진은 이것이 문제의 소지가 있다는 사실을 공유하고 있었다.

달콘실드에 사용한 끈이 문제가 된 것은 질(膣)과 자궁의 환경에 관련된 것이었다. 여성의 질은 항상 젖어 있고 자생하는 수많은 박테리아의 서식처일 뿐 아니라 외부 박테리아에도 매우 민감한 곳이다. 그에 반해 자궁은 살균된 장기인데 다섬유질 끈은 외부 박테리아가 자궁으로 들어가는 통로 역할을 하였다. 문제를 더욱 악화시킨 것은 다섬유질 끈의 피복으로 사용되었던 나일론 소재가 시간이 지나면 파손되어 외부 박테리아의 진입이 훨씬 더 쉬워진다는 것이었다. 이러한 위험성에 대해 로빈스의 경영진은 사전에 인지하고 있었음에도 불구하고 달콘실드의 출시를 재촉하였다.

시간이 지나면서 문제가 드러나기 시작했다. 달콘실드를 착용한 여성들이 출혈과 성관계 시의 통증을 호소하기 위해 병원을 찾았다. 의사들은 이것이 정상적인 박테리아가 유발할 수 있는 골반 염증이라고 진단하고 항생제를 처방하였다. 더 큰 문제는 피임 실패율이 1% 정도라고 광고하였으나 실제로는 10% 가까이 된 것이었다. 달콘실드를 착용한 여성들 중 임신한 사람이 늘어났으며 이들 중 일부는 패혈성 유산을 경험하였다. 최악의 경우에는 심한 감염이 치명적 결과를 초래할 수 있는데 이로 인한 사망자가 최소한 18명으로 집계되었다.

문제가 봇물 터지듯 쏟아지자 1974년 로빈스사는 달콘실드의 판매를 중단하였지만 법적 소송은 이후 수년간 지속되었다. 달콘실드 자체의 문제가 아니라 사용자의 위생관리 소홀과 안전하지 못한 성행위 때문이라고 항변하였지만 이를 입증하기가 쉽지 않았다. 1980년대 초반 40만 명이 대규모 집단소송을 준비하였다.

문제는 여기서 그치지 않았다. 부작용을 느끼지 못했던 사용자들까지 공포에 시달리고 이들 중 일부는 달콘실드의 사용으로 인해 임신 능력을 영구히 상실한 불임 여성이 되었다고 주장하였다. 또한 달콘실드를 제거하는 과정에서 이 기구의 독특한 형상 때문에 자궁에 상처를 입는 사고가 자주 발생하였다.

판매를 중단하고도 이미 판매한 제품에 대해 리콜(recall)을 실시하지 않았기 때문에 문제는 걷잡을 수 없이 커져갔다. 122년 장수기업 로빈스는 더 이상 버티지 못하고 1985년 파산을 신청하였다. 1989년 아메리칸 홈 프로덕트(American Home Products)는 달콘실드 피해자들을 위한 25억 달러 규모의 기금을 제공한다는 조건으로 로빈스를 인수하였다.

(2) 포드자동차 핀토(Pinto)

제품 안전사고와 관련하여 달콘실드 사례보다 더 널리 알려진 것은 포드의 소형차인 핀토이다. 1960년대 미국 소형차 시장에 독일의 폭스바겐과 일본산 자동차들이 유입됨에 따라 미국 업체들이 큰 곤경에 빠졌다. 이를 극복하기 위해 포드 자동차는 1968년 당시 부사장이었던 리 아이아코카(Lee Iacocca)의 제안에 따라 내수용 소형 승용차의 개발에 급히 나섰다. 통상적으로 자동차 개발에 43개월이 걸렸으나 핀토는 25개월 만에 출시되었다. 출시 후 처음 몇 년간 핀토는 날개달린 듯이 팔려나가 포드의 대표 차종으로 부상하였다. 그러던 중 세간의 이목을 집중시킨 사고가 터졌다.

1972년 5월 릴리 그레이(Lily Gray)라는 51세의 여성이 13세의 소년 리처드 그림쇼(Richard Grimshaw)를 태우고 핀토를 운행하다가 주유소에 들러 연료를 보충한 후 다시 도로로 진입하던 중 약 시속 45km 정도로 뒤에서 달려오던 차와 추돌하는 사고가 발생하였다. 추돌 직후 핀토는 순식간에 화염에 휩싸였다. 이 사고로 운전하던 여성은 불에 타 숨졌으며 동승했던 소년은 전신에 중화상을 입었다.

문제는 연료탱크의 위치였다. 승용차의 연료탱크는 후방 차축(rear axle) 위에 설치하는 것이 일반적 관행이었으나 핀토는 트렁크 공간을 넓히기 위해 차축 뒤에다 설치하였다. 이러한 설계상의 문제 때문에 그리 심하지 않은 추돌에도 후방 차축과 추돌하는 차 사이에 끼이게 되는 연료탱크가 파손되어 흘러나온 연료 때문에 화재가 발생하였던 것이다.

피해자 가족들은 포드 자동차가 핀토를 급하게 서둘러 개발하느라 안전성을 충분히 고려하지 못한 것이 사고의 원인이라며 회사에 손해배상을 요구하는 소송을 제기하였다. 포드 자동차는 출시 초기에 연료탱크의 잠재적 결함을 미리 알고 있었음에도 불구하고 리콜 등과 같은 안전대책을 강구하지 않은 것이 재판과정에서 드러났다. 설상가상으로 "사고의 빈도를 감안할 경우 이미 판매된 결함 있는 차량을 모두 회수하여 안전대책을 취하는 것보다 사고로 화상 등을 입게 될 피해자에게 배상금을 지불하는 편이 경제적으로 더 유리하다"는 내부 검토 자료까지 폭로되었다.

이 때문에 얼굴을 알아볼 수 없을 정도로 심한 화상을 입은 원고의 비참한 모습에 동정하고 있었던 배심원들은 크게 분노하여 사망한 그레이의 가족과 중화상을 입은 그림쇼에게 각각 56만 달러와 250만 달러의 손해배상금을 지불할 것과 더불어 1억 2천 5백만 달러라는 엄청난 징벌적 배상금을 부과하였다. 이 천문학적 배상금은 차량을 회수해서 안전대책을 강구하는데 드는 1대당 비용에, 운행되고 있는 차량의 총대수를 곱하여 산출된 것이다.

제1심 판결은 통상적인 손해배상금과 동일한 수준의 징벌적 배상금만 인정하여 총 7백만 달러를 지급하라는 것으로 결정이 났다. 그러나 핀토에 대한 소비자들의 분노와 눈덩이처럼 불어나는 손해배상액 등으로 인해 1980년 결국 핀토의 생산은 중단되었다.

핀토의 개발계획서에는 다음과 같은 3가지 개발 목표가 기술되어 있었다.

- 진정한 소형 : 크기 및 무게
- 저렴한 비용 : 판매가격, 연비, 신뢰성, 서비스
- 분명한 제품우위 : 외관, 안락성, 특징, 승차감, 조작성능

훌륭한 개발 목표였지만 한 가지 정말 중요한 것이 포함되지 않았다. 바로 안전에 관한 것이다. 안전은 모든 품질의 기반이다. 핀토의 사례는 안전이 무너지면 다른 모든 장점이 아무런 소용이 없다는 것을 잘 보여준다.

참고로 기술하면 법적 배상에는 다음과 같은 두 가지 종류가 있다.

- **전보적 손해배상**(compensatory damages) : 실제로 발생한 손해의 회복을 목적으로 한 보상으로서 인적 손해, 물적 손해 및 경제적 손실로 구분된다.
- **징벌적 손해배상**(punitive damages) : 가해자의 행위가 특히 악의적이었다고 인정되는 경우에 전보적 손해배상과는 별도로 추가적인 고액의 배상금을 부과하는 것으로서 유사한 사건의 재발방지를 목적으로 한다.

징벌적 손해배상은 미국과 같이 영미법(英美法) 체계를 따르는 일부 국가에서 가해자의 고의적, 악의적, 반사회적 불법행위를 억제하기 위해 도입하고 있다. 우리나라의 경우는 대륙법 체계를 따르고 있기 때문에 무분별한 소송이나 시장경제의 위축을 우

려하여 징벌적 손해배상 제도를 도입하지 않았으나, 실제로 발생한 손해의 3배를 넘지 않는 범위 내에서 배상책임을 물릴 수 있도록 하는 제조물 책임법 개정안이 2017년 4월 18일 공포되었다.

(3) 전기차 테슬라(Tesla)

전기자동차 업계의 애플(Apple)로 칭송받으며 승승장구하던 테슬라 자동차(Tesla Motors)가 맞고 있는 시련은 포드 핀토의 사례가 과거의 이야기에만 머물지 않는다는 것을 잘 보여준다. 기존 자동차회사들이 출시한 전기차들은 휘발유 엔진의 중소형 대중차를 그냥 전기차로 바꾼 개념이다. 배터리를 한 번 충전하여 달릴 수 있는 거리를 일정 기준 이상으로 늘리면서도 시장 보급률을 높이려면 차를 작게 만드는 것이 매우 중요하다. 그러나 이렇게 탄생한 전기자동차에 대한 시장의 반응은 호의적이지 않았다. 동일한 크기의 기존 자동차에 비해 가격이 3배 가까이 비싸기 때문에 정부의 과감한 보조금 지원이 없이는 좀처럼 팔리기 어려운 실정이다.

테슬라는 업계의 일반적 상식에 정면으로 도전했다. 전기자동차의 원가를 낮추는 데 집중하는 대신 충분한 용량의 배터리를 사용하여 1회 충전으로 달릴 수 있는 거리를 일반 휘발유 엔진 자동차가 한 번 급유한 뒤 달릴 수 있는 것만큼 늘려 놓았다. 가격을 낮추려고 노력하는 대신 강력한 주행성능과 스포츠카와 같은 멋진 디자인으로 부자들에게 승부를 걸기로 하였다.

사실이든 아니든 친환경적 이미지를 가진 전기자동차가 세련된 최고급 스포츠 세단과 같이 설계되었으니 돈에 구애받지 않는 부자들에겐 자신을 돋보이게 하는 데 더없

테슬라 모델 S, Jurvetson, Flickr CC BY

이 좋은 상품이었다. 테슬라의 주력 상품인 모델 S의 2013년 1분기 미국 내 판매량은 벤츠 S 클래스, BMW 7 시리즈, 아우디 A8과 같은 다른 고급 자동차의 판매량을 추월하였다. 테슬라 S의 판매가격을 대당 1억 원 정도로 다른 고급 자동차보다 더 비싸게 책정한 것을 감안하면 그야말로 놀라운 성과였다.

그러나 2013년 하반기에 테슬라 모델 S가 3번이나 화재 사고를 내면서 주가가 폭락하였다. 화재는 도로 위의 이물질이나 나무와 충돌하면서 배터리에 충격을 준 것이 원인으로 추정된다. 통상적으로 자동차 설계 시 도로 위의 이물질과 충돌할 경우 안전을 고려하고 있으나 미국 도로교통안전국(NHTSA)은 테슬라가 충격을 줄일 수 있는 차폐시설을 갖추지 못한 것으로 의심하였다. 화재로 인해 차의 앞부분이 전소(全燒)되었으나 다행히 인명 피해는 없었다. 그러나 테슬라의 화재는 마치 핀토의 데자뷰(Deja Vu)를 보는 듯하다.

(4) 플레이스쿨(Playskool)의 유아용 침대

계절의 여왕답게 날씨도 화사한 1998년 5월 어느 날 오후, 생후 16개월 된 대니(Danny)의 보모는 아이를 유아용 침대에 두고 낮잠을 재웠다. 아이가 잠든 후 얼마간 자리를 비웠던 보모가 돌아와 보니 침대가 안쪽으로 넘어져 있고, V자 모양이 된 침대 둘레 중간 부분에 아이의 목이 걸려 있었다. 아이는 더 이상 숨을 쉬지 않았다. 보모는 죽은 대니가 차라리 자기 아이였으면 나았겠다고 자책하며 슬픔을 가누지 못했다.

시카고 대학의 부부 교수였던 대니의 부모는 '인명은 재천(在天)'이라고 생각하면서 어느 누구도 탓하지 않았다. 그러나 장례식이 끝나고 며칠 지나지 않아 그들의 비극을 단순히 운명이라는 이름으로 덮을 일이 아니라는 것을 알게 되었다. 같은 사고로 이미 다른 네 명의 유아들이 사망하였으며, 정부는 5년 전 이 유아용 침대를 모두 회수할 것을 명령한 바 있었다.

상황으로 봐서 잠에서 깬 대니가 침대 옆 둘레 상단을 잡고 일어서려 했으나 침대는 불과 12kg도 안되는 아이의 무게를 견디지 못하고 안쪽으로 무너진 것이 분명했다. 대니의 부모는 이 침대가 시한폭탄과 다름이 없으며 다른 아이들이 또 희생될 것이라고 언론에 호소하였다. 실제로 대니가 죽은 후 3개월 만에 뉴저지(New Jersey)에 있는 10달된 아기가 같은 사고로 목숨을 잃었다.

사고를 초래한 유아용 침대는 아동용품 업체인 플레이스쿨(Playskool)이 만든 것이었다. 대니의 가족과 가까운 이웃이었던 펠처(E. M. Felcher) 박사는 어떻게 유명 업체가 이럴 수 있는지 분노하여 2년간 아동용품 업계를 조사하였다. 그녀가 내린 결론은 분명하였다. 아이의 부모들은 제품의 위험성에 대해 모르면서 브랜드를 신뢰하는데 반해 업체는 자신들의 제품이 아이들에게 상해나 죽음을 초래할 수도 있다는 것을 알면서도 계속 판매를 한다는 것이었다.

(5) 캡슐형 세제 타이드 포즈(Tide Pods)

2012년 2월 미국의 세계적 생활용품 기업인 피앤지(P&G)는 '타이드 포즈'라는 세제(洗劑) 신제품을 출시했다. 이 제품은 8년간의 연구를 통해 개발되었는데 여기에는 75명의 기술자가 전임으로 투입되었으며 6천 명의 고객이 테스트에 참여하였다. 피앤지는 이 제품이 1984년 출시된 액체 세제인 리퀴드 타이드(Liquid Tide) 이래 타이드 세제의 가장 큰 혁신이라고 자부하였다.

타이드 포즈는 세탁물의 때를 빼고, 얼룩을 지우고, 옷감이 밝고 선명하게 보이도록 하는 세 가지 액체 성분을 분리된 3개의 청색, 황색, 백색 캡슐에 담아 이를 예쁜 사탕 모양으로 결합한 것이다. 기존의 세제로는 세탁 시 필요한 양만큼 덜고 남은 것을 보관하는 것이 번잡하지만 타이드 포즈는 세탁물의 양에 따라 적정한 개수를 넣어주면 되기 때문에 사용이 아주 편리하다. 이 제품의 첫해 매출액은 5억 달러를 돌파하였는데 이는 당초 기대치보다도 30% 이상 더 높은 성과였다.

세제 디자인의 혁명이라고 평가받은 타이드 포즈의 한 가지 문제점은 어린아이들이 사탕으로 오인하여 먹을 가능성이 있다는 것이다. 이것은 누구라도 예상할 수 있었다. 피앤지는 젖은 손으로 만질 경우 금방 녹아버리기 때문에 그렇게 위험하지 않다고 설명하였다. 그러나 이것을 삼킬 경우 심한 구토와 호흡곤란이 오기 때문에 피앤지는 즉시 이 문제의 개선에 나섰다.

다른 회사의 유사품들과는 달리 타이드 포즈는 3개의 각기 다른 색상의 캡슐에 성분별로 나누어 담았다. 색상이나 캡슐이 여러 개라서 사고 가능성을 더 높인다는 증거가 없었으므로 피앤지는 제품 디자인은 건드리지 않고 포장만 바꾸기로 하였다. 포장이 문제가 된 것은 속이 잘 보이는 투명용기 안에 담았기 때문에 이것이 마치 사탕을 담아놓은 캔디 상자처럼 보인다는 것이다. 그러나 수요가 워낙 많아서 포장 용기를 전면적으로 바꾸어서는 제품을 원활하게 공급할 수 없었다. 피엔지는 우선 뚜껑의 잠금 장치를 2중으로 하여 어린이들이 이를 쉽게 열지 못하도록 개선하였다.

2013년 7월 피앤지는 포장 용기를 불투명한 어항 모양으로 만들었다. 용기 안의 내용물이 보이지 않으니 아이들의 호기심이 줄어든다. 또한 이중 잠금장치를 견고하게 만들어 작은 손을 가진 어린이들이 더욱 열기 어렵도록 만들었다. 이뿐 아니라 포장 용기 전면에 이를 입에 넣지 말 것과 눈에 닿지 않도록 하라는 안내그림(pictogram)과 경고문을 넣었다.

타이드 포즈의 초기 포장 설계,
Austin Kirk, Flickr CC BY

타이드 포즈의 포장 설계 개선,
Mike Mozart, Flickr CC BY

미국에는 피앤지의 제품 이외에도 다양한 브랜드의 소포장 1회용 세제가 판매되고 있다. 월스트리트 저널에 따르면 2012년 6천 2백 명의 어린이들이 소포장 세제로 인한 사고를 당하였으며 2013년 상반기에만 약 5천 명의 어린이들이 같은 종류의 사고를 당하였다고 한다.

2013년 8월 캡슐형 세제로 인한 첫 사망사고가 플로리다에서 발생하였다. 매 맞는 여성을 위한 쉼터에 머물던 한 여성이 선 프로덕트(Sun Products) 사에서 만든 소포장 세제를 사용한 후 남은 것을 생후 7개월 된 아이의 침대 위 세탁 바구니에 넣어 두었다. 아이가 잠든 것을 보고 방에서 나와 직원 한 명과 잠시 이야기 한 후 돌아가 보니 아이가 세제를 먹고 있었다. 급히 911에 신고하여 아이를 병원으로 옮겼으나 아이는 사망하였다.

18.2 하인리히 법칙

설비의 고장이나 사람의 건강도 미결함을 방치하면 치명적인 대결함으로 성장하듯이, 작은 불행의 씨앗을 간과하면 큰 문제가 생기는 것이 세상의 이치다. 안전관리 분야에서 널리 알려진 '하인리히 법칙(Heinrich's Law)'이 여기에 속한다.

미국 트래블러스 보험사 직원이었던 허버트 하인리히(Herbert W. Heinrich)는 업무상 수많은 산업재해 사고 통계를 접하면서 사고에는 일정한 법칙이 있음을 발견하고, 1931년에 발간한 자신의 저서 「산업재해예방: 과학적 접근(Industrial Accident Prevention: A Scientific Approach)」에 이를 소개하였다.

중상(重傷)이나 치명상이 포함된 큰 사고의 발생 이전에 동일한 원인으로 경상(輕傷)을 수반하는 29건의 소형 사고와 다행히 상해(傷害)를 피한 300건의 아차사고가 미리 일어난다는 것이다. 하인리히 법칙은 '1:29:300의 법칙'이라고도 불리는데, 한 번의 큰 사고가 터지기 전에 대략 30번의 경고와 300번의 사전 징후가 있다는 의미로 통용된다. [참고: 아차사고(near miss)란 당사자의 실수나 현장 자체의 결함 등에 의해 사고가 일어날 수 있는 상황이 발생했으나 다행히 직접적인 사고로 이어지지 않은 상황. 달리 표현하자면 자칫 큰 사고가 될 수도 있었던 아찔한 상황을 의미한다.]

하인리히 법칙이 주는 중요한 교훈은 피해가 수반되지 않는 아차사고나 경미한 사고를 무시하지 말고, 그 원인을 찾아서 철저히 제거하면 큰 사고를 방지할 수 있다는 것이다.

1931년 발간된 하인리히의 저서 「산업재해예방: 과학적 접근」은 1962년 그가 사망할 때까지 30년 이상 네 차례 개정판을 내면서 산업안전 분야의 고전으로 자리매김하였다. 산업안전 분야에서 그가 세운 공이 매우 크지만 그의 이론에 중대한 오류가 있기 때문에 그것을 바로잡아야 한다는 주장이 상당한 설득력을 얻고 있다. 다음 두 가지 측면에서 하인리히의 주장이 논박되고 있다(Manuele, 2011).

첫 번째 논박 대상은 사고의 주된 원인은 작업자의 불안전한 행위라는 주장이다. 하인리히는 산업재해를 유발한 직접 원인이나 근인(近因)들 중 사람의 불안전한 행위가 차지하는 비중이 88%, 안전하지 못한 기계나 물리적 환경에 기인한 것이 10%, 그리고 나머지 2%는 예방이 불가능한 불가항력적인 것이라고 했다. 그러나 얼핏 보기에는 사람의 실수 같더라도, 그러한 실수가 나오게 된 배후 원인을 추적해 보면 작업장 설계나 작업환경 등과 같은 시스템적 문제가 대부분이라는 것이다. 이것은 품질 문제의 85%는 경영층의 통제 하에 있는 시스템에 기인하며, 작업자의 문제는 15%에 불과하다는 데밍의 주장과 일맥상통한다.

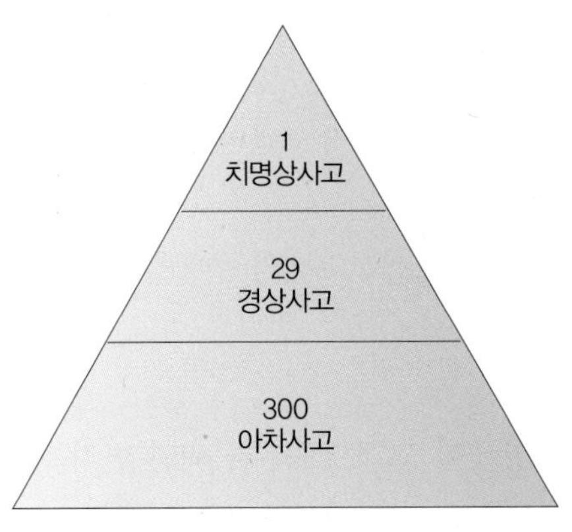

〈그림 18.1〉 하인리히 법칙

두 번째 논박 대상은 전체 사고 건수를 줄이면 중대사고의 발생비율도 그만큼 줄어든다는 묵시적 가정이다. 하인리히는 사고 330건당 중대한 사고가 1건, 경미한 사고가 29건, 아차사고가 300건의 비율로 존재한다고 하였다. 그러나 현실적으로 아차사고 또는 경미한 사고의 원인과 중대한 사고의 원인이 다른 경우가 대부분이기 때문에 총 사고건수의 감소에 비례해서 중대사고가 그만큼 줄어드는 것은 아니라는 것이다. 미국의 산업재해 보상금 연간 청구 빈도의 변화 추세를 보면 2천 달러 미만의 청구 빈도가 34% 줄어들 동안 5만 달러 이상의 청구는 7%밖에 감소하지 않았다고 한다. 이것이 시사하는 바는 산업안전관리의 효율화를 위해서는 중대한 사고의 예방에 초점을 맞춘 중점관리가 필요하다는 것이다.

이러한 논박에도 불구하고 이번 장 부록에 수록한 웨인라이트 사의 사례에서 보듯이 아차사고나 경미한 사고를 무시하지 말고, 그 원인을 찾아서 철저히 제거하면 큰 사고의 예방에도 효과가 있다는 점은 부인할 수 없을 듯하다.

18.3 수주 자격조건과 성공조건

카노모델에서 이미 설명한 바와 같이 당연적 품질이 충족되지 못하면 뛰어난 매력적 품질이 있어도 고객을 만족시킬 수 없다. 이러한 사실을 보다 명확히 설명하기 위해 런던 경영대학원의 테리 힐(Terry Hill) 교수는 '수주 자격조건'과 '수주 성공조건'

이라는 개념을 제시하였다.

- 수주 자격조건(Order Qualifier) : 고객의 구매 고려대상이 되기 위해 제품이나 서비스가 갖추어야 할 특성
- 수주 성공조건(Order Winner) : 고객의 구매를 이끌어낼 수 있는 제품이나 서비스의 특성

수주 자격조건은 어떤 상품이 고객으로부터 외면 받지 않기 위해서 최소한 갖추어야 할 특성을 지칭하는데 반해 수주 성공조건은 고객으로 하여금 다른 제품을 선택하지 않고 자사의 제품을 구매하게 만드는 차별화된 특성을 말한다. 따라서 수주 자격조건은 게임에 참여하기 위한 기본 판돈과 같은 것이며 수주 성공조건은 경쟁 우위 요소를 말한다. 카노모델에서 이야기하는 당연적 품질특성은 수주 자격조건이 되고, 일원적 품질특성이나 매력적 품질특성 중 경쟁 제품보다 더 뛰어난 성능을 가진 것은 수주 성공조건이 된다.

이론적으로 볼 때 수주 자격조건은 최소한의 비용으로 이를 충족시킬 수 있는 능률적 관리가 필요한 반면 수주 성공조건은 한두 개의 핵심적 품질특성에서 확실한 경쟁우위를 확보하기 위한 효과적 관리가 요구된다. 또한 이미 설명한 품질의 진부화 현상에서 짐작할 수 있듯이 자격조건과 성공조건은 고정된 것이 아니다. 수주 성공조건도 경쟁사들이 모방하면 자격조건으로 바뀐다. 따라서 기업은 어떤 특성이 수주 성공조건으로 될 수 있는지 환경의 변화를 유심히 살피고 이에 선제적으로 대응해야 한다.

한 가지 유념할 사항은 수주 성공조건이 자격조건보다 더 중요한 것은 아니라는 사실이다. 그것은 단지 다른 것일 뿐이다. 경쟁사를 제치기 위한 수주 성공조건에 몰입하다가 수주 자격조건의 관리에 실패하여 낭패를 보는 경우가 적지 않다. 안전품질은 만고불변의 자격조건이다. 안전을 소홀히 하는 경영은 모래 위에 지은 집인 사상누각인 것이다.

즐거운 경험을 선사하는 것을 목표로 하는 디즈니랜드에서도 안전을 최우선으로 하고 있다. 디즈니랜드의 업무지침의 우선순위는 안전(safety), 친절(courtesy), 쇼(show), 효율성(efficiency)의 순인데, 이들의 머리글자를 따서 SCSE 모델이라고 한다(배정원, 2015).

당연적 품질과 매력적 품질을 보다 세분화하면 다음과 같은 4가지 수준으로 나눌 수 있다.

(i) 당연적 품질

- 기본품질(basic quality) : 상품을 판매하기 위해 기본적으로 갖추어야 할 품질속성
- 기대품질(expected quality) : 경쟁사들도 제공하는 품질속성

(ii) 매력적 품질

- 희망품질(desired quality) : 고객이 소망하지만 현실적으로 기대하지는 않는 품질속성
- 혁신품질(breakthrough quality) : 고객도 생각지 못한 매력적 품질속성

〈그림 18.2〉는 이상의 4가지 품질수준별로 물리적 충족정도에 따라 고객의 만족수준이 어떻게 변하는지 나타낸 것이다. 안전은 당연적 품질 중에서도 가장 기반이 되는 기본품질이므로 이것이 충족되지 못하면 고객불만이 극대화된다.

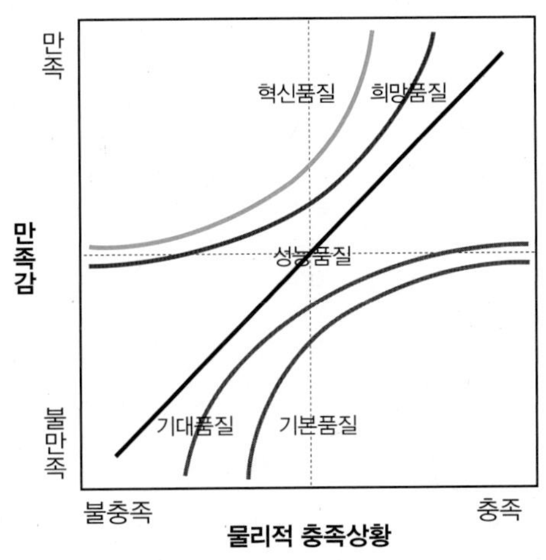

〈그림 18.2〉 품질 수준별 고객만족 특성

참고문헌

- 고은이(2013), "P&G 혁신 디자인의 비극", 한국경제신문, 5월 28일.
- 법제처 국가법령정보센터(2017), 제조물책임법 일부개정, 공포번호 제14764호, 4월 18일.
- 배정원(2015), "디즈니에선 환경 미화원도 배우… 모든 직원이 매 순간 '쇼'를 하죠", 조선일보, 2월 28일.
- 이방실(2013), "테슬라가 '자동차 업계의 애플'로 불리는 이유는?", 동아비즈니스리뷰, 140호, 10월 26일.
- 하종선, 최병록(1997), 「PL법과 기업의 대응방안」, 한국경제신문.
- 한동희(2013), "美 전기차 테슬라 또 불…5주 사이 3번째, 주가 급락", 조선일보, 11월 8일.
- 日本品質管理學會 PL研究會(1994), 「品質保證と 製品安全」, 日本規格協會.
- Birsh, D. and Fielder, J.H. (1994), The Ford Pinto Case, State University of New York Press.
- Buss, D.(2013), "P&G launches new Tide Pods packaging to cloak colorful orbs from kids", Brandchannel, July 12.
- Christna, N.G.(2013), "Florida baby's death highlights danger of laundry detergent pods", ABC News, August 17.
- Felcher, E.M.(2002), It's No Accident: How Corporations Sell Dangerous Baby Products, Common Courage Press.
- Hawkins, M.F.(1997), Unshielded: the human cost of the Dalkon Shield, University of Toronto Press.
- Hill, T.(1994), Manufacturing Strategy: Text and Cases, Irwin Professional Publishing.
- Manule, F.A.(2011), "Reviewing Heinrich: Dislodging two myths from the practice of safety", Professinal Safety, October, pp. 52–61.
- Thomas, R.M.(1996), "Hugh J. Davis, 69, gynecologist who invented Dalkon Shield", New York Times, October 26.

18장 부록

웨인라이트의 안전제일주의

'안전이 첫째, 품질은 넷째!' 말콤 볼드리지 미국품질상을 받은 웨인라이트 사가 내세우는 의외의 구호이다. 수없이 들어 온 '품질제일'이라는 구호 대신 '품질은 넷째'라는 독특한 철학으로 최고의 품질을 성취한 이 회사의 성공비결은 무엇일까?

오리 떼에서 배운 팀워크

미국 미주리 주 세인트피터스에 본사 및 주력공장이 있는 웨인라이트(Wainwright Industries)는 1947년에 설립된 가족 소유 회사이다. 주요 생산품목은 자동차, 우주항공, 방범설비, 정보기기용 부품이며 연간 3천만 달러의 매출을 올리고 있는 중소기업이다.

1979년 창업자의 아들인 웨인라이트 형제가 경영권을 물려받으면서 의욕적인 사업다각화를 추진하였으나 예기치 못한 심각한 경기침체로 인해 파산 직전까지 가는 위기를 맞았다. 그러나 경영진의 진솔한 호소에 마음이 움직인 종업원들의 적극적인 참여로 재기에 성공한 세계적 수준의 중소기업이다.

웨인라이트의 마스코트는 밝은 청색 운동복과 그에 어울리는 모자를 쓰고 있는 2피트 정도 높이의 흰색 오리이다. 이 회사가 오리를 마스코트로 삼은 이유 중 하나는 '품질은 손끝이 아니라 마음에서 나온다'는 깨달음 때문이었다. 기러기나 오리 등과 같이 오리과에 속하는 새들은 비행할 때 V자 대형(隊形)을 유지한다. 각각의 새가 날개를 저으면 바로 뒤의 새가 힘을 덜 들이고 날 수 있는 공기역학적 양력(揚力)이 생긴다. V자 대형의 선두에 선 새가 지치면 뒤로 빠지고, 대신 다른 새가 선두자리를 맡는다.

오리 떼들은 이렇게 같이 협력하면서 비행하기 때문에 혼자서 날거나 또는 같이 날더라도 특별한 대형을 유지하지 않는 것보다 비행 범위가 70% 이상 늘어난다. 웨인라이트의 종업원이라면 누구라도 이 이야기를 알고 있다. 오리 떼처럼 서로 힘을 합하면 두 배의 성과를 낼 수 있다는 것은 팀워크에 대한 중요한 정신적 교훈이 되고 있다.

코끼리 훈련에서 배우는 교훈

웨인라이트 회장은 코끼리 훈련에 관한 이야기에 항상 매료되어 왔다고 한다. 왜냐하면 그것은 코끼리뿐 아니라 사람에 대해서도 많은 것을 시사해 주기 때문이다.

코끼리를 노동에 이용할 수 있도록 기르기 위해서는 '복종과 훈련' 과정이 일찍이 시작된다. 어린 코끼리를 밝은 오렌지색 줄로 나무에 묶어 두면 처음에는 풀려나기 위해 안간힘을 쓴다. 그러나 수많은 시도가 실패하고 나면 포로가 된 현실에 체념하고 만다. 물론 어린 코끼리는 오렌지색 줄의 포로가 된 것이다.

코끼리가 장성함에 따라 그의 힘도 백배 이상 증가하고, 때때로 자신을 속박하고 있는 체인을 물어뜯고 마구 날뛴다. 이제는 코끼리의 힘이 세져서 그를 묶어 놓은 나무가 뿌리째 뽑힐 지경이 된다. 그러나 주인은 코끼리를 다스릴 수 있는 비장의 무기가 있다. 주인이 오렌지색 줄을 들고 나오면, 거대한 코끼리는 포로가 된 현실을 인정하고 더 이상 발버둥치지 않는다. 그는 어릴 때 경험한 오렌지색 줄의 위력을 기억하고 있기 때문이다.

우리는 이것이 얼마나 우스꽝스런 일인가라고 생각할 수 있다. 그러나 대다수의 사람들에게도 자신들이 능히 해낼 수 있는 일들을 스스로 체념하게 만드는 '오렌지색 줄'이 존재한다. 비범한 일을 하는 사람들 – 사업계의 영웅, 위대한 작가나 예술가, 국가적 지도자 등 – 도 일반인들과 상당부분 다를 바 없다. 그러나 그들은 "안 될 리가 있나(Why Not)?"라고 반문하면서 성공을 믿으며 앞서 나아간다. 그들은 어떠한 인지적 장벽도 스스로 설정하지 않기 때문에 성취의 장애물(즉, 오렌지색 줄)이 그들 앞엔 존재하지 않는다.

오렌지색 줄을 걷어내기 위해 우리들이 할 수 있는 일들이 있다. 웨인라이트는 그러한 일을 해내었다. 그러한 구속조건들이 없는 가운데서 조직이 운영될 수 있도록 하는 것이 웨인라이트의 방침이다.

마음과 머리가 만나는 미션콘트롤 센터

품질은 마음에서 나온다는 정신적 측면이 강조되고 있지만 이 회사의 머리는 엄밀한 측정과 잘 짜인 프로세스에 명확히 초점을 맞추고 있다. 이 회사의 정보 및 분석을 담당하고 있는 미션콘트롤 센터에서는 지속적 개선노력의 현황을 추적하고 있다. 이 방의 벽면은 온통 녹색과 적색의 작은 삼각형 깃발과 주요 고객들에 대한 현황보고서 및 각종 차트로 뒤덮여 있다.

미션콘트롤 센터의 벽면에 있는 각 고객사의 이름 아래에는 의사소통, 납기, 품질 및 대응성의 4대 성과지표에 대해 해당 고객사가 당월의 성적을 A, B, C, D 4가지 등급으로 평가한 월간 실적카드가 게시되어 있다. 이 등급은 A=100, B=90, C=50, D=0점으로 환산된다. 점수로 환산된 4대 평가항목의 평균점이 95점 이상이면 고객의 기대가 충족되고 있다는 것을 의미하는 녹색 깃발이 고객사의 이름 옆에 꽂히게 된다.

또한 평균이 95점에 미달하면 목표달성에 적신호가 켜진 것으로 간주하여 적색 깃발을 꽂는다. 물론 꽂혀진 깃발의 대부분은 녹색이다. 적색 깃발이 꽂히는 즉시 문제해결팀이 결성되는데 이 팀은 24시간 이내에 문제해결 계획을 마련해야 한다. 문제해결팀은 해당 고객사를 담당하고 있는 직원과 경영진, 그리고 고객사의 팀과 함께 모임을 갖는 것으로 활동을 시작한다. 이 모임에서 참석자들은 문제를 분석하고 사내의 누가 이 문제를 해결하는데 적임자인지 결정한다. 문제해결팀은 이 적임자와 함께 본격적인 활동에 착수한다. 매월의 데이터는 추이도로 작성된다.

앞서 설명한 바와 같이 이 회사에서는 단기적인 실적을 주의 깊게 추적하고 있지만, 장기적인 추세를 훨씬 더 중요하게 생각하고 있다. 장기적인 추세가 바람직한 방향으로 가고 있으면 결과는 좋아지게 마련이다. 조직문화란 하룻밤 사이에 변할 수 있는 것이 아니라는 것을 그들은 잘 알고 있다. 강력한 개선지향적 조직문화의 구축이 무엇보다 중요하며 이를 위해서는 장기적인 추세가 바람직한 방향으로 지속되어야 한다는 것이다. 또한, 자사의 종업원들과 파트너들에게 품질이 무엇보다 중요하다는 인식을 심어주기 위해 사내의 모든 교육이나 간부회의, 고객 및 납품업체를 위한 각종 설명회를 미션콘트롤 센터에서 개최하고 있다.

안전이 첫째, 품질은 넷째

웨인라이트는 기업의 전반적인 성과를 파악하기 위해 5가지 핵심지표를 사용하고 있다. 미션콘트롤의 주요한 다른 특징 중 하나는 이 5가지 지표에 관한 데이터를 게시하고 있다는 점이다. 이 지표들은 장기간의 시행착오를 통해 얻은 것인데 특이한 것은 '안전이 첫째, 품질은 넷째'라는 우선순위이다. 5가지 지표에 대한 우선순위는 상당히 고심한 끝에 종업원들의 의견을 토대로 결정한 것인데, 그 순서는 다음과 같다.

- 안전
- 내부고객 만족지수
- 외부고객 만족지수
- 식스시그마 품질
- 사업성과

미션콘트롤 센터에서 제공하고 있는 이상의 지표들을 간단히 설명하면 다음과 같다.

① **안전(Safety)**

안전을 최우선으로 정한 데에는 몇 가지 이유가 있다. 종업원들의 복지에 대한 배려가 중요하지만, 웨인라이트는 안전에 대해 철저하게 따지고 검토하면 개선을 위한 마음가짐이 업무의 다른 부분으로 확산된다는 사실을 발견하였다. 또한, 종업원들도 안전에 대한 노력의 결과가 자신들에게 직접 돌아오기 때문에 강요하지 않아도 자연스럽게 관심을 두게 된다.

사고가 발생할 경우, 이로부터 모두가 확실히 배우기 위한 일련의 후속활동이 뒤따른다. 먼저 사고가 있었다는 것을 사내의 모든 사람들에게 알리고, 24시간 이내에 관리팀이 만나서 사고에 대해 논의하고 조사에 착수한다. 첫 번째 단계는 교육훈련 부서에서 사고의 과정을 재현하여 비디오에 담는 작업을 한다. 이때에는 그 사고와 관련된 사람이 주역이 되어 어떠한 일이 있었는지를 설명하고 사고의 근본원인과 사후조처에 대해 직접 이야기한다. 일주일 후 이 영상을 모든 종업원들에게 상영하여 각자의 영역에서 이와 유사한 다른 잠재적 사고요인이 제거될 수 있도록 한다.

웨인라이트의 안전기록은 이러한 활동의 성과를 잘 보여준다. 1990년에서 1993년 사이에 사고건수가 72%, 보상비용이 86% 줄어들었다. 이러한 성과에 힘입어 이 회사는 2개의 기관으로부터 안전상을 수상하였다.

② **내부고객 만족지수(Internal Customer Satisfaction Index)**

종업원들은 분기별로 상호간의 성과에 대한 자신들의 만족수준을 측정한다. 고객만족 프로세스의 일관성이 유지될 수 있도록 외부고객만족과 내부고객만족의 측정에는 동일한 기준이 사용된다. 또한, 내부고객 만족지수(ICSI)는 '사내 의사소통이 얼마나 효율적으로 이루어지고 있나'를 측정하는데 이용되기도 한다. 웨인라이트 회장은 내부고객 만족 프로세스를 통해 의사소통의 중요성에 대해 눈을 뜨게 되었다면서 다음과 같이 말하였다.

"솔직히 말하자면 예전에는 종업원들이 서로 이야기하는 것을 보면 '저들이 지금 일은 하지 않고 왜들 저러나'라고 생각했다. 그러나 지금은 그들이 이야기하는 것을 보면 '하느님 저들이 서로 마음을 나누게 해주시니 감사합니다'라고 생각한다. 더 많은 것을 서로 나누면 그만큼 우리는 더 성장할 수 있다."

③ **외부고객 만족지수(External Customer Satisfaction Index)**

고객의 전반적 만족수준을 나타내기 위해서, 고객사가 평가한 월간 실적카드와 추이도의 데이터는 하나의 수치로 종합되어 게시된다. 1994년에는 외부고객 만족지수(ECSI)가 약 95%였으나, 다음해의 목표는 98%였다.

④ **식스시그마 품질(Six-Sigma Quality)**

제품불량률은 또 다른 주요 측정영역이다. 사내불량률과 사외불량률이 PPM(parts per million) 단위로 측정되고 있는데, 사외불량률을 모토롤라사가 정의한 식스시그마 품질(즉, 불량률 3.4 ppm) 수준으로 낮추는 것이 장기적인 목표이다. 일부 고객에 대한 불량률 수준은 이미 이 목표를 초과하고 있다. 예를 들면, 지난 3년간 어떤 고객사에 납품한 2천만 개 이상의 부품 중 불량은 단 하나도 발견되지 않았다.

⑤ 사업성과(Business Performance)

여기서 비로소 결산표 끝 줄의 숫자(즉, 흑자 또는 적자 규모)가 측정된다. 이것을 마지막에 두는 데에는 나름대로의 이유가 있다. 앞서 설명한 4개의 지표가 제 위치에 있으면 그에 상응하는 결과가 뒤따를 것이라는 생각 때문이다. 그러나 성과가 당연할 것이라고 해서 그것을 예사롭게 내버려 두지는 않는다. 재무적 건전성의 유지에 도움이 될 수 있도록 사업성과는 지속적으로 측정된다.

지속적 개선 문화의 창출

탁월한 성과를 내고 있는 조직에서 종업원들의 제안이 보편적으로 활성화되어 있지만 웨인라이트의 성과는 그야말로 세계적 수준이다. 1989년도 말콤 볼드리지상 수상업체인 밀리켄(Milliken & Company) 사를 벤치마킹한 것이 제안제도를 도입한 계기가 되었으나 그 후 자사의 잠재력을 충분히 발휘할 수 있도록 이를 발전시켜 나갔다. 1994년 한 해에 275명의 종업원들에 의해 제출된 제안 중 8,400건의 개선 아이디어가 실행에 옮겨졌는데, 이는 미국기업 평균치의 180배나 되는 것이다. 웨인라이트사에서는 실행된 개선 아이디어를 CIP(Continuous Improvement Process)라고 부르고 있다.

웨인라이트에서는 종업원들의 지속적 개선활동을 촉진시키기 위해 제안제도를 독특한 방식으로 운영하고 있다. 예를 들면 개선 아이디어를 제출한 사람이 그 실행까지 맡는다. 개선 아이디어를 낸 사람이 자신의 아이디어를 기록하여 상사의 승인을 받아야 하지만 이것은 하나의 요식행위에 가깝다. 상사는 제출된 개선 아이디어에 대해 24시간 이내에 승인여부를 결정해야 하는데 이는 단지 중대한 결함이 없다는 것을 검토하기 위한 것 뿐이다. 설령 상사의 승인을 받지 못한다 하더라도 제안자가 납득하지 못한다면 자신의 아이디어를 즉시 실행에 옮길 수 있는 다른 상고(上告)절차가 있다.

개선 아이디어의 실행을 촉진시키기 위한 이러한 운영방식 외에 독특한 보상 및 인정 제도를 운영하고 있다. CIP 실적 한 건마다 이를 제안하고 실행에 옮긴 사람의 이름이 매주 실시되는 컴퓨터 추첨의 대상자로 입력된다. 만약 팀 단위의 CIP가 있으면 팀원 전체의 이름이 대상자로 입력된다. 당첨자에게는 2인분의 레스토랑 이용권, 음악회나 야구경기의 입장권, 식료품 구입권 중 그가 원하는 것을 구매할 수 있는 80달러짜리 상품권을 준다. 현금으로 상금을 바로 지급하는 일은 없는데 현금만으로는 차별화된 개인적 보상을 받았다는 기분을 느끼지 못한다는 것이 그 이유다.

안전에 관계된 CIP의 경우 해당자의 이름이 추첨대상자 명단에 세 번이나 입력된다. 이것은 안전을 최우선으로 하는 웨인라이트의 철학을 그대로 반영한 것이다. 세인트루이스의 공장장은 "조직의 문화를 바꾸기 위해서는 보상시스템도 변화를 지원할 수 있도록 바꾸어야 한다. 안전에 대해서 조금이라도 소홀하면 반드시 그 대가를 치르게 된다"고 말한다. 이 회사의 연구에 의하면 전체 CIP 중 안전에 관계된 것의 비율이 10% 이하로 내려가면 그로부터 한 달 이내에 사고가 발생할 확률이 매우 높았다고 한다.

또한 격주로 사내의 각 부서를 대상으로 한 추첨이 실시되고 있는데, 여기에 참가하기 위해서는 최소한 부서원 1인당 현재의 목표치인 매주 1.25건 이상의 CIP 실적이 있어야 한다. 당첨된 부서에는 500달러의 예치금과 함께 회사의 마스코트인 오리를 다음번 추첨 시까지 보유할 수 있는 영예가 주어진다. 어떤 부서는 PC 등과 같이 개선활동에 필요한 물품을 사기 위해 수천 달러의 당첨금을 적립하고 있다. 이 돈으로 개선에 필요한 물품을 사고자 할 경우, 그것을 구매하기 전에 단지 무엇을 사겠다는 통보만 회사에 하면 된다.

이외에도 분기별로 해당기간 내에 1건 이상의 CIP 실적이 있는 종업원들을 대상으로 300달러짜리 상품권을 추첨하는 행사를 열고 있는데, 이때에는 연회(宴會)식 만찬이 제공된다. 주당 1.25건 이상의 CIP 실적 목표를 달성한 사람만 참가하는 연말 추첨행사에 당첨되면 1,000달러의 상품권을 받는다.

1991년 CIP시스템을 도입한 이래 웨인라이트의 시장점유율은 꾸준히 높아지고 있으며 수익도 계속 증가하고 있다. 다음은 몇 가지 대표적인 성과들이다. 주력 생산품목 중 하나인 전자식 모터의 하우징 생산 리드타임이 8.75일에서 15분으로 단축되었으며, 불량률도 10분의 1로 줄었다. 또한 전에는 고객사에 대한 적시 납입율이 75%였으나 이제는 거의 100%로 높아졌으며 생산원가도 35%정도 낮아졌다.

CIP시스템의 성공은 결코 우연히 얻어진 것이 아니다. 웨인라이트 회장은 지속적 개선에 관한 집중적인 교육과 훈련 없이 단지 종업원들에 대한 믿음과 신뢰만으로 지속적 개선이 효과적으로 이루어지리라고 기대하는 것은 어리석은 일이라고 말한다. 일반적으로 종업원들의 교육훈련비가 급여총액의 5%정도면 세계적 수준이라고 이야기되고 있지만 웨인라이트에서는 이 비율이 7%나 된다.

사업 환경의 변화에 따라 불필요해진 종업원들이 생기더라도 이들을 내보내기보다는 다른 직무에 재배치시키기 위해 많은 노력을 기울이고 있지만 평생고용을 보장해 주지는 않는다. 회사가 종업원들에게 줄 수 있는 최선의 것은 직장보장이 아니라 '고용될 수 있는 능력의 보장(employability security)'이라는 것이다.

이것은 종업원들이 자신의 재능을 최대한 발휘할 수 있도록 필요한 교육훈련을 회사가 제공하고 있기 때문에 자의나 타의로 회사를 떠나더라도 비전을 갖고 새로운 일을 시작하거나 다른 일자리를 손쉽게 찾는 것이 가능하다는 것을 의미한다. 이처럼 웨인라이트의 종업원이 된다는 것은 노동시장에서 무언가 남다른 의미를 갖는다.

실수한 자에게 보내는 갈채

웨인라이트에서는 '믿음과 신뢰'라는 두 단어가 그저 듣기 좋은 말로만 남는 것이 아니다. 종업원들에게 솔직한 것이 얼마나 중요한가를 인식시키기 위해 실수에 대해 축하를 보낸다. 텍사스 공장의 운영책임자인 로빈슨의 이야기를 들어 보자.

"최근에 문을 연 텍사스 공장의 종업원들은 모두 새로운 시스템에 생소하였다. 출입문이나 공장의 다른 부분이 자재취급 설비에 의해 파손되는 일이 빈발하였으나 종업원들은 이에 대한 보고를 꺼리고 있었다. 마침내 한 사원이 부품을 담아 놓은 대형 선반(rack)을 운반하다가 출입문의 상단을 파손하였다고 고백하였다. 나는 공장 전체회의를 소집하여 무슨 일이 있었는지를 설명하고 모두가 보는 앞에서 그 친구에게 악수를 청하였다. 이제는 우리가 문제점을 찾아내고 같은 실수가 재발되는 것을 방지할 수 있게 되었으니 이러한 정보가 우리에게 얼마나 소중한가? 이 일이 있은 후 하루 만에 그때까지 은폐되었던 사고의 90%가 신고되었다. 그야말로 놀라운 변화가 아닐 수 없었다."

사람은 누구나 실수하며, 그러한 일이 발생하면 엄청난 스트레스를 받기 마련이다. 중요한 것은 이러한 실수가 실수로 남느냐 아니면 개선으로 이어지느냐 하는 것이다. 실수가 개선으로 이어지려면 문제발생 시 그 원인이 사람에게 있지 않고 시스템에 있다는 것을 진정으로 믿어야 한다. 그러한 문제를 해결하려는 의지와 능력이 종업원들에게 있다는 것을 믿고 신뢰해야 한다는 것이 이 회사의 경영철학이다.

그러나 아직도 학생일 뿐

1994년 12월 5일 워싱턴에서 개최된 말콤 볼드리지 미국품질상 수상식장에서 행한 기념 연설에서 웨인라이트 회장은 「성공하는 기업들의 8가지 습관(Built to Last)」이라는 책에 나오는 다음과 같은 무인(武人)의 우화를 인용하였다.

한 무술 수련생이 오랜 수행 끝에 검정 띠를 받기 위해 사부님 앞에 무릎을 꿇고 앉았다. 그는 수년간의 혹독한 훈련을 마치고 마침내 무술 단련의 정점까지 도달하였다. "검정 띠를 수여하기 전에 한 가지 남은 시험을 통과해야 한다"는 사부의 이야기에, 아마도 한 차례의 마지막 대련이 있을 것으로 생각하고 '준비되었습니다'라고 그는 대답하였다.

"검정 띠의 참된 의미가 무엇이냐?"라고 사부가 묻자 "힘든 모든 수련과정을 마친 사람만이

받을 수 있는 귀한 상입니다”

대답에 만족하지 못한 사부는 다음과 같이 말하였다.

“너는 아직 검정 띠를 받을 수 있을만큼 준비되지 못했구나. 1년 후에 다시 오너라.”

1년 후 제자는 다시 사부님 앞에 무릎을 꿇었다.

“그래, 검정 띠의 진정한 의미가 무엇이냐?”고 사부는 다시 물었다. “출중하다는 것의 상징이며, 무술에서 최고의 성취를 이루었다는 징표입니다”라고 답변하자 사부는 한동안 말이 없다가 “아직도 검정 띠를 받을 준비가 안 되었구나. 다시 1년 후에 오너라”라고 명하였다.

1년 후 또 다시 무릎을 꿇은 제자에게 사부는 검정 띠의 의미를 새차 물었다.

“검정 띠는 시작을 의미합니다. 끝이 없는 노력과 단련, 언제나 더 높은 표준을 추구하는 여정의 시작입니다”라는 대답에 사부는 “맞았어, 이제 너는 검정 띠를 받고 새로 시작할 준비가 되었구나”라며 흡족해 하였다.

웨인라이트 회장은 이 우화가 자사의 입장을 대변하는 완벽한 비유라고 하면서 다음과 같이 연설하였다.

“우리는 이제 시작일 뿐입니다. 볼드리지 품질상이 소중한 것 못지않게, 더 개선해야 할 부분에 관하여 심사원들이 지적해 준 광범위한 피드백 리포트에 우리는 더욱 흥분하고 있습니다.”

참고문헌

- 박영택(2005). 「이노베이션 스토리: 혁신에 성공한 기업들이 펼치는 감동의 경영 파노라마」, 네모북스.
- BMP Survey(1995). “Report of survey conduct at Wainwright Industries”, Center of Excellence for Best Manufacturing Practices.
- Collins, J. C. and Porras, J. I.(1996). Built to Last, HarperBusiness. (워튼 포럼 역(1996). 「성공하는 기업들의 7가지 습관」, 김영사.)
- Landes, L.(1995). “Leading the Duck at Mission Control”, Quality Process, July, pp.43–48.
- Wainwright, A. D.(1996). “Wainwright Industries' lasting journey.” Proceedings of the 6th Renault Symposium.

19장

제품책임 (PL)

미국의 한 할머니가 고양이를 목욕시킨 후 물에 젖은 털을 말리기 위해 전자레인지에 넣고 돌렸는데 누구라도 짐작할 수 있는 끔찍한 결과가 나왔다. 이 할머니는 전자레인지 제조업체가 표시 및 경고를 제대로 하지 않았기 때문에 이런 일이 발생하였다고 손해배상을 청구하였는데 승소하여 수백만 달러의 보상을 받았다. 이것은 사실이 아니라 PL 소송의 남발을 우려하여 지어낸 가상의 이야기일 뿐이다. 그러나 거꾸로 생각하면 기업이 얼마나 PL 문제에 철저히 대비해야 하는지를 역설적으로 보여준다.

19.1 제품책임의 기본개념

(1) 제품책임의 법리

'제품책임(PL, Product Liability)'이란 제조물의 결함으로 인해 그 물건의 사용자나 제3자에게 인적·물적 손해가 발생한 경우에 그 제조업자(제조물의 제조·가공 또는 수입을 업으로 하는 자)가 손해배상의 책임을 지도록 하는 것을 말한다. 품질경영 분야에서는 PL을 통상적으로 '제품책임'이라고 번역하지만 법률 분야에서는 '제조물 책임', 보험 분야에서는 '생산물 배상책임'이라고 이야기한다.

미국의 경우 별도의 PL법(제조물 책임법)은 제정되어 있지 않으나 1960년대 초부터 판례에 따라 PL법리(法理)가 과실책임 및 보증책임에서 엄격책임으로 발전되어 왔다.

① **과실책임**(Negligence Liability)

충분한 주의를 기울였다면 사용자에게 피해를 주지 않았을 것이라고 판단되는 과실에 대한 배상책임.

② **보증책임**(Warranty Liability)

생산자나 판매자가 확약한 사항을 위배할 경우에 대한 배상책임으로서 명시적 보증과 묵시적 보증이 모두 포함된다.

- 명시적 보증(express warranty) – 설명서, 카탈로그, 라벨, 광고 등과 같이 문서나 구두로 약속한 사항.
- 묵시적 보증(implied warranty) – 어떠한 형태의 명시적 약속이 없었더라도 당연히 있을 것으로 기대되는 사항에 관한 것으로서 제품의 상품성이나 사용목적에 대한 적합성이 충족되지 않는 경우가 여기에 포함된다.

그러나 보증책임에서도 피해자의 보증에 대한 신뢰, 결함 발견 후 소정기간 내의 통지의무, 약관(約款)에 따른 면책 가능성 등과 같은 몇 가지 법률적 제약이 존재한다.

③ **엄격책임**(Strict Liability)

제품 결함으로 인해 사람의 신체나 재산상의 피해가 발생하는 경우 과실 존재의 입증이나 계약조건에 상관없이 제조업자가 이를 배상할 책임이 있다는 것이다. 제조업자의 고의나 과실이 없더라도 제품 자체의 결함이 존재할 경우 무조건 배상하라는 것은 제조업자에게 보다 '엄격(strict)'하게 바뀐 것이라고 할 수 있다. 과실이 없더라도 배상책임이 있다는 의미에서 '무과실책임(liability without fault)'이라고도 한다. 그러나 결함이 없는 한 제조업자가 책임질 일이 없으므로 '무과실책임'이라는 말보다는 '결함책임'이라고 표현하는 것이 더 적합하다.

민법의 불법행위 책임		PL책임
1. 제조업자의 고의·과실 2. 손해의 발생 3. 제조업자의 고의·과실과 손해 발생 사이의 인과관계	⇨	1. 제조물의 결함 2. 손해의 발생 3. 제조물의 결함과 손해 발생 사이의 인과관계

〈그림 19.1〉 종래의 민법상 책임과 PL 책임의 비교

PL법은 불법행위에 대한 책임의 하나이다. 그러나 행위책임인 과실책임과 달리 가해자의 과실이 없더라도 제품의 결함만으로 책임을 인정하는 엄격책임은 PL의 핵심이다. 우리나라의 경우 다른 주요 국가들에 비해 비교적 늦은 시기인 2002년 7월부터 제조물 책임법이 시행되었다. 그 이전에도 민법 제750조에 의거해 불법행위에 대한 책임을 물을 수 있었다. 종래의 민법 하에서는 피해자가 직접 계약관계가 없는 제조업자에게 손해배상을 청구하기 위해서는 (i) 가해자의 고의 또는 과실, (ii) 손해의 발생, (iii) 손해와 과실 또는 고의와의 관계를 입증해야만 했다. 그러나 제조물 책임법에 따라 손해배상을 받으려면 (i) 제조물의 결함, (ii) 손해의 발생, (iii) 손해의 발생과 결함과의 인과관계를 입증해야 한다. 즉, 주관적인 '고의나 과실'의 요건이 객관적인 제조물의 '결함'으로 대체된 것이다.

이러한 엄격책임이 나오게 된 배경은 다음과 같다.

- 제조업자(제조물의 제조·가공 또는 수입을 업으로 하는 자)는 고도의 기술이나 정보를 가지고 있으며 제품으로 인한 위험을 통제할 수 있는 최적의 위치에 있다.
- 제조업자는 그 제품의 제조 및 판매를 통해 이윤을 얻고 있다.

- 제조업자는 제품 결함으로 인해 생긴 손실을 부담하더라도 제품 가격의 인상이나 PL보험의 가입을 통해 그 손실을 보전할 수 있다.
- 손실을 제조업자에게 부담시킴으로써 좀 더 안전한 제품의 제조와 판매에 노력을 기울이도록 유도한다.

2017년 4월 18일 제조업자에게 더 엄격한 책임을 요구하는 제조물 책임법 개정안이 공포되었으며, 그로부터 1년이 경과한 2018년 4월 19일부터 시행되고 있다. 개정안의 요지는 '징벌적 손해배상'의 도입과 '소비자의 피해 입증책임 완화'의 두 가지인데 이를 보충 설명하면 다음과 같다.

- 제조업자가 제품의 결함을 알면서도 그 결함에 대해 필요한 조치를 취하지 않아 소비자의 생명이나 신체에 중대한 손해를 끼친 경우, 제조업자에게 그 손해의 최대 3배까지 손해배상 책임을 부과하는 '징벌적 손해배상제'를 도입한다. 이것은 일반 상식에 비추어 그간 우리 법원의 손해배상 판결액이 적정 수준에 미치지 못하며, 다수의 소비자에게 소액 피해를 발생시키는 불법행위의 경우 제조업자 이익은 막대한 반면 개별 소비자 피해는 소액에 불과하여 제조업자의 도덕적 해이가 발생하고 있다는 인식이 광범위하게 퍼지고 있는 점을 고려한 것이다.

- 제조물 관련 손해배상의 최대 쟁점 중 하나인 '소비자의 피해 입증책임'을 완화한다. 제조물 대부분이 고도의 기술을 바탕으로 제조되고, 이에 관한 정보가 제조업자에게 편재되어 있기 때문에 피해자가 제조물의 결함 여부를 과학적·기술적으로 입증한다는 것이 매우 어렵다. 대법원은 이를 고려하여 제조물이 정상적으로 사용되는 상태에서 사고가 발생한 경우에는 그 제품에 결함이 존재하고 그 결함으로 인해 사고가 발생하였다고 추정함으로써 소비자의 입증책임을 완화하는 것이 손해의 공평·타당한 부담을 원리로 하는 손해배상제도의 취지에 맞는다고 판시한 바 있다. 이러한 대법원 판례를 반영하여 피해자가 '제조물이 정상적으로 사용되는 상태에서 손해가 발생하였다는 사실' 등을 증명하면, 제조물을 공급할 당시에 해당 제조물에 결함이 있었고, 그 결함으로 인해 손해가 발생한 것으로 추정하도록 하여 소비자의 입증책임을 경감하려는 것이다.

● 그린맨(W.B. Greenman) 사건

제품책임을 가장 먼저 인정한 나라는 미국인데, 엄격책임의 법리를 관례상 확립한 대표적인 사건은 1963년 캘리포니아주 대법원에서 내린 그린맨(William B. Greenman)과 전동공구 업체인 유바(Yuba Power Products, Inc.) 사 사이의 소송 판결이다. 이 사건의 요지는 다음과 같다.

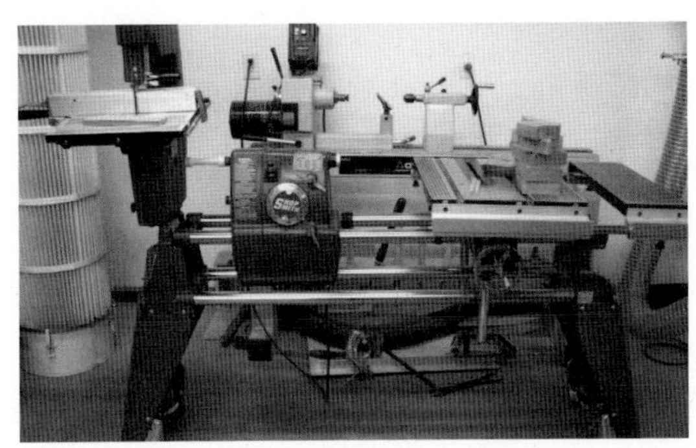

선반형 복합공구 숍스미스(Shopsmith), Wikimedia CC BY-SA

원고인 그린맨은 톱, 드릴 및 목재용 선반(旋盤)으로 사용할 수 있는 복합공구인 숍스미스(Shopsmith)의 제조업자와 판매업자에게 손해배상 소송을 청구하였다. 그는 판매업자가 시범적으로 사용하는 것을 본 후 제조업자가 만든 설명서(brochure)를 읽어보았다. 그린맨은 이 제품을 가정용 공작 기구로 사용하면 좋겠다고 생각했는데, 1957년 부인이 크리스마스 선물로 그에게 사주었다. 그는 큰 나무를 깎기 위해 이 기구에 필요한 부속품을 구매하였다. 별 어려움 없이 이 기구를 몇 차례 사용하였으나, 작업 중 갑자기 튀어나온 나무 조각이 그의 이마를 강타하였는데 이로 인해 그린맨은 중상을 입었다.

그로부터 약 10달 반이 지나서 그는 판매업자와 제조업자에게 보증 위반이라는 문서를 보내고 그들의 보증 위반과 과실을 주장하는 소송을 제기하였다. 그린맨은 제품의 설계 및 구조상의 오류가 사고의 원인이었다는 실체적 증거를 제시하였다. 또한 원고 측 전문가들도 기구의 부품을 고정시키는 나사가 적절치 못하여 목재 가공 중 정상적인 진동에도 파편이 튕겨져 나왔다고 증언하였다. 또한 그들은 기구의 부품들을 고정시킬 수 있는 더 좋은 방법이 있었으며, 그러한 방법을 채택했다면 이러한 사고를 방지할 수 있었을 것이라고 진술하였다. 배심원단은 기구 제조업자들의 설계 과실을 인정하고 사용설명서의 내용이 사실과 다르므로 명시적 보증의 위반이라고 판결하였다.

제조업자는 원고가 보증 위반을 인지한 후 합리적인 기간 내에 이를 고지하지 않았으므로 민법 1769호 조항에 따라 시효가 지났다고 항소하였다. 그러나 재판부는 원고가 제조업자에게 보증 위반에 대한 고지를 적시에 하지 않았다고 하더라도 소송의 원인이 제품 설명서에 기술되어 있는 것을 기반으로 한 것이라면 시효에 구애받지 않는다고 판결하였다. 또한 제조업자가 자신이 시장에 내놓은 제품이 결함의 존재 유무에 대한 사전 검사 없이 그대로 사용된다는 것을 알고 있던 상황에서 신체적 손상을 초래하는 제품 결함이 내재되어 있었다면 이러한 행위에 대해 '엄격하게' 책임질 필요가 있다고 판결하였다.

당시 재판장이었던 트레이노(R. Traynor)는 "소비자가 제품을 원래 의도한 목적대로 사용하던 중 그가 몰랐던 설계 및 제조상의 결함으로 인해 부상을 입었다는 것 자체만으로도 제조업자는 책임을 져야 한다"고 판시하였다. 이러한 엄격책임의 법리가 이 사건에 처음 적용되었지만 이제는 미국의 50개 주(州) 전역에서 모두 적용되고 있다.

(2) 결함의 종류

엄격책임(무과실책임)의 대두에 따라 제품책임은 결함의 존재 유무에 따라 결정되므로 '결함(defect)'이 PL의 핵심적 요건이 된다. 일반적으로 결함은 설계상의 결함, 제조상의 결함 및 지시·경고상의 결함으로 분류된다.

① 설계상의 결함

합리적인 대체 설계를 채용했더라면 피해나 위험을 줄이거나 피할 수 있었음에도 불구하고 그렇게 하지 않아서 발생한 결함을 말한다. 안전장치가 미비한 기계나 잠재적 부작용이 있는 의약품 등과 같이 설계 자체에 문제가 있다면 생산된 제품 모두가 결함이 있는 것으로 판정되기 때문에 제조업자에게는 가장 심각한 문제가 된다.

② 제조상의 결함

제조물이 의도한 설계와 다르게 제조·가공되어서 발생한 결함을 말한다. 제조공정의 품질관리 부족 및 불완전한 검사 때문에 설계도나 규격서에 부합하지 않는 불안전한 제품이 출하되는 경우이다.

③ 표시·경고상의 결함

합리적인 설명이나 지시 및 경고 표시를 제대로 하였더라면 피해나 위험을 피하거나 줄일 수 있었지만 그렇게 하지 않은 결함을 말한다. 이러한 결함은 제품의 설계 및 제조상에 아무런 문제가 없더라도 발생할 수 있다.

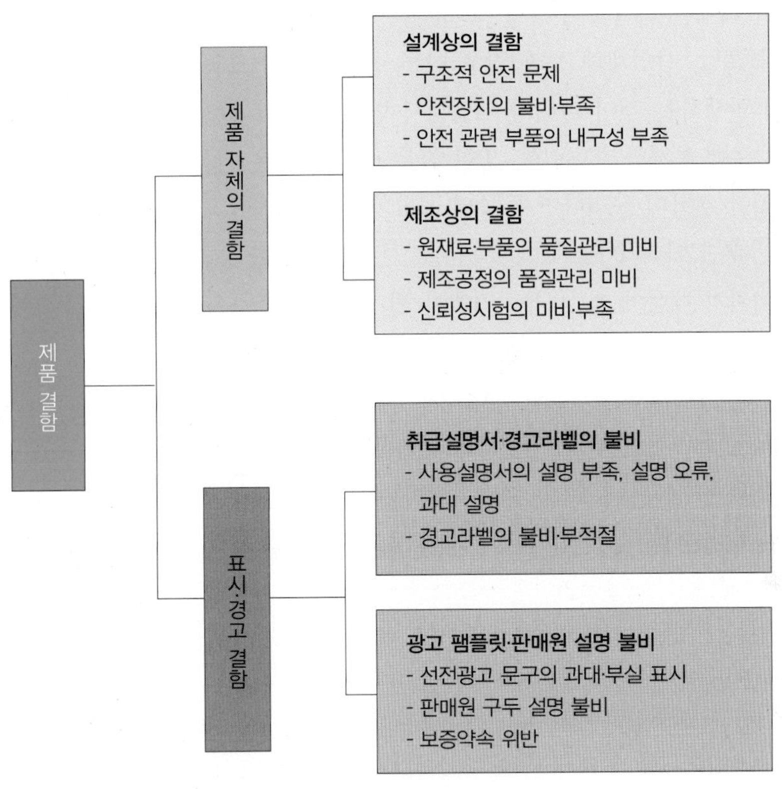

〈그림 19.2〉 제품결함의 유형

우리나라 PL법에서는 결함이 존재하더라도 다음과 같은 경우에는 손해배상 책임을 면제해 주도록 규정되어 있다.

- 제조업자가 당해 제조물을 공급한 때의 과학·기술수준으로는 결함의 존재를 발견할 수 없었다는 사실

- 제조물의 결함이 제조업자가 당해 제조물을 공급할 당시의 법령이 정하는 기준을 준수함으로써 발생한 사실
- 원재료 또는 부품의 경우에는 당해 원재료 또는 부품을 사용한 제조물 제조업자의 설계 또는 제작에 관한 지시로 인하여 결함이 발생하였다는 사실

그러나 제조물을 공급한 후에 당해 제조물에 결함이 존재한다는 사실을 알게 되거나 알 수 있었음에도 그 결함에 의한 손해의 발생을 방지하기 위한 적절한 조치를 하지 아니한 때에는 면책을 주장할 수 없다.

화재나 폭발, 산업재해 등과 같은 다른 종류의 리스크와는 달리 PL리스크는 기업 내부에서 발생하는 것이 아니라 기업에서 만든 제품이 기업을 떠난 다음에 발생하는 것이기 때문에 통제하기 어렵다. 또한 같은 종류의 많은 제품이 시장에 유통되고 있기 때문에 일단 결함이 드러나면 동종의 사고가 여러 지역이나 국가에서 동시다발적으로 발생한다. 뿐만 아니라 PL사고는 대부분 신체의 손상을 초래하고 경우에 따라서는 인명을 앗아가기 때문에 배상금도 거액이 될 가능성이 많다. 따라서 제품 안전과 관련하여 기업들은 체계적인 PL대책을 마련하고 실천할 필요가 있다.

19.2 제품책임예방(PLP)

제품책임 대책을 크게 나누면 사고의 발생을 미연에 방지하기 위한 제품책임예방(PLP, Product Liability Prevention)과 사고가 발생한 후에 그로 인한 피해를 최소화하기 위한 제품책임방어(PLD, Product Liability Defense)로 구분할 수 있다.

PLP를 PS(Product Safety)대책이라고 하는 경우도 많이 있는데 PLP의 핵심이 제품안전대책이기 때문이다. 제품안전의 확보가 생각처럼 쉽지 않다는 것은 다음과 같은 경우들을 생각해 보면 쉽게 알 수 있다.

- 제품 그 자체가 위험성을 내포하고 있는 경우
- 신기술을 적용한 제품이나 사용실적이 많지 않아 안전성이 충분히 검증되지 않은 경우. 유방 성형수술에 사용하는 보형물이나 달콘실드(Dalkon Shield)의 경우가 여기에 속한다.

- 제품생산에 필요한 외주품목이 많아서 사내 관리만으로 안전을 확보하기 어려운 경우
- 제품의 사용방법, 보관방법, 사용자, 사용환경, 사용기간 등에 따라서 안전성이 영향을 받는 경우

따라서 PS대책의 범위는 개발·제조에서부터 사용·판매·서비스·폐기에 이르기까지의 전(全) 과정을 포함해야 한다. 일반적으로 이러한 전사적 대책에는 다음과 같은 것들이 포함된다.

- 기업방침과의 정합성 유지
- 안전설계 및 구조와 비용의 균형성 검토
- 조달품의 검토
- 제품안전 심사
- 안전성 평가
- 경고표시 및 취급설명서의 검토
- 시장품질 정보의 정비
- 환경영향의 평가
- 문서관리 등

(1) 전사 차원의 대응체계

- **제품안전 경영방침의 확립**
- "안전이 무너지면 만사가 허사이므로 제품안전이 기업이익보다 우선되어야 한다"는 인식을 최고경영자로부터 설계·제조·판매와 관계된 모든 사원이 공유해야 한다. 그렇지 않으면 포드자동차의 핀토(Pinto) 사례에서 보듯이 '안전사고의 예방보다 사고발생 후 경제적 보상이 더 경제적이라는 비윤리적인 사고'가 싹틀 수 있으며, 이러한 생각은 '지속가능한(sustainable)' 성장을 가로막는 암적 요소가 된다. 제품안전을 경영방침 내지 기업이념의 관점에서 확고히 하여 안전을 기업문화로 정착시켜야 한다.

- **제품안전 담당 조직의 정비**

- 제품안전에 대한 기본방침의 결정, 제품안전 활동의 추진 및 진단, 제품안전 정보 및 업계동향의 입수 및 전달, 제품안전 사고 발생 시의 대응 등을 담당할 추진 조직을 설치한다. 사업의 특성에 따라 제품안전 조직을 품질조직과 통합해서 운영하는 것도 고려할 수 있다.

- **제품안전 관련 규정과 매뉴얼의 정비 및 교육**

- 제품안전에 관한 방침, 안전관리에 관한 권한과 책임, 제품안전 활동, 제품사고 대책 등과 같은 규정과 매뉴얼을 정비한다. 또한 제품책임과 제품안전에 대한 사내 교육을 실시한다.

⑵ 결함 유형별 안전대책

① 설계상의 결함 대책

제품의 안전성을 확보하기 위해서는 설계단계에서 결함을 원천적으로 예방하는 것이 무엇보다 중요하다. 이를 위해서는 다음과 같은 사항들을 반영해야 한다.

- 제품과 관련된 법적 안전기준을 확인하고 이를 반드시 충족시킬 수 있도록 안전수준을 부여한다. 한 가지 유념해야 할 것은 법적인 안전기준의 충족은 기업이 준수해야 할 최소한의 의무이지 PL의 면책요건은 아니라는 점이다. 이것은 1979년 우리나라 대법원의 다음 판례에서도 볼 수 있다.

  문방구에서 구입한 교재용 주사기를 갖고 놀던 만 6세의 어린이가 주사기의 바늘구멍이 막히자 주사기를 왼쪽 눈앞에 들이대고 압축하는 순간 공기압으로 인해 바늘이 튕겨 나와 왼쪽 눈의 동공 폐쇄증을 초래하였다. 제조업체는 당시 공산품 품질관리법에 의거 검사에 합격한 제품이라고 항변했지만 법원은 이를 받아들이지 않고 제조업자의 과실을 인정하였다.

- 안전상 문제가 될 수 있는 부분을 도출하고 이에 대한 안전설계 가이드라인을 마련한다. 또한 강건설계(robust design)나 FMEA, FTA, 신뢰성 시험 등과 같은 신뢰성 기법을 적용하여 적절한 대책을 강구한다. 예를 들어 어린이 장난감의 경

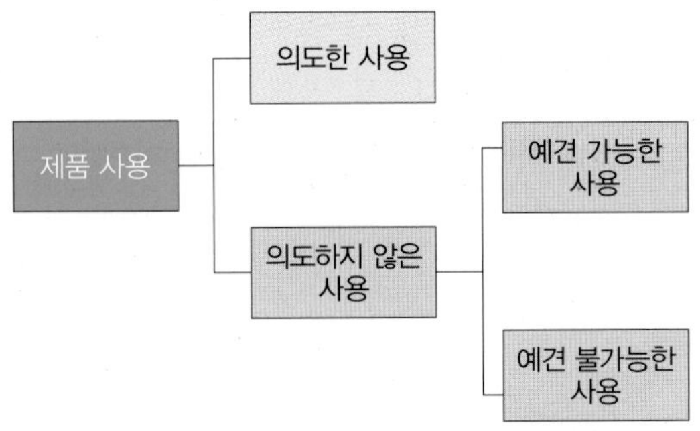

〈그림 19.3〉 제품이 사용되는 상황의 분류

우 장난감을 구동시키기 위한 단추형 리튬전지가 특히 안전상 문제가 된다. 어린 아이들이 이를 삼키면 식도에 걸려 누전으로 인한 장기 화상이나 천공을 유발할 수 있는데 미국의 경우 이러한 사고가 매년 3,500건 정도 접수되고 있다. 우리나라에서도 2살짜리 아이가 이를 삼켜 수술을 받았지만 식도가 많이 손상되어 장을 이용해 식도를 인공적으로 만들어주는 재건 수술을 받은 적이 있다.

- 제품 설계 시 의도한 사용뿐 아니라 의도하지 않은 사용 중 예견 가능한 경우에 대한 안전대책도 마련해야 한다. 〈그림 19.3〉에 나타낸 것처럼 소비자의 사용 환경에 따라 제품이 의도한 대로만 사용되는 것은 아니다. 이와 관련된 미국의 자동차 충돌사고와 관련된 판례 하나를 소개하면 다음과 같다.

「운전대가 달려 있는 스티어링 샤프트(steering shaft)를 후방으로 돌출시켜 제작했기 때문에 충돌사고로 인한 부상이 커져 치명적 중상을 입었다며 피해자가 제조사인 GM을 상대로 손해배상을 청구했다. 쟁점은 '자동차 제조업자가 충돌사고가 발생했을 때에도 안전하도록 설계해야 할 의무가 있는가' 하는 것이었다. 법원은 충돌은 의도한 사용이 아니지만 '예견 가능한 사용(foreseeable use)'이므로 제조업자의 책임이 있다고 판결했다.」

우리가 일상적으로 접하는 용품 중 예견 가능한 오사용을 고려한 설계로는 볼펜 뚜껑이 있다. 1991년 세계 최대의 볼펜 제조업체인 프랑스의 빅 크리스털(Bic Crystal)은 볼펜 뚜껑의 끝부분에 작은 구멍을 뚫었다. 그 이유가 무엇일까? 무엇이든 입에 넣고 삼키는 일이 많은 어린 아이들이 가늘고 긴 볼펜 뚜껑을 삼키면 기도가 막혀 질식사할 가능성이 있다. 유명한 소아의학 학술지 '피디아트릭스'에 따르면 미국에서만 한 해 1만 2천명이 넘는 아이들이 기도가 막혀 병원을 찾는다고 한다. 작고 긴 볼펜 뚜껑을 삼켜서 기도가 막히더라도 뚜껑에 있는 작은 구멍으로 산소가 통과해 질식 사고를 막는 것이다. 이 때문에 지금은 대부분의 문구용품 제조사도 비슷한 디자인의 볼펜을 내놓고 있다.

빅 크리스털 볼펜, Trounce, Wikimedia CC BY

- 설계심사(design review)에 안전성 평가(safety assessment)를 포함시키고 이를 반드시 기록으로 남긴다. 이 기록은 PL사고로 인한 법적 문제가 발생할 경우 매우 중요한 항변 자료가 된다.

- 설계기술로 안전성을 충분히 확보하기 어려운 불가피한 경우에는 적절한 주의·경고 표시를 통해 사용자에게 이를 명확히 알릴 수 있도록 한다.

② 제조상의 결함 대책

제조상의 결함을 예방하기 위해서는 설계도나 규격서에 부합하는 제품이 만들어질 수 있도록 사내 공정관리를 철저하게 진행하는 것이 중요하다. 이를 위해서는 다음과 같은 사항들을 반영해야 한다.

- 기존의 품질관리 활동을 안전관리 측면에서 재검토하고 이를 철저히 실행한다.
- 라인스톱시스템 등을 도입하여 불량품이 발생하면 라인을 정지시키더라도 후(後) 공정으로 넘기지 않는다. 또한 불량이 발생한 근본원인을 분석하고 재발방지 대책을 마련 후에 공정을 재가동한다.
- 외부 협력업체로부터 공급받는 부품에 결함이 있는 경우에도 책임을 면할 수 없으므로 유능한 외주업체를 선정하고 외주품의 품질관리도 철저히 실행한다.
- 완성품 검사 시 안전과 관련된 항목을 엄격히 적용하고 합격된 제품만 출하시킨다.

③ 표시·경고상의 결함 대책

일반적으로 PL사고의 발생원인 중 표시 및 경고상의 결함 비중이 가장 높다. 미국 보험협회의 조사에 의하면 PL보험금 지급 사례 중 44% 정도가 표시 및 경고상의 결함 때문인 것으로 나타났다. 표시 및 경고상의 결함을 주장하는 소송 제기가 높은 이유 중 하나는 설계 결함이나 제조상의 결함은 기술적 내용이 포함되어 있어서 일반 소비자가 주장하기 힘들지만 표시 및 경고상의 결함은 상대적으로 입증이 쉽기 때문이다. 표시 및 경고상의 결함에 대한 시비를 줄이려면 다음과 같은 사항들을 고려해야 한다.

- 제품에 부수되는 각종 매뉴얼, 품질보증서, 제품에 표시된 각종 라벨, 판매 시 제공하는 팸플릿 등과 같은 소비자 '사용정보' 뿐 아니라 제품의 광고나 판매원의 구두 설명 등과 같은 '선택정보'까지 모두 관리해야 한다. 적법한 광고라 할지라도 '안심하고 사용할 수 있다', '안전을 보장한다'는 등과 같은 표현이 들어가면 PL사고 발생 시 표시상의 결함으로 인정될 확률이 높으므로 주의해야 한다.
- 사용에 관한 충분한 정보를 제공하는 것도 중요하지만 식별이 어려운 정도의 작은 글씨나 난해한 설명 등과 같은 형식적 문제도 표시상의 결함으로 인정될 가능성이 있다. 따라서 인간공학 전문가의 도움을 받아 전사 차원에서 표시 및 경고의 위치, 크기, 형태, 색상, 그림문자(pictogram) 등을 통일할 필요가 있다.

미국의 경우 표시 및 경고가 적절하다고 인정받기 위해서는 최소한 다음과 같은 네 가지 사항이 반영되어야 한다.

- 제품에 따른 위험의 성질 : 폭발할 정도로 위험한지 아니면 제품 사용만 불가능한 정도인지 등
- 위험의 정도 : 위험으로 인해 사망 사고나 신체 부상이 있을 수 있는지, 화재로 연결될 가능성이 있는지 등
- 위험을 피하기 위해 소비자가 지켜야 할 사항 : 위험을 피하기 위해 제품을 인화성 물질이 가까이 있는 곳에서 사용하지 않거나 사용목적 외의 다른 용도로 사용하는 것을 금지하는 등
- 위험이 발생할 경우 긴급조치 : 사고가 발생했을 때 피해의 정도가 커지는 것을 막기 위해 취해야 하는 응급조치 등

(3) 관련 업체들 간의 책임관계 명확화

PL법에서는 동일한 손해에 대해 배상할 책임이 있는 자가 복수인 경우에는 연대하여 배상하도록 하고 있다. 제조업자로는 완성품 제작업체 외에 재료 공급업체, 부품 제작업체, 설계 및 제조의 일부 또는 전체를 담당한 외주업체, OEM업체 등이 있기 때문에 PL 사고의 발생 시 책임 소재를 결정하는 것이 복잡해질 수 있다. 따라서 PL사고 발생 시 관련업체들이 어떻게 책임을 분담할 것인지 사전에 명확히 해두어야 한다.

이것은 PLD의 일환이나 책임 회피를 위한 수단이 아니다. 책임관계를 사전에 명확히 함으로써 제품안전의 확보와 PL사고 방지를 위해 공동으로 노력하기 위한 것이다.

〈그림 19.4〉는 기업이 확보해야 할 안전성의 범위를 요약한 것이다. 기업은 정상적인 사용 하에서 발생할 수 있는 사고뿐 아니라 예견 가능한 오사용에 의한 사고까지 고려해야 한다.

콘솔(console)형 게임기 시장에 돌풍을 일으켰던 닌텐도 위(Wii) 게임기를 예로 들어보자. 테니스나 야구 등과 같은 게임을 즐기기 위해 사용자가 위모컨(Wiimocon)이라고 불리는 리모컨을 손에 쥐고 좁은 실내에서 게임에 몰입하다 보면 손에 든 위모컨으로 옆 사람을 치거나 격렬한 동작 시 손에 난 땀 때문에 리모컨이 미끄러져 날아가 집안 내 기물을 파손시키는 사고가 더러 있었다. 이처럼 닌텐도 위(Wii) 게임을 즐기다가 발생한 사고 때문에 입은 신체 부상을 윈저리(Wiinjury)라고 하였는데 이는 정상적인 사용에서 일어날 수 있는 충분히 예견 가능한 사고이다.

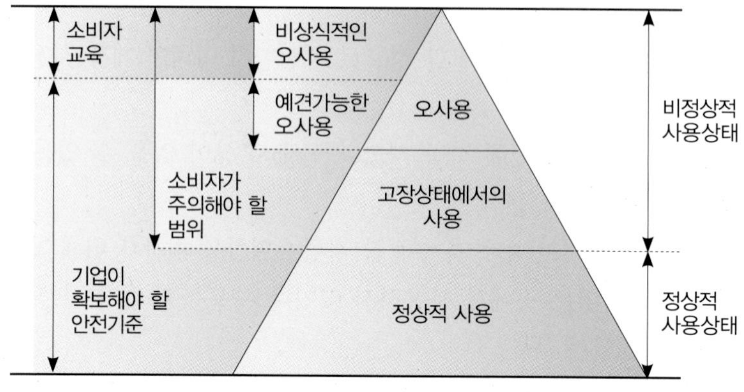

〈그림 19.4〉 안전성 확보의 개념도

오작동이나 고장상태에서 사용하다가 발생할 수 있는 사고를 방지하기 위해서는 비정상 상태에서는 작동 자체가 되지 않도록 하는 '실수방지(fool-proof)' 및 '고장 시 안전(fail-safe)' 설계를 도입해야 한다.

2015년 미국의 정보기술(IT) 전문매체 PC월드, 삼모바일 등은 삼성전자가 출시한 대(大)화면 스마트폰 '갤럭시노트5' 하단부에 들어있는 S펜을 기기에 거꾸로 집어넣으면 펜이 빠지지 않으므로 "갤럭시노트5에 S펜을 꽂을 때 반대 방향으로 넣지 않도록 각별한 주의를 기울여야 한다"고 보도했다. 이 경우 펜을 거꾸로 꽂아서 발생하는 고장을 예방하기 위해 거꾸로 집어넣으면 아예 삽입이 안 되도록 만드는 것이 '실수방지(fool-proof)' 설계다.

실수로 인한 고장 자체를 방지하기 위한 실수방지 설계와 달리, '고장 시 안전(fail-safe)' 설계는 고장이 발생하더라도 그로 인한 추가적 피해를 방지하기 위한 것이다. 예를 들어 합선(short circuit)이나 전류 과부하 등의 이상 상황이 발생할 경우 그로 인한 피해를 방지하기 위한 회로차단기(circuit breaker)는 고장 시 안전을 확보하기 위한 설계이다. 종전의 퓨즈(fuse)도 고장 시 안전 기능을 담당하지만 이후 교체가 필요한 데 반해 회로차단기는 이상 발생 시 회로가 자동 차단된 이후 (수동 또는 자동으로) 작동을 재개할 수 있다.

또한, 앞장에서 설명한 타이드 포즈의 예와 같이 오사용(誤使用)으로 인한 사고의 발생이 예견될 때에는 이에 대한 안전대책도 마련해야 한다. 정상적인 사용이 아니라 고장상태에서의 사용이나 오사용처럼 소비자가 주의해야 할 범위에 대해 기술적으로 안전의 확보가 어렵다면 사용자가 쉽게 알 수 있도록 주의 및 경고 표시를 할 필요가 있다.

회로차단기, Wikimedia CC BY-SA

19.3 제품책임방어(PLD)

PL사고가 발생할 경우 사고의 원인이 자사가 제조·판매한 제품의 결함이라면 당연히 책임을 져야 하지만 책임의 소재를 명확히 하고 부당한 희생이나 필요 이상의 과다한 부담을 지는 것은 피해야 한다. 제품책임방어(PLD, Product Liability Defense)는 PL사고가 발생했을 때 그로 인한 피해를 최소화하기 위한 사후 방어대책을 말한다. PLD는 향후 PL사고가 일어날 경우 그 피해를 줄이기 위해 미리 대비하는 사전 PLD와 실제 사고 발생 시 이의 효과적 처리를 위한 사후 PLD로 나눌 수 있다.

(1) 사전 PLD

① PL방어를 위한 문서관리

PL소송이 제기되면 원고측 변호사는 제품의 안전성과 관련된 방대한 종류의 사내 문서를 요구한다. 원고측은 이러한 문서를 바탕으로 제품안전에 대한 기업의 자세를 추궁하거나 제품 안전성에 대한 의혹이나 결함을 파고든다. 따라서 기업은 문서를 통해 다음과 같은 것을 확실히 수행했다는 것을 입증할 수 있어야 한다.

- 제품안전에 대한 사내 조직 및 역할과 책임
- 설계단계에서 설계심사나 안전성평가를 통해 안전성을 충분히 검토했다는 사실
- 설계에 부합하는 제품을 만들기 위해 사내 공정관리가 철저히 이루어졌다는 것과 공정검사와 출하검사를 통해 결함이 있는 제품이 제조·유통되는 것을 방지하기 위해 충분히 노력했다는 사실
- 원재료나 외주품의 구매·조달에도 수입검사를 통해 안전성을 확보하기 위해 충분히 노력했다는 사실
- ISO 9000 등과 같은 품질경영시스템의 도입을 통해 생산과정에 대한 전(全)과정 관리가 이루어지고 있다는 사실

PL법상 제품책임의 소멸기간이 10년이므로 기업은 이러한 문서들을 장기간 보존·관리해야 한다.

② 소송방어체계의 구축

PL소송이 제기되었을 때 우왕좌왕하지 않고 체계적으로 대응할 수 있도록 미리 소송 대응 체계를 마련할 필요가 있다. 이를 위해서는 다음과 같은 사항들을 준비해야 한다.

- 사고 발생 시 진상을 즉시 파악할 수 있는 조기경보시스템의 구축
- 초동 단계의 사건 조사기법 교육, 조사 전문가 육성, 조사 기록관리 체계의 확립
- 사내 법무 팀이나 고문 변호사 등과의 협조체계 구축
- 사고처리의 절차와 내용을 정리한 사고처리 매뉴얼 작성
- 피해자와 손실보상에 대해 적정선에서 합의가 이루어지지 않을 경우에도 가능하면 소송으로 연결되지 않도록 공적인 분쟁조정기구와 같은 제3자적 위치에 있는 유관기관의 이용 방안 모색
- 매스컴에 대한 대응책 마련

③ PL보험의 가입

PL보험의 공식 명칭은 '생산물 배상 책임보험'이다. 거액의 PL보상금이 지급될 경우 기업은 위기에 처할 수 있다. 따라서 기업의 리스크관리 차원에서도 PL보험의 가입을 적극적으로 고려할 필요가 있다.

PL보험의 또 다른 장점은 PL사고가 발생할 경우, 풍부한 경험을 가진 보험회사와 전문 변호사가 해당 기업을 대신하거나 해당 기업과 공동으로 대응하여 피해자측의 소송에 맞서 기업측에 유리한 판결을 끌어낼 가능성을 높일 수 있다는 것이다. 아울러 보험회사를 통해 사고사례 및 PL과 관련된 각종 정보를 받을 수 있으며 해당 기업의 PL대응 현황에 대해 전문적인 조언을 받을 수 있다.

그러나 PL보험을 이용하는 경우에도 상한선인 보상한도액과 하한선인 자기부담금이 정해져 있으며, 징벌적 배상금과 리콜 비용 등은 보상하지 않기 때문에 PL사고로 인해 초래된 손해액 전체가 보상되는 것은 아니다. 또한 PL보험금 지급에 따른 손해율 상승으로 보험계약 갱신 시 보험료가 급격히 상승하므로 PL보험의 가입이 PL문제의 해결책이라고 생각해서는 안 된다.

(2) 사후 PLD

사후 PLD는 PL사고로 인한 분쟁처리에 관한 것인데 올바른 초동대책과 손실확대 방지를 위한 후속 조치로 구성된다.

① 초동 대책

초동(初動) 단계의 증거는 소송 등에 결정적 영향을 미치므로 PL사고가 일단 발생하면 초기대응이 매우 중요하다. 적절한 초기대응을 위해서는 다음과 같은 사항들을 고려해야 한다.

- 처음부터 '당사에는 일체의 책임이 없다'는 자세로 임하면 상대방과의 관계가 악화되고 이후 원만한 처리에도 장애가 된다. 그렇다고 해서 상대방을 누그러뜨리기 위해 섣불리 당사의 책임을 인정하는 것도 금물이다. 무엇보다 중요한 것은 사고의 진상을 규명하는 것이다. 따라서 '충분히 조사한 뒤에 대응한다'는 진솔한 자세를 견지하되 필요하다면 피해자를 문병하는 등 성의를 다해 응대한다.
- 사고 발생과 관련된 피해자의 과실이 없는지 세심하게 살펴본다. 이를 위해서는 제품을 판매한 내부조직의 관계자뿐 아니라 PL에 대한 기본적인 지식이 있는 사내 기술자가 초기조사에 참여할 필요가 있다.
- 소비자로부터 사고 클레임을 받은 경우에는 가능한 한 조기에 사고현장을 방문해 사진 촬영을 하고 목격자 증언과 함께 다음과 같은 항목들을 조사한다.
  (a) 피해자 인적사항
  (b) 사고발생 일시 및 장소
  (c) 사고현장 상황
  (d) 최초 발견자의 인적사항
  (e) 목격자 유무 및 목격자 인적사항
  (f) 사고를 초래한 제품명, 형식, 제조번호 및 출하일
  (g) 부상 유무 및 내용, 입원 및 통원치료 유무, 병원 이름
  (h) 대략적인 재산상의 손해 규모
- 사고를 일으킨 제품이 잔존해 있을 경우에는 그 제품을 회수하여 사고원인을 규명해 보는 것이 바람직하다. 그러나 이를 위해서는 상대방의 충분한 동의를 얻을 수 있도록 진실한 원인 규명의 약속과 신속한 결과 통지 및 조사 결과에 상응하

는 사후처리를 약속하는 등 성의 있는 대응이 필요하다.
- PL보험에 가입하였을 경우에는 보험회사에 신속하게 사고내용을 통지하고 보험회사의 도움을 받으면서 대응한다.

② 손실확대 방지

PL사고가 발생할 경우 일반적으로 기업 내부에서는 방어본능이 작동하여 "사용자의 잘못된 사용방법 때문에 사고가 발생했으며 제품 자체에는 문제가 없다", "생각할 수 없는 우연한 상황이 겹쳐서 사고가 발생했지만 그런 일이 다시 일어날 가능성은 없다"는 식으로 생각하기 쉽다. 이 때문에 사고의 진상 규명이나 결함의 발견, 결함에 대한 책임 인정이 늦어질 수 있다.

객관적인 조사 결과 사고의 원인이 제품 자체의 결함으로 밝혀지면 손실확대의 방지에 즉시 나서야 한다. 최고경영자의 결단 하에 결함 제품의 회수·수리, 해당 제품의 생산중단, 보완책 마련 등을 통해 사태를 신속하게 해결할 필요가 있다. 이런 과감한 결단과 신속한 행동은 궁극적으로 고객의 신뢰를 확보하는 데에도 도움이 된다. 특히 대량 유통된 제품에서 제품 결함으로 인해 신체상에 큰 영향을 주는 사고가 발생하면 신문이나 방송 같은 언론을 이용하여 적극적인 리콜을 실시해야 한다.

〈그림 19.5〉는 지금까지 설명한 PL대책의 체계를 요약하여 도식화한 것이다.

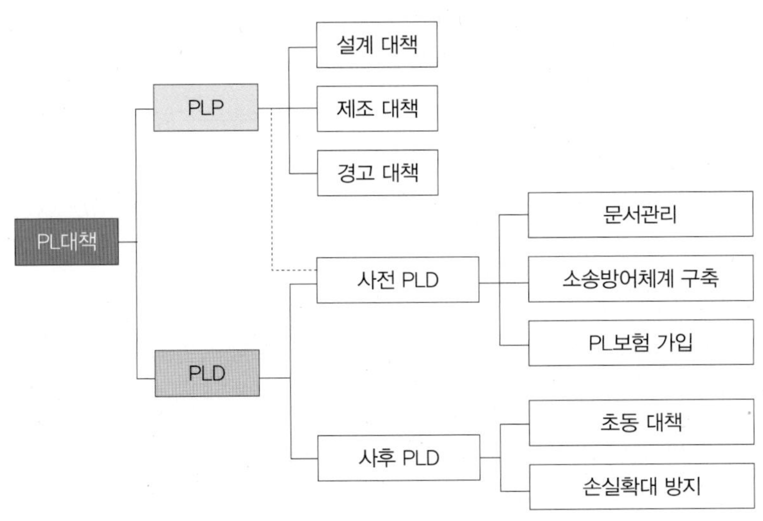

〈그림 19.5〉 PL대책 체계도

(3) PL사례: 가습기 살균제

가습기는 습기 때문에 세균이 쉽게 번식하며 물때도 잘 낀다. 이러한 가습기가 분출하는 수증기는 사람들이 직접 들이마시므로 기관지 점막을 자극해 호흡기 건강에 해로울 수 있다. 가습기 내의 세균 번식을 막고 물때가 끼이는 것을 방지하기 위해 사용하는 것이 가습기용 살균제이다. 이러한 목적으로 사용하던 가습기 살균제 '옥시싹싹 가습기당번'이 국내 최대 규모의 PL 피해사건을 유발하였다. 다음은 옥시 사태를 재구성한 것이다(전설리, 2016).

2011년 4월. 서울 아산병원에 폐질환 환자 7명이 들어왔다. 원인을 파악하지 못한 의료진은 질병관리본부에 신고했다. 그해 8월 질병관리본부는 가습기 살균제가 폐질환 요인이라고 판단, 사용과 판매를 자제할 것을 권고했다. 수백 명의 사망자와 수천 명의 피해자를 낸 옥시 사태는 이렇게 세상에 알려지기 시작했다. 제조업체들이 가습기 살균제를 판매하기 시작한 지 17년 만이다.

국내에서 처음으로 가습기 살균제를 개발해 판매한 업체는 유공(현 SK케미칼)이다. 1994년 '가습기 메이트'를 내놨다. 이후 2001년 옥시(옥시싹싹 가습기 당번)를 시작으로 홈플러스(홈플러스 가습기 청정제), 롯데마트(와이즐렉 가습기 살균제) 등이 시장에 뛰어들었다. 옥시 제품의 인기가 가장 높았다. 점유율이 한때 80%에 육박하기도 했다. 세제 시장에서 '옥시싹싹' 브랜드 인지도가 가장 높은 덕을 봤다. 소비자는 브랜드를 믿고 옥시 제품을 샀다. 국내 1위 생활용품업체인 LG생활건강도 1998년 비슷한 제품을 내놨으나 2001년 철수했다. 틈새시장에서 후발주자가 성공할 확률이 낮다고 판단해서다.

2012년 8월 피해자 유족 9명은 옥시레킷벤키저(현 RB코리아)를 비롯한 10개 업체 대표를 형사 고발했다. 2014년 4월 환경부는 가습기 살균제 피해를 환경성 질환으로 규정했다. 그리고 2년이 흘러 검찰은 올해 4월 본격적인 조사에 착수했다. 가습기 살균제가 심각한 폐질환의 원인이란 사실이 밝혀진 지 5년 만이다.

옥시 사태는 국내 최대 제조물 피해 사건으로 기록될 전망이다. 환경부가 진행한 1·2차 피해조사(2013~2015년) 때 신고한 피해자는 총 530명이다. 이 가운데 정부지원금 대상인 1·2단계 판정을 받은 피해자는 221명, 사망자는 90명이다. 환경보건시민단체가 받은 피해자 접수 건수는 1528명(5월 초 기준), 사망자 239명이다. 숫자가 차이나는 이유는 정부가 작년 말 접수를 잠정 중단했기 때문이다. 여기에 포함된 피해자

는 심각한 폐손상을 입은 사람들이다. 아토피 천식 등 기존 질환이 악화한 경우나 경미한 호흡기 질환 등 미처 자각하지 못한 사람까지 포함한 잠재적 피해자 수는 추산하기 어려울 정도다.

업계는 가습기 살균제가 18년간 약 1000만개 이상 팔린 것으로 추산하고 있다.

문제가 된 가습기 살균제를 판매한 옥시레킷벤키저는 2016년 7월 피해자에 대해 다음과 같은 최종 배상안을 발표하였다.

피해자의 과거 치료비와 향후 치료비, 일실수입(; 사고가 발생하지 아니하였을 경우를 가정하여 사고가 없었더라면 피해자가 장래 얻을 수 있었을 것이라고 예측되는 이익 또는 소득) 등을 배상하고 사망 시 정신적 고통에 따른 위자료를 최고 3억 5천만 원 지급하기로 했다. 또한 영유아와 어린이의 사망이나 중상 사례의 경우 일실수입을 계산하기 쉽지 않다는 점을 고려해 배상금을 총액 기준 10억 원으로 일괄 책정하기로 했다. 그러나 일부 피해자와 유가족은 옥시가 일방적으로 마련한 배상안으로 합의를 종용하고 있다며, 영국 본사의 책임 인정과 공식 사과가 먼저라고 반발하였다.

검찰 조사에 따르면 제조사인 옥시가 2001년 유해물질(PHMG)이 첨가된 신제품인 '옥시싹싹 뉴 가습기당번'을 개발하면서 내부적으로 '살균제가 인체에 유해할 수 있다'는 문제 제기가 있었던 것으로 드러났다(최재훈, 2016). 2016년 2월 검찰이 압수 수색을 통해 확보한 문건 중에는 가습기 살균제의 부작용을 알아보기 위한 독성시험 계획안도 있었으나 실제로는 하지 않았다고 한다. 이를 근거로 검찰은 옥시가 가습기 살균제가 인체에 해로울 수 있다는 점을 알고도 묵살했거나 적어도 제품의 위험성에 대한 확인을 소홀히 했다고 보고 수사를 통해 업무상 과실 치사 혐의를 입증해 나갈 것이라고 밝혔다. 또한 검찰은 옥시가 2011년 사건 발생 이후 가습기 살균제가 인체에 해롭다는 질병관리본부의 발표를 반박하기 위해 실험 결과를 조작하고, 제품의 부작용을 호소하는 소비자들의 홈페이지 게시글을 무단으로 삭제한 사실을 파악했다.

이상과 같은 검찰의 조사와는 별도로 옥시 제품의 용기에는 "인체에 안전한 성분을 사용하여 안심하고 사용할 수 있습니다", "살균 99.9% … 아이에게도 안심"이라고 표시하였는데, 이는 허위이므로 옥시에게 더 큰 책임을 물릴 수 있는 근거가 된다.

19.4 리콜과 품질인증

(1) PL과 리콜

'리콜(recall)'은 소비자의 생명·신체 및 재산상에 위해를 끼치거나 끼칠 우려가 있는 제품 결함이 발견될 경우, 사업자 스스로 또는 정부의 강제 명령에 의해 제품의 결함 내용을 알리고 해당 제품 전체를 수거하여 수리, 교환, 환급 등과 같은 적절한 시정조치를 취하는 것이다. 리콜은 소비자 보호를 목적으로 하지만 기업의 측면에서는 PL사고를 미연에 방지함으로써 소비자 피해에 대한 손해배상의 부담을 줄일 수 있다. 또한 적극적인 리콜을 통해 비용이 들더라도 자사가 만든 제품에 대해 끝까지 책임지는 윤리경영을 실천한다는 인식을 심어줌으로써 기업 이미지를 높일 수도 있다. 일반적으로 리콜은 다음과 같이 분류된다.

(i) 시점에 따른 분류

- 사전적 리콜 : 위해(危害) 발생 전에 실시하는 리콜로서 사후적 리콜보다 효율적이고 비용도 상대적으로 적게 든다.
- 사후적 리콜 : 소비자에게 신체 또는 재산상의 피해가 발생한 이후에 실시하는 리콜로서 소비자 피해의 확산을 방지하는 데 의의가 있다.

(ii) 강제성에 따른 분류

- 자발적 리콜 : 사업자의 자발적 의사에 따라 결함 제품에 대한 수거, 수리, 교환, 환급 등과 같은 적절한 시정조치가 이행되는 것을 말한다. 미국의 경우 리콜의 95% 정도가 자발적으로 이루어진다고 한다.
- 강제적 리콜 : 위해물품에 대해 자발적 리콜이 이루어지지 않거나 미흡할 경우 정부의 명령에 의해 제조·판매금지 및 결함사실 공표 등의 절차를 이행하는 것을 말한다.

국내 경제신문에 소개된 다음 기사는 리콜이 기업경영에 미치는 영향을 사례 중심으로 간결하게 잘 정리하였다(조재길, 2010).

리콜은 기업에 커다란 짐이다. 어떤 식으로든 품질 문제가 발생한 것이기 때문이다. 비용도 비용이지만 신뢰도 추락을 피할 수 없다. 하지만 초기 대응을 잘하면 전화위복이 될 수 있다는 점을 과거 사례가 증명하고 있다. 그런 점에서 리콜은 '양날의 칼'과도 같다. 미쓰비시 파이어스톤 등은 위기 대응에 실패해 오점을 남긴 대표적인 기업이다. 반면 존슨&존슨과 일본 산텐제약 등은 리콜 위기를 슬기롭게 풀어간 모범 사례로 꼽힌다.

2002년 일본 요코하마 도로를 달리던 미쓰비시 트럭의 타이어가 갑자기 빠져버렸다. 타이어는 보도를 걷던 가족을 덮쳤다. 29세의 여성이 사망하고 두 아들이 다쳤다. 미쓰비시는 자동차 결함을 부정했다. 양심에 가책을 느낀 미쓰비시 직원의 제보로 이 회사가 수년간 트럭 클러치의 오작동을 은폐했던 사실이 드러났다. 당시 회장을 비롯한 임원 7명이 줄줄이 쇠고랑을 찼다. 존립 위기를 겪은 미쓰비시는 2류 브랜드로 전락했다.

결정적인 위기를 오히려 기회로 삼은 사례도 적지 않다. 1982년 미국 시카고에서 존슨&존슨이 생산하는 타이레놀을 복용하고 7명이 사망했다. 조사결과 한 정신병자가 시카고에서 판매되는 타이레놀에 청산가리(시안화칼륨)를 집어넣는 테러를 자행한 것으로 드러났다. 미국 FDA는 즉각 시카고 지역의 타이레놀에 대해 리콜을 명령했다.

존슨&존슨은 잠시도 주저하지 않았다. 광고를 통해 "원인이 완전히 규명될 때까지 복용하지 말라"는 자체 소비자 경고를 발령했다. 제조 과정을 언론에 공개하는 한편 시카고뿐 아니라 미국 내 모든 제품을 수거하는 극약 처방도 내놨다. 매출액의 5% 이상인 2억 4000만 달러를 들여 3100만 병의 제품을 폐기 처분했다. 임원들은 언론에 나와 수차례 사과하고 소비자 이해를 호소했다. 35% 수준이던 타이레놀의 미국시장 점유율이 사건 발생 후 8%대까지 떨어졌지만 이듬해 다시 1위로 복귀했다. 1985년 타이레놀 부문의 이익만 1억 3000만 달러로, 전체 이익의 20%를 넘는 최대 수익원이 됐다. 마케팅의 기적으로 불리는 '타이레놀의 컴백' 스토리다.

리콜을 통해 품질의 위기를 극복한 대표적 사례로는 바비인형이 있다. 대다수 사람들이 알고 있듯이 바비는 맑고 투명한 푸른 빛 눈동자와 금발의 생머리를 가진 패션인형이다. 이 인형은 1959년에 출시되었지만 지금도 전 세계 어린이들의 사랑을 받고 있다. 바비 인형의 식을 줄 모르는 인기 덕분에 제조업체 마텔(Mattel)은 세계 완구업체 정상의 지위를 오랫동안 지키왔다.

바비(Barbie)인형, Pixabay

이 인형의 주된 수익원은 인형이 아니라 인형을 치장하는 옷과 액세서리다. 제조사인 마텔은 50여 년 전부터 본체는 싸게 팔되 소모품으로 수익을 내는 '면도기-면도날 사업모델'을 완구산업에 적용해 왔다. 이와 더불어 바비를 여자월드컵 축구선수, 공주, 치어리더, 정치인, 치과의사 등과 같은 다양한 캐릭터의 모델로 재탄생시키는 브랜드 확장 전략을 성공적으로 추진해 왔다(정성택, 2011).

승승장구를 거듭하던 마텔은 2007년 여름 큰 경영 위기에 봉착했다. 당시 마텔은 전체 제품의 65%를 중국에서 생산하고 있었는데 완구 표면에 칠한 페인트에서 기준치 이상의 납 성분이 검출되었다. 이 때문에 문제가 된 제품 약 100만 개를 리콜했다. 브랜드 이미지는 물론 매출이 급감하고 주가도 폭락했다. 때를 놓치지 않고 경쟁사들은 "우리 제품에는 납 성분이 들어 있지 않습니다"라는 광고로 공격했다. 설상가상으로 그로부터 2주 후 또 다른 문제가 터졌다. 완구 제작에 사용된 소형 자석을 어린아이들이 떼서 삼킬 잠재적 위험성이 부각되었다. 이 문제는 중국 공장의 문제가 아니라 마텔의 설계 결함이 원인이었다. 마텔은 1천 800만 개의 완구를 다시 리콜했다.

마텔은 신속하게 진심어린 사과와 더불어 안전을 위한 진정성 있는 노력을 병행했다. 리콜 사실을 소비자들에게 적극적으로 알리기 위해 유명 포털 사이트에 리콜 제품의 사진을 올리는 한편 리콜을 안내하는 웹사이트를 만들었다. 이 웹사이트에서 고객들이 리콜 산청양식을 다운로드 받아 수신자 부담으로 우편 발송이 가능하도록 하였다. 또한 〈표 19.1〉과 같은 리콜 안내문을 뉴욕타임스와 같은 유력 신문에 전면 광고로 실었다. 이러한 신속하고 적극적인 대응 덕분에 그해 4분기 마텔의 순이익은 전년 동기 대비 15%나 증가하였다.

〈표 19.1〉 마텔의 리콜 안내 광고

당신 아이들이 곧 우리 아이들이기 때문입니다.

친애하는 동료 부모님들께

우리 아이들의 안전보다 더 중요한 것은 없습니다. 네 아이의 아버지로서, 아이들에게 가장 중요한 것을 제공하는 것에 대해 함께 생각해 보고자 합니다. 아마도 알고 계시겠지만, 두 가지 다른 이유로 우리는 자발적인 리콜을 실시했습니다: 용납할 수 없는 납 페인트의 사용과 소형 강력 자석의 위험성.

모든 부모님들이 이러한 문제에 대한 소식을 신속히 접하고, 이와 관련된 장난감들을 우리 회사로 반품해 주시길 원합니다. 우리 회사 장난감들의 안전을 확실히 보장하기 위한 추가적 조처를 이미 실행에 옮겼습니다. mattel.com/safety/ 사이트를 방문하셔서 문제가 된 제품과 우리가 취한 조처를 확인하시고, 여러분들의 궁금증이 해소되길 원합니다.

마텔의 안전에 대한 오랜 족적은 왜 우리가 부모님들께 가장 신뢰받는 브랜드 중 하나가 되었는지를 보여줍니다. 저는 우리가 취한 조처들이 그러한 신뢰를 유지시켜 줄 것이라고 확신합니다.

여러분들의 우려를 불식하고, 안전 창출을 지속하고, 여러분과 자녀들이 장난감을 즐길 수 있도록 우리 회사가 극도로 노력하고 있다는 것을 개인적으로 확실히 말씀드립니다.

진심을 담아서

밥 에커트(Bob Eckert)
주식회사 마텔 회장

수 만개의 부품이 사용되는 자동차는 품질 문제가 발생할 확률이 매우 높다. 또한 원가절감을 위해 도입된 부품 공용화로 인해 하나의 부품이 여러 차종에 사용되기 때문에 특히 대량 리콜이 많다. 2010년에 발생한 도요타자동차의 대규모 리콜 사태는 널리 알려져 있다. 다음은 도요타의 리콜 사례를 잘 요약한 기사이다(고정식, 2014).

도요타 '리콜 사태'는 2009년 8월 촉발됐다. 당시 미국 캘리포니아 샌디에이고 인근 고속도로에서 벌어진 사고가 시발이었다. 도요타의 렉서스 ES 350 승용차가 가속페달 결함으로 질주, 시속 190km에 이른 상태에서 충돌하는 사고가 발생한 것이다. 이 사고로 일가족 네 명이 사망하는 참극이 벌어졌다. 당시 도요타는 즉각 차량 결함을 인정하지 않았다. 오히려 운전미숙이 원인이라고 주장했다.

하지만, 미국 고속도로교통안전국(National Highway Traffic Safety Administration, 이하 NHTSA)의 입장은 달랐다. "도요타와 렉서스 일부 모델의 가속페달이 깔어 매트에 걸릴 수 있으니 리콜하라"고 명령을 내린 것이다. 더불어, "도요타의 급발진 의심 사고는 지난 2007년부터 보고됐고, 이로 인해 최소 5명의 사망자가 발생했다"고 지적했다. 도요타 역시 "안전 결함을 인지하고도 무대응으로 일관했다"고 인정했다. 도요타는 2010년에야 리콜을 시작, 모두 1천 2백만 대를 리콜했다.

사건이 커지며 미국 법무부가 나섰다. 검찰을 통해 도요타 리콜 사태를 수사했다. 의회도 거들었다. 청문회를 열고, 아키오 도요타 사장을 출석시켰다. 소비자들도 소송을 제기했다. 손해배상을 요구했다. 상황은 점점 악화일로로 치달았다. 사고 전까지 세계 자동차 판매량 1위를 기록했던 도요타는 결국 2011년, 4위까지 주저앉았다. 당시 판매량은 790만 대로 리콜한 대수보다 4백만 대 이상 모자라는 숫자였다.

도요타는 이 사태로 수 조원의 관련비용을 지출해야 했다. 리콜 비용으로만 24억 달러, 우리 돈으로 약 2조 6천억 원이 들어갔다. 민사 합의금으로는 11억 달러, 한화로 약 1조 1,900억 원을 물어야 했다. 그리고 지난 19일에는 12억 달러, 우리 돈으로 1조 3천억 원에 육박하는 벌금을 냈다. 지난한 시련에 종지부를 찍는데 시간은 5년, 돈은 약 5조 8백억 원이나 필요했다.

도요타자동차의 아키오 도요타 회장은 2010년 2월 미국 의회에서 자사의 리콜 사태와 관련하여 다음과 같이 증언하였다(Montopoli, 2010).

도요타는 지난 몇 년간 사업이 급속히 팽창하였습니다. 솔직히 말씀드리자면, 너무

빠른 성장 속도가 걱정되었습니다. 전통적으로 도요타는 다음과 같은 우선순위를 갖고 있었다는 것을 이 자리에서 말씀드리고 싶습니다.

첫째는 안전, 둘째는 품질, 그리고 셋째가 생산량.

그런데 이러한 우선순위를 혼동하여 예전처럼 멈추고, 생각하고, 개선하지 못했습니다. 또한 더 좋은 제품을 만들기 위해 고객의 목소리에 귀를 기울인다는 기본자세도 다소 느슨해졌습니다.

우리 직원들과 우리 조직의 능력 개발 속도를 넘어서는 성장을 추구했는데, 우리는 이 문제에 대해 각별히 유념해야만 했습니다. 이것이 안전 문제로 인한 리콜 사태를 초래한 데 대해 유감스럽게 생각하며, 도요타 운전자들이 겪은 모든 사고에 대해 마음 깊이 사과드립니다.

여러분들도 잘 아시지만 저는 창업주의 손자이고 도요타 자동차에는 제 이름이 붙어있습니다. 그렇기 때문에 저로서는, 자동차가 훼손되면, 제 자신이 그렇게 되는 것과도 같습니다. 저는, 어느 누구보다도 더, 도요타 자동차가 안전하고, 고객들이 안심하고 운전할 수 있기를 원합니다. 창업 초기부터 굳게 견지해 왔던 안전과 품질 최우선의 가치를 다시 확고히 하는데 제가 앞장서겠습니다.

이 사태를 계기로 도요타는 '리콜은 소비자를 위한 보호조치일 뿐 아니라 품질향상의 기회'라는 생각을 전사적으로 공유하였으며, '잘못이 있으면 발견 즉시 대응한다'는 것을 기업 운영지침으로 삼았다. 도요타의 학습효과는 다른 업체들에도 영향을 미쳤다. 미국 시장에서 전체 자동차 리콜에서 업체의 자발적 리콜이 차지하는 비중은 2011년 53%였으나 2013년에는 70%로 늘었다(김영훈, 2014).

자동차산업 역사상 최대 규모의 리콜은 점화스위치 결함으로 2014년도에 무려 2천900만 대를 리콜한 GM 사태이다. 다음은 이 사태를 요약한 기사이다(정유진, 2014).

GM 사태의 발단은 2001년으로 거슬러 올라간다. 당시 신형 모델 '새턴 이온' 개발을 맡은 연구팀은 제품 테스트 중 점화스위치에서 이상을 발견했다. 하지만 이들은 디자인을 변경해 문제를 해결했다고 보고했고, 2003년 정식으로 '새턴 이온'을 출시했다. 그리고 2004년 '새턴 이온'의 자매모델 격인 '쉐보레 코발트'에서 또다시 점화스위치 이상이 보고됐다. GM은 내부 조사에 나섰지만, '비용이 많이 든다'며 대안으로 제시된 방안들을 모두 묵살했다.

2014년 4월 GM이 미 의회 청문회에 제출한 자료에 따르면, 당시 점화스위치 결함

을 수리하기 위한 부품 교체에 드는 비용은 대당 고작 57센트(약 600원)였던 것으로 드러났다. 57센트의 추가 비용으로 점화스위치 안 스프링 부품의 강도를 높였더라면 이런 비극이 발생하지 않을 수 있었다는 것이다.

미국 고속도로교통안전국(NHTSA)은 GM이 소비자와 법적 분쟁이 발생할 때 불리한 증거로 채택될 것에 대비하여 각종 서류에 결함과 안전, 문제 등과 같은 68개 단어를 쓰지 못하도록 교육한 사내 문서를 공개했다. 다음은 이와 관련된 문서 내용을 소개한 것이다(나지홍, 2014).

"보고서를 작성하거나 누군가와 대화할 때 항상 '이것이 주요 신문이나 방송에 보도될 때 스스로 어떻게 대응할 것인가'를 자문하라"면서 "좋다(good)나 나쁘다(bad)처럼 가치 판단이 반영된 단어 사용을 피하라"고 밝혔다. 이 문서는 특히 "결함이라는 단어는 법적인 책임 인정으로 간주될 수 있다"면서 "결함 대신 이슈(issue)나 상태(condition), 사안(matter) 같은 단어를 쓰라"고 권고했다. 자동차 사고 시 법적 책임문제와 직결되는 "안전(safety)에 문제 있다"는 표현도 "안전과 관련된 잠재적인 상황(potential safety implications)이 있다"는 식으로 대체하도록 했다. 또 '위험한(dangerous)' '끔찍한(terrifying)' '지독한(horrific)' '(사악하다고 할 만큼) 유해한(evil)' 같은 형용사와 '죽음의 함정(deathtrap)' '매우 위험한 일(widow-maker)' 같은 명사도 "부정적 인상을 심어줄 수 있다"는 이유로 사용을 금하고 있다.

GM이 내부적으로 결함을 인지하고서도 10년 이상 이를 방치하여 최악의 사태를 맞게 된 데에는 이러한 면피(免避) 성향의 기업문화가 크게 작용했다는 것이다. 이것은 '품질 최우선' 경영의 중요성을 다시금 깨우쳐 준다.

자동차산업 외의 대량 리콜 사례로는 이케아(IKEA) 서랍장이 있다. 2016년 6월 가구업체 이케아는 미국 시장에서 서랍장 2천 900만 개를 리콜하겠다고 발표했다. 인기상품인 3~6단의 말름(MALM) 모델 서랍장 800만 개, 다른 모델이 2천 100만 개였다. 미국 소비자제품안전위원회(CPSC, Consumer Product Safety Commission)는 이로 인해 미국에서 유통되는 이케아 서랍장의 절반이 리콜 영향권에 놓인다고 밝혔다. 또한 이케아 캐나다도 넘어질 위험이 있는 서랍장 660만 개의 리콜을 발표했다.

서랍장이 앞으로 넘어지면서 어린이가 밑에 깔린 사고가 41건 접수되었으며, 이로 인해 6명의 어린이가 사망한 것으로 알려졌다. 문제의 서랍장들은 모두 벽에 고정돼

리콜 대상이 된 이케아 서랍장, YouTube Screen Capture, Ikea Recalls 29M Dressers, Chests, CC

있지 않은 상태였다. CPSC와 이케아는 2015년 7월부터 서랍장의 안전한 설치를 홍보하면서 서랍장 고정장치를 매장에서 나눠주는 대책을 취했지만, 이후 더 많은 사고가 보고됐다.

이케아는 2002년부터 2016년 사이에 제조된 리콜 대상 서랍장에 대해 '고정장치 설치'를 위한 방문 서비스를 실시하기로 했다. 또한 소비자가 원할 경우 전액 환불해 주기로 했다.

2016년 8월 삼성전자가 출시한 대화면 스마트폰인 갤럭시노트7은 출시 초기 선풍적 인기를 끌었으나 제품에 내장된 배터리 과열 문제로 인해 스마트폰 시장에서 유례없는 대규모 리콜의 대상이 되었다. 2016년 9월 15일 CSPC의 발표에 의하면 미국에서 갤럭시노트7의 배터리 과열로 인해 차량 또는 차고에서 55건의 화재가 발생하였으며, 26건의 화상(火傷) 피해가 접수되었다. 삼성전자가 리콜하기로 한 제품은 이미 판매된 150만대와 유통 단계에 있던 100만대를 합한 250만대 규모였다.

삼성전자의 신속하고도 과감한 리콜 결단에 대해 시장은 호의적인 반응을 보였으나 새로 교체해 준 제품에서도 동일한 유형의 피해가 여러 건 발생하자 출시 59일 만에 전격적으로 생산을 중단하고, 이미 판매된 제품에 대해서는 환불하거나 다른 기종으로 교체하도록 하였다.

리콜과 단종(斷種)으로 인해 삼성전자가 입은 손실은 4조원 정도로 추산되며, 이보다 더 큰 문제는 브랜드 가치의 하락이다. 미국의 경제지 비즈니스인사이더는 갤럭시노트7의 실패로 인해 삼성전자의 브랜드 가치는 180억달러(약 20조원) 감소하였으며, 배터리 폭발 원인을 투명하게 공개하지 못하면 액수는 더 커질 것이라고 전망하였다. 갤럭시노트7의 사례는 '품질 최우선'이 왜 품질경영의 본질인지 잘 보여준다.

(2) PL과 품질인증

전사적인 PLP를 체계적으로 추진하기 위해서는 다음 장에서 설명할 ISO 9000이나 HACCP 등과 같은 제3자 품질인증을 받는 것도 도움이 된다. 유키지루시(雪印) 유업의 사례는 이를 잘 보여준다.

1925년 설립된 유키지루시 유업은 우유나 치즈 같은 유제품을 생산하는 기업으로서 오랫동안 일본인들의 사랑을 받아왔다. 하얀 눈송이 모양의 상표는 청결과 건강을 상징했고, 절대 신뢰받는 '국민 브랜드'로 군림해 왔다. 그러나 2000년 6월 오사카에서 일어난 집단 식중독 사건은 75년간 쌓아온 명문 기업의 명성을 단숨에 무너뜨렸다.

오사카 보건당국의 검사 결과 오사카 공장의 우유 생산라인이 균에 감염되었다는 사실이 밝혀졌다. 당국은 우유 제품의 회수와 판매 자제를 지시했고 유키지루시 유업은 피해자들에 보상해주는 선에서 이 사건을 덮으려 했다. 그러는 사이 식중독 환자가 계속 불어나 사흘째가 되자 2천 명이 넘어섰다. 유례없는 대규모 식중독 사건으로 번지자 회사 측은 기자회견을 갖고 자사의 저지방 우유에 위생상 문제가 발생했다는 것을 공표하였다. 첫 피해 사례가 보고된 후 무려 30여 시간이 지난 뒤였다. 회사 측이 발표를 미룬 탓에 피해는 이미 걷잡을 수 없이 불어나 있었다.

이때부터 회사 측의 거짓말과 발뺌이 시작됐다. 5일째 기자회견 때에는 식중독 원인을 따져 묻는 기자들 질문에 경영진은 모른다는 대답으로 일관했다. 그러나 배석했던 공장장이 참다 못했는지 끼어들어 "가설밸브 일부에서 동전만한 황색 포도구균이 발견됐다"고 말하는 바람에 거짓임이 드러났다. 공장장의 폭로도 완전한 진실은 아니었다. 이틀 뒤 가설밸브의 부분 오염이 아니라 전체가 다 오염된 것으로 밝혀졌다. 뿐만 아니라 회사 측은 당초 오염된 가설밸브를 월 1~2회 정도밖에 사용하지 않았다고 발표하였으나 며칠 뒤에는 "이틀에 한 번 꼴로 썼다"고 말을 바꿨다.

이후 충격적인 사실이 속속 밝혀졌다. 일주일에 한번 꼴로 밸브를 분해·청소하도록 되어 있는 규정을 무시하고 3주일간 한 번도 세척하지 않았다. 우유 식중독 사건 직전에는 오염된 유산균 음료가 시중에 유통되어 50여 명이 피해를 입은 사건도 있었다. 회사측은 처음엔 무조건 잡아떼다가 더 이상 숨길 수 없으면 말을 바꾸는 추태를 이어갔다. 결국 이 사건은 1만 4,789명의 식중독 환자를 낸 사상 최대의 집단 식중독 사건으로 기록되었다.

문제는 여기서 끝나지 않았다. 유키지루시 유업의 자회사인 유키지루시 식품은 일본 정부가 광우병 피해를 본 축산업자를 지원하기 위해 자국산 쇠고기를 매입해 소각하는 것을 악용해 수입 쇠고기 12톤을 자국산이라고 속여 정부보조금 1억 9600만 엔을 타냈음이 드러났다. 일본의 햄과 소시지 시장의 86%를 점유하면서 국민 브랜드로 사랑 받던 유키지루시 식품은 이로 인해 매출이 70% 급감하고 주가가 곤두박질치면서 폐업을 결정할 수밖에 없었다.

만약 유키지루시 유업이 ISO 9000, ISO 22000, HACCP(Hazard Analysis Critical Control) 등과 같이 기업 활동의 전 과정에 대한 품질경영시스템을 도입하고 실천하였다면 매주 분해·청소하게 되어 있는 밸브를 3주간이나 청소하지 않아서 발생한 어이없는 참사는 일어나지 않았을 것이다. 또한 윤리경영이 지속가능한 성장의 토대라는 것을 알았다면 77년 동안 시장에서 군림해 온 기업이 하루아침에 망하는 일도 없었을 것이다.

참고문헌

- 고정식(2014), "5년 만에 리콜 사태 마무리한 토요타, 배턴은 GM에게", 카미디어, 3월 21일.
- 곽재민(2016), "옥시, 가습기 살균제 피해 최종 배상안 발표…추가된 위로금은", 중앙일보, 7월 31일.
- 구성헌(2008), "닌텐도 위, 집에서 즐기다가 사람 잡는다?", 조선닷컴, 4월 18일.
- 권건호(2016), "갤럭시노트7 리콜·단종 손실 4조 달해", 전자신문, 10 월 12일.
- 김영훈(2014), "공용 부품 많고, 전자장치 늘어나고 … 리콜 한 번 터졌다 하면 수백만 대", 중앙일보, 6월 23일.
- 김화영(2016), "이케아, 미국서 '어린이 사망사고' 서랍장 2천900만개 리콜", 연합뉴스, 6월 29일.
- 나지홍(2014), "1200만대 리콜한 GM, '결함(defect)'이 사내 금기어였다", 조선일보, 5월 19일.
- 나진희(2016), "볼펜 뚜껑에 구멍이 난 이유 아세요?", 세계일보, 1월 27일.
- 박정훈(2000), "日명문 유키지루시유업 식중독 파문 확산", 조선일보, 7월 12일.
- 법제처 국가법령정보센터(2017), 제조물 책임법 일부개정, 공포번호 제14764호, 4월 18일.
- 신범수(2011), "단추모양 리튬전지, 아이가 삼키면 치명적", 아시아경제, 7월 5일.
- 안정락, 김현석(2016), "삼성, 갤노트7 250만대 전량 교환", 한국경제신문, 9월 3일.
- 유진상(2016), "외신, 발화원인 규명없는 갤노트7 단종, 삼성전자 브랜드 가치 20조원 날렸다", 조선일보, 10월 13일.
- 이강원, 김세진, 심인성(2014), "GM, 845만대 추가리콜…올해 리콜대수 2천900만대", 연합뉴스, 7월 1일.
- 이승윤(2017), "징벌적 손배제 도입 제조물 책임법 개정안 국회 통과", 법률신문, 3월 30일.
- 이영이(2002), "정직을 버린 기업의 종말", 동아일보, 1월 14일.
- 이철재(2016), "미국 소비자제품안전위원회, 삼성 노트7 공식리콜", 중앙일보, 9월 16일.
- 전설리(2016), "옥시 사태의 재구성 … 가습기 살균제 판매 22년, 사망자 90명 달해", 한국경제신문, 5월 14일.
- 전준범(2015), "S펜 거꾸로 꽂으면 갤노트5 고장", 조선일보, 8월 26일.
- 정성택(2011), "제품 대신 경험을 팔아라, '52세의 바비인형' 식지않는 인기", 한국경제신문, 4월 22일.
- 정유진(2014), "GM 리콜 차량 2000만대 넘었다", 경향신문, 6월 29일.
- 조재길(2010), "양날의 칼 리콜", 한국경제신문, 2월 6일.
- 최재훈(2016), "옥시, 가습기 살균제 해롭다는 내부보고 무시", 조선일보, 4월 16일.
- 하종선, 최병록(1997), 「PL법과 기업의 대응방안」, 한국경제신문사.
- 한국소비자원(2010), 「사례로 살펴보는 제조물 책임법」, 소비자교육교재.
- 日科技連製品安全グループ(1990), 「製品安全技術: PLP 實施の手引き」, 日科技連.
- 日本品質管理學會 PL研究會(1994), 「品質保證と 製品安全」, 日本規格協會.
- Goodden, R.L.(1996), Preventing and Handling Product Liability, Marcel Dekker.
- Goodden, R.L.(2000), Product Liability: A Strategic Guide, ASQ Quality Press.
- Hunziker, J.R. and Jones, T.O.(1994), Product Liability and Innovation: Managing in an Uncertain Environment, National Academy Press.
- Montopoli, B.(2010), "Akio Toyoda Congressional Testimony", CBS News, February 23.
- Murph, D.(2006), "Wii-related injury roundup", Engadget, December 16.
- Story, L. and Barbozaaug, D.(2007), "Mattel recalls 19 million toys sent from China", New York Times, August 15.

제조물 책임법
(법률 제14764호, 2017.4.18., 일부개정, 시행 2018.4.19.)

제1조(목적) 이 법은 제조물의 결함으로 발생한 손해에 대한 제조업자 등의 손해배상책임을 규정함으로써 피해자 보호를 도모하고 국민생활의 안전 향상과 국민경제의 건전한 발전에 이바지함을 목적으로 한다.

제2조(정의) 이 법에서 사용하는 용어의 뜻은 다음과 같다.

1. "제조물"이란 제조되거나 가공된 동산(다른 동산이나 부동산의 일부를 구성하는 경우를 포함한다)을 말한다.
2. "결함"이란 해당 제조물에 다음 각 목의 어느 하나에 해당하는 제조상·설계상 또는 표시상의 결함이 있거나 그 밖에 통상적으로 기대할 수 있는 안전성이 결여되어 있는 것을 말한다.
   가. "제조상의 결함"이란 제조업자가 제조물에 대하여 제조상·가공상의 주의의무를 이행하였는지에 관계없이 제조물이 원래 의도한 설계와 다르게 제조·가공됨으로써 안전하지 못하게 된 경우를 말한다.
   나. "설계상의 결함"이란 제조업자가 합리적인 대체설계(代替設計)를 채용하였더라면 피해나 위험을 줄이거나 피할 수 있었음에도 대체설계를 채용하지 아니하여 해당 제조물이 안전하지 못하게 된 경우를 말한다.
   다. "표시상의 결함"이란 제조업자가 합리적인 설명·지시·경고 또는 그 밖의 표시를 하였더라면 해당 제조물에 의하여 발생할 수 있는 피해나 위험을 줄이거나 피할 수 있었음에도 이를 하지 아니한 경우를 말한다.
3. "제조업자"란 다음 각 목의 자를 말한다.
   가. 제조물의 제조·가공 또는 수입을 업(業)으로 하는 자
   나. 제조물에 성명·상호·상표 또는 그 밖에 식별(識別) 가능한 기호 등을 사용하여 자신을 가목의 자로 표시한 자 또는 가목의 자로 오인(誤認)하게 할 수 있는 표시를 한 자

제3조(제조물 책임)

① 제조업자는 제조물의 결함으로 생명·신체 또는 재산에 손해(그 제조물에 대하여만 발생한 손해는 제외한다)를 입은 자에게 그 손해를 배상하여야 한다.

② 제1항에도 불구하고 제조업자가 제조물의 결함을 알면서도 그 결함에 대하여 필요한 조치를 취하지 아니한 결과로 생명 또는 신체에 중대한 손해를 입은 자가 있는 경우에는 그 자에게 발생한 손해의 3배를 넘지 아니하는 범위에서 배상책임을 진다. 이 경우 법원은 배상액을 정할 때 다음 각 호의 사항을 고려하여야 한다. 〈신설 2017.4.18.〉

1. 고의성의 정도
2. 해당 제조물의 결함으로 인하여 발생한 손해의 정도
3. 해당 제조물의 공급으로 인하여 제조업자가 취득한 경제적 이익
4. 해당 제조물의 결함으로 인하여 제조업자가 형사처벌 또는 행정처분을 받은 경우 그 형사처벌 또는 행정처분의 정도
5. 해당 제조물의 공급이 지속된 기간 및 공급 규모
6. 제조업자의 재산상태
7. 제조업자가 피해구제를 위하여 노력한 정도

③ 피해자가 제조물의 제조업자를 알 수 없는 경우에 그 제조물을 영리 목적으로 판매·대여 등의 방법으로 공급한 자는 제1항에 따른 손해를 배상하여야 한다. 다만, 피해자 또는 법정대리인의 요청을 받고 상당한 기간 내에 그 제조업자 또는 공급한 자를 그 피해자 또는 법정대리인에게 고지(告知)한 때에는 그러하지 아니하다. 〈개정 2017.4.18.〉

제3조의2(결함 등의 추정) 피해자가 다음 각 호의 사실을 증명한 경우에는 제조물을 공급할 당시 해당 제조물에 결함이 있었고 그 제조물의 결함으로 인하여 손해가 발생한 것으로 추정한다. 다만, 제조업자가 제조물의 결함이 아닌 다른 원인으로 인하여 그 손해가 발생한 사실을 증명한 경우에는 그러하지 아니하다.

1. 해당 제조물이 정상적으로 사용되는 상태에서 피해자의 손해가 발생하였다는 사실
2. 제1호의 손해가 제조업자의 실질적인 지배영역에 속한 원인으로부터 초래되었다는 사실
3. 제1호의 손해가 해당 제조물의 결함 없이는 통상적으로 발생하지 아니한다는 사실

[본조신설 2017.4.18.]

제4조(면책사유)

① 제3조에 따라 손해배상책임을 지는 자가 다음 각 호의 어느 하나에 해당하는 사실을 입증한 경우에는 이 법에 따른 손해배상책임을 면(免)한다.

1. 제조업자가 해당 제조물을 공급하지 아니하였다는 사실
2. 제조업자가 해당 제조물을 공급한 당시의 과학·기술 수준으로는 결함의 존재를 발견할 수 없었다는 사실
3. 제조물의 결함이 제조업자가 해당 제조물을 공급한 당시의 법령에서 정하는 기준을 준수함으로써 발생하였다는 사실
4. 원재료나 부품의 경우에는 그 원재료나 부품을 사용한 제조물 제조업자의 설계 또는 제작에 관한 지시로 인하여 결함이 발생하였다는 사실

② 제3조에 따라 손해배상책임을 지는 자가 제조물을 공급한 후에 그 제조물에 결함이 존재한다는 사실을 알거나 알 수 있었음에도 그 결함으로 인한 손해의 발생을 방지하기 위한 적절한 조치를 하지 아니한 경우에는 제1항제2호부터 제4호까지의 규정에 따른 면책을 주장할 수 없다.

제5조(연대책임) 동일한 손해에 대하여 배상할 책임이 있는 자가 2인 이상인 경우에는 연대하여 그 손해를 배상할 책임이 있다.

제6조(면책특약의 제한) 이 법에 따른 손해배상책임을 배제하거나 제한하는 특약(特約)은 무효로 한다. 다만, 자신의 영업에 이용하기 위하여 제조물을 공급받은 자가 자신의 영업용 재산에 발생한 손해에 관하여 그와 같은 특약을 체결한 경우에는 그러하지 아니하다.

제7조(소멸시효 등)

① 이 법에 따른 손해배상의 청구권은 피해자 또는 그 법정대리인이 다음 각 호의 사항을 모두 알게 된 날부터 3년간 행사하지 아니하면 시효의 완성으로 소멸한다.

1. 손해
2. 제3조에 따라 손해배상책임을 지는 자

② 이 법에 따른 손해배상의 청구권은 제조업자가 손해를 발생시킨 제조물을 공급한 날부터 10년 이내에 행사하여야 한다. 다만, 신체에 누적되어 사람의 건강을 해치는 물질에 의하여 발생한 손해 또는 일정한 잠복기간(潛伏期間)이 지난 후에 증상이 나타나는 손해에 대하여는 그 손해가 발생한 날부터 기산(起算)한다.

제8조(민법의 적용) 제조물의 결함으로 인한 손해배상책임에 관하여 이 법에 규정된 것을 제외하고는 「민법」에 따른다.

부칙

〈법률 제14764호, 2017.4.18.〉

제1조(시행일) 이 법은 공포 후 1년이 경과한 날부터 시행한다.

제2조(적용례) 제3조제2항·제3항 및 제3조의2의 개정규정은 이 법 시행 후 최초로 공급하는 제조물부터 적용한다.

LG전자의 광속 리콜

(김호, 동아비즈니스리뷰, 53호, 2010; Courtesy of Hoh Kim, CEO of The LAB h)

"발 빠른 대처에 저도 놀랐습니다." 필자가 한 기자로부터 최근 LG전자의 드럼 세탁기 자발적 리콜 및 소비자 안전 캠페인 발표를 놓고 들은 이야기다.

2월 18일 오후 7시 57분경 대전의 한 아파트에 사는 어린이가 LG전자의 드럼 세탁기 안에서 숨져 있는 채로 발견됐다. 언론은 다음날인 19일 이 사건을 일제히 보도했다. LG전자는 나흘 뒤인 23일, 세탁기 내부에서 문을 열 수 없는 일부 세탁기 모델 약 105만대를 대상으로 잠금 장치를 교체하는 자발적 리콜과 함께, 대대적인 '드럼 세탁기 안전사용 캠페인'을 벌이겠다고 발표했다. LG전자는 전국의 영업, 서비스망을 총 동원해 유아원과 유치원, 초등학교 등을 방문하여 '안전한 세탁기 사용법'을 알렸다. 또 세탁기 안에 들어갔을 때의 위험성을 알리는 동영상도 제작하여 배포했다. 이와 함께 향후 모든 드럼 세탁기 광고에 안전사용을 위한 문구와 그림을 반영하여 위험성을 알리고 홈페이지나 블로그 등을 통한 온라인 캠페인도 병행한다고 밝혔다. LG전자의 이번 리콜 사태는 여러 가지 측면에서 기존의 리콜과는 차별되는 모습을 보여줬다. LG전자 사례를 집중 분석한다.

1. Safety(소비자 안전)

이번 사건과 관련 LG전자에 리콜을 포함한 법적 책임이 있는 것은 아니었다. LG전자는 사용 설명서 등을 통해 기존에 꾸준히 안전사용에 대한 소비자 교육을 해왔다. 흔히 기업에 위기가 발생했을 때, 자사에 법적 책임이 없다면 소극적인 모습을 보이는 것이 대부분이다. 하지만 LG전자의 이번 조치는 달랐다.

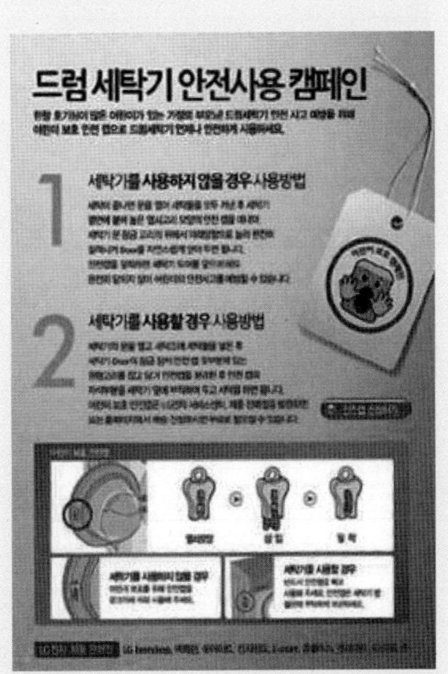

이번 조치는 '회사에 법적 책임이 없더라도 소비자 사용상의 부주의까지 예방하겠다'는 최고 경영층의 의지가 반영되지 않았다면 현실적으로 실행하기 힘들었을 것이다.

필자가 LG전자에 확인한 결과 처음에는 리콜과 함께 안전캡(세탁기를 사용하지 않을 때 어린이 보호를 위해 문을 닫아도 닫히지 않게 세탁기 문고리에 씌우는 장치) 무료 배포로 대책이 모아졌다. 하지만 최고 경영층에서 보다 근본적인 대책을 마련하라고 지시했다고 한다. 결국 LG전자 실무진들은 오랜 드럼 세탁기 역사를 가진 유럽 시장에서 이런 사고가 발생하지 않는 주요 원인이 사회 안전 교육에 있었다는 것을 알게 되고, 소비자 안전 사용 캠페인을 보다 확대해서 기획했다. 매번 리콜 때마다 기업들은 '자발적' 리콜임을 강조하지만 이에 대해 언론이나 여론이 의구심을 가진다. 반면, 이번 LG전자 리콜의 '자발성'에 대해서는 아무런 이견이 없었다. 그 이유가 여기에 있었던 것이었다.

2. Speed(빠른 의사결정)

이번 LG전자의 위기관리가 돋보이는 것 중 하나는 빠른 의사결정이다. 이 사건이 세상에 알려진 것이 사건 발생 하루 뒤인 2월 19일이었다. 이 날이 금요일인데, LG전자의 자발적 리콜 및 소비자 안전 캠페인이 발표된 것은 다음 주 화요일인 23일이었다. 수백억 원의 비용을 들여, 무려 105만대를 대상으로 하는 리콜을 이처럼 빠르게 결정하여 발표한 것은 이례적인 일이다.

이런 결정은 어떻게 가능했을까? 19일 사건을 인지하자마자 LG전자에서는 세탁기사업부장(부사장)을 반장으로 해서 유관 부서를 중심으로 긴급 대책반을 꾸렸다고 한다. 당시 참석자의 근무지가 서울과 경남 창원 등으로 나눠져 있었으나, 시간 절약을 위해 화상회의를 통해 커뮤니케이션을 했다. 빠른 위기관리팀 구성, 실무진들의 조사 및 아이디어 공유, 최고 경영층의 소비자 안전에 중점을 둔 의사결정 등 모두가 '스피디(speedy)'하게 진행되어 긍정적인 결과를 얻을 수 있었다.

3. Speak(적극적 커뮤니케이션)

소비자 사고와 관련 법적 책임도 없는 상황에서 일반적으로 기업이 택하는 대외 커뮤니케이션 전략은 '로우키(low-key)'이다. 하지만 LG전자의 경우 적극적으로 자신들이 이 사건에 대한 조치를 취하고 대외적으로 이야기(speak)를 해 나갔다. 이는 현명한 조치였을까?

예를 들어 이번 사건에서 드럼 세탁기를 생산하는 업체가 다수인 경우, 이에 대한 리콜이나 캠페인으로 인해 LG전자 것인지 모르는 일반 소비자들도 "(이슈가 된 세탁기가) LG전자 것이구나"라고 알게 될 것을 우려해 소극적 대응을 하게 되는 사례가 자주 있다. 굳이 긁어 부스럼 만들지 않겠다는 생각이다.

어떻게 해야 할까? 이런 위기 상황은 크게 두 가지로 나누어볼 수 있다. 제품상의 문제로 인해 해당 기업의 책임이 높은 경우와 그렇지 않은 경우다. 최근 벌어진 일본 도요타 사태는 제품상의 문제로 기업의 책임이 높은 경우에 속한다. 이 때 기업은 적극적으로 이야기(speak)해나가는 것이 일반적으로 현명하다. 제품 문제 발생에 책임이 있는 기업이 침묵으로 일관하는 경우 여론은 부정적으로 흐르기 때문이다.

반면, 이번 LG전자의 사태처럼 기업의 법적 책임이 없을 때에는 최고 경영층의 전략적 판단이 중요하다. 여기에서 '전략적 판단'을 하는 데에는 세 가지 고려 사항(3C)이 있다.

3.1 Consumer 소비자 관련 최악의 시나리오이다. 예를 들어, 이번 사건의 경우 "LG전자가 침묵으로 일관할 경우 어떻게 될까?"라는 질문을 던지면서, 최악의 상황을 가정해보는 것이다. 소비자들이 인터넷 상에서 회사의 침묵에 대해 '안전 무감증' 등으로 비난하거나 집단 소송을 할 수 있고, 언론은 기업의 반응에 대해 '소비자 안전 외면' 등으로 기사를 써나갈 수도 있을 것이다. 이러한 최악의 상황이 실제 발생할 가능성이 50% 이상이라고 판단된다면 기업은 적극적 조치와 커뮤니케이션을 고려해볼 수 있다.

3.2 Competitor 이런 사건은 해당 기업이 침묵하더라도 경쟁사에서 이를 역이용하는 경우도 있을 수 있다. 예를 들어 매장에서 경쟁사 제품과 관련 사고가 있었다는 점을 판매 직원들이 역이용할 수 있다. 이와 같은 경쟁사의 행동 시나리오를 고려하여 오히려 해당사가 먼저 적극적으로 이야기하는 전략을 취할 수도 있다.

3.3 Company 해당 기업의 '철학적 고려'이다. 예를 들어 이번 사건의 경우 '소비자 사용상의 부주의'까지 기업이 책임성을 갖고 돌볼 것인가, 그리고 어느 선까지 소비자 안전에 책임질 것인가 등에 대한 기업의 철학적 고려를 기반으로 결정하는 것이다. LG전자는 이 상황에서 적극적인 조치에 따른 일부 부정적 홍보 효과를 당연히 우려했겠지만, 자신들의 기업 철학에 충실한 판단을 내렸다.

4. Solution(해결책에 중점)

위기 상황에서 기업이 보여주는 태도를 보면 크게 두 가지 유형이 있다. 한 기업은 문제에 대한 '방어'에 집중하는 반면 또 다른 기업은 '해결책(solution)'에 집중한다. 이번 LG전자의 대응은 전형적인 해결책에 집중한 사례다. 만약, LG전자가 이번 사건과 관련해 언론에 "이번 사건은 소비자 사용상의 부주의일 뿐, 우리 기업은 책임 없다"는 태도로 대응했다면 여론은 어땠을까?

이번 사건은 '소비자의 사용상 부주의'가 분명 있었고, 기업의 책임은 없다는 것이 사실일지라도, 이렇게 반응할 경우 여론은 부정적으로 흐르게 되어 있다. 왜냐하면 소비자 여론은 이슈와 관련된 기업이 법적 '책임(liability)' 유무보다는 '책임감(responsibility)'을 보여주는가 아닌가에 좌우되기 때문이다.

5. Social Media(소셜 미디어의 활용)

이번 LG전자의 위기 대응에서 가장 특이했던 것은 소셜 미디어의 적극 활용이었다. 2월 23일 조치를 발표함과 동시에 자사의 블로그(http://blog.lge.com)및 트위터 계정(http://twitter.com/lg_theblog)을 통해 적극적으로 알리면서, 소비자 안전 캠페인 동참을 호소했다. 그리고 캠페인의 진행상황을 '드럼 세탁기 안전사용 캠페인 8일째. 문잠금 장치 신청자가 2만 4542명, 안전캡 1만 7208명 신청' 등으로 수시로 업데이트 해나갔다.

지금까지 일반적인 기업의 리콜에서는 자사의 홈페이지의 팝업창 등을 통해 리콜 안내문 등을 일시적으로 올리는 것이 관례였다. 하지만 LG전자는 소셜 미디어를 적극 활용해나갔다. 이러한 조치가 가능했던 것은, LG전자가 2009년 1·4분기(1~3월)에 블로그를 개설하고, 국내 대기업으로서는 매우 이례적으로 소비자가 댓글까지 달 수 있게 허용해 소비자와 적극적으로 대화를 시도한 것에 기반하고 있다. 실제로 이번에 LG전자가 블로그와 트위터를 통해 안전 캠페인을 벌이자 많은 블로거와 네티즌들은 관련 포스팅이나 댓글, 트랙백(trackback) 등을 통해 소비자들이 함께 캠페인에 동참해 캠페인이 확산시키는 현상이 나타났다.

앞으로도 리콜 등 기업 위기관리에서 보다 적극적인 소셜 미디어 활용을 하고, 소비자와의 동참을 이끌어 내려면 위기 발생 이전부터 꾸준히 소셜 미디어 상의 대화를 통해 소비자와의 관계를 꾸준히 구축해야 한다.

이번 LG전자의 자발적 리콜 및 소비자 안전 캠페인 전개는 단기적 결과보다는 장기적 결과를, 재무적 손실보다는 소비자 안전에 집중했기 때문에 가능했다. LG전자가 이번 리콜 조치에서 보여준 '5S'는 소셜 미디어를 제외하고는 위기관리 전문가들이 늘상 강조해온 원칙이었다. 그런데도 LG전자의 이번 조치가 차별화되는 이유는 이러한 원칙을 실행(implementation)으로 옮기는 기업이 지금까지는 소수였기 때문이다. 소셜 미디어의 발달에 따른 빠른 정보 확산, 사회적 투명성 증대, 고객의 권한 강화는 지금까지 이론적인 원칙으로 여겼던 것을 실행 요소로 자리 잡게 했다. LG전자는 이를 앞서서 실천했다는 점에서 긍정적 평가를 받을 만하다.

20장

품질보증과 품질인증

기업은 제품이나 서비스를 판매하고 있다. 그러나 이러한 제품이나 서비스가 자신들의 요구사항을 충분히 충족시키고 있다는 믿음이 있어야 고객들은 기꺼이 지갑을 연다. 품질보증이란 고객들에게 이러한 믿음을 주기 위해 기업이 행하는 모든 조직적 활동을 말한다. 품질보증의 객관성과 효율성을 높이기 위해서는 거래 당사자로부터 독립된 제3자의 평가가 필요하다. ISO 9000 국제표준은 이러한 인식 하에 태동된 것이다.

20.1 품질보증

2장에서 설명한 바와 같이 품질시스템은 검사, 통계적 품질관리, 품질보증, 품질경영의 4단계 발전과정을 거쳐 왔으며, 품질보증 단계는 제조공정 중심의 품질관리 활동이 경영전반으로 확대된 시기였다. 문제의 사전 예방이 여전히 일차적인 관심사였지만 품질관리의 도구와 방법이 통계학의 영역을 넘어 다양해졌다. 품질보증은 전사적 품질관리(TQC)의 일환으로 추진되었다. 1956년 GE사의 생산 및 품질 책임자였던 파이겐바움은 품질에 대한 책임을 제조부문에 국한시키지 않는 TQC(Total Quality Control)를 제창하였다.

ASQ에서는 품질보증(QA, Quality Assurance)을 다음과 같이 정의하고 있다.

"품질보증이란 제품이나 서비스가 품질의 요구사항을 충족시키고 있다는 확신(믿음)을 주기 위해 품질시스템 내에서 이루어지는 계획적이고 체계적인 모든 활동을 말한다."

이상의 정의에서와 같이 품질의 요구사항을 충족시키고 있다는 '확신'을 주기 위해서는 품질에 관련된 모든 부문이 잘 짜여진 계획에 따라서 체계적인 활동을 해야 한다. 이를 위해 품질보증을 주목적으로 하던 TQC 시대에는 조직 내 각 부문들이 어떤 절차나 단계에 따라 어떤 업무를 수행해야 하는지 흐름도(flow chart)의 형태로 알기 쉽게 정리한 '품질보증체계도'를 작성하였다(그림 20.1 참조). 또한 부문 간의 연계와 협력의 전반적 흐름을 나타내는 품질보증체계도만으로는 구체적으로 누가 무엇을 책임지고 어떤 일을 해야 하는지 불확실하다. 이러한 문제를 보완하기 위해 업무 단계별로 보증사항과 보증을 위한 업무, 책임자 및 관계자, 관련규정 등을 세부적으로 명시한 '품질보증활동 일람표'를 작성하였다(표 20.1 참조).

품질보증체계도와 품질보증활동 일람표는 공급자 입장에서 품질보증 활동을 체계적으로 수행하기 위한 수단이었으나 이제는 ISO 9001과 같이 제3자에 의한 품질경영시스템 인증으로 대체된 경우가 대부분이다. 사실 따지고 보면 이러한 품질보증 활동은 기업이 마땅히 해야 할 품질업무이기 때문에 품질보증(QA)과 품질관리(QC)는 같은 의미로도 쓰인다.

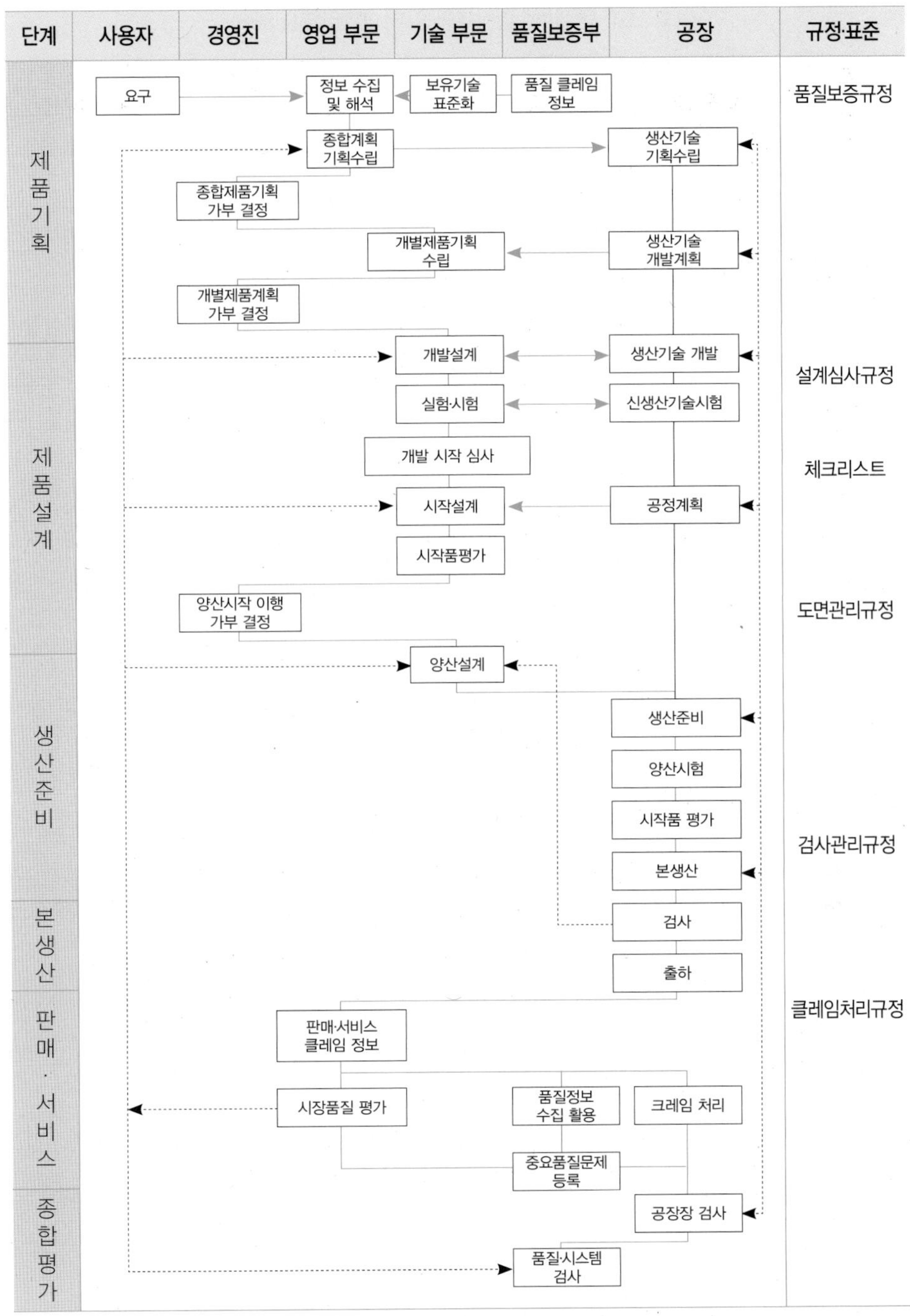

단계
사용자
경영진
영업 부문
기술 부문
품질보증부
공장
규정·표준
제품기획
제품설계
생산준비
본생산
판매·서비스
종합평가
요구
정보 수집 및 해석
보유기술 표준화
품질 클레임 정보
품질보증규정
종합계획 기획수립
생산기술 기획수립
종합제품기획 가부 결정
개별제품기획 수립
생산기술 개발계획
개별제품계획 가부 결정
개발설계
생산기술 개발
설계심사규정
실험·시험
신생산기술시험
개발 시작 심사
체크리스트
시작설계
공정계획
시작품평가
양산시작 이행 가부 결정
도면관리규정
양산설계
생산준비
양산시험
시작품 평가
검사관리규정
본생산
검사
출하
클레임처리규정
판매·서비스 클레임 정보
시장품질 평가
품질정보 수집 활용
크레임 처리
중요품질문제 등록
공장장 검사
품질·시스템 검사

〈그림 20.1〉 품질보증체계도의 예(水野滋, 1985)

〈표 20.1〉 품질보증일람표의 일부 예(황의철, 1988)

<table>
<tr><th colspan="3">단계</th><th rowspan="2">보증사항</th><th rowspan="2">보증을 위한 업무</th><th rowspan="2">보증책임 부서장</th><th rowspan="2">관련 부서장</th></tr>
<tr><th>대</th><th>중</th><th>소</th></tr>
<tr><td rowspan="7">신제품 개발단계</td><td rowspan="3">제품기획</td><td rowspan="2">시장조사</td><td rowspan="2">시장요구사항의 정확한 파악</td><td>1. 현제품 시장상황조사
2. 경합 타사제품 조사
3. 신제품 정보의 수집</td><td>• 판매관리실장
• 수출촉진부장</td><td>• 판매 1·2 부장
• 무역관리부장</td></tr>
<tr><td>1. 기술정보의 수집
2. 시장요구 기술적 검토
3. 안전법 규제 동향조사</td><td>• 기술부장</td><td>• 기술자료실장
• 연구부장
• 품질보증부장</td></tr>
<tr><td>개발품목결정</td><td>적절한 개발항목 선정</td><td>1. 시장성 검토
2. 개발능력의 종합 밸런스 검토
3. 영기획과의 적합성 검토</td><td>• 기획실장</td><td>• 판매 1·2 부장
• 기술부장
• 연구부장</td></tr>
<tr><td rowspan="4">제품설계</td><td rowspan="2">설계구상</td><td rowspan="2">시장요구에 적합한 설계구상</td><td>1. 현제품의 시장품질 수준과의 대비
2. 경합 타사제품의 시장 품질 수준과의 대비
3. 기술능력과의 적합성 검토</td><td>• 기술부장</td><td>• 연구부장
• 기술자료실장</td></tr>
<tr><td>1. 세일즈 포인트의 적정성 확인
2. 판매능력과의 적합성 검토
3. 경제성 검토</td><td>• 판매관리실장
• 무역관리부장
• 수출촉진부장</td><td>• 판매 1·2부장
• 기획실장</td></tr>
<tr><td>설계품질결정</td><td>요구품질에 적합한 설계</td><td>1. 기본규격의 결정
2. 기본 스펙의 결정
3. 안전성의 확인
4. 특허문제의 확인
5. 설계품질의 결정</td><td>• 기술부장</td><td>• 연구부장
• 기술자료실장
• 품질보증부장</td></tr>
<tr><td>설계</td><td>설계품질에 대한 설계서의 적정성</td><td>1. 상세한 기술계산
2. 설계기준에 의한 검토평가
3. 공정능력의 반영확인
4. 재발방지대책의 적정성 확인
5. 계획서의 종합 점검</td><td>• 기술부장</td><td>• 연구부장
• 기술자료실장
• 생산관리부장</td></tr>
</table>

20.2 품질경영시스템 인증

(1) 품질경영시스템 인증의 역사

전통적으로 군수산업이나 원자력산업 등과 같이 안전이 확보되지 않으면 인명에 직접적 영향을 주는 산업에서는 특히 품질보증을 강조하였다. 1963년 미국 정부가 제정한 MIL-Q-9858A(품질 프로그램 요구사항) 규격은 '품질경영시스템(QMS, Quality Management System)' 인증의 모태가 되었다. 이것은 1959년에 제정된 MIL-Q-9858을 개정한 것인데 국방 분야의 계약 규격으로 제정한 것이기 때문에 '규격(specification)'이라는 이름을 붙였지만 본질적으로는 '품질경영시스템 표준'이었다. 이러한 품질보증시스템의 도입이 효과를 거두자 1962년 NASA도 자신의 공급자들에게 적용할 품질시스템 요구사항을 개발하였다. 또한 미국 연방 원자력법에도 MIL-Q-9858A가 반영되면서 품질보증시스템은 원자력산업으로 확대되었다. 이후 이러한 품질보증시스템은 유럽으로 전파되었다. 1965년 NATO(북대서양 조약기구)는 군용장비의 획득에 적용할 품질보증시스템인 AQAP(Allied Quality Assurance Procedures)를 도입하였다. 1970년대에 접어들면서 영국표준협회(BSI)는 영국 최초의 품질보증 표준인 BS 9000과 품질보증 가이드라인인 BS 5179를 발행하였으며, 1979년에는 일반 산업의 제조업자들에게 적용할 품질보증시스템 표준인 BS 5750 시리즈를 제정하였다.

이처럼 품질보증시스템에 대한 다양한 표준이 개발·적용되면서 기업의 부담이 가중되었다. 통일된 품질보증시스템의 필요성을 절감한 ISO는 1987년 영국의 BS 5750을 그대로 채택하여 ISO 9000 국제표준으로 제정하였다. 이때 시스템을 대상으로 한 최초의 국제표준이라는 상징적 의미로 9000번을 부여하였다. 1987년 ISO 9000의 제정 당시에는 다음과 같은 5개의 표준으로 구성되어 있었기 때문에 'ISO 9000 시리즈'라고 불렀다.

- ISO 9000 - Quality Management and Quality Assurance Standards: Guidelines for selection and use.
- ISO 9001 - Quality Systems: Model for quality assurance in design/development, production, installation, and servicing.

• ISO 9002 - Quality Systems: Model for quality assurance in production and installation.
• ISO 9003 - Quality Systems: Model for quality assurance in final inspection and test.
• ISO 9004 - Quality Management and Quality System Element: Part 1. Guidelines.

여기서 보듯이 ISO 9000은 9001, 9002, 9003, 9004의 선택과 활용을 위한 가이드라인에 대한 분류번호이지만 통상적으로 ISO 9000 시리즈를 통칭하는 의미로도 많이 사용된다.

1994년 ISO 9000은 완제품의 점검 대신 예방조처를 강화하는 쪽으로 소폭 개정되었다. 2000년에는 품질보증 중심에서 품질경영 중심의 시스템으로 대폭적인 개정이 이루어졌다. 2000년 개정에서는 프로세스관리를 위한 요구사항과 지속적 개선을 위한 요구사항을 포함시키고 제품 조직뿐 아니라 서비스 조직까지 적용 대상을 넓혔다. 이와 함께 3개의 표준(ISO 9001, 9002, 9003)을 ISO 9001로 통합하였다.

현재는 'ISO 9000 시리즈' 대신 'ISO 9000 패밀리'라는 용어가 사용되고 있는데, 여기에는 다음과 같은 4가지 핵심표준(core standards)이 포함되어 있다. 주제별 표준 뒤에 붙은 4자리 숫자는 마지막 개정이 이루어진 연도를 나타낸다.

① ISO 9000:2015 - Quality Management Systems: Fundamentals and vocabulary

품질경영시스템(QMS)의 기본개념과 원리 및 용어에 대한 표준으로서, QMS를 효율적이고 효과적으로 실행하고 이를 통해 가치를 창출하려면 이에 대한 이해가 선행되어야 한다.

② ISO 9001:2015 - Quality Management Systems: Requirements

이 표준은 고객만족을 제고하고 법적·규제적 요구사항을 충족시키는 제품(여기서 제품이라는 용어는 서비스, 가공된 재료, 하드웨어 및 소프트웨어 모두를 포함)을 일관되게 공급할 수 있는 능력을 입증하기 위해 조직이 반드시 충족시켜야 할 품질경영시스템의 기본적 요구사항을 규정하고 있다. ISO 9001은 품질경영시스템 '인증'의 유일한 대상이다.

③ ISO 9004:2009 - Quality Management Systems: Managing for the sustained success of an organization

이 표준은 조직의 장기적 성공이라는 관점에서 ISO 9001 표준보다 품질경영시스템의 목표에 대해 훨씬 광범위한 지침을 제공한다. 이 표준에서는 지속가능한 성장의 관점에서 고객 뿐 아니라 다른 이해관계자들의 만족까지 추구한다. 여기서 '이해관계자(interested party)'란 조직의 성과나 성공에 관심이 있는 개인이나 집단을 말하는데 고객, 직원, 주주, 공급자, 파트너 및 지역사회 등이 포함된다. [참고: ISO 9000에서는 이해관계자를 나타내는 영어 단어로 'interested party'를 사용하고 있으나 경영 분야에서는 일반적으로 'stakeholder'라는 용어를 쓴다.]

ISO 9001과 ISO 9004는 모두 동일한 구조를 갖고 있기 때문에 양립(兩立)할 수 있다. 따라서 이 두 가지 표준을 따로 사용해도 되고 함께 사용해도 된다. ISO 9001은 품질경영시스템에 대한 최소한의 요구사항을 규정하고 있으므로 ISO 9001 인증을 준비하는 기업들도 내부 시스템은 ISO 9004에 따라 구축하는 것이 좋다.

④ ISO 19001:2011 - Guidelines for auditing management systems

조직의 경영시스템 감사를 위한 지침서 역할을 한다. 이 표준은 감사 원칙, 감사 프로그램의 관리, 경영감사의 실행, 감사 프로세스 관계자의 개별 평가 등을 포괄한다.

(2) 품질경영시스템 개요

ISO 9000 패밀리는 기업들이 효율적 품질시스템을 유지하기 위해 품질시스템을 문서화하는데 도움을 주기 위해 개발된 일군(一群)의 품질경영 및 품질보증 국제표준이다. 이 표준들은 업종이나 조직 규모에 상관없이 공통적으로 적용된다. ISO 9000 패밀리는 고객만족, 규제 요구사항 충족, 지속적 개선을 추구하는데 도움이 되지만, 그것은 어디까지나 품질시스템의 기본적 수준 또는 첫걸음일 뿐 품질을 완전히 보증해 주는 것은 아니다.

2015년 9월 국제표준화기구(ISO)는 2008년에 개정된 품질경영시스템인 ISO 9001:2008을 대폭 개정한 ISO 9001:2015를 공표하였다. ISO 표준은 사업 환경의 변화를 반영하기 위해 5년 주기로 재검토되며, 필요 시 개정된다. 개정된 표준은 발행일로부터 3년간의 이행기간이 주어지므로, 2018년 9월말부터는 ISO 9001:2008의 인증

〈표 20.2〉 ISO 9001의 품질경영 7대 원칙

원칙	내용
원칙 1	고객중심(Customer focus)
원칙 2	리더십(Leadership)
원칙 3	구성원 참여(Engagement of people)
원칙 4	프로세스 접근(Process approach)
원칙 5	개선(Improvement)
원칙 6	증거기반 의사결정(Evidence-based decision making)
원칙 7	관계관리(Relationship management)

효력이 상실된다.

ISO 9001:2015 표준은 다음과 같은 품질경영 7대 원칙에 기반을 두고 있다. 이러한 원칙이 조직 내에 자리 잡으면 품질경영시스템의 실행이 훨씬 수월해진다.

① 고객중심(Customer focus)

품질경영의 일차적 초점은 고객의 요구를 충족시키고 기대를 능가하도록 하는 것이며, 이를 통해 기업의 장기적 성공에 기여하는 것이다. 고객의 신뢰를 확보하는 것뿐 아니라 그 신뢰를 유지하는 것이 중요하며, 이를 위해서는 그들의 미래 요구에 부응해야 한다. 여기에는 다음과 같은 관점들이 포함되어 있다.

- 기존고객뿐 아니라 미래고객의 요구까지 이해한다.
- 조직의 목표를 고객의 요구와 기대에 맞도록 정렬(align)한다.
- 고객의 요구를 충족시킨다.
- 고객만족도를 측정한다.
- 고객 관계를 관리한다.
- 고객 기대를 뛰어넘는 것을 목표로 한다.

② 리더십(Leadership)

조직 구성원 각자가 무엇을 성취하고자 하는지 이해하도록 하기 위해서 경영진은 전략적 방향이나 사명을 조직 전체가 공유할 수 있도록 강력한 리더십을 발휘해야 한다.

- 조직의 비전과 방향을 확립한다.
- 도전적 목표를 설정한다.

- 조직이 추구해야 할 가치를 확립한다.
- 신뢰를 형성한다.
- 권한위임을 실천한다.
- 직원의 기여를 인정한다.

③ **구성원 참여**(Engagement of people)

모든 계층에 있는 구성원들이 역량과 권한을 갖고 참여하면 고객을 위한 가치창출이 보다 쉬워진다.

- 구성원들의 능력을 존중하고 그것이 발휘될 수 있도록 한다.
- 구성원들에게 책임감을 심어준다.
- 지속적 개선에 동참할 수 있도록 한다.
- 개인의 성과를 평가한다.
- 학습과 지식공유가 이루어지도록 한다.
- 문제와 제약사항들에 대한 개방적 토론이 이루어지도록 한다.

④ **프로세스 접근**(Process approach)

여러 활동들로 연결된 프로세스가 하나의 시스템으로 작동한다는 것을 이해하면 보다 일관되게 예측가능한 성과를 얻는데 도움이 된다. 직원, 팀, 프로세스는 서로 단절되어 있는 것이 아니며 구성원 각자가 조직의 활동들을 이해하고 그것들이 서로 어떻게 연관되어 있는지 알면 궁극적으로 효율이 향상된다. 프로세스들로 구성된 시스템의 관리는 PDCA 사이클에 따라 이루어져야 하며, 기회를 활용하고 바람직하지 못한 결과를 예방하려는 리스크 기반 사고에 전반적 초점을 두어야 한다.

- 조직 내에서 이루어지는 모든 활동들을 프로세스 관점에서 관리한다.
- 활동 역량을 평가한다.
- 활동 간의 관계를 확인한다.
- 개선 기회에 대한 우선순위를 매긴다.
- 자원을 효과적으로 배분한다.

⑤ **개선**(Improvement)

성공적인 조직은 개선에 계속 초점을 맞춘다. 지속적으로 고객에게 가치를 전달하기 위해서는 내부 및 외부 환경의 변화에 대응해야 한다. 이것은 상황이 급속히 변하는 오늘날 무엇보다 중요하다.

- 조직의 성과와 역량을 개선한다.
- 개선 활동들을 정렬한다.
- 구성원들이 개선을 실행할 수 있도록 권한위임을 한다.
- 개선 성과를 지속적으로 측정한다.
- 개선 성과를 인정하고 축하한다.

⑥ **증거기반 의사결정**(Evidence-based decision making)

의사결정이란 결코 쉬운 것이 아니며 본질적으로 어느 정도의 불확실성을 내포하고 있지만, 데이터의 분석과 평가에 근거하여 결정을 내리면 원하는 결과를 얻을 가능성이 높아진다.

- 정확하고 믿을만한 데이터를 활용할 수 있도록 한다.
- 데이터 분석 시 올바른 방법을 사용한다.
- 분석을 토대로 의사결정을 한다.
- 데이터 분석과 실제 경험의 균형을 맞춘다.

⑦ **관계관리**(Relationship management)

오늘날의 비즈니스와 조직은 독자적으로 운영되는 것이 아니다. 공급자와 같은 이해관계자들과 맺고 있는 중요한 관계를 확인하고, 그것을 관리하기 위한 계획을 마련하고 실행해야만 지속가능한 성공을 향해 나아갈 수 있다.

- 원가관리, 자원 최적화, 가치창출을 위해 공급자들을 물색하고 선별한다.
- 단기적 관점과 장기적 관점 모두를 고려하여 관계를 관리한다.
- 협력업체들과 전문지식, 자원, 정보 및 계획을 공유한다.
- 개선을 위해 협업한다.
- 공급자의 기여를 인정한다.

ISO 9001 품질경영시스템의 구축이나 인증을 위한 일반적 절차는 다음과 같다.

(i) **경영진의 전폭적인 참여**

- ISO 9001의 도입 이유를 명확히 한다.
- 조직의 사명과 비전 및 가치를 정의한다.

- 조직의 이해관계자(고객, 공급자, 주주, 직원, 지역사회 등)를 정의한다.
- 품질 방침을 수립한다.
- 조직의 목표 및 관련된 제품/서비스의 품질목표를 수립하고 정렬(align)한다.

(ii) **품질목표를 달성하기 위한 핵심 프로세스들과 그들의 상호작용(interaction)을 확인한다.**

(iii) **(프로세스관리 기법을 이용하여) 품질경영시스템(QMS)과 그것을 구성하고 있는 프로세스들을 실행하고 관리한다.**

(iv) **ISO 9001에 기반을 둔 품질경영시스템(QMS)을 구축한다.**
- ISO 9001의 요구사항을 확인한다.
- 가능하면 이러한 요구사항과 자사의 품질경영시스템을 대응(mapping)시킨다.
- 요구사항을 충족시키는 부분과 그렇지 않은 부분을 확인한다.
- 필요한 활동과 절차 및 관리항목을 품질경영시스템 내에 포함시킨다.

(v) **시스템을 실행에 옮기고, 직원 교육을 실시하고, 프로세스의 운영이 효과적으로 이루어지고 있는지 검증한다.**

(vi) **품질경영시스템(QMS)을 관리한다.**
- 고객만족에 초점을 맞춘다.
- 품질경영시스템의 운영 상태를 모니터하고 측정한다.
- 지속적 개선을 추구한다.
- 조직운영에 '경영품질 모델(business excellence model)'의 도입을 고려한다.

(vii) **필요하다면 제3자로부터 품질경영시스템 인증을 받는 것을 고려한다.**

품질경영시스템의 도입효과에 대해서는 많은 논란이 있어 왔다. 특히 ISO 9001 인증 취득 자체를 목적으로 하는 기업과 상업적 목적을 우선으로 하는 일부 인증기관들의 이해가 맞아떨어져 인증이 남발된 경우가 적지 않다. 그러나 ISO 9001의 제정 목적에 맞게 제대로만 도입한다면 다음과 같은 효과를 거둘 수 있다.

- 조직의 업무에 의해 누가 영향을 받으며, 그들이 조직으로부터 무엇을 기대하는지 전체적 맥락에서 파악할 수 있다. 이것은 조직의 목표를 명확히 기술하고 새로운 사업 기회를 발견하는데 도움이 된다.
- 고객의 요구를 충족시키고 그들의 기대 이상으로 업무가 수행되는 것을 지속적으로 뒷받침함으로써 고객 최우선이 실행되도록 한다. 이것은 지속적 거래, 신규

고객 확보, 사업 번창으로 이어진다.

• 조직 구성원 모두가 이해할 수 있도록 업무가 정렬되기 때문에 보다 효율적인 업무수행이 가능하다. 따라서 생산성이 높아지고 내부 비용이 절감된다.
• 법적 요구사항과 규제 준수사항을 충족시킨다.
• 조직에 관련된 리스크를 확인하고 대처한다.
• 거래의 전제조건으로 ISO 9001 인증을 요구하는 기관과 고객들이 있기 때문에 새로운 시장개척에도 도움이 된다.

2015년에 개정된 ISO 9001:2015의 가장 큰 특징은 '상위수준구조'와 '리스크 기반 사고'인데, 이에 대해 살펴보자.

(3) 상위수준구조와 리스크 기반 사고

2015년 개정판의 큰 특징은 다른 ISO 경영시스템 표준들과 동일한 기본구조를 공유하도록 한 것이다(; 향후 개정될 표준 포함). 이 기본구조를 'HLS(High Level Structure, 상위수준구조)'라고 한다.

HLS는 〈표 20.3〉에 있는 10개 주요 항목과 항목별 하위 항목으로 구성되어 있는데, 모든 ISO 경영시스템 표준은 이 항목들을 담고 있어야 한다. 이러한 HLS를 공유함으로써 품질경영시스템과 더불어 환경경영시스템, 보건 및 안전경영시스템 등과 같은 다른 경영시스템을 함께 도입하기가 훨씬 용이하게 된 것이다.

개별 경영시스템 표준은 필요에 따라 특정한 세부항목들을 HLS에 추가할 수 있다. 예를 들어 품질경영시스템 표준인 ISO 9001:2015는 〈표 20.4〉와 같은데, 이것은 HLS에 품질경영시스템에 필요한 하부 항목들을 추가한 것이다.

〈표 20.3〉 ISO 경영시스템표준의 HLS(상위수준구조)

1. **적용범위**(Scope)	6. **기획**(Planning) • 리스크와 기회에 대한 조치 • 목표와 달성계획
2. **인용표준**(Normative references)	7. **지원**(Support) • 자원 • 적격성 • 인식 • 의사소통 • 문서화된 정보
3. **용어 및 정의**(Terms and definitions)	8. **운영**(Operation) • 운영 기획 및 관리
4. **조직의 상황**(Context of the organization) • 조직 및 조직 상황 이해 • 이해관계자의 요구와 기대 이해 • 경영시스템의 범위 결정 • 경영시스템	9. **성과평가**(Performance evaluation) • 모니터링, 측정, 분석 및 평가 • 내부심사 • 경영검토
5. **리더십**(Leadership) • 리더십과 실행의지 • 방침 • 조직의 역할, 책임 및 권한	10. **개선**(Improvement) • 부적합 및 시정조치 • 지속적 개선

〈표 20.4〉 ISO 9001:2015의 구성

1. **적용범위**(Scope)	6. **기획**(Planning) 6.1 리스크와 기회에 대한 조치 6.2 품질목표와 달성계획 6.3 변경계획
2. **인용표준**(Normative references)	7. **지원**(Support) 7.1 자원 7.2 적격성 7.3 인식 7.4 의사소통 7.5 문서화된 정보
3. **용어 및 정의**(Terms and definitions)	8. **운영**(Operation) 8.1 운영 기획 및 관리 8.2 제품 및 서비스 요구사항 8.3 제품 및 서비스의 설계와 개발 8.4 외부에서 공급받는 프로세스, 제품 및 서비스의 관리 8.5 생산 및 서비스의 제공 8.6 제품 및 서비스의 출하 8.7 부적합 산출물의 관리
4. **조직의 상황**(Context of the organization) 4.1 조직 및 조직 상황 이해 4.2 이해관계자의 요구와 기대 이해 4.3 품질경영시스템의 범위 결정 4.4 품질경영시스템과 프로세스	9. **성과평가**(Performance evaluation) 9.1 모니터링, 측정, 분석 및 평가 9.2 내부심사 9.3 경영검토
5. **리더십**(Leadership) 5.1 리더십과 실행의지 5.2 방침 5.3 조직의 역할, 책임 및 권한	10. **개선**(Improvement) 10.1 일반사항 10.2 부적합 및 시정조치 10.3 지속적 개선

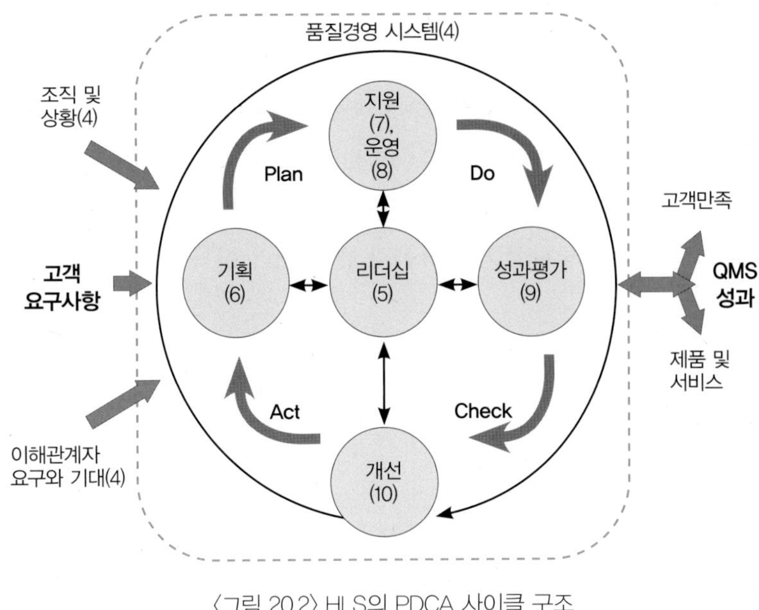

〈그림 20.2〉 HLS의 PDCA 사이클 구조

PDCA 사이클은 품질경영시스템을 포함한 모든 경영 프로세스에 적용될 수 있다. 〈그림 20.2〉는 상위수준구조(HLS)에 PDCA 사이클이 어떻게 반영되었는지 보여준다.

이 PDCA 사이클을 간략하게 설명하면 다음과 같다.

- Plan: 시스템과 프로세스들의 목표를 성취하고, 고객 요구사항에 부합하는 결과물을 제공하기 위해 필요한 자원계획, 조직 방침, 리스크와 기회 요인의 확인과 대처 방안을 수립한다.
- Do: 계획을 실행에 옮긴다.
- Check: 목표와 방침, 요구사항, 활동계획 등에 비추어 프로세스들을 감시·측정하고 보고한다.
- Action: 필요 시 성과개선을 위한 조처를 취한다.

ISO 9001:2015의 두 번째 특징은 리스크 기반 사고(risk-based thinking)에 초점을 맞추고 있다는 점이다. 리스크란 '목표에 미치는 불확실성의 영향'이라고 정의할 수 있는데, 불확실성(uncertainty)이 미치는 영향은 긍정적일 수도 부정적일 수도 있다. 리스크의 영향(effect)은 기대한 결과에서 벗어나는 것을 의미하는데, 여기에는 긍정적 이탈과 부정적 이탈이 모두 포함된다. 긍정적 이탈은 기회를 제공하기도 하지만 모든 긍정적 이탈이 기회가 되는 것은 아니다.

이전에도 리스크는 표준에 반영되었지만 개정판에서는 그것을 훨씬 더 부각시켰다. 리스크를 더욱 중요하게 고려하는 이유는 비즈니스의 글로벌화가 확대되고 있으며, 이에 따라 공급사슬이 복잡해지는 현실과 관련이 깊다. ISO 9001:2015 품질경영시스템에 반영된 리스크 관련 요구사항들은 다음과 같이 여러 항목에 걸쳐있다.

4. 조직의 상황

4.4 품질경영시스템과 프로세스

4.4.1 조직은 품질경영시스템에 필요한 프로세스들을 결정하고, 이를 조직 전반에 적용하고, 다음 사항을 실행해야 한다.

f) 6.1(리스크와 기회에 대한 조치)의 요구사항에 따라 결정된 리스크와 기회에 대한 조치

5. 리더십

5.1 리더십과 실행의지

5.1.2 고객중심

최고경영자는 다음 사항을 보장함으로써 고객중심에 대한 리더십 및 실행의지를 실증하여야 한다.

b) 제품 및 서비스의 적합성에 영향을 미칠 수 있는 리스크와 기회, 고객만족 향상 능력이 결정되고 다루어져야 한다.

6. 기획

6.1 리스크와 기회에 대한 조치

6.1.1 품질경영시스템을 기획할 때, 조직은 4.1(조직 및 조직 상황의 이해)과 관련된 이슈 및 4.2(이해관계자의 요구와 기대 이해)의 요구사항을 고려해야 하며, 다음 사항을 다루는데 필요한 리스크와 기회를 결정해야 한다.

a) 품질경영시스템이 의도한 결과를 달성할 수 있다는 것의 보증

b) 바람직한 영향의 증대

c) 바람직하지 않은 영향의 예방 또는 감소

d) 개선 실현

6.1.2 조직은 다음 사항을 기획해야 한다.

a) 리스크와 기회를 다루기 위한 조치

b) 조치 방법:

1) 품질경영시스템 프로세스와 통합하고 실행한다.

2) 이러한 조치의 효과성을 평가한다.

리스크와 기회를 다루기 위한 조치는 제품 및 서비스의 적합성에 미칠 잠재적 영향에 비례해야 한다.

9. 성과평가

9.3 경영검토

9.3.2 경영검토 입력사항

e) 기회와 위기에 대해 취한 조치의 효과성

리스크 기반 사고는 효과적인 품질경영시스템의 구축과 실행에 필수적이다. 위기와 기회를 함께 다룸으로써 품질경영시스템의 효과를 높이고, 성과를 개선하고, 부정적 영향을 예방할 수 있기 때문이다.

(4) 기업 리스크관리

기업이 고려해야 할 리스크들을 어떻게 분류할 것인가에 대해 합의된 방법은 없지만, 통상적으로 〈표 20.5〉에 정리한 것과 같이 위해(危害), 운영, 재무, 전략의 4가지 범주로 분류한다.

리스크의 관리를 위해서는 먼저 기업이 안고 있는 잠재적 리스크들을 모두 도출하고, 각각의 리스크에 대해 평가해야 한다. 리스크는 그것의 발생 가능성과 영향도를 기준으로 평가한다. 발생 가능성과 영향도가 클수록 보다 중점적인 관리가 요구된다.

리스크 평가 결과를 시각적으로 나타내기 위해 〈그림 20.3〉과 같은 '리스크 맵(Risk Map)'을 사용한다. 리스크 맵은 '리스크 매트릭스(Risk Matrix)'라고도 불린다.

〈표 20.5〉 기업 리스크의 분류

종류	내용	예
위해 리스크 (Hazard Risks)	안전사고, 자연재해, 법적 책임 등과 관련된 리스크로서, 주로 보험의 대상이 된다.	• 화재, 폭발, 안전사고로 인한 인적, 물적 손실 • 폭풍이나 지진 등의 자연재해로 인한 손실 • 도난이나 범죄로 인한 인적, 물적 손실 • 제품책임(PL) 때문에 발생하는 피해 보상
운영 리스크 (Operational Risks)	인력, 프로세스, 시스템 또는 관리 문제로 인해 초래되는 리스크 중 위해 리스크에 포함되지 않는 리스크	• 제품개발, 생산관리, 공급사슬, 정보관리, 예산계획, 회계정보, 투자평가, 인력관리, 협력업체 관계 등을 포함한 사업 운영상의 제반 리스크
재무 리스크 (Financial Risks)	시장의 힘이 자산이나 부채에 미치는 영향력으로 인해 초래되는 리스크	• 자산 가치, 이자율, 환율 등의 가격 리스크 • 단기간에 손실 없이 자산을 매각하기 어려운 유동성 리스크 • 디폴트(채무 불이행)와 같은 신용 리스크
전략 리스크 (Strategic Risks)	인구통계학적 변화와 경제, 정치, 경쟁 환경의 변화를 포함한 경제 및 사회 추세로 인해 초래되는 리스크	• 인구통계학적 변화와 사회/문화적 추세 변화 • 와해성 기술의 등장과 같은 기술혁신 • 법적 규제 변화 • 불미스런 일에 연루된 기업 평판 손상

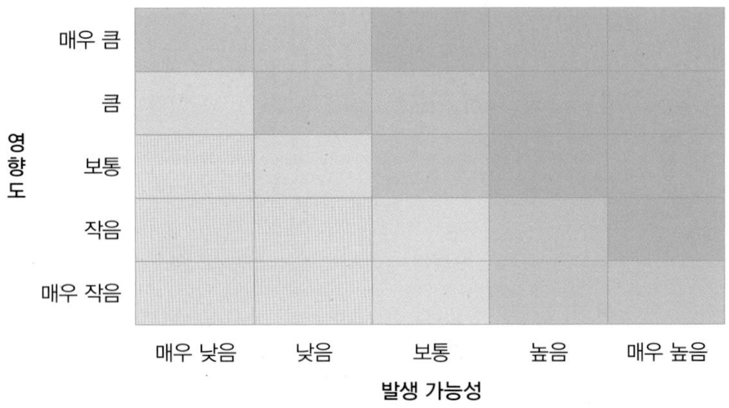

〈그림 20.3〉 리스크 맵(Risk Map)

리스크 맵의 우측 상단으로 갈수록(즉, 발생 가능성과 영향도가 모두 클수록) 리스크의 위험도가 증가한다. 이것을 직관적으로 보여주기 위해 리스크 맵 내에 색상을 이용한 것을 '리스크 히트 맵(Risk Heat Map)'이라고 하는데, 이 맵에서는 우측 상단으로 갈수록 더 강렬한 붉은색을 사용한다.

리스크 평가가 끝나면 각각의 리스크에 대한 대응전략을 마련해야 한다. 리스크에 대한 대응전략은 〈표 20.6〉에 정리한 바와 같이 회피, 감소, 이전/공유, 허용의 4가지 기본 방향이 있다.

리스크 대응전략의 기본적 방향은 〈그림 20.4〉에 나타낸 바와 같이 위험도가 크면

〈표 20.6〉 리스크 대응전략

대응전략	설명
회피 (Avoidance)	리스크를 야기하는 활동을 중단 또는 제거 (예) 리스크에 비해 혜택이 작은 경우 판매 중단 또는 사업부 폐지
감소 (Reduction)	리스크의 발생 가능성이나 영향을 줄이기 위한 사전 조치를 취함 (예) 운영기준 설정 또는 강화
이전 (Transfer)	리스크를 제3자에게 이전(transfer) 또는 공유(sharing) (예) 보험, 외주, 환헤지(forex hedge), 파트너십
허용 (Acceptance)	리스크의 발생 가능성과 영향을 그대로 감수 (예) 잠재적 혜택이 큰 리스크 중 감당할 만한 것을 수용

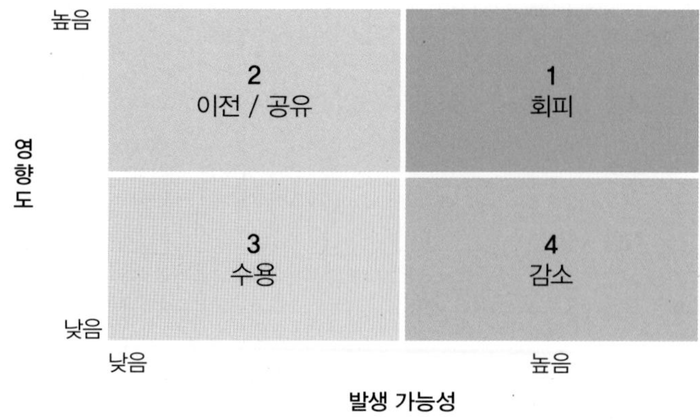

〈그림 20.4〉 리스크 대응전략의 기본방향

회피전략, 작으면 수용전략을 선택한다. 그러나 이에 앞서 모든 리스크에 대해 가능한 한 제거 또는 감소 대책을 마련해야 한다. 이러한 대책이 실시되면 리스크 맵에 표시된 리스크들이 전반적으로 좌측 하단으로 이동하게 된다.

리스크관리에 대한 ISO 표준으로는 ISO 31000(Risk management – Principles and guidelines)이 있는데, 이 표준은 리스크관리의 원칙과 체계 및 프로세스를 다루고 있다. 그러나 이 표준은 인증 목적으로 사용되는 것은 아니며, 리스크관리에 대한 내·외부 감사 프로그램 지침서로 활용된다.

20.3 환경경영시스템 인증

(1) 환경경영시스템 개요

1992년 브라질 리우데자네이루(Rio de Janeiro)에서 개최된 환경 및 개발에 관한 UN 콘퍼런스에서는 '지속가능 개발(sustainable development)'에 대한 심도 있는 논의 끝에 '환경과 개발에 관한 리우선언'을 발표하였다.

이 선언은 세계적 차원의 환경보전 운동을 촉발시키는 계기가 되었으며, 이에 대응하기 위해 ISO에서는 1993년 환경경영에 대한 기술위원회(TC, Technical

Committee)인 ISO/TC 207을 결성하였다. 이 위원회가 주축이 되어 환경경영시스템(EMS, Environmental Management System)'에 대한 국제표준인 ISO 14000 패밀리가 탄생하였다.

ISO 14000 패밀리의 주요 표준은 〈표 20.7〉에 정리되어 있다. 이 중 ISO 14001은 환경경영시스템에 대한 제3자 인증의 대상이 되는 표준이다. 또한 ISO 14004는 환경경영시스템에 대한 원칙과 시스템 및 지원기법에 대한 일반적 가이드라인을 제공하고 있다. ISO 14001과 14004는 환경경영시스템에 초점을 맞추고 있으며, 그 외의 다른 표준들은 전과정평가(LCA, Life Cycle Assessment)와 같은 환경영향 평가, 환경 라벨링과 같은 외부와의 소통, 감사(auditing) 등과 같이 환경경영의 특정한 일면을 다루고 있다.

ISO/TC 207은 활동 초기부터 품질경영 및 품질보증을 관장하는 ISO/TC 176과 긴밀한 협조를 한 결과 품질경영시스템 인증에 대한 ISO 9001과 환경경영시스템 인증에 대한 ISO 14000은 양립이 가능하도록 설계되었다. ISO 19011은 품질경영시스템과 환경경영시스템의 감사 가이드라인에 대한 공동 표준이다.

〈표 20.4〉와 〈표 20.8〉을 비교해 보면 쉽게 알 수 있듯이, 2015년에 개정된 환경경영시스템인 ISO14001:2015는 품질경영시스템 ISO 9001:2015와 동일한 HLS(상위수준구조)를 갖고 있다. 따라서 품질경영시스템과 환경경영시스템을 동시에 구축하고 실행하더라도 두 시스템 사이에 충돌이나 갈등은 존재하지 않는다.

〈표 20.7〉 ISO 14000 패밀리의 주요 표준

표준	내용
ISO 14001	환경경영시스템 – 요구사항 및 사용지침
ISO 14004	환경경영시스템 – 원칙, 시스템 및 지원기법에 대한 일반 가이드라인
ISO 19011	품질경영시스템(9000)과 환경경영시스템(14000) 통합검사 가이드라인
ISO 14031	환경성과 평가 가이드라인
ISO 14020	환경 라벨 및 선언 – 일반 원칙
ISO 14040	전과정평가(LCA) – 원칙 및 기본구조
ISO 14064	온실가스 배출에 관한 보고 및 감축에 관한 규격(Part 1, 2, 3)

〈표 20.8〉 ISO 14001:2015의 구성

1. **적용범위**(Scope)	6. **기획**(Planning) 6.1 리스크와 기회에 대한 조치 6.2 환경목표와 달성계획
2. **인용표준**(Normative references)	7. **지원**(Support) 7.1 자원 7.2 적격성 7.3 인식 7.4 의사소통 7.5 문서화된 정보
3. **용어 및 정의**(Terms and definitions)	8. **운영**(Operation) 8.1 운영 기획 및 관리 8.2 비상 시 대비 및 대응
4. **조직의 상황**(Context of the organization) 4.1 조직 및 조직 상황 이해 4.2 이해관계자의 요구와 기대 이해 4.3 환경경영시스템의 범위 결정 4.4 환경경영시스템	9. **성과평가**(Performance evaluation) 9.1 모니터링, 측정, 분석 및 평가 9.2 내부심사 9.3 경영검토
5. **리더십**(Leadership) 5.1 리더십과 실행의지 5.2 환경방침 5.3 조직의 역할, 책임 및 권한	10. **개선**(Improvement) 10.1 일반사항 10.2 부적합 및 시정조치 10.3 지속적 개선

(2) 전과정평가(LCA)

ISO 14040 시리즈(; ISO 14040/14041/14042/14043)는 '전과정평가(LCA, Life Cycle Assessment)'에 대한 일군(一群)의 표준이다. 전과정평가(LCA)란 제품이나 서비스가 전체 라이프 사이클에 걸쳐 환경에 미치는 영향을 평가하는 기법을 말한다. 즉 원료채취, 가공 및 제조, 운송, 사용 및 폐기까지의 "요람에서 무덤까지(cradle–

to-grave)" 전 과정에 걸쳐 사용되는 에너지와 자원 및 배출물이 환경에 미치는 영향을 평가하고, 이를 토대로 환경개선의 기회를 찾기 위해 사용된다.

일반적으로 전기자동차의 경우 가솔린자동차보다 훨씬 더 친환경적이라고 생각되지만 전과정평가의 관점에서 보면 그렇지 않을 수 있다. 전기자동차에 들어가는 배터리를 충전시키는 전력이 얼마나 친환경적으로 생산되느냐에 따라 결과가 달라진다. 만약 전기차 배터리의 충전을 위한 전력이 석탄발전소에서 생산된다면 오히려 대기 환경에 더 부정적이라는 연구결과가 발표된 바 있다(김준래, 2015). 석탄발전으로 인한 부정적 영향이 전기차 운행으로 인한 긍정적 영향보다 더 크기 때문이다.

사회보장제도의 궁극적 목표를 상징적으로 나타내는 "요람에서 무덤까지(cradle-to-grave)"라는 표현 대신, 전과정평가에서는 "요람에서 요람까지(cradle-to-cradle, C2C)"라는 말을 쓰기도 한다. 자연의 순환계를 보면 하나의 생명체가 수명을 다하면 다른 생명체의 탄생과 생존을 위한 유용한 자원으로 활용되듯이 상품도 수명을 다하면 폐기물로 버려질 것이 아니라 다른 유용한 자원으로 재활용되어야 한다는 개념이다. 즉, C2C(cradle-to-cradle)는 폐기물이 없는 이상적 설계 개념을 지칭한다.

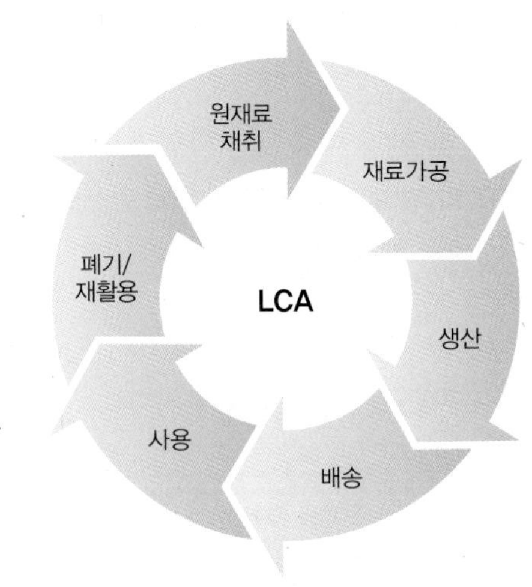

〈그림 20.5〉 전과정평가의 개념: 요람에서 무덤까지

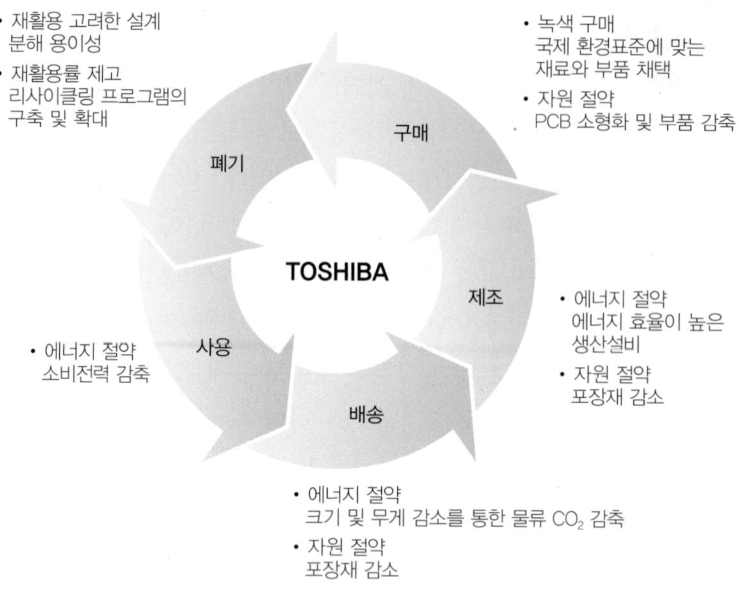

〈그림 20.6〉 전과정평가의 예

전과정평가에 대한 이해를 돕기 위해 〈그림 20.6〉은 일본 도시바의 예를 요약한 것이다(Ecodyger, 2014). 일반적으로 전과정평가에는 다음과 같은 3가지 업무가 포함된다.

- 투입되는 에너지와 재료 및 환경 배출물의 확인과 계량화
- 확인된 투입물과 배출물의 잠재적 환경영향 평가
- 평가 결과의 해석 및 실질적 환경 개선 대책 마련

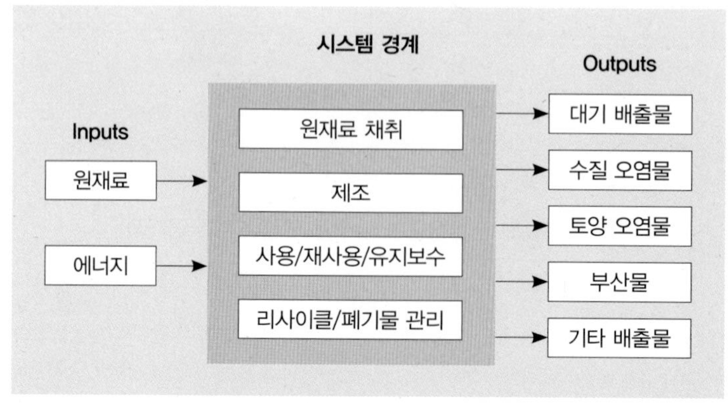

〈그림 20.7〉 전과정평가의 라이프 사이클 단계

〈그림 20.7〉은 전과정평가에서 고려될 수 있는 라이프 사이클 단계와 측정 대상이 될 수 있는 투입물과 산출물을 예시한 것이다. 전과정평가 프로세스는 다음과 같은 4단계의 체계적 접근방법으로 구성되어 있다.

① **목적 및 범위 설정**(Goal Definition)

전과정평가의 목적을 정의하고 이와 관련된 제품, 프로세스 또는 활동들을 기술한다. 어떤 맥락에서 LCA가 수행되는지 고려하여 평가 범위(즉, 평가할 시간적, 지역적, 기술적 경계)를 설정한다.

② **전과정 목록분석**(Inventory Analysis)

투입물(에너지, 물, 자재)과 산출물(대기 배출물, 수질 오염물, 토양 오염물, 기타 폐기물)을 확인하고 계량화한다.

③ **전과정 영향평가**(Impact Assessment)

목록분석에서 확인된 투입물과 산출물이 인간과 생태계에 미치는 잠재적 영향을 평가한다.

④ **전과정 해석**(Interpretation)

평가결과를 해석하고 환경부담을 줄이기 위한 제품, 프로세스, 서비스의 개선방안을 모색한다.

(3) 환경 라벨 및 선언

ISO 14020 시리즈(; ISO 14020/14021/14022/14023/14024)는 '환경 라벨 및 선언'에 대한 일군(一群)의 표준이다. ISO 14020에서는 환경 라벨(environmental label) 및 환경 선언(environmental declaration)을 "제품이나 서비스의 환경적 측면을 나타내는 주장"이라고 정의하고 있다. 여기서 환경 라벨이나 환경 선언은 제품 설명서 내의 기술, 광고나 선전 문구, 포장재에 있는 문장, 심벌, 그래픽 등과 같은 다양한 형태로 표현될 수 있다.

환경 라벨링 제도는 강제적인 것은 아니지만 제품이나 서비스의 환경적 측면을 오도(誤導)하지 않고, 검증 가능한 정확한 정보를 유통시킴으로써 환경 부담이 적은 제품 및 서비스의 수요와 공급을 촉진시키고자 하는 것이다. 또한 이를 통해 시장주도의 지속적 환경개선을 유도하고자 한다.

ISO에서는 환경 라벨을 〈표 20.9〉와 같은 3가지 유형으로 분류하고 있다.

〈표 20.9〉 환경 라벨의 유형

유형	내 용	ISO 표준
유형 1 환경표지(마크)	특정 상품 카테고리 내에서 환경적 우수성을 제3자가 인증하고, 환경 라벨 사용권 부여	ISO 14024
유형 2 환경성 자기주장	상품의 환경성에 대한 기업의 주장으로서 독립적 검증이 수반되지 않음	ISO 14020
유형 3 환경성 선언	전과정평가의 관점에서 환경에 영향을 미치는 속성들에 대한 정량적 데이터 제공	ISO 14025

① 유형 1 - 환경마크

동일한 용도의 다른 상품에 비해 '환경성'이 우수한 경우 제3자가 이를 인증하는 표지(標識, mark)나 로고를 부여하는 것을 말하는데, 통상적으로 이를 에코라벨(eco-labels)이라고 한다. 여기서 '환경성'이란 상품의 제조로부터 사용 및 폐기에 이르기까지의 전과정에서 오염물질이나 온실가스를 배출하는 정도, 자원과 에너지를 사용하는 정도 등과 같이 환경에 미치는 영향력을 통칭한다.

우리나라에서는 환경부 산하의 한국환경산업기술원이 이 업무를 담당하고 있는데, 서류검증 및 현장심사 등을 거쳐 환경성이 우수하다고 판단되면 환경마크를 부여한다.

우리나라 환경마크

② 유형 2 - 환경성 자기주장

상품의 환경적 특성에 대한 제조업자, 수입업자, 공급업자의 자기주장으로서 독립적 검증이 수반되지 않는다. 예를 들어 제3자의 검증 없이 "생분해성 소재를 사용했다"는 식으로 표시 또는 선전하는 것이 여기에 해당한다. 독립된 제3자의 검증이 없는 업자의 일방적 주장이므로 그린워싱(greenwashing)의 위험이 존재한다. [참고: 그린워싱이란 환경적 속성이나 효능에 관한 표시 및 광고가 허위 또는 과장되어, 사실과 다른 친환경 이미지를 통해 경제적 이득을 취하는 것을 의미한다].

상품의 환경적 특성에 대한 업자의 주장이 사실이 아닌 것으로 사후에 밝혀질 경우 관련 기관이 이를 시정하도록 조처한다. 우리나라에서는 공정거래위원회가 이 업무를 맡고 있는데, 표시 및 광고 내용이 부당하다고 밝혀질 경우 과징금과 더불어 상대방에게 손해를 입힌 경우 손해배상까지 요구한다.

③ 유형 3 - 환경성 선언

자격 있는 제3자가 전과정평가(LCA) 관점에서 미리 설정해 놓은 환경변수들에 대한 상품의 정량적 환경 데이터를 자발적으로 제공하는 것을 말한다. 측정 대상이 된 환경변수들을 설정한 제3자 또는 자격 있는 다른 제3자의 검증이 수반된다.

우리나라의 경우 한국환경산업기술원이 운영하고 있는 '환경성적표지(EPD, Environmental Product Declaration)' 제도가 여기에 해당한다. 환경성적표지는 제품이나 서비스의 원료채취로부터 생산, 배송, 사용, 폐기에 이르기까지 전과정에 대한 환경 영향을 계량적으로 표시하여 공개하는 국가 공인 인증제도로서 소비자들의 친환경적 제품 선택에 도움을 주기 위한 것이다.

일례로 2017년 5월 반도체 업계 최초로 삼성전자의 SSD(Solid State Drive) 모델

우리나라 환경성적표지

'850 EVO 250GB'가 환경성적표지 인증을 획득하여 자원소모, 지구온난화, 오존층 영향, 산성화, 부영양화, 광화학적 산화물생성 등 6대 환경 성적을 공개한 바 있다.

(4) 온실가스 배출에 관한 보고 및 감축

ISO 14064는 '온실가스의 배출에 관한 보고 및 감축'에 대한 표준이다. 온실가스 배출과 관련된 주요 개념은 다음과 같다.

① **온실효과**(Greenhouse Effect)

태양에서 지구로 들어오는 복사 에너지의 대부분은 파장이 짧은 가시광선과 가시광선에 인접한 자외선이다. 지구에 도달하는 태양 에너지의 약 3분의 1은 지구 대기에서 우주 공간으로 반사되고, 나머지 3분의 2는 대부분 지표면에 흡수되고, 일부는 대기에 흡수된다. 지구의 온도가 안정적으로 유지되기 위해서는 태양으로부터 흡수한 에너지와 동일한 양의 에너지가 지구 밖으로 방출되어야 한다.

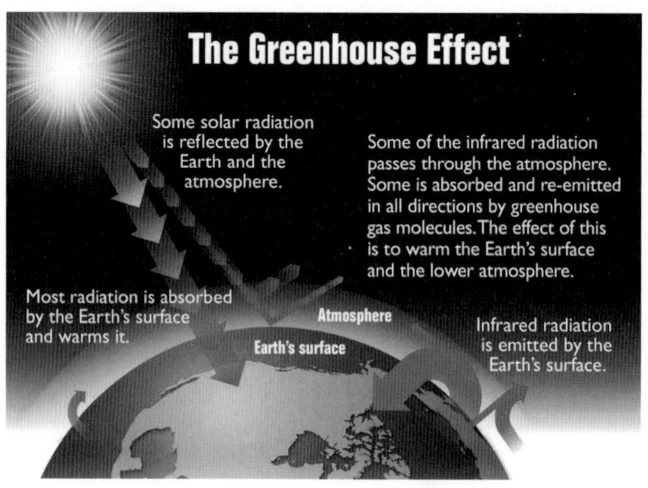

Wikimedia Public Domain

〈그림 20.8〉 온실효과

지구 온도는 태양 온도에 비해 상대적으로 매우 낮기 때문에 지구에서는 긴 파장(주로 적외선)의 에너지가 방출된다. 육지나 바다에서 방출되는 에너지의 상당 부분이 구름을 포함한 대기에 흡수되고, 지표면으로 다시 반사된다. 이러한 현상을 '온실효과'라고 한다. 이것은 마치 온실의 유리벽이 온실 내의 따뜻한 공기를 가두어 실내 온도를 높이는 것과 같다.

지구의 평균온도는 약 섭씨 15도이지만 '자연적 온실효과(natural greenhouse effect)'가 없다면 영하 18도로 내려갈 것이라고 한다. 달 표면의 온도가 주간에는 127도까지 올라가는 반면, 야간에는 영하 173도까지 내려가는 것은 이러한 자연적 온실효과가 없기 때문이다. 또한 금성의 경우 대기층의 96%가 이산화탄소이기 때문에 태양 복사 에너지가 밖으로 거의 방출되지 못해 표면온도가 420도나 된다.

② 온실가스(Greenhouse Gases, GHG)

지구 대기의 대부분은 질소(건조한 공기의 약 78%)와 산소(건조한 공기의 약 21%)로 구성되어 있다. 그리고 아르곤이 대기의 0.9% 정도를 차지하고 있다. 대기의 90% 정도를 차지하고 있는 질소와 산소 및 아르곤 기체는 적외선을 흡수하지 않기 때문에 온실효과와 무관하다.

온실 가스는 대기권에 존재하는 기체 중에서 지구의 복사열인 적외선을 흡수하거나 지표면으로 재방출하는 특성을 갖는 기체를 말한다. 지구상에 존재하는 온실가스를 농도순으로 보면 수증기(H_2O), 이산화탄소(CO_2), 메탄(CH_4), 아산화질소(N_2O), 오존(O_3) 수소불화탄소(HFCs), 과불화탄소(PFCs) 등과 같다.

수증기는 온실가스 중 가장 큰 비중을 차지하고 있다. 관개나 벌목 등과 같이 인간의 행위로 인해 초래되는 수증기의 변화는 지구 온도에 영향을 미치지만 인간이 배출하는 수증기가 대기 전체 수증기 수준에 미치는 영향은 크지 않기 때문에 국제적 활동을 위한 온실가스 목록에는 포함되지 않는다.

산업혁명 이후 중요한 온실가스의 농도가 급격히 증가하고 있다. 화석연료의 사용으로 인해 지구에 묻혀 있던 탄소가 이산화탄소로 바뀌어 대기로 방출되고 있다. 또한 농사를 위한 개간으로 인해 토양과 식물에 있던 탄소도 이산화탄소로 변환된다. 〈그림 20.9〉는 과거 2천년 동안 주요 온실가스들의 농도 변화를 나타낸 것인데, 산업혁명이 시작된 200년 전부터 기하급수적 증가 추세가 시작된 것을 볼 수 있다.

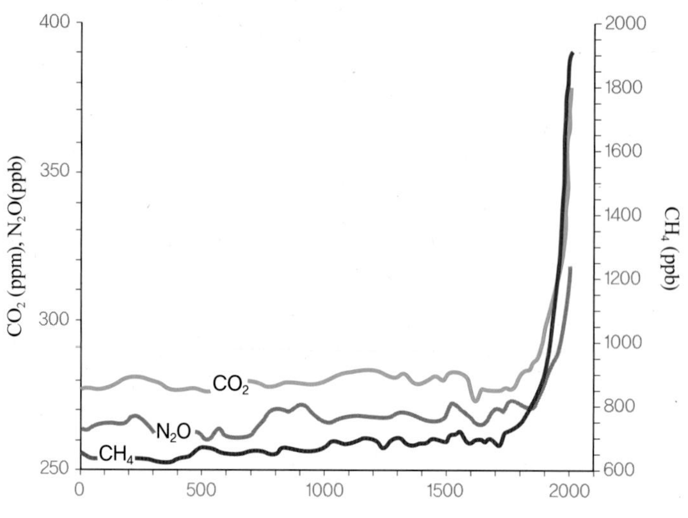

〈그림 20.9〉 주요 온실가스의 농도 변화(Doll and Baranski, 2011)

이러한 온실가스 농도의 급격한 증가로 인해 온실효과가 강화되어 '지구온난화(global warming)'가 문제되고 있다. 1997년 일본 교토에서 개최된 IPCC(Intergovernmental Panel on Climate Change, 기후변화에 관한 정부간 협의체) 3차 회의에서는 선진국의 온실가스 감축 목표를 담은 교토의정서(Kyoto Protocol)를 채택하였는데, 여기서 이산화탄소(CO_2), 메탄(CH_4), 아산화질소(N_2O), 수소불화탄소(HFCs), 과불화탄소(PFCs), 육불화황(SF_6)의 6가지를 감축 대상 온실가스로 규정하였다.

〈표 20.10〉 주요 온실가스 배출원

항목		내 용	배출 온실가스
직접배출	고정연소	(발전터빈, 보일러, 소각로 등) 고정 설비의 연료 연소를 통해 배출	CO_2, CH_4, N_2O
	이동연소	(자동차, 트럭, 비행기, 선박 등) 수송 장비의 연료 연소를 통해 배출	CO_2, CH_4, N_2O
	공정배출	에너지 사용이 아닌 석유화학 공정 같은 물리·화학적 공정을 통해 배출	CO_2, CH_4, N_2O PFCs, HFCs, SF_6
	탈루배출	폐수처리, 냉각탑, 가스공정설비 등에서 누출, 봉인 및 접합 부분에서 의도하지 않은 누출	CO_2, CH_4, HFCs, SF_6
간접배출		사용단계에서의 배출은 아니나, 외부 구입한 전기, 열, 스팀 등이 생산과정에서 배출한 것	CO_2, CH_4, N_2O

각각의 온실가스들이 지구온난화에 미치는 영향이 다르므로 IPCC는 이산화탄소가 지구온난화에 미치는 영향을 기준으로 온실가스별 상대적 영향도를 나타내는 척도인 '지구온난화지수(GWP, Global Warming Potential)'를 개발하였다. 이 지수는 온실가스가 대기 중에 남아있는 기간(예: 메탄은 12년인데 반해 아산화질소는 114년)과 대기로 방출되는 적외(infrared) 복사 에너지의 흡수량을 복합적으로 고려한 것이다.

교토의정서에서 정한 온실가스의 지구온난화지수를 나타낸 〈표 20.11〉을 보면 아산화질소는 동일한 량의 이산화탄소에 비해 지구온난화에 300배가 넘는 영향을 미친다. 그러나 대기 중의 이산화탄소 농도는 약 380 ppmv(parts per million by volume, 부피기준 백만분의 1)이나 아산화질소의 농도는 0.3ppmv에 불과하므로 지구온난화에 미치는 전체적 영향은 이산화탄소가 훨씬 더 크다. 수증기를 제외한 온실가스 중 지구온난화에 가장 큰 영향을 미치는 것은 이산화탄소이다.

〈표 20.11〉 온실가스별 지구온난화지수(GWP)

온실가스	지구온난화지수(GWP)
이산화탄소(CO_2)	1
메탄(CH_4)	21
아산화질소(N_2O)	310
수소불화탄소(HFCs)	140-11,700
과불화탄소(PFCs)	6,500-9,200
육불화황(SF_6)	23,900

③ 탄소발자국(Carbon Footprint)

탄소발자국이란 상품의 생산 및 소비과정에서 직·간접적으로 발생하는 이산화탄소 양과 다른 온실가스 발생량을 이산화탄소 배출량으로 환산한 양을 합한 것이다. 사람이 걸을 때 땅바닥에 발자국을 남기는 것에 비유하여 탄소발자국이라는 이름을 붙였다.

기타 온실가스의 배출량을 대표 온실가스인 이산화탄소로 환산한 '이산화탄소 환산량(CO_2-eq, carbon dioxide-equivalents)'은 온실가스 배출량에 해당 온실가스의 지구온난화지수(GWP)를 곱한 것이다. 예를 들어 1톤의 메탄가스는 21톤의 CO_2-eq가 되며, 1톤의 아산화질소는 310톤의 CO_2-eq가 된다.

20.4 식품안전경영시스템 인증

(1) 위해요소중점관리기준(HACCP)

HACCP(Hazard Analysis and Critical Control Point, 위해요소중점관리기준)은 식품의 품질 및 위생을 합리적이고 철저하게 관리하기 위한 제도로서, 식품의 원재료인 농·수·축산물의 재배·채취·사육 등의 생산 단계부터 제조·가공·보존·유통 과정을 거쳐 최종 소비될 때까지의 모든 단계에서 발생 가능한 위해요소(hazard)를 분석하고, 이러한 위해요소를 통제할 중요관리점(CCP, critical control point)을 결정하여 이를 체계적으로 관리하는 시스템이다. 여기서 관리점(control point)이란 식품 공급 프로세스 사슬에서 위해요소를 예방, 제거 또는 허용수준 이하로 감소시킬 수 있도록 통제할 수 있는 지점, 단계 또는 절차를 말한다. [참고: HACCP는 '해썹'으로 읽음].

HA(Hazard Analysis) **위해요소분석**		CCP(Critical Control Point) **중요관리점**
원료와 공정에서 발생 가능한 생물학적, 화학적, 물리적 위해요소 분석	+	위해요소를 예방, 제거 또는 허용수준 이하로 줄이기 위한 중요관리점

〈그림 20.10〉 HACCP의 핵심개념

1950년대 말 미국 NASA의 유인 우주선 프로젝트의 우주비행사용 식품을 공급하던 필스버리(Pillsbury) 사가 식품 안전사고 방지를 위해 다음과 같은 3가지 원칙을 도입하였는데, 이것이 HACCP의 뿌리가 되었다.

- 재배에서 유통까지 전 단계에서 식품과 관련된 위해요소(hazard)를 확인하고 평가한다.
- 위해요소를 관리하기 위한 중요 관리점(CCP)들을 결정한다.
- 중요 관리점(CCP)들의 감시(monitor)시스템을 구축한다.

〈표 20.12〉 HACCP의 7가지 원칙

원칙	내용
원칙 1	위해요소를 분석한다.
원칙 2	CCP를 결정한다.
원칙 3	CCP 관리기준을 설정한다.
원칙 4	CCP 모니터링시스템을 구축한다.
원칙 5	시정조처 방법을 확립한다.
원칙 6	검증절차를 확립한다.
원칙 7	문서화 및 기록유지 방법을 확립한다.

식품 안전의 확보를 위해 필스버리 사가 도입한 3가지 원칙이 다양한 식품업체들로 적용·확산되면서 HACCP의 5가지 준비단계와 7가지 실행원칙으로 발전하였다.

HACCP에는 7가지 원칙이 있는데 이 원칙에 따라 추진된다.

이 7가지 원칙의 내용을 간략히 설명하면 다음과 같다.

① 원칙 1 : 위해요소를 분석한다.

적절한 관리가 이루어지지 않을 경우 질병이나 상해를 유발하는 식품 위해요소 목록을 도출한다. 위해요소는 〈표 20.13〉과 같은 3가지로 분류할 수 있다.

〈표 20.13〉 식품의 3대 위해요소

위해요소 종류	내용
생물학적 위해요소 (Biological Hazards)	• 질병을 유발하는 박테리아, 바이러스, 병원충(病原蟲) 등과 같은 미생물 (예: 살모넬라 박테리아, 노로 바이러스, 지아디아 기생충)
화학적 위해요소 (Chemical Hazards)	• 허용치 이상의 유해 화학물질이나 중금속이 포함된 살충제, 방부제, 살균제, 세제(洗劑) 등의 제품 • 복어 독과 같이 천연 식재료에 함유된 화학적 위해요소
물리적 위해요소 (Physical Hazards)	• 식품에 유입되는 유리조각이나 금속파편 등의 이물질 • 머리카락이나 작은 벌레처럼 중대한 위해요소는 아니지만 고객을 매우 불쾌하게 만드는 것 • 생선 가시와 같이 식품 자체에 있는 물리적 위해요소

위해요소들이 확인되면 그것의 심각도와 발생가능성을 고려하여 각 위해요소의 위험도를 평가하고, 그에 대한 (예방, 제거 또는 감소) 대책을 마련한다. 위해요소 분석은 식품산업에서 FMEA와 동일한 목적으로 실시되는 것이다.

② 원칙 2 : CCP를 결정한다.

위해요소의 효과적 통제를 위해 어떤 관리점이 특히 중요한지 결정한다. 통상적으로 특정 위해요소의 제거나 통제가 가능한 후속공정이 없는 관리점은 CCP가 된다.

③ 원칙 3 : CCP 관리기준을 설정한다.

CCP가 결정되면 위해요소가 제대로 관리되고 있는지 확인하기 위한 점검 방법을 결정해야 한다. 이러한 점검은 (외양이나 질감 등의) 관능검사나 (온도나 시간 등의) 특성치 측정에 의해 이루어지는데, CCP가 관리상태(under control)인지 판단하기 위한 관리기준(control limit, 허용한계)을 설정한다.

④ 원칙 4 : CCP 모니터링시스템을 구축한다.

CCP가 관리상태를 유지하고 있는지 확인하기 위한 모니터링시스템을 구축한다. CCP가 관리상태를 이탈할 경우 적시에 발견하여 시정조처가 이루어질 수 있도록 모니터링시스템을 구축해야 한다.

⑤ 원칙 5 : 시정조처 방법을 확립한다.

모니터링 시 관리기준(허용한계)을 벗어난 CCP가 발견될 경우 관리상태로 복구하기 위한 시정조처 방법을 확립한다. 정확하게 어떤 시정조처를 취해야 할지 결정해야 한다. 관리이탈의 영향을 받은 제품으로 인한 식품안전 위해가 발생하는 것을 막기 위해 이를 재가공하거나 폐기해야 할 때가 있다. 시정조처는 반드시 HACCP 기록으로 남겨야 한다.

⑥ 원칙 6 : 검증절차를 확립한다.

일단 HACCP 시스템이 확립되고 나면 그것이 제대로 작동하는지 검증(점검)하기 위한 절차를 수립해야 한다. 검증에는 다음과 같은 것들이 포함된다.

- 관리가 효과적이라는 것을 확인하기 위해 HACCP 시스템과 관련 기록을 검토한다.

• 시정조처가 이행되었다는 것을 확인하기 위해 시정조처 보고서를 검토한다.
• 관리상태가 유지되고 있다는 것을 입증하기 위해 이따금씩 미생물 시험을 실시한다.

⑦ 원칙 7 : 문서화 및 기록유지 방법을 확립한다.

문서화 및 기록유지는 식품안전 프로그램이 작동하고 있다는 것을 충분히 보여줄 수 있어야 한다. 문서화 수준은 해당 식품사업의 요구와 복잡성에 따라 달라진다. 소규모 사업이라면 업무 일지 정도로 무방하지만, 사업의 규모가 커지고 복잡해질수록 보다 상세하고 공식적인 문서화가 필요하다.

HACCP을 도입하려면 앞서 설명한 원칙을 실행하기 전에 다음과 같은 5가지 준비단계를 거쳐야 한다.

① 준비단계 1 : HACCP 추진 팀을 결성한다.

HACCP 도입의 첫 번째 단계는 이를 추진할 팀을 구성하는 것이다. 추진 팀 구성 시 다음 사항들을 점검할 필요가 있다.

• 위해요소를 확인하고 통제할 역량이 있는가?
• 식품안전 프로그램 책임자가 있는가?
• 책임자는 HACCP 시스템의 요구사항에 대해 교육을 받았는가?
• 책임자는 식품안전 프로그램을 수립하고 관리할 권한을 갖고 있는가?

② 준비단계 2 : 제품에 대해 상세히 기술한다.

제품(식품)의 성분뿐 아니라 그것이 어떻게 제조 또는 준비, 저장, 유통되고 있는지 상세히 기술한다.

③ 준비단계 3 : 제품의 의도한 용도를 확인한다.

최종 사용자가 어떤 용도로 제품(식품)을 사용하는지 확인한다. 경우에 따라서는 노약자, 어린이, 환자 등과 같이 식품 오염에 특히 취약한 사람들을 고려할 필요가 있다.

④ 준비단계 4 : 공정흐름도를 작성한다.

원재료의 입고부터 가공·처리, 포장 및 유통까지의 모든 과정이 공정흐름도에 나타나야 한다. 또한 위해요소 분석에 필요한 정보도 포함시킨다.

⑤ 준비단계 5 : 공정흐름도가 맞는지 현장에서 확인한다.

현장이 실제로 공정흐름도와 같이 운영되는지 지켜본다. 이 때 누락된 단계나 정보가 있는지 세심히 살펴야 한다.

이러한 5가지 준비단계와 앞서 설명한 7가지 원칙을 합하여 'HACCP 도입의 12단계'라고 한다.

〈표 20.14〉 HACCP 도입의 12단계

구 분	내 용
준비단계 1	HACCP 추진 팀을 결성한다.
준비단계 2	제품에 대해 상세히 기술한다.
준비단계 3	제품의 의도한 용도를 확인한다.
준비단계 4	공정흐름도를 작성한다.
준비단계 5	공정흐름도가 맞는지 현장에서 확인한다.
원칙 1	위해요소를 분석한다.
원칙 2	CCP를 결정한다.
원칙 3	CCP 관리기준을 설정한다.
원칙 4	CCP 모니터링시스템을 구축한다.
원칙 5	시정조치 방법을 확립한다.
원칙 6	검증절차를 확립한다.
원칙 7	문서화 및 기록유지 방법을 확립한다.

1985년 미국 국립과학원 식품보호위원회는 식품공급 안전의 확보에는 HACCP이 가장 효과적이라는 보고서를 발행하였다. 이후 미국 규제행정청은 붉은색 육류(소고기, 돼지고기), 가금류(닭, 칠면조), 과일 및 야채 주스, 해산물 가공 규정에 HACCP의 요구사항을 포함시켰다. 1990년대에 들어서면서 식품 공급사슬 내의 공급업자들에게 HACCP 인증을 요구하는 고객들이 늘어나면서 HACCP은 식품업계 전반으로 빠르게 확산되었다. 2006년 1월 유럽연합(EU)은 유럽시장에 판매되는 식품을 제조하는 모든 시설들을 대상으로 식품안전시스템에 HACCP을 통합할 것을 요구하였다.

이처럼 HACCP이 국제적으로 그 효과를 인정받고 있으나 앞서 설명한 5가지 준비단계와 7가지 원칙을 충실히 이행하지 않으면 식품안전을 보증할 수 없다.

2017년 8월 국내에 유통된 계란에서 살충제가 검출되어 식품안전이 사회적으로 크게 부각되었는데, 이 때 식품안전 인증제도가 유명무실하다는 비판이 방송과 신문을 통해 연일 보도된 바 있다. 살충제 계란이 검출된 산란계 농장 중 HACCP 인증을 받은 곳이 무려 60%나 되었기 때문이다. 이 지경이 되기까지에는 여러 가지 구조적인 문제가 있었지만 계란의 유통 단계에서 살충제 잔류 검사가 실시되지 않았다는 점도 중요한 문제로 꼽힌다. 살충제 계란 파동은 아무리 좋은 인증시스템을 갖고 있더라도 인증 요구사항을 정직하고 충실하게 이행하지 않으면 무용지물이라는 것을 보여준다.

(2) 식품안전경영시스템

ISO 22000(Food Safety Management Systems – Requirements for any organization in the food chain) 표준은 식품안전시스템이 ISO의 다른 경영시스템 표준들과 일관성을 유지할 수 있도록 HACCP을 확장한 것이다. HACCP은 식품의 잠재적 위해요소를 예방하기 위해 식품 공급 프로세스 상의 중요 관리점들을 엄격하게 감시하고 통제하는데 초점을 맞추고 있으나, 식품안전경영시스템(FSMS, Food Safety Management System)인 ISO 22000은 〈표 20.15〉에 있는 것처럼 경영책임, 경영방침, 경영시스템, 자원관리, 기획 및 운영, 개선 등과 같은 경영시스템 표준으로서의 요구항목들로 구성되어 있다.

식품안전경영시스템에 대한 국제표준인 ISO 22000의 주요 특징은 다음과 같다.

- (생산자, 공급자, 제조업체, 유통업체, 판매업체 등) 식품 공급사슬 내의 모든 조직에 적용 가능하다.
- HACCP의 5가지 준비단계와 7가지 원칙이 통합되어 있다.
- 제3자 인증에 활용할 수 있도록 감사(진단) 가능한 표준을 제공한다.
- 식품안전 통제 프로세스가 평가, 검증, 실행, 감시 및 관리될 수 있도록 한다.
- 식품안전에만 초점을 둔다.

〈표 20.15〉 ISO 22000:2005의 구성

1. **적용범위**(Scope)	5. **경영책임**(Management responsibility) 5.1 경영의지 5.2 식품안전방침 5.3 식품안전경영시스템 기획 5.4 책임 및 권한 5.5 식품안전팀장 5.6 의사소통 5.7 비상 시 대비 및 대응 5.8 경영검토
2. **인용표준**(Normative references)	6. **자원관리**(Resource management) 6.1 자원공급 6.2 인적 자원 6.3 기반구조 6.4 업무환경
3. **용어 및 정의** (Terms and definitions)	7. **안전한 제품의 기획 및 실현**(Planning and realization of safe products) 7.1 일반사항 7.2 선행요건 프로그램(PRPs) 7.3 위해요소분석을 위한 예비 단계 7.4 위해요소분석 7.5 운용 선행요건 프로그램(PRPs)의 수립 7.6 HACCP 계획 수립 7.7 PRPs와 HACCP 계획을 규정한 예비 정보와 문서의 갱신 7.8 검증기획 7.9 추적성 시스템 7.10 부적합 관리
4. **식품안전경영시스템**(Food safety management system) 4.1 일반 요구사항 4.2 문서화 요구사항	8. **식품안전경영시스템의 타당성 확인, 검증 및 개선**(Validation, verification and improvement of food safety management system) 8.1 일반사항 8.2 관리수단 조합의 타당성 확인 8.3 모니터링 및 측정 관리 8.4 식품안전경영시스템의 검증 8.5 개선

20.5 기타 경영시스템 인증

품질경영시스템 ISO 9001이나 환경경영시스템 ISO 14001처럼 업종에 상관없이 공통적으로 적용되는 기타 인증 표준으로는 다음과 같은 것들이 있다.

- ISO 22301 - 비즈니스연속성경영시스템(Business Continuity Management System)
- ISO 37001 - 반부패경영시스템(Anti-bribery Management System)
- ISO 50001 - 에너지경영시스템(Energy Management System)
- ISO 55001 - 자산관리경영시스템(Asset management – Management System)
- ISO/IEC 27001 - 정보보안경영시스템(Information Security Management System)
- OHSAS 18001 - 안전보건경영시스템(Occupational Health and Safety Management Systems) [참고: ISO는 안전보건시스템 표준인 ISO 45001을 현재 개발 중에 있음.]

식품산업을 대상으로 한 HACCP이나 ISO 22000과 같이 특정 업종을 대상으로 한 기타 인증 표준으로는 다음과 같은 것들이 있다.

- IATF 16949 - 자동차품질경영시스템(International Automotive Task Force Standard)
- TL 9000 - 정보통신품질경영시스템(Telecom Quality Management System)
- ISO 20121 - 이벤트지속성경영시스템(Event Sustainability Management System)

업종별 경영시스템 인증 중 자동차산업을 대상으로 한 IATF 16949에서만 조금 더 살펴보자.

미국의 자동차 3대 업체(Big 3)인 GM, 포드, 크라이슬러는 공동으로 납품업체의 품질시스템을 관리하기 위해 1994년 QS 9000이라는 표준을 만들었다. 이 표준은

ISO 9001에 자동차와 관련된 특정 요구사항들을 포함시킨 것이다. 미국의 QS 9000처럼 유럽의 자동차산업에도 독일의 VDA 6.1, 프랑스의 EAQF 및 이탈리아의 AVSQ 등과 같은 별도의 표준이 존재하였다. 이 때문에 여러 나라의 자동차 업체에 납품하는 부품업체들은 서로 다른 품질시스템의 요구사항을 충족시켜야 하는 어려움이 있었다.

이러한 문제를 해결하기 위해 미국과 유럽의 주요 자동차업체와 부품업체 등이 IATF(International Automotive Task Force)를 결성하였다. 1999년 ITAF는 ISO와 협력하여 ISO/TS(Technical Specification) 16949를 탄생시켰으며, 이후 2002년과 2009년 개정판이 나왔다. 이 표준은 미국의 QS 9000, 독일의 VDA 6.1, 프랑스의 EAQF 및 이탈리아의 AVSQ 등 각 지역 및 국가의 다양한 자동차 표준과 ISO 9001의 품질경영 원칙을 하나의 표준으로 통합한 것이다.

2016년 IATF는 자동차품질경영시스템을 위한 새로운 기준인 IATF 16949:2016을 발표하였다. 종전의 ISO/TS 16949:2009의 인증 유효기간이 2018년 9월 14일까지이므로 이후에는 IATF 16949가 이를 대체한다. IATF 16949:2016은 ISO 9001:2015 요구사항에 기초를 두고, 자동차산업의 발전에 따른 환경변화를 반영하고 있다.

참고문헌

- 김준래(2015), "전기차가 오히려 대기오염의 주범?", 사이언스타임즈, 1월 6일.
- 삼성전자 뉴스룸(2017), "삼성전자 SSD '850 EVO 250GB', 업계 최초 환경성적표지(EPD) 인증", 5월 23일.
- 신재우(2017), "못 믿을 '해썹(HACCP)'…살충제 계란농장 59%에 인증", 연합뉴스, 8월 19일.
- 온실가스종합정보센터(2014), 「2013년도 국가 온실가스 인벤토리 보고서」, 온실가스종합정보센터.
- 최성운(2009), "온실가스 배출량 인벤토리의 이해", 한국에너지공단 August, pp.58–68.
- 홍종인(2009), 「ISO 품질경영시스템 혁신 가이드」, 한국표준협회미디어.
- 환경부(2015), 「환경마크제도와 환경마크제품」, 환경부.
- 황의철(1988), 「품질보증론」, 박영사
- 水野滋 저, KSA 역(1985), 「전사종합품질관리」, 한국표준협회.
- 日本品質管理學會 PL研究會(1994), 「品質保證と 製品安全」, 日本規格協會.
- Badiru, A.B.(1995), Industry's Guide to ISO 9000, John Wiley & Sons, Inc.
- Casualty Actuarial Society(2003), Overview of Enterprise Risk Management, Enterprise Management Committee.
- Combs, O.(2013), "View ISO 9001 as more than a QMS standard to lift business performance to new height", Quality Progress, September, pp.16–21.
- Dale, B.G. and Plunkett, J.J.(1989), Managing Quality, Philip Allan.
- Doll, J. E. and Baranski, M.(2011), "Greenhouse gas basics", Climate Change and Agriculture Fact Sheet Series E3148, April.
- Ecodyger(2014), "What is life cycle assessment?", Ecodyger, 22nd December.
- Elliott, M. W.(2016), Risk Management Principles and Practices, 2nd Edition, The Institutes.
- Fargemand, J. and Jespersen, D.(2004), "ISO 22000 to ensure integrity of food supply chain", ISO Management Systems, September–October, pp.21–24.
- GEN(2004), Introduction to Ecolabelling, Global Ecolabelling Network.
- IPCC(2007), Climate Change 2007: The Physical Science Basis, Intergovernmental Panel on Climate Change.
- ISO(2009), Selection and Use of the ISO 9000 family of Standards, International Organization for Standardization.
- ISO(2009), Environmental Management: The ISO 14000 family of International Standards, International Organization for Standardization.
- ISO(2012), Environmental Labelling and Declarations – How ISO Standards Help, International Organization for Standardization.
- ISO(2012), Quality Management Principles, International Organization for Standardization.
- ISO(2015), ISO 9001:2015 How to use it, International Organization for Standardization.
- ISO(2015), Moving from ISO 9001:2008 to ISO 9001:2015, International Organization for Standardization.
- Kobo, F. N.(2011), ERM Strategy Volume I: Risk Management Methodology, Human Sciences Research Council.
- New Zealand Food Safety Authority(2003), An Introduction to HACCP, Revised Edition, New Zealand Food Safety Authority.
- Scientific Applications International Corporation(2006), Life Cycle Assessment: Principles and Practice, National Risk Management Research Laboratory, U.S. Environmental Protection Agency.
- Surak, J. G.(2007), "A recipe for safe food: ISO 22000 and HACCP", Quality Progress, October, pp.21–27.
- UNOPS(2009), A Guide to Environmental Labels for Practitioners of the United Nations System, The United Nations Office for Project Services.

Ⅵ부

서비스품질과 고객만족

21장
서비스 품질

품질분야에서 제품품질과 서비스품질을 따로 다루고 있지만 모든 상품은 제품과 서비스의 결합이다. 제품품질은 물리적·화학적 특성에 의해 객관적으로 평가할 수 있지만 서비스품질은 고객의 사전 기대수준과 사후 인지수준의 차이에 의해 결정된다. 따라서 서비스품질을 높이려면 기대수준과 실감수준의 격차를 줄여야 한다.

21.1 서비스경제의 이해

(1) 산업구조와 서비스의 진화

① 산업구조의 변화

미국 경제동향연구재단의 설립자인 제러미 리프킨(Jeremy Rifkin)은 1995년 「노동의 종말」이라는 저서에서 “미래에 닥칠 가장 심각한 문제는 노동의 급속한 해체이다. 컴퓨터와 자동화의 발전으로 인해 현재 생산에 투입되고 있는 노동력의 5%만 있으면 모든 물품이 해결되는 상황이 앞으로 20년 안에 올 것이다”라고 전망하여 큰 충격을 준 바 있다. 그의 주장이 급진적이긴 했지만 자동화·정보화에 따른 일자리의 급격한 감소로 인해 실업률의 증가는 피할 수 없는 추세가 되고 있다.

〈그림 21.1〉을 보면 미국의 경우 20세기 중반까지 농업 종사자의 비율이 줄어드는 만큼 제조업의 일자리가 늘어났으며, 1980년대에 들어서면서 제조업의 고용이 급격하게 줄어드는 반면 서비스업의 고용이 빠르게 증가하고 있는 것을 볼 수 있다. 그러나 불행하게도 제조업에서 일자리를 잃은 사람들의 대부분이 단순 대인 서비스 직종에 몰리기 때문에 고용의 질이 악화되고 빈부격차가 커지고 있다.

서비스경제의 비중이 급격하게 증가하고 있음에도 불구하고 우리의 인식은 이를 따라가지 못하고 있다. 예를 들어 자동차산업이라 하면 제조업을 연상하지만 〈그림

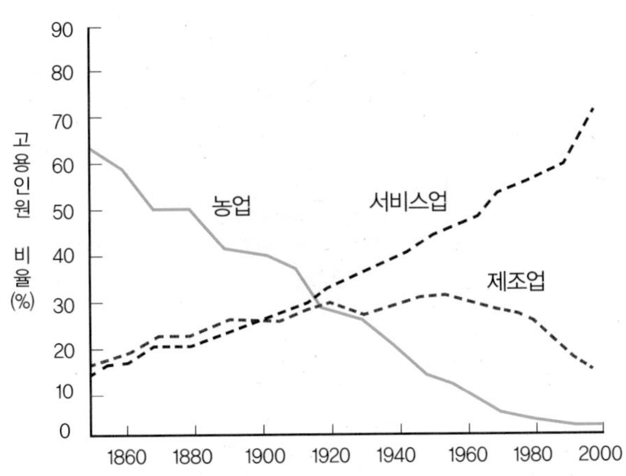

〈그림 21.1〉 미국의 분야별 고용인원 변동 추세(Fitzsimmons and Fitzsimmons, 2007)

21.2〉를 보면 자동차와 연관된 산업 중 제조업과 직접 관련된 신차 구매의 경제적 비중은 20% 정도에 불과하다. 중고차 매매, 연료 판매, 자동차 보험, 차량 정비, 자동차 할부금융서비스 등과 같은 나머지 80%는 모두 서비스업에 속한다.

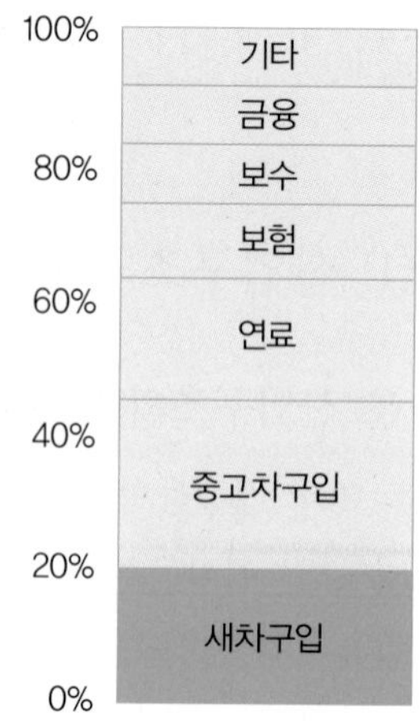

〈그림 21.2〉 자동차 관련 산업의 경제적 점유율 비교
(Wise and Baumgartner, 1999)

② 제품과 서비스의 결합

서비스경제와 관련된 또 다른 일반적 인식오류는 제품과 서비스를 별개라고 생각하는 것이다. 그러나 우리가 구매하는 대부분의 상품은 제품과 서비스의 결합체이다.

예를 들어 식당을 생각해 보자. 식당에서 제공하는 제품은 음식이지만 우리가 어떤 식당에 개인적으로 만족하거나 또는 이 식당을 다른 사람들에게 추천하는 데 있어서 음식 자체만을 고려하는 것은 아니다. 음식 이외에도 식당의 위치, 청결도, 음식을 담는 식기, 직원의 친절도, 실내장식이나 음악을 포함한 전반적인 분위기, 서비스 속도 등을 종합적으로 판단한다. 따라서 우리가 지갑을 열어 구매하는 상품은 제품과 서비스의 결합체이다. 이처럼 하나의 상품 안에 다양한 제품속성과 서비스속성이 들어 있기 때문에 서비스경영에서는 이를 '총상품(total product)'이라고도 한다.

〈그림 21.3〉 제품과 서비스의 결합으로 이루어진 상품

우리가 구매하는 대부분의 상품이 제품과 서비스의 결합체임에도 불구하고 통상적으로 우리는 제품속성과 서비스속성의 비율 중 어떤 속성이 더 많은가에 따라 제품과 서비스로 구분해 왔다.

식료품의 경우 원재료를 처리하여 가공식품으로 만드는 것은 제품속성이지만 이를 판매하는 행위는 서비스다. 호텔은 대표적인 서비스업으로 분류되지만 호텔의 건물과 시설은 제품속성에 속한다. 지식산업의 꽃인 컨설팅의 경우도 컨설턴트가 사용하는 정보기기나 문서의 재질 및 양식 등은 제품속성으로 볼 수 있다.

이와 관련된 흥미로운 일화를 하나 소개한다(장시형, 2014). 1980년대 후반 삼성그룹의 이건희 회장은 신라호텔의 한 임원에게 호텔업의 본질이 무엇이냐고 물었다. 그 임원이 서비스업이라고 답하자 이 회장은 다시한번 잘 생각해보라고 일렀다. 이후 이 임원은 해외 유명호텔들을 벤치마킹하면서 깊이 생각한 후 호텔업의 본질이 '장치산업과 부동산업'에 가깝다는 보고를 했다. 흔히들 호텔업은 친절과 서비스가 핵심이라고 생각하지만 입지나 시설이 차별적 경쟁력의 토대가 된다는 것을 깨달았기 때문이다.

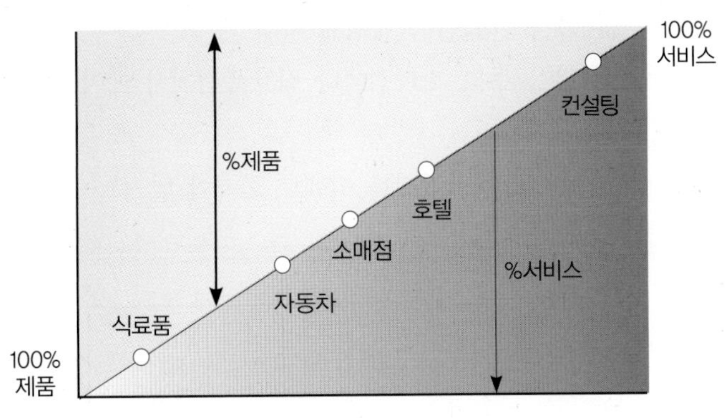

〈그림 21.4〉 제품 속성과 서비스 속성의 구성 비율

서비스경제의 진화에 따라 '제품-서비스 통합시스템(PSS, product-service system)'에 대한 관심도 나날이 높아지고 있다. PSS는 제품과 서비스를 의도적으로 결합하여 상품의 부가가치를 높이려는 비즈니스 모델을 말한다. 정수기나 비데를 판매하는데 그치지 않고 주기적인 청소와 부품교환 서비스를 결합한 웅진코웨이의 사업모델은 PSS의 대표적인 예이다.

국내 타이어업계 1위였던 한국타이어는 2000년대에 접어들면서 업체들 간의 가격경쟁으로 인해 판매대리점의 매출이 매년 약 3% 정도씩 계속 줄어들었다. 이를 타개하기 위해 교체용 타이어의 판매뿐 아니라 차량점검과 정비 등의 모든 서비스를 한 곳에서 수행하는 티스테이션(T'Station)을 프랜차이즈 형태로 2004년에 개설하였다. 이후 티스테이션을 통한 타이어 판매량이 전체 내수시장의 25%로 차지할 만큼 성장하였다(김유영, 박용, 2010).

(2) 고객체험의 경제

'체험경제(experience economy)'의 개념을 제안한 파인(B.J. Pine II)과 길모어(J.H. Gilmore)는 경제발전의 4단계를 생일케이크를 예로 들어 설명하였다.

- 밀가루, 설탕, 버터 및 달걀 등의 농산물로 엄마가 아이의 생일케이크를 직접 만들어주던 농업경제 시대.
- 1~2달러 정도의 돈을 주고 (케이크 제조에 필요한 재료를 미리 혼합해 놓은) 가공식품을 사서 케이크를 만들던 산업경제 시대.
- 10~15달러 정도의 돈을 주고 제과점이나 식료품점에서 케이크를 구매하던 서비스경제 시대.
- 100달러 이상을 지불하고 생일파티를 이벤트 회사에 맡기는 체험경제 시대.

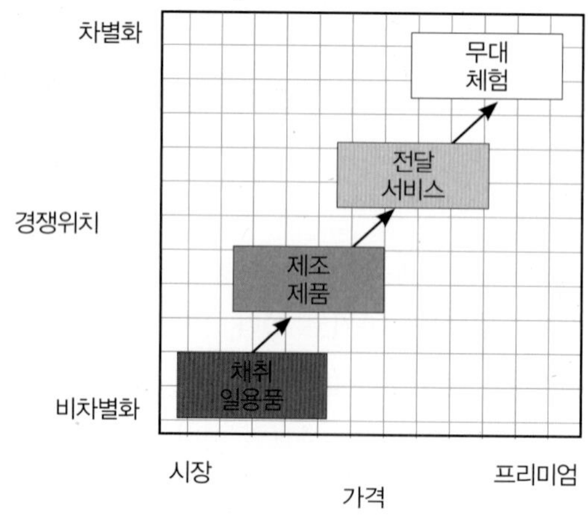

〈그림 21.5〉 경제의 발전단계별 가치의 진화(Pine II and Gilmore, 1998)

〈표 21.1〉 경제의 발전단계별 특징(Pine II and Gilmore, 1998)

경제적 제공물	일용품	제품	서비스	체험
경제의 특징	농업경제	산업경제	서비스경제	체험경제
경제적 기능	채취	제조	전달	출연 무대
제공물의 본질	교환성	유형적	무형적	인상적
핵심적 속성	천연상태	표준화	맞춤화	개인화
공급방법	대량저장	생산 후 재고보관	수요에 따라 공급	일정기간 노출
판매자	상인	제조자	공급자	무대 기획자
구매자	시장	사용자	고객	손님
수요 요인	특성	특징	혜택	느낌·화제

파인과 길모어의 주장에 의하면 한 단계에서 다음 단계의 경제로 이행하면 상품의 부가가치가 대략 10배 정도 증가한다. 커피를 예로 들면 1잔의 커피 값 중 땀 흘려 일한 농부에게 돌아가는 몫은 10원 정도밖에 안 된다고 한다. 그러나 이를 자판기에서 뽑으면 일이백 원을 지불해야 하며, 패스트푸드점에서 커피를 즐기려면 일이천 원을 주어야 한다. 그러나 특급호텔이나 고급 리조트에서 분위기를 즐기려면 일이만 원을 주어야 한다. 체험경제란 고도화된 서비스경제의 한 가지 형태라고 볼 수 있다. 극단적인 예로서 해발 3천 8백미터가 넘는 프랑스 알프스 정상에 있는 카페를 생각해 보자. 여기서는 커피를 파는 것이 아니라 분위기와 경험을 파는 것이다. 이와 비슷한 예로서 수중호텔을 들 수 있다.

서비스산업의 대표적인 예인 테마파크도 체험을 파는 쪽으로 진화하고 있다. 롯데월드에서 제공하고 있는 '스노우 볼'의 경우 한여름에도 눈 내리는 낭만을 경험할 수 있도록 해준다. 또한 어린이들을 분장시켜 퍼레이드에 참여할 수 있도록 하는 고객참여 행사인 '어린이 스타' 프로그램도 체험을 판매하는 상품이다.

〈표 21.1〉은 이러한 경제의 발전단계별 특징을 비교한 것이다. 체험경제의 출현과 맞물려 웨딩서비스, 프로모션, 컨벤션, 전시, 축제, 공연 등과 관련된 이벤트산업이 출현하였으며 파티플래너나 웨딩플래너 등과 같은 새로운 직업이 생겨났다. 다음과 같은 웨딩서비스 업체의 홍보 문구는 체험경제의 특징을 잘 나타내고 있다.

"부족함이 없는, 영원히 기억에 남을 낭만적인 결혼식 – 결혼식에서 마땅히 누리셔야 할 모든 것을 OOOO가 준비하겠습니다. 꿈꾸시던 대로 모두 이루실 수 있습니다."

21.2 서비스품질의 이해

(1) 서비스품질의 특징

'제품은 생산되지만 서비스는 연출된다'라는 말은 제품과 서비스의 차이를 간결하게 전달한다. 이러한 차이는 디즈니랜드에서 사용하는 어휘(vocabulary)에 잘 나타나 있다. 디즈니랜드는 이러한 언어의 사용을 통해 조직문화와 직원들의 서비스정신을 강화하고 있다.

디즈니랜드에서는 고객에게 최고의 쇼(show)를 선보여야 한다는 의미에서 직원은 '배역', 고객의 시선 내에 있는 영역은 '무대 위'라고 부른다. 따라서 미키마우스 등과 같이 중요한 캐릭터를 연기하는 직원은 고객의 시선이 닿는 곳에서는 인형 옷을 벗고 물을 마시거나 간식을 먹을 수 없다. 그렇게 하면 관객으로 테마파크를 방문한 손님들이 쇼에 몰입할 수 없기 때문이다.

생산되는 제품은 검사를 통해 결함을 제거할 수 있고, 판매될 때까지 재고로 보관할 수 있지만 고객응대와 같이 생산되는 시점에서 소비되는 서비스는 그렇게 할 수 없다. 이처럼 서비스는 제품과 다른 특성을 갖고 있다. 일반적으로 서비스의 대표적 특성은 다음과 같은 4가지로 요약할 수 있다.

① 무형성(intangible)

서비스는 기본적으로 가시적인 실체가 따로 없다. 물적 제품은 눈으로 보고 손으로 만질 수 있지만 서비스는 그렇지 못하다. 서비스 제공에 있어서 물적 제품이나 도구의 사용이 수반되는 경우는 있지만 서비스는 본질적으로 하나의 수행(performance)이고 경험이기 때문에 '무형적'이다. 법률서비스나 경영컨설팅의 경우 보고서 형태의 결과물이 나오기는 하지만 그것의 본질인 지식서비스는 '무형적'이다. 서비스가 무형적이기 때문에 서비스의 구매가 소유권(ownership)의 구매를 의미하지는 않는다.

② 불가분성(inseparable)

공연이나 병원 진료처럼 서비스는 현장에서 생산과 동시에 소비된다. 관객이 없는 공연이나 환자가 없는 진료는 있을 수 없기 때문에 생산과 서비스를 별개의 것으로 나눌 수 없다. 생산과 동시에 소비된다는 의미에서 '불가분성'을 '동시성(simultaneous)'

〈표 21.2〉 디즈니랜드의 공식 어휘

일반적 언어	디즈니랜드의 언어
직원(employee)	배역(cast member)
고객(customer)	손님(guest)
제복(uniform)	의상(costume)
고객 전방(in front of guest)	무대 위(onstage)
시야 밖(behind the scenes)	무대 뒤(backstage)
볼거리/탈거리(show/ride)	어트랙션/어드벤처(attraction/adventure)
대기라인(line)	사전 쇼(pre-show)
입장권(ticket)	여권(passport)

이라고도 한다. 또한 서비스는 생산과 동시에 소비되지만 그 과정에는 공급자와 사용자의 상호작용이 존재한다. 의사가 진료를 잘 하려면 환자가 자기 증상을 잘 설명해야 하며 배우가 공연에 몰입하려면 관객이 관람 예절을 지키고 공감·호응해야 한다. 이러한 의미에서 '불가분성'을 '공동생산(co-production)'이라고도 한다.

③ 이질성(heterogeneous)

동일한 서비스라도 사람이나 상황에 따라 이를 다르게 받아들인다. 예를 들어 매장을 찾은 고객에게 '무엇을 도와 드릴까요?'라고 물으며 밀착 서비스를 하면, 이를 불편하게 여기는 고객이 있지만 그렇게 하지 않으면 대접받지 못한다고 느끼는 고객도 있다. 이것은 사람에 따른 이질성의 예이다. 다음과 같이 상황에 따른 이질성도 있다. 호텔에서 바이어와 상담하던 고객이 "재떨이를 너무 자주 바꿔주는 직원 때문에 상담에 몰입할 수 없었다"고 불평한다면 청결 유지를 위한 서비스가 오히려 문제된 것이다. 이처럼 서비스는 받아들이는 사람에 따라, 또한 서비스가 제공되는 상황에 따라 평가가 달라질 수 있기 때문에 '이질성'을 '변동성(variable)'이라고도 한다. 이러한 변동성 때문에 일률적으로 서비스표준을 적용하기 어렵다.

[참고: 변동성으로 인해 서비스표준을 적용하기 어렵다는 의미는 표준화가 부적절하거나 불필요하다는 것이 아니다. 예를 들어 맥도날드의 경우 모든 서비스가 표준화되어 있기 때문에 맛이나 서비스수준에 대해 어느 정도 예상할 수 있다. 서비스품질은 경험해 보기 전까지 알 수 없지만 맥도날드의 고객들은 표준화된 서비스 때문에 어느 곳에 있는 매장이라도 안심하고 가는

것이다. 따라서 변동성이 주는 의미는 서비스 직원들에게 합리적인 재량권이나 융통성을 부여하라는 것이지 표준화가 불가능하거나 불필요하다는 것은 아니다. 특히 대량서비스에는 표준화가 더 중요하다.]

④ **소멸성**(perishable)

공연 좌석, 항공기 좌석, 호텔 객실처럼 사용되지 않은 서비스상품은 가치가 소멸된다. 또한 서비스는 재고로 보관할 수 없기 때문에 미리 생산해 놓을 수 없을 뿐 아니라 필요로 할 때 제공하지 못하면 아무런 소용이 없다. 따라서 서비스에서는 공급능력(용량)과 수요의 균형을 맞추는 '수율관리(yield management)'가 매우 중요하다. 재고의 개념은 아니지만 서비스에서는 예약을 통해 수요를 사전에 어느 정도 예측하고 수율관리에 반영할 수 있다. 또한 예외적으로 공연 실황이나 온라인 강의 녹화물 등은 '소멸성'을 보완하기 위한 일종의 수단으로 볼 수 있다.

〈표 21.3〉 서비스품질의 4가지 특성

주요 특징	설명
무형성(intangible)	수행 또는 경험이기 때문에 가시적 실체가 없다
불가분성(inseparable)	생산과 동시에 소비가 이루어짐, 공동생산
이질성(heterogeneous)	상호작용으로 인한 변동성, 표준화의 어려움
소멸성(perishable)	재고 보관이 불가능, 수율관리가 중요, 예약으로 보완

(2) 서비스품질의 차원

제품품질의 차원에 대해 1장에서 논의한 것처럼 서비스품질에도 차원이 있다. 서비스품질의 차원이란 서비스 만족을 결정하는 보편적인 특성이나 요인을 말한다. 파라슈라만과 자이타믈 및 베리(A. Parasuraman, V.A Zeithaml, and L.L. Berry, 보통 이 세 사람의 이름 머리글자를 따서 PZB라고 지칭함)는 경영진과 고객 초점집단(focus group) 면접을 통하여 서비스품질을 결정한다고 생각되는 10가지 일반적 요소를 도출하였다. 이 10가지 결정요소는 다음과 같다.

- **유형성**(tangibles) : 물리적 시설, 장비, 서비스 직원 및 커뮤니케이션 자료의 모양새를 말한다. 유형성을 평가하는 질문으로서 "은행 시설은 매력적인가?", "서비스 직원의 복장은 괜찮은가?", "수리요원들이 사용하는 도구들은 시대에 뒤떨어진 것이 아닌가?" 등을 들 수 있다.

- **신뢰성**(reliability) : 약속한 서비스를 믿음직스럽고 정확하게 수행할 수 있는 능력을 말한다. 신뢰성을 평가하는 질문으로서 "약속한 시간 내에 서비스를 제대로 이행하는가?", "주식 중개인은 사고팔라는 나의 지시를 충실히 이행하는가?", "수리 요청한 물품을 한 번에 제대로 고치는가?" 등을 들 수 있다.

- **대응성**(responsiveness) : 고객을 돕고자 하며 신속한 서비스를 제공하려는 자세를 말한다. 대응성을 평가하는 질문으로서 "문제 발생 시 신속히 처리해 주는가?", "의사는 환자의 질문에 친절하게 대답하는가?", "반품한 상품에 대한 환불이 신속히 이루어지는가?", "서비스 직원은 방문 예정시간을 구체적으로 알려주는가?" 등을 들 수 있다.

- **적임성**(competence) : 서비스 수행에 필요한 지식과 기술을 보유하고 있는가를 말한다. 적임성을 평가하는 질문으로서 "증권회사는 시장의 변화를 정확히 추적할 능력이 있는가?", "신용카드사는 카드 사용상의 의문점 문의에 대해 제대로 알려줄 수 있는가?" 등을 들 수 있다.

- **예절성**(courtesy) : 일선 직원의 정중한 태도, 친근감, 호의적 배려 등을 말한다. 예절성을 평가하는 질문으로서 "의사는 무례하게 환자를 대하지 않는가?", "신용카드사 직원은 전화문의 시 항상 정중하게 알려주는가?" 등을 들 수 있다.

- **신용성**(credibility) : 서비스 제공자의 신용, 정직성, 신뢰감 등을 말한다. 신용성을 평가하는 질문으로서 "거래 중인 금융기관은 평판이 좋은가?", "구매를 강요하지 않는가?", "보험회사의 서비스 내용이 선전과 일치하는가?" 등을 들 수 있다.
- **안전성**(security) : 위험성이나 의심할 만한 점 등이 없는가를 말한다. 안전성을 평가하는 질문으로서 "온라인 거래를 안심하고 할 수 있는가?", "내 신용카드가 무단으로 사용될 가능성은 없는가?", "수리가 제대로 되었다고 안심할 수 있는

가?" 등을 들 수 있다.

- **접근성**(access) : 접촉 가능성과 접촉 용이성을 말한다. 접근성을 평가하는 질문으로서 "서비스 담당자나 책임자와 쉽게 상담할 수 있는가?", "금융서비스를 하루 24시간 연중 언제라도 이용할 수 있는가?", "서비스센터는 교통이 편리한 곳에 위치하고 있는가?" 등을 들 수 있다.

- **소통성**(communication) : 고객의 말을 귀담아 들으며 고객이 쉽게 이해할 수 있도록 전달하는가를 의미한다. 소통성을 평가하는 질문으로서 "보험사 직원은 정부 정책의 변화가 금융상품에 미치는 영향을 잘 설명해 줄 수 있는가", "의사는 전문 의학용어를 가급적 피하면서도 잘 알아듣게 설명해 주는가?" 등을 들 수 있다.

- **고객이해성**(understanding the customer) : 고객을 인지하고 그들의 요구사항을 이해하려는 노력을 말한다. 고객이해성을 평가하는 질문으로서 "은행원은 내가 장기 고객인 것을 알고 있는가?", "정비회사는 갑작스럽게 발생한 나의 개인적 사정을 이해하고 작업 일정을 조정하려고 노력하는가?" 등을 들 수 있다.

PZB는 이상의 10가지 결정요소와 관련된 97가지의 문항을 만들어 설문조사를 실시한 결과, 서로 연관된 항목들이 있는 것을 확인하고 다음과 같은 5가지 차원으로 통합하였다.

- 신뢰성(Reliability) : 약속한 서비스를 제대로 수행할 수 있는 능력
- 확신성(Assurance) : 고객에게 믿음과 신뢰를 줄 수 있는 직원의 지식과 예절 및 능력으로서 적임성, 예절성, 신용성, 안전성의 4가지 요소를 포괄한다.
- 유형성(Tangibles) : 시설과 장비의 외관, 직원의 외모, 서류의 외양 등과 같이 눈에 보이는 모양새
- 공감성(Empathy) : 고객에 대한 개별적 관심과 배려를 말하며 접근성, 소통성, 고객이해성의 3가지 요소를 포괄한다.
- 대응성(Responsiveness) : 고객을 돕고자 하며 신속한 서비스를 제공하려는 마음가짐을 말한다.

〈표 21.4〉 서비스품질의 5가지 차원의 내용과 예

5가지 차원	10가지 결정요소	의미	예(은행의 경우)
신뢰성 (Reliability)	신뢰성	약속한 서비스를 제대로 수행할 수 있는 능력	• 서비스 약속시간의 준수 • 문제를 한 번에 제대로 해결 • 고객의 요구대로 이행
확신성 (Assurance)	적임성 예절성 신용성 안전성	고객에게 믿음과 신뢰를 줄 수 있는 직원의 지식과 예절 및 능력	• 거래 시의 안심감 • 직원들의 친절도 • 직원들의 업무지식
유형성 (Tangibles)	유형성	시설과 장비의 외관, 직원 외모, 서류 외양 등과 같이 눈에 보이는 모양새	• 건물이나 시설의 외관 • 직원들의 복장 • 안내장이나 서류의 외양
공감성 (Empathy)	접근성 소통성 고객이해성	고객에 대한 개별적 관심과 배려	• 고객 개개인에 대한 관심 • 고객편의를 고려한 일정 조정 • 고객에 대한 개별적 배려
대응성 (Responsive-ness)	대응성	고객을 돕고자 하며 신속한 서비스를 제공하려는 자세	• 정확한 서비스 시간 약속 • 신속한 서비스 • 서비스에 대한 자발적 태도

이상과 같은 서비스품질의 5가지 차원은 각 차원의 영문명 머리글자를 따서 'RATER'라고 부르기도 한다. 지금까지 설명한 내용을 요약하면 〈표 21.4〉와 같다.

(3) 무형적 서비스의 유형화

서비스품질의 5가지 차원 중 '유형성'은 서비스의 4가지 특성 중 하나인 '무형성'과 일견 모순되는 것처럼 보인다. 그러나 마케팅 측면에서 볼 때 서비스가 무형적이기 때문에 이를 고객이 인지할 수 있도록 유형화하는 것이 매우 중요하다. 1992년 생계유지를 위해 10평짜리 작은 가게로 출발했던 '김가네 김밥'은 창업 15년 만에 연매출 200억 원(가맹점을 포함하면 700억 원)의 프랜차이즈로 성장하였다. 이 기업의 김용만 회장은 한 일간지와의 인터뷰에서 다음과 같이 회고했다(정선구, 2008).

아내가 불쑥 아이디어를 냈다. '여보, 김밥을 직접 만드는 모습을 행인들이 보도록 하면 어떨까.' 당시로선 상상하기 힘든 쇼윈도형 주방이었다. 김밥 안에 내용물을 싸는 김을 한 장 더 넣자, 김밥 만드는 주방 판 밑을 시원하게 해 재료가 되는 야채를 신선하게 유지하자는 아이디어가 백출했다. 그 김밥집은 금세 동네 명물이 됐다.

여기서 '쇼윈도형 주방'은 서비스의 유형화를 의미한다. 서비스의 유형화가 반드시 '유형성'을 구현하기 위한 것만은 아니다. 해충방제 전문기업인 세스코가 고객사 매장에 'CESCO Members Zone'이라는 팻말을 붙이는 것은 자사 홍보의 일환이기도 하지만 고객사 서비스에 대해 '확신성'을 부여하려는 목적도 있다. 이것은 마치 일반인들의 옷과 차별화된 성직자의 복장이 성직자에 대한 믿음이나 신뢰를 강화시키는 것과도 같다. 이와 같은 맥락에서 자유분방할 것 같은 서양의 금융기관 중 엄격한 복장지침을 적용하는 곳도 있다. 다음은 스위스 은행 UBS의 사례이다(채민기, 2010).

스위스 은행 UBS가 고객을 상대하는 소매영업 부문 직원들에게 43페이지에 달하는 상세한 복장 지침서를 배포해 눈길을 끌고 있다. 월스트리트저널(WSJ)과 경제전문 방송 CNBC 등 외신들은 15일 이 '드레스 코드'에 대해 "단순히 옷차림에서 '해도 되는 것'과 '안 되는 것'을 규정하는 수준을 넘어 건강관리나 몸단장에 대해 패션잡지 못지않은 상세한 조언을 하고 있다"고 소개했다.

보도에 따르면 직원들이 어두운 회색, 검은색, 감색 등 짙은 색상의 정장을 입어야 하는 것은 기본이다. 이들 색상이 전문성과 냉철함, 격식을 상징하기 때문이다.

여성의 경우 치마는 무릎까지 오는 길이를 '이상적(ideal)'인 것으로 규정했다. 액세서리는 7개까지만 착용할 수 있고, 너무 눈에 띄는 장신구나 유행에 따른 안경을 착용해서는 안 된다. 화장에 대해서는 "파운데이션, 마스카라, 차분한 립스틱은 당신을 돋보이게 할 수 있다"고 조언했다. 하지만 손톱을 물들이는 네일아트는 금지다.

속옷까지 엄격하게 규제받는 것은 남성도 마찬가지다. 남성들의 속옷은 쉽게 세탁할 수 있는 좋은 품질의 것이어야 하며, 겉옷 밖으로 비쳐 보여서는 안 된다. 다리를 꼬고 앉았을 때 정강이의 맨살이 드러나면 안 되기 때문에 무릎까지 올라오는 검은색의 양말을 신어야 한다. 남성은 팔찌나 귀걸이는 착용할 수 없다. 하지만 손목시계는 권장 사항이다. 손목시계를 차면 정확함을 중시한다는 느낌을 줄 수 있기 때문이다. 남성들이 흰머리를 감추기 위해 염색을 할 경우, 머리카락색이 피부의 노화 정도와 부조화를 이룰 수 있기 때문에 염색도 조심해야 한다. 너무 짙은 향수는 고객을 불편하

게 할 수 있다. 마늘·담배 냄새도 마찬가지다. 이를 위해 '마늘이나 양파가 들어간 음식은 먹지 말 것'이라고 권고하고 있다. 여성의 경우 아침에 향수를 뿌리는 것은 권장사항이지만 점심때에 다른 향수를 사용할 수 없게 했다.

UBS의 장-라파엘 폰타나스 대변인은 이 드레스코드가 지나치게 세세한 것까지 규정하는 것처럼 보일 수 있음을 인정했다. 그는 WSJ와의 인터뷰에서 "은행 업무에 익숙하지 않은 신입 직원들을 염두에 두고 만든 것"이라며 "전 직원의 약 10%인 1500명 정도만 이를 적용받게 될 것"이라고 말했다.

서비스의 유형화라는 것은 눈으로 볼 수 있도록 시각화하는 것만이 아니라 오감(시각, 청각, 후각, 미각, 촉각)의 활용을 모두 포함하는 것이다. 예를 들어 손님의 주의를 끌기 위해 군밤 장수는 추운 겨울밤에 활활 타는 불꽃이 보이도록 해야 하며, 제과점이나 커피 전문점에서는 갓 구워낸 빵 냄새나 갓 볶은 커피 향이 퍼지도록 해야 한다.

향기를 마케팅에 활용한 흥미로운 실제 사례 하나를 보자(신병철, 2013). 송파의 한 재래식 정육점은 주변에 대형 할인점과 마트가 들어서면서 몇 년째 매출이 줄어들고 있었다. 이 정육점의 주인은 어느 날 대로변의 꼬치구이집 앞을 지나가다가 꼬치고기 굽는 냄새에 식욕이 동하여 닭꼬치 하나를 집어 들었다. 순간 그는 "어, 나는 왜 이런 생각을 하지 못했지? 우리 정육점 고기가 1등급이라도 코로 냄새를 맡고 직접 맛보기 전까지는 알 수가 없잖아…." 정육점 주인은 마케팅의 일환으로 고기를 구워 냄새를 풍기기로 했다. 어떤 냄새가 가장 코를 자극하는지 탐구한 결과 양념갈비 구이가 최고라는 것을 알았다. 매주 금요일 퇴근시간에 양념갈비를 구워 냄새를 풍긴 결과 3개월 만에 매출이 두 배로 늘어났다고 한다.

과거에는 자동차 회사들이 차량의 소재에 들어간 각종 화학물질에서 나오는 악취를 제거하는 데 연구의 초점을 맞췄지만 이제는 고유의 향기를 만들어내고 이 향기를 브랜드 정체성으로까지 이어가는 마케팅 전략을 구사하고 있다. 미국의 고급차 브랜드인 캐딜락은 고유의 향기를 만들어낸 선구자 중 하나이다. GM은 1990년대 초부터 디자인센터에 향기 연구팀을 꾸리고 캐딜락만의 냄새를 만들어냈다. 고급 차인 만큼 가죽 시트에서 풍기는 향기로 차별화를 추구했다. 중고자동차 판매상은 매물로 내놓은 차량에서 신차(新車) 냄새가 나도록 방향제를 뿌리기도 한다.

마카오의 카지노 업체들은 고객이 도박을 더 오래, 더 과감하게 할 수 있도록 향수를 활용하고 있다. "주변에 향수를 뿌린 슬롯머신과 그렇지 않은 슬롯머신을 비교해

할리데이비슨의 V자형 쌍둥이 엔진, Bengt Nyman, Flickr CC BY

보니 향수를 뿌린 쪽의 방문객이 30% 정도 더 오래 기계 앞에 앉아 있는 것으로 조사됐다"고 한다. "향수가 공포심을 관장하는 뇌의 편도체 작용을 억제해 베팅 액수가 더 커진다"는 과학적 근거도 있다. 미국의 '향기와 맛 치료 연구재단'이 1995년 라스베이거스 힐튼호텔 카지노에 향수를 뿌린 다음 슬롯머신의 베팅 액수를 그전과 비교해 본 결과 향수를 뿌린 후에 45% 높아진 것으로 나타났다고 한다.

한때 기업들은 소리(소음)가 없는 제품이 무조건 좋다고 생각하였지만 지금은 이것이 잘못된 것이라는 것을 잘 알고 있다. 예를 들어 청소기의 경우 소리가 너무 조용하면 "청소기가 먼지를 제대로 빨아들이지 못한다"고 소비자는 오해한다. 삼성전자가 내놓은 '스텔스 청소기'가 내는 소리는 59dB이다. 삼성전자는 이것을 '최적 소음', '감성소음'이라고 부른다. 청소기의 기계음은 죽이고, 먼지를 빨아들이는 소리는 귀에 잘 들릴 정도로 키웠기 때문이다.

HOG(Harley Owners Group)라는 열성적 동호회를 가진 할리데이비슨의 상징은 엔진이 지닌 청각적 감성 매력이다. 역삼각형 형태로 생긴 프레임에 얹은 V자형 쌍둥이 엔진의 소리는 마치 말이 질주할 때 내는 말발굽 소리와 비슷하다. 마니아들은 이 소리를 '심장을 두드리는 북소리'라고 표현한다. 1909년 할리데이비슨은 처음으로 V자형 엔진을 도입한 이래 100년 이상 단 한 번도 이 형태를 바꾼 적이 없다. 기술적으로는 특별한 장점이 없지만 심장박동처럼 들리는 이 소리가 모터사이클을 살아 있는 존재로 만드는 마력이 있기 때문이다.

자동차의 경우 특히 청각적 감성이 중요하다. 운전 중에 전방을 주시해야 하기 때문에 청각적 정보에 많이 의존한다. 자동차 개발에 사용되는 음향기술은 귀에 거슬리는 소음이나 소리를 줄이는 사운드 클리닝(sound cleaning)과 듣기 좋은 소리를 만들어 내는 사운드 디자이닝(sounding designing)으로 나눌 수 있다. 청각적 감성품질은 사운드 디자이닝에서 매우 중요하다. 예를 들어, 가속 시 나는 엔진소리는 자동차가

"잘 나간다"는 느낌을 감성적으로 전달할 수 있어야 한다. 독일의 고급 스포츠카 포르쉐의 엔진 배기음은 음악처럼 감미롭다고 해서 '포르쉐 노트'라고 불린다. 노트(음표 또는 악기)라는 단어에서 유추할 수 있듯이 엔진음과 배기음을 단순한 소음이 아니라 드라이브를 즐겁게 만드는 하나의 설계요소로 삼고 있다는 것이다(박동철, 2013).

21.3 서비스품질의 평가

(1) 서비스품질 평가의 기본개념

서비스품질의 평가에는 다음과 같은 특징이 있다.

(i) 고객의 입장에서 서비스품질을 평가하는 것은 제품품질을 평가하는 것보다 훨씬 어렵다. 따라서 고객이 서비스품질을 평가하는 기준을 판매자가 파악하기도 쉽지 않다. 예를 들어 의료서비스에 대한 고객의 평가는 자동차의 품질에 대한 평가보다 한층 더 복잡하며 난해하다.

(ii) 고객들은 서비스의 품질을 결과만 가지고 평가하지 않는다. 예를 들면 이발한 후의 머리 모양만 가지고 이발사를 평가하지는 않는다. 그들의 서비스 제공과정도 중요시한다. 즉, 이발사가 이발할 때 얼마나 성실하고 친절하게 임했는가도 평가하는 것이다.

(iii) 서비스품질의 평가에서 특히 중요한 것은 평가기준을 고객이 정한다는 것이다. 고객만이 서비스품질을 평가할 수 있으며 다른 어떠한 것도 서비스품질의 평가에 큰 영향을 미치지 않는다. 서비스품질의 평가는 기본적으로 서비스를 경험하기 전의 기대수준과 서비스를 경험하고 난 후의 인지수준의 비교에 의해 이루어진다. 〈그림 21.6〉에 나타낸 바와 같이 고객의 사전 기대를 뛰어넘으면 고객 감동, 사전 기대가 충족되면 고객 만족, 충족되지 못하면 고객불만이 초래된다.

고객의 사전 기대수준은 주위의 평판이나 입소문, 개인적인 필요, 과거의 경험에

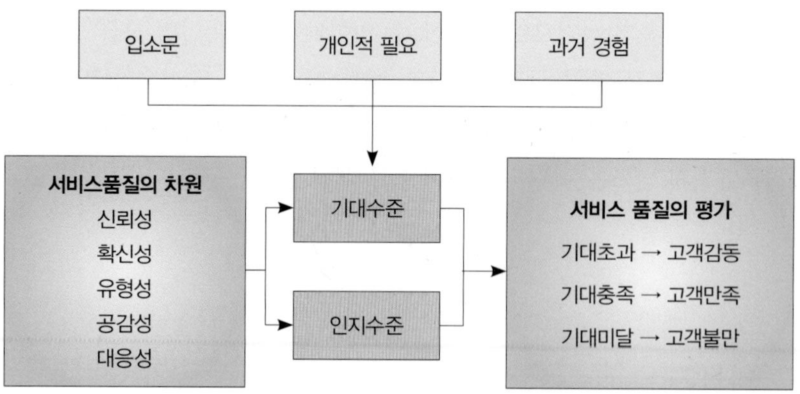

〈그림 21.6〉 서비스품질의 평가와 고객만족

의해 결정된다. 또한 서비스에 대한 고객의 사전 기대나 사후 인지 수준은 서비스품질의 5가지 차원의 측면에서 형성된다.

서비스품질의 수준은 고객의 사전 기대수준과 사후 인지수준의 차이에 의해 결정되므로 이러한 차이가 발생하는 원인을 파악하여 관리할 필요가 있다. 〈그림 21.7〉은 서비스에 대한 고객의 사전 기대수준과 사후 인지수준 사이에 발생하는 격차를 설명하는 '서비스 격차 모형(service gap model)'을 단순화시킨 것이다. 이 모형에 있는 각 격차의 의미는 다음과 같다.

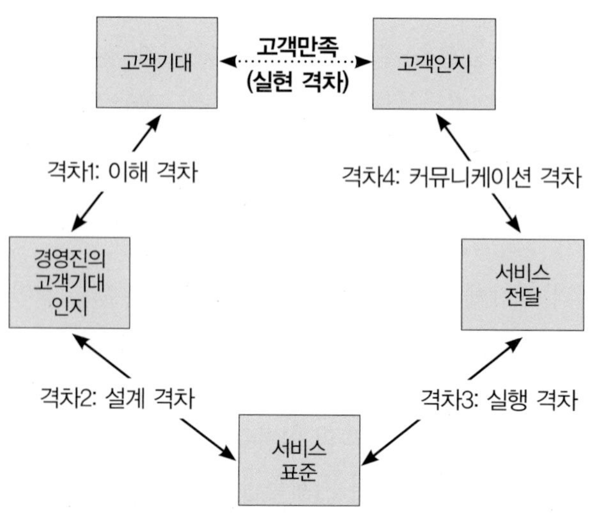

〈그림 21.7〉 서비스품질 격차 모형의 개요

〈표 21.5〉 서비스 격차의 발생원인과 해소방안

서비스 격차의 종류	발생원인	격차 해소 방향
격차 1 이해 격차	• 시장조사의 불충분 • 상향 커뮤니케이션 부족 • 고객에 대한 초점 결여	고객의 기대를 정확히 이해한다.
격차 2 설계 격차	• 고객지향적 표준의 부재 • 서비스 리더십 부족 • 미흡한 서비스표준	올바른 서비스품질 표준을 세운다.
격차 3 실행 격차	• 인적자원 관리 부족 • 수요와 공급의 균형유지 실패	서비스품질 표준을 충족시킬 수 있도록 성과를 관리한다.
격차 4 커뮤니케이션 격차	• 고객 기대관리 미숙 • 과잉 약속 • 수평적 커뮤니케이션 부족	약속한 사항을 확실히 이행하도록 관리한다.

• **격차 1: 이해 격차**

고객의 실제 기대와 경영진이 인지한 고객 기대 사이의 불일치를 말한다. 이것은 고객에 대한 경영진의 이해 부족 또는 지식 부족으로 인해 발생한다. 고객에 대한 이해 부족에서 비롯된 것이므로 '이해 격차' 또는 '지식 격차'라고 한다.

• **격차 2: 설계 격차**

경영진이 인식한 고객의 기대와 이를 이행하기 위한 지침인 서비스표준 사이의 불일치를 말한다. 이것은 서비스표준이 제대로 설계되지 못해 발생하는 '설계 격차'라고 할 수 있다.

• **격차 3: 실행 격차**

설계된 서비스표준과 고객에게 실제로 전달된 서비스 사이의 불일치를 말한다. 이것은 서비스표준대로 시스템을 운영하지 못해 발생한 격차이므로 '실행 격차' 또는 '운영 격차'라고 볼 수 있다. 또한 규격에 적합하지 못해 발생한 격차이므로 '적합성 격차'라고 말할 수 있다.

• **격차 4: 커뮤니케이션 격차**

고객에게 전달한 서비스와 고객이 체감하는 서비스 사이의 불일치를 말한다. 이것은 실제로 전달한 만큼 고객이 실감하지 못해 발생하는 '커뮤니케이션 격차'라고 할 수 있다.

이상의 4가지 격차가 누적되어 고객의 사전 기대수준과 사후 인지수준 사이의 실현 격차가 생기게 되는데 이 누적 격차를 통상 '격차 5'라고 한다. 이 누적 격차에 의해 고객만족이 결정되므로 이러한 격차를 줄이는 것이 서비스품질 관리의 초점이 된다.

(2) SERVQUAL 모형을 이용한 서비스품질 평가

앞서 설명한 '서비스 격차 모형(service gap model)'을 일반적으로 'SERVQUAL 모형'이라고 하는데, 이는 이론적으로 〈그림 21.8〉과 같이 표현된다. 이 그림에서 고객이 실제로 느끼는 격차는 '격차 5'이며, 고객 격차를 결정하는 것은 서비스 제공자가 유발한 '격차 1, 2, 3, 4'라는 것을 볼 수 있다.

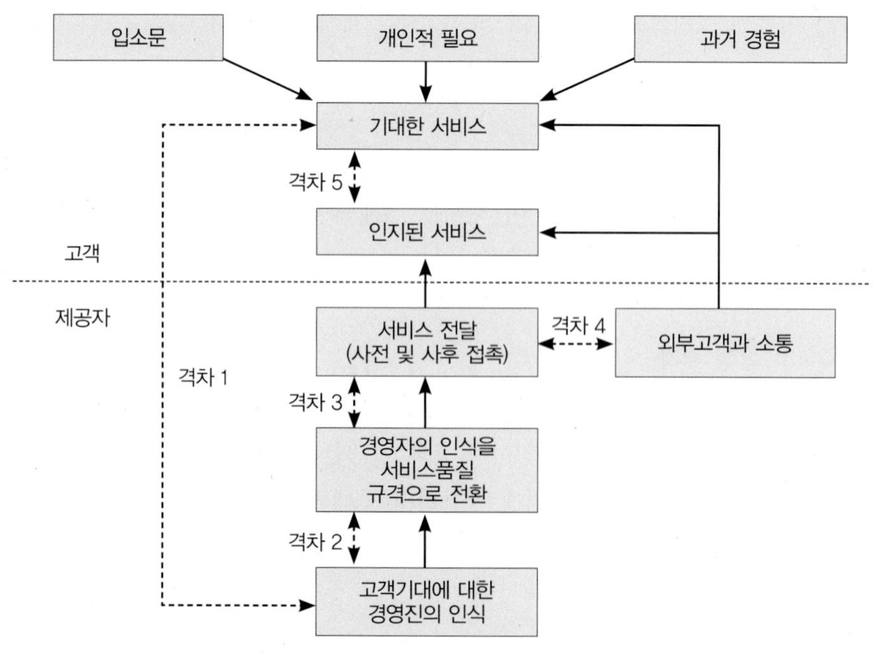

〈그림 21.8〉 서비스품질 격차 모형

SERVQUAL 모형을 이용하여 서비스품질을 평가할 때에는 이번 장 부록에 수록한 설문지 I과 설문지 II를 이용한다. 각 설문지는 모두 22개 문항으로 구성되어 있는데, 이 문항들은 다음과 같은 5가지 차원으로 구분된다.

- 문항 1~4: 유형성
- 문항 5~9: 신뢰성
- 문항 10~13: 대응성
- 문항 14~17: 확신성
- 문항 18~22: 공감성

22개의 설문 문항 중 첫 번째 문항 하나만 은행을 예로 들면 다음과 같다.

설문지 I: 고객 기대수준 조사용 설문

1. 훌륭한 은행은 현대적으로 보이는 설비를 보유하고 있을 것이다.

매우 부정			부정도 긍정도 아님			매우 긍정
1( )	2( )	3( )	4( )	5( )	6( )	7( )

설문지 II: 고객 인지수준 조사용 설문

1. 이 은행은 현대적으로 보이는 설비를 보유하고 있다.

매우 부정			부정도 긍정도 아님			매우 긍정
1( )	2( )	3( )	4( )	5( )	6( )	7( )

기대수준에 대한 응답점수와 인지수준에 대한 응답점수가 서비스 격차가 된다. 서비스품질의 평가 절차는 다음과 같다.

[단계 1] 서비스품질을 평가하고 싶은 특정 조직을 선택한 후 먼저 설문지 I의 22개 문항에 대한 고객의 평가를 받는다. 다음으로 동일한 고객을 대상으로 설문지 II의 22개 문항에 대한 고객의 평가를 받는다.

[단계 2] 두 개의 설문지에 대해 각 차원별(즉 문항 1~4, 문항 5~9, 문항 10~13, 문항 14~17, 문항 18~22) 평가점수의 평균을 구한 다음, 차원별 평균점수의 격차를 구한다. '격차 = 인지점수−기대점수'이므로 격차는 통상 마이너스(−) 값을 갖는다.

[**단계** 3] 각 차원별 격차점수의 산술평균(또는, 필요에 따라 가중평균)을 구하면 전반적인 서비스 격차가 된다.

예를 들어 각 차원별 평균 평가점수가 〈표 21.6〉과 같다고 가정해 보자.

〈표 21.6〉 서비스품질 평가 예: 차원별 인지점수와 기대점수

차원	평균 인지점수	평균 기대점수	비고
유형성	3.4	4.2	문항 1~4의 평균점수
신뢰성	4.6	5.6	문항 5~9의 평균점수
대응성	4.2	5.5	문항 10~13의 평균점수
확신성	5.2	5.4	문항 14~17의 평균점수
공감성	3.8	5.2	문항 18~22의 평균점수

〈표 21.7〉 서비스품질 평가 예: 차원별 격차

차원	평균 인지점수	평균 기대점수	격차 (인지점수 – 기대점수)
유형성	3.4	4.2	−0.8
신뢰성	4.6	5.6	−1.0
대응성	4.2	5.5	−1.3
확신성	5.2	5.4	−0.2
공감성	3.8	5.2	−1.4

〈표 21.6〉의 평가점수를 이용해 격차점수를 구하면 〈표 21.7〉과 같다.

〈표 21.7〉을 보면 유형성 차원의 인지점수가 가장 낮지만 격차는 공감성 차원이 가장 큰 것을 볼 수 있다. 이것은 공감성 차원의 사전 기대가 상대적으로 높았기 때문이다. 따라서 이러한 평가 결과에 비추어 볼 때 공감성 차원을 우선적으로 개선해야 한다.

서비스품질의 평가에 SERVQUAL 모형이 가장 보편적으로 사용되고 있지만 이에 대한 비판적 연구도 있다. 비판의 주된 내용은 다음과 같다.

- 사전 기대수준을 사후에 회고적으로 생각해서 평가하는 것이 비현실적이다.
- 낮은 수준의 서비스라도 기대치가 낮으면 높은 평가를 받을 수 있다.
- 고객의 기대는 매 접점마다 다르다.

이처럼 SERVQUAL에 대한 비판이 주로 기대수준의 평가와 관련된 것이므로, 기대수준은 평가하지 말고 인지수준만 가지고 평가하자는 의견이 있다. 이러한 대안을 SERVPERF라고 한다. SERVPERF가 SERVQUAL에 비해 사용하기 간편하고 논란이 적기는 하지만 "기대가 크면 실망도 크다"는 말처럼 기대와 만족을 분리해서 생각하기 힘든 것도 현실이다.

참고문헌

- 김승범(2011), "슬롯머신에 향수 뿌리는 마카오 카지노", 조선일보, 2011년 5월 2일.
- 김연성, 박영택, 서영호, 유왕진, 유한주, 이동규(2002), 「서비스경영: 전략·시스템·사례」, 법문사.
- 김유영, 박용(2010), "타이어, 만들기만 하면 팔린다? T'스테이션은 서비스까지 판다", 동아비즈니스리뷰, 59호, pp.18–22.
- 김태진(2010), "할리데이비슨은 루이뷔통 같은 명품입니다", 중앙일보, 5월 20일.
- 박동철(2013), "자동차 엔진소리 피아니스트, 작곡가와 함께 만든다", 동아비즈니스리뷰, 132호, pp.72–76.
- 박영택(1994), "품질의 현대적 의미", 품질경영학회지, 22권 2호, pp.177–192.
- 박영택(2014), "서비스품질의 관리: 서비스 격차를 잡아라", 품질경영, 1월호.
- 배정원(2015), "디즈니에선 환경 미화원도 배우… 모든 직원이 매 순간 '쇼'를 하죠", 조선일보, 2월 28일.
- 백강녕(2007), "듣기 좋은 소음 찾아라 … 기업들 소리 경영", 조선일보, 1월 24일.
- 신병철(2013), "향기로운 카지노에서 돈을 더 쓴다?", 동아비즈니스리뷰, 135호, pp.55–57.
- 이상은(2008), "문화를 파는 할리데이비슨", 한국경제신문, 1월 9일.
- 이재원(2013), "아우디 '코팀(Nose Team)'의 역할은…자동차 향기마케팅 전쟁", 조선일보, 11월 3일.
- 장시형(2014), "삼성을 바꾼 이건희 회장의 신경영 대장정④", 조선일보, 3월 3일.
- 정선구(2008), "김가네 김용만 회장", 중앙일보, 7월 1일.
- 채민기(2010), "UBS은행 복장지침 – 치마는 무릎까지, 속옷은 피부색으로" 조선일보, 12월 16일.
- Fitzsimmons, J.A. and Fitzsimmons, M.J.(2007), Service Management: Operations, Strategy, Information Technology, Sixth Edition, McGraw–Hill.
- Haksever, C. et. al.(2000), Service Management and Operations, Second Edition, Prentice Hall.
- Liar, H.(2006), Liar's Guide to Disneyland, Lulu.com
- Lovelock, C. and Wright, L.(2002), Principles of Service Marketing and Management, Second Edition, Prentice Hall.
- Parasuraman, A., Zeithaml, V.A. and Berry, L.L.(1988), "SERVQUAL: A multi–item scale for measuring consumer perceptions of the service quality", Journal of Retailing, Vol.64 No.1, pp.12–40.
- Pine II, B.J. and Gilmore, J.H.(1998), "Welcome to the experience economy", Harvard Business Review, July–August, pp. 97–105.
- Wise, R. and Baumgartner, P.(1999), "Go downstream: The new profit imperative in manufacturing", Harvard Business Review, September–October, pp. 133–141.
- Zeithaml, V.A., Parasuraman, A. and Berry, L.L.(1990), Delivering Quality Service: Balancing Customer Perceptions and Expectations, The Free Press.

21장 부록

SERVQUAL 설문지(서비스센터의 예)

[설문지 I] 고객 기대수준 조사용

1. 훌륭한 서비스센터는 현대적으로 보이는 설비를 보유하고 있을 것이다.

   전혀 아니다 매우 그렇다

   1( ) 2( ) 3( ) 4( ) 5( ) 6( ) 7( )

2. 훌륭한 서비스센터의 물리적 시설은 보기에도 멋있을 것이다.

   전혀 아니다 매우 그렇다

   1( ) 2( ) 3( ) 4( ) 5( ) 6( ) 7( )

3. 훌륭한 서비스센터의 직원들은 외모가 단정할 것이다.

   전혀 아니다 매우 그렇다

   1( ) 2( ) 3( ) 4( ) 5( ) 6( ) 7( )

4. 훌륭한 서비스센터에서 제공하는 (팸플릿이나 문서 등의) 서비스 자료는 보기에도 멋있을 것이다.

   전혀 아니다 매우 그렇다

   1( ) 2( ) 3( ) 4( ) 5( ) 6( ) 7( )

5. 훌륭한 서비스센터는 언제까지 어떤 일을 하겠다고 약속하면 그것을 지킬 것이다.

   전혀 아니다 매우 그렇다

   1( ) 2( ) 3( ) 4( ) 5( ) 6( ) 7( )

6. 훌륭한 서비스센터는 고객에게 어떤 문제가 생길 경우 그것을 해결하는 데 진지한 관심을 보일 것이다.

   전혀 아니다 매우 그렇다

   1( ) 2( ) 3( ) 4( ) 5( ) 6( ) 7( )

7. 훌륭한 서비스센터는 처음부터 올바른 서비스를 제공할 것이다.

전혀 아니다 매우 그렇다

1( ) 2( ) 3( ) 4( ) 5( ) 6( ) 7( )

8. 훌륭한 서비스센터는 해주기로 약속한 시간에 서비스를 제공할 것이다.

전혀 아니다 매우 그렇다

1( ) 2( ) 3( ) 4( ) 5( ) 6( ) 7( )

9. 훌륭한 서비스센터는 문서(기록)상 오류를 용납하지 않으려 할 것이다.

전혀 아니다 매우 그렇다

1( ) 2( ) 3( ) 4( ) 5( ) 6( ) 7( )

10. 훌륭한 서비스센터는 서비스가 언제 수행될 것인지 정확하게 알려줄 것이다.

전혀 아니다 매우 그렇다

1( ) 2( ) 3( ) 4( ) 5( ) 6( ) 7( )

11. 훌륭한 서비스센터는 고객에게 신속한 서비스를 제공할 것이다.

전혀 아니다 매우 그렇다

1( ) 2( ) 3( ) 4( ) 5( ) 6( ) 7( )

12. 훌륭한 서비스센터는 언제라도 고객을 기꺼이 도우려 할 것이다.

전혀 아니다 매우 그렇다

1( ) 2( ) 3( ) 4( ) 5( ) 6( ) 7( )

13. 훌륭한 서비스센터는 바쁘다고 고객의 요구에 대응하지 못하는 일이 결코 없을 것이다.

전혀 아니다 매우 그렇다

1( ) 2( ) 3( ) 4( ) 5( ) 6( ) 7( )

14. 훌륭한 서비스센터의 직원들은 고객에게 신뢰감을 줄 것이다.

전혀 아니다 매우 그렇다

1( ) 2( ) 3( ) 4( ) 5( ) 6( ) 7( )

15. 훌륭한 서비스센터의 고객들은 안심하고 거래할 것이다.

전혀 아니다 매우 그렇다

1( ) 2( ) 3( ) 4( ) 5( ) 6( ) 7( )

16. 훌륭한 서비스센터의 직원들은 고객에게 한결같이 예의 바를 것이다.

전혀 아니다 매우 그렇다

1( ) 2( ) 3( ) 4( ) 5( ) 6( ) 7( )

17. 훌륭한 서비스센터의 직원들은 고객의 문의에 대답할 수 있는 지식이 있을 것이다.

전혀 아니다 매우 그렇다

1( ) 2( ) 3( ) 4( ) 5( ) 6( ) 7( )

18. 훌륭한 서비스센터는 고객들에게 개별적인 관심을 보일 것이다.

전혀 아니다 매우 그렇다

1( ) 2( ) 3( ) 4( ) 5( ) 6( ) 7( )

19. 훌륭한 서비스센터의 업무시간은 모든 고객들에게 편리한 시간대일 것이다.

전혀 아니다 매우 그렇다

1( ) 2( ) 3( ) 4( ) 5( ) 6( ) 7( )

20. 훌륭한 서비스센터는 고객들에게 개별적인 관심을 보이는 직원들을 보유하고 있을 것이다.

전혀 아니다 매우 그렇다

1( ) 2( ) 3( ) 4( ) 5( ) 6( ) 7( )

21. 훌륭한 서비스센터는 고객의 최대 관심사를 염두에 둘 것이다.

전혀 아니다 매우 그렇다

1( ) 2( ) 3( ) 4( ) 5( ) 6( ) 7( )

22. 훌륭한 서비스센터의 직원들은 고객의 구체적 요구를 이해하고 있을 것이다.

전혀 아니다 매우 그렇다

1( ) 2( ) 3( ) 4( ) 5( ) 6( ) 7( )

[설문지 II] 고객 인지수준 조사용

1. 이 서비스센터는 현대적으로 보이는 설비를 보유하고 있다.

전혀 아니다 매우 그렇다

1( ) 2( ) 3( ) 4( ) 5( ) 6( ) 7( )

2. 이 서비스센터의 물리적 시설은 보기에도 멋있다.

전혀 아니다 매우 그렇다

1( ) 2( ) 3( ) 4( ) 5( ) 6( ) 7( )

3. 이 서비스센터의 직원들은 외모가 단정하다.

전혀 아니다 매우 그렇다

1( ) 2( ) 3( ) 4( ) 5( ) 6( ) 7( )

4. 이 서비스센터에서 제공하는 (팸플릿이나 문서 등의) 서비스 자료는 보기에도 멋있다.

전혀 아니다 매우 그렇다

1( ) 2( ) 3( ) 4( ) 5( ) 6( ) 7( )

5. 이 서비스센터는 언제까지 어떤 일을 하겠다고 약속하면 그것을 지킨다.

전혀 아니다 매우 그렇다

1( ) 2( ) 3( ) 4( ) 5( ) 6( ) 7( )

6. 이 서비스센터는 고객에게 어떤 문제가 생길 경우 그것을 해결하는 데 진지한 관심을 보인다.

전혀 아니다 매우 그렇다

1( ) 2( ) 3( ) 4( ) 5( ) 6( ) 7( )

7. 이 서비스센터는 처음부터 올바른 서비스를 제공한다.

전혀 아니다 매우 그렇다

1( ) 2( ) 3( ) 4( ) 5( ) 6( ) 7( )

8. 이 서비스센터는 해주기로 약속한 시간에 서비스를 제공한다.

전혀 아니다 매우 그렇다

1( ) 2( ) 3( ) 4( ) 5( ) 6( ) 7( )

9. 이 서비스센터는 문서(기록)상 오류를 용납하지 않으려 한다.

전혀 아니다 매우 그렇다

1( ) 2( ) 3( ) 4( ) 5( ) 6( ) 7( )

10. 이 서비스센터는 서비스가 언제 수행될 것인지 정확하게 알려준다.

전혀 아니다 매우 그렇다

1( ) 2( ) 3( ) 4( ) 5( ) 6( ) 7( )

11. 이 서비스센터는 고객에게 신속한 서비스를 제공하고 있다.

전혀 아니다 매우 그렇다

1( ) 2( ) 3( ) 4( ) 5( ) 6( ) 7( )

12. 이 서비스센터는 언제라도 고객을 기꺼이 도우려 한다.

전혀 아니다 매우 그렇다

1( ) 2( ) 3( ) 4( ) 5( ) 6( ) 7( )

13. 이 서비스센터는 바쁘다고 고객의 요구에 대응하지 못하는 일이 결코 없다.

전혀 아니다 매우 그렇다

1( ) 2( ) 3( ) 4( ) 5( ) 6( ) 7( )

14. 이 서비스센터의 직원들은 고객에게 신뢰감을 준다.

전혀 아니다 매우 그렇다

1( ) 2( ) 3( ) 4( ) 5( ) 6( ) 7( )

15. 이 서비스센터의 고객들은 안심하고 거래한다.

전혀 아니다 매우 그렇다

1( ) 2( ) 3( ) 4( ) 5( ) 6( ) 7( )

16. 이 서비스센터의 직원들은 고객에게 한결같이 예의 바르다.

전혀 아니다 매우 그렇다

1( ) 2( ) 3( ) 4( ) 5( ) 6( ) 7( )

17. 이 서비스센터의 직원들은 고객의 문의에 대답할 수 있는 지식이 있다.

전혀 아니다 매우 그렇다

1( ) 2( ) 3( ) 4( ) 5( ) 6( ) 7( )

18. 이 서비스센터는 고객들에게 개별적인 관심을 보이고 있다.

전혀 아니다 매우 그렇다

1( ) 2( ) 3( ) 4( ) 5( ) 6( ) 7( )

19. 이 서비스센터의 업무시간은 모든 고객들에게 편리한 시간대이다.

전혀 아니다 매우 그렇다

1( ) 2( ) 3( ) 4( ) 5( ) 6( ) 7( )

20. 이 서비스센터는 고객들에게 개별적인 관심을 보이는 직원들을 보유하고 있다.

전혀 아니다 매우 그렇다

1( ) 2( ) 3( ) 4( ) 5( ) 6( ) 7( )

21. 이 서비스센터는 고객의 최대 관심사를 염두에 두고 있다.

전혀 아니다 매우 그렇다

1( ) 2( ) 3( ) 4( ) 5( ) 6( ) 7( )

22. 이 서비스센터의 직원들은 고객의 구체적 요구를 이해하고 있다.

전혀 아니다 매우 그렇다

1( ) 2( ) 3( ) 4( ) 5( ) 6( ) 7( )

22장

서비스 전략

전략은 기본적으로 '무엇'을 할 것인가 결정하는 것이고 운영은 '어떻게' 할 것인지를 다룬다. 따라서 전략적 선택은 운영적 문제보다 먼저 고려되어야 한다. 현대 경쟁전략의 창시자로 인정받는 마이클 포터는 전략의 본질이 '무엇을 포기할 것인지 결정'하는 일이라고 했다. 전략이 없으면 무엇이든 다하고 싶고 경쟁자와 어떻게 차별화할 것인지 진지하게 생각하지 않기 때문이다.

22.1 경쟁전략의 이해

(1) 전략을 형성하는 5가지 작용력

기업의 성공과 실패는 경쟁의 결과라고 볼 수 있다. 기업 간의 경쟁에서 유리한 위치를 확보하고 지속적으로 이익을 내기 위한 전략을 경쟁전략이라고 한다. 경쟁전략을 수립하기 위해서는 일반적으로 다음과 같은 두 가지 질문에 대답할 수 있어야 한다.

- 해당 기업이 속해 있는 산업 자체의 매력도는 얼마나 큰가?
- 특정 산업 내에 있는 기업들의 상대적 경쟁지위를 결정하는 요인들은 무엇인가?

모든 산업의 기대수익이 같을 수는 없으며, 동일한 산업 내에서도 어떤 기업은 다른 기업들보다 훨씬 더 큰 수익을 내고 있다. 따라서 이러한 두 가지 중 어느 한 가지만으로는 경쟁전략을 제대로 설명하기 어렵다. 매력 있는 산업에 속한 기업이라도 경쟁지위가 열등하면 높은 수익을 올리지 못할 것이며, 이와는 반대로 산업 내에서 아주 훌륭한 경쟁지위를 확보하고 있는 기업이라도 그 기업이 속해 있는 산업 자체가 매력이 없으면 좋은 성과를 얻기 어렵다.

〈그림 22.1〉은 1992년부터 2006년까지 미국의 산업별 평균 투자자본이익률(ROIC, return on invested capital)을 나타낸 것이다. 이 기간 동안 전체 산업의 평균 ROIC는 14.9%였는데 증권, 음료, 제약 부문의 성과는 이를 훨씬 초과하였다. 이에 반해 호텔과 항공 부문의 성과는 아주 저조하다. 이것은 산업별로 매력도가 다르다는 것을 잘 보여준다.

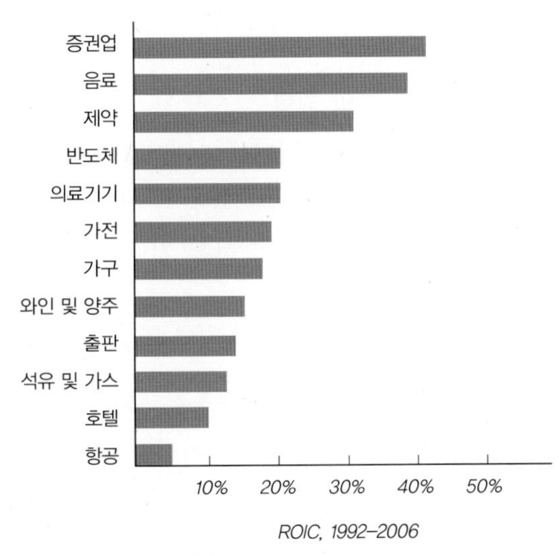

〈그림 22.1〉 미국의 산업별 평균 투자자본이익률
(Porter, 2008에서 일부 발췌)

기업은 자신의 노력에 의해 산업의 매력도와 경쟁적 지위를 어느 정도 변화시킬 수 있기 때문에 경쟁전략을 수립하는 일은 경영자에게 있어서 매우 도전적이고 흥미로운 과제가 된다. 산업 매력도의 결정요인 중에는 개별 기업의 노력만으로 바꿀 수 없는 것들이 있기는 하지만, 경쟁전략은 특정산업의 매력도를 바꿀 수 있는 어느 정도의 힘을 갖고 있다. 또한, 한 기업이 어떤 전략을 선택하느냐에 따라 경쟁적 지위가 향상되거나 저하될 수 있다. 따라서 경쟁전략이란 단순히 환경에 어떻게 잘 적응하느냐 하는 것뿐만 아니라 환경 자체를 유리한 방향으로 바꾸는 문제까지도 포함한다.

마이클 포터(M.E. Porter)는 산업의 매력도와 기업의 경쟁적 지위는 다음과 같은 '5가지 작용력(five forces)'에 의해 결정된다고 하였다.

- 신규 진입자의 위협
- 공급자의 협상력
- 구매자의 협상력
- 대체 상품이나 서비스의 위협
- 라이벌 기업 간의 경쟁강도

5가지 작용력의 강도가 어떻게 형성되느냐에 따라 특정산업에 속한 기업이 평균적으로 자본비용 이상의 투자수익을 올릴 수 있는지 그 여부가 결정되는데, 이들 요인의 강도는 산업에 따라 다양하고 산업의 발전에 따라 변한다. 5가지 작용력이 기업의 경쟁양상에 어떻게 영향을 미치는지 살펴보자.

• 신규 진입자의 위협

기존기업은 신규 진입자들이 생기면 가격, 비용, 투자 측면에서 압박을 받기 때문에 신규 진입을 막기 위한 방어활동을 하게 된다. 미국 최대 커피체인 스타벅스가 매장과 메뉴에 지속적으로 투자를 하는 것도 커피 소매업의 진입장벽이 매우 낮기 때문이다.

• 공급자의 협상력

지배적 위치에 있는 공급자들은 자신의 수익을 높이기 위해 더 높은 가격을 책정하거나 각종 비용을 고객사에 전가한다. 이 경우 구매기업이 속한 산업의 경쟁강도는 증가하고 수익성은 악화된다. 기업은 부품 표준화를 통해 공급자의 교체를 쉽게 함으로써 공급자의 협상력을 떨어뜨릴 수도 있다.

• **구매자의 협상력**

공급자의 협상력과 마찬가지로 구매자의 협상력이 커도 수익성이 타격을 받는다. 일렉트로룩스, GE, 월풀의 경우 가전 소매 채널의 합병에 따른 대형화로 인해 베스트바이, 홈디포 등과 같은 대형 판매체인이 등장하면서 이들 대형 판매망의 협상력이 매우 강력해졌다.

• **대체 상품의 위협**

스마트폰의 출현 때문에 차량용 내비게이션과 저가 디지털카메라 시장이 사라져가는 것은 대체재의 작용력을 잘 보여준다. 대체재의 경우 가격 대비 기술향상 정도에 따라 위협의 크기가 변한다. 예를 들어 플래시 메모리의 경우 성능이 점차 좋아지면서 저용량 하드디스크를 급격히 대체하고 있다.

• **라이벌 기업 간의 경쟁강도**

기존의 라이벌 기업 간 경쟁강도는 시간이 지남에 따라 증가하는 경향이 있다. 이에 따라 산업의 수익성은 떨어지고 상대적으로 약한 경쟁자들은 퇴출된다. 그러나 이 같은 흐름이 불가피한 것만은 아니다. 미국의 카지노 기업들은 지속적인 틈새시장 발굴과 해외사업 확장을 통해 경쟁심화에 따른 수익성의 악화를 극복해 왔다.

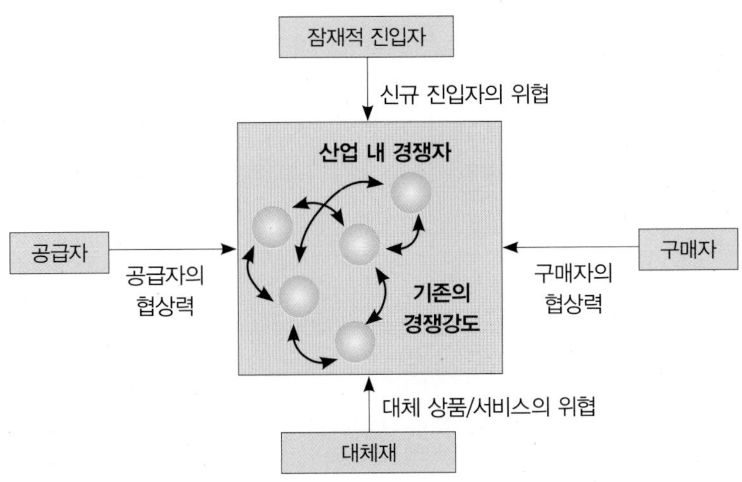

〈그림 22.2〉 산업경쟁의 양상을 결정하는 5가지 작용력(Porter, 2008)

〈그림22.3〉은 5가지 작용력의 힘을 결정하는 요인들을 정리한 것이다. 산업별로 5가지 작용력의 중요도와 그 결정요인들이 다르기 때문에 모든 산업은 자신만의 독특한 구조를 가지고 있다고 말할 수 있다. 그러나 기본적으로 산업의 매력도는 5가지 작용력의 총체적 강도에 의해 결정되기 때문에 이를 분석하는 것은 특정산업 내에서 새로운 경쟁방식을 모색하는데 통찰력을 제공해 주며, 경영자로 하여금 기업의 장기적 수익성을 결정하는 가장 중요한 요소인 산업의 구조적 측면에 주의를 집중하게 한다.

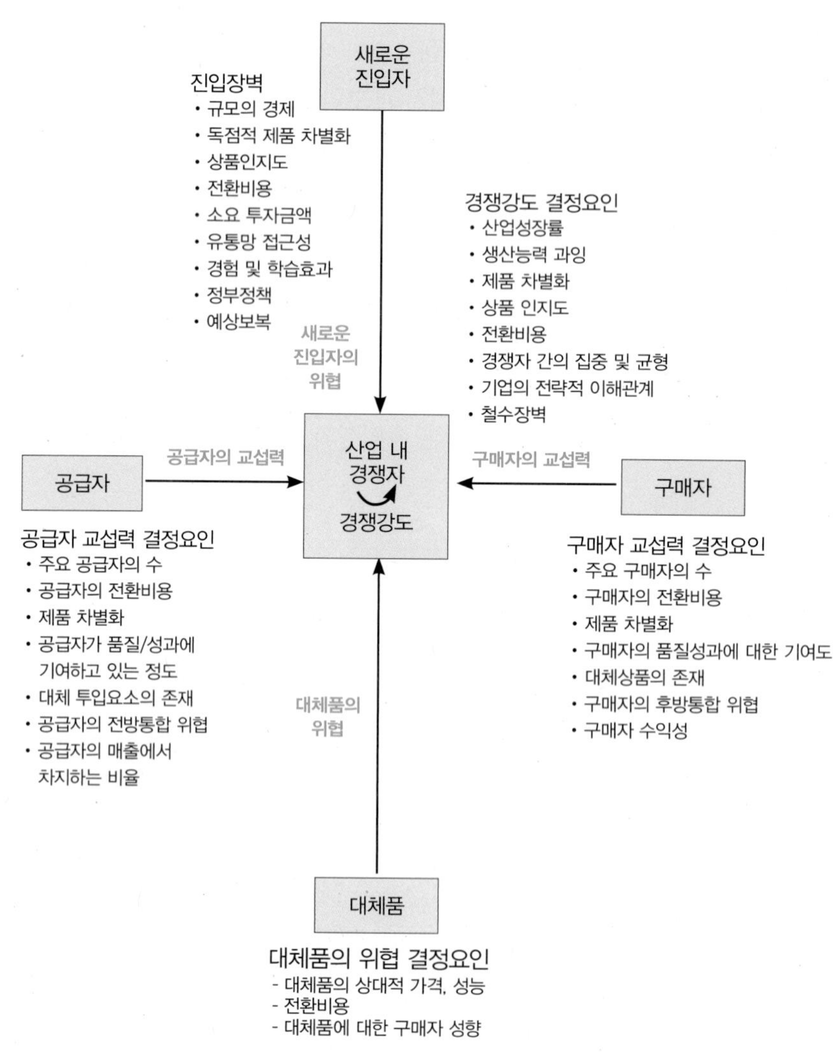

〈그림 22.3〉 5가지 작용력의 결정요인(Porter, 1985)

국내 한 경제신문에 소개된 다음 기사는 5가지 작용력의 의미를 이해하는 데 도움이 된다 (박성완, 2008).

5가지 작용력은 산업의 전체 구조를 파악해 장기적인 수익 잠재력을 판단할 수 있도록 해준다. 따라서 눈에 쉽게 띄는 영향요인(factors)에만 집중하여 산업구조를 제대로 파악하지 못하는 오류를 줄여준다.

산업의 매력도를 분석할 때에는 성장성, 기술수준 및 혁신성, 정부개입, 보완재 등에 대한 선입견을 버려야 한다. 이들은 산업에 영향을 주긴 하지만 경쟁구조와 수익성을 결정하는 직접적인 요소는 아니다. 예컨대 기업들은 고성장 산업을 무조건 매력적이라고 판단할 수 있다. 그러나 고성장 산업은 신규 진입의 위협이 높고, 공급자나 구매자의 협상력이 클 수 있기 때문에 수익성이 반드시 보장되진 않는다.

기술 수준이나 혁신의 정도가 높다는 것도 산업의 구조적 매력도와는 직접적인 상관이 없다. 구매자의 가격 민감도가 낮고, 규모의 경제로 높은 진입장벽을 형성하고 있는 굴뚝 산업이 최고의 기술수준을 자랑하는 정보기술(IT) 산업보다 수익성이 높을 수 있다.

(2) 본원적 경쟁전략

산업자체의 매력도와 더불어 경쟁전략의 핵심이 되는 또 하나의 문제는 특정산업 내에서 기업이 차지하는 상대적 지위이다. 산업 내에서 어떤 기업이 확보하고 있는 상대적 지위는 그 기업의 수익성이 산업의 평균치보다 더 높은 수익을 내느냐 그렇지 못하느냐를 좌우한다. 따라서 자신의 경쟁지위를 효과적으로 설정한 기업은 매력적이지 못한 산업 내에서도 상대적으로 높은 수익을 올릴 수 있다.

특정기업이 경쟁우위를 지속시킬 수 있다면 장기적으로 평균보다 더 높은 수익을 낼 수 있다. 일반적으로 한 기업은 다른 기업에 비해 많은 강점과 약점을 갖게 마련이지만 기본적으로 경쟁우위는 '저원가'와 '차별화'라는 두 가지 측면에서 설명할 수 있다. 경쟁우위의 두 가지 측면을 경쟁범위와 연계시키면 〈그림 22.4〉에 나타낸 바와 같이 원가주도, 차별화, 초점집중이라는 기본전략이 나온다. 이를 제안한 마이클 포터는 '본원적 경쟁전략(generic competitive strategies)'이라고 이름을 붙였는데, 여기서 '본원적'이라는 말은 시장이나 업종의 특성에 상관없이 일반적·보편적으로 적용된다는 의미이다.

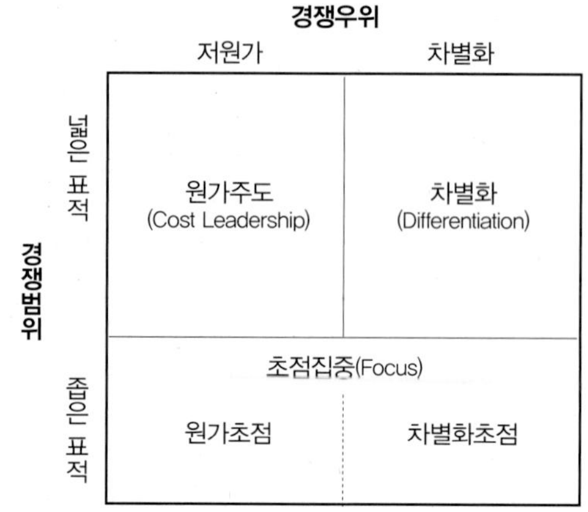

〈그림 22.4〉 본원적 경쟁전략의 3가지 유형(Porter, 1985)

이 3가지 본원적 전략은 기본적으로 경쟁우위의 원천을 달리한다. 원가주도전략과 차별화전략은 산업의 광범위한 영역에서 경쟁우위를 추구하는 반면 초점집중전략은 세분화된 일부 영역이나 틈새시장에서 원가주도 또는 차별화를 추구한다. 기업의 기본적 전략방향을 결정하기 위해서는 경쟁우위의 확보를 목표로 두고 본원적 전략 중 하나를 신중하게 선택해야 한다. 기업이 경쟁우위를 확보하고자 한다면 자신이 추구하는 경쟁우위의 형태와 그 대상이 되는 사업 영역을 먼저 결정해야 한다. 모든 고객에게 모든 것을 만족시키려는 생각은 어떠한 분야에서도 경쟁우위를 확보하지 못하는 결과를 초래할 위험이 높다.

① 원가주도전략

'원가주도(cost leadership)'는 자신이 속한 산업 내에서 가장 저렴한 상품(제품/서비스)을 제공하기 위해 기업이 추구하는 전략이다. 이 전략을 추구하는 기업들은 가격에 민감한 고객들을 대상으로 표준화된 상품을 제공한다. 원가우위의 원천은 규모의 경제, 학습효과, 혁신적 기술, 유리한 원자재 확보방법 등과 같이 다양하다. 맥도날드나 월마트와 같이 원가주도전략을 추구하는 기업들이 하나의 산업 전체를 혁신시키기도 한다. 일반적으로 이 전략은 차별화가 어려운 일용품 시장이나 규모의 경제가 적용되는 사업에 적합하다. 그러나 이 전략이 성공하기 위해서는 경쟁기업에 비해 구조적으로 원가를 절감할 수 있는 핵심역량이 있어야 한다.

② 차별화전략

'차별화(differentiation)'를 추구하는 기업은 고객이 중요하게 여기는 속성을 선택해서, 이를 독특하게 차별화시킴으로써 경쟁우위를 확보하고자 한다. 차별화 속성은 고객들로부터 그 가치를 인정받아야 하며, 경쟁자들이 쉽게 모방할 수 없는 것이어야 한다. 차별화의 방법으로는 브랜드 이미지, 기술, 고객서비스, 유통채널 등 여러 가지가 있다. 예를 들어 도미노피자는 30분 이내에 배달한다는 신속성으로, 노드스트롬 백화점은 탁월한 고객서비스로 차별화에 성공하였다.

차별화 속성이 고객들에게 충분히 인지된다 할지라도 소요되는 추가적 비용이 차별화를 통해 더 받을 수 있는 가격보다 크다면 경쟁에서 이길 수 없다. 따라서 차별화에 영향을 주지 않는 다른 영역에 대해서는 경쟁사보다 원가를 더 낮추거나 비슷하게 유지하려는 노력을 게을리해서는 안 된다. 차별화 속성이 고객들로부터 그 가치를 높이 인정받으면 경쟁사들도 적극 모방에 나설 것이기 때문에, 경쟁우위를 장기적으로 유지하기 위해서는 새로운 차별화를 창조해 내는 조직의 능력이 뒷받침되어야 한다.

③ 초점집중전략

'초점집중(focus)'의 핵심적 개념은 잠재적 시장의 특정 부문(특정고객, 특정상품, 특정지역 등)을 선택하고 이 세분시장에 역량을 집중시키는 것이다. 이러한 전략을 추구하는 기업은 비록 해당 산업 내에서 전반적인 경쟁우위는 확보하지 못하더라도, 제한된 목표시장에서 확고한 경쟁우위를 확보하고자 한다. 캐나다 토론토에 소재한 숄다이스(Shouldice)병원은 탈장수술 전문병원으로 유명하다. 또한 모스버거나 프레쉬니스버거 등과 같은 수제버거 전문점도 초점집중전략을 추구하는 대표적인 예이다.

이 전략은 목표 세분시장에서 원가우위를 추구하는 '원가 초점(cost focus)'과 강력한 차별화를 추구하는 '차별화 초점(differentiation focus)'으로 나눌 수 있다. 광범위한 시장을 겨냥하는 기업들은 세분시장별로 차이가 나는 특성들을 차별적으로 반영하기 힘들기 때문에 초점전략의 여지가 생긴다. 그러나 전략적으로 선택한 표적 세분시장의 요구특성이 전체 시장의 요구특성과 별 차이가 없는 경우에는 초점전략 자체가 무의미하게 된다. 경우에 따라서는 경쟁자가 세분화된 목표시장 내의 더 작은 부분을 경쟁의 기회로 인식하고 보다 더 강력한 초점전략을 추구하는 경우도 있다. 요컨대, 초점전략의 기본적 전제는 좁은 목표시장에 집중하면 광범위한 시장을 대상으로 서비스하는 것보다 세분시장 내의 차별적 요구를 더 낮은 비용이나 더 효과적인 방법으로 충족시킬 수 있다는 것이다.

22.2 서비스전략

(1) 서비스기업의 경쟁환경

효과적인 서비스전략을 수립하기 위해서는 서비스업의 경쟁환경이 제조업에 비해 어떻게 다른지 이해할 필요가 있다. 일반적으로 서비스기업이 처한 경쟁환경은 다음과 같다.

• 진입장벽이 상대적으로 낮다

서비스산업의 경우 혁신적인 업무운영 방식을 개발하더라도 특허로 보호받기 어렵다. 또한 서비스기업의 대다수는 노동집약적이기 때문에 경쟁자들이 쉽게 모방할 수 있다. 그러나 페덱스의 택배화물 실시간 추적시스템인 COSMOS 정보시스템이나 아메리칸항공이 개발한 SABRE 예약시스템의 예에서 볼 수 있듯이 정보기술을 잘 이용하면 경쟁자들이 짧은 시간 내에 모방할 수 없는 진입장벽을 구축할 수 있다. 또한 클럽메드의 아름다운 해변 휴양지처럼 입지나 시설 자체가 또 다른 형태의 진입장벽이 되는 경우도 있다.

• 규모의 경제를 실현하기 어렵다.

서비스는 생산과 동시에 소비되기 때문에 재고로 비축할 수 없다. 따라서 대량생산을 통한 '규모의 경제'를 실현하기 어렵다. 또한 서비스가 생산과 동시에 소비된다는 것은 고객이 서비스 회사를 찾아가거나 아니면 서비스 회사가 고객을 찾아가야 한다는 것을 의미한다. 이러한 물리적 이동의 필요성 때문에 시장이 지리적으로 제한되고 점포의 규모가 커지기 어렵다. 그러나 프랜차이즈 회사들은 독립된 사업주들이 브랜드, 취급상품과 운영방법, 기업이미지 등을 통일한 공동 네트워크를 형성하여 구매자의 협상력을 강화하고, 광고비용을 분담함으로써 규모의 경제를 어느 정도 실현하고 있다. 인터넷 쇼핑몰에서와 같이 전자적 통신수단을 도입하여 물리적 이동의 필요성을 대폭 줄일 수 있는 경우에도 규모의 경제가 실현될 수 있다.

• 수요의 변동이 심하다.

식당이나 놀이공원 등에서 볼 수 있듯이 서비스 수요는 시간대별, 요일별, 계절별로 크게 차이가 나는 경우가 많다. 따라서 수요와 공급을 맞추기 위한 서비스능력의 관리가 매우 중요하고도 어려운 과제가 된다.

- **고객충성도의 확보가 관건이다.**

고객충성도는 기업의 수익성을 좌우하는 가장 중요한 변수이다. 일반적으로 고객 이탈률을 5% 줄이면 기업의 수익이 업종에 따라 25%에서 85%까지 증가하는 것으로 알려져 있다. 리츠칼튼호텔은 고객충성도를 확보하기 위해서 '고객인지 프로그램'이라는 고객정보관리 시스템을 개발하고, 이를 활용하여 고도로 차별화된 개인적 서비스(personalized service)를 제공하고 있다.

- **내부직원 만족이 특히 중요하다.**

서비스기업의 수익 창출의 원리를 나타낸 '서비스 수익체인(service-profit chain)'에 따르면 내부직원이 만족해야 좋은 서비스가 나올 수 있고, 좋은 서비스를 제공해야만 고객을 만족시키고 충성도를 확보할 수 있다. 따라서 서비스품질의 원천은 종업원만족이라고 볼 수 있다. 페덱스는 이러한 수익창출의 원리를 일찍이 깨닫고 '사람(People)-서비스(Service)-이윤(Profit)'이라는 기업철학을 확립하였다. P-S-P 철학의 세 가지 순서는 "우리가 종업원(people)들을 지성으로 보살펴주면 그들은 고객이 원하는 완벽한 서비스(service)를 제공해 줄 것이다. 그러면 고객들은 회사의 미래를 확실하게 다지는 데 필요한 이익(profit)을 가져다줄 것이다"라는 중요한 뜻을 담고 있다.

(2) 서비스전략의 기본개념

'산업이란 고객을 만족시키는 하나의 과정이지 상품을 생산하는 과정이 아니다'라는 관점은 모든 사업가들이 이해해야 할 매우 중요한 것이다. 산업이란 고객과 그들의 요구로부터 출발하는 것이지 특허나 원재료, 판매기술로부터 시작되는 것이 아니다. '마케팅 근시안(myopia)'이라는 논문에서 레비트(T. Levitt)가 지적한 이 말은 고객중심전략의 사상적 기반이 된다. 흔히들 말하듯이 고객이 없으면 사업도 없기 때문에 모든 전략은 고객관점에서 수립되고 검토되어야 한다.

기업전략은 크게 보면 3가지 본원적 전략 중 하나를 취하지만 그것을 효과적으로 구현하려면 고객중심의 실행전략이 필요하다. 이러한 고객중심전략은 〈그림 22.5〉에 나타낸 바와 다음과 같은 3가지 물음에 대한 해답을 찾는 데서 출발한다.

(i) 누가 우리의 고객이며 그들의 요구는 무엇인가?
(ii) 고객의 요구를 충족시킬 수 있는 상품(제품/서비스)은 어떤 것인가?
(iii) 그러한 상품을 어떻게 개발하고 제공할 수 있는가?

고객중심전략이 어떻게 구현되는지 알기 위해 미국의 멕시코 패스트푸드 체인점인 타코벨(Taco Bell)의 예를 살펴보자. 1962년 설립된 이 회사는 1980년대 초 심각한 상황에 직면했다. 회사는 여러 분기 동안 계속 마이너스 성장을 기록하였는데 그럴 만한 이유가 있었다. 매장은 어두웠고, 메뉴는 한정되어 있었으며 광고 또한 진부했다. 당시 타코벨을 제대로 아는 사람은 드물었고, 어떤 사람들은 멕시코계 전화회사로 착각할 정도였다.

새로 취임한 존 마틴(John E. Martin) 사장은 과감한 변화를 추진했다. 먼저 고객의 소리를 경청했는데, 그들은 더 적은 돈으로 더 많은 것을 원했다. 고객이 원하는 것은 지불한 돈에 비한 품질, 즉 가치였다. 마틴은 가치 프로그램을 도입하여 1988년과 1992년 사이에 패스트푸드 서비스의 면모를 혁신하였다. 그가 추진한 변화 프로그램의 핵심적 과정은 다음과 같다.

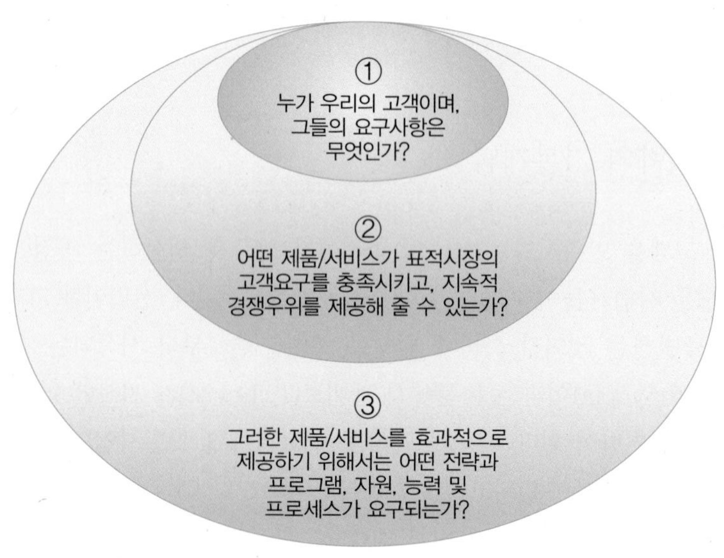

〈그림 22.5〉 고객중심전략(Wind and Main, 1998)

(i) 누가 우리의 고객인가?

- 한 푼이라도 더 아끼려는 사람들로서 적은 돈으로 배부르게 먹고자 하거나 자주 오는 손님들(HFFUs, heavy or high-frequency fast food users)이다.

(ii) 그들의 요구는 무엇인가?

- 음식 가격에 대한 품질이다. 이를 충족시키기 위해서는 신속, 정확, 청결, 온도(따뜻해야 하는 음식은 따뜻하게, 차야 하는 음식은 차게)를 관리해야 한다. 이 4가지 요소는 FACT(Fast, Accurate, Cleanliness, Temperature)라는 한 단어로 요약할 수 있다.

(iii) 우리는 어떻게 그들의 요구를 충족시킬 수 있는가?

- 지금까지 고객이 중요하게 생각지 않은 것에 더 큰 관심을 갖고 있었다. 예를 들면 레스토랑에서 주방의 필요성 같은 것이다. '주방 없는 레스토랑(K-Minus, restaurant without kitchens)'의 개념을 도입하자. 음식의 최종 조합과 데우기를 제외한 나머지 이전 과정들을 중앙으로 이관하면 지루한 조리과정을 없앨 수 있고, 보다 저렴한 가격으로 신속하게 음식을 제공할 수 있다. 또한 소매점의 수요가 통합되어 식재료의 소요량 산포가 줄어들기 때문에 낭비를 줄일 수 있다. 뿐만 아니라 직원들은 완성된 요리와 서비스에만 집중할 수 있다. 주방을 없앨 경우 얻을 수 있는 혜택은 여기서 그치지 않는다. 고객을 위한 공간을 30~70% 증가시킬 수 있기 때문에 매장을 보다 쾌적하고 청결하게 만들 수 있다.
- 관리자들이 고객에게 더 많은 시간을 할애하고 매장 운영 실태를 종합적으로 파악하는 것을 돕기 위한 정보시스템이 필요하다. 이를 위해 TACO(Total Automation of Company Operation)라는 정보시스템을 전 매장에 도입한다.
- 멕시칸 레스토랑이므로 고객이나 종업원들 중 영어를 모국어로 사용하지 않는 사람들이 많다. 따라서 언어소통 문제로 주문의 정확성이 떨어지는 경우가 적지 않다. 이러한 문제는 자동차를 탄 채로 마이크를 통해 음식을 주문하고 받아가는 탑승주문(drive-through) 서비스에서 자주 발생한다. 이를 해결하기 위해 종업원들이 전자주문시스템을 이용하여 직접 차량 안에 있는 고객에게 다가가서 주문을 받거나, 차내 고객들이 그림메뉴 전자주문판을 보고 직접 누를 수 있도록 한다.

이러한 일련의 고객중심 혁신전략을 통해 타코벨은 음식 가격을 25% 인하하고도 주요 경쟁자들보다 매출 증가율을 3배나 높일 수 있었다. 서비스전략은 이러한 고객 중심 혁신전략과 별 다를 바가 없다. 서비스전략이 필요한 이유는 다음과 같다.

- 효과적인 서비스전략은 세분시장의 어느 영역에 위치(positioning)해야 할 것인지 알려준다.
- 명확히 정의된 서비스전략은 전체 조직이 함께 나아갈 방향을 제시해 준다.
- 서비스전략은 일선 종업원들에게 경영층이 기대하는 바와 조직에서 무엇을 중요하게 관리해야 하는지를 알려준다.

서비스전략의 핵심은 다음과 같은 3가지 물음에 대한 해답을 찾는 것이다.

(i) **누가 우리의 고객인가?**
이것은 특정기업이 서비스해야 할 표적 세분시장을 선택하는 것이다.
(ii) **우리가 선택한 고객들에게 어떤 서비스상품을 제공해야 하는가?**
여기서 서비스상품이란 단순히 하나의 제품이나 서비스를 지칭하는 것이 아니라, 고객들에게 제공하는 제품, 서비스, 경험을 총칭하는 말이다. 이를 '서비스 패키지(package)' 또는 '고객가치 패키지'라고도 한다.
(iii) **우리는 그러한 서비스상품을 어떻게 제공해야 하는가?**

이것은 서비스상품을 고객들에게 어떤 운영원칙과 전달시스템을 통해 제공할 것인지 결정하는 것이다. 이러한 물음에 답하는 것은 앞서 살펴 본 고객중심전략과 일맥상통한다. 서비스전략이 실질적 의미를 갖고 효과를 발휘하려면 다음과 같은 4가지 특성을 갖추어야 한다.

- 사업의 의도와 방향을 담고 있어야 한다.
- 경쟁자와 차별화되어야 한다.
- 고객관점에서 가치 있는 서비스라야 한다.
- 실질적으로 제공가능한 서비스라야 한다.

사우스웨스트항공의 예를 통하여 이러한 서비스전략이 어떻게 구현될 수 있는지 살펴보자.

(3) 사우스웨스트항공의 서비스전략

1971년 롤린 킹(Rollin W. King)에 의해 설립된 이 회사는 3대의 항공기로 텍사스의 댈러스, 휴스턴, 샌안토니오 사이를 운항하는 작은 지역 항공사로 출범하였지만 경쟁사들과 차별화된 전략으로 고객들에게 보다 나은 가치를 제공하기 위해 지속적으로 노력해 온 결과 지금은 미국 최대 국내선 항공사로 자리 잡았으며, 업계의 선도자로서 많은 기업들로부터 벤치마킹의 대상이 되고 있다. 1989년 연간 매출액이 10억 달러를 돌파함으로써 미국의 주요 국내선 항공사 중 하나로 부상하였으며, 눈부신 발전을 거듭하여 2000년에는 매출 50억 달러를 돌파하였다. 2011년 통계에 의하면 연간 승객 수 기준으로 사우스웨스트항공은 델타와 유나이티드에 이어 세계 3번째 항공사로 성장하였다.

사우스웨스트항공은 「포춘」이 선정하고 있는 미국에서 가장 존경받는 기업에 포함되어 왔으며, 가장 일하기 좋은 100대 기업 중 최상위권을 매년 유지하고 있다. 또한 1982년부터 2001년까지 이 회사의 회장을 맡았던 허버트 켈러허(Herbert D. Kelleher) 역시 미국 최고의 경영자 중 하나로 인정받았다. 사우스웨스트항공이 서비스전략의 개념과 체계를 의도적으로 추구했다는 명시적인 증거는 없지만 이 회사는 경쟁자와 차별화된 전략과 그에 부합하는 탁월한 서비스 전달시스템을 갖추고 있다.

이 항공사의 핵심적 전략은 출장이 잦은 비즈니스 승객들을 대상으로 저렴하고도 안전한 중·단거리 항공서비스를 제공한다는 것이다. 요금만 경쟁력이 있다면 차를 타기보다 비행기를 이용하려는 사람들이 얼마든지 있을 것이라는 생각에서 운영비용과 낭비를 최대한 줄이는 데 기업운영의 초점을 맞추었다. 원가를 낮추면 경쟁사들보다 요금을 더 싸게 할 수 있으며, 요금이 싸면 더 많은 승객을 확보할 수 있다. 또한 승객이 많아지면 운항편수를 늘릴 수 있기 때문에 고객들은 자신의 일정에 맞추어 더 편리하게 이용할 수 있다. 이러한 전략 덕분에 2001년 9·11 테러 사태의 여파로 항공업계 전체가 침체의 늪에서 벗어나지 못하고 있을 때에도 사우스웨스트항공의 승객 수는 오히려 늘어났다.

운영적 관점에서 보면 사우스웨스트는 항공업계의 관행과 전통적 가치관을 배격하고 있다. 물론 안전을 최우선으로 한다는 한 가지 사실은 제외하고. 좌석배정을 하지 않기 때문에 예약 데이터베이스에 좌석 배정번호를 저장할 필요가 없으며, 종이 탑승권에 인쇄할 필요도 없고, 탑승수속을 할 때 좌석번호를 확인할 필요도 없다. 따라서 직원들의 업무가 간소화되고 체크인 데스크의 서비스가 빨라져 탑승에 소요되는 시간이 단축된다. 또한 인터넷을 통한 항공권 판매를 최초로 실시하였다. 인터넷을 이용하면 여행사 등을 통해 대리 판매하는 것보다 비용이 10분의 1로 줄어든다.

기내식을 가장 기본적인 것만 제공하기로 한 것도 원가절감에 기여하고 있다. 일반적인 관행처럼 기내식을 제공하려면 보관하고, 데우고, 나눌 준비에 필요한 주방 공간과 무거운 손수레가 있어야 한다. 경우에 따라서는 안전규정에서 정하고 있는 최소한의 승무원 수보다 더 많은 직원이 탑승해야 한다. 또한 기내식 때문에 출발지에서의 싣는 시간과 도착지에서의 내리는 시간이 더 소요된다. 이러한 것들은 모두 원가상승

〈표 22.1〉 사우스웨스트항공의 서비스전략(Haksever, et. al., 2000의 내용을 편집)

표적시장	서비스 개념	서비스 제공방법	
		운영원칙	전달시스템
•특정한 지역을 자주 왕래하는 단거리 여행객 •비용에 민감한 여행객	•안전하면서도 저렴한 대중 운송 •편리한 일정 •직항노선과 정시발착으로 고객 시간 절약 •여행에 재미 부가	•정시발착과 고객 시간 절약 및 항공기 가동률 제고를 위해 신속한 탑승 및 하역 •한 가지 기종만 사용하여(훈련, 승무원 일정관리, 재고관리, 정비 등) 제반 비용 절감 •이착륙 시 혼잡이 덜한 공항을 발착기지로 사용 •유머감각이 있고 '즐길 줄 아는 사람'을 고용 •종업원을 최우선 순위에 둠 - 이익공유 프로그램 - 고용안정 - 직원을 '가족'처럼 •주인의식의 함양과 필요한 기술 습득을 위한 교육훈련 •안전에 영향이 없는 한 새로운 아이디어의 도입 및 시도를 장려	•항공기의 신속한 정비와 탑승 및 하역을 위한 효율적 시스템 •전달시스템의 표준화를 위해 한 가지 기종(보잉 737)만 도입 •유머감각을 지닌 종업원들이 서비스 제공 •매력적 복장(uniform) - 핫팬츠나 반바지 등

요인이 되기 때문에 사우스웨스트는 간단한 스낵만 제공한다. 장시간 여행하고자 하는 고객들에게는 항공권 예약 시 기내식이 제공되지 않는다는 사실을 알리고, 필요한 경우 고객이 직접 샌드위치 등을 갖고 타도록 권유한다.

사우스웨스트항공은 계속 여행하기 위해 다른 회사의 항공기로 갈아타려는 고객이나 타사의 항공기에서 자사의 항공기로 갈아타려는 고객을 위해 짐을 옮겨 실어 주는 서비스를 제공하지 않는다. 따라서 다른 항공기의 연착 때문에 대기해야 할 일도 없으며 승객들의 짐을 중도에 분실할 염려도 없다. 실제로 미국 연방항공청의 조사에서 이 항공사가 고객 1,000명당 화물분실건수가 가장 적은 것으로 나타났다. 이외에도 경쟁사와 차별화된 것이 많다. 거점공항을 경유하여 여러 지역으로 갈 수 있는 거점경유(hub-and-spoke) 방식 대신 출발지와 도착지를 한 번에 연결하는 직항(point-to-point) 노선을 이용하고 있다. 이 경우 자사의 항공기로 연결되는 지역의 수가 줄어든다는 단점이 있기는 하지만 다른 많은 장점이 있다. 거점경유방식에서는 거점공항의 지상서비스 능력 – 공항게이트, 지상근무 인원, 이동 트랩 등 – 을 가장 혼잡한 시간대에 맞추어야 하므로 인력이나 장비의 전반적인 가동률이 떨어진다. 또한 어느 한 항공편의 도착이 지연되면 연결되는 다른 여러 항공편의 출발이 늦어진다. 사우스웨스트는 다른 항공사의 사정으로 출발이 지연되는 일이 없기 때문에 항공사 중 정시도착률이 가장 높다.

이 항공사가 보유하고 있는 항공기는 모두 보잉 737 기종이다. 한 가지 기종만 사용하기 때문에 정비작업, 보수용 부품 관리, 항공기 운항 및 훈련 등이 간소화된다. 조종사들은 회사가 보유하고 있는 어떤 항공기라도 조종할 수 있으며, 승무원들 또한 모든 항공기에 친숙하다. 이처럼 항공기 기종을 한 가지로 통일할 수 있는 것도 평균거리 500마일 정도의 중·단거리 노선만 운항하고 있기 때문이다. 또한 공항도 이·착륙 시 혼잡이 적고, 대도시 가까이 있으며 경쟁이 덜한 곳을 이용한다. 예를 들어 시카고의 오헤어 대신 미드웨이, 보스턴 대신 프라이던스, 워싱턴 DC 대신 볼티모어를 이용한다. 홈 공항도 댈러스의 포트워스가 아닌 러브필드라는 조그마한 공항이다. 이렇게 치밀한 저가전략을 통해 사우스웨스트항공은 경쟁우위를 확보하였다.

1971년 출범당시 텍사스의 3대 도시를 운항할 때 경쟁사들은 27~28달러의 요금을 받았으나 사우스웨스트는 20달러만 받았다. 비록 경쟁사가 제공하는 모든 편의를 다 제공하지는 못한다 할지라도 고객들은 이 항공사의 서비스가치를 높이 평가한다. 이 회사의 경영진은 수천 명의 종업원들이 매일 고객들과 접촉하면서 보고한 자료를 통해 고객만족 수준을 결정하는 주요 인자가 잦은 항공편수, 정시도착, 친절한 서비스 및 저렴한 요금이라는 것을 알고 있다. 사우스웨스트는 고객 1,000명당 고객불만건수가 가장 낮은 항공사이다.

직원 대다수가 노동조합에 가입되어 있지만 필요시에는 다른 여러 가지 직무를 수행해야 한다. 예를 들어 출발이 늦어지는 경우 조종사는 수화물 처리를 거들어야 한다. 연중 가장 승객이 많은 추수감사절 전의 '블랙 수요일'에는 최고경영자까지 수화물 처리를 돕는다. 물론 이것은 최고경영자가 일선 직원들을 몸으로 접할 수 있는 좋은 기회가 된다. 이러한 직무유연성과 편리한 비행일정, 직항노선, 무좌석제 때문에 종업원 일인당 승객 처리수가 경쟁사보다 3~4배 높다.

또한 재출발 준비에 소요되는 시간이 다른 항공사의 경우 평균 45분이지만 사우스웨스트항공은 대부분 20분 내에 완료한다. 따라서 항공기의 가동률을 높일 수 있다. 단거리 비행으로 승무원의 대기시간이 짧고 항공기 가동율도 높기 때문에 경쟁사보다 조종사의 가동률 또한 40퍼센트 이상 높다. 다른 항공사의 조종사들이 월평균 50시간을 비행하지만 사우스웨스트의 조종사들은 70시간 비행한다.

'저렴하고도 안전한 항공서비스'라는 전략적 초점에 더하여 사우스웨스트항공은 직원을 가장 중요한 자산으로 생각한다. 이 회사에선 '선발(selection)'이란 말을 쓰기보다 가족으로 '입양(adoption)'한다는 표현을 선호한다. 고용자 입장에서 피고용자를 채용하는 경제적 관계보다는 가족 같은 온기를 느낄 수 있는 공동체의 일원으로 받아들인다는 의미이다. "직원들의 마음이 기쁘고 즐겁지 않다면 고객들이 제대로 된 서비스를 받지 못할 것"이라고 믿기 때문이다.

또한 직원 채용 시 교육이나 경험보다 태도를 훨씬 더 중요하게 고려하고 있다. 필요한 기술은 가르칠 수 있지만 남에게 봉사하는 것을 즐겁게 여기는 훌륭한 태도는 가르칠 수 없기 때문이다. 따라서 타 항공사에서의 경험이 사우스웨스트에 취업하는 데 큰 도움이 되지 않는다. 직원 선발 시에는 통상 그룹 인터뷰를 실시하고 각 지원자들로부터 약 5분간 자기소개를 하도록 요청한다. 각 후보의 발표능력만 보는 것이 아니라 다른 후보가 발표할 때 열정적으로 박수를 보내는 사람에게 후한 점수를 준다. 다른 사람이 발표할 때 자기가 준비해 온 노트만 들여다보는 사람에게는 일자리가 주어지지 않는다.

사우스웨스트는 싼 요금뿐 아니라 즐겁고 유쾌한 항공서비스를 제공하는 것으로도 유명하다. 고객들을 즐겁게 해주기 위해 특별한 날에는 승무원들이 그날에 어울리는 의상을 입는다. 예를 들어 부활절에는 토끼 복장을, 할로윈데이에는 그에 어울리는 다양한 의상을 입는다. 일하면서도 축제를 즐기는 기분이 들기 때문에 직원들도 이를 좋아한다. 고객들에게 웃음을 선사하기 위해 유머가 깃든 표현을 자주 쓴다. 기내에서 제공하는 음료수와 땅콩 봉지에는 귀하를 위해 마련한 '사치스런 서비스'라고 적혀 있다. "손님께서 담배를 피우고 싶다면 언제든지 날개 위에 마련된 테라스로 자리를 옮겨 저희가 특별히 준비한 영화 '바람과 함께 사라지다'를 즐기시기 바랍니다"라는 금연 안내방송도 재미있다. 켈러허 전임 회장은 직원들이야말로 다른 회사가 쉽게 모방할 수 없는 사우스웨스트항공의 핵심역량이라면서 다음과 같이 자랑한다.

"우리 회사의 항공기는 모방할 수 있습니다. 또한 우리의 발권 카운터나 다른 하드웨어도 베낄 수 있습니다. 그러나 사우스웨스트항공의 직원과 그들의 태도만은 복제할 수 없을 것입니다."

참고문헌

- 김연성, 박영택, 서영호, 유왕진, 유한주, 이동규(2002), 「서비스경영: 전략·시스템·사례」, 법문사.
- 박성완(2008), "30년만에 재조명받는 마이클포터의 5가지 경쟁요소", 한국경제신문, 1월 9일.
- 박영택(2005), 「이노베이션 스토리: 혁신에 성공한 기업들이 펼치는 감동의 경영 파노라마」, 네모북스.
- 정규호(2008), "사우스웨스트항공, 종업원 채용을 입양으로 표현", 한국경제신문, 1월 2일.
- Haksever, C., et. al.(2000), Service Management and Operations, 2nd Ed., Prentice Hall
- Heskett, J. L., et. al.(1997), The Service Profit Chain, The Free Press. (서비스경영연구회 역, (2000),「서비스 수익모델」, 삼성경제연구소)
- Lovelock, C. and Wright, L.(2002), Principles of Service Marketing and Management, 2nd Ed., Prentice Hall.
- Porter, M. E.(1985), Competitive Advantage: Creating and Sustaining Superior Performance, The Free Press. (조동성 역(1991),「경쟁우위」, 교보문고)
- Porter, M. E.(2008), "The five competitive forces that shape strategy", Harvard Business Review, January, pp.79–93.
- Wind, J.Y. and Main, J.(1998), Driving Change: How the Best Companies Are Preparing for the 21st Century, The Free Press.

23장

서비스 시스템

비즈니스 리엔지니어링의 창시자인 마이클 해머는 "리무진 운전사의 미소가 자동차를 대신할 수 없다"고 했다. 이것은 친절과 미소가 서비스라는 잘못된 생각을 지적하는 것이다. 훌륭한 서비스를 제공하려면 친절한 고객 응대가 필수적이기는 하지만 이보다 더 중요한 것은 약속한 서비스를 제대로 수행할 수 있도록 시스템을 설계하는 것이다.

23.1 서비스의 유형별 특징

(1) 서비스의 유형

우리는 일상적으로 유형의 제품을 생산하는 제조에 대응하는 개념으로서 무형의 용역을 제공하는 것을 서비스라고 통칭하지만 조금만 깊이 생각해 보면 수많은 종류의 서비스가 존재하는 것을 알 수 있다. 따라서 서비스의 유형을 분류하는 방법도 여러 가지가 있을 수 있다. 예를 들어 서비스 대상이 사람이냐 물건이냐, 서비스 행위가 유형적이냐 무형적이냐에 따라 서비스를 분류해 보면 〈그림 23.1〉과 같다.

생산시스템의 유형에 따라 설비 배치와 생산관리 방식이 변하듯이 서비스시스템도 특성에 따라 중점 관리항목이 달라진다. 예를 들어 서비스시스템의 경우 노동집약도와 고객화의 정도(고객의 개별적 요구를 반영하는 정도)에 따라 관리의 초점은 다음과 같이 달라진다.

- 노동집약도가 낮은 경우 : 상대적으로 높은 시설 투자가 수반되므로 자본투자 의사결정, 기술의 진보에 대한 대처, 비수기 가동률을 높이기 위한 서비스 수율관리 등이 중요하다.
- 노동집약도가 높은 경우 : 인적 의존도가 높으므로 종업원의 채용과 훈련 및 동기부여, 직원 복지, 근무 일정관리, 지리적으로 산재한 사업장의 관리 등이 중요하다.

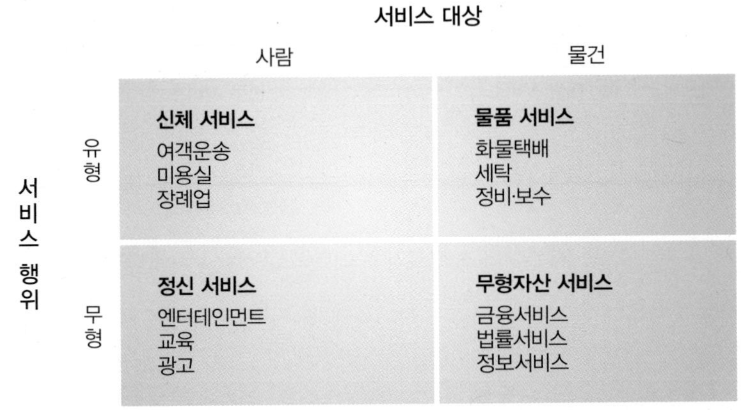

〈그림 23.1〉 서비스의 대상과 서비스 행위에 따른 서비스의 분류(Lovelock, 1986)

- 고객화의 정도가 낮은 경우 : 상대적으로 표준화된 서비스를 제공하므로 서비스 표준과 운영절차, 경직되기 쉬운 수직적 계층조직의 관리, 무미건조한 천편일률적 서비스로 흐르는 것을 방지하기 위한 감성적 보완, 물리적 환경의 관리 등이 중요하다.
- 고객화의 정도가 높은 경우 : 고객의 개별적 요구를 충족시켜야 하므로 원가상승 압박에 대한 대처, 서비스 품질의 유지, 서비스 인력의 관리와 충성도 확보, 수평조직의 관리 등이 중요하다.

쉬메너(R. Schmenner)는 앞서 설명한 4가지 경우의 조합에 따라 서비스를 다음과 같이 분류하였다.

- 서비스공장(service factory) : 노동집약도와 고객화의 정도가 모두 낮은 경우
- 서비스상점(service shop) : 노동집약도는 낮으나 고객화의 정도가 높은 경우
- 대량서비스(mass service) : 노동집약도는 높으나 고객화의 정도가 낮은 경우
- 전문서비스(professional service) : 노동집약도와 고객화의 정도가 모두 높은 경우

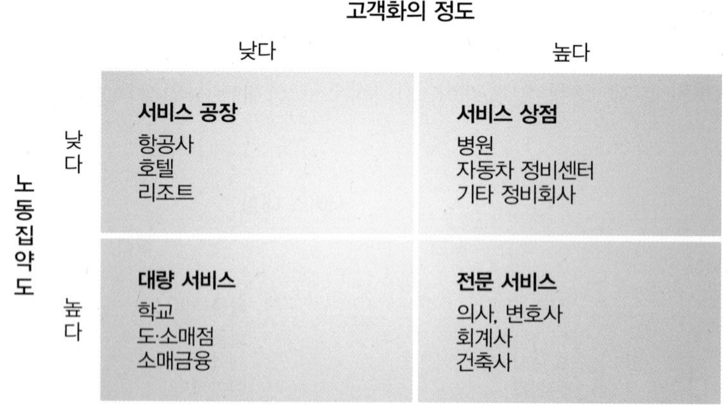

〈그림 23.2〉 서비스 프로세스 매트릭스(Schmenner, 1986)

(2) 서비스접점 삼각대

서비스는 생산과 동시에 소비되며 그 과정에서 서비스제공자와 고객 사이의 상호작용이 수반된다. 이 때문에 서비스제공자와 고객은 서비스상품의 공동생산자에 비유되기도 한다. 또한 서비스조직은 이러한 서비스상품의 생산 및 전달과정을 설계하고 관리한다. 따라서 서비스상품의 생산과 소비에는 서비스조직, 서비스제공자, 고객의 세 가지 주체가 관여한다. 이 세 가지 주체를 삼각형의 꼭지에 하나씩 배치한 것을 '서비스접점 삼각대(service encounter triad)'라고 한다.

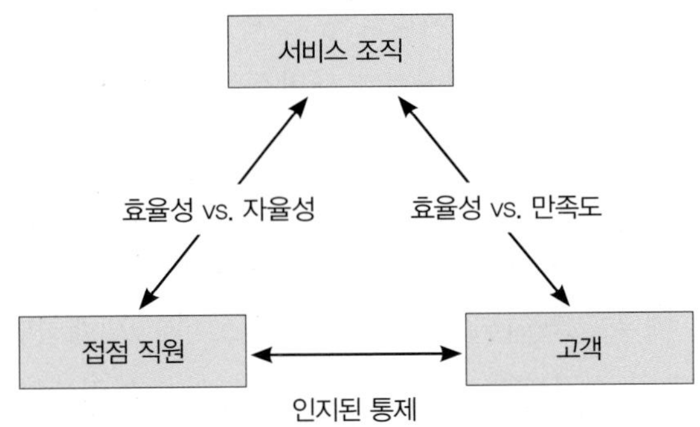

〈그림 23.3〉 서비스접점 삼각대(Czepiel, Solomon and Suprenant, 1985)

서비스의 각 주체는 다음과 같이 저마다 다른 입장을 가질 수 있다.

- 서비스조직 관리자의 입장 : 이익증대를 위해 서비스전달의 효율성을 높이고자 한다. 서비스전달의 효율성을 높이기 위해서는 서비스의 표준화가 중요하기 때문에 서비스제공자인 접점직원에게 서비스표준의 이행과 관련된 규칙과 절차를 부과하려 한다.
- 서비스제공자인 접점직원의 입장 : 서비스제공자는 업무 스트레스를 줄이고 자신의 일을 스스로 관리할 수 있도록 재량권을 원한다. 이러한 희망은 서비스조직의 입장과 상반된 것이다.
- 서비스수요자인 고객의 입장 : 고객은 지불한 돈에 비해 가능한 한 많은 혜택을 얻기를 바란다. 이러한 고객의 입장은 서비스조직의 관리자나 서비스제공자의 입장과는 배치되는 것이다.

이처럼 서비스와 관계된 각자의 입장이 다르기 때문에 어느 편의 입장을 상대적으로 많이 반영할 것인가 하는 것이 서비스시스템의 설계와 운영원칙에 큰 영향을 미친다. 서비스접점 삼각대의 관점에서 서비스의 특징을 좀 더 자세히 살펴보면 다음과 같다.

- 서비스조직 관리자 중심의 서비스 : 서비스의 제공 효율과 원가우위의 확보에 초점을 둔다. 맥도날드처럼 서비스를 표준화하고 이를 이행하기 위한 엄격한 운영 절차를 규정한다. 또한 접점직원의 재량권도 극히 제한된 범위 내에서만 허용한다. 이러한 방식의 조직운영이 성공하기 위해서는 고객들이 서비스로부터 어떤 것들을 기대할 수 없는지 그들에게 미리 잘 주지시킬 필요가 있다.
- 서비스제공자 중심의 서비스 : 까다로운 요구가 많은 고객들을 대할 때 받는 스트레스를 줄이기 위해 서비스제공자가 서비스접점의 범위를 제한한다. 이러한 방식의 조직운영은 의료서비스와 같이 고객이 접점직원의 전문성에 대해 상당한 신뢰를 갖고 있는 경우에 적합하다.
- 고객 중심의 서비스 : 서비스의 통제권을 고객이 가질 수 있는 경우는 매우 표준화된 서비스와 매우 고객화된 양 극단의 서비스이다. 뷔페식당이나 주유소의 셀프주유처럼 고객이 접점직원과 상호작용할 필요성이 거의 없을 정도로 서비스가 표준화된 경우나 형사재판의 변론처럼 큰 비용이 들더라도 개인화된 서비스가 필요한 경우이다.

자동화나 정보화는 제조공정뿐 아니라 서비스 프로세스에도 적용될 수 있다. 특히 표준화된 서비스에 대한 자동화와 정보화는 서비스 프로세스의 효율을 높일 뿐 아니라 신규 진입자의 위협을 방어하는 진입장벽의 역할을 한다.

우리 주변에서 쉽게 볼 수 있는 회전초밥은 서비스전달 프로세스에 자동화를 도입한 대표적 사례다. 회전초밥을 창안한 히로이시 요시아키(白石義明)는 오사카에서 작은 생선초밥 가게를 운영하던 어느 날 아사히 맥주공장에 견학을 갔다. 컨베이어 위로 맥주병이 흘러나오는 것을 보던 중 "저 컨베이어 벨트에 초밥을 얹어서 돌리면 어떨까"라는 생각이 순간적으로 그의 머리를 스쳤다. 그 후 수많은 시행착오를 거쳐 1958년 회전초밥 시스템을 완성한 후 세계 최초로 겐록(元祿)이라는 회전초밥집을 열었다.

서비스제공 프로세스를 자동화한 다른 예로 일본의 라면집 '고라쿠엔(幸樂苑)'을 들 수 있다. 이 업체는 후쿠시마 현의 작은 라면집으로 출발했으나 창립 33년 만에 업계 최초로 도쿄 증시 1부에 상장하였다. 고라쿠엔이 진입한 도쿄 증권거래소 1부에는 소니, 도요타, 캐논 등과 같은 일본의 우량기업들이 상장되어 있다. 다음은 이 기업에 대한 국내 한 일간신문의 기사 중 일부이다(이경은, 2003).

고라쿠엔의 니이다 쓰다에(新井田傳·58) 사장은 "고라쿠엔의 성공 비결은 바로 390엔이라는 싼 가격에 있다"고 말문을 열었다. 일본에서 라면 한 그릇은 보통 700엔이 넘는다. 맛있는 라면을 390엔에 먹을 수 있다는 것은 일본인에게는 대단한 일이다.

"일본에서는 라면을 매일 먹는 사람도 많아 '국민 음식'이나 다름없습니다. 하지만 가격만큼은 햄버거처럼 저렴하질 않아요. 라면 가게들이 음식 재료를 각자 사다가 만들어서 팔다 보니 원가절감이 안 되고, 그러니 가격 인하는 꿈도 꾸지 못했던 거죠."

니이다 사장은 라면값을 내릴 수 없는 이유가 고루한 생산방식에 있다는 점에 주목했다. 그래서 5년 전 라면업계 처음으로 대량생산과 생산성향상을 위한 자동화에 나섰다. 그는 전자저울로 양을 재서 라면에 수프를 넣어주는 장비부터, 냄비 안에서 면이 불면 자동으로 라면을 빼내는 기기 등 10여 개의 기계를 개발했다. 전국에 있는 라면 체인점 160곳이 쓰는 면이나 수프 등 음식재료도 자사 공장에서 90% 이상 제작해 중간 마진을 없앴다.

"음식 맛은 밤새워 연구하면 어느 정도 모방할 수 있지만 가격 인하는 '시스템'이 뒷받침해주지 않으면 절대 따라할 수가 없습니다."

값싸면서 맛 좋은 고라쿠엔표 라면은 '대박'이었다. 고라쿠엔은 심각한 경제 불황 속에서도 매출이 23개월 연속으로 상승, 지난해 매출액은 159억 엔(약 1600억 원), 영업이익은 13억 엔(약 130억 원)을 넘어섰다. 약 4000만 그릇의 라면을 팔았다. 일본 국민 3명 중 1명꼴로 고라쿠엔 라면을 먹은 셈이다.

니이다 사장은 "고라쿠엔의 또 다른 성공 비결은 바로 우수한 인재(人才)"라고 말한다. 니이다 사장은 사원 모집을 가장 중요한 임무로 여긴다. 그래서 임원 회의조차 참석하지 않고, 일본 전역을 누비며 유능한 사원을 뽑고 교육하기에 바쁘다. 1년에 50여 차례 열리는 채용 박람회에도 모두 참석해 회사 소개를 직접한다. '대학까지 나와서 왜 라면집에 취직하느냐'며 입사를 반대하는 부모들을 설득하는 것도 그의 몫이다.

"30년 전 대학 진학을 포기하고 아버지 라면집을 물려받았을 때 그냥 앉아만 있었다면 벌써 망했을 겁니다. 음식 체인점으로 성공하려면, 철저하게 자동화 공정으로 일관된 음식 맛을 내야 한다고 생각했어요."

의료서비스는 전문서비스이기 때문에 서비스제공자 중심의 조직운영이 불가피하다고 생각되지만 이를 표준화하고 공장 제조라인처럼 운영하여 크게 성공한 경우도 있다. 사회적 기업의 대표적 예로 많이 알려진 인도의 아라빈드 안과병원(Aravind eye hospital)이 바로 그 주인공이다. 이 병원은 연간 30만 건 이상의 수술을 시행하는 세계에서 가장 큰 안과병원 체인이다. 이 병원의 핵심역량은 저렴한 진료비를 가능하게 하는 시스템이다. 이 병원의 백내장 수술비용은 100달러 정도인데 인도 현지 기준으로도 타 병원보다 저렴하다. 또한 전체 환자의 30%를 차지하는 극빈층 환자들에게는 무료로 시술을 해준다. 그럼에도 이 병원의 이익률은 40%에 달한다. 아라빈드병원은 인건비가 비싼 의사들의 효율을 극대화하기 위해 수술과정에서 의사가 담당하는 부분을 최소화하고 수술실 운영을 표준화하여 맥도날드 방식으로 운영하고 있다. 다음은 이 병원이 어떻게 운영되고 있는지 소개한 기사의 일부이다(전수용, 2008).

인도 남부 타밀나두 주(州)의 소도시 마두라이 외곽에 있는 아라빈드(Aravind) 안과병원의 모토다. 인도에선 보기 드물게 깔끔한 5층짜리 청록색의 이 병원은 인도에서 '닥터 브이(V)'로 불리던 벤카타스와미(Venkataswamy)가 1976년 지었다. "부자나 가난한 사람이나 공평한 의료서비스를 받아야 한다." 전형적인 자선병원의 취지로 시작했지만 닥터 브이는 여기에 또 하나의 가치를 부여했다. "이윤 없이는 가난한 사람을 지속적으로 도울 수 없다."

'돈 버는 자선'을 어떻게 구현할지 고민한 그는 햄버거 체인점 맥도날드에서 힌트를 얻었다. 맥도날드의 경쟁력은 표준화된 대량생산과 원가절감에서 나온다. 세계 각지에서 누구나 싼 값에 균일한 품질로 즐길 수 있다는 것이 맥도날드 방식의 핵심이다. 그렇다면 안과병원이라고 왜 못하는가. 사람의 눈(目)도 인종·민족 상관없이 같지 않던가. 의료서비스에서 원가를 내리고, 표준화한다면 더 많은 서민들에게 혜택을 줄 수 있다고 닥터 브이는 판단했다.

그는 진료시스템부터 정비했다. 아라빈드병원에 들어서면 진료과정이 자동차를 만드는 '컨베이어시스템'처럼 움직인다는 인상을 받는다. 환자가 병원을 찾아 접수를 하고 시력·안압·혈압 등 각종 검사, 사전 상담, 의사 처방을 받아 귀가할 때까지 모든 진료과정이 철저히 분업화돼 있다. 최종 진단을 제외한 단순 반복 작업은 인건비가 저렴한 고졸 여성을 채용, 내부에서 2년 동안 교육시켜 활용한다. 의사들은 순수 진료에만 집중해 비용의 거품을 없앴고 시간 손실을 최소화했다.

수술실도 마찬가지다. 지난 12월 10일 찾은 수술실에는 깔끔한 흰색 시트가 깔린 4개의 수술 침대가 나란히 놓여 있고, 2명의 의사가 동시에 수술을 진행하고 있었다.

한 명의 수술을 마친 의사는 곧바로 의자를 돌려 옆 수술대에서 대기 중인 다른 환자 수술에 들어갔다. 수술을 마친 환자는 수술실을 나서고 또 다른 환자가 수술대에 누워 대기했다. 의사가 한 명 수술하는 데 5분이 채 걸리지 않았다. 로스타임(loss time)을 최소로 억제한 결과다. 수술에서 퇴원까지 다른 병원에서 일주일 걸린다면 이곳은 하루 이틀이면 충분하다. 타밀나두의 5개 아라빈드 병원에서는 120여명의 의사들이 매일 7300여명의 환자를 진료하고, 850여명을 수술한다.

11개 병상으로 시작한 아라빈드병원은 30여년 만에 5개 병원과 교육시설·연구센터 등을 갖춘 세계 최대의 안과병원이 됐다. 이 병원 툴라시라즈(R.D. Thulasiraj) 이사는 "수익을 낼 수 없다면 온정적 자본주의(compassion capitalism)도 불가능하다"고 강조했다.

아라빈드병원에서 백내장 수술에 드는 비용은 3500루피(105달러) 정도다. 미국의 30분의 1 수준이다. 그나마 작년 한 해 아라빈드병원에서 각종 수술을 받은 27만 명 중 16만 명은 사실상 무료로 수술을 받았다. 무료 환자 중 37%는 수술비는 물론 입원·식사·교통비까지 완전 무료다. 다소 형편이 나은 23%의 수술 환자는 약값 정도에 해당되는 500루피(15달러)만 지불한다. 60% 환자에게 무료로 수술해주면서도 아라빈드병원은 매년 놀라운 수익을 거뒀다. 2005년 아라빈드 병원이 거둔 수입은 1534만 달러. 비용을 제외하고 680만 달러를 남겼다. 44.4%에 달하는 수익률이다. 1976년 병원 설립 이후 지금까지 2,170만명의 환자를 치료하고 수술을 통해 280만 명에게 빛(시력)을 볼 수 있게 했다.

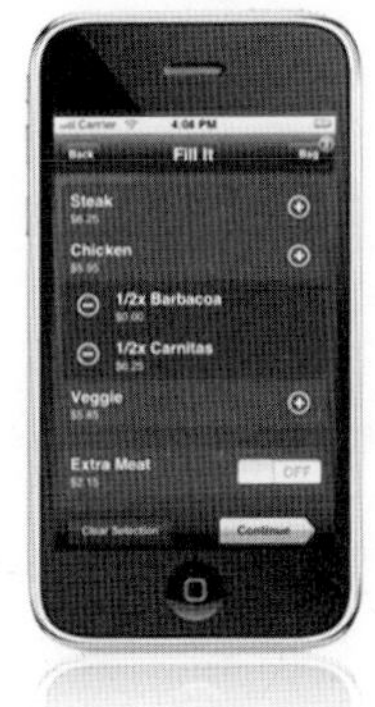

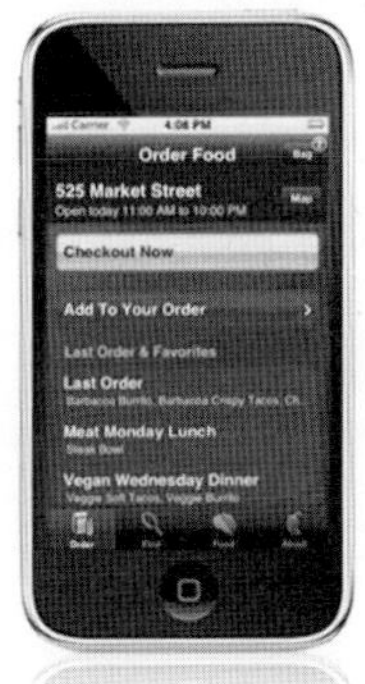

치폴레 스마트폰용 앱

최근 미국에서 급성장한 멕시칸 패스트푸드 체인점인 치폴레(Chipotle)는 세계 최고의 전자상거래업체인 아마존(Amazon)만큼이나 온라인 주문시스템이 잘 되어 있다. 개인용 PC를 이용한 온라인 주문뿐 아니라 무료 모바일 앱(App)을 이용하면 고객이 원하는 위치의 매장에 원하는 음식을 간편히 주문하고 또한 안전하게 원클릭으로 결제할 수 있다.

23.2 프로세스 매핑

(1) SIPOC 다이어그램

'프로세스 매핑(process mapping)'은 업무의 진행과정을 분명하게 나타내기 위해 흐름도(flow diagram)로 나타내는 것을 말한다. 프로세스 매핑은 대상의 범위에 따라 〈그림 23.4〉와 같이 몇 단계의 수준으로 나눌 수 있다.

프로세스 매핑 중 가장 높은 수준에서 작성하는 프로세스 맵이 'SIPOC 다이어그램'이다. SIPOC은 다음과 같은 5가지 영문 머리명의 약자이다.

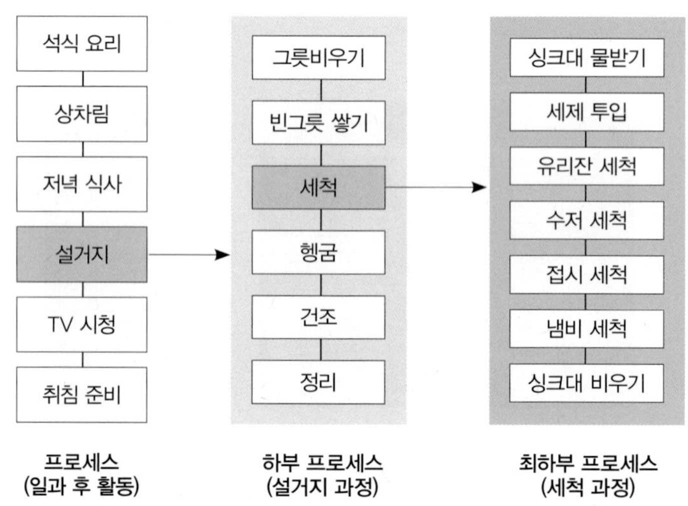

〈그림 23.4〉 프로세스 매핑의 수준

- Suppliers(공급자) : 프로세스 수행에 필요한 정보, 재료 및 기타 자원을 공급하는 내·외부 사람이나 조직
- Inputs(투입물) : 프로세스 수행에 사용될 (공급자가 제공한) 정보, 재료 및 기타 자원
- Process(프로세스) : 투입물이 (원칙적으로, 부가가치가 높은) 다른 형태로 변환되는 일련의 내부 단계
- Outputs(산출물) : 고객에게 전달될 제품이나 서비스 또는 정보
- Customers(고객) : 프로세스의 산출물을 받는 내·외부 사람, 조직, 기업 또는 다른 프로세스

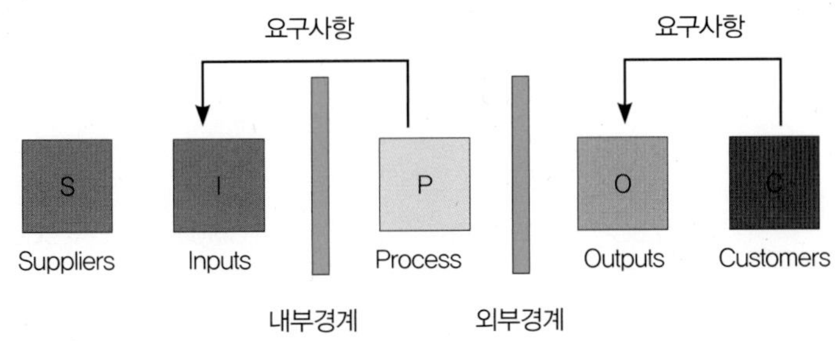

〈그림 23.5〉 SIPOC 다이어그램의 기본구조(Johnston and Dougherty, 2012)

일반적으로 SIPOC 다이어그램은 품질개선 프로젝트를 착수하기 전에 기존 프로세스를 이해하고, 프로젝트의 범위와 경계에 대한 관계자들의 합의를 도출하는 데 사용된다. 좀 더 구체적으로 말하자면 이 다이어그램을 이용하면 다음과 같은 질문에 대한 대답을 얻는 데 도움이 된다.

- 프로세스의 시작과 끝은 어디인가?
- 프로세스의 주요 단계는 무엇인가?
- 프로세스의 주요 투입물과 산출물은 무엇인가?
- 프로세스의 주요 고객은 누구인가?(내부고객 및 외부고객 모두)
- 프로세스의 주요 공급자는 누구인가?(내부공급자 및 외부공급자 모두)
- 고객의 요구사항은 무엇인가?

〈그림 23.6〉은 SIPOC 다이어그램의 작성순서를 번호로 표시한 것이다. 또한 〈그림 23.7〉은 장비 임대업무의 일부 프로세스를 SIPOC 다이어그램으로 표현한 예이다.

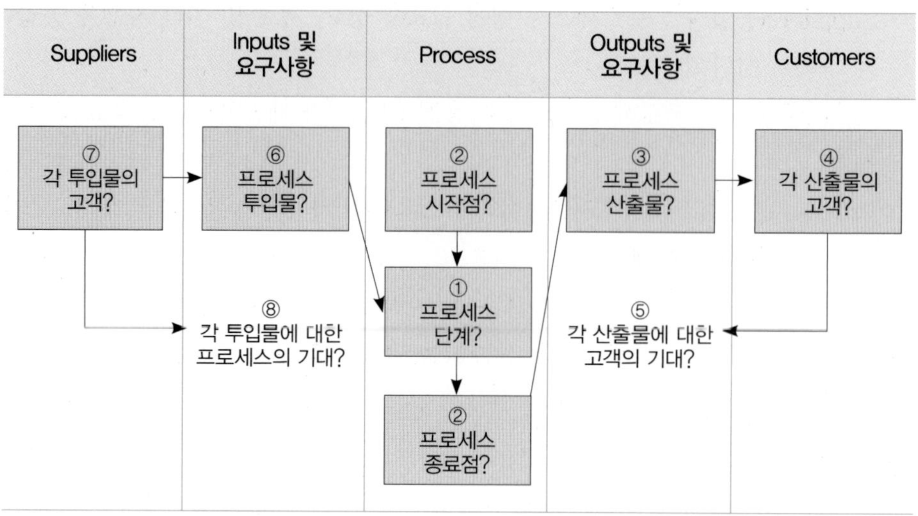

〈그림 23.6〉 SIPOC 다이어그램의 작성순서

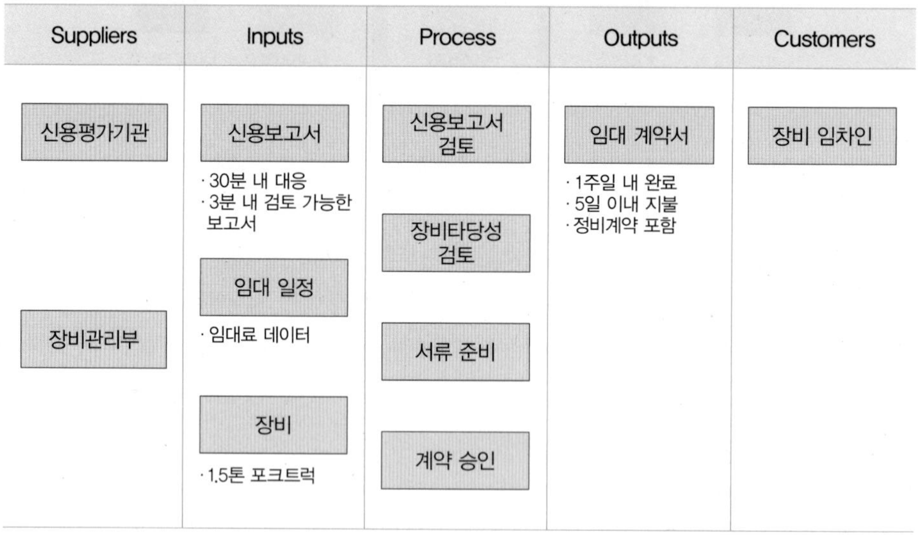

Suppliers	Inputs	Process	Outputs	Customers
신용평가기관	신용보고서 · 30분 내 대응 · 3분 내 검토 가능한 보고서	신용보고서 검토	임대 계약서 · 1주일 내 완료 · 5일 이내 지불 · 정비계약 포함	장비 임차인
	임대 일정 · 임대료 데이터	장비타당성 검토		
장비관리부		서류 준비		
	장비 · 1.5톤 포크트럭	계약 승인		

〈그림 23.7〉 SIPOC 다이어그램의 예: 장비 임대

(2) 서비스청사진

설계 도면 없이 건축하는 것은 상상하기 힘들다. 공장에서 작은 물건을 만들어도

설계 도면이 필요하다. 무형적인 서비스도 사전에 계획되고 설계되어야 하며, 기존의 서비스도 제품과 마찬가지로 지속적 개선이 필요하다. 서비스의 설계나 개선을 위해서는 관계자들 사이에 명확히 소통될 수 있는 서비스 설계도가 필요하다. 서비스청사진은 이러한 생각 하에 고안된 것이다.

제조공정에서 제품의 생산 및 배달에 필요한 활동들과 그들 사이의 연관성을 파악하고 개선의 기회를 찾기 위해 공정표를 사용하듯이, 서비스의 생산 및 전달 프로세스 설계에도 '서비스청사진(service blueprint)'이라고 불리는 프로세스차트를 이용할 수 있다. 이 청사진은 고객이 경험하는 서비스사이클의 각 단계를 여러 서비스제공자가 취하는 개별적 조처들과 연관시켜 작성한 흐름도이다.

서비스청사진의 특징 중 하나는 '가시선(line of visibility)'을 기준으로 서비스 프로세스에 포함된 일련의 서비스 활동들을 두 부분으로 나눈다는 것이다. 가시선 위에 있는 '현장(onstage)' 활동은 고객이 눈으로 볼 수 있는 부분이고, 가시선 아래에 있는 '후방(backstage)' 활동은 서비스 임무의 달성을 위해 꼭 필요하지만 고객의 눈에는 보이지 않는다. 일반적으로 가시선은 현장 업무와 후방 업무를 물리적으로 구분하는 시설물이나 경계선이 되는 경우가 많다.

〈그림 23.8〉은 음식을 주문해서 받기까지의 프로세스를 서비스청사진으로 나타낸 것이다. 고객이 식당에 들어와서 관찰할 수 있는 현장 업무는 종업원(외모, 태도, 말씨, 복장 등)이나 물리적 환경(실내장식, 탁자와 의자, 시설, 조명, 냄새) 등이다. 이러한 현장 업무는 서비스에 대한 고객의 인식에 큰 영향을 주기 때문에 특별히 신경 써

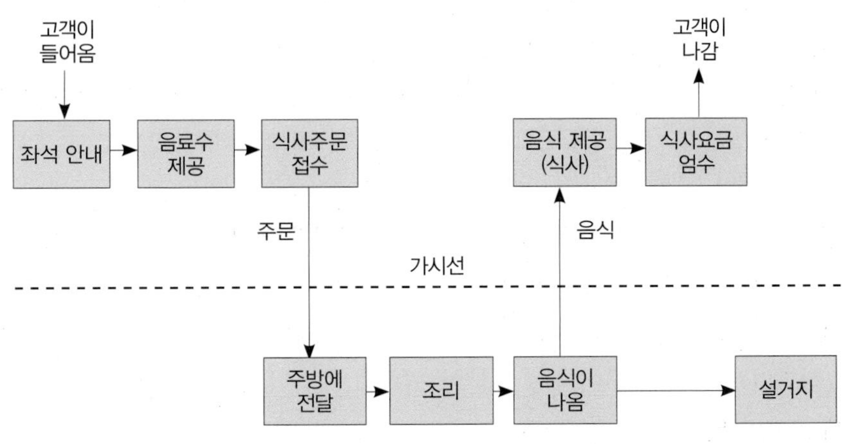

〈그림 23.8〉 식당의 음식제공 프로세스에 대한 서비스 청사진

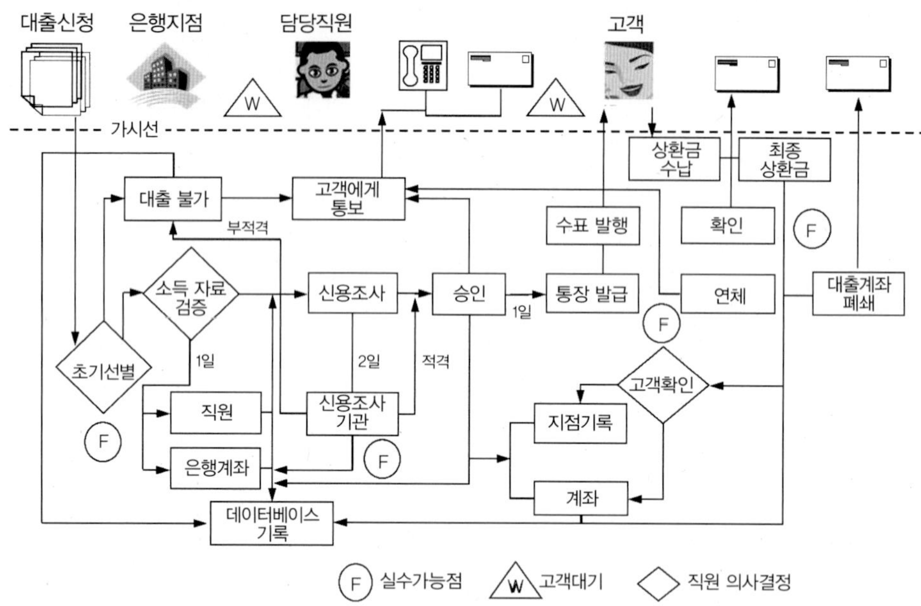

〈그림 23.9〉 은행 대출 및 상환 프로세스의 서비스청사진(Shostack, 1987)

야 하는 부분이다. 그러나 주방 내에서 이루어지는 후방 업무도 고객의 눈에 보이지는 않지만 음식제공 과정에 있어서 생략될 수 없는 중요한 부분이다. 또한 후방 업무에서 지연과 실수가 발생하면 현장 업무에 차질을 초래하기 때문에 후방 업무의 효율화에도 관심을 기울여야 한다.

〈그림 23.9〉는 은행 대출을 받아서 상환을 완료하기까지의 프로세스를 서비스청사진으로 나타낸 것인데, 이를 보면 다음과 같은 청사진의 용도를 쉽게 이해할 수 있다.

첫째, 서비스전달 프로세스를 구성하는 일련의 활동들이 어떻게 진행되는지 보여준다. 일반적으로 직원들은 자기 업무에만 관심을 두는 경향이 있지만 청사진을 그려보면 자신의 업무가 다른 업무들과 어떻게 연결되는지 이해하게 되므로 고객지향 마인드가 강화된다.

둘째, 고객이 서비스의 진행을 인지할 수 있는 현장 업무와 보이지는 않지만 이를 지원하는 후방 업무, 그리고 고객과 상호작용이 일어나는 부분(통상적으로 가시선을 가로지르는 활동)을 쉽게 알 수 있다. 이처럼 고객에게 보이는 부분과 보이지 않는 부분, 고객과의 접촉이 이루어지는 부분이 명확히 나타나기 때문에 서비스전달시스템 설계에 도움이 된다.

셋째, 실수가 발생할 가능성이 있는 '실수가능점(fail point)'을 미리 확인함으로써 실수를 줄일 수 있는 방안이나 '실수방지(mistake-proof)' 또는 '고장 시 안전(fail-safe)' 설계를 사전에 강구할 수 있는 기회를 제공한다.

넷째, 서비스 프로세스의 어떤 부분에서 대기가 발생하는지 알 수 있으므로 이에 대한 대책을 마련할 수 있다. 대기시간을 어떻게 줄일 수 있는가와 더불어 기다리는 동안 지루함을 덜기 위해 '대기의 심리학'을 고려할 필요가 있다. 예를 들어, 대출 담당자와 상담하기 위해 기다리는 고객에게 얼마나 기다리면 상담할 수 있는지 미리 알려주거나 기다리는 동안 커피나 읽을거리를 제공하면 체감 대기시간이 짧아진다.

다섯째, 중요한 의사결정이 이루어지는 의사결정점을 쉽게 알 수 있기 때문에 의사결정을 위한 정보나 지침 등을 사전에 명확히 할 수 있다.

이처럼 서비스청사진을 잘 이용하면 다양한 이점이 있다. 서비스청사진을 제대로 활용하려면 다음과 같은 사항을 염두에 두고 작성해야 한다.

- 현장 고객에 대한 서비스 활동의 이상적 시나리오는 무엇인가?(아마도 그 단계를 제거하는 것일지도 모른다.)
- 어디에 실수가능점이 있으며, 현장 및 후방 업무에서 무엇이 잘못될 수 있는가?
- 어떻게 하면 실수를 지체 없이 발견할 수 있으며, 그에 대한 신속한 조처나 예방 대책을 마련할 수 있는가?
- 서비스 프로세스의 각 단계에서 어느 직원, 어떤 시설 및 장비가 이용되고 있는가?
- 어떤 특정한 서비스를 고객에게 제공하는 데 필요한 후방 업무는 무엇인가?

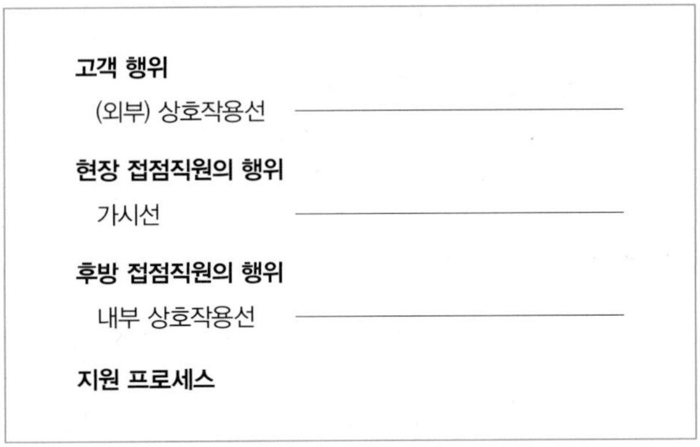

고객 행위

(외부) 상호작용선 ——————————

현장 접점직원의 행위

가시선 ——————————

후방 접점직원의 행위

내부 상호작용선 ——————————

지원 프로세스

〈그림 23.10〉 서비스청사진의 구성요소

일반적인 서비스청사진은 다음과 같이 4종류의 행위가 포함되어 있다.

- 고객의 행위 : 프로세스 내에서 고객이 수행하는 행위
- 현장 접점직원의 행위 : 고객 앞에서 수행되는 서비스제공자의 행위
- 후방 접점직원의 행위 : 고객의 시선을 벗어난 영역에서 수행되는 서비스제공자의 행위
- 지원 프로세스 : 서비스팀의 다른 직원에 의해 수행되는 행위. 통상적으로 고객의 눈에 보이지는 않음.

또한 이러한 행위는 상호작용선, 가시선, 내부 상호작용선의 3가지 선에 의해 분리되어 있다. 〈그림 23.11〉은 호텔 숙박 과정을 서비스청사진으로 나타낸 것이다.

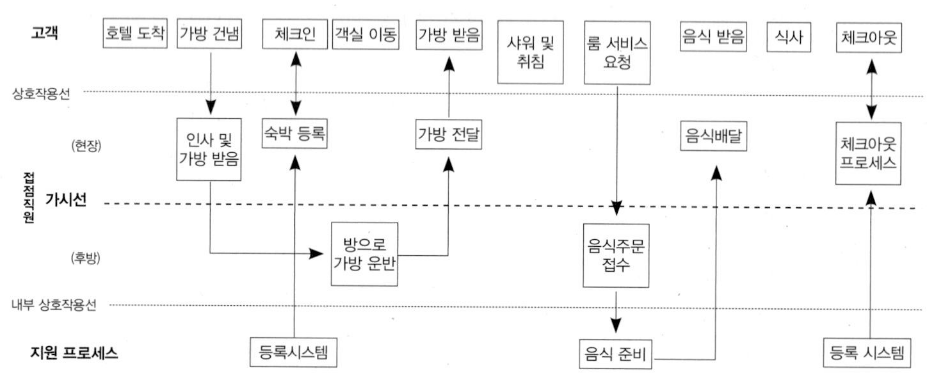

〈그림 23.11〉 호텔 숙박과정을 나타낸 서비스청사진(Zeithaml and Bitner, 1998)

23.3 서비스 실수방지시스템

사람은 누구라도 실수할 수 있지만 전문성이 높은 의료서비스에서도 다음과 같은 황당한 실수가 발생한다. 이것은 실수를 시스템적으로 방지하는 것이 얼마나 중요한지 보여준다(추인영, 2017).

한 대학병원이 다른 환자와 검체가 뒤바뀐 사실을 모른 채 멀쩡한 사람의 전립선

제거 수술을 시행한 것으로 드러났다. A(68)씨는 혈뇨 증상으로 입원해 조직검사를 받은 결과 전립선암 3기 진단을 받았다. 급하게 수술날짜를 잡고 지난달 7시간 넘는 수술 끝에 전립선 대부분을 떼어낸 뒤 퇴원했다.

수술 후 첫 외래진료에 온 A씨는 주치의로부터 황당한 얘기를 들었다. 병원이 조직검사 과정에서 A씨와 다른 암환자의 검체가 바뀐 사실을 모르고 A씨를 수술했다는 것이다. 수술 중엔 맨눈으로 정상세포와 암세포를 구분하기 쉽지 않다고 했다.

A씨는 조직검사를 다시 했지만 암세포는 나오지 않았다. 결국 엉뚱한 수술로 소변이 줄줄 새는 후유증만 남게 됐다. A씨는 성인용 기저귀를 차고 생활하고 있다.

서비스품질이 제품품질과 다른 점 중 하나는 생산과 동시에 소비가 이루어지며 그 과정에서 고객의 참여나 고객과의 상호작용이 매우 중요하다는 것이다. 이런 점에서 서비스는 고객과 공동생산(co-production)하는 것이라고 볼 수 있다. 제조시스템에서 널리 사용되는 실수방지(fool-proof 또는 mistake-proof)시스템이 서비스시스템에도 적용될 수 있지만 공동생산이라는 관점에서 서비스제공자의 실수뿐 아니라 서비스를 제공받는 고객의 실수방지까지도 고려해야 한다.

참고적으로 실수방지시스템과 관련된 용어 설명을 추가하기로 한다. 예전에 많이 사용하던 'fool-proof'라는 용어를 직역하면 '바보방지'가 된다. "바보스런 일을 방지한다"는 뜻의 fool-proof는 실수하는 사람을 비하하는 어감이 있으므로 요즈음은 바보방지 대신 '실수방지'라는 뜻의 'mistake-proof'를 사용한다. "사람은 누구라도 실수할 수 있기 때문에 실수가 발생하지 않도록 실수방지시스템을 구축해야 한다"는 사상은 도요타생산방식에서 나왔다. 일본에서도 초기에는 바보방지라는 뜻의 '바카요케(バカヨケ)'라는 용어를 사용하였으나 요즈음은 실수방지라는 뜻의 '포카요케(ポカヨケ)'라는 용어를 사용한다.

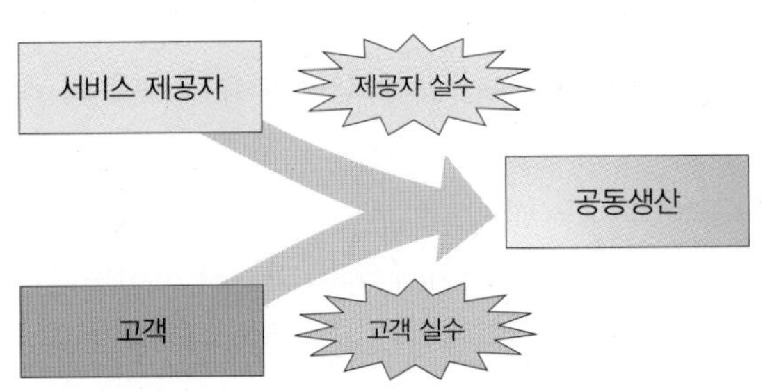

〈그림 23.12〉 서비스시스템의 특징과 서비스 오류

(1) 서비스제공자의 실수방지시스템

서비스제공자가 범할 수 있는 실수는 다음과 같은 3가지로 나눌 수 있는데 영문 머리글자가 모두 T로 시작하기 때문에 '3T'라고도 한다.

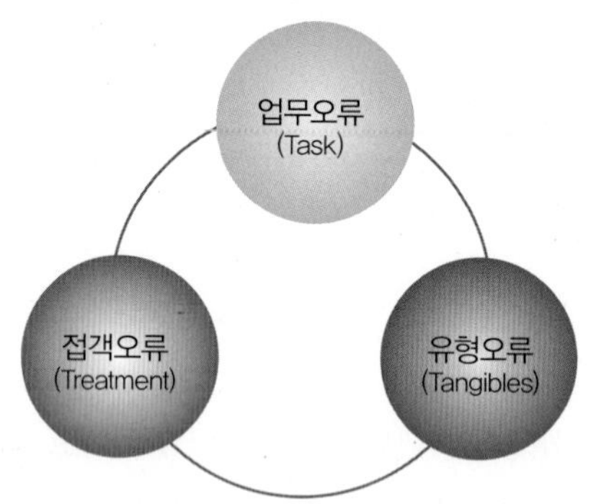

〈그림 23.13〉 서비스 제공자가 범할 수 있는 오류(Chase and Stewart, 1994)

① **업무오류**(Task Errors)

업무수행 오류, 요구되지 않은 업무수행, 잘못된 업무수행 순서, 지나치게 느린 업무수행 등과 같이 업무를 제대로 수행하지 못하는 오류를 말한다. 이러한 오류를 방지하기 위한 시스템의 예로는 다음과 같은 것들이 있다.

- 수술 환자의 몸속에서 수술 기구나 사용하고 난 거즈가 제거되지 않는 오류를 방지하기 위한 계수(計數)관리, 각각의 수술 기구를 반드시 지정된 위치에 두도록 하는 용기
- 맥도날드의 프렌치프라이 주걱(주걱으로 떠서 손잡이의 구멍을 통해 봉지에 담는데 이는 고객에게 제공하는 양이 불균일한 것을 방지하기 위한 시스템이다.)
- 응대순서의 실수를 방지하기 위한 은행 창구의 대기 번호표

② **접객오류**(Treatment Errors)

고객을 못 알아보거나, 고객의 이야기에 귀를 기울이지 않거나, 고객에 대한 부적절한 응대 등과 같이 고객 응대를 제대로 수행하지 못하는 오류를 말한다. 이러한 오류를 방지하기 위한 시스템의 예로는 다음과 같은 것들이 있다.

- 고객의 출입을 인지하지 못하는 오류를 방지하기 위해 문에 매달아 놓은 종.
- 미국의 한 호텔에서 재방문한 고객을 알아보지 못하는 실수를 방지하기 위해 실시한다고 알려진 흥미로운 사례. 벨맨(bellman)이 호텔에 도착한 고객의 짐을 받기 위해 인사하면서 이번이 첫 방문인지 묻는다. 만약 이미 투숙한 적이 있다고 답하면 벨맨은 이를 프런트데스크에 알리기 위해 은밀히 자신의 귀를 잡아당긴다. 벨맨으로부터 사인을 받은 프런트데스크에서는 고객이 오면 "다시 또 방문해 주셔서 감사합니다"라고 맞이한다.
- 서양에서는 고객과 눈을 마주치지 않으면 건성으로 대한다고 느끼거나 무언가 속인다고 생각하는 경향이 있다. 어떤 은행에서는 창구 직원이 고객 응대 시 고객과 반드시 눈을 마주치도록 하기 위해 응대를 시작할 때 먼저 고객의 눈동자 색깔을 체크리스트에 표시하도록 하고 있다.
- 상담직원이 고객과 통화할 때 '웃는 목소리'로 이야기하는 것을 잊지 않도록 전화기 옆에 거울을 두는 것.
- 서비스 직원이 무심코 바지 주머니에 손을 넣고 고객을 응대하면 고객이 무례하다고 느낄 수 있다. 이를 방지하기 위해 신입 직원들의 바지 주머니를 꿰매는 강력한 통제방법을 사용한 놀이공원이 있었다고 한다.

③ **유형오류**(Tangible Errors)

청결하지 못한 시설, 깨끗하지 못한 복장, 소음·냄새·조명·온도의 조절 실패, 문서의 오탈자 등과 같이 외형적/외부적으로 드러나는 오류를 말한다. 이러한 오류를 방지하기 위한 시스템의 예로는 다음과 같은 것들이 있다.

- 고객을 맞이하기 전에 자신의 용모를 자동적으로 점검할 수 있도록 서비스 직원의 대기석에 거울을 두는 것.
- 공공 대합실에서 의자에 드러누운 사람이 있으면 많은 사람들의 눈살을 찌푸리게 하므로 의자 팔걸이를 고정식으로 설치하여 아예 눕지 못하도록 하는 것.
- 예전에 호텔에서 많이 사용하던 방법. 화장실 청소가 완료되거나 새 수건을 비치하면 종이 띠를 둘러서 그렇지 않은 것과 구분하는 것.
- 워드프로세서의 맞춤법 점검 기능.

(2) 고객의 실수방지시스템

고객이 범하는 오류는 서비스의 진행 과정에 따라 다음과 같은 3가지 종류가 있다.

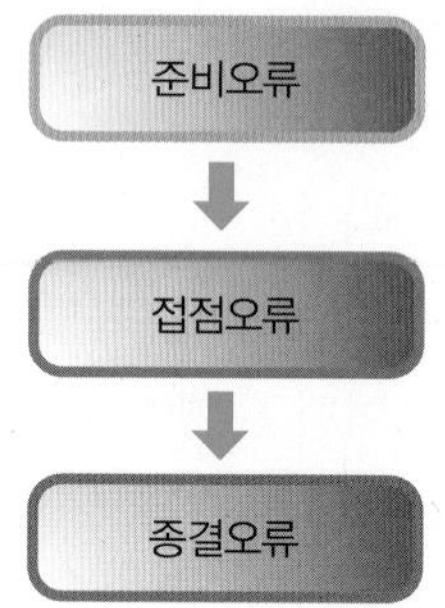

〈그림 23.14〉 고객이 범할 수 있는 오류(Chase and Stewart, 1994)

① 준비오류(Preparation Errors)

고객이 서비스 이용에 필요한 준비물을 지참하지 않거나 요구사항을 숙지하지 못하는 것과 같이 서비스 이용을 위한 사전 준비를 제대로 하지 않는 오류를 말한다. 이러한 오류를 방지하기 위한 시스템의 예로는 다음과 같은 것들이 있다.

- 초청장에 옷차림(dress code)을 명시하는 것.
- 병원 건강검진 날짜와 준비사항을 휴대폰 문자 메시지로 사전에 상기시키는 것.

② 접점오류(Encounter Errors)

부주의·오해·망각 등으로 인해 고객이 서비스 이용 절차나 지침을 준수하지 못하는 경우가 있다. 서비스 이용 중에 발생하는 이러한 오류를 방지하기 위한 시스템의 예로는 다음과 같은 것들이 있다.

- 선착순 서비스를 제공하기 위한 대기라인용 체인.
- 비행기 화장실에서 문을 잠그고 용무를 보도록 잠금장치를 밀어야만 조명등이 밝게 켜지도록 설계한 것(화장실 문을 반드시 잠그도록 하는 또 하나의 이유는 '사용중(occupied)'이라는 표시등을 자동적으로 켜기 위한 것이다.)
- 놀이공원에는 안전상의 이유로 키가 기준치 이상인 어린이들만 태우는 놀이기구

들이 있다. 이 기구의 탑승 대기라인에 어린이의 키가 기준치 이상인지 확인하기 위해 설치한 막대.

- 은행의 현금자동입출금기(ATM)나 골프 연습장의 연습공 인출에 사용되는 카드 등을 삽입 방식으로 설계하면 사용 후 카드를 회수하지 않는 실수가 발생할 수 있다. 이러한 실수를 방지하기 위해 전자판독기의 틈새에 카드를 통과시키거나 센서에 갖다대는 접촉 방식으로 재설계한 것.
- 자동차에 시동이 걸려 있을 때 안전벨트를 착용하지 않으면 울리는 경보음.

③ **종결오류**(Resolution Errors)

서비스 이용이 끝난 후 서비스에 대한 평가나 개선이 필요하다고 느낀 부분이 서비스 제공자에게 피드백되지 않거나 뒷정리가 제대로 되지 않는 오류를 말한다. 이러한 오류를 방지하기 위한 시스템의 예로는 다음과 같은 것들이 있다.

- 호텔에서 퇴실할 고객들에게 보낼 요금명세서에 고객의견카드(comment card)와 작은 선물이용권을 동봉하는 것.
- 구내식당에서 식사 후 만족 여부를 표시하는 작은 구슬을 회수 용기에 넣도록 하는 것.
- 셀프서비스 식당에서 고객이 뒷정리를 쉽게 할 수 있도록 출구 방향에 트레이 회수대와 쓰레기통을 비치하는 것.
- 사용하고 난 물품을 정위치에 되돌리기 위해 보관함에 밑그림을 그려놓는 형적(形迹)관리.

23.4 서비스 대기시간의 관리

서비스를 받기 위해 줄을 서서 기다리는 문제는 서비스경영의 가장 중요한 주제 중 하나이다. 대기시간이 길어지면 고객만족도가 떨어지는 것은 물론 온라인거래에서는 대기 중 이탈하는 고객도 적지 않다. 대기라인의 운영전략은 크게 두 가지로 나눌 수 있다. 그 중 하나는 대기시간을 줄이거나 차별화하는 것이고, 다른 하나는 물리적 대기시간은 그대로 두더라도 체감 대기시간을 줄이는 것이다. [참고: 서비스 대기는 물리적으로 줄서서 기다리는 것뿐 아니라 전화연결 대기, 온라인 결제 대기 등과 같이 서비스과정 중에 발생하는 모든 종류의 대기를 모두 포함한다.]

(1) 대기시간의 단축 및 차별화

① 운영시스템 변경

서비스 대기시간을 관리하는 가장 이상적인 방법은 서비스 운영시스템을 바꿔서 고객의 대기시간 자체를 줄이는 것이다. 이것은 돈 들여서 서비스용량을 늘리는 것만을 의미하지는 않는다. 공항 혼잡을 피하기 위한 도심공항터미널의 운영, 기차역이나 공항의 자동발매기, 은행의 현금자동입출금기(ATM) 등은 운영시스템 변경의 예이다. 또한 슈퍼마켓의 소액 전용계산대, 고객이 몰리는 피크시간대의 시간제 직원 투입이나 관리사원 지원 등도 운영시스템 변경의 또 다른 예이다.

물리적으로 줄을 세우는 것이 불가피할 경우에는 어떤 유형의 대기라인을 사용할 것인지 결정해야 한다. 〈그림 23.15〉에 나타낸 대기라인의 유형별 특징은 다음과 같다.

(a) 단일 대기라인

서비스를 받기 위해 도착하는 고객은 뱀처럼 구불구불한 대기라인의 맨 뒤에 합류한다. 이러한 단일 대기라인은 다음과 같은 여러 가지 장점이 있다.

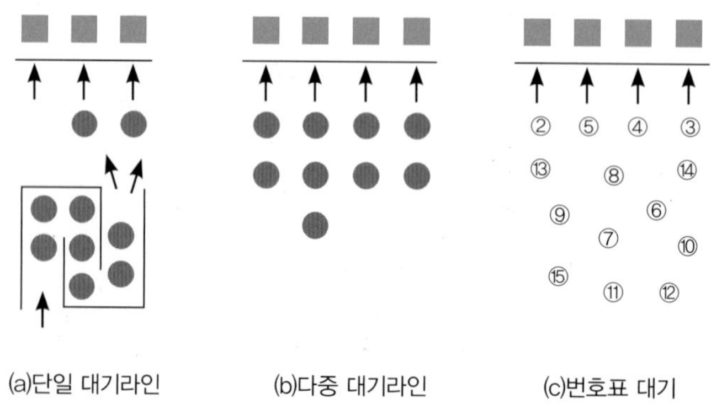

〈그림 23.15〉 대기라인의 기본적 유형

- 모든 고객에게 '선착순(FCFS, first come first served)'으로 서비스를 제공하기 때문에 업무 공정성이 확실하다.
- 어느 곳에 대기해야 빨리 서비스를 받을 수 있을지 신경 쓸 필요가 없다.
- 대기라인의 입구가 하나이기 때문에 새치기의 발생 가능성이 낮다.
- 대기라인의 길이는 길지만 줄이 줄어드는 것을 체감할 수 있다.

그러나 줄이 지나치게 길어 보이면 기다리지 않고 떠나는 고객이 있으며, 특정 서비스제공자를 선택할 수 없다는 단점도 있다.

(b) 다중 대기라인

여러 대기라인 중 하나를 선택해서 대기한다. 대기 중에도 다른 줄 끝으로 옮길 수 있기 때문에 한 번 결정한 것을 바꾸지 못하는 것은 아니다. 다중 대기라인의 장점은 다음과 같다.

- 서비스를 차별화할 수 있다.(예: 노약자 우대라인, 간편 서비스 우선처리 등)
- 분업이 가능하다.(예: 은행의 기업고객 전용 창구)
- 고객이 특정한 서비스제공자를 선택할 수 있다.
- 단일 대기라인에서처럼 긴 대기라인에 지레 질려서 서비스를 포기하는 일이 적다.

그러나 어느 라인에 대기하는 것이 좋을지 신경 써야 하며, 대기 중 다른 줄이 더 빨리 줄어드는 것을 보면 재수가 나쁘다는 생각이 들 수 있다.

(c) 번호표 대기

단일 대기라인의 장점은 취하되 편한 장소에서 다른 일을 하면서 기다릴 수 있다. 그러나 방심하다가 자신의 순서를 놓칠 수 있기 때문에 기다리는 동안에도 주의를 기울여야 한다. 이러한 불편을 줄이기 위해 커피전문점이나 푸드코트(food court) 등에서는 고객들에게 진동호출기를 제공한다.

② 예약시스템 이용

병원진료 예약과 같이 예약시스템을 이용하면 대기시간을 줄일 수 있을 뿐 아니라 고객이 몰리는 시간대를 분산시킬 수 있다. 그러나 예약시스템을 활용할 경우 예약을 하고도 (사전 취소 통보 없이) 나타나지 않는 '예약 불이행(no-show)'이 문제가 된다. 이 때문에 비행기나 호텔 객실 등의 경우 과거의 예약 불이행률을 감안하여 '초과예약(overbooking)'을 받는다. 그러나 예측이 틀릴 경우 예약 고객 중 일부가 오래 기다려야 하거나 아니면 (비행기 좌석처럼) 서비스 자체를 제공받지 못하는 경우가 발생한다.

디즈니랜드와 같은 테마파크의 경우 대다수의 사람들로부터 인기를 끄는 몇몇 놀이 시설이 있다. 이러한 인기 시설의 경우 대기라인이 매우 길기 때문에 이를 기다리다가는 다른 시설을 즐길 시간이 없다. 이러한 불편을 해소하기 위해 디즈니랜드는 1999년 '패스트패스(Fastpass)'라는 예약시스템을 도입하였다. 놀이시설 앞에 있는 예약용 기계에 입장권을 넣으면 별도의 대기라인을 통해 신속히 입장할 수 있는 시간대가 찍혀서 나온다. 이를 이용하면 기다리는 동안 다른 놀이시설을 이용할 수 있기 때문에 고객의 시간 활용도를 높일 수 있을 뿐 아니라 놀이공원 전체의 전반적 가동률도 높아진다.

예약과 예매를 연계하여 서비스조직이 해야 할 일을 고객에게 떠넘김으로써 고객의 대기시간을 줄이고 서비스효율을 높이는 보다 적극적인 방법도 있다. PC용 홈티켓이나 스마트폰용 모바일 승차권이 아주 좋은 예이다. PC나 스마트폰으로 고객이 예약, 좌석지정 및 결재까지 모두 수행하기 때문에 승차권 판매 창구 직원의 업무가 대폭 경감된다. 이것은 '공동생산'이라는 서비스의 특성을 활용하여 고객참여를 최대한으로 증가시킨 것이다.

③ 대기고객 차별화

'대기 운영규칙(queue discipline)'을 활용하면 고객 서비스를 차별화할 수 있다. 이러한 차별적 서비스는 선착순 서비스를 원칙으로 하되 다음과 같은 사항들을 반영한다.

- 고객의 중요성 : 단골고객이나 중요고객에게 서비스 우선권을 주기 위해 별도의 대기실이나 대기라인을 제공한다.
- 서비스의 긴급성 : 병원 응급실과 같이 긴급 서비스가 필요한 고객에게 먼저 서비스를 제공한다.
- 프리미엄 가격 : 비행기 일등석과 같이 별도의 요금을 추가적으로 지불하면 우선권을 준다. 이 경우 다중 대기라인의 일부를 프리미엄 전용라인으로 사용할 수 있다. 그러나 다른 고객들의 상대적 박탈감을 감안해 별도의 장소에 전용 대기실이나 대기라인을 만드는 경우도 있다.

⑵ 대기의 심리학

대기시간을 물리적으로 단축하기 어려운 경우에는 기다리는 시간이 덜 지루하도록 만듦으로써 체감 대기시간을 줄일 필요가 있다. 이를 위해서는 '대기의 심리학(psychology of waiting lines)'을 이해할 필요가 있다. 대기의 심리학은 다음과 같은 8가지 원칙으로 구성되어 있다.

원칙1: 비어 있는 시간은 무언가를 하는 시간보다 더 길게 느껴진다.

할 일 없이 기다리면 대기시간이 더 길게 느껴진다. 대기하는 동안 고객에게 무언가 할 일을 제공하면 기다리는 시간이 덜 지루하다. 대기하는 동안 읽을거리나 볼거리를 제공하는 것도 그 때문이다. 오랫동안 대기해야 하는 자동차 정비센터에 웹 브라우징을 할 수 있도록 PC룸을 두거나 실내 골프연습장을 설치할 수도 있다. 디즈니에서 대기라인을 '사전 쇼(pre-show)'라고 하는 이유는 기다리는 동안 분장을 한 직원들이 볼거리를 제공하기 때문이다. 스릴 있는 놀이기구를 타기 위해 대기하는 동안 놀이기구를 탄 사람들의 긴장된 극적 표정을 모니터로 보여주는 것도 좋다. 승강기 내부에 거울을 설치하는 것도 체감 대기시간을 줄여준다.

원칙2: 프로세스 시작 전의 대기가 프로세스 내의 대기보다 더 길게 느껴진다.

대기라인에서 기다리는 동안 앞 사람의 서비스시간이 길어지면 엄청 지루하지만 본인의 서비스시간은 그렇지 않다. 이처럼 서비스에 들어가기 전의 대기시간이 더 길게 느껴지기 때문에 이미 서비스가 시작되었다는 느낌을 주도록 하는 것이 좋다. 기다리는 동안 곧 받게 될 서비스와 연관된 활동들을 제공하면 원칙1을 충족시키는 것이기도 하지만 이미 서비스가 시작되었다는 느낌도 준다. 이를테면 음식점에서 메뉴판을 먼저 주고 밑반찬을 미리 제공하는 것이 여기에 해당한다. 테마파크의 실내 놀이기구를 보면 실외에서도 대기하지만 실내에 들어가서도 대기한다. 그러나 실내로 들어서는 순간 서비스 프로세스가 시작된 것 같은 느낌을 받기 때문에 실외에서만 기다리는 것보다 덜 지루하게 느껴진다. 또한 건강검진 시 의사와 상담하기 위해 기다리는 동안 문진표를 미리 작성하게 하는 것은 원칙1과 관련이 있지만 이 원칙과도 같은 관련이 있다.

원칙3: 염려가 있으면 대기시간이 더 길게 느껴진다.

걱정이나 염려는 체감 대기시간을 길게 만든다. 예를 들어 장거리 항공이동 시 중간에서 환승하는 경우를 생각해 보자. 날씨나 공항사정으로 인해 출발지에서 비행기의 이륙이 지연된다면 환승할 수 있는 시간적 여유가 있을지 걱정스러울 것이다. 이 경우 초조하게 이륙을 기다리는 시간은 정말 지루하겠지만, 만약 항공사끼리 연락해서 환승에 문제가 없도록 조처하였다는 정보가 있다면 같은 시간을 기다려도 덜 지루할 것이다.

원칙4: 불확실한 기다림이 더 길게 느껴진다.

얼마나 기다려야 할지 모른 채 기다리면 더 지루하다. 고객센터에 전화를 걸면 통화량이 많을 때 얼마 후 담당자와 연결되는지 미리 알려주는 것도 이 때문이다. 가전제품 A/S를 요청할 경우 수리기사가 당일 오겠다는 것보다 내일 언제쯤 오겠다는 것을 일반적으로 더 선호한다. 왜냐하면 시간이 더 걸리더라도 불확실성이 적은 것을 선호하기 때문이다. 지하철 승강장에 있는 안내 전광판도 다음 열차가 언제쯤 도착할 것인지 알려주기 때문에 체감 대기시간을 줄여준다. 마찬가지로 비행기 기내에서 제공하는 운항정보도 체감 대기시간을 줄여준다. 동일한 시간을 운전하더라도 늘 다니던 길보다 초행길이 더 시간이 많이 걸린 것으로 느껴지는 것도 같은 이치이다. 놀이공원의 대기라인 중간중간에 남은 대기시간을 표시해주는 것도 마찬가지다.

원칙5: 대기하는 이유를 모르면 더 길게 느껴진다.

비행기 탑승 후 이륙 대기시간이 길어진다고 가정해 보자. 이 경우 이유를 모르면 기다리는 시간이 더 지루하다. 그러나 활주로 혼잡으로 인해 관제탑의 이륙허가가 늦어지고 있다는 짧은 안내방송이라도 들으면 기다리는 시간이 덜 지루해진다. 대기하는 이유를 모르면 염려가 되고 얼마나 더 기다려야 할지 모르므로 이 원칙은 원칙3과 원칙4와도 관련이 있다.

원칙6: 불공정한 대기가 더 길게 느껴진다.

식당에서 음식이 나오기를 기다리고 있는데 나중에 온 고객에게 먼저 식사가 제공되면 짜증이 나지만 기다리는 시간도 더 길게 느껴진다. 이런 점에서 선착순 서비스원칙은 매우 중요하다. 그러나 앞서 설명한 바와 같이 고객을 차별화하는 합당한 이유가 있고 그것을 고객들이 알고 있다면 선착순이 공정성의 전부라고 생각하지는 않는다.

원칙7: 서비스의 가치가 클수록 더 오래 기다릴 용의가 있다.

신형 스마트폰이나 게임기가 발매되면 이를 구매하기 위해 밤새워서 기다리는 사람도 있다. 이들은 그것이 자신에게 그럴만한 가치가 있다고 생각하기 때문에 기꺼이 밤새워가며 기다린 것이다. 마찬가지로 고급식당에서 평소에 먹지 못하던 진귀한 요리를 먹기 위해 기다린다면 늘 먹던 대중음식점보다 더 오래 기다릴 수 있을 것이다. 또한 마트에서 카트 가득 물건을 담았다면 라면 몇 개를 살 때보다 계산대 앞에서 더 오랜 시간 기다려도 큰 불만이 없을 것이다.

원칙8: 혼자서 기다리면 더 길게 느껴진다.

사람들은 혼자 기다릴 때보다 여럿이 함께 기다리면 덜 지루하게 느껴진다. 이것은 함께 기다리는 다른 구성원들이 제공하는 주의분산 때문이기도 하고, 기다리는 동안 다른 사람들과 떠들며 이야기할 수 있기 때문이기도 하다.

참고문헌

- 김연성, 박영택, 서영호, 유왕진, 유한주, 이동규(2002), 「서비스경영: 전략·시스템·사례」, 법문사.
- 김재문(2008), 저개발시장 마케팅, 관점 전환이 필요하다, LG경제연구원 리포트, 6월 3일.
- 박영택(2005), 「품질기법 핸드북」, 한국품질재단
- 박영택(2014), "서비스시스템의 설계와 운영: 서비스도 과학이다", 품질경영, 4월호.
- 이경은(2003), "라면집 최초 도쿄증시 상장한 고라쿠엔", 조선일보, 9월 29일.
- 전수용(2008), "돈 버는 자선병원 인도 아라빈드 안과병원", 조선일보, 10월 10일.
- 추인영(2017), "멀쩡한 전립선 떼어놓고…합의금 제시한 병원", 중앙일보, 11월 28일.
- 홍하상(2008), "한국인들도 즐겨 찾는 일본의 전통 맛집 기행", 월간조선, 12월호.
- Chase, R.B. and Stewart, D.M.(1994), "Make your service fail-safe", Sloan Management Review, Spring, pp.35–44.
- Czepiel, J.A., Solomon, M. R. and Suprenant, C.F.(1985), The Service Encounter: Managing Employee/Customer Interaction in Service Business, Lexington Books.
- Fitzsimmons, J.A. and Fitzsimmons, M.J.(2007), Service Management: Operations, Strategy, Information Technology, Sixth Edition, McGraw-Hill.
- Haksever, C. et. al.(2000), Service Management and Operations, Second Edition, Prentice Hall.
- Johnston, M. and Dougherty, D.(2012), "Developing SIPOC diagrams", Six Sigma Forum Magazine, February, pp.14–18.
- Lovelock, C.H.(1986), "Classifying services to gain strategic marketing insights", Journal of Marketing, Vol.47, Summer, pp.9–20.
- Lovelock, C.H. and Wright, L.(2002), Principles of Service Marketing and Management, Second Edition, Prentice Hall.
- Maister, D.H.(2005), "The Psychology of waiting lines", www.davidmaister.com
- Schmenner, R.W.(1986), "How can service businesses survive and prosper?", Sloan Management Review, Spring, pp.21–32.
- Shostack, G.L.(1984), "Designing services that deliver", Harvard Business Review, January-February, pp.133–139.
- Shostack, G.L.(1987), "Services positioning through structural change", Journal of Marketing, Vol.51, January, pp.34–43.
- Zeithaml, V.A. and Bitner, M.J.(1998), Service Marketing, McGraw-Hill. (전인수 역(1998), 「서비스마케팅」, 석정)

24장

고객만족 경영

"우리에게 월급을 주는 사람은 고용주가 아니다. 그들은 단지 돈을 다룰 뿐이다. 우리에게 월급을 주는 사람은 고객이다." 고객만족과 관련하여 자주 회자되는 이 표현은 자동차 왕 헨리 포드의 말이다. 그가 세기의 사업가로 기념비적 업적을 남긴 것도 성공의 원천이 고객이라는 것을 누구보다 잘 알았기 때문이다.

24.1 고객만족경영의 이론적 기반

(1) 고객충성도 효과

고객만족이 왜 중요한지는 쉽게 설명이 된다. 만족한 고객은 단골고객으로 남을 뿐 아니라 좋은 평판을 퍼뜨려 새로운 고객도 창출한다. 이에 반해 불만족한 고객은 이탈할 뿐 아니라 불만 경험을 퍼뜨려 잠재고객까지 쫓아낸다. 〈그림 24.1〉은 이러한 설명을 도식화한 것이다.

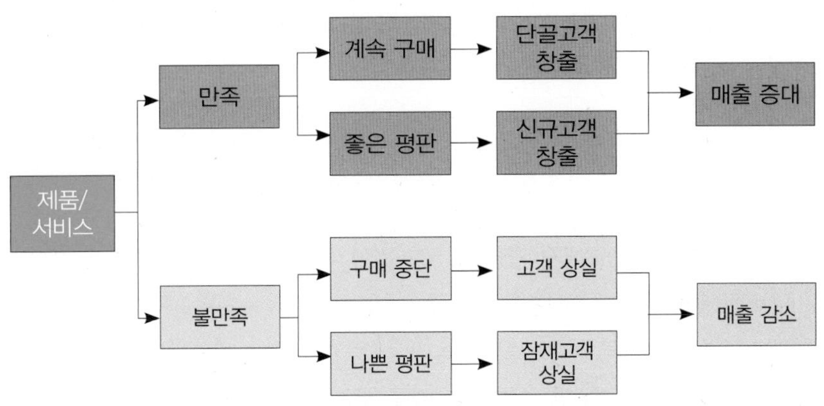

〈그림 24.1〉 고객만족이 매출에 미치는 영향

만족한 고객은 재구매 확률이 높아질 뿐 아니라 거래 지속기간 또한 늘어난다. 이러한 '충성고객(loyal customer)'은 다음과 같이 기업에 많은 기여를 한다.

- 만족한 브랜드에 대한 '지갑점유율(share-of-wallet)'이 높아진다. 해당 브랜드에 대한 구매 지출을 늘리고 다른 브랜드에 대한 지출은 줄이므로 총 소비금액 중 해당 브랜드의 지출비중이 늘어난다.
- '상향판매(up-selling)'의 가능성이 높아지므로 객단가가 올라간다. [참고: 상향판매란 더 비싼 고급 모델의 판매, 객단가는 고객 1인당 1회 거래금액을 말한다.]
- '교차판매(cross-selling)'의 가능성이 높아지므로 매출액이 늘어난다. [참고: 교차판매란 거래가 없던 다른 상품의 판매를 말한다.]
- 좋은 입소문을 퍼뜨림으로써 '추천(referrals)' 판매가 늘어난다.

충성고객이 기업의 이익에 미치는 총체적 효과를 '충성도효과(loyalty effect)'라고 하는데, 이 효과는 우리가 일반적으로 생각하는 것보다 훨씬 더 크다. 〈그림 24.2〉는 고객이탈률 5% 감소가 기업이익에 미치는 영향을 나타낸 것이다. 이 그림의 세로축인 고객가치증가율은 평균적인 고객 한 사람이 거래기간 동안 가져다주는 이익흐름의 순현재가치(NPV, net present value) 증가율을 나타낸다. 신용카드를 예로 들면 평균 고객이탈률을 현재보다 5% 줄인다면(즉, 고객유지율을 현재보다 5% 높인다면) 고객 한 사람의 일생 동안 기업이 얻을 수 있는 이익은 75% 증가한다는 것을 보여준다.

고객이탈률 5%가 이처럼 기업의 수익에 큰 영향을 미치는 이유가 무엇일까? 누구라도 쉽게 생각할 수 있는 것은 반복구매로 인한 매출증대이다. 전자상거래기업 아마존(Amazon)의 경우를 예로 들어 보자. 아마존의 고객유지율은 약 80% 정도라고 한다. 이 경우 아마존의 평균적인 고객 한 사람이 일생 동안 구매하는 횟수는 다음과 같이 5회로 계산된다.

$$1 + 1 \times 0.8 + 1 \times 0.8^2 + 1 \times 0.8^3 + \cdots = 5$$

만약 고객유지율을 80%에서 85%로 5% 높일 수 있다면 다음 계산과 같이 평균 7번 정도 구매를 한다.

$$1 + 1 \times 0.85 + 1 \times 0.85^2 + 1 \times 0.85^3 + \cdots = 7$$

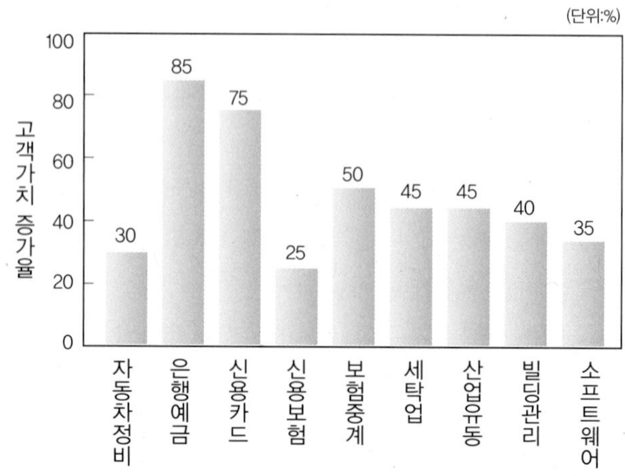

〈그림 24.2〉 고객이탈률 5% 감소가 기업이익에 미치는 영향(Reichheld and Earl Sassar, 1990)

따라서 고객유지율 5% 증가 시 일생 동안 구매하는 평균 횟수가 5회에서 7회로 늘어나므로 상대적인 매출액 증가는 40%가 된다.

이외에도 고객유지율이 높아지면 기업이 얻을 수 있는 혜택이 많다. 예를 들어 연간 고객유지율이 50%이면 평균 거래기간은 2년, 연간 고객유지율이 80%이면 5년이 된다. 거래기간이 늘어나면 반복구매에 따른 매출증가뿐 아니라, 판촉비의 감소나 간접비 배분금액의 감소 등을 통한 운영비 절감, 호의적 입소문에 의한 신규고객 증대, 상향판매를 통한 프리미엄 가격 부과 등과 같은 다양한 수익창출의 기회가 있다. 〈그림 24.3〉은 이러한 고객 '충성도효과(loyalty effect)'를 나타낸 것이다.

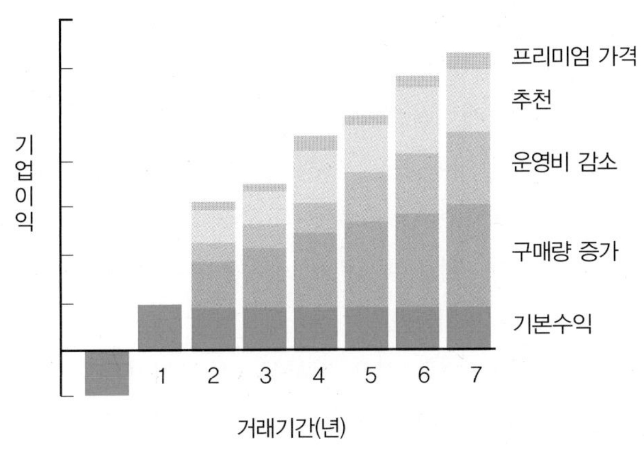

〈그림 24.3〉 장기고객일수록 수익성이 높은 이유(Reichheld and Earl Sassar, 1990)

고객만족경영에서 고객만족도를 매우 중요하게 생각하지만 고객만족도와 기업의 수익이 비례하지 않는 경우가 많다. 이유는 고객만족도와 고객충성도의 관계가 비례하지 않기 때문이다. 이것은 고객만족도가 중요하지 않다는 것이 아니라 고객만족도를 제대로 측정하기 어렵다는 의미이다.

서비스제공자나 관련자로부터 누구나 한두 번쯤 "'그냥 만족'이 아니라 '매우 만족'으로 평가해 주세요"라는 부탁을 받은 적이 있을 것이다. 아니면 서비스제공자가 직접 자기 눈앞에서 평가해 달라고 하는 부탁을 받아봤을 것이다.

도요타도 이러한 경험을 했다고 한다. 어떤 자동차 딜러는 "고객만족도 조사의 모든 항목에 '매우 만족'이라고 표시해주면 자동차 실내 장식을 무료로 해주겠다"는 제의를 모든 고객들에게 했다고 한다. 심지어 이 딜러는 고객만족도 조사양식에 어떻게 표시해야 하는지 미리 출력해서 주었다고 한다. 또한 다른 딜러는 고객들에게 좋은 평가를 해달라고 읍소하는 직원을 고용하기까지 했다고 한다. “얼마 전 우리 부부는 모두 직장에서 짤렸는데 어린아이들의 생계가 나한테 달려 있다. 만약 고객만족도 점수가 낮게 나오면 나는 이 직장에서도 짤린다고.”

이러한 행위들은 고객만족도 ‘점수’는 높일 수 있지만 고객 ‘충성도’까지 높일 수는 없다. 따라서 고객충성도(즉, 재구매확률)만큼 고객만족을 정확하게 반영하는 것은 없다고 볼 수 있다. 〈그림 24.4〉에 나타낸 ‘확보/이탈 매트릭스(acquisition/defection matrix)’는 고객충성도를 측정하는 실용적 도구이다.

자동차를 예로 들어 설명하면 이 매트릭스의 세로축은 종전에 보유했던 차종, 가로축은 현재 운행하고 있는 차종, 매트릭스 내의 숫자는 구매비중이다. 예를 들어 〈그림 24.4〉의 맨 윗줄의 숫자 “68, 3, 4, …”의 의미는 도요타의 렉서스를 타던 사람이 “또 다시 렉서스로 교체한 비율이 68%, 벤츠로 교체한 비율이 3%, BMW로 교체한 비율이 4% …”라는 것이다. 이 매트릭스의 가로축과 세로축의 차종 배열순서가 같으므로 대각선상의 숫자는 동일한 차종으로 재구매한 확률을 나타낸다. 이론적으로 보면 각 행의 숫자 합이 100%가 되어야 하나 모든 차종이 다 고려된 것은 아니므로 〈그림 24.4〉에서는 100%가 안 된다. [참고: 매트릭스 내의 숫자는 오래된 데이터이므로 현재의 상황은 아니며, 단지 설명을 위해 사용하였음.]

고객충성도 효과란 간단히 말해 “작은 장사든 큰 사업이든 간에 한 번 온 고객이 다시 또 오고, 다시 올 때 다른 사람들까지 데리고 오면 기업의 수익은 늘어나게 마련”이라는 것이다.

예전 보유차량 \ 신규차량 비율(%)	렉서스	벤츠	BMW	링컨	캐딜락	아큐라	인피니티	아우디	사브	볼보	재규어	지프
렉서스	68	3	4	2	3	2	4	-	1	-	1	2
벤츠	14	42	4	2	5	1	7	1	-	1	1	1
BMW	13	5	43	-	-	2	4	1	-	3	1	8
링컨	4	1	1	64	7	1	2	-	-	-	1	-
캐딜락	3	1	1	8	54	1	1	-	-	-	1	1
아큐라	7	1	1	2	-	35	4	1	1	1	-	2
	9	-	-	-	2	2	53	-	-	-	2	21
아우디	5	2	3	-	2	2	1	16	-	2	-	2
사브	5	-	3	-	4	1	4	1	28	5	-	9
볼보	2	1	2	-	-	2	1	-	-	29	-	2
재규어	18	9	6	7	9	-	10	2	2	1	28	2

〈그림 24.4〉 고객 확보/이탈 매트릭스(Reichheld and Teal, 1996)

(2) 만족도와 충성도의 관계

고객만족도의 해석에 한 가지 유의할 점은 "만족만으로는 만족할 수 없다"는 것이다. 이 말의 의미를 설명하기 위해 〈그림 24.5〉를 보자. 만약 이 그림이 품질경영 과목의 강의평가 점수를 나타낸 것이라면 전체 수강생 중 82%(=34%+48%)가 '만족' 또는 '매우 만족'이라고 평가했으니 그런대로 좋은 결과이다. 그러나 기업에서 파는 상품에 대한 만족도라면 이야기가 달라진다. 왜냐하면 학교 강의는 시장과 달리 경쟁상품이 많지 않기 때문이다. 만약 교과목이 졸업을 위한 필수과목이라면 더 말할 필요도 없다.

1980년대 중반 제록스의 회장이었던 데이비드 컨즈(David Kearns)는 '품질을 통한 리더십(LTQ, Leadership Through Quality)'이라는 전사적 품질혁신의 일환으로 강력한 고객만족경영을 추진하였다. 1990년까지 응답자의 90%가 '만족' 또는 '매우 만족'이라고 대답할 수 있도록 하고, 1993년 말까지 이 비율을 100%로 올린다는 것을 목표로 정했다. 그런데 '만족'이라고 답한 고객들과 '매우 만족'이라고 답한 고객들의 재구매 의사를 조사해 보고 그 결과에 깜짝 놀랐다. '매우 만족'이라고 답한 사람들의 재구매 의사가 그냥 '만족'이라고 답한 사람들보다 무려 6배나 높았기 때문이다.

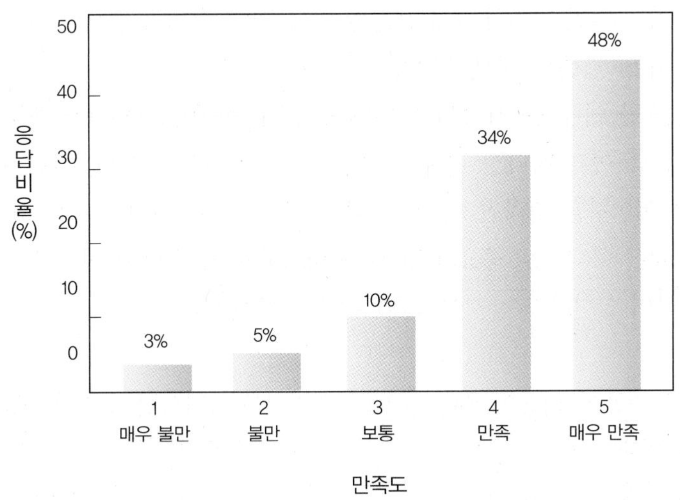

〈그림 24.5〉 고객만족도의 해석을 위한 예

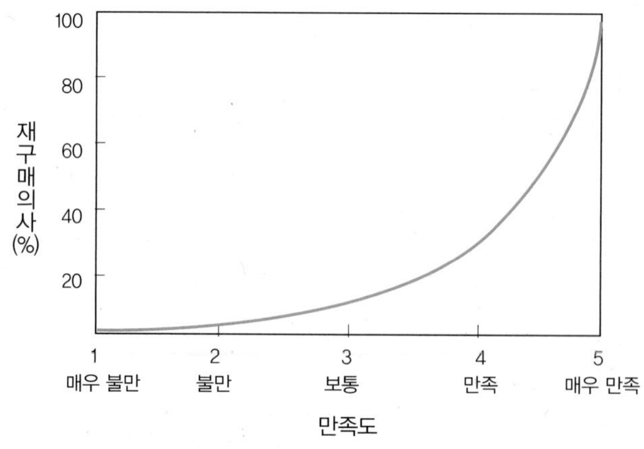

〈그림 24.6〉 고객만족도와 재구매의사의 관계(Heskett et. al., 1997)

〈그림 24.6〉은 경쟁산업에서 고객만족도와 재구매의사의 관계를 그림으로 나타낸 것이다. '만족'과 '매우 만족'의 재구매 의사 차이가 이렇게 크다면 두 가지를 분리해서 해석하는 것이 마땅하다. 〈표 24.1〉은 자유경쟁에 있는 산업의 고객만족도 해석방법을 요약한 것이다.

〈표 24.1〉 경쟁산업의 고객만족도 해석

구분	그룹 I	그룹 II	그룹 III
응답점수	5	3~4	1~2
만족상태	매우 만족	만족	불만족
충성도	매우 충성	쉽게 이탈	적대적
전략적 대응책	품질요소의 동태적 변화에 미리 대응	매력적 품질 추가, 차별적 지원서비스	당연적 품질완비
경쟁기준	환경주시 (environmental scanning)	수주 성공조건 (order winner)	수주 자격조건 (order qualifier)

하버드경영대학원의 헤스켓(J.L. Heskett) 교수 등은 경쟁 환경에 따라 만족도와 충성도의 관계가 어떻게 변하는지 연구하고 그 결과를 〈그림 24.7〉과 같이 정리하였다. 과거 휴대폰이 나오기 전에 정부에서 운영하던 전화국만 있던 시절이 있었다. 이

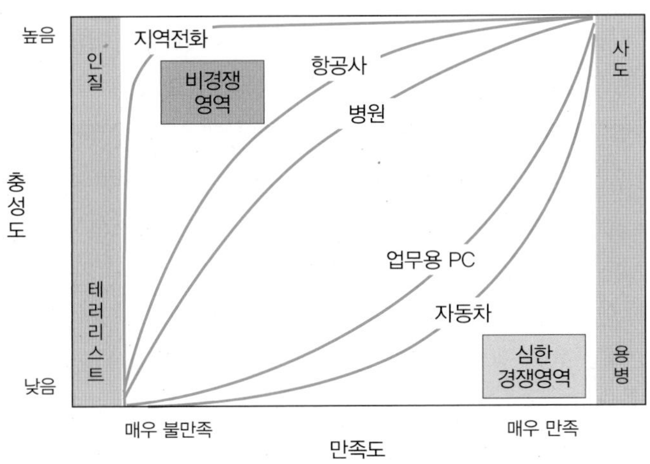

〈그림 24.7〉 경쟁환경에 따른 충성도와 만족도의 관계(Jones and Earl Sassar, Jr., 1995)

때에는 고객들이 만족여부와 상관없이 전화서비스를 계속 구매할 수밖에 없었다. 왜냐하면 달리 다른 대안이 없었기 때문이다. 대학의 졸업필수 과목도 마찬가지이다. 필수과목인데 한 반만 강의개설이 된다면 아무리 불만스러워도 수강할 수밖에 없다. 이들이 보이는 고객유지율은 거짓 충성이라는 것이다. 항공사는 경쟁산업에 속해 있지만 상용고객 우대프로그램인 마일리지 제도를 이용하여 고객이탈을 어느 정도 방지하고 있으며, 병원은 과거의 진료 이력 때문에 다른 병원으로 쉽게 이동하기 어렵다. 그러나 자동차산업과 같이 완전 경쟁시장에서는 '만족'과 '매우 만족'의 충성도 차이가 크기 때문에 '만족'만으로는 만족할 수 없으며 '매우 만족'을 추구해야 한다는 것이다.

헤스켓 교수 등은 경쟁환경에 따라 다음과 같은 4가지 극단적인 유형의 고객이 존재한다고 하였다.

- 사도 : 성경에 나오는 열두 명의 사도처럼 진실로 충성된 고객을 말한다. 이들은 만족도와 충성도 모두 매우 높은 고객으로서 다른 잠재고객들에게 적극적으로 이용을 권한다.
- 용병 : 일시적으로 만족도가 높기는 하지만 (돈으로 고용한 용병처럼) 가격조건이 더 좋은 다른 대안이 나오면 언제라도 옮겨갈 사람들이다.
- 인질 : 불만스럽지만 다른 대안이 없기 때문에 남아 있는 사람들이다.
- 테러리스트 : 자신의 불만을 떠벌리고 다니며 어떻게든 다른 사람들의 이용을 막으려고 애쓰는 사람들이다.

이들 4가지 그룹 중 사도는 이익의 주원천이 되는 정말로 소중한 그룹이며 준사도(즉, 단순히 만족한다고 답한 사람들)를 사도로 만들기 위한 투자가 필요하다. 또한 테러리스트를 잠잠하게 만들기 위한 투자도 적극 고려해야 한다.

(3) 종업원 제일주의

서비스기업이 수익을 내고 성장할 수 있는 구조를 밝힌 '서비스-수익 체인'에서 따로 설명하겠지만 직원만족이 고객만족보다 선행되어야 한다. 이러한 종업원 제일주의는 세계적인 서비스 우수기업들의 공통적 특징이다. 이것은 페덱스의 'P-S-P(people-service-profit)' 기업이념에도 잘 나타나 있다. 페덱스의 종업원 제일주의는 '공정대우 보장 프로그램(GFTP)'과 '서베이-피드백-액션(SFA) 시스템'에 의해 철저히 뒷받침되고 있다.

〈그림 24.8〉 페덱스의 P-S-P 기업이념

① 공정대우 보장 프로그램(GFTP)

'GFTP(Guaranteed Fair Treatment Program)'는 페덱스만의 아주 독특한 제도이다. GFTP는 회사 내 어떤 직원이든지 부당한 대우를 받았다고 느끼는 사람은 필요한 경우 최고경영자에게까지 상급자의 잘못을 시정해 줄 것을 요청할 수 있는 제도다. 3단계로 되어 있는 이 제도의 탁월한 특징은 동료들이 심의에 참여한다는 것이다. 1990년대 중반 당시 전체 직원 수가 8만 8천 명이었는데 이 제도를 통해 처리된 불만이 연간 약 2천 건이나 되었다는 것은 이 제도가 비교적 자주 이용되고 있다는 것을 보여준다.

GFTP는 다음과 같이 운영된다. 불만이 있는 직원은 일차적으로 자신의 바로 위 상사에게 이를 접수시킨다. 그러면 이 관리자는 이른바 '관리자 심의회'라는 것을 열어 경영관리직 가운데 하위 직급의 두 단계에 위치한 사람들로 하여금 불만을 가진 직원과 문제의 전모를 조사하고 해결방안을 강구한다. 만약 이 단계의 결정에 해당 직원이 만족하지 못한다면 다음 단계에 불만 처리를 호소할 수 있는데 여기서는 그 직원이 소속된 사업부의 최고책임자가 심의에 참여한다.

이 사업부의 최고책임자는 상정된 사안에 대해 나름대로 청취하고 조사한 후 가부간 결정을 내리든지 아니면 '동료심의 이사회'에 회부한다. '동료'라는 이름이 붙은 것은 사건의 심의를 맡을 5명의 위원들 중 3명을 불만을 제기한 당사자가 지명할 수 있기 때문이다.

만약 이 모든 과정을 거쳤음에도 불구하고 자신의 불만이 정당하게 처리되지 못했다고 느끼면 그는 마지막 세 번째 단계에 문제를 상정할 수 있는데 여기에는 CEO도 참여한다. '최종심의 이사회'에는 대표이사인 회장과 운영담당 이사, 관리담당 이사가 당연직으로 참여하고 추가적으로 두 명의 이사가 돌아가면서 참여한다. 최종심의 이사회는 매주 화요일에 열리는데 앞서 설명한 경우처럼 이 이사회도 특정 사안을 동료심의 이사회에 다시 회부할 것인지 아니면 스스로 판결할 것인지 선택하게 된다.

GFTP의 과정들은 어떤 단계, 어떤 사건에 대해서든 직원에게 불리하게 내려진 당초의 결정이 과연 회사 규칙이나 방침에 비추어 정당한 것이었나를 따지는 것이지만 그간의 사례들을 보면 페덱스는 상황에 따라 융통성 있는 판결을 내리고 있음을 알 수 있다. 다음은 이 제도가 적용된 사례 중 하나이다.

규정상 회사에 무기를 가지고 올 수 없게 되어 있는데, 어느 직원이 자신의 트럭에 엽총을 싣고 출근을 했다가 해고당했다. 이 직원은 그 전날 사냥을 나갔다가 사슴 한 마리를 잡아서 트럭에 싣고 출근했다. 그는 퇴근 때 푸줏간에 들를 작정이었다. 그는 아침 6시 반에 출근하여 사슴을 그늘진 곳에 두고자 발송계 직원에게 자기 트럭을 회사 옥내 주차장에 넣어 줄 것을 부탁했다. 주차를 하던 직원이 트럭 안에 있던 엽총을 발견하고 부서장에게 보고하였다.

부서장은 문제의 직원을 불러 전후 사정을 물었고, 그 직원은 전날 저녁 사슴을 잡은 것에 너무 흥분해서 엽총을 치워놓고 출근하는 것을 깜박 잊었다고 해명했다. 엽총은 장전돼 있지도 않았고 트럭 안에는 탄약도 없었지만 부서장은 그를 해고했다. 그는 직원의 말을 그대로 믿었지만 어쨌든 그 직원은 회사 규정을 어겼고 규정을 어긴 이상 다른 방도가 없다는 것이었다. 이 직원의 해고취소 청원은 위의 불만처리 과정 중 맨 마지막 단계인 최종심의 이사회까지 올라갔고 여기서 그의 해고결정은 번복됐다. 최종심의 이사회는 그 직원의 해명이 전적으로 믿을 수 있는 것이라고 판단했기 때문이다. 다만 그 직원은 회사로부터 경고를 받고 30일간의 무급휴직에 붙여졌다.

공정한 대우를 보장하기 위한 회사 내의 항소제도가 상급관리자로 하여금 자신의 결정을 번복하게 만든 문제의 직원을 더욱 차별 대우하게 만드는 것이 아닌가 하는 의구심이 들 수 있으나, 보복행위가 있었다는 것이 입증되면 해당자는 즉시 해고되기 때문에 그러한 염려는 할 필요가 없다.

② 서베이-피드백-액션(SFA) 시스템

페덱스의 종업원 제일주의를 강력하게 뒷받침하고 있는 또 하나의 기둥은 'SFA시스템'이다. 이 시스템은 다음과 같은 3단계로 이루어져 있다.

- 모든 종업원들이 29개의 조사문항에 대해 익명으로 응답한다.
- 문제점을 찾아서 대책을 마련할 수 있도록 관리자들에게 조사결과를 피드백한다.
- 각 업무그룹의 관리자들은 종업원들과 함께 대책을 수립하고 실행계획을 마련한 후 이를 문서화한다.

매년 봄 실시되는 이 조사의 처음 10개 항목은 자신이 속한 업무부서의 환경에 대하여 질문하고 있다. 그 다음의 질문들은 직속 부서장의 책임 한계를 넘어서는 고위경영진에 관한 사항들이다. 그리고 나머지 질문들은 전반적인 회사 환경에 대한 것이다. 또한 마지막 질문은 지난해에 지적된 문제들에 대해 페덱스가 얼마나 잘 처리하였는지를 묻는다.

이 조사의 결과는 부서별로 도표화되고, 각 부서장은 전체 점수뿐만 아니라 29개의 질문 하나하나에 대하여 점수를 피드백 받는다. 처음 10개의 질문에 대한 점수의 합을 '리더십 지표(leadership index)'라고 하는데, 이 지표에 대한 목표는 매년 설정된다. 만일 목표를 달성하지 못한다면 300여 명의 고위경영진들은 상여금을 받지 못한다. 수석 부사장의 경우 일반적으로 본봉의 40% 정도에 해당되는 상여금을 받고 있으나 이 목표를 달성하지 못하면 상여금은 한 푼도 받지 못한다. 따라서 이러한 제도가 페덱스의 경영진에게 시사하는 바는 종업원들에게 더욱 신경을 쓰고 그들을 공정하게 대해야 한다는 것이다.

〈표 24.2〉 SFA 프로그램의 설문항목

1. 내가 생각하는 것을 상사에게 자유롭게 말할 수 있다.
2. 상사가 나에게 무엇을 기대하는지 말해 준다.
3. 우리 업무그룹의 분위기는 우호적이다
4. 내 상사는 일을 더 잘할 수 있도록 도와준다.
5. 내 상사는 나의 관심사를 기꺼이 경청하려 한다.
6. 내 상사는 업무에 대한 나의 생각을 묻는다.
7. 내 상사는 내가 일을 잘 처리했을 때 이야기해 준다.
8. 내 상사는 나를 인간적으로 존중해 준다.
9. 내 상사는 내가 알아야 할 필요가 있는 정보를 항상 제공해 준다.
10. 내 상사는 내가 방해받지 않고 일할 수 있도록 해준다.
11. 내 상사의 상사는 우리에게 필요한 지원을 해준다.
12. 고위 경영진은 우리에게 회사가 성취하고자 하는 바를 알려준다.
13. 고위 경영진은 우리의 아이디어와 제안에 주의를 기울인다.
14. 나는 경영진의 공정성을 믿는다.
15. 내가 일을 잘하는 한 직장에서 계속 근무할 수 있다는 것을 확신한다.
16. 페덱스에서 일하는 것이 자랑스럽다.
17. 페덱스에서 일하면 아마도 내가 원하는 장래가 실현될 수 있을 것이다.
18. 페덱스는 고객에게 잘 봉사하고 있다고 생각한다.
19. 모든 것을 고려해 볼 때 페덱스에 근무하는 것이 나로서는 만족스럽다.
20. 내가 하는 일에 비추어 볼 때 나는 정당한 보수를 받고 있다.
21. 후생복리 프로그램은 내가 필요로 하는 것들을 만족시킨다.
22. 맡은 일을 완수하기 위해 업무그룹 내의 대다수 사람들은 서로 협력한다.
23. 페덱스 내의 업무그룹 간에 협력이 잘 이루어지고 있다.
24. 나는 안전작업이 일반적인 업무관행으로 정착된 환경 하에서 일하고 있다.
25. 내가 얼마나 일을 잘 해낼 수 있는가에 규정이나 절차가 방해되지 않는다.
26. 업무수행에 필요한 물품과 다른 자원들을 지원받을 수 있다.
27. 내 업무를 잘 할 수 있도록 충분한 자유가 주어진다.
28. 우리 고객에 대한 서비스를 개선하기 위한 활동에 우리 그룹이 참여하고 있다.
29. 지난해의 SFA 피드백 단계에서 우리 그룹이 지적한 사항들이 만족스럽게 처리되었다.

(4) 서비스-수익 체인

① 서비스-수익 체인의 연결구조

'서비스-수익 체인(service-profit chain)'은 훌륭한 서비스가 어떻게 기업의 이익과 성장에 기여하는지 논리적으로 설명하는 모델이다. 이 모델을 간단히 설명하면 다음과 같다.

- 기업의 수익과 성장을 좌우하는 주된 요소는 고객충성도이며, 고객충성도는 고객만족의 직접적 산물이다.
- 고객만족은 주로 그들이 제공받는 서비스의 가치에 영향을 받는다.
- 서비스의 가치는 서비스를 제공하는 직원들의 충성도가 높을수록 커지는데 직원들의 충성도는 직원만족의 산물이다.

헤스켓 교수 등은 서비스-수익 체인의 연결구조를 〈그림 24.9〉와 같이 표현하였다. 서비스-수익 체인 진단(audit)은 조직의 이익을 움직이는 동인(動因)과 장기적 수익성 확보에 필요한 조처들을 발굴하는 데 도움이 된다. 다음과 같은 질문들은 이러한 진단에 매우 유용하다.

- **수익 및 성장 관련**

- 충성고객을 어떻게 정의하는가?
- 고객 수익성의 측정에 추천으로 인해 발생하는 이익까지 고려하는가?
- 기존 고객을 유지하기 위해 사업개발비와 인센티브의 얼마를 할애하고 있는가?
- 고객이 이탈하는 이유는 무엇인가?

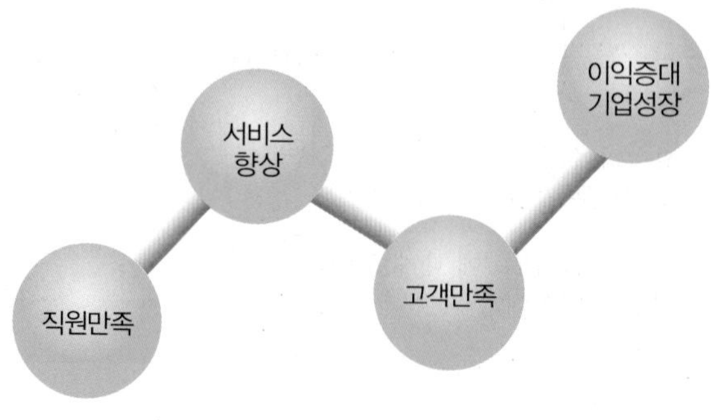

〈그림 24.9〉 서비스-수익 체인의 기본개념

• 고객만족 관련

- 고객만족 데이터가 객관적으로 일관성 있게 주기적으로 수집되고 있는가?
- 고객의 피드백을 얻기 위한 경청 도구(listening posts)들이 조직 내의 어느 곳에 있는가?
- 고객만족과 관련된 정보들을 고객의 문제해결에 어떻게 사용하는가?

• 외부 서비스 가치 관련

- 서비스 가치를 어떻게 측정하는가?
- 가치에 대한 고객의 지각(perception)을 제품 및 서비스 설계자들과 어떻게 공유하고 있는가?
- (서비스가 전달되기 전의) 고객의 사전기대와 (서비스가 전달된 후의) 사후지각의 차이를 얼마나 고려하고 있는가?
- 외부 서비스품질을 개선하려는 조직의 노력이 최초에 올바르게 서비스를 제공하는 것뿐 아니라 서비스 실수의 효과적인 회복(만회)까지 강조하고 있는가?

• 직원생산성 관련

- 직원생산성을 어떻게 측정하는가? 생산성지표가 단위 투입량에 대비한 서비스 산출물의 질과 양의 변화를 어느 정도 규명할 수 있는가?

• 직원충성도 관련

- 직원충성도를 어떻게 창출하는가?
- 적절한 수준의 직원유지율을 확보하기 위해 어떤 노력을 하는가?

• 직원만족 관련

- 고객만족도와 같이 직원만족도도 추세를 파악하여 경영에 반영할 수 있도록 충분한 빈도로 일관성 있게 조사하고 있는가?
- 종업원의 선발 기준과 방법이 서비스조직의 관리자들은 물론 고객들이 중요하다고 생각하는 것을 잘 반영하고 있는가?
- 고객만족도, 고객충성도 또는 서비스 산출물의 질과 양이 직원들의 인정 및 보상(rewards and recognition)에 얼마나 반영되는가?

• **내부 서비스품질 및 리더십 관련**

- 직원들은 자신의 고객들이 누구인지 알고 있는가?(특히, 내부고객의 경우)
- 직무와 관련된 조직 내의 인적, 기술적 지원에 대해 직원들이 만족하고 있는가?
- 조직의 리더십이 효과적인가?(열정, 창의, 협조, 배려, 경청, 코치, 동기부여 등)

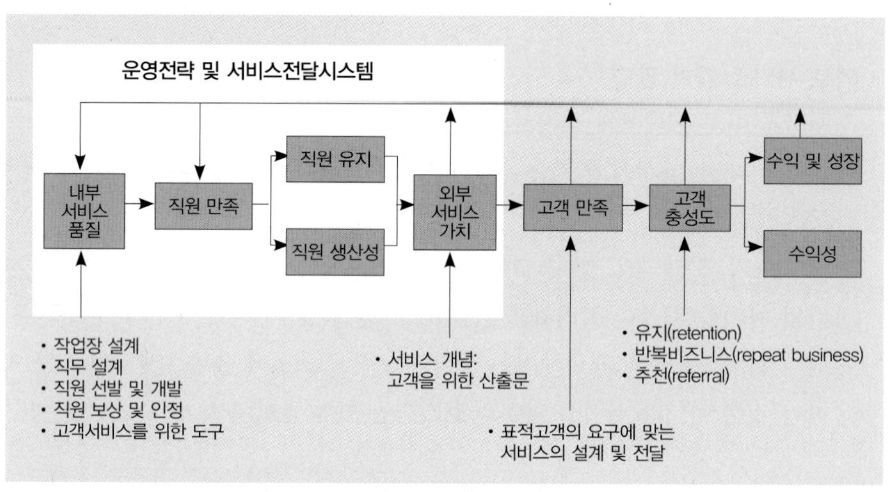

〈그림 24.10〉 서비스–수익 체인의 구조(Heskett, et. al, 2008)

② 고객가치 방정식

고객이 지각하는 서비스의 가치를 높이기 위해서는 고객가치의 구조를 알아야 한다. 고객이 체감하는 가치의 크기는 다음과 같은 방정식에 의해 결정된다.

$$가치 = \frac{결과물 + 프로세스품질}{가격 + 고객접근비용}$$

의료서비스를 대상으로 고객가치 방정식의 4가지 요소에 대해 살펴보자.

• 결과물(results) : 의료서비스의 결과물이란 정확한 진단이나 치료효과를 말한다. 사실 고객이 구매하는 것은 제품이나 서비스 자체가 아니라 그것의 이용이 가져다주는 결과물이다.

• 프로세스 품질(process quality) : 서비스는 제품과 달리 현장에서 생산과 동시에 소비되며 이 과정에서 고객과의 상호작용이 일어난다. 따라서 서비스가 제공되는 프로세스의 품질 또한 매우 중요하다. 몇몇 연구조사에 의하면 의료소송의

절반 이상이 의료의 결과물(치료성과나 부작용 등)과는 관련이 없었다고 한다. 병원 내의 대기시간이나 접점직원의 친절도 등은 프로세스 품질의 일부이다. 그러나 프로세스품질에 너무 집착한 나머지 결과물의 품질을 망각하거나 소홀히 해서는 안 된다. 좋은 서비스가 '환한 미소'나 '친절한 응대'라고 생각하는 것은 서비스에 대한 시야가 극히 좁기 때문이다. 일본 데밍상의 인기가 드높던 시절 외국 기업으로는 처음으로 이 상을 수상한 플로리다전력(FPL, Florida Power & Light Company)이 수상 다음해에 전력수요 예측의 부실로 대규모 정전사고를 발생시킨 것도 별반 다를 게 없다. 아무리 프로세스품질이 좋아도 결과가 나쁘면 소용이 없다.

- 가격 및 접근비용(access costs) : 보통 가격 대비 효용을 가치라고 생각하나 고객이 지불하는 가격뿐 아니라 서비스를 이용하기 위해 얼마나 많은 노력이 요구되는지를 함께 고려해야 한다. 예를 들어 서비스시설의 입지, 서비스시간, 방문서비스, 원격서비스 등은 모두 접근비용과 관계된다. 접근비용을 낮추기 위한 가격 인상이 정당화되는 경우도 적지 않다.

③ 고객 평생가치(3R)

서비스-수익 체인에서는 고객이 지갑을 여는 순간의 이익이 아니라 그 고객이 기업에게 주는 '평생가치(lifetime value)'에 주목하라고 한다. 충성고객이 기업에 주는 평생가치는 다음 3가지 관점에서 설명될 수 있다.

- 고객 유지(retention) : 반복구매에 따른 매출증가
- 반복 비즈니스(repeat business) : 상향판매, 교차판매 등의 연관판매(related sales)를 통한 매출 기반 확대
- 추천(referrals) : 호의적 구전을 통한 신규고객의 확보

이상의 3가지 요소의 영문 첫 글자를 따서 보통 '3R'이라고 부른다.

④ 만족거울

"서비스를 제공하는 직원이 직무에 만족하면 고객 서비스가 좋아지고, 그에 따라 고객도 만족한다"는 믿음을 '만족거울(satisfaction mirror)'이라고 한다. 즉, 다시 말해 서비스 직원의 직무만족이 고객만족에 반사(투영)된다는 것이다.

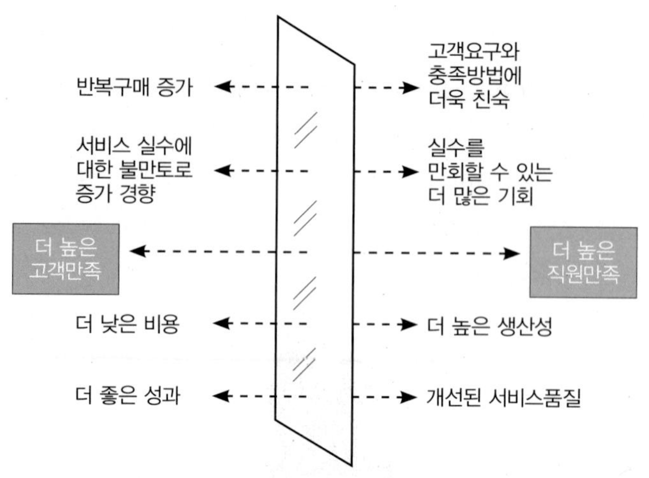

〈그림 24.11〉 만족거울(Heskett, et. al, 1997)

〈그림 24.11〉에 나타낸 것처럼 직원이 고객요구의 충족방법에 친숙해지면 고객의 반복 구매가 증가하고, 서비스 실수를 만회할 수 있는 기회가 많아지면 서비스 실수에 대한 고객의 불만 토로가 증가하는 경향을 보이며, 직원의 높은 생산성은 고객의 비용을 절감시키며, 서비스품질의 개선은 더 좋은 고객성과로 나타난다는 것이다. 디즈니의 사내 교육기관인 디즈니대학(Disney University)에서 "행복한 직원이 행복한 쇼를 만든다"고 하는 것도 이 때문이다.

24.2 고객만족경영의 기본요소

(1) 권한위임

고객만족경영의 출발은 고객중심으로 생각하는 것이다. 헨리 포드는 '만약 성공의 비결이 하나라도 있다면 그것은 상대방의 관점에서 사물을 바라볼 수 있는 능력'이라고 한 바 있다. 바로 역지사지(易地思之)의 능력이다. 테마파크라는 새로운 산업을 개척한 월트 디즈니는 디즈니랜드가 개장하기 전 공사 현장을 여러 번 방문했는데, 종종 쭈그려 앉아서 건물을 올려다보았다고 한다. 아이들의 시선에서 어떻게 보이는지 머릿

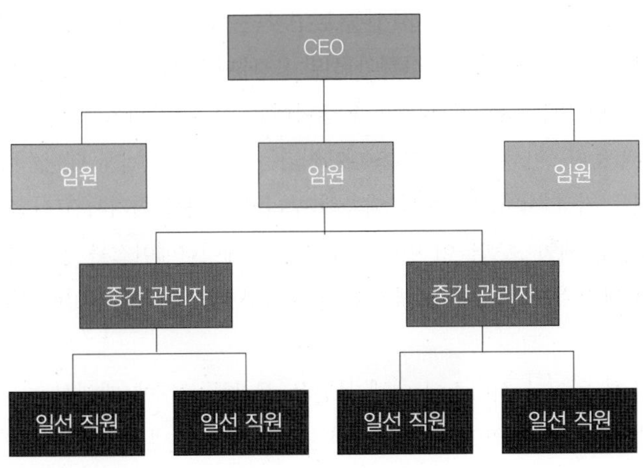

〈그림 24.12〉 피라미드 조직구조

속에 그려보기 위해서였다.

기업의 일반적인 조직구조를 보면 꼭대기에 최고경영자(CEO)가 있고, 그 밑에 고위 간부인 임원, 그 아래에 중간관리자, 제일 밑에 일선 직원들이 배치되어 있다. 〈그림 24.12〉에 나타낸 이러한 조직은 꼭대기의 정점에서부터 아래로 내려갈수록 수적으로 많아지기 때문에 삼각형의 피라미드 모양을 하고 있다.

그러나 이러한 조직이 고객을 최고로 모시겠다는 말은 할 수 있지만 조직 구조도를 보면 고객을 발로 밟고 있는 모양새다. 고객을 진정한 왕으로 모시려면 고객을 바닥에 둘 것이 아니라 맨 위로 모셔야 한다. 그렇게 하려면 〈그림 24.13〉과 같이 피라미드 조직구조의 위아래를 뒤집으면 된다.

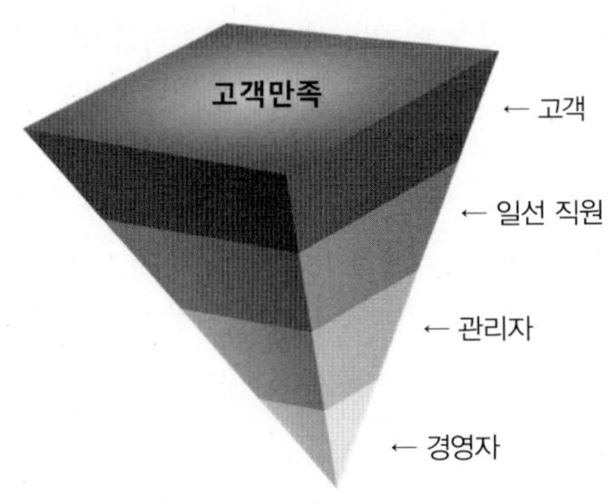

〈그림 24.13〉 역피라미드 조직구조

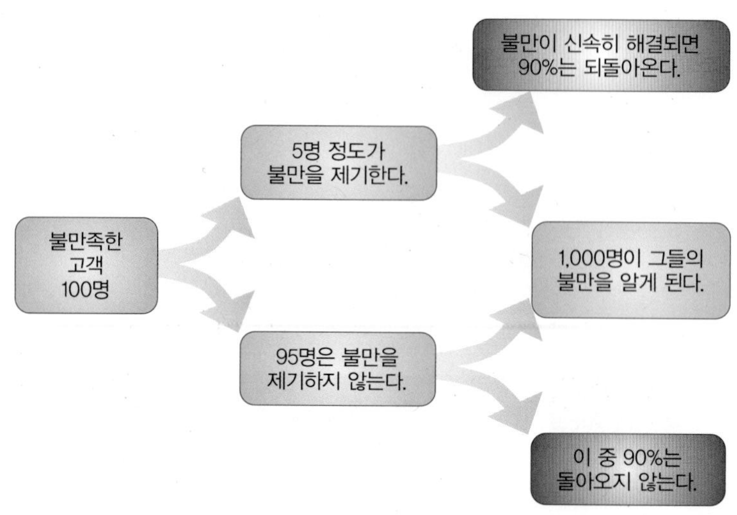

〈그림 24.14〉 불만족한 고객에 주목해야 하는 이유

고객을 최고로 모시려면 고객과 직접 대면하는 일선 직원들이 제대로 일을 할 수 있도록 중간 관리자들이 뒷받침해 줘야 한다. 또한 중간 관리자들이 이러한 역할을 잘 할 수 있도록 경영진이 후견인 역할을 해야 한다. 이것이 역피라미드 조직의 기본적 발상이다. 조직 구조도만 거꾸로 그린다고 무엇이 달라질 수 있을까? 역피라미드 조직구조의 취지를 살리려면 일선 직원들에게 고객만족 활동에 필요한 권한을 위임하여 합리적인 범위 내에서 재량권을 주어야 한다. 특히 고객불만을 현장에서 해결할 수 있는 재량권이 중요하다.

〈그림 24.14〉에 나타난 바와 같이 불만족한 고객이라도 불만이 신속히 해결되면 90%는 되돌아온다. 그러나 접수된 고객불만을 상부에 보고하여 처리 지침을 받은 후 조처에 나서면 신속한 해결이 불가능하다. 신속한 불만 처리를 위해서는 현장에서 바로 해결할 수 있도록 일선 직원들에게 재량권을 주어야 한다.

일례로 리츠칼튼호텔에서는 고객불만을 즉석에서 해결할 수 있도록 직급에 상관없이 모든 직원들에게 2천 달러 한도 내에서 상부의 결재 없이 예산을 집행할 수 있도록 재량권을 부여하고 있다. 이를테면 객실 서비스에 실수가 있었다면 객실 담당자는 자신의 판단에 따라 고객에게 포도주나 과일 바구니를 선물할 수도 있고 무료 식사권을 제공할 수도 있는 것이다.

역피라미드 조직의 개념을 창안한 노드스트롬 백화점은 미국에서 가장 짧은 직원 복무규정을 가진 기업으로 알려져 있다. 그 규정은 다음과 같다.

"제1조: 어떠한 상황에서도 당신의 현명한 판단에 따라 주십시오. 그 외의 다른 규정은 없습니다."

이것의 의미는 직원들에게 고객 응대에 대한 재량권을 전적으로 위임한다는 것이다.

(2) 선행형 고객만족시스템

〈그림 24.14〉를 다시 보자. 고객불만이 신속히 해결되면 대부분이 되돌아오지만 문제는 불만족한 고객 중 95%는 그 불만을 말해주지 않는다는 것이다. 불만이 있는 고객 중 50% 정도는 아무에게도 불만을 말하지 않으며, 45% 정도는 현장에서 일선 직원들에게 불만을 표출하지만 별도로 이의를 제기하지 않는다. 따라서 공식적으로 접수되는 불만은 전체의 5% 정도에 지나지 않는다.

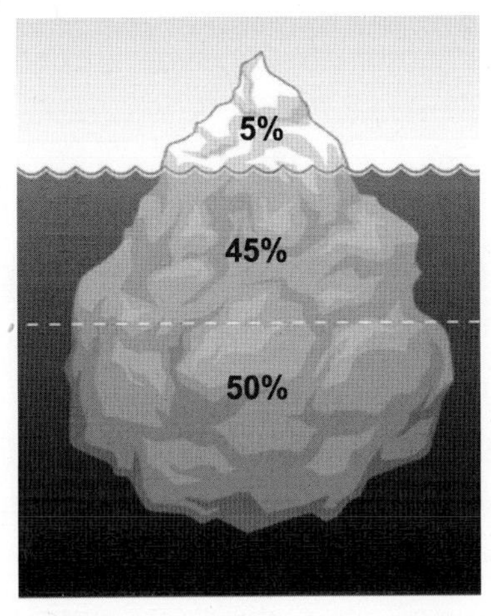

〈그림 24.15〉 빙산의 일각 현상(Goodman, 2006)

고객불만이 드러나지 않는 주된 이유는 다음과 같다.

- 불만을 제기하는 것이 번잡할 뿐 아니라 말다툼하기 싫다.
- 불만을 제기해 봐야 아무런 소용이 없다.
- 불만을 전달할 수 있는 마땅한 방법이 없다.

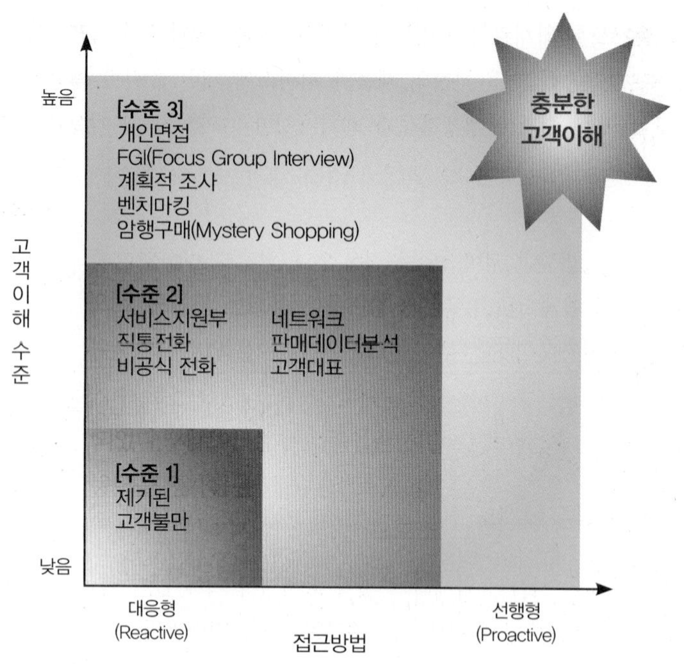

〈그림 24.16〉 고객의 요구를 이해하기 위한 방법(Tenner and DeToro, 1992)

신속한 불만해결을 위해 아무리 노력한다고 하더라도 이를 말해주지 않는 95%의 고객은 여전히 관리의 사각(死角)지대에 머무르게 된다. 따라서 신속한 불만해결보다 더욱 중요한 것은 고객이 불만을 말해주지 않더라도 잠재된 불만을 찾아내어 미리 해결하는 '선행형' 시스템의 구축이다.

고객만족을 위한 접근방법은 크게 둘로 나눌 수 있다. 하나는 고객이 불만을 제기하면 해결하겠다는 '대응형(reactive)' 접근이고 다른 하나는 고객이 불만을 토로하기 전에 미리 해결하려는 '선행형(proactive)' 접근이다.

고객상담실이나 민원실의 운영, 고객이 불만을 쉽게 토로할 수 있는 직통전화의 개설 등은 본질적으로 먼저 불만을 알려주면 해결해 주겠다는 대응형 방법인데 반해 고객만족경영 전문가가 고객을 가장하여 서비스를 경험하면서 불만을 야기할 수 있는 잠재적 문제를 미리 찾아내는 암행구매(mystery shopping)나 공식적인 설문조사를 통해 알아내기 어려운 고객의 숨은 욕구를 찾아내기 위해 소집단을 대상으로 자연스러운 분위기에서 심층면접을 진행하는 포커스그룹 인터뷰(FGI, focus group interview)는 대표적인 선행형 방법이다.

선행형 고객만족시스템의 예로 널리 알려진 것은 리츠칼튼호텔의 '고객인지 프로그램(customer recognition program)'이다. 이번 장 [부록 1]에는 이에 대한 자세한 설명이 있다. 다음은 이와 유사한 프로그램을 운영하고 있는 대전 선병원을 소개한 기사 중 일부이다(장일현, 2013).

대전 시내와 유성에 흩어져 있는 병원 건물을 모두 합해야 900병상에 불과하고 수도권에서도 꽤 먼 거리에 있지만 이 병원의 내공은 전 세계 병원업계에서 연구 대상이다. 지금까지 벤치마킹을 위해 이 병원을 다녀간 국내 종합병원이 100개가 넘는다. 지난해 서울대병원과 삼성의료원도 두 차례나 이 병원을 방문했다. 해외에서도 발길이 이어진다. 작년 한 해에만 일본·중국·러시아·베트남·태국·인도·몽골 등 해외 20개국의 병원과 기관이 병원 경영을 배우러 왔다. 병원 업무에 지장을 받을 정도가 되자 아예 방문 가능한 날을 월 1회, 마지막 주 금요일로 제한했다.

중국과 베트남에선 함께 일해 보자며 러브콜을 보내고 있다. 외국 병원들은 "건물 짓고 장비 사는 일은 우리가 할 테니, 그리고 충분한 비용을 지불할 테니 병원을 운영하는 시스템과 서비스 정신을 전수해 달라"며 손을 내밀고 있다. 로열티를 받고 '병원 운영 노하우'를 수출하는 개념인 것이다.

무엇이 지방의 한 병원을 이토록 '작지만 강한' 존재로 만든 것일까. 선승훈 원장은 "무엇보다 디테일에 대한 집요함, 그리고 끊임없이 메모하고 매뉴얼화한 결과인 것 같다"고 말했다.

이 병원의 모든 간호사는 주머니에 손바닥만 한 수첩과 볼펜을 갖고 다닌다. 전쟁터에 나간 군인에게 소총이 그렇듯이 이 병원 간호사들에겐 이 수첩이 비장의 '개인화기'이다. 환자가 입원을 하거나 뭔가 좋은 점, 나쁜 점을 말할 때면 간호사들은 어김없이 이 수첩을 꺼내 들고 받아 적는다. 이런 식으로 수첩에는 환자에 대한 모든 것이 적힌다. 'A환자는 높은 베개를 싫어함', 'B환자는 목소리가 작은 편이라 귀를 기울여 들어야 함', 'C환자는 음식을 짜지 않게 해달라는 요구가 있음' 등이다. '인공관절 수술 때문에 입원한 D환자는 혈당이 높음. 당뇨를 체크할 필요가 있음'처럼 환자가 갖고 있는 잠재 질환에 대한 내용도 담긴다.

간호사들은 수첩에 적은 새로운 내용을 곧바로 컴퓨터에 입력한다. 간호사 개개인의 서비스를 조직 차원에서 체계적으로 관리하는 것이다. 선 원장은 "간호사들이 수첩에 적은 '환자의 모든 것'은 의료 기록과 함께 우리 병원의 가장 소중한 보물"이라고 말했다. 환자가 이 병원을 다시 찾을 때면 이 자료를 총동원, 마치 오래전부터 알고 있

는 고객처럼 환자에게 최상의 '맞춤' 서비스를 제공한다는 것이다.

(3) MOT 관리

고객만족경영에서 'MOT(moment of truth)'는 통상 '진실의 순간'이라고 번역되나 의미상 이것은 옳지 않다. 이 용어는 원래 투우에서 나온 것으로 '투우사가 투우의 숨통을 끊기 위해 성난 소의 등에 칼을 깊숙이 내리꽂으려는 순간'을 말한다. 이 순간에 실수를 하면 투우사의 생명이 위험하므로 '작은 실수도 용납되지 않는 매우 중요한 순간'이라는 의미를 내포하고 있다. 따라서 '진실의 순간'보다는 '결정적 순간'이라고 번역하는 것이 좋다. [참고: MOT를 서비스 접점(service encounter)이라고도 한다.]

MOT라는 용어를 경영분야에 널리 전파한 사람은 스칸디나비아항공(SAS)의 CEO였던 얀 칼슨(Jan Carlzon)이다. 그는 MOT를 '고객에게 어떤 인상을 심어줄 수 있는 고객과 조직의 접점이나 상호작용'이라고 보았다. 따라서 MOT는 대면 접촉만을 의미하지 않는다. 서비스 직원의 단아한 복장이나 깨끗한 서비스 시설 등도 MOT가 될 수 있다. 항공서비스를 예로 들면 〈그림 24.17〉과 같은 MOT가 있을 수 있다. 고객이 서비스 조직의 어느 일면과 접하는 순간순간 좋은 인상을 계속 받으면 단골고객으로 남게 된다는 것이 얀 칼슨의 생각이었다.

MOT가 중요한 이유 중 하나는 이른바 '곱셈의 법칙'이 적용되기 때문이다. 즉, 여러 개의 MOT 중 어느 하나만 나빠도 고객이 실망한다는 것이다. 따라서 고객들에게 매 순간 좋은 이미지를 주려면 MOT를 정의하고 관리해야 한다. 모든 MOT들의 중요도가 동일한 것은 아니므로 중요한 MOT를 정의하고 이 순간에 실수하지 않도록 서비스표준을 정하여 실천하자는 것이 MOT 관리의 핵심이다.

재일교포인 유봉식 회장이 일본 교토에 설립한 MK택시의 운전기사들의 서비스표준은 다음과 같다.

- "고맙습니다"라는 승차 인사
- "저는 MK택시의 OOO입니다"라는 자기 소개
- "어디까지 가십니까? XXX까지 가시는군요"라는 행선지 확인
- "감사합니다. 잊은 물건은 없습니까?"라는 하차 인사

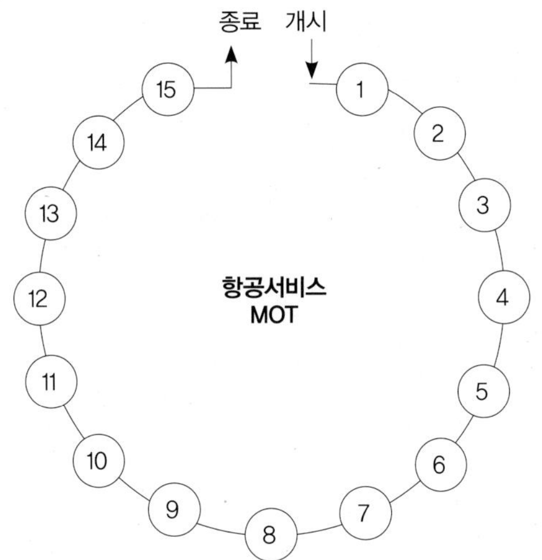

① 정보를 얻기 위해 전화했을 때
② 예약 전화를 했을 때
③ 공항 카운터에 다가갔을 때
④ 탑승권 발매 대기 중일 때
⑤ 탑승권 판매직원과 대면했을 때
⑥ 요금을 지불하고 탑승권을 받을 때
⑦ 출발입구를 찾고 있을 때
⑧ 보안검사대를 통과할 때
⑨ 라운지에서 출발 대기 중일 때
⑩ 티켓을 건네고 탑승할 때
⑪ 탑승 시 승무원의 환영을 받을 때
⑫ 좌석을 찾고 있을 때
⑬ 기내 서비스를 받을 때
⑭ 도착하여 항공기에서 내릴 때
⑮ 수하물 수취대를 찾을 때

〈그림 24.17〉 항공서비스의 MOT 예

이와 같이 중요한 MOT에 대해 서비스표준을 개발하고 직원 모두가 이를 실천하면 대량 서비스의 품질수준을 일관되게 유지할 수 있다. 다음에 설명할 MOT차트와 MOT사이클차트는 MOT관리에 쉽게 적용할 수 있는 도구들이다.

① MOT차트

이 차트는 〈표 24.3〉에 나타낸 것과 같은 간단한 도표이다. 차트의 중앙에는 MOT에 대한 고객의 표준적인 기대를, 오른쪽에는 불만족스럽게 만드는 마이너스 요인을, 왼쪽에는 고객에게 좋은 인상을 심어줄 수 있는 플러스 요인을 적는다. 이 차트를 이용하면 각 MOT별로 어떻게 고객응대를 해야 할 것인지에 대한 통찰력을 얻을 수 있다.

② MOT사이클차트

서비스 프로세스 과정에 나타나는 일련의 MOT들을 보여주는 시계모양의 도표로서 '서비스사이클차트'라고도 한다. 이 차트는 서비스 전달시스템을 고객의 입장에서 이해하기 위한 방법이다.

일반적으로 종업원들은 자신이 맡고 있는 업무에만 관심을 두고 있으나, 고객은 자신이 경험하는 일련의 과정 전체를 가지고 품질을 평가한다. 예를 들어 건강검진센터

〈표 24.3〉 A/S센터 고객들에 대한 MOT차트의 예

플러스 요인	표준적인 기대치	마이너스 요인
• 담당자가 이야기를 잘 들어 준다. • 담당자가 책임감을 갖고 대해 준다. • 담당자는 내가 처한 상황을 잘 이해하고, 무엇을 해야 할지 알고 있다. • 담당자가 정중히 사과한다. • 급히 처리해야 하는지 묻는다. • 담당자가 나를 알아보고 친근감을 표시한다. • 담당자가 내가 편할 때 수리해 주겠다고 한다. • 담당자가 어떻게 하면 문제를 예방할 수 있는지 설명해 준다.	• 한번의 전화로 해결된다. • 전화로도 쉽게 이야기할 수 있다. • 담당자가 자세하게 설명해 준다. • 전화가 잘 연결된다. • 담당자가 오래 기다리게 하지 않고 대답해 준다. • 담당자가 친절하게 응대한다. • 담당자가 내 문제를 이해할 수 있다. • 담당자가 언제까지 문제를 해결하겠다고 약속한다. • 담당자가 다음에 일어날 일을 설명해 준다.	• 담당자의 설명이 난해하다. • 전화가 잘 연결되지 않는다. • 녹음된 기계음만 듣게 되어 인간적인 기분을 느낄 수 없다. • 상대방의 전화 목소리가 잘 들리지 않는다. • 담당자가 정형화된 질문 목록을 마치 로봇(robot)처럼 읽는다. • 담당자가 서두르면서 제대로 들으려고 하지 않는다. • 서비스에 돈이 들어가기 때문에 들어주지 않는 것 같다. • 담당자가 누구인지도 모르겠다.

의 서비스 전달시스템 내에 근무하고 있는 주차관리요원, 접수담당자, 검사기사, 의사, 수납담당자 등과 같은 서비스제공자들은 각자 자기 위주의 부분적 업무만 생각하고 있으나 고객은 전체 서비스 프로세스를 경험하고 있다.

즉, 고객은 새처럼 높은 데서 한눈에 조감(鳥瞰)하고 있으나, 서비스 담당자는 마치 코끼리의 한쪽 발만을 보고 '코끼리의 형상은 굵은 기둥과 같다'는 식으로 생각하기 쉽다. 이러한 경우 〈그림 24.18〉과 같은 MOT사이클차트를 그려보면 서비스품질을 고객의 입장에서 이해하는 데 도움이 된다.

MOT사이클차트를 〈그림 24.19〉과 같이 변형하면 고객서비스의 어떤 부분에서 잘못될 수 있는지 미리 파악하고 적절한 조처를 취할 수 있다. 이 그림의 안쪽 원주 상에 있는 상자는 일이 순조롭게 진행될 경우의 MOT이고, 바깥에 있는 상자는 그렇지 않을 경우의 MOT를 나타낸다.

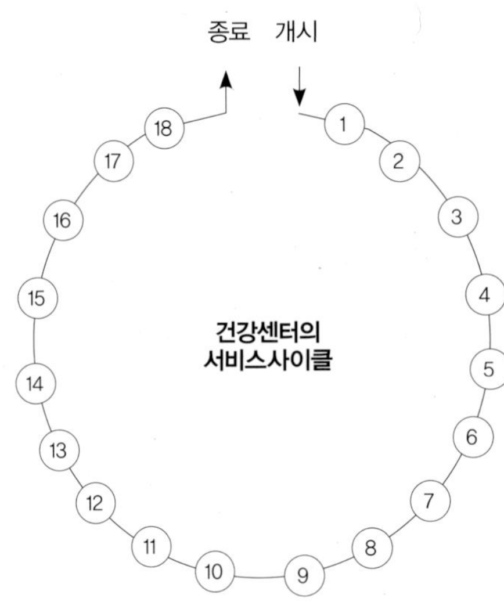

① 예약을 한다.
② 예약시간에 검진센터까지 자동차로 간다.
③ 주차장을 찾아 차를 세운다.
④ 건물 내로 들어가 자신의 위치를 확인한다.
⑤ 안내판에서 목적지를 찾는다.
⑥ 길을 묻는다.
⑦ 목적지로 가기 위해 승강기를 타고 복도를 걸어간다.
⑧ 접수처에 검진신청을 한다.
⑨ 보험증을 제시하고 서류에 기입한다.
⑩ 순서를 기다린다.
⑪ 검사기사와 함께 검사실로 간다.
⑫ 맥박, 혈압, 체온 등을 측정한다.
⑬ 몸의 상태에 관한 질문을 받는다.
⑭ 검진을 받는다.
⑮ 의사의 진단 의견을 듣는다.
⑯ 요금을 지불하고 수속을 마친다.
⑰ 건강센터를 나와 자동차로 돌아간다.
⑱ 주차장을 나온다.

〈그림 24.18〉 건강검진센터에서의 MOT사이클 차트 예

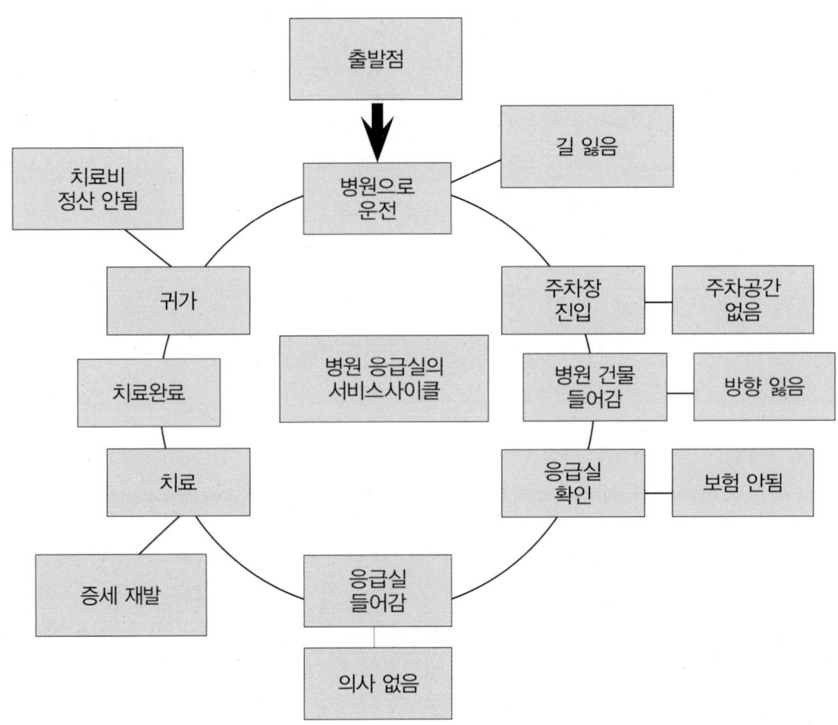

〈그림 24.19〉 병원응급실 이용 시의 MOT사이클차트 예

24.3 서비스품질 및 고객만족의 측정

(1) 페덱스의 서비스품질지수(SQI)

품질수준을 측정하고 평가하는 것이 제조공정에만 적용되는 것이라고 생각하기 쉽지만 서비스품질도 측정하고 관리해야 한다. 페덱스는 1973년 회사 설립 이후 15년 동안 화물택배서비스의 품질척도로서 정시배달률을 사용하였으나, 1988년 6월부터는 소비자들의 품질인식에 영향을 미치는 12개의 요소들을 평가하고 고객들이 생각하는 중요도에 따라 가중치를 부여한 값을 매일매일 측정하였다.

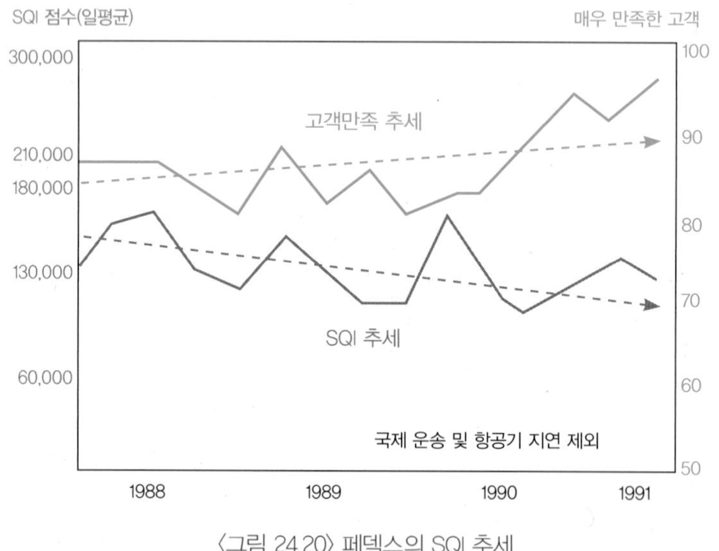

〈그림 24.20〉 페덱스의 SQI 추세

1990년 페덱스는 서비스기업 최초로 말콤 볼드리지 미국품질상을 수상하였는데, 〈그림 24.20〉은 이 무렵 페덱스의 서비스품질지수 추세를 나타낸 것이다. 많은 기업들의 경험에 의하면 측정 자체만으로도 개선이 이루어진다고 하는데 이것은 측정의 중요성을 말해준다. 1994년 6월부터는 페덱스는 12개의 평가항목을 〈표 24.4〉와 같이 9개의 항목으로 축약하여 '서비스품질지수(SQI, Service Quality Index)'를 산출하고 있다.

SQI는 상대적인 불만비율이 아니라 절대적인 불만건수를 기초로 산출되기 때문에,

사업의 규모가 커져서 배송물의 수가 늘어날수록 동일한 SQI 값을 유지하기 위해서는 전체고객 중 불만을 느낀 고객의 비율이 지속적으로 줄어들어야만 한다.

이와 같은 SQI의 측정은 슈퍼트랙커(super tracker)라는 휴대용 컴퓨터시스템의 지원을 받는데 그 운영방식은 다음과 같다. 화물이 다른 사람에게 넘어갈 때마다 종업원들은 작은 휴대용 스캐너를 화물의 바코드 위로 갖다댄다. 스캐너가 읽어들인 정보는 차량에 있는 기기에 입력되고, 여기에 집약된 정보는 800 메가헤르츠의 전파로 가까운 중계소에 전송된다. 중계소로 전송된 정보는 인공위성을 경유하여 멤피스에 있는 중앙 전산센터에 전달된다. 지금은 이러한 시스템이 보편화되었지만 슈퍼트랙커는 직원 모두가 고객을 위해 일한다는 페덱스의 이념에 새로운 생명과 활기를 불어넣었다.

〈표24.4〉 페덱스의 서비스품질지수(SQI)

고객불만요소	설명	가중치 (A)	건수 (B)	요소별 지수 (A×B)
화물분실	화물자체의 분실, 내용물 도난	10		
화물손상	드러나거나 드러나지 않은 손상, 젖은 화물, 날씨 탓으로 인한 손상 모두	10		
배달날짜 지연	배달 약속날짜를 못 지킴	5		
정시인수 실패	약속된 시간에 배송물을 인수하러 가지 못함	3		
추적불능	COSMOS 정보시스템을 통해 배송물의 현위치를 파악할 수 없음	3		
불만재발	제기된 불만이 만족스럽게 해결되지 못해 재차 불만이 제기됨	3		
배달시간 지연	약속된 날짜에 배달하였으나 배달시간 약속을 못 지킴	1		
송장(送狀) 수정 요청	요청의 수용여부에 상관없이 고객의 수정요구 자체를 문제로 파악	1		
고객의 배달 확인 누락	모든 대금청구서에 대해 고객의 확인을 받아야 함	1		
서비스품질 지수(SQI)	—	—	—	SQI (ΣA×B)

(2) 고객 순추천지수(NPS)

'순추천지수(NPS, net promoter score)'는 고객만족도를 측정하는 가장 간편한 방법이다. 이 방법은 베인앤컴퍼니(Bain & Company)의 라이헬트(F.F. Reichheld)가 1993년 「하버드 비즈니스 리뷰」에 발표한 후 널리 알려지게 되었다. 그의 연구에 의하면 고객충성도를 대변하는 가장 좋은 지표는 주변 사람들에게 '추천할 의향'이라는 것이다. 충성도가 매우 높은 고객이 아니고서는 자신의 평판을 걸고 다른 사람들에게 쉽게 추천하기는 어렵다.

NPS를 설명하기 위해 이 책을 예로 들어보자. 독자들에게 "이 책을 친구나 동료들에게 추천하시겠습니까?"라고 물은 후 〈그림 24.21〉에 나타낸 것과 같은 11점 척도에 자신의 생각을 표시해 달라고 요청한다. 이러한 질문에 대한 응답자들의 대답을 모은 후 응답고객을 다음과 같은 세 그룹으로 나눈다.

- 추천 고객(promoters) : 9점이나 10점을 준 고객으로서, 강력한 추천의향을 가진 사람들이다. 시쳇말로 '강추'해 주는 고객을 말한다.
- 소극적 고객(passives) : 7점이나 8점을 준 고객으로서, 강력히 추천할 의향은 없는 사람들을 말한다.
- 비추천 고객(detractors) : 0점에서 6점 사이의 점수를 준 고객으로서, 추천의향이 별로 없는 사람들이다. 시쳇말로 '비추'하는 고객을 말한다.

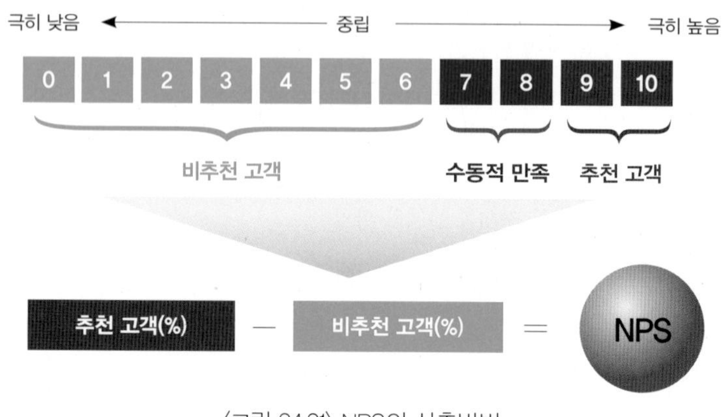

〈그림 24.21〉 NPS의 산출방법

NPS는 전체 고객 중 추천 고객과 비추천 고객의 비율 차이를 말한다. 추천보다 비추천이 많으면 NPS는 마이너스 값이 될 수 있다. 서비스가 일정 수준 이상 만족스럽지 않으면 자기 이름을 걸고 추천하지 않으려 하기 때문에 NPS 조사에서는 좋다는 사람보다 나쁘다는 사람이 더 많은 경우가 흔하다고 한다. 이 때문에 NPS 값이 마이너스 값으로 나오는 경우도 많다고 한다(홍범식, 2014).

NPS의 사용과 관련하여 추천의향이 다른 지표보다 특별히 나을 것이 없다는 의견도 있으며, 11점 척도로 조사한 결과를 세 그룹으로 단순화시키기 때문에 정보 손실이 발생한다는 비판이 있기는 하지만 매우 실용적이고 간편한 방법이기 때문에 이를 사용하는 기업이 많다고 한다.

고객충성도가 특히 중요한 금융기관을 대상으로 조사한 바에 의하면 추천 고객(promoters)의 이탈률은 비추천 고객(detractors)의 3분의 1에 불과하였으며, 추천 고객은 1년 동안 주변 사람들에게 평균적으로 3번 정도 추천하였으나 비추천 고객은 오히려 1.7번 정도 비추천했다고 한다. 또한 NPS가 높은 기업들이 그렇지 않은 기업들에 비해 우수한 경영성과를 지속적으로 내고 있다고 한다(홍종범, 2011).

참고문헌

- 박영택(2005), 「이노베이션 스토리: 혁신에 성공한 기업들이 펼치는 감동의 경영 파노라마」, 네모북스.
- 박영택(2005), 「품질기법 핸드북」, 한국품질재단
- 배정원(2015), "디즈니에선 환경 미화원도 배우… 모든 직원이 매 순간 '쇼'를 하죠", 조선일보, 2월 28일.
- 장일현(2013), "디테일로 승부하는 대전 선병원", 조선일보, 6월 8일.
- 홍범식(2014), "애플·구글도 못 따라오는 드롭박스 완성도… 사용자 추천지수 49%, 압도적 호평", 조선일보, 11월 8일.
- 홍종범(2011), "이 회사는 끝까지 고객편! 좋은 평판 착한 이윤", 동아비즈니스리뷰, No.73, pp.30-49.
- 장일현(2013), "디테일로 승부하는 대전 선병원", 조선일보, 6월 8일.
- AMA Management Briefing(1997), Blueprints for Service Quality: The Federal Express Approach, 3rd Edition, American Management Association.
- Barsky, J. D.(1995), World-Class Customer Satisfaction, Irwin. (김경자 외 2인 역(1998), 「세계 최고의 고객만족」, 시그마프레스.)
- Bounds, G., Yorks, L., Adams, M. and Ranney, G.(1994), Beyond Total Quality Management: Toward The Emerging Paradigm, McGraw-Hill.
- Carlzon, J.(1987), Moments of Truth, HarperCollins Publishers. (김영한 역(1992), 「고객을 순간에 만족시켜라」, 성림.)
- Fryer, B.(2001), "High tech the old-fashioned way," Harvard Business Review, March, pp 118-125.
- Goodman, J.(2006), "Manage complaints to enhance loyalty", Quality Progress, February, pp.28-34.
- Heskett, J.L., Earl Sassar, Jr., W. and Schlesinger, L.A.(1997), The Service Profit Chain, The Free Press. (서비스경영연구회 역(2000), 「서비스 수익모델」, 삼성경제연구소)
- Heskett, J.L., Jones, T.O., Loveman, G.W., Earl Sassar, Jr., W. and Schlesinger, L.A.(2008), "Putting the service-profit chain to work", Harvard Business Review, July-August, pp.118-129.
- Jones, T.O. and Earl Sassar, Jr., W.(1995), "Why satisfied customers defect", Harvard Business Review, November-December, pp88 -91.
- Reichheld, F.F.(2003), "The one number you need to grow", Harvard Business Review, December, pp.46-54.
- Reichheld, F.F.(2006), The Ultimate Question: Driving Good Profits and True Growth, Harvard Business School Press.
- Reichheld, F.F. and Earl Sassar, Jr., W.(1990), "Zero defection: Quality comes to services", Harvard Business Review, September-October, pp.105-111.
- Reichheld, F.F. and Teal, T.(1996), The Loyalty Effect: The Hidden Force Behind Growth, Profits, and Lasting Value, Bain & Company, Inc. (조은정, 김형중(1997), 「로열티 경영」, 세종서적)
- Tenner, A.R. and DeToro, I.J.(1992), Total Quality Management, Addison-Wesley Publishing Company Inc. (신동설 역(1994), 「종합적 품질경영」, 석정)
- Wetherbe, J. C.(1996), The World on Time: The 11 Management Principles That Made FedEx an Overnight Sensation, Knowledge Exchange.

‘호텔의 제왕, 제왕의 호텔’ 리츠칼튼

The Ritz-Carlton®

영국 왕실의 문장(紋章)인 왕관 위에 올라앉은 기품 있는 사자는 ‘호텔의 제왕, 제왕의 호텔’ 리츠칼튼의 로고이다. 1930년대 경제 대공항 시기에도 훗날의 성공과 영광에 대한 염원의 표현으로 텅빈 객실의 불을 밝혀 두었던 리츠칼튼은 최고의 품격을 제공한다는 자존심을 한시도 포기한 적이 없다. 품질경영이란 “조직의 사명을 성취하기 위해 자산과 자원의 유효성을 극대화시키는 것”이라고 믿고 있는 이 호텔의 진면목은 무엇일까?

고품격 호텔체인의 개척자

리츠칼튼 호텔은 100년의 역사를 갖고 있다. 20세기 초 유명한 호텔업자였던 시저 리츠(Ceasar Ritz)는 프랑스 파리에 ‘호텔 리츠’와 영국 런던에 ‘칼튼 호텔’을 운영하고 있었는데, 그는 당시 ‘호텔업자의 왕이자 왕들을 위한 호텔업자’로 지칭될 만큼 명성이 있었다. 1918년 시저 리츠가 사망하자 그의 부인이었던 마리(Marie)가 호텔경영을 맡아서 운영하였으나 성공하지 못했다. 그 후 보스턴의 부동산 개발업자였던 위너(E. N. Wyner)가 리츠칼튼이라는 상호 사용권을 얻어 1927년 5월 19일 리츠칼튼 보스턴 호텔을 개관하였다. 시저 리츠의 철학을 이어받은 위너는 부호(富豪)들을 위한 최고급 호텔을 지향하였다. 리츠칼튼이 추구하는 ‘고품격’ 철학이 격식을 중요시하던 당시 미국 동부의 분위기와 결합되면서 이 호텔은 매우 엄격한 방식으로 운영되었다. 정장을 하지 않은 손님은 받지도 않았으며, 여자 혼자서는 호텔 식당에 들어갈 수 없었다. 1970년까지만 해도 여자 혼자서는 호텔 바(bar)에 출입할 수 없었다. 1961년 위너가 사망하자 호텔 운영권이 다른 사람에게 넘어갔으나, 1983년 조지아 주 애틀랜타의 존슨 부동산회사(W. B. Johnson Properties, Inc.)가 이를 인수하면서 큰 변화를 하게 된다.

호텔 인수 후 존슨 부동산 회사는 부유한 개인여행자, 기업 중역들의 업무출장, 각종 모임 기획사들의 요구에 부응하는 미국 최초의 고품격 호텔그룹으로 성장한다는 전략적 목표를 결정하였다. 그때까지만 해도 체인화된 고급호텔이 없었다. 소규모의 비즈니스호텔들이 제공하는 서비스는 기업이나 각종 단체의 모임에는 부적당하였으며, 일부 호텔그룹이 여러 지역에 체인을 두고 있었으나 최상급 고객들의 요구에 부응하는 수준은 아니었다. 또한 지리적, 역사적, 문화적 또는 예술적인 측면에서 상당한 명성을 얻고 있는 고급호텔들이 있었으나, 이들은 모두 상호 독립적으로 운영되고 있었다. 이러한 현실을 고객의 입장에서 봄으로써 리츠칼튼은 사업의 기회를 발견할 수 있었다.

호텔 서비스는 직접적인 대인접촉의 강도가 매우 높기 때문에 고급호텔이라 할지라도 서비스 수준의 산포가 크다. 따라서 새로운 호텔을 정하고자 할 경우 호텔이 제공하는 유·무형의 제품과 서비스에 대한 불확실성 때문에 고객들은 어려움을 느낀다. 높은 수준의 서비스를 일관성 있게 제공해 줄 수 있는 단일 공급자가 있다면 고객의 선택은 쉬워질 것이다. 이러한 점에 착안한 것이 “미국 최초의 고품격 호텔 체인이 된다”는 리츠칼튼의 전략적 목표였다. 이러한 전략적 목표를 성취하기 위해서는 품질로 승부한다는 분명한 결단이 필요하였다. “리츠칼튼은 호텔업계에서 품질과 시장의 세계적 선도자로 인정받을 것이다”라고 시작되는 사명 기술서에는 품질에 대한 리츠칼튼의 결단이 구체적으로 기술되어 있다. 현재 이 호텔의 경영진은 자기 시간의 4분의 1을 품질에 관련된 업무를 수행하는데 사용하고 있다.

1983년 존슨 부동산 회사가 인수할 당시 보스턴에 소재한 1개의 호텔로 출발하였으나, 10년 만에 30개의 호텔 체인으로 급성장하였으며, 현재는 30개국에서 모두 91개의 호텔이 운영되고 있다. 미국, 한국, 일본, 싱가포르, 홍콩, 호주, 멕시코, 스페인, 캐나다 등에 있는 리츠칼튼 호텔 체인에는 현재 약 4만 명의 종업원이 근무하고 있다.

고객인지 프로그램

리츠칼튼 호텔은 모든 고객에게 규격화된 획일적 서비스를 제공하는 것이 아니라, 고도로 차별화된 개별적 서비스(personalized service)를 제공하는 것으로 유명하다. 외부 전문조사 기관이 발표한 바에 따르면 이 호텔을 찾은 고객의 95%정도가 “추억에 남을만한 방문” 이었다는 강한 인상을 받고 호텔을 떠나게 된다고 한다. 리츠칼튼이 제공하는 고도의 개별적 서비스를 가능하게 해 주는 것은 ‘고객인지 프로그램(customer recognition program)’이라고 불리는 고객정보시스템인데, 정보기술을 이용한 이러한 서비스혁신은 하버드경영대학원의 교육과정에도 포함되어 있다.

리츠칼튼의 모든 체인점에는 한두 명의 고객 코디네이터(guest recognition coordinator)

가 근무하고 있는데, 이들의 주요업무는 자기 호텔에 머무르는 고객의 개인적 취향에 대해 조사하고 고객별로 차별화된 서비스의 제공을 위해 이를 활용하는 일이다. 예약고객의 명단이 입수되면 고객 코디네이터는 고객과 리츠칼튼 체인 호텔 사이에서 일어났던 일을 저장해 놓은 고객이력 데이터베이스에 접속한다. 이 데이터베이스는 1992년부터 구축되었기 때문에 지금은 100만 명에 가까운 고객의 이력과 개인적 취향에 관한 정보가 들어있다. 이 기간 동안 고객유지율이 25%나 증가하였는데, 이것이 리츠칼튼의 수익성에 상당한 공헌을 하였다는 것은 두말할 필요가 없다. 「하버드 비즈니스 리뷰」지에 발표된 한 논문에 의하면 고객이탈률을 5% 줄이면 기업의 순이익이 업종에 따라 25%에서 85%까지 증가한다고 한다.

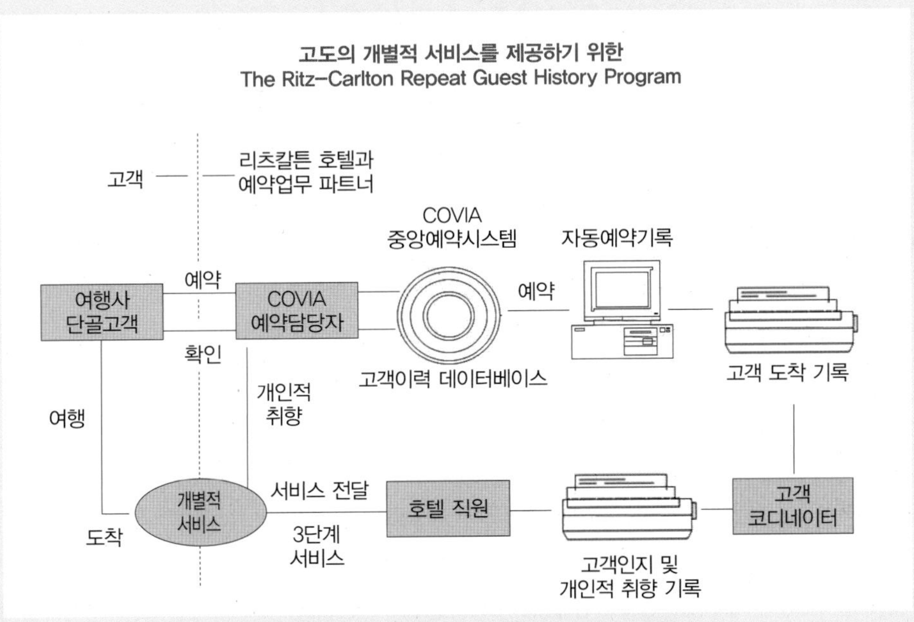

〈그림 1〉 리츠칼튼 호텔의 고객이력 프로그램

고객 코디네이터가 일하는 방식을 살펴보자. 그들은 매일 아침 호텔 내의 간부회의에 참석하여 지배인, 객실 관리자, 식음료부 관리자 및 기타 관계자들에게 당일에 투숙할 고객에 대해 자기가 입수한 모든 정보를 제공한다. 예를 들어 투숙예정 고객이 과거에 체인 내의 어떤 호텔에 투숙하였을 때 아침 일찍 특정 신문을 넣어달라고 부탁한 적이 있다면, 별도의 요청이 없더라도 이 손님이 머무르는 객실에는 그 신문이 새벽에 배달된다. 마찬가지로 캔디나 초콜렛을 좋아하는 고객이라면 이들을 작은 상자에 담아 미리 객실에 갖다 놓는다.

직원들이 근무 중에 관찰한 사실도 고객정보를 보충하는데 이용된다. 모든 직원들은 항상 고객취향첩(guest preference pad)이라는 작은 수첩을 갖고 다니는데, 고객 서비스 향상에 도움이 될 가능성이 있다고 생각되는 사실을 발견하는 즉시 여기에다가 기록한다. 예를 들어 청소부가 객실 정리를 하다가 테니스 라켓과 신발 및 테니스 잡지가 방 안에 있는 것을 보았다면 "301호실에 투숙한 버틀러 씨가 테니스를 좋아하는 것 같다"라고 기록한 뒤, 이를 고객 코디네이터에게 전해 준다. 이를 전달받은 코디네이터는 해당 직원에게 테니스장 개방시간과 고객에게 도움이 되는 기타 서비스 정보를 제공해 주라고 주의를 환기시킨 다음 이 정보를 데이터베이스에 입력한다. 체인 호텔들이 이러한 고객정보 데이터베이스를 공유하고 있기 때문에, 이 고객이 어느 곳에 있는 리츠칼튼 호텔에 다시 투숙하게 되더라도 동일한 서비스를 제공받을 수 있다.

호텔 내의 특정한 일이나 서비스에 대해 불만을 제기한 고객에 대해서는 특별히 신경을 쓴다. 예를 들어 어떤 고객이 무엇인가에 대해 불평하거나 화를 낼 경우, 이 고객을 상대한 직원은 사건의 경위와 고객의 불만원인 및 이를 해결하기 위해 자신이 무엇을 어떻게 조처했는지에 대해 기록용지에 상세히 기입한다. 이 정보를 활용하면 같은 고객에게 동일한 실수가 재발되는 것을 방지할 수 있다. 예를 들어 애틀랜타에 있는 호텔에서 불만을 토로하였던 고객이 캔자스에 있는 체인 호텔에 숙박예약을 했다면, 캔자스의 코디네이터는 고객이력 데이터베이스를 통해 이 사실을 알 수 있다. 또한 그는 상황을 보다 상세히 알기 위해 애틀랜타에 전화를 걸어 사실을 확인하고, 자기 호텔의 직원들에게 이 고객에 대해 보다 각별한 주의를 기울여 줄 것을 미리 당부한다.

개인별 특성을 고려한 종업원 선발

종업원 한 사람 한 사람의 말투와 행동이 서비스 품질과 직결되기 때문에, 리츠칼튼 호텔은 일찍부터 종업원 선발을 매우 중요하게 생각하였다. 최초의 종업원 선발방법은 고객과 종업원이 만나는 가상적 상황에 대한 시연(試演) 시뮬레이션이었다. 입사 후보자들을 비공식적인 편안한 자리에 초청하여, 고객을 만났을 때 어떻게 대응하는지를 평가할 수 있는 가상적 상황을 만들어 주고 호텔 내의 간부들이 후보자들의 접객능력을 평가하였다. 기본적인 평가기준으로는 오늘날도 많이 쓰이고 있는 다음 6가지 항목이 사용되었다

- 눈 맞추기
- 미소
- 인사
- 어조(語調)
- 어휘구사력
- (낯선 사람에게까지) 마음속에서 우러난 관심

체인 호텔들이 순조롭게 개관하여 업무가 안정되고 나면 성과측정에 착수하였다. 외부 전문기관을 통해 호텔이 제공하는 유·무형의 제품과 서비스에 대한 품질과 내·외부 고객의 만족도를 조사하고, 그 결과를 최고의 경쟁자들과 벤치마킹한 결과 다음과 같은 3가지 결론을 얻을 수 있었다.

- 자사가 제공하는 제품과 서비스의 품질은 업계 최고로 나타났다.
- 고객만족도 역시 업계 최고수준이었다.
- 종업원의 연간 이직률이 80%로서 업계에서는 가장 낮은 편이었다. [참고: 일반적으로 호텔업에 있어서 종업원 이직률은 상당히 높은 것으로 알려져 있다.] 그러나 이직률이 80%라면 이로 인해 조사대상이 된 5개의 호텔 체인에 초래되는 연간손실이 무려 4백만 달러나 되는 것으로 추정되었다.

이직률을 낮추는 것이 시급한 과제라는 것이 밝혀지자 지체 없이 이 문제의 해결을 위한 연구에 착수하였다. 이직의 주된 원인으로는 종업원 선발, 경력관리, 보상 및 인정시스템, 직무이해도, 종업원 참여도, 직무환경 등이 생각될 수 있으나, 최초에 올바른 사람을 선발하는 것이 무엇보다 중요하다는 결론을 얻었다.

리츠칼튼 호텔이 새로이 생각해 낸 종업원 선발방법은 '개인별 특성을 고려한 충원(character trait recruiting)' 방식이었다. 한 직무를 오랫동안 계속 맡아 온 직원들 중 최고의 성과를 내고 있는 직원들을 대상으로, 그들의 어떠한 행동특성이 탁월한 직무수행과 연관이 있는지 조사하였다. 이러한 정보를 토대로 종업원들의 기질과 특성이 특정 직무에 적합한가를 판단할 수 있는 조직적 인터뷰 방법을 개발하였다. 피면접자의 과거 행동특성을 파악할 수 있도록 설계된 질문을 통하여, 그 사람의 미래 행동을 보다 정확히 예측할 수 있게 되었다. 이러한 체계적 프로세스를 이용함으로써 성공가능성이 가장 높은 후보자를 선발하는 것이 가능하게 되었다.

플로리다에 있는 네이플즈(Naples) 호텔의 신입사원 선발에 이 프로세스를 시험적으로 적용하였다. 그 후 3년 동안 지켜본 결과 이런 방식으로 채용된 사람들의 이직률이 현저하게 낮은 것으로 판명되었다. 네이플즈 호텔의 이직률이 3년 만에 89%에서 39%로 줄어들었다.

새로운 종업원 선발방법을 호텔 체인에 확대 적용한 결과 80%에 달하던 이직률이 3년 만에 45%로 떨어졌다. 이 기간 동안 16개의 체인 호텔을 새로이 개관한 것을 감안한다면 이것은 대단한 성공이었다. 새로 영업을 시작한 호텔의 이직률이 매우 높은 것이 종래의 보편적 현상이었으나, 리츠칼튼 호텔은 개인별 특성을 고려한 충원방식을 개발함으로써 높은 이직률 문제를 해결한 것이다. 그 성과를 돈으로 환산하면 약 1,250만 달러의 낭비절감이 실현된 것으로 추정되었다.

이러한 큰 성과에 만족하지 않고 리츠칼튼 호텔은 향후 3년 동안 이직률을 또 다시 절반으로 줄여 20~25%로 낮춘다는 새로운 목표를 정했다. 최선의 종업원 선발방법에 대해 지속적으로 연구한 결과 더욱 우수한 종업원 선발 프로세스를 고안할 수 있었다. 새로운 선발 프로세스는 동종업계 내에 축적된 20여 년 동안의 데이터를 기반으로 설계되었는데, 이를 통해 특정 직무에 재능이 있는 종업원들을 선발하여 적재적소에 배치하는 것이 가능해졌다.

서비스업에 적성이 맞는 종업원들을 선발하기 위해 리츠칼튼 호텔은 미네소타 주에 있는 네브래스카 대학과 공동으로 종업원 선발용 설문지를 개발하였다. 52개의 항목으로 구성된 이 설문지를 보고 싶어 하는 다른 기업들이 많이 있으나 이는 현재 대외비로 되어 있다. 각자의 재능을 가장 잘 발휘할 수 있는 곳에 근무시킨다는 것 자체가 종업원의 입장에서는 가장 큰 내적 동기부여 요인이 되었다. 새로이 설계된 종업원 선발 프로세스의 핵심은 다음과 같은 11가지 영역에 대한 잠재능력을 평가하는 것이다:

- 직업윤리(work ethic)
- 협동정신(team spirit)
- 정확성(exactness)
- 적극적 태도(positive attitude)
- 학습의욕(learner)
- 공감성(empathy, 易地思之의 이해심)
- 배려심(caring)
- 서비스(service)
- 자존심(self-esteem)
- 설득력(persuasion)
- 관계확대능력(relationship extension)

아무리 좋은 방법이라도 완벽할 수는 없기 때문에 종업원들이 중도 퇴직할 때에는 집중적인 인터뷰를 실시한다. 인터뷰 결과와 재직 시의 각종 데이터를 참고로 하여 종업원 채용 프로세스에 더 개선할 점이 없는지 분기별로 검토한다. 이러한 방식으로 종업원의 선발방법을 지속적으로 개선하고 있기 때문에 높은 수준의 서비스품질을 유지하고 양질의 인력을 지속적으로 공급하는 것이 가능하다.

황금표준(The Gold Standards)

고객서비스 수준을 획기적으로 높인다는 원칙을 정한 리츠칼튼 호텔은 그들의 철학을 '황금표준'이라는 일군의 핵심가치로 집약하였다. 이 황금표준은 사훈, 신조, 3단계 서비스, 20가지 기본지침으로 구성되어 있다. 이 호텔 직원들은 모두 이 황금표준이 인쇄된 작은 카드를 항상 지니고 다니면서 이를 실천하고자 다짐하고 노력한다.

〈표 1〉 리츠칼튼 호텔의 신조, 사훈 및 3단계 서비스

THE RITZ-CARLTON 신조	 THE RITZ-CARLTON 사훈	THE RITZ-CARLTON 3단계 서비스
리츠칼튼 호텔은 고객을 진심으로 돌보고 편안하게 모시는 것을 최고의 임무로 삼는다. 우리는 항상 따뜻하고 편안하면서도 세심한 분위기를 원하는 고객들에게 세련된 개인적 서비스와 시설을 제공할 것을 약속한다. 리츠칼튼 호텔은 고객이 말해주지 않는 요구와 소망까지도 찾아내어 충족시킨다.	"우리는 신사 숙녀를 모시는 신사 숙녀이다"	1. 따뜻하고 진실하게 인사하고, 가능한 한 손님의 이름을 불러라. 2. 고객의 요구를 미리 예견하고 그러한 요구에 부응하라. 3. 작별인사는 다정하게 하라. 가능한 한 손님의 이름을 부르면서 따뜻한 작별인사를 나누라.

"우리는 신사 숙녀를 모시는 신사 숙녀이다"라는 사훈은 당당하면서도 오만하지 않은 리츠칼튼의 자존심 선언이다. 이것은 진정한 서비스는 자존심의 발로(發露)라는 것을 잘 함축하고 있다. 리츠칼튼의 20가지 기본지침에는 사원들의 행동강령이 담겨 있는데 다음과 같은 내용들이 포함되어 있다.

- 고객의 불편을 접수한 직원은 자신의 업무영역이 아니더라도 직접 책임지고 조처한다. 또한 그러한 조처에 고객이 만족하고 있는지 20분 내에 전화로 확인한다.
- 손님이 찾고자 하는 장소를 문의하면 방향만 가리키지 말고 직접 안내한다.
- 전화는 벨이 3번 울리기 전에 받아야 하며, 고객의 전화는 가능한 한 다른 사람이나 다른 부서로 넘기지 말고 처음 받은 사람이 고객의 용무가 끝날 때까지 직접 응대한다.

〈표 2〉 리츠칼튼 호텔의 20가지 기본지침

1. 모든 직원은 우리의 신조를 숙지하고 실천한다.
2. 우리의 사훈은 다음과 같다: "우리는 신사 숙녀를 모시는 신사 숙녀이다." 우호적인 업무환경을 조성하기 위해 협동심을 발휘하고 서로 봉사하라.
3. 모든 직원은 3단계 서비스를 실천한다.
4. 모든 직원은 각자가 맡은 업무에서 표준을 실천에 옮길 수 있다는 것을 확실히 하기 위해 훈련과정을 이수해야 한다.
5. 모든 직원은 자기의 업무영역과 전략계획에 포함된 호텔의 목표를 알아야 한다.
6. 모든 직원은 내부고객과 외부고객 (종업원과 고객)이 기대하는 제품과 서비스를 제공할 수 있도록 고객의 요구를 알아야 한다. 그들의 구체적인 요구를 고객취향첩(guest preference pad)에 기록하라.
7. 모든 직원은 호텔 내에 있는 결점(결함)을 끊임없이 찾아내야 한다.
8. 고객의 불만을 접수받은 직원이 그 불평의 해결을 "책임"진다.
9. 고객과는 즉시 화해하라. 문제를 지체없이 시정할 수 있도록 신속히 대처해야 한다. 고객이 만족할 수 있도록 문제가 해결되었는지 20분 내에 전화로 확인하라. 한 사람의 고객이라도 잃지 않도록 할 수 있는 모든 것을 다하라.
10. 고객의 불만을 야기시킨 모든 사항을 고객사건 활동양식(customer incident action form)에 기록하고 그 정보를 공유하라. 이러한 문제의 해결과 재발방지를 위해 모든 직원에게 권한이 위임되어 있다.
11. 어떠한 경우에도 청결을 유지하는 것은 종업원 각자의 책임이다.
12. "미소지어라 – 우리는 무대 위에 있다." 언제나 고객과 눈을 맞추고, 적절한 어휘를 사용하라. (예를들어 "안녕하세요", "반갑습니다", "도와드리게 되어 매우 기쁩니다"라는 표현을 사용하라.)
13. 호텔 내에서나 밖에서나 호텔의 대사(ambassador)가 되자. 항상 긍정적으로 이야기하고 부정적인 비판은 하지 말자.
14. 호텔 내에서 고객에게 손가락으로 방향을 알려주지 말고 직접 안내하라.
15. 고객의 문의에 대답할 수 있도록 영업시간 등과 같은 호텔 관련정보를 숙지하라. 호텔 외부의 편의시설보다는 호텔 내의 상점이나 식음료 매장을 언제나 먼저 추천하라.
16. 전화예절을 지키라. 벨이 3번 울리기 전에 "미소"로 응대하라. 필요하다면 전화를 건 사람에게 "조금만 기다려 주시겠습니까"라고 부탁하라. 가능한 한 다른 사람에게 전화를 옮기지 말고 직접 응답하라.
17. 깨끗한 제복을 입고, 잘 닦고 광택을 낸 안전한 신발을 신고, 명찰을 착용하라. 자신의 용모에 대해 자부심을 갖고 (몸단장에 대한 표준에 따라) 다듬어라.
18. 모든 직원은 응급상황의 발생시 자신이 해야 할 일을 확실히 알고 있어야 한다. 화재시 대처요령이나 인명구조 방법에 대해서도 숙지하고 있어야 한다.
19. 사고나 부상이 발생한 경우, 장비나 지원이 필요한 경우에는 즉시 상급자에게 알리라. 에너지 절약을 실천하고 호텔의 재산과 시설에 대한 유지·보수를 제대로 실시하라.
20. 리츠칼튼 호텔의 자산을 보호하는 것은 직원 각자의 책임이다.

황금표준에 대한 교육은 신입사원 오리엔테이션 때부터 시작된다. 교육부서의 관리자와 고위 중역들이 황금표준을 직접 설명하고 보여주기 위해 오리엔테이션 팀에 참여한다. 다음 단계의 교육프로세스는 업무영역별 리더와 부문별 교육담당자가 신입사원이 맡게 될 각자의 업무영역에서 이를 실천할 수 있도록 가르치는 것이다. 이 교육이 끝나면 필기시험과 실기시험을 실시하여 이를 통과한 사람에게만 교육 이수증을 수여한다.

현업에서는 매일 부서별로 전원이 참여하는 회의인 품질 라인업(line-up) 미팅이 개최되는데, 여기서도 황금표준의 핵심가치가 계속 강조된다. 리츠칼튼의 종업원 1인당 연간 교육시간은 120시간 정도로서 업계 최고수준이다. 황금표준은 리츠칼튼 호텔에서 실시하고 있는 모든 직무교육의 기초가 되고 있다.

리츠칼튼은 말콤 볼드리지 미국품질상을 두 번 수상하였으며, 「컨슈머 리포트」를 포함한 각종 평가에서 총체적인 고객만족도가 가장 높은 호텔로 선정된 바 있다.

참고문헌

- 박영택(2005). 「이노베이션 스토리: 혁신에 성공한 기업들이 펼치는 감동의 경영 파노라마」. 네모북스.
- Barsky, J. D.(1995). World-Class Customer Satisfaction. Irwin. (김경자 외 2인 역(1998). 「세계 최고의 고객만족」. 시그마프레스.)

서비스신화의 산실 노드스트롬 백화점

NORDSTROM

“어떤 사람이 노드스트롬 백화점에 타이어를 들고 와서 반품을 요구했다. 이 백화점은 패션 의류 전문점이므로 타이어는 취급하지 않는다. 그러나 반품을 요구받은 직원은 고객에게 타이어의 가격을 묻고 나서 흔쾌히 환불해 주었다.”

이 이야기는 고객 서비스에 대한 교육이나 강연에서 자주 소개되는 노드스트롬의 일화 중 하나이다. 노드스트롬의 이야기가 널리 퍼짐에 따라 동종의 유통업은 물론 로스앤젤레스 경찰이나 시카고의 한 초등학교에 이르기까지 노드스트롬을 보고 배우자는 조직이 늘어나고 있다. 어떻게 해서 노드스트롬은 이러한 서비스 신화의 산실이 될 수 있었을까?

노드스트롬에서 발견한 하나님의 가르침

1997년 12월 17일 미국 캘리포니아 경영대학원에서는 저명인사 초청강좌에 베시 샌더스 여사를 연사로 모셨다. 그녀는 남편의 학비를 마련하기 위해 1971년에 노드스트롬의 판매보조원으로 입사하여, 고객서비스에 대한 헌신과 탁월한 능력을 인정받아 7년 만에 부사장으로 승진한 노드스트롬 신화의 주인공 중 하나이다. 그날 샌더스 여사는 ‘노드스트롬의 복음(The Gospel of Nordstrom)’이란 주제를 가지고 다음과 같은 요지의 강연을 하였다.

약 10년 전 로스앤젤레스에 있는 그녀의 동료 중 한 사람이 벨에어 장로교회에서 ‘노드스트롬의 복음’이라는 제목의 설교가 있을 모양인데, 이를 알고 있느냐고 전화로 물어왔다. 교회 바깥 게시판에 이와 같은 다음 주일 설교제목이 붙어 있다고 하였다. 노드스트롬이 탐욕과 물신(物神)숭배의 제물이나 속죄양으로 거론되지 않을까 하는 생각이 들었다.

이런 생각에 잠겨있을 때 「뉴욕타임즈」지의 한 기자로부터 또 다른 전화가 걸려왔다. 노드스트롬이 뉴욕 지역으로 진출할 준비를 하고 있을 때였으므로, 이 기자는 노드스트롬에 대한 특집기사를 써보라는 상부의 지시를 받았다. 그는 노드스트롬에 대해 도무지 믿기 어려운 미담들을 지금껏 많이 들어왔다고 말하면서, 자기는 신화가 아닌 있는 그대로의 실상을 쓰고 싶다고 말했다. 그녀는 다음 주일에 그 기자와 함께 벨에어 교회의 주일 예배에 참석하기로 하였다. 물론 그녀 자신도 어떤 내용의 설교가 있을지 예상하지 못했다. 뉴욕에서 비행기로 날아 온 기자

와 함께 벨에어 교회의 주일 예배에 참석하였다. 캐롤린 크로포드 목사의 설교가 시작되었다.

지난 번 휴가기간 동안 저는 놀라운 경험을 하였습니다. 휴가란 가진 자들에게는 축복이지만 그렇지 못한 이들에게는 오히려 고통입니다. 저는 기분전환을 위해 노드스트롬 백화점을 둘러보기로 하였습니다. 백화점에 들어서자 향기로운 냄새, 턱시도를 차려입은 연주자의 감미로운 피아노 선율, 아름다운 장식과 사람들의 행복한 표정들이 저의 기분을 상쾌하게 만들어 주었습니다. 그런데 그때 누더기를 걸친 한 여인이 백화점 안으로 들어왔습니다.

그 여인은 비바람을 피할 수 없는 바깥에서 지내온 노숙자가 분명하였으며, 노드스트롬의 고객이라고는 생각할 수 없었습니다. 저는 거리의 빈민 선교를 담당하고 있는 목회자로서 저 여인이 무안하게 쫓겨 나지나 않을까 걱정스레 지켜보았습니다. 경비원이 여인에게 나가 달라고 요구할 경우 그녀의 기분을 조금이라도 달래주려고 뒤따라 갔습니다. 그러나 그녀에게 눈총을 주는 노드스트롬의 직원은 찾아볼 수 없었습니다. 1층을 둘러 본 여인이 에스컬레이터를 타고 2층으로 올라가더니, 매우 값비싸고 호화로운 특별매장으로 가는 것이었습니다. 혹시나 그녀가 도둑으로 몰리는 것은 아닐까 염려하였으나, 판매원은 오히려 그 여인에게 '무엇을 도와드릴까요'라고 상냥하게 물었습니다. 순간 저는 혼자 생각했습니다. "판매원이 도대체 왜 저러나? 그녀는 거지란 말이야!" 여인은 판매원에게 축제에 입고 갈 드레스를 사고 싶다고 말했습니다. 스타일과 색상 및 치수에 대해 서로 의논하더니, 판매원은 우아한 드레스를 찾아 주었습니다. 그러자 으쓱해진 그녀는 어깨를 펴고 서서 옷을 잠시 따로 보관해 줄 수 있겠느냐고 물었습니다. "물론이죠, 손님 그런데 얼마 후에 오시겠습니까?"라고 판매원이 묻자 "아마도 두세 시간이면 될 거예요"라고 대답하고서 그 여인은 의기양양하게 백화점을 떠났습니다.

저는 그 판매원에게 가서 물었습니다.

"실례합니다만, 저는 방금 일어난 일을 이해할 수가 없군요. 내 눈에는 아까 그 여인이 도무지 노드스트롬의 고객이라고는 보이지 않았어요. 당신은 정말로 그녀가 옷값을 지불하러 다시 올 것이라고 생각합니까?"

판매원의 대답은 저를 부끄럽게 만들었습니다.

"저의 직무는 누가 노드스트롬의 고객인지 판단하는 일이 아닙니다. 찾아주신 손님들을 친절과 봉사로써 모시는 것이 임무입니다."

그것이 크로포드 목사가 전하는 노드스트롬의 복음이었다. 목사님은 노드스트롬의 매장에서 신자(信者)의 본분인 '봉사와 섬김'의 참모습을 발견하였던 것이다. 심금을 울리는 목사님의 설교는 노드스트롬에 대해 냉소적인 생각을 갖고 있던 기자를 감동시켰다. 그 후 이 이야기는 뉴욕타임즈의 일요판 비즈니스 섹션의 특집기사로 소개되었고, 이를 접한 독자들의 엄청난 반응 때문에 크로포드 목사의 설교를 담은 녹음 테이프가 전국 각처에 보급되었다고 한다.

노드스트롬 신화의 시작

미국 내 대다수 백화점의 창립자들처럼 노드스트롬의 창립자인 존 노드스트롬(John W. Nordstrom)도 이민자였다. 1871년 2월 15일 그는 스웨덴의 북부지역에서 다섯 남매 중 셋째로 태어났다. 여덟 살 되던 해 대장장이였던 아버지가 사망하자, 그는 학교도 그만두고 농장에서 고된 생활을 했다. 16세가 되던 1887년 겨울 존은 고향마을을 떠나 희망과 기회의 땅 미국을 향한 장정(長程)에 나섰다. 이틀 동안 배를 타고 스톡홀름에 도착하여, 배를 갈아타고 3일 후 영국의 동부 해안도시 헐에 도착하였다. 거기서 난생 처음으로 기차를 타고 영국의 대항구 리버풀로 갔다. 리버풀에서 미국으로 가는 선박의 3등실에 몸을 실은 그는 열흘 후 뉴욕의 엘리스 섬에 도착하였다. 영어도 한마디 못하던 그가 도착 시 가지고 있던 돈은 5달러가 전부였다.

그는 철광석을 화물차까지 손수레로 날라 싣는 일자리를 얻었다. 하루 10시간 동안 중노동한 대가는 고작 1달러 60센트였다. 쏟아 내리는 철광석 더미에 목숨을 잃을 뻔한 위험을 겪으면서도, 강한 인내로 5년 동안 노력한 결과 서부로 이주할 수 있었다. 그 동안 미시간에서 벌목공으로, 아이오와에서는 광부로, 캘리포니아에서는 철도공사 노동자로서 온갖 힘든 일을 마다하지 않았다. 1896년 이렇게 땀 흘려 저축한 돈으로 존은 시애틀에서 북쪽으로 80㎞ 떨어진 워싱턴 주 알링턴의 스웨덴계 이민자 거주 지역에 감자농사를 지을 수 있는 강변의 저지대 땅 8헥타르를 살 수 있었다.

1897년 7월 18일 일요일 아침 식사를 하던 중 존 노드스트롬은 '알래스카의 클론다이크에서 황금 발견'이란 신문 1면의 머리기사를 보았다. 소문은 사실이었다. 캐나다 유콘지방 클론다이크 지역에서 황금 원석이 발견된 것이다. 증기선 포틀랜드 호가 황금 1톤을 싣고 온다는 소문이 들렸다. 엑셀시어 호라는 또 다른 배가 엄청난 양의 황금을 싣고 샌프란시스코에 도착했다는 소식까지 전해지자 도시는 온통 황금에 대한 이야기로 들끓었다. '황금!' 이 마법의 단어에 사로잡힌 존은 클론다이크로 가기 위해 짐을 챙겼다.

일주일 후 존은 1,200명의 사람들과 1,200마리의 말과 노새를 실은 석탄 화물선 윌러메트 호에 승선하였다. 객실이 2등실밖에 없어서 노드스트롬은 고물에서 노새들과 섞여 잠을 잤다. 알래스카 밸디즈 항에 도착한 후 클론다이크 황금지대의 중심에 있는 신흥마을 도슨으로 가는 1,609㎞의 험난한 여정에 올랐다. 추위와 눈, 비, 폭풍, 바람에 시달렸고, 말은 도중에서 죽었다. 얼어붙은 클론다이크 강 위를 걸어서 거의 1년 반 만에 작은 마을 도슨에 도착하였다.

2년간 존 노드스트롬은 닥치는 대로 허드렛일을 하면서 버텼다. 마침내 그는 수익성이 상당히 클 것으로 생각되는 금맥을 발견하였다. 그러나 기뻐할 틈도 없이 다른 광부가 권리를 주장하고 나섰다. 당시 이러한 분쟁은 흔히 있는 일이었는데, 공교롭게도 해결사 역할을 맡은 금광 감독자가 자신에게 도전한 자의 형이었다. 그곳의 타락상을 익히 알고 있던 노드스트롬은 중재재판에서 이길 가능성이 희박하다는 것을 알고 자신의 권리를 13,000달러에 팔았다. 노드스트롬으로서는 결코 적지 않은 금액이었다. 이 돈을 손에 쥐고 그는 시애틀로 돌아왔다.

1900년 5월 존 노드스트롬은 알래스카로 가기 전에 청혼했던 스웨덴 아가씨 힐다 칼슨과 결혼했다. 둘은 새로운 사업을 모색했다. 존은 클론다이크에서 사귄 친구인 월린을 찾아갔다. 구두수선 가게를 운영하고 있던 월린은 구두매장을 열자고 제의했다. 노드스트롬이 5,000달러, 월린이 1,000달러를 투자하여 월린 앤드 노드스트롬(Wallin & Nordstrom)이라는 가게를 열었다. 1901년 시애틀 중심가에 개점한 이 가게에서 노드스트롬의 역사가 시작된다.

대규모 기업에서 확실히 배운 것

구두를 파는 것은 존과 월린 모두에게 생소한 일이었다. 또한 그들의 영어실력은 고작해야 몇 마디 띄엄띄엄 하는 정도였다. 개점 당일 정오까지 손님이 한 사람도 오지 않았다. 월린이 점심 먹으러 나간 지 얼마 지나지 않아 첫 손님이 들어왔다. 진열창에 있는 구두를 보고 들어 온 여성이었다. 초조하게 손님을 응대하였으나 그녀가 고른 모양의 재고를 찾을 수 없었다. 포기할까 망설이다가 진열창에 있는 구두를 꺼내 주었다. 치수가 맞는지 알 수 없었으나 어쨌든 그 여성은 구두를 사들고 갔다. 첫날 매출액은 12달러 50센트였다. 이후 사업이 날마다 번창하여 1905년에는 연간 매출액이 4만 7천 달러로 늘어났다. 가게를 확장하지 않으면 안 될 정도로 판매가 폭증하자 파이크 2번가의 베리 브라더스 구두 가게를 2만 1천 달러에 매입하여 이전하였다.

존 노드스트롬과 아내 힐다는 에버렛, 엘머, 로이드, 메이벨, 에스터의 다섯 자녀를 두었는데, 1915년부터 열두 살의 에버렛과 열한 살의 엘머가 파이크 2번가의 상점일을 돕기 시작했다. 1923년 월린 앤드 노드스트롬은 시애틀 북동부 워싱턴대학 근처에 두 번째 상점을 열었다. 대학을 막 졸업한 스무 살의 에버렛이 그 상점의 책임자가 되었다. 몇 년 후 에버렛은 마셜필드 상회에서 신발 머천다이징과 판매업무를 배운 동생 엘머에게 지배인 자리를 물려주었다. 8개의 독립된 신발매장을 소유하고 있던 마셜필드 상회는 월린 앤드 노드스트롬과는 비교가 안 될 정도로 규모가 컸다.

엘머는 마셜필드 상회의 직원들의 신발 다루는 방법에 질렸다고 회상했다. 그들이 창고에서 신발을 꺼내어 매장 바닥에 던지는 것을 자주 보았다. 모든 신발을 보석처럼 여기던 조그마한 상점 출신의 엘머로서는 그들의 행동을 납득할 수 없었다. 그가 시애틀로 돌아오자 아버지 존 노드스트롬은 엘머에게 큰 회사에서 무엇을 배웠느냐고 물었다. "솔직히 무엇을 해야 할지는 잘 모르겠습니다. 그러나 무엇을 하지 말아야 하는지 몇 가지는 확실히 배운 것 같습니다"라고 대답하자, 아버지 존은 "그렇다면 꽤 많은 것을 배웠구나"라고 격려하였다.

1928년 아버지 존은 자신의 지분을 나이 스물다섯의 에버렛과 스물넷의 엘머에게 각각 6만 달러를 받고 넘겼다. 이듬해 월린도 에버렛과 엘머에게 자신의 몫을 팔았다. 두 형제는 서류상으로만 소유권자였다. 왜냐하면 아버지가 지분취득 금액을 빌려주고, 운영자금도 아버지의 보증으로 은행에서 빌렸기 때문이다. 그러나 어쨌든 경영권은 노드스트롬의 2세들에게 넘어간 것이다. 그로부터 5년 뒤 셋째 아들 로이드가 경영진에 합류하였다.

경영권을 넘겨받은 에버렛과 엘머는 1930년 파이크 2번가의 매장과 진열장을 수리하여 3배로 확장하고, 상점 중앙의 천장에 다음과 같은 글귀가 적힌 안내판을 눈에 잘 띄게 매달아 놓았다.

"저희가 귀하께 잘 해드렸다면 다른 분들께 말해 주십시오. 만약 그렇지 않았다면 저희에게 말해 주십시오."

에버렛은 상품의 질에 대해 깐깐하기로 유명했다. 제품이 완전하지 않으면 판매하지 않는다는 진제 하에 구매담당자들에게 물건 하나하나를 까다롭게 검사하도록 지시하였다. 한 익명의 제조업자는 「풋웨어 매거진」에 "노드스트롬은 고객들에게는 최고이겠지만 제조업자들에게는 살인자와 같다"고 기고하기도 했다.

고객 앞에서 무릎 꿇는 서비스

노드스트롬의 형제들은 기업가였다. 자금에 여유가 없었던 그들이 성공하기 위해서 실천한 일들은 단순하고도 명백한 것이었다. 그것은 열심히 일하는 것이었다. 그들은 회사의 소유주로서 다른 누구보다도 열심히 일하지 않으면 안 된다고 생각했다. 그렇지 않으면 자신들의 안일한 태도가 바로 아랫사람들에게 퍼지고, 또 그 아래로 퍼져 결국은 모두가 무기력해질 것이라고 생각했다. 수위를 둘 여력이 없었기 때문에 에버렛과 엘머 두 형제는 매일 아침 일찍 상점에 나와 카펫을 청소하고 유리창을 닦았다. 세월이 흘러 그들의 자녀와 손자들이 입사해도 매장에서 판매하는 일을 허락받을 때까지는 온갖 궂은일을 도맡아서 해야 했다. 지금까지도 노드스트롬가(家) 사람들은 다른 모든 사람들과 같이 맨 밑바닥에서 시작한다.

1960년이 되자 월린 앤드 노드스트롬은 워싱턴 주와 오레곤주에 8개의 구두 매장을 소유하게 되었으며, 그 중 시애틀에 있는 가게는 미국 최대의 구두점으로 성장하였다. 1963년 의류 시장으로 사업을 확장하기로 결정하고, 시애틀에 기반을 둔 베스트 어패럴사를 인수한 뒤 회사 이름을 노드스트롬 베스트(Nordstrom Best)로 바꾸었다. 베스트사를 인수하고 난 후 두 달이 지나 노드스트롬의 설립자인 존 노드스트롬은 92세의 나이로 세상을 떠났다.

1968년 노드스트롬의 3형제 에버렛, 엘머, 로이드는 공동회장으로 일선에서 물러나고, 다음 세대들에게 경영권을 물려주었다. 형제들은 일선에서 물러나면서 다음과 같이 말했다.

"아버지 존은 57세에 은퇴하시고 우리들에게 기회를 주셨다. 이제는 우리가 그렇게 해야 할 차례가 되었다. 아직 건강하여 계속 일하는 데 아무런 문제는 없지만."

에버렛의 아들 브루스, 엘머의 아들 제임스와 존, 로이드의 사위 잭 맥밀런과 가족의 친구 밥 벤더가 경영 일선에 나섰다. 노드스트롬의 3형제가 물러날 때 충고하고 싶은 욕망을 누르고 격려의 말만 하였지만, 그 후에 이들은 '항상 근면하라'는 것 하나만은 강조했다. 게으름과 안

일함 때문에 얼마나 많은 사업이 파산했는지 보아온 그들이었다. 젊은 경영진에게 날씨, 경기, 인근에 들어선 새로운 쇼핑센터 등 사업에 실패한 사람들이 변명거리로 들 수 있는 것들의 목록을 길게 적어주고, 이러한 것들을 핑계로 삼는 일은 없어야 한다고 강조하였다. 사업에 실패한다면 경영진은 자신 외에 달리 책임을 물을 데가 없다는 것을 가르친 것이다.

경영권을 물려받은 존 노드스트롬의 손자 3명은 아버지들처럼 어렸을 때부터 상점에서 일하기 시작하여 고등학교와 대학시절 내내 신발을 판매했다.

신발매장에서 훈련을 거친 이들 3세대는 문자 그대로 "고객들 앞에서 무릎을 꿇고 자라왔다." 이 말에는 적어도 두 가지 의미가 들어 있다. 하나는 생계를 꾸려갈 수 있게 해준 고객들에 대한 감사의 표현이다. 고객이 없었다면 사업도 없었을 것이기 때문이다. 다른 하나는 구두가 고객의 발에 맞는지 확인하기 위해서는 무릎을 꿇어야 한다. 고객을 만족시키기 위해 무릎을 꿇는 점원은 구두 가게 말고서는 찾아보기 힘들다.

1971년 노드스트롬 베스트 사는 주식을 공개하였으며, 2년 후인 1973년에는 1억 달러의 매출을 기록하였다. 또한, 그해 노드스트롬 베스트 사는 회사명을 오늘날 사용하고 있는 노드스트롬(Nordstrom, Inc.)으로 바꾸었다.

역피라미드 조직구조

1970년대 초 노드스트롬이 주식을 공개하기로 결정하고 준비 작업에 들어갔을 때 투자 은행가들은 이 회사에 조직도가 없다는 사실을 알고 놀랐다. 그들의 요청에 따라 노드스트롬은 조직도를 그리는 작업에 착수하였다. 다른 기업들이 종래에 하던 것처럼 사각형을 선으로 이어 계층과 직무를 나타내는 방식으로는 노드스트롬의 조직을 제대로 표현할 수 없었다. 그 때 누군가가 전통적인 조직도의 피라미드 모양을 거꾸로 뒤집어 보자고 제안했다. 노드스트롬이 다른 회사와 다른 점은 매장 관리자로부터 공동 회장에 이르기까지 역삼각형의 각 단계를 차지하고 있는 모든 부분이 한결같이 판매사원을 지원하고 있으며, 결코 그 반대가 아니라는 점이 제안의 이유였다.

고객이 없으면 사업도 없다는 것을 항상 마음에 간직하면서 고객들 앞에서 무릎 꿇고 서비스해 온 노디스(Nordies, 노드스트롬의 직원들은 스스로를 Nordie라고 부른다)로서는 고객을 가장 위로 모시고, 또한 그러한 고

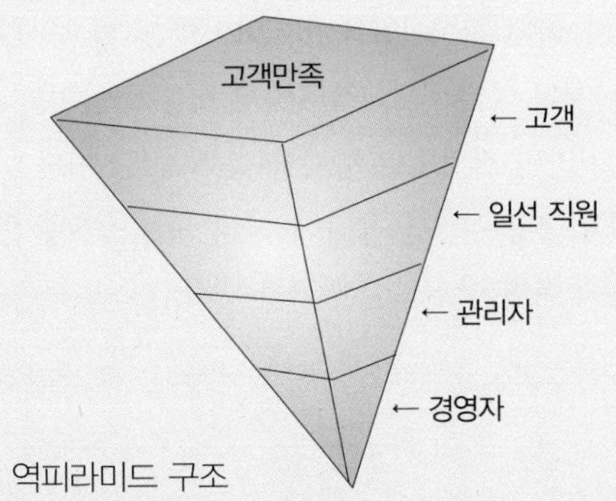

〈그림 1〉 노드스트롬의 역피라미드 구조

객을 가장 가까이서 모시는 일선 판매원들을 그 다음에 두는 역피라미드 조직도가 노드스트롬의 기업문화를 단순하면서도 명쾌하게 설명한다고 판단하였다.

오늘날 역피라미드 조직도는 하나의 유행처럼 사용되고 있지만, 1971년 이 회사에서 처음 고안되었을 당시에는 조직이 어떻게 운영되어야 하는가에 대한 노드스트롬의 진정한 기대가 반영된 것이었다. 오늘날 역피라미드 조직도는 노드스트롬의 매장 어디에서든지 볼 수 있다. 사무실과 식당에 걸려 있을 뿐 아니라 연차보고서나 다른 많은 출판물에도 인쇄되어 있다. 그것은 노드스트롬의 기업문화를 나타내는 하나의 상징이 되었다.

4세대에 걸친 100년 화목경영

공동경영이나 동업이 오래 지속되면 불화와 소송이 뒤따르게 마련이지만 노드스트롬은 4세대에 이르기까지 100년 동안 어떠한 불화도 없이 화목한 가족경영의 전통을 이어오고 있다. 현재 7명의 공동사장 중 6명이 30대인데, 이들은 모두 창업자 존 노드스트롬의 증손자들이다. 우리나라 같으면 족벌경영이란 막연한 비난도 있을 수 있지만 이들의 화목경영(和睦經營)은 많은 사람들의 부러움을 사고 있다. 이것은 그들이 역지사지(易地思之)의 철학을 기본으로 하는 고객중심의 경영을 실천해 온 것과 무관치 않다.

1977년이 되자 노드스트롬의 매출액은 2억 5천만 달러로 성장하여 미국에서 세 번째로 큰 의류전문 소매업체가 되었다. 1978년 노드스트롬은 베스트 어패럴을 인수한 이래로 가장 중요한 결정을 내렸다. 자신들의 존재가 전혀 알려지지 않은 캘리포니아로 사업을 확장하는 일이었다. 베시 샌더스 여사가 이 프로젝트의 책임을 맡았다.

유능한 직원을 충원하기 위하여 베시 샌더스 여사는 심사숙고했다. 교육을 시키고 권한을 위임하고 동기를 부여해도 사람 자체는 바꿀 수 없다. 첫 채용 시 필요한 적성을 가진 사람을 선발하는 것이 무엇보다 중요하다. 폴 딕슨이라는 사람은 이러한 생각을 다음과 같이 표현하였다.

"돼지에게 노래를 가르치려는 생각은 아예 말아라. 그것은 시간 낭비일 뿐 아니라 돼지에게도 괴로운 일이다."

그런데 적성이란 무엇인가? 많은 경우 그것은 학력이나 경력 같은 외부적 조건을 이야기하는 것이 아니다. 그 직무에서 성공하기 위한 성격이나 특성을 말한다. 대인접촉이 많은 서비스업이라면 진정으로 사람을 좋아하는 사람, 남을 기쁘게 해주는 데에서 기쁨을 느끼는 사람이 필요하다. 이러한 생각에 따라 노드스트롬은 학력과 경력 같은 피상적인 조건을 내세우지 않는 독특한 사원모집 광고를 냈다.

〈표 1〉 노드스트롬의 사원모집 광고

인재를 찾습니다
당사에서는 새로운 매장에서 우리와 함께 일할 사람들을 찾고 있습니다.
판매원, 그리고 그들을 돌볼 사람. 이끌어 갈 인재와 따라 갈 인재. 자신의 일에 자부심을 갖고 열심히 일하는 사람. 자신을 소중히 여기고 남을 기쁘게 해주는 사람. 정직하고 근면하며, 배려심이 있는 헌신적인 사람. 자신의 성공뿐 아니라 상대방의 성공도 바라는 사람. 비전을 갖고 그것을 성취하는 삶을 살아 갈 사람.
NORDSTROM

이 광고가 나가자 1,500명이 넘는 지원자가 몰려 왔고, 샌더스 여사와 다른 두 명의 면접관은 이에 부합하는 인물들을 선발하였다.

기업문화 차원의 내부승진 정책

노드스트롬은 자신들의 차별적 핵심능력이 기업문화라고 굳게 믿는다. 회사 내부에서 성장한 사람들만이 노드스트롬의 문화를 제대로 이해할 수 있다고 생각하여 관리자를 외부에서 영입하지 않는다는 원칙을 고수한다. 또한 새로운 지역으로 진출할 때에도 다른 체인점을 인수하여 개조하는 것을 가급적 피한다. 1975년 알래스카의 상점 세 개를 인수한 것을 끝으로 더 이상 다른 기업을 인수하지 않았다. 새로운 시장에 새로운 상점을 열고 서비스 수준을 유지하면서 고객을 확보하려면 시간이 많이 걸리지만, 다른 기업을 인수하여 개조할 경우에는 기존의 기업문화를 바꾸는 일이 무척 어렵다는 것을 깨달았기 때문이다.

내부승진의 원칙은 직원들에게 많은 기회를 제공해 준다. 1988년 버지니아 주 타이슨코너 교외에 워싱턴 DC점을 열어 동부에 처음으로 진출했을 때 400명의 판매직 사원모집에 3,000명이 몰려들었다. 그러나 관리직은 단 한사람도 신규로 채용하지 않았다. 100여 명에 달하는 관리직 사원들은 모두 서부 점포에서 동부로 전근을 희망한 노드스트롬의 기존 사원들로 충원하였다. 비슷한 규모의 미국 기업들 중 노드스트롬만큼 일선 직원들에게 많은 기회를 부여하고 있는 곳은 없을 것이다.

현재 노드스트롬의 회장을 맡고 있는 존 휘태커(John J. Whitacre)도 1976년 신발 영업사원으로 입사하였다. 그는 현재 7명의 공동 사장 중 노드스트롬가 출신이 아닌 유일한 인물로서 3세대 경영진과 4세대 경영진 사이를 잇는 가교 역할을 맡고 있다. 입사 7년 만에 부사장으로 승진하였던 베시 샌더스 여사도 시간당 2달러 46센트의 판매 보조원으로 직장생활을 시작하였다. 이제 노드스트롬의 내부승진은 하나의 정책이라기보다는 문화와 전통으로 정착되었다.

보통 백화점은 사원의 3분의 2 이상이 여성이지만 여성 관리자의 수는 소수에 불과하다. 노드스트롬은 이러한 소매업계의 전통을 바꾸어 놓았다. 몇 년 전 조사에 의하면 노드스트롬의 매장 중 70% 이상의 지배인이 여성이었다고 한다. 또한 구매물품은 우선적으로 여성이나 소수민족이 운영하는 업체에서 구입한다. 「히스패닉 매거진」은 노드스트롬을 히스패닉계 소수민족에게 가장 큰 기회를 제공하고 있는 미국의 100대 기업 중 하나로 선정하였다. 일선 직원과 여성 및 미국 내 소수민족에게 기회의 문을 활짝 열어놓고 있는 노드스트롬은 「포춘」지가 선정한 미국에서 가장 근무하고 싶은 100대 기업에 포함되기도 하였다.

노드스트롬의 내부승진 정책은 일선 직원들에게 많은 기회를 제공하는 반면 성공을 향한 치열한 경쟁과 스트레스를 유발하는 단점도 있다. 판매사원의 급여 대부분이 판매 수수료에 의존하는 시스템이기 때문에 성취도가 떨어지는 사람들은 급여와 승진의 양면에서 견디기 힘든 압박감에 시달린다. 위로 올라갈수록 이직률이 줄어들지만 신입사원의 절반 정도가 입사 1년 이내에 퇴사한다. 1991년 「월 스트리트 저널」은 "노드스트롬은 특별한 유형의 사람들을 끌어들여 충분한 보상을 한다. 그렇지 못한 사람들은 다른 일자리를 찾아 볼 수밖에 없다"라고 소개하였다.

노드스트롬이 모든 이에게 다 좋은 직장은 아니지만 치열한 경쟁을 버텨 낸 사람들에게는 상대적으로 더 큰 기회와 혜택이 주어진다. 노드스트롬 판매사원들의 평균 수입은 미국 내 다른 백화점의 경우보다 두 배 가까이 높으며 연간 8만 달러 이상의 수입을 올리는 사원도 적지 않다. 또한 20대 초반에 창고 직원으로 입사하여 8년 만에 매장 지배인으로 승진한 사람도 있다.

판매실적이 높으면 수입이 따라 증가하지만 다른 추가적 보상도 제공된다. 각 부문별로 8~12% 정도가 우수 판매사원으로 선발되는데, 이들에게는 페이스세터(pacesetter)라는 칭호가 새겨진 업무용 명함과 더불어 자사 판매제품에 대해 연간 33%의 할인 혜택이 주어진다. 직원 할인률이 20%이므로 페이스세터가 되면 13%의 추가적 할인 혜택을 누리는 것이다. 페이스세터가 된 첫 해에는 개인적으로 고객관리에 사용할 고급 가죽장정의 바인더와 라벨 핀을 받는다. 5년, 10년 또는 그 이상 페이스세터의 자리를 유지한 사람들에게는 더욱 큰 상과 혜택이 주어진다. 뛰어난 성과를 낸 직원들에 대한 개인포상과 더불어 매장 전체에 대한 포상도 실시하고 있다. 이것은 자기 수수료만을 높이려 열중하는 직원들에게 팀워크의 중요성을 인식시키기 위한 것이다.

미국에서 가장 짧은 직원 복무규정

1997년 「포춘」지는 고객만족도 조사 결과 백화점 및 할인점 부문에서 노드스트롬이 최고라고 발표하였다. 무엇이 노드스트롬을 고객만족 최우수 기업으로 만들었을까? 아마도 노드스트롬이 오래 전부터 매장에 게시하고 있는 다음과 같은 표어가 그에 대한 해답이 될 수 있을 것이다.

"우리와 다른 상점의 유일한 차이는 고객을 대하는 방법이다."

일반적으로 고객서비스는 경영진의 시선이 닿지 않는 곳에서 순간순간 일어난다. 따라서 경영진이 이러한 서비스현장(MOT)을 통제한다는 것은 사실상 불가능하다. 이런 상황에서 뛰어난 서비스를 제공하기 위해서는 가능한 한 고객과 가장 가까운 곳에서 의사결정이 이루어져야 한다. 이것은 고객서비스를 일선 직원들에게 일임하고 업무에 필요한 모든 것들을 제공하라는 의미이다. 오늘날 '권한위임(empowerment)'이란 말이 널리 쓰이고 있지만 불행하게도 고객을 기쁘게 해야 할 책임만 위임하는 경우가 적지 않다. 권한위임의 진정한 의미는 성공하는 데 필요한 권한과 자원까지도 함께 위임하는 것을 말한다. 일찍이 창업자 존 노드스트롬은 이러한 사실을 분명히 담은 직원 복무규정을 마련하였다. 노드스트롬의 복무규정은 단 한 가지이다.

"어떠한 상황에서도 당신의 현명한 판단에 따라 주십시오."

〈표 2〉 노드스트롬의 규정

노드스트롬에 입사하신 것을 환영합니다.

당신과 함께 일하게 되어 기쁩니다.
우리의 최고 목표는 탁월한 고객 서비스를 제공하는 것입니다.
개인적 목표와 전문직업인으로서의 목표는 모두 높이 설정하십시오.
우리는 당신이 그것을 성취할 능력이 있다고 확신합니다.

노드스트롬의 규정

제1조: 어떠한 상황에서도 당신의 현명한 판단에 따라 주십시오.
그 외에 다른 규정은 없습니다.
궁금한 사항이 있으면 언제라도 부서장, 점포장, 사업부 책임자에게
자유롭게 질문해 주십시오.

NORDSTROM

이 간결한 규정에는 고객서비스에 대한 리더의 탁월한 식견과 종업원들의 능력에 대한 깊은 신뢰가 들어 있다. 이것이 4세대를 이어 온 노드스트롬 기업문화의 핵심이다. 노드스트롬이 공식적으로 표방한 바와 같이 다른 경쟁자들과 그들의 유일한 차이는 고객을 대하는 방법에 있다. 그것을 한마디로 요약하면 "고객을 만족시키기 위해서라면 자신의 현명한 판단에 따라 무엇이든지 하라"는 것이다. 노드스트롬에서는 '윗사람과 상의해봐야 한다'는 말을 들을 수 없다. 이것이 노드스트롬 신화의 원동력이었다.

노드스트롬의 사원이 되면 신입사원 오리엔테이션 시 제일 먼저 〈표 2〉와 같이 5×8 인치 크기에 인쇄된 종업원 복무규정을 받는다. 노드스트롬의 복무규정은 '리더십은 명사가 아니라 동사이다'라는 리더십 경구의 진정한 의미를 잘 보여주고 있다.

조건 없는 반품수용 정책

일단 구매한 상품을 반환한다는 것은 여간 성가신 일이 아니다. 반품하러 가면 상점에서 영수증을 제시하라고 하고, 반품을 원하는 이유를 설명하라고 요구한다. 한 번 사용한 상품, 구매 후 어느 정도 시간이 지난 상품, 그리고 할인판매한 상품은 아예 반품을 받아주지 않는다. 반품은 짜증나는 일이며, 게다가 시간이 걸리는 일이다. 따라서 고객들은 반품에 문제가 있을 것 같은 상품의 구매를 꺼린다.

그러나 노드스트롬은 다르다. 고객이 구입한 상품의 반환을 요구하면 무조건 수용한다. 반품의 이유를 따지지 않고 웃는 얼굴로 반환해 주는 것이 회사의 방침이다. 어떤 사람이 1년 동안 신은 구두에서 이상한 소리가 난다고 수선을 요청하자 새 구두로 교환해 주었다. 어느 여성이 2년 전에 산 블라우스에 대한 불만을 말하자 환불해 주었다. 노드스트롬에 관한 이런 일화들은 수없이 많다. 브루스 노드스트롬은 판매사원들에게 다음과 같이 말했다. "고객이 5년 동안 신던 신발 한 켤레를 가지고 와서 신발이 다 닳았다고 불평하면서 환불을 요구할 경우 당신은 스스로의 판단에 따라 처리할 권한을 갖고 있습니다. 솔직히 말하자면 이 말은 환불해 주라는 사실상의 지시입니다."

이런 무조건적인 반품정책이 악용되지는 않을까? 물론 그런 경우가 적지 않다. 그러나 노드스트롬의 철학은 정직하지 않은 소수 때문에 다수에게 피해를 주지는 않겠다는 것이다. "98%의 정직한 사람들, 바로 우리가 만족을 선사하려는 사람들을 행복하게 해주어야 합니다. 노드스트롬은 고객들에게 반품을 보증합니다. 회사가 보증하는 것이 아니라 내가 보증할 권한을 갖고 있습니다"라고 노드스트롬의 한 판매사원은 말하였다.

무조건 반품수용 정책을 내세우면서 노드스트롬의 경영진은 납득할 수 없는 부당한 반품요구에 대해 내심 걱정을 하였으나, 이 정책을 도입한 첫 해의 결과는 그에 소요되는 경비가 충분히 감당할 수 있는 수준인 것으로 나타났다. 대다수의 기업들이 반품을 괴롭고 귀찮은 것으로만 여기고 있을 때 노드스트롬은 큰 고통없이 엄청난 홍보효과를 거두었다. 다음은 노드스트롬의 단골고객 중 한 사람의 이야기이다. "노드스트롬에서 쇼핑하는 가장 중요한 이유 중 하나가 반품이 쉽다는 점이다. 물건을 산 후 집에 와서 입어보고 마음에 들지 않으면 언제라도 반환할 수 있다. 여기에 아무런 불편이나 언쟁이 수반되지 않는다."

노드스트롬의 일화 중 가장 널리 회자되고 있는 것은 타이어를 들고 와서 반품을 요구한 사람의 이야기이다. 노드스트롬은 패션전문점이므로 타이어를 판매한 적이 없다. 그러나 노드스트롬의 판매사원은 고객에게 타이어 가격을 묻고는 흔쾌히 환불해 주었다고 한다. 이 일화 때문에 노드스트롬 사원들은 종종 곤경에 처하곤 한다. 그게 사실이냐는 질문을 자주 받지만 지금에 와서 그것을 확인할 방법이 없다. 그러나 노드스트롬 직원들은 만약 그런 고객이 실제로 있었다면 결과는 그대로였을 것이라고 확신한다.(1975년 노드스트롬은 타이어를 판매하던 노던 커머셜사로부터 알래스카에 있는 3개의 상점을 인수했다. 따라서 이전에 노던 커머셜에서 타이어를 구입했던 사람이 노드스트롬에 반품을 요구했을 개연성이 있다.)

개인별 고객수첩의 활용

노드스트롬의 판매사원들은 개인별로 고객수첩을 활용하고 있다. 이 수첩은 접고 펼칠 수 있으며, 페이지도 끼우고 뺄 수 있도록 설계된 회사 규격품이다. 이 수첩에는 일별, 주별, 월별 행사표와 페이스세터들의 목표설정을 위한 일일계획표, 일과표, 전국 노드스트롬 매장의 전화번호 등이 수록되어 있다. 전화번호는 고객이 찾는 특정한 상품이나 치수가 빠졌을 때 다른 매장에서 구할 수 있는지 알아보기 위한 것이다.(노드스트롬 사원들은 자신의 임무가 단지 매장 내에서 고객을 응대하는데 그치는 것이 아니라, 고객이 원하는 것을 어떻게든 구해주는 것이라고 생각한다.)

최고의 판매사원들은 이 고객수첩을 잘 활용한다. 고객의 이름과 주소 및 전화번호, 사이즈와 체형, 메이커 선호도, 좋아하는 색상과 스타일, 이전에 구입한 상품, 고객과 가족의 기념일 등을 적어둔다. 이러한 정보를 이용하여 판매사원들은 고객이 좋아할 만한 상품이 들어오면 미리 알려준다. 또한 상품을 판매한 후 며칠이 지나면 감사의 편지를 보내고, 그것이 마음에 들었는지 또한 사전에 기대했던 대로 잘 사용되고 있는지 점검한다.

1977년부터 1991년까지 15년 연속 노드스트롬에서 최고의 판매실적을 올린 패트릭 매카시의 경우를 보자. 그는 시애틀 본점 남성의류 매장에서 매년 100만 달러 이상의 상품을 판매하였다. 그의 고객 명단에는 한 법률회사에 근무하는 변호사가 40여 명 들어 있다. 같은 사무실에서 근무하거나 우연히 마주치는 두 사람이 같은 옷을 입지 않도록 하려면 고객이 구입한 상품목록을 고객수첩에 기록해 두는 것이 꼭 필요하다고 생각했다. "원하는 만큼 많은 고객을 잡을 수 있다. 그러나 고객 한 사람 한 사람에게 개성을 입힐 수 있어야 한다"는 것이 그의 말이다.

1992년 이후 매카시를 제치고 판매왕에 올라선 로스앤젤레스 웨스턴사이드 점의 레슬리 코프먼도 고객수첩을 잘 활용하면 단골고객의 신뢰를 확보하는 데 큰 도움이 된다고 말한다.

"1980년대까지는 그냥 드나드는 고객만 응대해도 급료를 받을 수 있었다. 그러나 이제 그런 방식으로는 안 된다. 영업을 지속할 수 있는 일차적 기반은 단골고객이다. 따라서 그들과의 관계를 유지하고 그들을 상점으로 끌어들일 수 있는 방안을 끊임없이 강구해야 한다. 크리스마스나 생일이 다가오면 고객의 부인에게 '잭에게 줄 선물은 마련하셨나요?'라고 편지를 보낸다." 이와 같이 우수한 판매사원들은 고객수첩을 매우 유용한 판매도구로 활용하고 있다.

노드스트롬의 신화는 막을 내리나?

몇 년 전 「비지니스 위크」지는 "훌륭한 서비스로도 충분치 않았다"라는 제목으로 노드스트롬에 관한 특집기사를 실었다. 이 기사에 의하면 노드스트롬은 최근 몇 년간 저조한 성장률, 실망스러운 수익, 일진일퇴를 거듭하는 주식 시세와 씨름하고 있다. 1996년도에는 순이익이 11% 줄어들었고, 한 주당 53달러를 유지하던 주가가 다음 해에 34달러로 폭락한 이후 현재 간신히 40달러를 회복했다. 전설적 서비스로 만인의 칭송을 받던 노드스트롬이 어쩌다 이런 곤경에 처하게 되었는가? 문제의 시작은 체인점 확장에 착수한 10여 년 전으로 거슬러 올라간다. 다음은 노드스트롬이 처한 위기의 원인이다.

- 기업은 빠르게 성장해 갔으나 노드스트롬의 경영진은 공통적 업무기능을 집중화하지 못했다. 메이시 백화점의 경우 100명의 구매팀이 구매업무를 총괄하고 있는 데 비해 노드스트롬은 900명에 달하는 구매담당자들이 있다. 중복되거나 상충된 주문들로 인해 노드스트롬과 납품업자들 사이에 혼선이 빚어지고 있다.
- 기업의 규모가 커짐에 따라 라이프 스타일의 변화를 읽어내는 감각이 무뎌졌다. 직장여성들의 취향이 캐주얼한 복장을 선호하는 쪽으로 바뀌어 갔으나 노드스트롬은 여전히 버튼다운식 정장을 계속 내놓았다. 20년간 노드스트롬의 단골손님이었던 한 중년 여성은 '고객과의 접촉이 실종되었다'라는 말로 노드스트롬에 대한 실망감을 표출하였다. 또한 노드스트롬에서는 최근까지 고객의 변화 추세에 대한 집적된 자료가 거의 없었다. 단지 판매사원의 수첩에 개별 고객들의 취향을 적어 둔 것이 전부였다. 다른 기업의 한 중역은 '노드스트롬은 중세 암흑기에 머무르고 있었다'라고 표현하였다.
- 사업을 여러 지역으로 확장시키면서도 전국적인 마케팅 노력을 기울이지 않았다. 지금까지 노드스트롬은 지역 내에서 사내 팀들이 광고를 전담하였다. 말하자면 동네 광고만 해온 것이었다.

오늘날 노드스트롬은 추락한 명성을 되찾기 위해 혼신의 노력을 기울이고 있다. 이미 구매담당자의 수를 20% 줄였으며, 향후 더 줄여나갈 계획이다. 구매습관과 라이프 스타일 추세에 대한 자료의 수집과 분석, 그리고 재고관리를 위해 수백만 달러를 들여 덴버에 새로운 전산센터를 설립하였다. 또한 인상 깊은 광고캠페인을 벌이기 위해 미니애폴리스의 광고대행사인 팔론 맥엘리고트(Fallon McElligott)와 계약을 맺었다. 전통적인 노드스트롬의 고객인 기혼 여성들뿐 아니라 새로운 젊은 여성 고객들을 끌어들이기 위한 인구통계학적인 마케팅도 준비하고 있다.

노드스트롬의 당면과제는 충성스러웠던 예전의 고객들을 되찾는 일이다. 노드스트롬이 떠나버린 고객들의 발길을 되돌리기 위해 안간힘을 쓰고 있는 동안, 안 테일러(Ann Taylor)와 같이 활력을 되찾고 있는 전문 체인점으로부터 새로운 인터넷 사이트에 이르기까지 사방에서 그들을 손짓하고 있다. 이제 노드스트롬이 올바른 길로 들어선 것으로 생각되기는 하지만, 문제는 옛 고객들을 다시 붙잡기에는 그들이 이미 너무 멀리 떠나버린 것이 아닌가 하는 점이다. 노드스트롬이 제2의 서비스 신화를 창조하고 사람들의 가슴속에 신화의 고향이자 전설적 기업으로 계속 간직될 수 있을지 관심 있게 지켜보자.

참고문헌

- 박영택(2005), 「이노베이션 스토리: 혁신에 성공한 기업들이 펼치는 감동의 경영 파노라마」, 네모북스.
- Sanders, B.(1995), Fabled Service, Jossey-Bass. (전원재 역(1997), 고객 서비스의 신화, 미래미디어.)
- Spector, R.(2001), Lessons from the Nordstrom Way, John Wiley & Sons.
- Spector, R. and McCarthy, P. D.(1995), The Nordstrom Way, John Wiley & Sons. (이수영 역(1997), 「노드스트롬의 서비스 신화」, 세종서적.)

Ⅶ부

품질혁신과 미래품질

25장

식스시그마 품질혁신의 통계적 이해

1996년 당시 GE의 잭 웰치 회장은 식스시그마를 전사적으로 추진하기로 결심하고 다음과 같이 자신의 포부를 밝혔다. "GE는 오늘날 세계에서 가장 가치가 높은 회사이다. 2000년까지 우리는 훨씬 더 나은 회사가 되고 싶다. 경쟁자들보다 단순히 품질이 더 좋은 것이 아니라 1만 배나 더 나은 기업이 되고 싶다. 이를 성취하기 위해서는 결함률을 매년 84%씩 줄여야 한다." 이것은 완전무결을 향한 담대한 도전이었다.

25.1 식스시그마 품질혁신의 기초적 이해

(1) 식스시그마 품질혁신의 특징

식스시그마 품질혁신은 미국의 통신기기 제조업체인 모토롤라에서 자사의 품질수준이 일본 경쟁업체에 비해 현저히 낮은 데에 충격을 받고 획기적인 품질혁신을 추진할 목적으로 시작되었다. 1981년 당시 회장이었던 로버트 갤빈(Robert Galvin)은 조직의 모든 부문이 5년 내에 10배의 품질개선을 이룩한다는 야심찬 계획을 수립하였다. 그 후 모토롤라는 전사적인 노력과 체계적인 벤치마킹을 통해 당초 불가능하다고 여겨졌던 10배의 품질개선을 이룩하였다.

1987년 1월 모토롤라는 '2년 동안에 10배의 품질개선을 이룩한다'는 한층 더 높은 새로운 목표를 발표하여 산업계를 놀라게 하였는데, 식스시그마로 널리 알려진 이 계획의 목표는 다음과 같았다.

- 1989년 초까지 10배의 개선을 이룩한다.
- 1991년 초까지 또다시 10배의 개선을 이룩한다.
- 1992년 1월 1일까지 자사의 모든 업무에서 식스시그마수준을 달성한다.

식스시그마를 통해 강력한 품질경쟁력을 확보한 모토롤라는 1988년 제1회 말콤 볼드리지 미국품질상을 수상하였다. 모토롤라의 성공이 알려지면서 식스시그마는 얼라이드시그널, 텍사스 인스트루먼트, ABB, GE, 소니, 폴라로이드 등으로 전파되었다. 특히, GE가 강력하게 추진한 식스시그마 혁신전략이 월스트리트의 재무분석가들로부터 인정을 받으면서 확산 속도는 급속히 빨라졌다.

1990년대 초반 삼성, LG, 현대, 포스코 등과 같은 우리나라 주요 기업들도 식스시그마를 전사적인 혁신전략으로 채택하여 10년 이상 강력하게 추진하였다. 시대의 변화에 따라 식스시그마 열풍도 식어가고 있지만 새로운 혁신전략의 이면에는 여전히 식스시그마의 전략적 체계와 접근방법이 큰 몫을 담당하고 있다.

식스시그마가 종래의 경영혁신 방법들과 다른 점은 모든 것을 '시그마수준'이라는 공통된 단위로 측정하고 관리한다는 것이다. 흔히들 식스시그마가 매우 과학적이라고 하는 이유도 바로 여기에 있다. 어떤 종류의 경영혁신이든지 간에 이를 성공적으로 추진하고 관리하려면 다음과 같은 4가지 물음에 대답할 수 있어야 한다.

(i) **현재 우리의 수준은 어느 정도인가? (현재수준)**
먼저 자기 수준을 알아야 다음에 무엇을 얼마만큼 해야 하는지 결정할 수 있기 때문에 자신의 현재수준을 정확히 아는 것은 혁신의 출발점이 된다. 식스시그마에서는 현재수준을 '기준선(baseline)'이라고도 한다.

(ii) **언제까지 우리는 어떤 수준에 도달하기를 바라는가? (목표수준)**
'자기를 알고 상대를 알면 100번 싸워도 위태롭지 않다(知彼知己 百戰不殆)'는 손자병법의 말처럼 자기의 현재수준을 알고 나면 경쟁자의 수준과 대비하여 언제까지 어떤 수준에 도달하고 싶다는 것을 명확히 한 목표수준(goal)을 결정해야 한다.

(iii) **어떻게 하면 우리가 원하는 그 수준에 도달할 수 있는가? (추진방법)**
목표수준을 결정하고 나면 그것을 효과적으로 달성할 수 있는 방법론을 찾아야 한다. 일반적으로 목표달성을 위한 접근방법을 '로드맵(roadmap)'이라고 한다.

(iv) **우리는 얼마나 목표수준에 다가서고 있는가? (진도평가)**
로드맵에 따라 혁신활동을 추진하는 중도에 실제로 나아지고 있는지, 얼마나 목표수준에 근접하고 있는지 주기적으로 평가하고, 더 보완해야 할 것은 없는지 검토하고 대책을 마련해야 한다.

이상의 4가지 물음 중 3가지는 측정하지 않으면 대답할 수 없는 것이다. 모토롤라에서 식스시그마 개발에 참여하였던 마이클 해리(Michael Harry)는 "우리는 모르는 것을 실천에 옮길 수 없다. 측정하지 않는 것은 알고 싶은 마음조차 없는 것이다"라는 말로 측정의 중요성을 강조한 바 있다.

(2) 산포관리의 의미

식스시그마의 통계적 의미는 산포를 줄이는 것이다. 산포관리의 중요성을 이해하기 위해 사람의 수명을 생각해 보자. 2016년도 기준의 통계청 자료에 의하면 우리나라 신생아의 기대수명은 남자가 대략 79세, 여자가 85세라고 한다. 10년 전에 비해 남녀 모두 대략 5년 가까이 늘어난 수치이다. 〈그림 25.1〉은 연령별 예상 잔여수명을 나타낸 것이다. 이 자료를 기준으로 인간의 일생을 하루 24시간에 비유하면 대략 남자 나

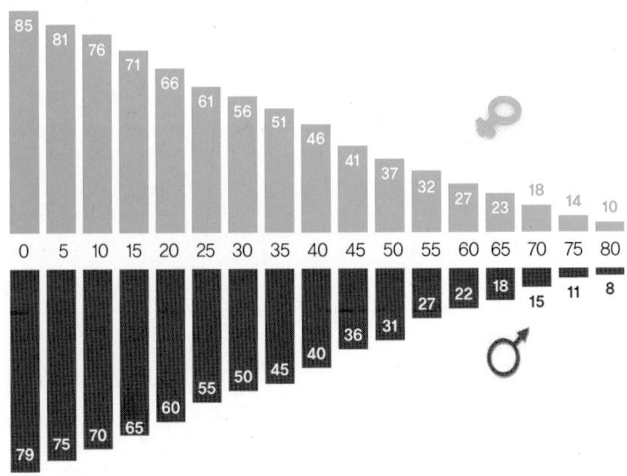

〈그림 25.1〉 한국인의 연령별 잔여수명

이 40세, 여자 나이 43세가 되면 정오를 지나 오후로 접어들었다고 볼 수 있다.

평균수명이 상대적으로 긴 경제적 선진국을 기준으로 하더라도 사람들의 평균수명은 대략 80세 초반 정도이다. 그렇다면 사람의 설계수명은 얼마나 될까? 인간신뢰도(human reliability)란 학문 분야에서는 설계수명을 대략 150세 정도로 추정하고, 의학에서는 120세 정도로 보고 있다. 다시 말해 우리 몸을 이상적으로 잘 관리할 수만 있다면 120세에서 150세 정도까지 살 수 있다는 이야기이다. 그런데 실제 생존수명은 왜 설계수명에 턱없이 못 미치는 것일까?

그것은 중요한 인체 기관들의 수명이 제각각이기 때문이다. 인체의 주요 기관들은 신뢰도 구조상 직렬구조로 연결되어 있기 때문에 뇌, 심장, 간 등과 같은 주요 기관(부품) 중 어느 하나가 기능을 멈추면 시스템 자체가 작동하지 못해 사망하게 된다. 이처럼 인간 수명은 인체를 구성하는 주요 부품 중 가장 먼저 고장나는 것에 의해 결정된다. 인체의 주요 기관들이 모두 다 잘 작동하다가 비슷한 시간대에 수명이 다하여 함께 와르르 고장이 난다면 가장 이상적일 것이다. 따라서 건강관리를 잘 한다는 것은 결국 부품수명의 산포(散布)를 줄이는 것이다.

다른 예를 가지고 산포관리의 중요성을 설명해 보자. 〈그림 25.2〉는 두 사람의 출근시간 분포를 나타낸 것이다. 회사에서 상대적으로 가까운 곳에 사는 '유망주'는 버스로 출근하고, 더 멀리 사는 '진면목'은 지하철로 출근한다. 버스가 평균적으로 시간은 적게 걸리지만 도로의 교통 혼잡상태에 많은 영향을 받으므로 지하철을 이용하는 것에 비해 산포가 크다. 9시부터 근무하기 위하여 두 사람이 똑같이 1시간 전에 집을 나선다면 어떤 결과가 나타날까? 출근에 소요되는 시간이 평균적으로 더 큰 진면목보

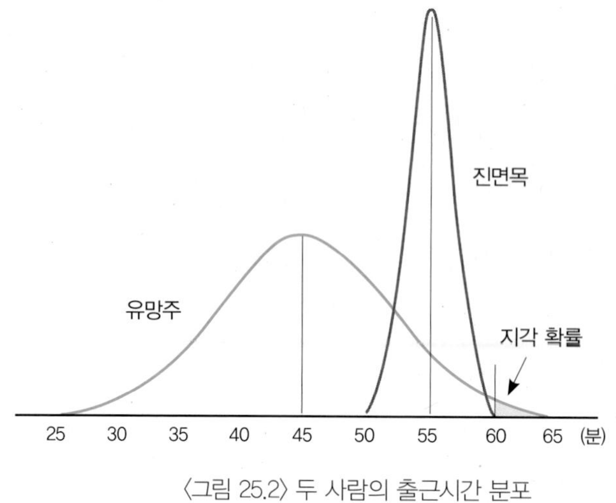

〈그림 25.2〉 두 사람의 출근시간 분포

다 산포가 큰 유망주가 지각할 가능성이 오히려 더 높다. 이처럼 특성치의 산포가 크면 결함(이 예에서는 지각)이 발생할 확률이 커진다.

산포관리의 중요성을 사람의 수명과 출근시간에 비유해서 설명했으나 제품·서비스·공정의 품질이 좋다는 것은 많은 경우 품질특성의 산포가 적다는 것과 같은 동일한 의미를 갖는다. 예를 들어 전기의 품질이 좋다는 것은 규정된 전압과 주파수가 일정하게 유지되는 것이다. 따라서 전압과 주파수의 산포가 적을수록 전기의 품질이 좋은 것이다.

(3) 시그마와 시그마수준

산포란 데이터가 흩어진 정도를 의미한다. 즉, 품질특성치들이 서로 비슷한 값들을 가지면 산포가 작은 것이고, 들쑥날쑥하면 산포가 큰 것이다. 앞의 설명에서와 같이 품질수준을 높이려면 무엇보다 산포를 줄여야 한다. 통계학에서는 산포의 크기를 측정하는 단위로서 표준편차라는 척도를 사용한다. 편차란 중심치(통상적으로 평균값)와의 차이를 말한다. 일반적으로 표준편차를 나타내는 기호로서 그리스 문자 시그마(σ)를 사용한다. 간단히 말해 시그마란 산포의 크기를 나타내는 수치이며, 시그마 값이 크다는 것은 산포가 크다는 뜻이므로 시그마 값은 작을수록 좋다.

식스시그마에서는 품질수준을 '시그마'가 아니라 '시그마수준'으로 나타낸다. 산포가 클수록 시그마 값이 커지므로 시그마 값은 작을수록 좋다. 또한 시그마 값이 작을수록 품질수준이 높으므로 시그마수준은 클수록 좋다. 따라서 식스시그마는 '6시그마 수준'을 줄여서 부르는 말이라고 볼 수 있다.

시그마수준의 의미를 설명하기 위해 다음과 같은 예를 생각해 보자. 음료수를 병에 주입하는 3개의 공정 A, B, C에서 한 병에 들어가는 양의 분포 형태를 조사해 보았더니 〈그림 25.3〉과 같이 공정 A의 산포가 가장 작고 공정 C의 산포가 가장 크게 나타났다. 한 병에 200ml를 담는 것이 목표지만 주입량의 산포 때문에 ±12ml의 편차를 허용한다. 그러면 주입량의 목표치는 200ml, 규격하한(LSL)은 188ml, 규격상한(USL)은 212ml가 된다.

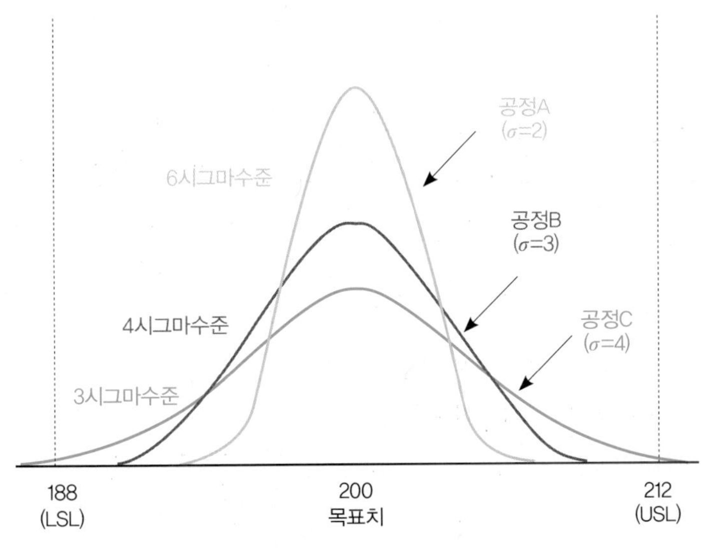

〈그림 25.3〉 시그마와 시그마수준

'시그마수준(sigma level)'은 '규격중심(목표치)에서 규격한계까지의 거리가 표준편차(즉, 시그마 값)의 몇 배'인지를 나타낸다. 〈그림 25.3〉에서는 규격중심 200에서 규격한계(상한 212 또는 하한 188)까지의 거리가 12이므로, 표준편차가 2인 공정 A의 시그마수준은 6(=12/2)이 된다. 마찬가지로 공정 B와 C의 시그마수준은 각각 4(=12/3)와 3(=12/4)이 된다. 이처럼 시그마 값이 작아지면 시그마수준은 높아지고 규격한계를 벗어난 불량품이 나올 확률은 줄어든다.

시그마수준별로 불량률이 어느 정도 되는지 앞서 설명한 음료수 주입공정을 가지고 설명해 보자. 만약 한 병에 주입되는 양의 분포가 〈그림 25.4〉와 같다면 이 공정의 시그마수준은 얼마일까? 규격중심에서 규격한계까지의 거리가 표준편차(시그마)

의 3배이므로 3시그마수준이 된다. 이 경우 주입량이 규격하한과 상한을 벗어날 확률은 각각 1,350PPM이다. 따라서 규격한계를 벗어나는 용량 불량의 발생확률은 2,700PPM이 된다. 다시 말해 음료수 용량이 허용 범위를 벗어나는 경우는 100만 병당 2,700병 정도가 된다.

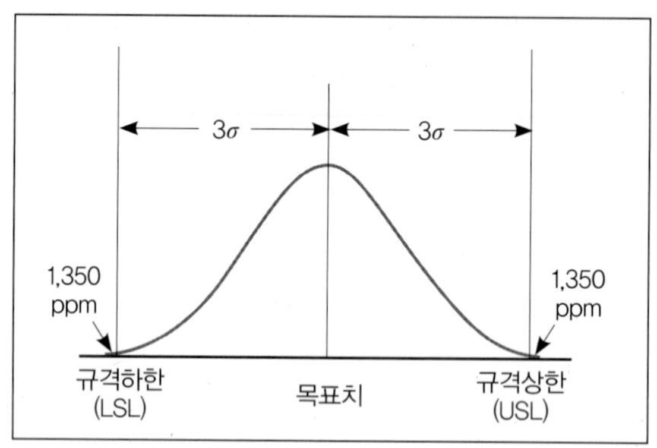

〈그림 25.4〉 공정중심이 목표치와 일치하는 경우

그런데 〈그림 25.5〉에 나타낸 바와 같이 공정중심(공정평균값)이 목표치인 규격중심과 일치하지 않으면 어떻게 될까? 공정중심을 목표치인 규격중심과 일치하도록 기계의 상태를 조정해 두었다 하더라도 오랜 시간이 지나면 이 상태를 유지하기 어렵다. 예를 들어 음료수의 끈적끈적한 점성 때문에 음료수가 주입관에 달라붙으면서 관을 통과하는 음료수의 양이 줄어든다든지 아니면 주입 밸브가 헐거워지면서 주입량이 늘어난다든지 하는 일이 발생할 수 있다.

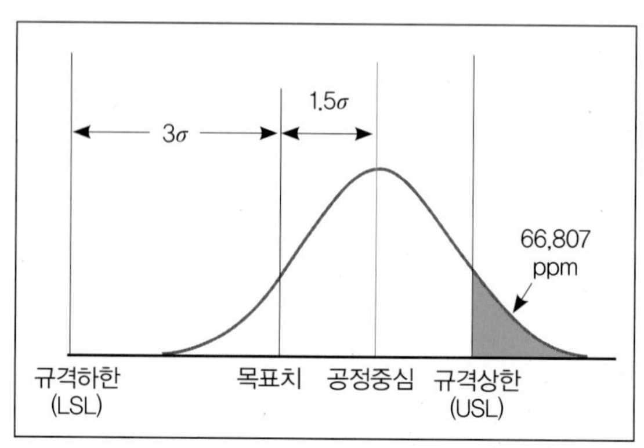

〈그림 25.5〉 공정중심이 목표치에서 1.5시그마 이탈한 경우

식스시그마를 처음으로 고안한 모토롤라는 대략 공정중심이 목표치에서 표준편차(시그마)의 1.5배 정도 이동하는 것을 경험하였다고 한다. 이 때문에 식스시그마에서는 통상적으로 공정중심이 목표치에서 1.5시그마 벗어난다고 가정하고 불량률을 계산한다. 〈그림 25.4〉에서는 규격을 벗어날 확률이 2,700PPM이었으나 〈그림 25.5〉에서와 같이 공정중심이 목표치에서 1.5시그마 이탈한다면 불량률은 66,807PPM으로 대폭 증가한다. 〈표 25.1〉은 공정중심이 목표치에서 1.5시그마 벗어날 경우 동일한 시그마수준에서 불량률이 얼마나 늘어나는지 예시한 것이다.

〈표 25.1〉 시그마수준별 불량률의 크기

(단위 PPM)

시그마수준	공정중심이 목표치에서 벗어나지 않을 경우	공정중심이 목표치에서 1.5시그마 이탈할 경우
1	317,400	697,700
2	45,400	308,537
3	2,700	66,807
4	63	6,210
5	0.57	233
6	0.002	3.4

25.2 식스시그마의 측정척도

(1) PPM과 DPMO

① PPM

식스시그마에서는 불량율을 표현할 때 보통 'PPM(parts per million)'이라는 단위를 사용한다. PPM은 수질오염도나 대기오염도 등과 같이 화학이나 환경 분야에서 자주 사용되는 단위로서 백만분율을 나타낸다. 불량품이 평균적으로 제품 100개당 하나의 비율로 발생하면 백분율로는 1%가 된다. 이것을 백만분율로 나타내면 100만 개당 만 개에 해당하므로 10,000PPM이 된다.

② DPMO

'DPMO(defects per million opportunities)'라는 이름에 'O(opportunity, 기회)'가 들어가는 이유를 설명하기 위해 〈그림 25.6〉과 같은 경우를 생각해 보자. 제품 불량률이 100PPM인 자전거 공장과 1,000PPM인 자동차 공장 중 어느 쪽의 품질관리 능력이 더 우수할까? 자동차 공장의 불량률이 자전거 공장의 불량률보다 10배가 높다고 자전거 공장의 품질관리 수준이 훨씬 더 높다고 말할 수 있을까? 물론 그렇지 않다. 자동차 제조공정은 자전거 공정보다 훨씬 더 많은 부품이 필요하고 공정도 복잡하다.

100PPM　　1,000PPM

〈그림 25.6〉 품질관리 능력의 비교

이처럼 공정의 난이도나 복잡성을 무시한 채 완성품 불량률만 가지고 품질관리 수준을 판단할 수 없다. 이러한 문제를 보완하기 위해 나온 품질측정 단위가 DPMO이다. DPMO는 '결함이 발생할 가능성이 있는 백만 번의 기회당 실제로 결함이 발생하는 횟수'를 나타낸다. 이를 설명하기 위해 〈그림 25.7〉에 나타낸 바와 같이 철판에 5개의 구멍을 뚫는 간단한 가공공정을 가정해 보자. 구멍을 너무 넓게 또는 너무 좁게 뚫어 구멍의 크기가 정해진 규격을 충족시키지 못하면 결함이 된다. 결함이 하나라도 있는 제품은 불량품이 된다.

(⊗ 는 결함을 표시)

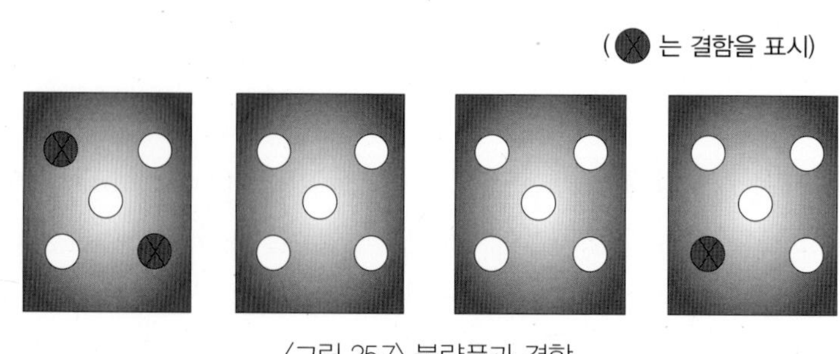

〈그림 25.7〉 불량품과 결함

이 예에서는 제품 4개 중 불량품이 2개이므로 제품 불량률은 50% 또는 50만PPM이 된다. 그러나 불량발생의 기회를 기준으로 보면 다른 결과가 나온다.

제품 하나에는 5개의 불량발생 기회가 있으므로 제품 4개를 생산하는 데에는 모두 20(=4×5)번의 불량발생 기회가 존재한다. 〈그림 25.7〉을 보면 첫 번째 제품에 결함이 2개, 네 번째 제품에 결함이 1개 발견되었다. 따라서 20번의 불량발생 기회당 3번의 결함이 발생하였으므로 결함발생 기회 한 번당 결함률은 0.15(=3/20)가 된다. 이것은 100만 번의 기회당 15만 번의 결함이 발생하는 것과 같은 비율이므로 15만DPMO에 해당한다.

〈표 25.2〉는 공정중심이 목표치에서 1.5시그마 이동한다는 가정 하에 시그마수준별 결함률을 DPMO 단위로 정리한 것이다. [참고: 식스시그마에서 통상적으로 사용하는 PPM이라는 단위는 DPMO를 지칭한다.]

〈표 25.2〉 시그마수준별 결함률

시그마수준	결함률	시그마수준	결함률	시그마수준	결함률
0.0	933,193	2.0	308,537	4.0	6,210
0.2	903,199	2.2	242,071	4.2	3,467
0.4	864,334	2.4	184,108	4.4	1,866
0.6	815,940	2.6	135,687	4.6	968
0.8	758,036	2.8	96,809	4.8	483
1.0	691,462	3.0	66,807	5.0	233
1.2	621,378	3.2	44,566	5.2	108
1.4	541,693	3.4	28,717	5.4	48
1.6	461,139	3.6	17,865	5.6	21
1.8	382,572	3.8	10,724	5.8	8.6
2.0	308,537	4.0	6,210	6.0	3.4

〈표 25.2〉의 오른쪽 맨 아래 나와 있는 값처럼 6시그마수준에서는 불량률이 3.4 PPM이므로 100만 개의 제품 중 불량품이 3개 내지 4개 정도밖에 나오지 않는다고 많은 사람들이 이야기하는데, 이것은 잘못된 것이다. 휴대폰 공장이나 자동차 공장에서 제품 100만 개당 불량품이 3.4개라 한다면 제품 30만 개당 불량품이 하나밖에 나오지 않는다는 이야기이다. 이것이 현실적으로 가능한 이야기일까?

보통 6시그마수준은 불량률 3.4PPM이라고 이야기하지만 정확하게 표현하면 3.4PPM이 아니라 3.4DPMO이다. 따라서 6시그마수준에 도달했다고 하더라도 자동차 제조공정과 같이 부품이 많이 들어가고 여러 단계를 거치면 불량 발생의 기회도 많아지기 때문에 최종 제품의 불량률은 훨씬 더 늘어나게 된다. 그렇다고 해서 6시그마 품질수준의 달성이 결코 만만한 것은 아니다.

(2) 시그마수준의 계산

앞서 설명한 시그마수준의 개념을 간단한 예제를 통하여 복습해 보자.

[예제] 시그마수준의 계산

(i) 규격범위(USL−LSL)가 48, 표준편차가 8일 경우 시그마수준은 얼마인가?

(ii) 위 문제에서 공정능력을 6시그마수준으로 높이려면 표준편차를 얼마로 줄여야 하는가?

(iii) 결함률 1%(즉, 10,000ppm)는 몇 시그마수준인가?

(iv) 위 문제에서 100배의 품질개선(즉, 100ppm)을 성취할 경우 시그마수준은 얼마인가?

[풀이]

(i) 공정중심에서 규격한계까지의 거리가 24, 표준편차가 8이므로 3(=24/8)시그마수준이 된다.

(ii) 공정중심에서 규격한계까지의 거리인 24가 표준편차의 6배가 되어야 하므로 표준편차를 4(=24/6)로 줄여야 한다.

(iii) 〈표 25.2〉에서 대략 10,000ppm(표에서는 10,724ppm)에 해당하는 값을 보면 3.8시그마수준이다.

(iv) 〈표 25.2〉에서 대략 100ppm(표에서는 108ppm)에 해당하는 값을 보면 5.2 시그마수준이다.

시그마수준을 계산하기 위해서는 고객이 중요하게 생각하는 핵심품질특성(CTQ)과 관련된 데이터의 분포형태와 표준편차 값을 추정해야 하지만 그것이 현실적으로 어려운 경우가 많다. 이러한 경우에는 〈표 25.2〉를 이용하여 DPMO 값으로부터 시그마수준을 구한다. 예를 들어 공중화장실의 관리를 위해 바닥 청소상태, 변기 청소상태, 변기 급수상태, 화장지 비치여부 등과 같은 10개의 항목에 대해 매일 20번씩 점검한다고 가정해 보자. 일일 점검 결과 〈표 25.3〉에서와 같이 변기의 청소상태가 불량한 경우가 1번, 세면기의 청소상태가 불량한 경우가 1번 있었다면 화장실의 관리 상태는 몇 시그마수준이 될까?

10개의 점검항목에 대해 매일 20번 점검하므로 하루에 200(=10×20)번의 결함발생 기회가 존재한다. 200번의 결함발생 기회 중 2번의 결함(변기 청소 불량, 세면기 청소 불량)이 발견되었으므로 결함률은 1%(=2/200)가 된다. 이를 백만분률 단위로 나타내면 10,000DPMO가 되는데, 〈표 25.2〉를 보면 이것은 대략 3.8시그마수준에 해당한다.

국내 대기업에서 식스시그마를 강력하게 추진하였던 어느 유명한 경영자는 한 강연에서 왜 식스시그마를 도입해야 하는가를 설명하기 위해 다음과 같은 자신의 경험을 소개한 적이 있다.

〈표 25.3〉 시그마수준의 계산을 위한 예

점검사항 \ 일시	08:00	08:30	09:00	09:30	10:00	10:30	11:00	11:30	12:00	12:30	13:00	13:30	14:00	14:30	15:00	15:30	16:00	16:30	17:00	17:30
1. 바닥 청소상태																				
2. 변기 청소상태													V							
3. 변기 급수상태																				
4. 세면기 청소상태								V												
5. 세면기 급수 여부																				
6. 거울 청소상태																				
7. 전등 점등상태																				
8. 환기 상태																				
9. 화장지 비치 여부																				
10. 전기 드라이어 작동상태																				

"식스시그마를 도입하기 전에는 생산현장을 둘러보면서 작업자들에게 '잘 되어가고 있나?'라고 물었는데 대답은 한결같이 '잘 되고 있습니다'였다. 지금 와서 생각해 보니 이것은 우문우답(愚問愚答)이었다. 경영자가 잘 되고 있느냐고 묻는데 누가 잘못되고 있다고 대답하겠는가? 식스시그마를 도입한 후에는 질문부터가 바뀌었다. '현재 당신이 하고 있는 업무의 CTQ는 무엇인가?' 또한 '그 CTQ의 시그마수준은 어떻게 변하고 있는가?'"

이것은 식스시그마를 도입한 기업과 그렇지 않은 기업의 차이를 단적으로 보여주고 있다.

(3) 시그마수준의 현실적 의미

〈그림 25.8〉에 나타낸 것처럼 이상적 목표인 6시그마수준은 불량률 3.4PPM이지만 품질향상을 위해 전사적 노력을 기울여왔다고 생각하는 일반 기업들의 품질수준은 평균적으로 4시그마수준(6,210PPM) 정도로 추정된다.

〈그림 25.9〉는 〈표 25.2〉를 토대로 작성한 것이다. 이를 보면 시그마수준을 한 단계 높인 다음, 이를 한 단계 더 높이기 위해서는 훨씬 더 큰 개선성과가 요구된다. 예를 들어 4시그마수준을 5시그마수준으로 높이기 위해서는 27배의 개선이 요구되지만, 5시그마수준을 6시그마수준으로 높이기 위해서는 69배의 개선이 있어야 한다. 참

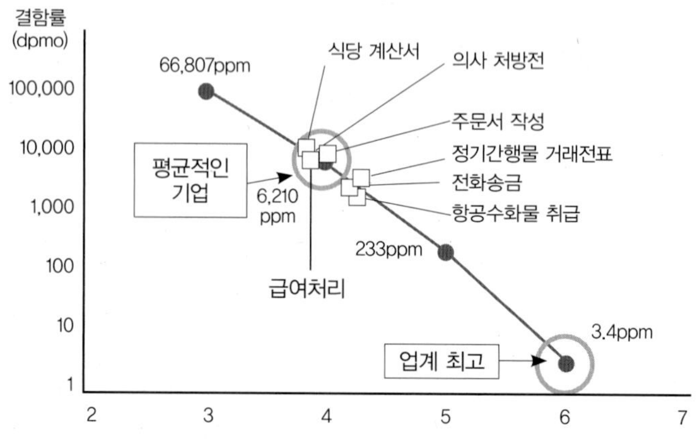

〈그림 25.8〉 평균적인 기업과 세계최고 수준의 비교(Harry and Schroeder, 1999)

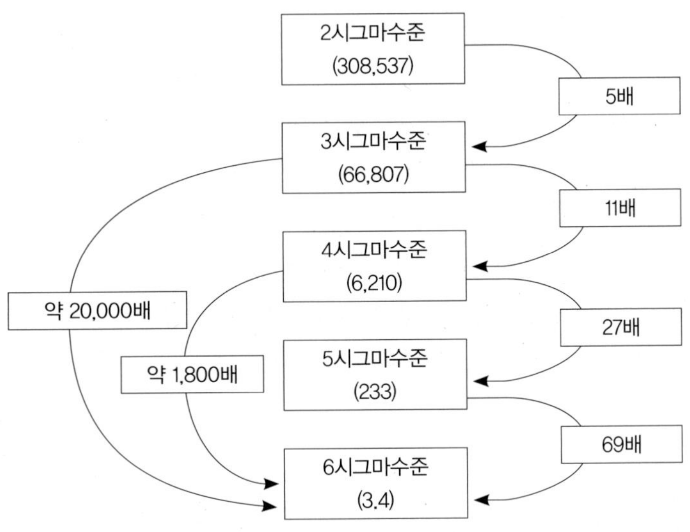

〈그림 25.9〉 시그마수준을 높이기 위한 품질개선 비율

고로 4시그마수준의 기업이 6시그마수준이 되기 위해서는 1,800배, 3시그마수준의 기업이 6시그마수준이 되려면 20,000배의 개선이 필요하다. 이것을 기억해 두면 식스 시그마 척도에 대한 현실감을 익히는 데 도움이 될 것이다.

〈표 25.4〉에 정리한 바와 같이 시그마수준을 1단계씩 향상시킬 때마다 품질비용은 대략 10%씩 감소한다고 한다. 이것은 '최초에 올바르게 한다(DIRTFT)'는 예방철학의 실천에 따라 품질 실패비용이 줄어들기 때문에 얻는 이득이다.

〈표 25.4〉 시그마수준과 품질비용의 관계(Harry and Schroeder, 1999)

시그마수준	결함률(DPMO)	품질비용 (매출액 대비)	비고
2	308,537	적용불가	경쟁력 상실
3	66,807	25~40%	
4	6,210	15~25%	업계 평균
5	233	5~15%	
6	3.4	1% 이하	세계 최고수준

25.3 측정시스템분석

(1) 측정시스템의 평가기준

식스시그마 품질혁신에서는 직감이 아니라 사실(즉, 측정을 통해 얻은 데이터)에 근거한 과학적인 접근을 한다. 그런데 품질개선을 위해 우리가 사용하는 데이터가 진실이 아니라면 아무리 정교한 분석방법을 동원하더라도 아무런 쓸모가 없다. "아웃풋(output)의 질은 인풋(input)의 질에 의해 좌우된다"는 'GIGO(garbage in, garbage out) 법칙'이 컴퓨터의 세계뿐 아니라 품질의 세계에도 그대로 적용되는 것이다.

'측정시스템분석(MSA, measurement system analysis)'이란 데이터를 얻기 위해 우리가 사용하는 측정시스템(측정과 관련된 사람, 기계, 사용법, 절차 등을 총칭함)이 얼마나 믿을 만한지 분석하는 것을 말한다. 측정시스템의 신뢰성이 떨어지면 측정을 통해 얻은 데이터도 믿을 수 없다. 따라서 품질개선 활동을 위해 데이터를 수집·측정하고자 한다면 그에 앞서 반드시 측정시스템의 신뢰성을 확인할 필요가 있다.

측정시스템이 얼마나 믿을 만한지 평가하는 기준은 크게 두 가지로 나눌 수 있다. 그 중 하나는 측정치가 참값에 얼마나 가까운지를 평가하기 위한 측정 평균의 '위치'에 관한 것이고, 다른 하나는 측정치들이 얼마나 일관성 있게 나오는지를 평가하기 위한 측정치의 '변동'에 대한 것이다. 이를 조금 더 자세히 살펴보기로 하자.

① 정확도(accuracy)

측정치의 위치(location)에 관한 것으로서, 측정치의 평균값과 실제값(통상적으로 기준값)의 차이를 말한다. 이 차이를 '편의(偏倚, bias)'라고도 하는데 통상 계측기의 교정(calibration)을 통해 줄일 수 있다. [참고: 측정표준에서 설명한 바와 같이 대부분의 경우 실제값(참값)은 알기 어렵기 때문에 기준값을 사용한다.]

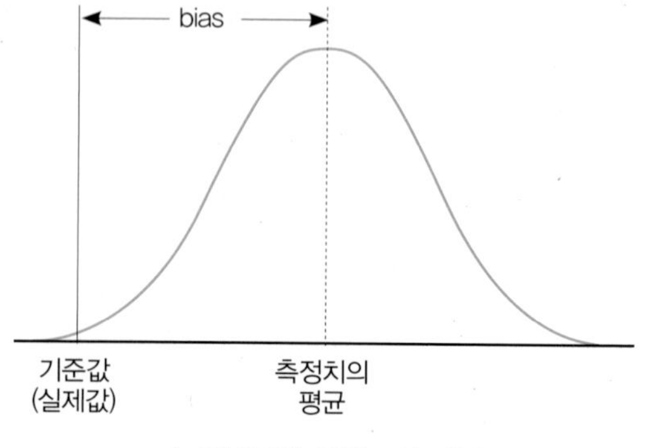

〈그림 25.10〉 정확도의 개념

정확도가 측정치의 크기나 측정 시간에 따라 받는 영향을 설명하기 위해 '선형성'과 '안정성'이라는 개념이 사용된다.

• **선형성**(linearity)

계측기의 측정범위 내에서 측정치의 편의(bias)가 얼마나 일관성을 유지하는가를 나타낸다. 예를 들어 몸무게에 차이가 많이 나는 여러 사람을 동일한 체중계로 측정할 경우, 실제 몸무게에 상관없이 편의가 일정하면 선형성이 좋은 것이다.

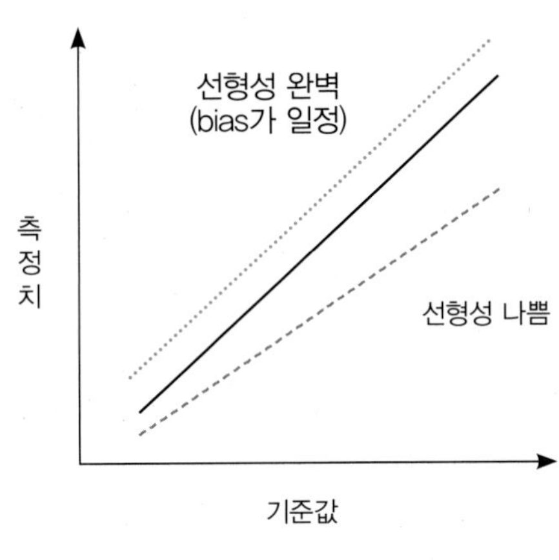

〈그림 25.11〉 선형성의 개념

• **안정성**(stability)

동일한 시료에 대한 측정치가 시간 경과에 상관없이 얼마나 일정하게 나오는가를 나타낸다. 동일한 시료를 측정했는데 예전이나 지금이나 늘 같은 값이 나온다면 안정성이 좋은 것이다.

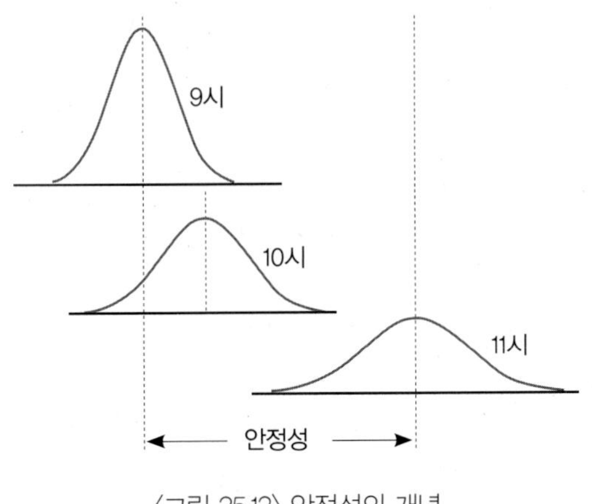

〈그림 25.12〉 안정성의 개념

② 정밀도(precision)

측정치의 변동(variation)에 관한 것으로서 '반복성'과 '재현성'으로 나눌 수 있다.

• **반복성**(repeatability)

동일한 측정자가(또는 동일한 측정기기로) 같은 시료를 여러 번 반복해서 측정할 경우 그 측정치들이 매번 얼마나 일정한 값이 나오는가를 나타낸다.

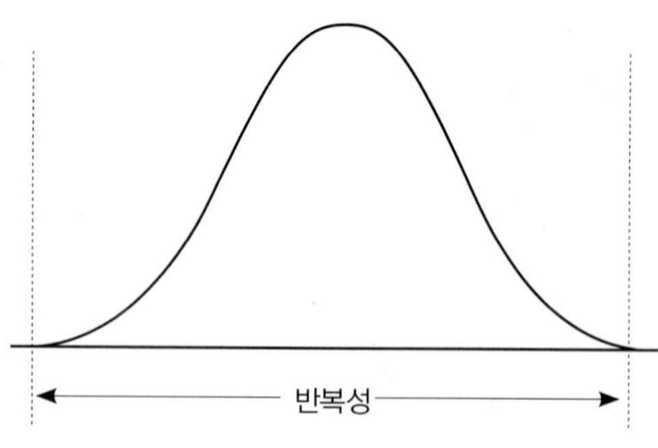

〈그림 25.13〉 반복성의 개념

• **재현성**(reproducibility)

여러 측정자가(또는 여러 측정기기로) 같은 시료를 측정할 경우 그 측정치들이 측정한 사람에 상관없이(또는 측정기기에 상관없이) 얼마나 일정한 값이 나오는가를 나타낸다.

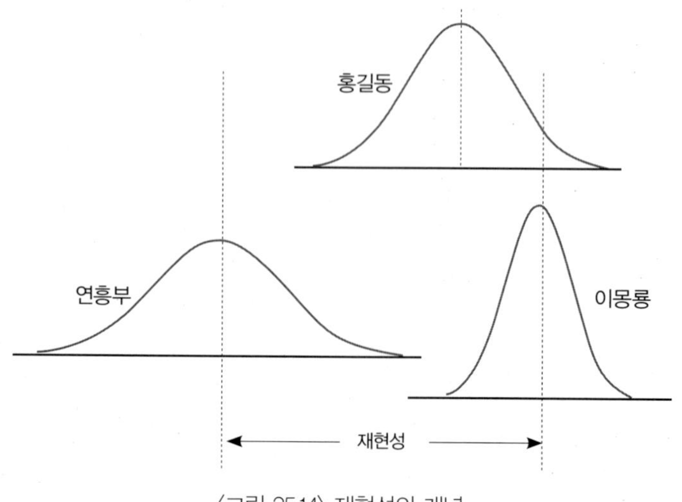

〈그림 25.14〉 재현성의 개념

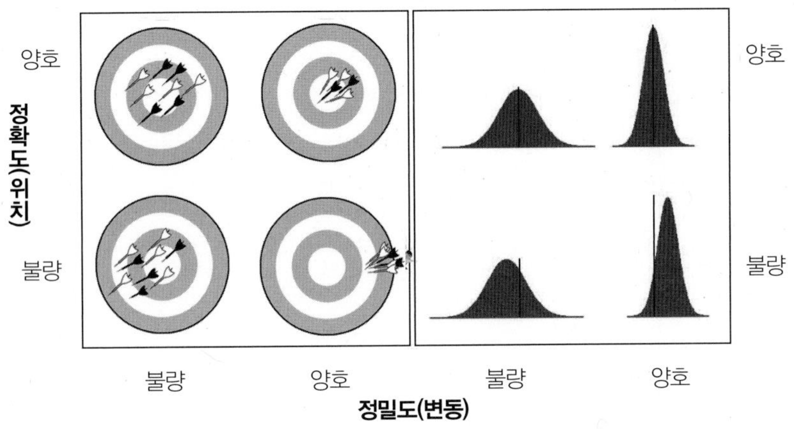

〈그림 25.15〉 정확도와 정밀도의 비교

〈그림 25.15〉는 측정시스템을 평가하는 두 가지 기준인 정확도와 정밀도를 함께 고려한 것이다. 그림의 왼쪽 부분에서 과녁의 중앙은 기준값을 나타내고 과녁에 꽂힌 작은 화살은 측정치를 나타낸다. 또한 그림의 오른쪽 부분은 정확도와 정밀도의 수준에 따라 측정치의 분포형태가 어떻게 변하는지 보여준다.

(2) 게이지 R&R

'게이지(gage) R&R'은 측정시스템을 평가하는 기법이다. 측정시스템을 평가하는 두 가지 기준 중 위치와 관련된 정확성 문제는 대부분 계측기 교정을 통해 바로잡을 수 있으므로 게이지 R&R에서는 정밀도(변동) 특성인 '반복성(repeatability)'과 '재현성(reproducibility)'만 고려한다.

측정시스템의 정밀도가 규격 허용범위(=규격상한값 − 규격하한값)에 비해 상대적으로 크면 규격을 벗어난 제품을 합격시키거나 규격을 충족하는 제품을 불합격시키는 오류를 유발한다. 또한, 측정시스템의 정밀도가 프로세스 자체의 변동에 비해 상대적으로 크면 관리도에서 정상상태를 이상상태로 오판하거나 이상상태를 정상상태로 오판하는 실수가 발생한다. 따라서 산업현장에서는 측정시스템의 변동을 규격범위와 프로세스 변동의 10%가 넘지 않도록 관리하라고 권장한다. 다음과 같은 경우에 반복성과 재현성에 문제가 생길 수 있다.

① 반복성에 문제가 생기는 경우

- 측정설비 측면
  - 계측기의 유지보수가 제대로 안 되는 경우
  - 용도에 비해 계측기의 정밀도가 떨어지는 경우
- 측정자 측면
  - 환경적 조건(조명, 소음 등)
  - 신체적 조건(시력 등)

② 재현성에 문제가 생기는 경우

- 측정절차가 표준화 되어 있지 않음
- 측정방법에 대한 교육·훈련 부족

참고문헌

- 박영택(2005), 「이노베이션 스토리: 혁신에 성공한 기업들이 펼치는 감동의 경영 파노라마」, 네모북스.
- 박영택(2005), 「품질기법 핸드북」, 한국품질재단
- 박영택, 손정, 정택진(2007), Six Sigma for CEO: How to Make Breakthrough Happen, 중국 칭화대학교 출판부(중국어판).
- Harry, M. J.(1998), "Six Sigma: A breakthrough strategy for profitability," Quality Progress, May, pp. 60–64.
- Harry, M. J. and Schroeder, R.(1999), Six Sigma: The Breakthrough Management Strategy Revolutionizing the World's Top Corporations, Doubleday. (안영진 역(2000),「식스시그마 기업혁명」, 김영사)
- Hoerl R. W.(1998), "Six Sigma and the future of the quality profession," Quality Progress, June, pp. 35–42.
- McFadden F. R.(1993), "Six Sigma quality programs," Quality Progress, June, pp.37–42.
- Pyzdek, T.(2003), The Six Sigma Handbook, Revised Edition, McGraw-Hill.

25장 부록 통신기기의 역사 모토롤라

20세기 품질의 무대는 오랫동안 일본이었다. 그러나 1988년 11월 모토롤라가 제1회 말콤 볼드리지 국가품질상을 받은 뒤부터는 무대가 미국으로 옮겨졌다. 모토롤라의 야심찬 품질프로그램이었던 식스시그마 품질혁신은 품질의 새로운 이정표가 되었다.

모토롤라의 역사는 통신기기의 발달사

모토롤라의 역사는 현대 통신기기의 발달사라고 해도 과언은 아니다. 1969년 7월 아폴로 우주선의 선장이었던 닐 암스트롱이 달 표면에 첫걸음을 내디디면서 "이 작은 발걸음 하나는 인류가 이룩한 거대한 발걸음"이라고 외친 생생한 육성이 머나먼 달로부터 지구에 전송되어 전 세계를 감격시켰던 것도 모토롤라의 통신기술이 있었기 때문에 가능하였다.

1928년 폴 갤빈(Paul Galvin)은 5명의 종업원과 5백 65달러의 자본금으로 시카고에 갤빈 제조회사를 설립하였다. 처음에 그들은 건전지가 있어야만 들을 수 있던 라디오를 가정용 전류로 들을 수 있도록 해주는 '배터리 엘리미네이터'라는 상품을 생산하였다. 그러나 당시 미국은 대공황 시기였기 때문에 그들의 사업은 순탄치 않았다. 갤빈은 라디오가 미국인들의 자동차 문화의 한 부분으로 성장할 것을 감지하고 자동차용 라디오를 생산하기로 결정하였다. 1930년에 출시된 '모토롤라'라는 상표의 자동차용 라디오는 그들의 첫 히트상품이 되었다. '모토롤라'라는 말은 갤빈이 만든 '이동 중의 소리'라는 뜻의 조어(造語)인데, 자동차(Motor)와 축음기(Victrola)라는 두 단어를 합성한 것이다.

자동차용 라디오에 이어 모토롤라의 성공에 절대적으로 기여한 제품이 곧 개발되었다. 폴 갤빈은 1930년대 유럽을 여행하는 동안 제2차 세계대전이 임박했다는 것을 직감하고, 당시 경찰용으로 만들고 있던 휴대용 쌍방향 무선기의 수요가 곧 폭발할 것을 예상하였다. 1940년 핸디토키(Handie-Talkie)를 출시하고, 3년 후 유명한 워키토키(Walkie-Talkie)를 내놓았다. 이 제품의 성공으로 1940년 천만 달러를 밑돌던 모토롤라의 매출액이 4년 만에 8천만 달러로 수직 상승하였다. 전쟁이 끝나자 매출액은 2천 3백만 달러로 급락하였으나 TV 사업의 성공으로 1949년에 다시 8천만 달러의 매출을 회복하였다. 1947년 '갤빈제조회사'라는 이름 대신 '모토롤라'라는 기업명이 공식적으로 사용되기 시작했다. 1959년 창업자인 폴 갤빈이 사망할 당시 모토롤라는 군사, 우주 및 상업용 통신의 선두주자가 되었으며, 반도체 생산설비를 구축하고 일반 소비자용 전자산업으로 사세를 확장시켜 나갔다.

하이테크 산업으로의 구조조정

창업자 폴 갤빈의 아들인 로버트 갤빈(Robert W. Galvin)은 모토롤라를 비약적으로 성장시킨 탁월한 경영자로 인정받고 있다. 로버트가 아버지 회사에 입사하기 위하여 다른 지원자들과 마찬가지로 3시간을 대기한 후 면접하였다는 것은 유명한 일화로 남아 있다. 폴 갤빈이 사망한 후의 1960년대는 모토롤라가 장기적인 사업방향을 확정하지 못하고 우왕좌왕하던 방황의 시기였다. 이 기간 중 모토롤라는 몇 번의 인수합병을 추진하였으나 실패하였다. 리어의 항공기 라디오 사업부를 인수, 즉시 팔았는가 하면 보청기 회사인 달버그도 인수한 후 얼마 만에 되팔았다. 또한 오락, 화학, 방송, 심지어 장례산업의 참여까지도 고려하였다.

이러한 방황기를 거치면서 모토롤라는 크게 두 가지 사업방향을 확정지었다. 첫 번째 전략은 국제화였다. 멕시코에 공장을 세우고, 일본을 포함한 8개국에 모토롤라의 제품을 판매하기 시작했다. 1961년에 일본 사무소를 개설한 뒤 1968년에는 일본에 반도체 현지 법인을 설립하고 반도체의 설계와 제조 및 판매를 모두 현지에서 수행하였다.

두 번째 전략은 가전 부문을 포기하고 하이테크 부문으로 사업구조를 재구축하는 것이었다. 이에 따라 1974년 TV사업부를 마쓰시다에 매각하고 반도체와 통신에 기업 역량을 집중하였다. TV사업부의 매각은 미국 가전산업의 몰락을 의미하는 상징적 사건이 되었지만 3년 뒤 모토롤라는 데이터통신업체인 코덱스를 인수하고, 1년 뒤에는 유니버설 데이터시스템도 인수하였다. 1970년대 말에는 자사의 모(母)사업이었던 자동차용 라디오 사업마저 포기하고 하이테크 부문으로 완전히 사업을 재구축하였다. 이러한 전략적 노력에 힘입어 1980년 세계 최초로 무선호출기와 휴대폰을 개발하여 상용화함으로써 모토롤라는 제2의 도약을 하게 된다.

원래 셀룰러폰(cellular phone)은 1970년대 초반 벨연구소에서 개발된 것이다. 당시의 시스템은 하나의 지역을 여러 구획으로 세분화한 뒤 세분화된 각 구역인 셀을 666개의 채널을 가진 송신장치로 연결하는 방식이었다. 사용자가 통화 중 하나의 셀에서 다른 셀로 이동하면 가동 중이던 기존의 채널 대신 새로운 셀의 채널이 할당되는 셀룰러 방식은 이용 가능한 가입자 수의 용량을 비약적으로 늘릴 수 있었다. 모토롤라는 이러한 계획의 설계를 지원하고 시험장비와 신호변환장치를 제공함으로써 이 분야의 첨단기술을 계속 유지할 수 있었다. 모토롤라는 당초 이 셀룰러폰 시장에 1990년 초까지 1백만 명 정도가 가입할 것으로 전망하였으나, 1989

년에 이미 400만 명을 돌파하여 엄청난 황금시장이 되었다. 이것은 모토롤라의 사업구조 조정이 결국 현명한 선택이었음을 입증하고 있다.

갤빈 회장의 탁월한 품질리더십

1979년 시카고 시내의 한 호텔에서 개최된 3일간의 간부회의는 모토롤라가 품질혁신에 총력을 기울이게 된 계기가 되었다. 당시 80명의 간부들이 참여한 이 회의가 거의 끝나갈 무렵 3일 동안 말없이 앉아있던 아트 선드리(Art Sundry)라는 세일즈 매니저가 일어나 발언을 하였다.

"좋은 의제들을 다루었다. 우리는 발전하고 있다. 그러나 우리는 마땅히 다루어야 할 주제를 다루지 못했다. 우리의 품질은 형편없다. 내 고객들은 우리의 품질에 만족하지 못한다고 말하고 있다."

그의 발언은 큰 반향을 불러 일으켰다. 당시 모토롤라는 시장점유율이 50퍼센트가 넘는 확고부동한 업계 제일의 자리를 지키고 있었으며, 선드리가 맡고 있던 쌍방향 무선기 사업부는 성장률, 수익성, 시장점유율 모두에서 가장 우수한 실적을 보이고 있었다. 그럼에도 불구하고 제품 신뢰성, 납품기간 및 기타 측면에서 고객들은 만족하지 못하고 있었다.

당시 회장이던 로버트 갤빈은 "우리의 품질은 형편없다(Our Quality Stinks)"는 선드리의 발언은 모토롤라의 운명을 결정짓는 하나의 계시였으며, 그의 지적이 기폭제가 된 것은 시의적절성에 있었다고 한다.

갤빈은 기업활동의 최우선 순위를 품질에 두기로 결정하고, 매월 개최되는 운영위원회의 안건에 품질문제를 포함시키도록 하였다. 이사회를 제외하고 나면 운영위원회는 최고의 의사결정 기구였다. 그러나 아침 8시에 시작되는 운영위원회는 예산이나 재무성과와 같은 당면문제들을 검토하는데 대부분의 시간을 소비하였기 때문에, 정작 품질문제를 다룰 시간적 여유가 거의 없었다. 4~5개월 동안의 운영실태에 실망한 갤빈은 운영위원회의 회의진행 순서를 거꾸로 뒤집어서 품질문제를 가장 먼저 다루도록 하였다. 품질문제에 대한 안건 토의가 끝나면 그는 곧바로 회의장을 떠났다. 재무성과에 대한 논의가 시작되기 전에 자리를 떠난 것은 '품질이 좋으면 수익은 따라오게 마련'이라는 그의 믿음 때문이기도 하였지만, 회장 자신이 그렇게 행동함으로써 품질이 모든 것에 우선한다는 그의 결연한 의지를 전달하기 위해서였다.

'5년 내 10배 개선'이라는 대담한 목표

1981년 운영위원회는 조직 내 모든 부문이 "5년 내에 10배의 품질개선을 이룩한다"는 야심찬 계획을 수립하였다. 품질은 고객이 결정한다는 정신에 따라 구체적인 품질척도의 결정은 각 사업부와 팀에 일임하였다. 그러나 어떠한 품질척도를 사용하든지 간에 1986년까지 10배의 개선을 이룩하는 것이 목표였다. 5년 동안에 10배의 개선을 성취한다는 것은 매년 60퍼센트의 개선을 이루어내야 한다는 것을 의미하였기 때문에 대다수의 종업원들은 그것이 실현될 수 없는 하나의 이상이라고 생각하였다. 당시의 기업문화로서는 매년 10~15퍼센트의 개선을 이룩하는 것도 결코 쉽지 않을 것이라고 생각되었다. 5년 내 10배 개선이라는 목표의 엄밀한 근거는 없었지만 미국시장을 무섭게 위협하고 있던 일본의 공세를 막기 위해서는 다른 방도가 없다는 것이 경영진의 생각이었다.

고객들은 사용현장에서 발생하는 고장빈도를 가지고 품질을 평가한다는 것을 알았으나 고장을 유발한 원인을 찾을 수 없다는 것이 고민이었다. 1982년 펜실베이니아 주(州)경찰로부터 대규모 통신시스템을 수주한 후 문제해결의 단서를 찾았다. 모토롤라의 전문가들은 사용현장의 고장데이터와 제조 일련번호의 대조를 통해 매우 흥미로운 사실을 발견하였다.

"제조현장에서 결함이 발견되어 수리를 많이 거친 것일수록 실사용 시 고장날 가능성이 높다"는 것이었다. 단지 검사만을 통해 품질을 확보할 수 없다는 것은 단순한 비용의 문제가 아니었다. 내재된 결함의 수가 많을수록 검사에서 발견되지 못하는 결함이 늘어나며, 검사를 통해 찾아낸 결함도 완전한 상태로 복구되지 않는 경우가 있기 마련이다. 사후검사를 통해서는 품질을 관리할 수 없으며, 문제를 유발한 공정 자체에서 문제의 근원을 찾아서 제거해야 한다는 것은 실로 중대한 깨달음이었다.

이러한 발견은 2년 후 비약적 품질개선의 새로운 실마리를 제공하였다. '품질은 공정에서 만들어진다'는 것을 깨달은 후 공정 자체의 개선에 주력하였으나 부문별로 사용하는 품질척도가 각기 달랐기 때문에 품질의 개선상황을 전체적으로 파악할 수 없었다. 그러나 제조단계에서의 결함과 사용현장에서의 결함 사이에 높은 상관관계가 있다는 것을 알고 있었기 때문에 경영진은 '작업단위당 결함수'를 공통의 품질척도로 정하였다. '측정이 없으면 개선도 없다'는 오래된 금언이 측정의 중요성을 말해 주듯이 공통의 품질척도를 갖게 된 후 모토롤라의 품질개선 속도는 급속히 빨라졌다.

모토롤라는 곧 벤치마킹에 착수하였다. 개선팀들은 제조 부문뿐 아니라 설계, 유통, 회계 등 모든 부문에서 최고의 성과를 내고 있는 조직들을 찾아나섰다. 그것은 동종 산업 내에 있을 수도 있고 아닐 수도 있었다. 최고의 성과를 내고 있는 조직이 자사와 직접적인 경쟁관계에 있지 않고 조사방문이 허용되는 한 그들의 성과와 비결을 배우기 위한 방문을 실시하였다. 이러한 노력의 덕분으로 1986년이 되자 당초 불가능하다고 여겼던 10배의 품질개선 목표가 달성되었다.

식스시그마를 새로운 목표로 삼다

'5년 내 10배의 품질개선'이라는 야심찬 목표가 달성되었지만 모토롤라는 거기에 안주할 여유가 없었다. 사실상 동일한 부품과 유사한 제조공정을 가진 다른 제조업체들 중 모토롤라의 품질수준을 훨씬 능가하는 기업들이 적지 않다는 것을 알게 되었기 때문이었다. 1987년 1월 모토롤라는 2년 동안에 10배의 품질개선을 이룩한다는 한층 더 높은 새로운 품질목표를 발표하여 산업계를 놀라게 했다. 식스시그마 품질혁신으로 널리 알려진 이 계획의 목표는 다음과 같았다.

- 1989년 초까지 10배의 개선을 이룩한다.
- 1991년 초까지 또 다시 10배의 개선을 이룩한다.
- 1992년 1월 1일까지 자사의 모든 업무에서 '식스시그마' 품질수준을 달성한다.

식스시그마(6σ)의 의미는 무엇인가? 시그마는 그리이스 철자의 18번째 글자로서 통계학에서는 특성치의 산포를 나타낸다. 시그마 앞의 계수값이 커질수록 불량률은 기하급수적으로 줄어든다. 식스시그마 품질수준이란 3.4ppm으로서, 100만개 중 평균 3.4개 정도의 불량이 발생한다는 것을 의미한다. 이것은 불량률 수준 0.00034퍼센트를 의미하기 때문에 사실상 완전무결에 가깝다.

식스시그마 품질혁신을 위해 모토롤라가 사용한 6단계 절차(Six Steps to Six Sigma)는 다음과 같았다.

- 자신이 생산하고 있는 제품이나 제공하고 있는 서비스를 확인한다.
- 자신의 제품이나 서비스의 대상고객을 확인하고 그들이 중요하게 고려하는 것들을 밝힌다.
- 고객을 만족시킬 수 있는 제품이나 서비스를 공급하기 위해 자신이 해야 할 일을 밝힌다.
- 그러한 일을 수행하기 위한 프로세스를 정의한다.
- 프로세스에 실수방지(mistake-proof)시스템을 도입하고 쓸모없는 노력을 제거한다.
- 측정과 분석을 통해 지속적 개선을 추구하고 개선된 프로세스를 관리한다.

1997년 초반 모토롤라는 20PPM까지 불량률을 낮춘 것으로 알려져 있다. 당초 목표였던 3.4ppm 수준에는 크게 못 미치지만 이렇게 야심찬 목표가 아니었다면 결코 넘볼 수 없는 높은 품질수준을 달성한 것이다.

여기서 많은 사람들이 오해하거나 과장하고 있는 한 가지 사실을 분명히 할 필요가 있다. 20PPM 품질수준이라는 것이 100만 개의 우주정거장을 건설할 경우 20개 정도만이 문제가 있을 수 있다는 것을 의미하지는 않는다. 그것은 공정이나 업무의 매 단계마다, 100만분의 20 정도의 확률로 문제가 생긴다는 것을 의미한다. 따라서 하나의 제품을 완성하거나 하나의 업무를 완료할 경우의 불량률은 거기에 수반되는 작업이나 업무의 총단계수에 비례하여 늘어난다. 20PPM 품질수준이라는 것은 종전의 제품불량률로 환산하면 대략 0.25퍼센트 정도가 된다고 한다.

영원한 승자는 없는가

인간사 권불십년(權不十年) 자연사 화무십일홍(花無十日紅)이라고 했던가? 화려한 스포트라이트를 받으며 품질무대의 전면에 나섰던 모토롤라는 이후 큰 시련에 처한다. 한동안 캐시카우(cash cow) 역할을 하던 무선호출기 시장이 사라지고 반도체 부문에서 경쟁력을 잃으면서 모토롤라의 위상은 급격히 추락하였다.

1991년 모토롤라는 지상 780km 상공에 77개의 소형 통신위성을 띄워 지구 어느 곳이라도 무선통신으로 연결하겠다는 '이리듐(Iridium) 프로젝트'를 발표해 전 세계를 놀라게 하였으나 성공하지 못했다. '이리듐'이라는 프로젝트명은 당초 계획했던 통신위성의 수가 이리듐의 원자번호와 같은 77개였기 때문에 붙여진 것이다. 이 프로젝트의 추진을 위해 모토롤라는 이리듐이라는 자회사를 설립하고 34억 달러에 달하는 소요자금을 조달하기 위한 컨소시엄을 구성하였다. 그러나 휴대폰 로밍기술의 발달에 따라 부피가 크고 무거운 위성폰의 필요성이 사라졌다.

이후 모토롤라는 획기적으로 가벼운 휴대폰인 스타택(StarTAC)을 출시하여 엄청난 성공을 거두었다. 1996년 출시된 스타택은 무려 6천만 대가 넘게 팔리면서 빛바랜 모토롤라에 생기를 불어넣었다. 그러나 1998년 모토롤라는 휴대폰 세계 1위의 위상을 노키아에게 넘겨주고 또 다시 고전하였다. 2004년 모토롤라는 가볍고 날렵한 레이저(Razr)폰을 출시하면서 다시 전성기를 맞는 듯하였다. 레이저는 출시 후 4년 동안 무려 1억 대 이상 팔리며 폴더형 휴대폰으로 역사상 가장 많이 판매된 초대형 베스트셀러가 되었으나, 이 또한 오래가지 못했다. 2007년 애플이 아이폰(iPhone)으로 스마트폰의 시대를 열면서 모토롤라는 무대 뒤로 서서히 물러나게 된다. 2011년 8월 구글은 125억 달러를 주고 모토롤라를 인수하였다. 그러나 2013년말 구글은 모토롤라의 연구개발 부문과 1만 7천여건의 특허권은 남기고, 모토롤라 브랜드와 제조 부문을 중국 레노버에 다시 매각하였다. 세계 통신기기의 역사를 써왔던 모토롤라는 이제 역사의 기록으로만 남게 되었다.

참고문헌

- 박영택(2005), 「이노베이션 스토리: 혁신에 성공한 기업들이 펼치는 감동의 경영 파노라마」, 네모북스.
- www.motorola.com

26장

식스시그마 품질혁신의 전략적 이해

하니웰의 데이비드 코트 회장은 "비록 식스시그마에서 많은 기술적 도구들이 사용되고 있지만 그것은 기술적 프로그램이라기보다는 리더십과 변화관리 프로그램으로 볼 수 있다"라고 말한다. GE의 잭 웰치 전임 회장도 "식스시그마는 GE의 유전자를 바꾸었다"라고 밝힌 바 있다. 이것은 식스시그마의 전략적 의미를 잘 함축하고 있다.

26.1 전략적 프로젝트의 도출

(1) 혁신은 어떻게 일어나는가

혁신을 의미하는 영어 단어로는 보통 이노베이션이 사용되지만 식스시그마에서는 브레이크스루(breakthrough)라는 단어를 쓴다. '브레이크(break)'는 '깨뜨린다'는 말이고 '스루(through)'란 '뚫고 나아간다'는 뜻이다. 따라서 브레이크스루란 현재의 한계를 넘어 한 차원 더 높은 수준으로 나아가는 것을 의미한다. 어떻게 하면 한 차원 더 높은 수준으로 뚫고 나아갈 수 있을까? 흔히들 '생각을 바꾸어야 한다', '창조적 파괴가 필요하다'고 한다. 그럴 듯하게 들리지만 그것만으로는 무엇을 어떻게 하라는 것인지 도무지 알 수가 없다. 일찍이 주란은 이 문제에 대해 다음과 같이 명쾌하게 대답한 바 있다.

"모든 개선은 프로젝트의 수행을 통해 일어나는 것이지 그 외에 다른 방도는 없다."

혁신이란 열정이나 구호만으로 되는 것이 아니다. 지금보다 더 잘하기 위한 프로젝트의 수행이 없으면 아무 것도 달라지지 않는다는 것이다. 제2차 세계대전에서 패한 일본은 데밍과 주란으로부터 배운 것을 토대로 일본식 품질관리인 전사적 품질관리로 발전시켰다. 전원참가를 위해 일본인들이 생각해 낸 방법은 품질관리 분임조와 제안제도였다. 분임조 활동과 제안제도가 개선활동에 모두를 동참시키기 위한 좋은 방법이기는 하지만 이것들은 대체로 자기 주변에서 일어나는 비교적 작은 일의 개선에 치중한다는 한계가 있다. '관심이 가는 많은 문제(interesting many)'에 조직의 역량을 분산시킬 것이 아니라 '전략적으로 중요한 소수의 과제(vital few)'에 초점을 맞추어야 파괴력이 크다. 그러기 위해서는 전략적으로 중요한 과제를 도출하고 이를 실행에 옮겨야 한다.

주란은 혁신활동을 하겠다고 요란한 구호를 외치고 벽에 붙일 것이 아니라 실질적으로 한 번에 하나씩이라도 전략적으로 중요한 프로젝트를 실행해야 한다는 뜻에서 '프로젝트 접근방법(project by project approach)'을 주장하였다. 그의 생각에 따라 다음과 같은 3가지 질문을 해보면 어떤 조직이 혁신활동을 하고 있느냐 아니냐를 알 수 있다는 것이다.

- 현재 수행하고 있는 전략적 프로젝트는 무엇인가?
- 현재의 프로젝트를 수행하기 전에는 어떤 프로젝트를 수행하였는가?
- 현재의 프로젝트를 수행하고 나면 어떤 프로젝트를 수행할 것인가?

이 질문에 곧바로 대답할 수 있다면 혁신을 위해 어떤 일을 해야 하는지 많은 생각을 했다는 증거이며, 또한 그 일을 차근차근 실행에 옮기고 있다는 것이다. 그러나 오늘날과 같이 경쟁자들이 모두 다 잘하려고 노력하는 환경 하에서는 '한 번에 하나씩(step by step)' 프로젝트를 수행하여서는 변화의 속도가 늦어서 안 된다. 우주선이 대기권을 뚫고 우주로 나아가려면 1초에 9.8m씩 뒤로 끌어당기는 중력을 이길 수 있는 엄청난 가속도를 필요로 한다. 경영혁신도 마찬가지이다. 혁신의 속도를 높이면 조직 내의 저항도 따라서 커진다. 조직 내의 저항을 뚫고 브레이크스루를 하려면 변화에 대한 저항과 회의를 가급적 빠른 시간 내에 불식시켜야 한다. 그러려면 변화의 속도가 필요하다.

식스시그마는 간단히 말해 조직 내의 각 부문에서 전략적으로 중요한 혁신 프로젝트들을 도출하고 이를 동시다발적으로 실행하여 변화의 속도를 높이자는 것이다. 이러한 노력을 성공으로 이끌기 위해 식스시그마는 프로젝트의 도출방법, 프로젝트를 수행할 인재의 양성과 활용, 프로젝트의 수행방법과 이 모든 것들이 제대로 돌아가기 위한 지원시스템 등에 대한 명확한 청사진을 제시하고 있다. 이러한 혁신의 청사진을 '식스시그마 혁신전략'이라고 한다.

(2) 프로젝트의 도출 프로세스

기러기 떼는 날 때 V자 대형을 유지한다. 각각의 새들이 날개를 저으면 공기의 양력(揚力)이 생겨 뒤에 있는 새들이 힘을 덜 들이고 날 수 있다. V자 대형의 선두에 선 새가 지치면 뒤로 빠지고, 대신 다른 새가 선두자리를 맡는다. 기러기들은 이렇게 서로 협력하면서 함께 비행하기 때문에 혼자서 날거나 또는 같이 날더라도 특별한 대형을 유지하지 않는 것보다 비행범위가 70% 이상 늘어난다.

식스시그마의 성공을 위한 첫 단추는 전략적으로 중요한 프로젝트들을 도출하는 것이다. 기러기 떼의 비행에서와 같이 시너지를 발휘하려면 도출된 프로젝트들의 '전략적 정렬(strategic alignment)'이 필요하다. 원래 '정렬(alignment)'이란 공장에서

부품을 조립할 때 두 부품의 중심축의 방향을 일치시키는 것을 의미한다. 조직의 모든 활동들은 경영방침이나 조직이 추구하는 공동의 목표 달성을 위해 같은 방향으로 움직여야 한다. 한 배에 탄 사람들이 노를 제각각 저어서는 목적지를 향해 앞으로 전진하기 어렵다. 목적지에 빨리 도착하기 위해서는 조정(漕艇) 경기에서와 같이 호흡과 동작을 맞추어 함께 움직여야 한다.

전략적으로 정렬된 프로젝트의 도출을 위해서는 〈그림 26.2〉와 같은 전략전개의 개념을 적용한다. '비전(vision)'은 조직이 성취하고 싶은 미래상(未來像)이다. 이 미래상은 조직 구성원들의 꿈과 소망을 담은 것이며, 조직 구성원들의 열정과 역량을 결집하

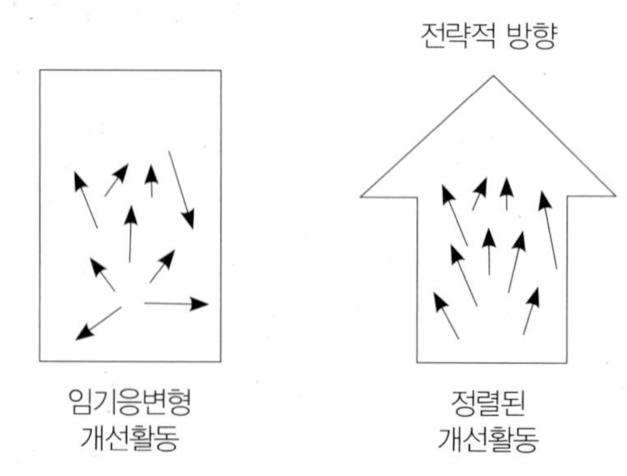

〈그림 26.1〉 혁신활동의 전략적 정렬

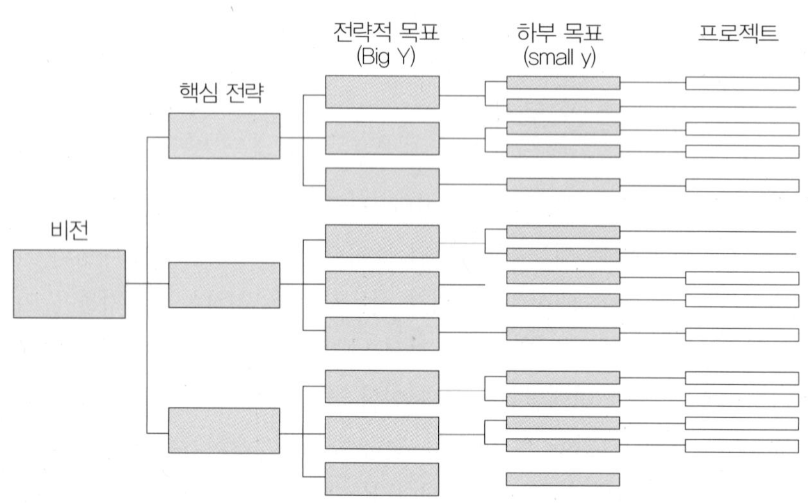

〈그림 26.2〉 전략적으로 정렬된 프로젝트의 도출

면 실현가능한 것이어야 한다. 이러한 비전을 달성하기 위한 전략을 개발해야 하며, 이러한 전략의 실행을 통해 성취하고자 하는 전략적 목표가 있어야 한다. 식스시그마에서는 조직이 성취하고자 하는 전략적 목표를 통상 'Big Y'라고 한다. 전략적 목표를 달성하기 위해서는 이를 전개하여 보다 구체적인 하부 목표들을 도출해야 한다. 이렇게 도출된 하부 목표를 'small y'라고 하며, 식스시그마에서는 이를 달성하기 위한 구체적인 프로젝트들을 실행한다.

전통적으로 기업은 재무성과의 향상에 치중하였는데, 재무적 관점의 성과뿐 아니라 고객관점의 성과와 프로세스관점의 성과, 학습 및 성장관점의 성과를 함께 고려하는 전략적 성과관리 도구를 BSC(Balanced Scorecard, 균형성과표)라고 한다. 여기서 '균형(balanced)'이라는 이름이 붙은 것은 재무적인 성과와 비재무적인 성과, 단기적인 성과와 장기적인 성과, 내부 (운영효율) 성과와 외부 성과, 결과와 과정을 균형 있게 보아야 한다는 의미이다. 매출이나 당기순이익 등과 같이 단기적인 재무적 성과에 집중하여 다른 부분들이 소홀해지면 지속가능한 성장을 기대하기 어렵다.

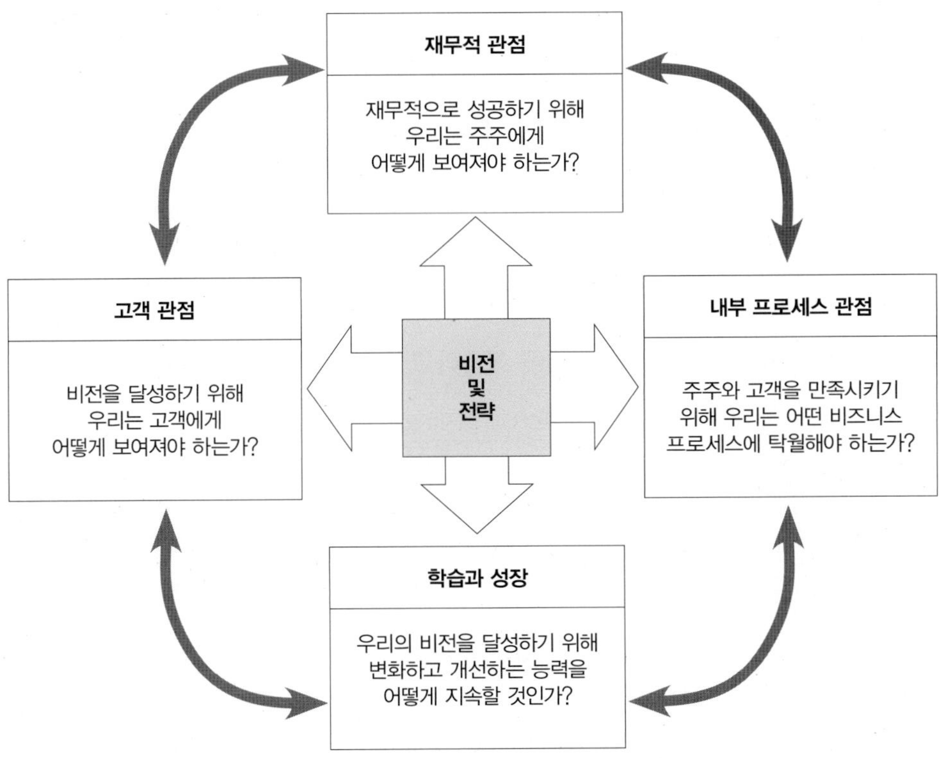

〈그림 26.3〉 비전과 전략을 4대 관점으로 전환(Kaplan and Norton의 1996 자료를 일부 수정)

〈그림 26.4〉는 BSC의 4대 관점이 어떻게 연결되는지 보여주는 하나의 예이다. 높은 투자수익률은 기존 고객의 높은 충성도 때문일 수 있으며, 높은 충성도는 고객이 중요하게 생각하는 핵심품질특성(CTQ, 여기서는 적시 배달)에 대해 고객이 만족해야 한다. 또한 CTQ를 잘 충족시키려면 내부 프로세스의 품질과 효율이 높아야 하며, 이를 위해서는 내부직원들의 역량과 기술을 향상시켜야 한다. 이런 의미에서 재무적 관점은 과거에 얼마나 잘 했는가의 결과라고 생각할 수 있으며, 고객 관점과 프로세스 관점은 현재 얼마나 잘 하고 있는가를 나타낸다고 볼 수 있다. 또한 학습 및 성장관점은 앞으로 얼마나 잘할 역량이 있는가를 반영한다고 볼 수 있다.

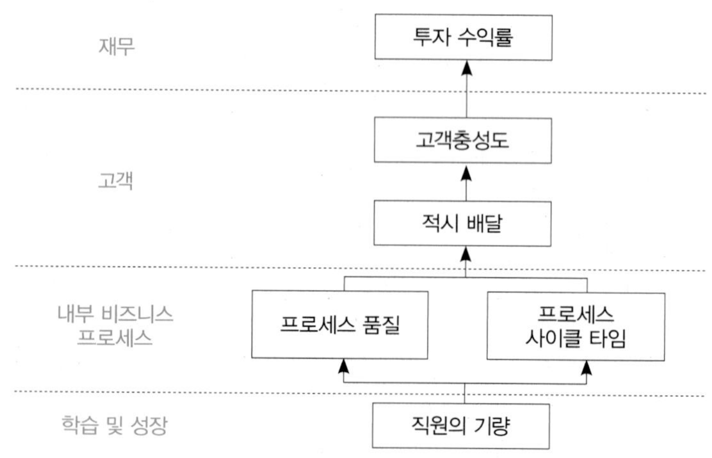

〈그림 26.4〉 BSC 4대 관점의 인과관계(Kaplan and Norton, 1996)

전략전개의 개념을 BSC 4대 관점에 적용하면 〈그림 26.5〉와 같은 형태가 된다. 이 과정을 다음과 같은 순서로 진행된다.

- BSC의 4대 관점 각각에 대해 "만약 우리가 추구하는 비전이 달성된다면 우리는 어떤 모습으로 변해 있을까?"를 머릿속에 그려보고 그렇게 되기 위한 전략적 목표를 설정한다.
- 전략적 목표 달성에 필요한 핵심성공요인(CSF, critical success factors)은 무엇인가?
- 핵심성공요인과 관련된 핵심측정지표는 무엇인가?
- 핵심측정지표 성과를 개선하려면 어떤 개선 활동들을 해야 하는가?

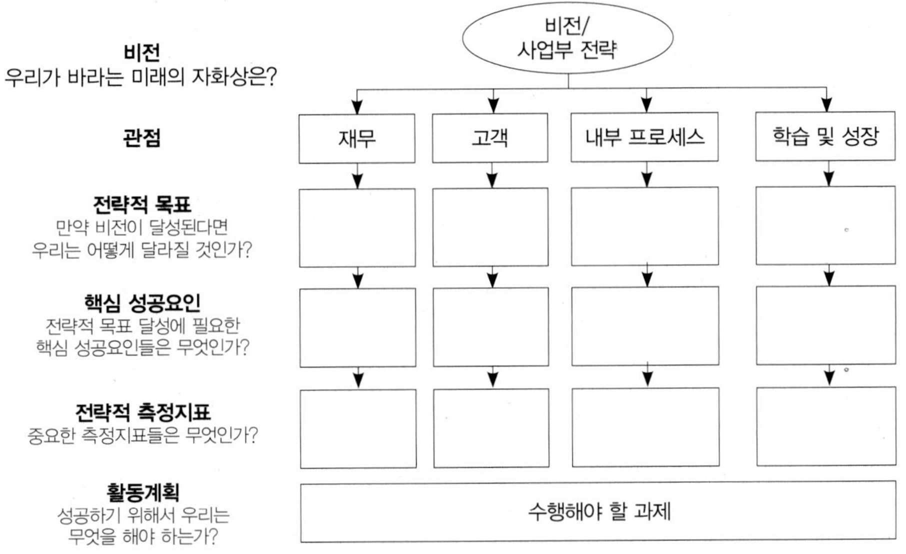

비전
우리가 바라는 미래의 자화상은?
비전/
사업부 전략
관점
재무
고객
내부 프로세스
학습 및 성장
전략적 목표
만약 비전이 달성된다면
우리는 어떻게 달라질 것인가?
핵심 성공요인
전략적 목표 달성에 필요한
핵심 성공요인들은 무엇인가?
전략적 측정지표
중요한 측정지표들은 무엇인가?
활동계획
성공하기 위해서 우리는
무엇을 해야 하는가?
수행해야 할 과제

〈그림 26.5〉 BSC 4대 관점을 이용한 프로젝트 도출

이러한 과정을 거쳐 도출된 과제들은 크게 다음과 같은 3가지 중 하나로 분류된다.

- Quick Win 과제

프로젝트팀을 만들고 심층적인 분석을 하지 않더라도 마음만 먹으면 비교적 쉽게 해결할 수 있는 과제로서, 빨리 성과를 얻을 수 있다는 의미에서 'Quick Win' 과제라고 한다. 또한 문제가 되고 있는 부분을 빠른 시간에 고칠 수 있다는 의미에서 'Quick Fix' 과제라고도 한다. 일본에서는 즉시 실천에 옮길 수 있다는 의미에서 '즉실천(卽實踐)' 과제라고 한다.

- 프로젝트 과제

어느 한 사람이 책임지고 해결할 수 있는 간단한 문제가 아니기 때문에 현상파악, 원인분석, 대책수립, 대책안의 효과검증, 사후관리 등의 전체 과정에 대한 체계적 접근이 필요하다. 이러한 문제를 해결하기 위한 것이 식스시그마의 프로젝트 과제가 된다.

- 중장기 과제

프로젝트 과제이기는 하지만 제한된 자원으로 모든 프로젝트를 동시에 추진할 수는 없기 때문에 다음에 실행여부를 다시 검토할 과제를 말한다.

26.2 혁신인력의 양성과 활용

(1) 인재양성을 위한 벨트제도

전략적 프로젝트가 도출되고 나면 누가 이 프로젝트를 수행해야 할 것인지를 결정해야 한다. 아무리 좋은 프로젝트를 도출하였더라도 그것을 성공적으로 수행하지 못하면 아무런 소용이 없을뿐더러 변화와 혁신에 대한 저항과 부정을 키운다. 그런데 일반적으로 기업은 우수한 인재들을 뽑아 현업에 활용하는 일에만 급급하여 이들을 개선의 전문가로 육성하는 데에는 소홀히 해왔다.

이러한 상황을 그대로 방치한 채 프로젝트를 수행하면 성공하기 어렵기 때문에 식스시그마에서는 개선의 전문가를 양성하고 이들을 활용하기 위한 자격제도를 운용하고 있다. 이 제도는 무술에서 수련생들을 훈련시키고 그들의 실력을 공인해 주는 것에서 아이디어를 얻은 것이다. 태권도에서 수련생이나 선수들의 공인받은 실력을 허리띠(belt)의 색깔로 구분하듯이 식스시그마에서도 다음과 같은 벨트제도를 활용하고 있다.

① **블랙벨트**(BB, Black Belt)

실무적으로 개별 프로젝트를 책임지고 이끌어 가는 개선의 유단자(즉, 혁신활동의 전문가)를 지칭한다. 원칙적으로 이들은 일상적 업무에서 벗어나 전업(full-time)으로 식스시그마 프로젝트의 수행만 담당한다.

② **그린벨트**(GB, Green Belt)

자신의 본래 업무를 수행하면서 식스시그마 프로젝트 팀의 일원이 되어 블랙벨트의 활동을 돕거나 자기 업무와 직접 관련이 있는 소규모의 프로젝트를 책임지고 수행한다.

③ **마스터 블랙벨트**(MBB, Master Black Belt)

프로젝트가 진행되는 전 영역에 걸쳐 챔피언과 블랙벨트 및 개선 팀원들에게 지도·조언·자문하는 역할을 담당하는 사람들로서 통계적인 전문지식뿐 아니라 사람을 다루는 역량까지 갖추어야 한다.

④ **챔피언**(Champion)

식스시그마 활동을 총괄하는 경영진으로서 전략적으로 중요한 프로젝트를 발굴하고, 이를 책임지고 추진할 블랙벨트를 선정하고, 프로젝트의 추진이 잘 진행될 수 있도록 장애요인을 제거하고 필요한 자원을 지원해 주는 든든한 후원자 역할을 한다.

⑤ FEA(Financial Effect Analyst)

식스시그마 추진 팀이나 이들을 지도한 마스터 블랙벨트(MBB), 또는 이들을 후원한 챔피언은 CEO에게 프로젝트의 성과를 실제 이상으로 부풀려서 보고할 가능성이 있다. 이를 방지하기 위해서는 프로젝트의 추진에 직·간접적으로 관계되지 않은 제3자가 객관적으로 성과를 검증할 필요가 있다. 이러한 역할을 전문적으로 수행하는 사람을 말한다.

〈그림 26.6〉 식스시그마 추진인력의 구성

한 가지 유념할 것은 통상 고위간부가 맡는 챔피언을 제외하고 난 마스터 블랙벨트(MBB), 블랙벨트(BB), 그린벨트(GB)와 같은 벨트의 자격은 직위와는 상관없이 그들이 맡는 역할에 의해 결정된다는 점이다. 다시 말해, 블랙벨트(BB)가 그린벨트(GB)보다 상위 직급인 것은 아니며, 마스터 블랙벨트(MBB)가 블랙벨트(BB)의 상사인 것도 아니다.

〈표 26.1〉 식스시그마 추진요원의 구성

구 분	주요 인력	역 할	교 육
챔피언	경영간부	식스시그마 추진에 필요한 자원을 할당하고 블랙벨트의 개선프로젝트 수행을 뒷받침한다. 또한 성과에 따른 보상을 실시한다.	1주일간의 챔피언 교육
마스터 블랙벨트 (MBB)	교육 및 지도 전문요원 (식스시그마 전임)	블랙벨트나 그린벨트 등의 품질요원의 양성교육을 담당하고, 블랙벨트의 활동을 지도·지원한다.	블랙벨트로서 2년 정도 활동한 사람 중 희망자, 1개월 정도 추가교육
블랙벨트 (BB)	개선프로젝트 추진책임자 (식스시그마 전임)	식스시그마 개선 프로젝트의 실무 책임자로서 활동한다.	4주간의 교육을 포함하여 총 4개월간의 교육 및 실습
그린벨트 (GB)	현업담당자 (모든 임직원 가능)	블랙벨트의 개선 프로젝트에 파트타임으로 참여하거나, 상대적으로 작은 규모의 프로젝트를 책임지고 수행한다.	블랙벨트와 동일한 교육을 받는 것이 좋으나, 통상 1~2개월의 교육 및 실습

(2) 벨트의 자격인증

① 블랙벨트(BB) 자격인증

프로젝트를 도출하고 나면 이를 가장 잘 수행할 수 있는 사람에게 맡겨야 한다. 식스시그마에서는 이러한 사람들을 '블랙벨트 후보자(BBC, Black Belt candidate)'로 선발하여 개선의 전문가로 양성한다. 종전의 기업교육 방식은 "와서 배우고 가서 활용해 보라"는 것이었다. 기업연수원이나 별도의 교육장에 모아서 가르치는 것은 쉽게 할 수 있는데 현업에 돌아가서 활용하는 것은 보기 어렵다. 이러한 방식을 답습해서는 성공하기 어렵기 때문에 식스시그마에서는 "해결해야 할 과제(즉, 프로젝트)를 가지고 와서 배운 것을 그 자리에서 적용해 보자"는 것으로 교육훈련의 방식을 근본적으로 바꾸었다.

BB 양성교육은 보통 4개월 정도 소요되는데 '1주 교육, 3주 실습'이 4차례 반복된다. 먼저 MBB로부터 1주일 동안 문제해결의 방법을 배우고 난 후 마스터 블랙벨트의 지도 하에 배운 것을 각자 자기가 가지고 들어 온 프로젝트에 적용해 본다. 그 후 다시 이러한 '1주 교육 3주 실습'이 계속된다. 4번의 교육과 실습이 반복되어 4개월에 걸친 전(全) 과정이 끝나면 성공과 실패가 곧 드러난다. 교육 시 가지고 들어 온 프로젝트가 성공적으로 해결되어 성과를 보이면 성공한 것이고 그렇지 않으면 실패한 것이다. 이처럼 식스시그마에서는 숨을 곳이나 변명의 여지를 주지 않기 때문에, 배우는 사람(BBC)이나 가르치는 사람(MBB) 모두에게 상당한 부담이 되지만 그만큼 교육과 실습에 적극적으로 참여하게 되므로 성공확률도 높아진다.

이 과정이 끝나면 프로젝트의 수행결과를 정리하여 성과발표회를 갖는데, 처음 BBC로 선발되어 교육과 프로젝트의 수행을 거쳐 성과발표회를 갖기까지는 보통 5~6개월 정도의 시간이 소요된다. 보통 이 기간을 '웨이브(wave)'라고 한다. 바다가 파도치는 것을 보면 큰 물결(wave)이 한 번 지나가면 곧 바로 다음 물결이 몰려온다. 이처럼 1차 웨이브를 마친 블랙벨트 후보자(BBC)들은 다시 2차 웨이브에 들어간다. 이때

〈표 26.2〉 제조 부문 블랙벨트 교육과정의 예(Hoerl, 1998)

기 간	내 용	비 고
1주차	식스시그마 및 DMAIC 로드맵 개요 프로세스 매핑 품질기능전개(QFD) FMEA 조직 효과성(성과) 개념 통계 패키지 활용방법 공정능력 측정시스템 분석	주로 측정(measure)에 필요한 교육
2주차	1주차 내용 복습 통계적 사고 가설검정 상관분석 회귀분석 팀 평가	주로 분석(analyze)에 필요한 교육
3주차	실험계획법 요인실험 블록설계 EVOP 반응표면분석 다중회귀분석	주로 개선(improvement)에 필요한 교육
4주차	관리계획 통계적 공정관리 실수방지(Mistake-Proof) 팀 개발 도구활용 총정리	주로 관리(control)에 필요한 교육

부터는 MBB의 지도없이 독자적으로 다른 프로젝트를 수행하게 된다. 통상, 독자적으로 프로젝트를 1~2개 정도 성공시키고 나면 BBC에서 후보자(candidate)라는 꼬리표를 떼고 정식 블랙벨트(BB)로 임명된다.

"프로젝트의 성과가 얼마 이상일 때 성공이라고 판정할 것이며, 독자적으로 프로젝트를 몇 개 성공시켜야 BB가 될 수 있다"는 것과 같은 자격인증 조건은 개별 기업이 결정할 일이다. 따라서 GE에서 인증을 받은 사람이면 GE의 BB이고, 삼성전자에서 인증을 받았으면 삼성전자의 BB이다. 이러한 자격 인증의 공신력을 높이기 위해서 ASQ와 같은 품질 단체에서 BB 자격인증 시험을 실시하고 있으나, 이 경우 프로젝트의 수행경험과 성공능력을 입증할 수 없는 것이 가장 큰 문제이다. 실제로 식스시그마를 경험해 본 사람들이 한결같이 이야기하는 것은 프로젝트의 수행경험이 무엇보다 중요하다는 점이다.

② 그린벨트(GB) 자격인증

프로젝트의 수행만 전담하는 블랙벨트의 수를 많이 늘리기도 힘들 뿐 아니라, 블랙벨트 혼자서는 프로젝트를 성공시키기도 힘들다. 따라서 현업을 수행하면서 블랙벨트의 프로젝트 수행을 돕거나, 규모가 작은 프로젝트는 현업과 동시에 수행할 수 있도록 GB를 활용한다. 원칙적으로 GB는 BB와 동일한 교육을 받는 것이 이상적이지만 교육기간을 1~2개월 정도로 단축하여 운영하는 경우도 많이 있다. 식스시그마에서는 프로젝트의 수행 경험이 중요하기 때문에 상대적으로 규모가 작은 프로젝트라도 수행하지 않으면 GB 자격을 주지 않는 것이 원칙이다. GB의 교육과 프로젝트 지도는 MBB나 BB들이 맡는다.

③ 마스터 블랙벨트(MBB) 자격인증

MBB는 무술도장의 사범과 같이 수련생(GB)을 지도하고 유단자(BB)를 양성하는 사람들이다. 식스시그마 활동 초기에는 외부 전문가가 이 역할을 담당하지만 시간이 지나면 식스시그마 프로젝트를 성공적으로 추진한 경험이 있는 기업 내의 BB 중 적임자를 선발하여 이 역할을 맡긴다.

BB로 선발된 사람들을 현업에 복귀시키지 않고 계속 프로젝트의 수행만을 전담하게 할 수는 없다. 일반적으로 블랙벨트로 2~3년 활동한 후 현업으로 복귀시키며, 새로운 BB를 양성하여 혁신활동을 지속적으로 추진한다. 혁신이란 일회성·일과성 활동이 아니라 기업이 존속하는 한 계속되어야 한다. BB 활동에 재미와 보람을 느끼는 사람들 중에서 현업에 복귀하는 것보다 혁신활동을 더 하고 싶어하는 사람들이 있다. 이런 사람들이 사외 전문가가 맡고 있던 MBB 역할을 물려받기 때문에 식스시그마를 도입한 지 3년 정도 지나면 외부 전문기관의 도움없이 모든 활동을 자체적으로 수행할 수 있다. 일반적으로 BB 인증을 받은 후 추가적으로 2~3개 정도의 식스시그마 프로젝트를 성공시킨 사람들 중에서 자원자를 선발하여 1개월 정도의 추가교육을 시킨 후 MBB로 임명한다.

26.3 식스시그마 로드맵

(1) DMAIC 로드맵 개요

무협지에서와 같이 무술을 비방(秘方)으로 숨기지 않고, 무술도장과 같은 공개된 장소에서 수련생을 지도하고 유단자를 양성하려면 교본에 따라 정석을 가르쳐야 한다. 이와 마찬가지로 식스시그마에서도 BB나 GB의 양성교육을 실시할 때 사용하는 표준적인 문제해결 방법론이 있다. 이 표준적인 문제해결 절차를 보통 '식스시그마 로드맵'이라고 한다.

로드맵(roadmap)이란 단어를 직역하면 도로지도이다. 지도를 보고 찾아가면 시행착오를 적게 거치고도 목적지에 도착할 수 있듯이 식스시그마 프로젝트도 표준적

〈표 26.3〉 식스시그마 프로젝트의 수행단계

단 계	내 용
정의(Define)	핵심품질특성(CTQ)을 파악하고 개선 프로젝트를 선정한다.
측정(Measure)	측정방법을 확인하고, 현재의 CTQ 충족정도를 측정한다.
분석(Analyze)	CTQ와 그에 영향을 미치는 요인의 인과관계를 파악한다.
개선(Improve)	CTQ의 충족정도를 높이기 위한 방법과 조건을 찾는다.
관리(Control)	개선된 상태가 유지될 수 있도록 관리한다.

인 문제해결 절차에 따라 추진하는 것이 효과적이다. 이 절차가 정의(define), 측정(measure), 분석(analyze), 개선(improve), 관리(control)의 다섯 단계로 구성되어 있기 때문에 이들의 영문 머리글자를 따서 'DMAIC(드마익) 로드맵'이라고 한다. 〈표 27.3〉은 DMAIC 로드맵의 각 단계를 요약한 것이다.

(2) 정의(Define)

DMAIC의 첫 번째 단계는 문제가 무엇인지 정의하는 단계이다. 문제점이란 개선의 기회가 된다는 의미에서 "개선의 기회를 정의"하는 단계로서, 개선 프로젝트의 주제와 그것의 목표 및 범위를 구체적으로 결정하는 부분이다. 이 단계는 식스시그마의 첫 단추를 끼우는 일이므로 매우 중요하다. 일반적으로 좋은 프로젝트가 되기 위한 두 가지 조건을 'M&M(meaningful and manageable)'이라고 하는데 그 의미는 다음과 같다.

- Meaningful(**유의미**)

성과를 내부 또는 외부 고객이 피부로 느낄 수 있어야 '의미 있는(meaning)' 프로젝트라는 뜻이다. 그러기 위해서는 프로젝트의 목표가 고객의 핵심적 요구사항(CTQ)을 개선하는 것이어야 한다.

- Manageable(**관리가능**)

제한된 자원으로 주어진 기간 내에 성공적으로 완료할 수 있을 정도로 프로젝트의 규모와 범위가 적절해야 한다는 뜻이다. 프로젝트의 범위와 규모가 너무 작으면 개선의 성과를 고객이 피부로 느낄 수 없는 반면 범위와 규모가 너무 크면 한 웨이브 내에 해결할 수 없다. 따라서 이러한 경우에는 몇 개의 작은 프로젝트로 나누어 여러 팀이 분담하든지 아니면 시간적 여유를 갖고 순차적으로 추진해야 한다.

정의 단계의 최종 산출물은 프로젝트의 추진 배경과 목표, 추진팀 구성 및 일정 등을 구체적으로 정리한 '프로젝트 실행계획서(project team charter)'이다. 이 실행계획서의 초안은 챔피언이 작성하되 최종적으로는 프로젝트를 실제로 수행하게 될 팀과 의논하여 필요한 부분을 수정한 후 쌍방의 합의 하에 확정한다.

〈표 26.4〉 프로젝트 실행계획서

추진배경(Business Case)	목표기술
이 프로젝트가 왜 중요한 것인지 기술 - 유의미(meaningful)하다는 것이 잘 나타나도록 기술해야 한다.	'SMART' 조건을 충족시킬 수 있도록 명확하게 기술
문제/기회 기술	**팀 구성**
해결해야 할 문제 또는 개선의 기회를 구체적으로 기술 - 유의미(meaningful)하다는 것이 잘 나타나도록 기술해야 한다.	팀 리더 팀 구성원
프로젝트 범위	**일정계획**
프로젝트의 범위 및 제약조건 - 관리가능(manageable)하다는 것이 잘 나타나도록 기술해야 한다.	단계(Phase) 완료예정일(Due Date) 정의(Define) 측정(Measure) 분석(Analyze) 개선(Improve) 관리(Control)

챔피언과 프로젝트 추진 팀의 합의 하에 프로젝트의 실행계획을 문서로 남긴다는 것은 프로젝트의 수행이 과외로 하는 부가적 업무가 아니라 챔피언과 프로젝트 추진 팀이 수행해야 할 공동의 임무라는 것을 공식화하는 것이다. 물론 프로젝트가 진행됨에 따라 프로젝트와 관련된 많은 지식들이 쌓이면 현실이 더 잘 반영될 수 있도록 실행계획서의 내용을 수정할 수 있다.

의욕적으로 시작한 식스시그마 프로젝트가 흐지부지 용두사미(龍頭蛇尾)로 끝나는 것을 방지하려면 프로젝트의 추진 목표가 분명해야 한다. 이를 위해서는 목표기술 시 'S·M·A·R·T'라고 불리는 5가지 원칙을 잘 지켜야 한다.

- Specific : 구체적인 목표
- Measurable : 측정가능한 목표
- Aggressive & Achievable : 도전적이면서도 현실적으로 성취 가능한 목표
- Relevant : 프로젝트의 본래 수행 목적에 부합하는 목표
- Time-bound : 언제까지 어떤 수준에 도달한다는 시간적 조건이 명시된 목표

프로젝트 실행계획서가 작성되고 나면 현재의 수준이나 실태를 파악하기 위한 측정단계로 들어간다.

(3) 측정(Measure)

식스시그마의 가장 큰 특징 중 하나는 사실(즉, 데이터)에 근거하여 모든 것을 판단한다는 것이다. 식스시그마에서 측정하고 분석하는 데이터는 크게 두 가지 유형으로 나눌 수 있는데, 그 중 하나는 CTQ의 충족정도를 나타내는 '성과변수'이고 다른 하나는 이에 영향을 미치는 요인을 나타내는 '원인변수'이다. 오랜 시련 끝에 수제비 가게로 성공한 한 창업가의 다음과 같은 이야기를 생각해 보자(구희령, 2013).

그런데 수제비 맛이 매일 달라요. 황당하더라고요. 왜 이러지, 왜 이러지…. 계량까지 해가면서 매번 똑같이 해도 맛은 들쭉날쭉하고…. 장사가 안 됐죠, 당연히 안 됐죠. 한 3년은 먹고 살기 힘들 정도였어요.

계속 고민하고 인터넷 검색도 해보고, 책도 읽어보고, 맛집도 가보고, 시장 재료상들도 찾아다니고. 나중에야 멸치 탓이었다는 걸 알게 됐어요. 1주일에 한 번씩 농협 마트에 가서 멸치를 쓸 만큼만 사왔거든요. 그러다 보니 멸치 상태가 매번 달랐던 거죠. 그게 가장 큰 문제였던 거죠. 그리고 요리란 게 종합예술이고, 맛은 조립식이 아니더라고요. 재료 하나가 빠지면 딱 그만큼의 맛만 줄어드는 게 아니라 확 바뀌어버려요.

사실 가게 처음 열 때부터 매일 일지를 썼어요. 오늘은 무슨 재료를 얼마만큼 넣어봤는데 이런 맛이 났다고. 무 한 조각만 더 들어가도 국물 맛이 다르더라고요. 멸치 육수 끓이는 것도 1분 단위로 쓴 맛이 결정되고요. 일지는 요즘도 써요. 지금까지 한 7권쯤 돼요. 보고 싶다고요? 집에 모셔놨어요, 하하.

지금은 '나만의 레시피'가 있죠. 육수도 수천 번 해보고, 겉절이도 수천 번 해봤어요. 다 일지에 기록했고요. 계속 고쳐가면서 3년쯤 걸렸나 보네요. 레시피가 어느 정도 완성됐을 때와 손님이 몰리기 시작한 시기가 비슷해요.

10월에 잡히는 오사리멸치(햇멸치)만 써요. 멸치만 30년 경매한 분께 배웠지요. 1년치를 섭씨 영하 30도 이하로 보관해 놓은 걸 매번 공수해서 써요. 국물 한 번에 2300g을 보자기에 넣어 세 번 우려요. 첫 번째는 물 양을 반만 넣고 찬물부터 끓기까지 17분, 끓고 나서 8분 우리고, 다시 나머지 물을 붓고 끓이는 식인데 항상 타이머를

켜놓아요.

여기서 '수제비의 맛'은 성과변수 *Y*이며, 이에 영향을 미치는 원인변수 *X*로는 재료의 종류, 재료의 양, 끓이는 시간, 끓이는 방법 등이 있을 것이다. 따라서 *Y*와 *X*의 관계는 다음과 같은 함수로 표현할 수 있다.

$$Y = f(X_1, X_2, \cdots\cdots, X_n)$$

측정단계에서는 현재 고객의 핵심적 요구사항(CTQ)을 얼마나 만족시키고 있는지 알아보기 위해 성과변수 *Y*의 측정에 초점을 둔다. 이것은 달리기에 나서기 직전의 출발 기준선을 정한다는 의미에서 '베이스라인(baseline)을 결정한다'고도 한다.

연구방법론에서 성과변수 *Y* 및 독립변수 *X*에 대한 정의는 '개념적 정의(conceptual definitions)'와 '운영적 정의(operational definitions)'로 구분한다. 예를 들어 "비행기의 정시도착률이 고객만족에 미치는 영향"이란 주제를 생각해 보자. 여기서 '정시도착률'이나 '고객만족'이라는 것은 개념적 정의이다. 실제로 이 주제에 대해 연구하려면 어떤 형태로든 데이터가 필요하다. 데이터를 얻기 위해 개념적 정의를 측정할 수 있도록 구체화한 것을 운영적 정의라고 한다.

이에 대해 조금 더 설명해 보자. 비행기의 정시도착률이라고 하면 머릿속에서는 분명할 것 같지만 실제로는 그렇지 않다. 비행기의 정시도착률을 조사해 보라고 몇 사람에게 과제를 주었다고 가정해 보자. 정시도착 여부를 따지기 위해서는 (또한 도착예정시간에서 얼마나 벗어나는지 따지기 위해서는) 비행기의 도착시간을 측정해야 한다. 그런데 도착시간의 기준이 무엇일까? 비행기 바퀴가 공항 활주로 땅에 닿는 착륙 순간? 아니면, 비행기가 착륙 후 첫 번째 승객이 비행기에서 내리는 순간? 그것도 아니면, 첫 번째 승객이 입국장 문에 들어서는 순간? 이처럼 데이터의 측정방법을 명확히 하지 않으면 혼란이 생긴다. 누가 어디서 측정하더라도 동일한 방법으로 측정할 수 있도록 측정방법을 사전에 명확히 정의하지 않으면 안 된다. 측정방법을 이렇게 구체화하는 것을 '운영적 정의'라고 한다. 식스시그마는 데이터를 기반으로 하기 때문에 운영적 정의가 매우 중요하다. [참고: 통상 'operational' definition을 '조작적' 정의라고 번역하고 있으나 이것이 매우 부자연스럽기 때문에 필자는 '운영적' 정의라고 번역하였다. '운영적' 정의는 운영상 사용할 수 있는 구체적 정의라고 생각하면 된다.]

측정단계에서 믿을 만한 데이터를 얻기 위해서는 운영적 정의와 더불어 25장에서 설명한 측정시스템분석(MSA)도 매우 중요하다. 예를 들어 다이어트를 목적으로 우선 현재의 몸무게를 측정한다고 가정할 경우 저울의 눈금을 읽는 방법이 표준화되지 않거나 몸무게를 재는 저울이 정확하지 않으면 측정데이터의 신뢰성이 떨어진다. 따라서 측정데이터를 수집하기에 앞서 측정방법을 확립하고 그 유효성을 검증할 필요가 있다.

(4) 분석(Analyze)

분석 단계에서는 CTQ의 충족정도(Y)에 영향을 주는 잠재적 원인변수들을 찾고, 그 중에서 영향도가 큰 핵심인자인 'Vital Few X'를 선별한다. 성과변수 Y에 영향을 주는 잠재적 요인(X)들이 매우 많기 때문에 이들을 제대로 파악한다는 것이 생각처럼 간단치는 않다. 그러나 이러한 잠재원인들을 제대로 파악하지 않은 채 성급하게 해결책을 찾으려한다면 문제의 근본원인을 빠뜨릴 가능성이 높다. 생선초밥의 경우를 생각해 보자.

생선초밥을 맛있게 만드는 방법을 찾는다고 하면 '생선초밥의 맛'이 성과변수 Y가 되고, 맛에 영향을 주는 요인들이 원인변수 X가 된다. 맛(Y)에 영향을 주는 잠재적인 요인(X)들을 찾아보자.

생선초밥이라는 이름에 '생선'과 '초'와 '밥'이라는 3가지 재료가 있는 걸 보니 이 3가지는 당연히 원인변수에 포함될 것 같다. 먼저, 생선과 관련된 잠재적인 원인변수들을 생각해 보자. 사용되는 생선의 종류와 부위, 생선의 써는 두께와 방향, 숙성방법과 냉장온도 등이 변수 X에 포함될 수 있을 것이다. 마찬가지로, '초(醋)'의 경우에는 식초의 종류, 식초·설탕·소금의 배합비율, 밥과 초를 섞는 시점 등이 원인변수 X가 될 수 있다. 또한, 밥의 경우는 사용하는 쌀의 종류, 쌀을 씻는 방법, 밥 짓는 물, 취사 화력(火力) 및 뜸 들이는 시간 등이 포함될 수 있다. 이와 같이 하나하나 따져보면 피상적으로 생각했던 것보다 잠재적 원인변수가 상당히 많을 것이다. 생선초밥의 맛에 영향을 주는 요인은 이것이 다가 아니다. 초밥의 크기와 모양, 초밥 쥐기, 고추냉이(일본어로 와사비), 양념간장, 사용하는 칼 및 칼놀림, 취사도구 등도 원인변수가 될 수 있을 것이다. 이 중에서 초밥 쥐기 하나만 더 살펴보도록 하자.

생선초밥을 만들 때 여러 번 만지작거리면 손의 온도 때문에 생선의 신선도가 떨어지고, 밥도 주먹밥처럼 단단해져 맛이 없어진다. 따라서 초밥을 만들 때는 손의 온도를 낮추기 위해 손이 시려도 찬물에 적신 후 빠른 속도로 초밥을 만들어야 한다. 이처럼 막연히 생각할 때 간단할 것 같은 문제도 파고들면 들수록 인과관계가 복잡해진다. 이런 경우에는 8장에서 소개한 특성요인도를 사용할 수 있다.

이렇게 많은 원인변수들을 모두 다 고려한다는 것은 현실적으로 불가능하기 때문에 도출된 잠재적 인자들 중에서 성과변수 *Y*에 큰 영향을 미치는 중요한 요인(Vital Few *X*)들을 추출해야 한다.

이를 위해서는 해당분야에서 오랜 경험을 쌓은 전문가의 의견을 들어본다든지, 관련 연구 자료를 조사한다든지, 아니면 원인변수들을 직접 통제(control)하면서 어떤 요인들이 성과변수 *Y*에 영향을 많이 끼치는지 실험할 필요가 있다. 또한, 문제의 근본 원인과 중요한 원인변수(Vital Few *X*)를 제대로 찾았는지 확인하기 위해 가설검정이나 상관분석, 회귀분석 등과 같은 통계적 방법이 필요한 경우도 많이 있다.

통계적 방법이란 말만 들어도 머리가 아픈 사람들이 적지 않겠지만 그리 겁낼 필요는 없다. 식스시그마에서는 미니탭(Minitab)이라는 통계 소프트웨어를 이용하여 통계학에 대해 전문지식이 없는 사람들도 통계적 방법을 부담없이 활용할 수 있도록 도와준다. 이렇게 엄밀한 분석단계를 거치고 나면 비로소 우리가 중점관리해야 할 핵심 원인인자(Vital Few *X*)를 찾을 수 있으며, 이를 토대로 다음 단계인 개선안 도출에 들어간다.

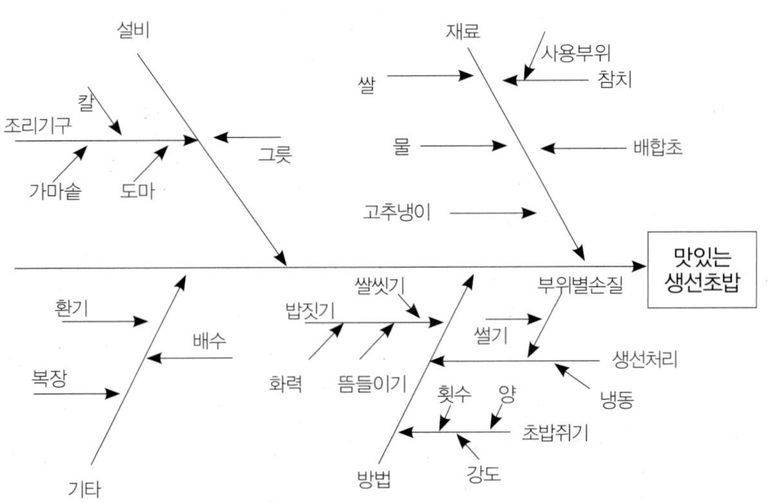

〈그림 26.7〉 특성요인도의 적용

(5) 개선(Improve)

문제의 근본원인과 인과관계를 제대로 이해하지도 못한 채 성급히 문제를 해결하고자 하는 습관이 배여 있기 때문에, 프로젝트를 실제로 수행해 보면 앞서 설명한 정의, 측정, 분석 단계들을 철저하게 밟아 나간다는 것이 어렵다는 것을 자주 경험하게 된다. 그러나 이러한 단계들을 차근차근 밟아 나가면 성과변수 *Y*에 영향을 미치는 주요인자(Vital Few *X*)들을 찾을 수 있다.

개선 단계는 문제의 근본원인을 제거하고, 핵심 인자의 최적 조건을 찾아내어 프로세스의 개선을 실행하는 단계이다. 개선 방안을 찾기 위해서는 실험계획법이나 각종 아이디어 발상법, 창조적 문제해결기법, 벤치마킹 등과 같은 여러 가지 방법들이 사용될 수 있다. 잠재적 해결 방안들 중에서 가장 효과적인 것을 선택하여 적용한다. 다시 생선초밥의 예를 가지고 설명해 보자.

분석단계에서 초밥의 맛(*Y*)을 결정하는 핵심요인이 초밥에 사용되는 생선의 부위, 생선의 썬 두께 및 초간장의 배합비율이라는 결론을 얻었다고 가정해 보자. 그러면 이제 남은 문제는 생선의 어떤 부위를 얼마만큼 두껍게 썰어야 하며, 또한 초간장의 배합비율을 얼마로 해야 하는가를 결정하는 것이다. 이를 결정하기 위해서는 생선의 '사용부위'와 '두께', 그리고 양념간장의 '배합비율'을 계속 바꿔가면서 맛을 비교·평가해 보아야 할 것이다.

생선의 부위를 5가지, 써는 두께를 3가지, 양념간장의 배합비율을 3가지로 제한하고, 각각의 경우를 한 번씩만 시도해 보더라도 모두 45(=5×3×3)회의 실험이 필요하다. 생선초밥의 경우라면 이 정도의 실험이야 해볼 만하다는 생각이 들 수도 있겠지만, 실제 우리가 다루는 문제들은 시간이나 비용 또는 다른 이유 때문에 이렇게 많은 실험을 할 수 없는 경우가 대부분이다.

간단한 문제를 이와 같이 복잡하게 다루는 이유가 무엇인지 궁금하게 여길 수도 있다. 예를 들어 3가지 핵심인자 중 나머지 두 인자의 값을 고정시키고 실험한다면 실험의 횟수가 훨씬 줄어들 것이라는 생각을 할 수도 있다. 이를 테면 생선의 두께와 양념간장의 배합비율을 임의의 값으로 고정시키고, 생선의 5가지 사용부위를 가지고 초밥을 만들어 본다면 5번의 실험만으로도 가장 적합한 부위를 찾을 수 있다는 생각이 들 수도 있다. 그러나 이것은 잘못된 것이다. 왜냐하면 생선의 두께나 양념간장의 배합비율에 따라 생선의 맛있는 부위가 다를 수 있기 때문이다. 실험계획법에서는 이것을 교호작용(interaction)이라고 한다. 교호작용이 존재하면 다른 요인들의 값을 고정시킨

채 특정요인의 최적수준을 결정할 수가 없다. 실험의 횟수를 줄이고도 최적 조건을 찾기 위해서는 실험계획법을 이용해야 한다.

생선초밥 문제와 같이 핵심 인자(Vital Few *X*)의 최적값을 결정해야 하는 문제라면 실험계획법이 유용하겠지만 그렇지 않은 경우도 많다. 예를 들어 종업원의 이직률을 줄이기 위한 채용 프로세스의 개선이라든지, 놀이공원의 비수기 가동률을 높이기 위한 홍보전략의 수립 등과 같은 문제는 이와 같은 방식으로 해결할 수 없다. 이러한 경우에는 각종 아이디어 발상법이나 창조적 문제해결기법, 또는 벤치마킹 등과 같은 여러가지 방법들을 유연하게 적용할 필요가 있다.

개선 방안을 결정했으면 그것을 제한된 범위 내에서 시범적으로 적용하여 그 효과를 검증하고, 추가적으로 개선해야 할 부분을 찾아가면서 개선 방안의 적용범위를 점차 넓혀 나가도록 한다. 이러한 과정이 끝나면 개선된 상태를 유지·관리하는 마지막 단계로 넘어간다.

(6) 관리(Control)

DMAIC 로드맵을 다이어트 프로그램에 비유한다면, 개선 단계까지 성공적으로 진행하였다는 것은 날씬한 몸매를 가지게 되었다는 것과도 같다. 그런데 오랫동안 몸에 밴 습관을 버리기가 쉽지 않기 때문에 다이어트에 성공했다고 하더라도 시간이 지나면 다시 몸이 불어나는 경우를 자주 볼 수 있다. 따라서 다이어트를 통해 날씬한 몸매를 얻은 것 못지않게 그 이후의 유지·관리가 중요하다. DMAIC 로드맵의 마지막 관문인 관리 단계에서는 개선된 상태를 어떻게 지속적으로 유지할 것인가를 다룬다. 그런데 이것은 날씬한 몸매를 유지하는 것보다 훨씬 더 어렵다. 왜냐하면 몸매관리와는 달리 업무 프로세스에는 많은 사람들이 연관되어 있기 때문이다.

따라서 관리 단계에서는 개선사항을 표준화한 후 개선안의 실행책임자(process owner)를 결정하고 주기적인 모니터링을 통해 개선된 상태가 제대로 유지되고 있는지를 확인해야 한다. 효과적인 유지·관리를 위해서는 개선안의 이행방법과 개선된 상태가 유지되지 못할 경우에 어떻게 대처할 것인가를 정리한 '관리계획서(control plan)'를 마련해 둘 필요가 있다.

앞서 설명한 과정을 통해 생선초밥을 맛있게 만드는 비법을 힘들게 찾았다 하더라도, 누가 언제 어디서라도 같은 맛을 낼 수 있도록 하기 위해서는 이를 표준화하고 매뉴얼로 만들어 이에 따라 작업하도록 해야 한다. 맥도날드의 햄버거와 같은 서양의 패스트푸드가 세계적으로 보급될 수 있었던 것도 언제, 어디서 구매하더라도 같은 맛을 즐길 수 있도록 유지·관리되고 있기 때문이다.

표준화된 상태가 유지되고 있는지를 파악하기 위해서는 성과변수 Y와 중요한 원인변수 X값을 지속적으로 모니터링 해야 한다. 14장에서 다룬 관리도를 이용하면 모니터링 데이터를 근거로 프로세스가 안정적으로 유지되고 있는지 아닌지를 쉽게 판단할 수 있다.

또한 작업자가 범하기 쉬운 실수가 결함으로 이어지는 것을 막기 위한 '실수방지시스템'이 유용한 경우도 많다. 예를 들어 고속철 기관사가 운전 중 졸면 큰 사고가 생길 수 있다. 이런 상황에 대비하기 위하여 기관사는 운전 장치에 있는 레버나 누름 버튼, 졸음 방지용 페달 중 어느 하나를 주기적으로 조작하여 신체적 이상이 없다는 신호를 계속 보내야 한다. 만약 졸음이나 심장마비 등으로 1분 이상 계속하여 같은 신호를 보내거나(가령 페달을 계속 밟고 있거나) 신호를 보낸 후 2.5초 이내에 또 신호를 보내지 않으면 운전실에 경보음이 울리고, 그래도 기관사가 반응하지 않으면 기관차에 전기를 공급하는 회로가 자동으로 차단되면서 비상제동이 걸림과 동시에 이러한 긴급 상황이 중앙운행관제실에 무선으로 송신된다.

실수방지시스템이라고 해서 반드시 이렇게 정교하고 복잡할 필요는 없다. 여러 종류의 실수방지시스템에 대해 이미 23장에서 소개한 바 있다.

지금까지 설명한 DMAIC 로드맵을 간단히 요약하면 〈그림 26.8〉과 같다. 로드맵의

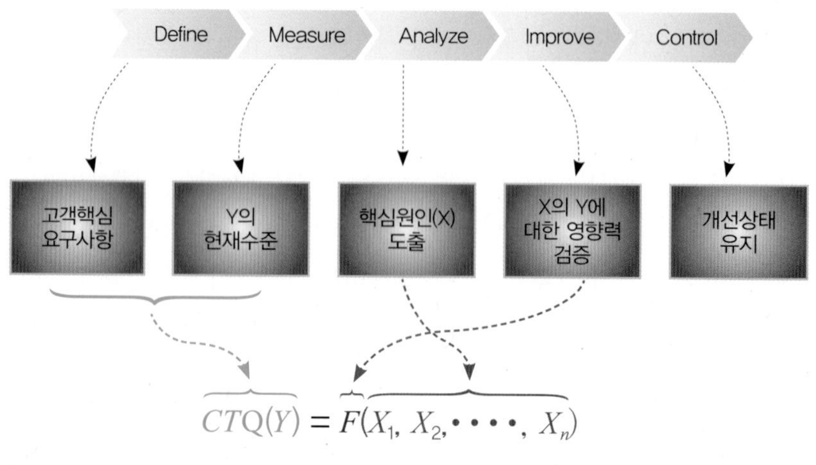

〈그림 26.8〉 DMAIC 로드맵의 기본개념

각 단계들이 반드시 앞으로 진행되는 것만은 아니다. 앞 단계에서 소홀하게 다루었던 사항들이 나중에 발견되면 이전 단계로 되돌아가서 미비한 부분을 보충하고 난 후, 원래 하고 있던 단계를 계속 진행한다. 그러나 프로젝트의 원활한 수행을 위해서는 이러한 일이 자주 일어나지 않도록 로드맵의 각 단계를 충실히 이행할 필요가 있다. [참고: 식스시그마에서는 다음 단계로 이행해도 좋은지에 대한 점검과정을 거치도록 하고 있다. 이러한 점검을 통상 '톨게이트 리뷰(tollgate review)'라고 한다.]

(7) DMAIC와 DFSS

지금까지 설명한 DMAIC 로드맵은 기존에 하고 있던 업무를 개선하는데 적용하는 표준적 문제해결 과정이다. 이에 반해 'DFSS(Design for Six Sigma)'는 새로운 프로세스의 설계나 신제품개발 등에 적용하는 방법론이다. 그러나 DFSS에는 DMAIC와 같이 표준적으로 널리 통용되는 방법론이 없다.

DFSS의 방법론으로 가장 많이 사용되고 있는 것은 GE에서 창안한 'DMADV(Define, Measure, Analyze, Design, Verify)'이다. 이 절차는 식스시그마 프로젝트를 진행하다가 기존 프로세스의 개선으로는 문제가 해결되지 않는다고 판단될 경우 프로세스를 재설계하고 검증하는 방법이다. 처음부터 새로운 프로세스를 설계하고자 할 경우에는 'DIDOV(Define, Identify, Design, Optimize, Verify)' 절차가 주로 사용된다.

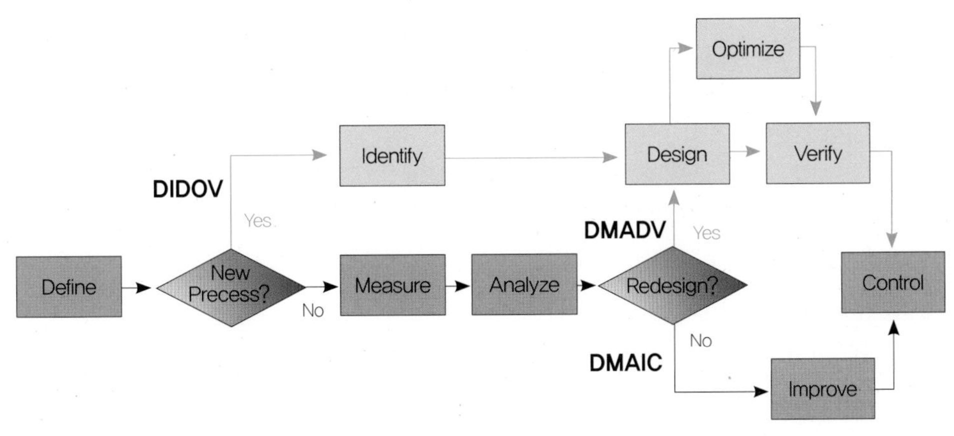

〈그림 26.9〉 DMAIC와 DFSS

26.4 식스시그마 혁신전략의 기대효과

① 수익의 증대

이미 설명한 바와 같이 품질을 높이면 비용이 줄어들기 때문에 기업의 수익성이 좋아진다. 25장 〈표 25.4〉에서 소개한 바와 같이 마이클 해리(Michael Harry)는 시그마수준을 1단계 향상시킬 경우 대략 매출액의 10%에 상당하는 품질비용 감소가 일어난다고 주장하였다. 사실 그의 주장에 대한 이론적 근거는 명확하지 않지만 품질수준이 올라가면 운영비용이 줄어든다는 것은 품질경영의 상식이 되었다. 1장에서 소개한 ROQ 모형과 PIMS 연구, 3장에서 다룬 COPQ, 24장에서 소개한 서비스-수익 체인 등은 모두 품질과 수익성의 관계를 일관성 있게 설명하고 있다.

GE는 잭 웰치 회장이 재임하던 1996년 식스시그마를 도입하였는데, 도입 3년 만에 식스시그마를 통해 얻은 총 재무성과가 20억 달러를 넘었다고 공식적으로 발표한 바 있다. 〈그림 26.10〉은 GE가 식스시그마를 통해 얻은 연도별 비용절감 금액과 이익기여 금액을 정리한 것이다.

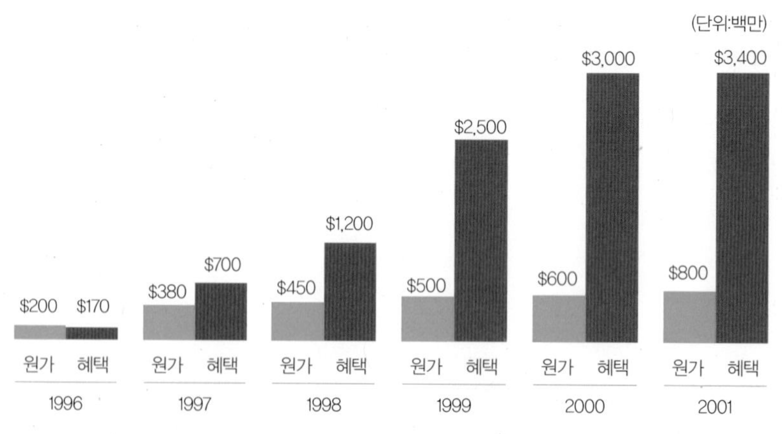

〈그림 26.10〉 GE의 식스시그마 재무성과

② 일하는 방식의 변화

건축가, 디자이너, 공학자, 시인, 철학자 및 저술가로서 다양한 방면에서 창조적 재능을 발휘하였던 벅민스터 풀러(Buckminster Fuller)라는 사람은 다음과 같은 말을 남겼다.

"사람들에게 새로운 사고방식을 가르치고 싶다고 해서 그것을 가르치려는 헛수고는 그만두라. 그 대신 그들에게 도구를 주고 그것을 활용해 보도록 하면 자연스럽게 새로운 사고가 몸에 배일 것이다."

사실 사람들에게 '생각을 바꾸어야 한다', '일하는 방식을 바꾸어야 한다'고 누누이 강조하는 것은 그들을 괴롭히는 것에 불과하다. 마음에 부담만 줄 뿐 그런다고 달라질 것이 없다. 식스시그마 로드맵에 따라 프로젝트를 한 번 수행해 보고 나면 다음에 다른 문제를 다룰 때에도 로드맵에 따라 과학적이고 체계적으로 풀어 나간다.

GE의 잭 웰치 전임 회장은 식스시그마의 도입 이후 달라진 점을 다음과 같이 이야기 하였다.

"식스시그마는 GE의 유전자(DNA)를 바꾸었다. 그것은 지금 우리가 일하는 방법이 되었다."

이처럼 식스시그마가 정착이 되면 무조건 '열심히'가 아니라 '현명하게' 일하는 방식으로 기업의 문화가 바뀌는 것이다.

③ 성공사례의 확산

식스시그마는 특히 대규모 조직에서 더 큰 효과를 발휘한다. 예를 들어 은행의 지점들은 여러 곳에 산재해 있지만 그들이 하는 업무는 비슷하다. 따라서 어느 한 곳에서 식스시그마 프로젝트를 통해 프로세스의 개선이 이루어지면 이것을 그대로 다른 지점에도 적용할 수 있다. [참고: 현장에서는 이를 통상 '수평전개'라고 한다.]

2001년 스타우드호텔은 호텔업계에서는 처음으로 식스시그마를 도입하였다. 스타우드는 웨스틴(Westin), 쉐라톤(Sheraton), 더블류(W) 등과 같은 고급 호텔들과 여러 곳에 휴양지 호텔을 포함하여 세계 80여 국가에 22만 개의 객실을 보유하고 있다. 스타우드의 경영진은 정기적으로 만나서 자신들이 관리하고 있는 호텔의 주요 운영 성과지표를 서로 비교·검토하고, 뒤떨어지는 부분에 대한 이유와 개선방안에 대해 의논하고 이를 식스시그마 활동과 연계하였다. 만약 어느 한 호텔에서 효과적인 개선책이 나오면 다른 호텔에도 알려주고 채택하게 함으로써 성공사례(best practices)를 신속하게 확산시킨 것이다.

④ 지식의 공유

식스시그마 프로젝트의 수행이 프로젝트 자체의 성과로 끝나서는 안 된다. 전략적으로 중요한 과제를 도출하고, 우수한 인재를 선발하여 훈련시키고, 이들이 이 과제의 해결에 전념할 수 있도록 조직 차원에서 지원한 결과 얻은 것이 식스시그마 프로젝트의 성과이다. 따라서 프로젝트를 통해 얻은 성과와 그 과정에서 얻었던 경험은 조직에서 마땅히 공유해야 할 고급 지식이다.

식스시그마의 성과를 공유하려면 식스시그마에 대한 기본적 이해가 필요하다. 식스시그마 프로젝트의 수행에 참여하지 않았다고 해서 'CTQ', '시그마수준', 'DPMO', '핵심 원인인자(Vital Few X)', 'DMAIC 로드맵' 등과 같은 간단한 용어조차 이해하지 못한다면 지식이 공유될 수 없다. GE나 삼성 등과 같이 전사적인 경영혁신의 수단으로 식스시그마를 도입한 선도기업들이 그린벨트 자격을 따지 못한 사람들에게 승진의 기회를 주지 않았던 이유가 바로 여기에 있다.

지식과 지식이 만나면 새로운 지식이 창출된다. 사실 인류문명이 발전되어 온 것은 지식이 축적되면서 새로운 지식이 지속적으로 창출되어 왔기 때문이다. 지식창조경영의 개념을 창안한 일본의 노나카 이쿠지로 교수는 지식에는 다음과 같은 두 종류가 있다고 하였다.

- 암묵지(暗默知, tacit knowledge) : 학습과 경험을 통해 몸으로 체득한 지식으로서 말이나 글로 나타내기 힘든 상태의 내재된 지식을 말한다.
- 형식지(形式知, explicit knowledge) : 암묵지와는 달리 문서나 매뉴얼 등의 형태로 남들에게 전달될 수 있는 지식을 말한다.

이 암묵지와 형식지는 〈그림 26.11〉에 나타낸 바와 같이 다음과 같이 소용돌이친다.

- 표출화(externalization) : 현장에서 학습과 경험을 통해 체득한 암묵지는 표현하기 힘든 직관이지만 대화를 하거나 은유적으로 표현하면 개념화가 가능하다. 이러한 방법으로 암묵지를 매뉴얼화하여 형식지로 바꾼다.
- 연결화(combination) : 여러 사람으로부터 나온 다양한 유형의 형식지를 분류하고 이를 종합하면 새로운 지식이 창조된다.
- 내면화(internalization) : 표준이나 매뉴얼 등과 같은 형식지를 현장에서 실천하는 과정에서 다시 암묵지가 형성된다.
- 공동화(socialization) : 도제(徒弟)관계처럼 경험을 공유함으로써 암묵지를 공유한다.

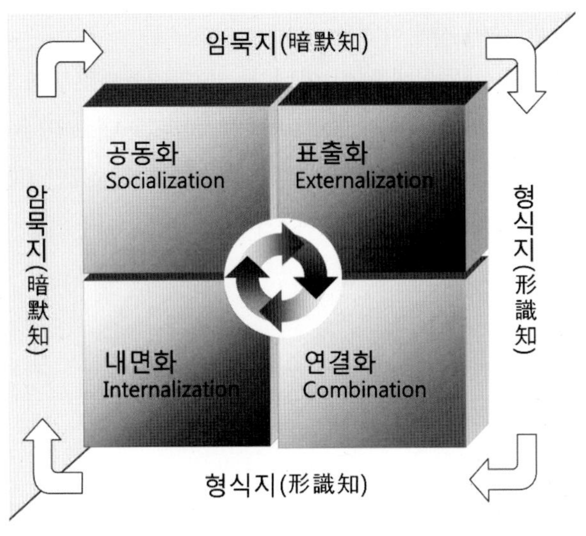

〈그림 26.11〉 지식창조의 4가지 과정(Nonaka, 1994)

이상과 같이 암묵지가 형식지로 바뀌고, 또 다시 형식지가 암묵지로 바뀌는 과정이 반복되면서 지식의 수준이 나선(螺旋)식으로 상승(spiral-up)하면서 새로운 지식이 창출된다는 것이 노나카 교수의 주장이다. 이러한 지식창조의 과정을 'SECI 모형'이라고 하는데, 이것은 공동화(socialization), 표출화(externalization), 연결화(combination), 내면화(intrenalization)의 영문 머리글자를 딴 것이다.

⑤ 인재양성

식스시그마를 추진하는 가장 중요한 이유가 바로 여기에 있다. GE의 잭 웰치 전임 회장은 인재의 중요성을 다음과 같이 강조하였다.

"동네 축구를 할 때는 최고의 멤버를 자기 팀에 끌어들이려고 그렇게 노력하던 사람들이 왜 회사를 운영하면서는 그렇게 행동하지 않는가?"

"GE의 핵심역량은 제트엔진의 제조 능력이나 CT·MRI 등과 같은 의료기기를 만드는 능력이 아니라 인력자원이다."

핵심인재의 확보 못지않게 중요한 것은 이미 뽑아놓은 사람들 중에서 유능한 인재를 잘 선발하여 핵심인력으로 키우는 일이다. 기업의 운명을 좌우할 중요한 과제들을 도출하고, 유능한 인재들을 잘 훈련시켜서 성공 체험을 하도록 만든다면 이들이야말로 장차 기업을 이끌고 갈 검증된 인재가 아닐까? GE는 식스시그마를 도입한 지 3년 만에 20억 달러 이상의 재무성과를 내었음에도 불구하고 잭 웰치 전임 회장은 식스시그마에 대해 다음과 같이 자평하였다.

"식스시그마는 우리가 만들어낸 것이 아니다. 다른 기업으로부터 배운 것이다. 식스시그마를 꾸준히 추진한 결과 수치상으로 만족한 성과를 내고 많은 성공사례들을 얻었지만 그것이 자랑거리가 아니다. 이러한 성과를 만들어낸 27만 6천 명의 인재가 생겨났다는 것이 우리 이야기의 핵심이자 자랑거리이다."

참고문헌

- 구희령(2013), "'하루 120인분만' 분당 연남수제비 … 강동진 사장님, 완판 비결 뭡니까", 중앙일보, 9월 23일.
- 박영택(2005), 「이노베이션 스토리: 혁신에 성공한 기업들이 펼치는 감동의 경영 파노라마」, 네모북스.
- 박영택, 손정, 정택진(2007), Six Sigma for CEO: How to Make Breakthrough Happen, 중국 칭화대학교 출판부(중국어판).
- Hahn, G.J.(2005), "Six Sigma: 20 key lessons learned", Quality and Reliability Engineering International, Vol.21, pp.225-233.
- Harry, M. J.(1998), "Six Sigma: A breakthrough strategy for profitability," Quality Progress, May, pp. 60-64.
- Harry, M. J. and Schroeder, R.(1999), Six Sigma: The Breakthrough Management Strategy Revolutionizing the World's Top Corporations, Doubleday. (안영진 역(2000),「식스시그마 기업혁명」, 김영사)
- Hoerl R. W.,(1998) "Six Sigma and the future of the quality profession," Quality Progress, June, pp. 35-42.
- Kaplan, R.S. and Norton, D.P.(1993), "Putting the balanced scorecard to work", Harvard Business Review, September-October, pp.134-147.
- Kaplan, R.S. and Norton, D.P.(1996), "Using the Balanced Scorecard as a Strategic Management System", Harvard Business Review, January-February, pp.75-85.
- Kaplan, R.S. and Norton, D.P.(1996), The Balanced Scorecard: Translating Strategy into Action, Harvard Business School Press. (송경근, 성시중 역(2000),「가치실현을 위한 통합경영지표 BSC」, 한·언)
- Nonaka, I.(1991), "The knowledge-creating company", Harvard Business Review, November-December, pp.96-104.
- Nonaka, I.(1994), "A dynamic theory of knowledge creation", Organization Science, Vol.5 No.1, pp.14-17.
- Pande P., Neuman R. and Cavanagh, R.(2000), The Six Sigma Way: How GE, Motorola, and Other Top Companies are Honing Their Performance, McGraw-Hill. (신완선, 고기전 역(2001), 「식스시그마로 가는 길」, 물푸레)
- Pande P., Neuman R. and Cavanagh, R.(2001), The Six Sigma Way Team Fieldbook: An Implementation Guide for Process Improvement Teams, McGraw-Hill. (심현택, 김창덕 역(2002), 「식스시그마 팀 필드북」, 물푸레)
- Patil, V.S., Andhale, S.R. and Paul, I.D.(2013), "A review of DFSS methodology: Implementation and future research", International Journal of Innovations in Engineering and Technology, Vol. 2. Issue 1, pp.369-375.

27장

경영품질의 시대

일본에서 가장 존경받는 기업가인 이나모리 가즈오 교세라그룹 명예회장은 탐욕으로 인해 병든 자본주의(資本主義)를 극복하기 위해서는 거래처, 종업원, 고객 모두가 다 잘되어야 한다는 자비의 정신이 살아 움직이는 자본주의(慈本主義)가 필요하다고 강조한다. 자연의 세계를 움직이는 법칙은 약육강식이 아니라 적자생존이듯이 기업도 자신뿐 아니라 상대방도 잘되어야 한다는 이타(利他)의 이념이 있어야 오래간다는 것이다.

27.1 경영품질의 이해

(1) 경영품질이란 무엇인가

슈하트에 의해 시작된 통계적 품질관리(SQC)의 초점은 산포를 줄이는 것이었다. 20세기 들어 도입된 대량생산시스템의 안정적 관리를 위해서는 산포 통제가 무엇보다 중요하였다. 또한 산포를 줄이지 않으면 부품의 호환성도 확보할 수 없었다. 관리도는 산포를 통제하기 위해 나온 기법이며, 공정능력지수와 식스시그마의 시그마수준은 산포관리 능력을 평가하는 척도이다.

통계적 품질관리의 도입을 통해 산포관리 수준이 높아짐에 따라 품질관리의 시야가 내부 공정 관리에서 외부 고객만족으로 확장된다. 산포관리를 통해 규격에 부합하는 제품을 만든다고 고객만족이 보장되지는 않는다. 그것은 고객만족을 위한 필요조건일 뿐이다. 이러한 깨달음에 따라 산포관리에 초점을 맞춘 품질관리(QC)가 고객만족을 목표로 조직 구성원 모두가 동참하는 전사적 품질경영(QM)으로 발전하게 된다.

한때의 영화(榮華)가 아니라 기업의 영속적 생존과 번영을 위해서는 '지속가능한 성장'이 요구된다. 지속가능한 성장을 위해서는 외부 고객뿐 아니라 내부 직원과 투자자, 협력업체 등과 같이 기업의 성쇠에 직접 영향을 받는 '이해관계자(stakeholder)' 모두의 만족이 필요하다. 따라서 '경영품질'이란 결국 "이해관계자의 균형된 만족과 성장"이라고 볼 수 있다.

「사랑받는 기업」을 출간한 미국 벤틀리 대학의 시소디아(R.S. Sisodia) 교수 등은 자본주의에 역사적인 사회적 변화가 일어나고 있다고 주장한다. 기업의 목적을 주주

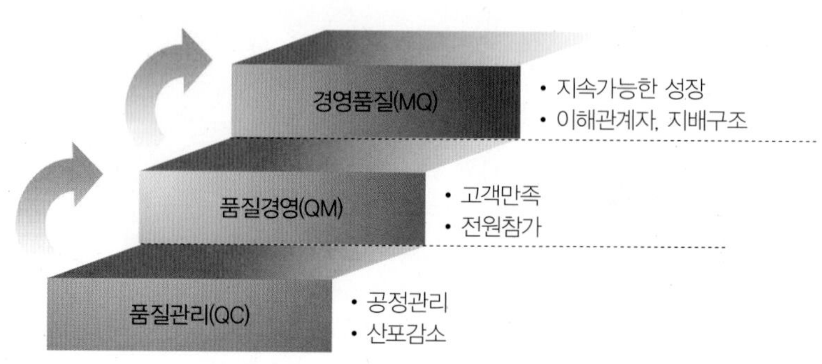

〈그림 27.1〉 품질경영의 발전과정

(shareholder) 가치의 창출보다 더 높은 차원에 두고 있는 기업들이 늘어나고 있다는 것이다. 이러한 기업들은 주요 이해관계자들에게 사랑받기 위하여 말로만 아니라 행동으로 노력하기 때문에 '사랑받는 기업'이라고 명명하였다. 시소디아 교수 등은 현대 기업의 5대 주요 이해관계자들을 다음과 같이 정의하였다.

- 사회(society)
  - 정부와 지역 및 광역 공동체, 기타 사회적 기관, 특히 비정부 기구(NGO)
- 협력업체(partners)
  - 공급사와 같은 상류 협력업체, 수평적 협력업체, 판매사와 같은 하류 협력업체
- 투자자(investors)
  - 개인 및 기관 투자자, 대출 금융기관
- 고객(customers)
  - 개인 및 단체 고객; 현재, 미래, 과거의 고객
- 종업원(employees)
  - 현재, 미래, 과거의 직원 및 그들의 가족

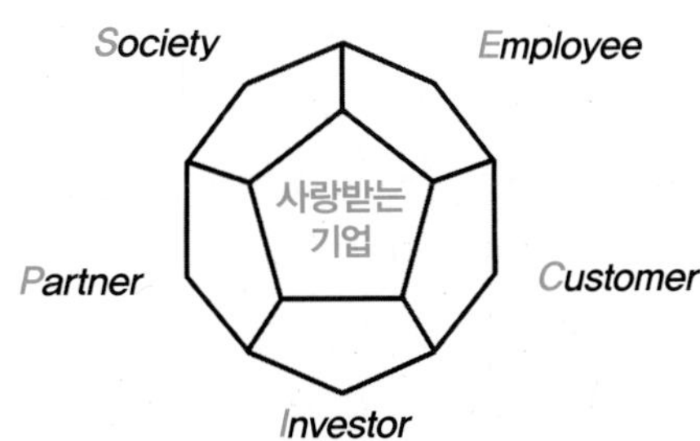

〈그림 27.2〉 기업의 5대 이해관계자

5대 이해관계자들의 영문 머리글자를 모으면 'SPICE'가 된다. 식재료들이 한데 어우러져 훌륭한 맛을 낼 때 좋은 요리가 되듯이 기업도 이해관계자들의 이익을 조화롭게 배분해야 훌륭한 성과를 낼 수 있다는 것이다. 이러한 관점에서 사랑받는 기업들은 이해관계자 중 어느 일방이 다른 그룹의 희생을 통해 이익을 취하지 못하도록 모두의 이해(利害)를 정렬하여 균형된 만족을 추구한다.

소비자들에게 "당신이 사랑하는 기업은 어디인가요?"라고 묻는 설문조사를 통해 후보 기업들을 고른 뒤 이 기업들이 각 이해관계자들에게 실제로 어떻게 하고 있는지

심층 조사를 실시하였다. 이러한 과정을 통해 최종적으로 사랑받는 기업 28개를 선정하였다.

선정된 28개의 기업 중 상장된 13개 회사와 S&P 500대 기업을 대상으로 1996년부터 2006년까지 10년간의 주가 상승에 따른 투자수익률을 비교하였더니 놀라운 결과가 나왔다. 사랑받는 기업들의 평균 투자수익률(1,026%)이 S&P 500대 기업의 수익률(122%)보다 8배나 높았다. 더 놀라운 것은 콜린스(J. Collins)의 「좋은 기업에서 위대한 기업으로」에서 선정한 위대한 기업 11개의 투자수익률(303%)보다도 3배 이상 높게 나왔다는 점이다.

"주주에게 수익을 주려고 하다 보면 결국 단기적인 시각에 머물지만 이해관계자들로부터 사랑을 받으면 중장기적으로 훨씬 더 유리하다"는 것이다.

(2) 경영품질의 평가는 가능한가

경영의 질(質)을 어떻게 측정하고 평가할 수 있을까? 불량률이나 품질비용 등의 품질지표, 1인당 부가가치나 재고회전률 등의 생산성지표, 수익성이나 유동성 등과 같은 재무지표들은 모두 경영의 일면만 평가하는 것이다. BSC가 많이 활용되고 있는 것은 종래의 일면적 평가지표들과는 달리 경영의 여러 가지 측면을 반영하는 다면적 평가지표이기 때문이다. 말콤 볼드리지 미국품질상(Malcolm Baldrige National Quality Award, 이하 'MB상'이라고 지칭함)의 평가기준(Criteria for Performance Excellence, 이하 'MB 평가기준'이라고 지칭함)은 '이해관계자들의 균형된 만족과 성장'이라는 경영품질의 목표를 잘 반영하고 있다. MB 평가기준이 경영의 질을 높이고 평가하기 위한 방법으로 널리 사용되는 몇 가지 실증적 근거는 다음과 같다.

펜실베니아주 랭커스터에 있는 암스트롱(Armstrong)사는 마루 바닥재와 가구 등을 제조하고 있는데, 자사 사업부의 평가를 위해 MB 평가기준을 수년 동안 사용해 왔다. MB상의 선임심사원으로 있는 이 회사의 품질담당 부사장에 따르면, 심사기준에 따른 평가점수와 사업부의 수익성 사이에는 분명한 양(+)의 상관관계가 나타났다고 한다. 즉, MB 평가기준에 따라 높은 점수를 받은 부문이 실제 사업성과도 좋다는 경향이 뚜렷이 나타났다는 것이다. 암스트롱사의 빌딩제품 사업부는 1995년 MB상 수상업체 중 하나가 되었다.

1995년 5월 「퀄러티 프로그레스」지에서는 MB 평가기준의 활용도에 관한 흥미있는 조사결과를 발표한 바 있다. 당시까지 배포된 심사기준은 거의 100만 부이나, MB상에 도전한 기업은 546개 업체에 불과하였다. 그렇다면 MB상에 도전하지 않은 나머지 사람들이나 기업들은 이 평가기준을 실제 사용하였는가? 이에 대한 답을 얻기 위하여 1992년에서 1995년 사이에 MB 평가기준을 가져간 개인이나 기업들 중에서 3,000개의 표본을 무작위로 뽑아서 설문지를 보낸 결과, 이들 중 840개의 설문지가 회수되었다. 회수된 설문지로부터 80% 이상이 가져간 평가기준을 적어도 한 번 이상 사용하였으며, 그 주된 용도는 탁월한 사업성과의 성취 방법에 관한 정보를 얻기 위한 것이었다고 한다. 그들의 사용경험에 의하면 심사기준의 유용성이 사전에 기대했던 수준 또는 그 이상이라는 대답이 80% 가까이 나왔다. 이러한 조사결과는 MB 평가기준이 경영품질의 향상에 유용하게 사용될 수 있다는 것을 보여준다.

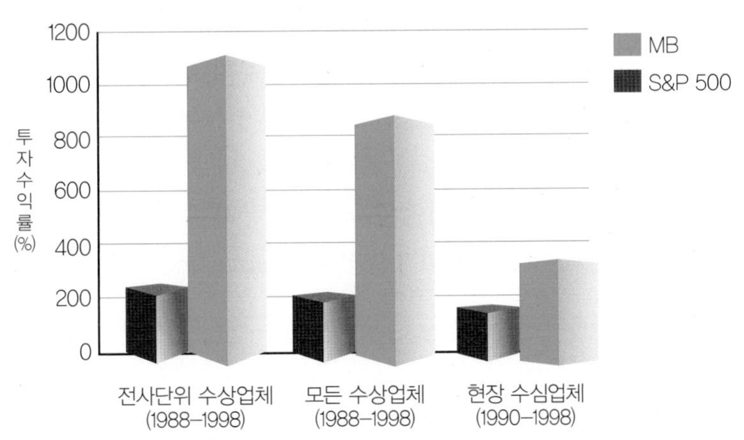

〈그림 27.3〉 MB상 수상 및 수심 업체와 S&P 500의 투자수익률 비교(Business Week, 1997)

1997년 3월 10일자 「비즈니스 위크」지에 따르면 MB상을 수상하였거나 현장심사를 받은 업체의 주식에 투자하였다면 다른 기업에 투자한 것보다 훨씬 더 높은 수익을 얻었을 것이라고 한다. 다음은 〈그림 27.3〉에 대한 설명이다.

"1998년 이후 MB상을 받은 16개 수상업체의 주식에 투자하였다면 S&P 500대 기업의 주식에 투자하였을 경우보다 평균 3배의 투자수익률을 올릴 수 있었을 것이다. 또한 MB상의 수상에는 실패하였으나 서류심사 통과 후 현장심사를 받은 48개 기업들의 주식에 투자하였다면 평균 2배의 수익률을 올릴 수 있었을 것이다."

MB상을 두 번 수상(1991년, 1997년)한 업체인 솔렉트론(Solectron)사의 니시무라

사장은 말콤 볼드리지 기준의 유용성에 대해 다음과 같이 말한 바 있다.

"MB 평가기준은 성장하고 번영할 수 있는 질(質) 높은 회사를 구축하기 위한 길잡이가 된다. 솔렉트론은 이 기준을 받아들였기 때문에, 엄청난 가속도로 발전할 수 있었다. 고객들로부터의 인정과 일선의 재무성과를 통해 볼 때 개선활동들이 매우 효과적으로 전개되었다."

솔렉트론은 MB 평가기준을 도입한 후 5년 만에 매출과 순이익이 모두 10배 이상 늘어나고, 주식가격이 연평균 80% 이상 상승하였다. 〈그림 27.4〉는 1990년부터 1999년까지 10년간 솔렉트론의 주가 상승률 추세를 보여준다. 이 기간 동안 가장 잘 나갔던 기업은 마이크로소프트와 인텔인데, 이 두 기업을 마이크로소프트의 윈도우(Windows)와 인텔(Intel)의 머리글자를 따서 '윈텔(Wintel)' 동맹이라고 한다. 윈텔의 주가 상승률이 S&P 500대 기업의 주가 상승률을 초월하지만, 솔렉트론은 윈텔보다 훨씬 탁월한 성과를 내었다는 것이다.

2011년 톰슨로이터(Thomson Reuters)는 의료부문의 MB상 성과에 대해 발표하였는데 핵심 내용은 다음과 같다. MB상을 수상하였거나 현지 심사를 받은 의료기관들은 (미국 최고의 100대 병원을 선정하는 평가척도 거의 모두에서) 다른 병원에 비해 탁월한 성과를 내고 있다. MB 평가기준은 국가품질상의 수상조직 선정을 위한 목적뿐 아니라 개선의 기회를 찾기 위한 자가진단(self-assessment)용 평가 도구로도 널리 이용되고 있다.

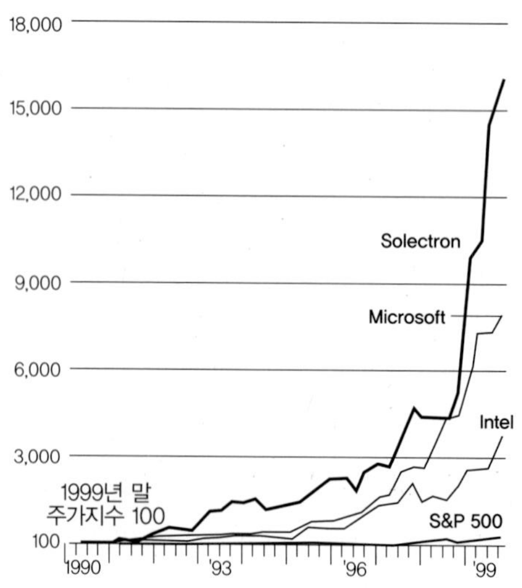

〈그림 27.4〉 윈텔보다 뜨거운 솔렉트론의 주가(Fortune, 1999)

27.2 말콤 볼드리지 미국품질상

(1) MB상의 탄생 배경

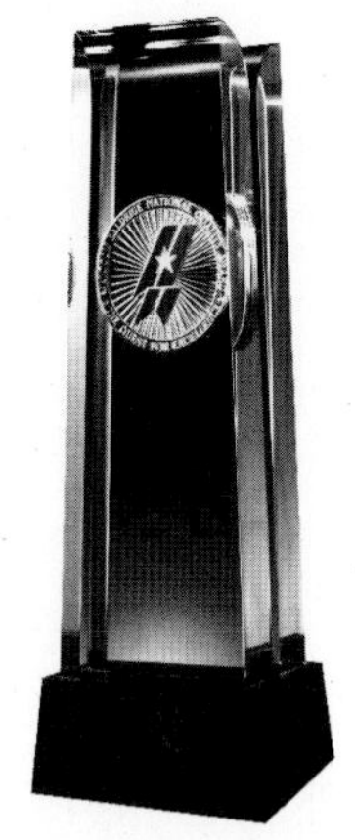
MB상 상패

'말콤 볼드리지 미국품질상(Malcolm Baldrige National Quality Award, MB상)'은 1987년 8월 20일 당시 로널드 레이건 대통령에 의해 최종적으로 승인된 '말콤 볼드리지 국가품질개선법'에 따라 제정되었다.

이 상의 명칭은 1981년부터 1987년까지 미국의 상무부 장관으로 재직하면서 정부의 장기적 능률 및 효율 향상에 큰 기여를 하였던 '말콤 볼드리지(Malcolm Baldrige)'의 이름을 딴 것이다. 그는 소년시절 로데오 선수였으며, 1980년 '올해의 전문 로데오맨'으로 선정된 바 있다. 1984년에는 오클라호마 시에 있는 국립 카우보이 명예의 전당에 올랐다. 1987년 7월 25일 캘리포니아에서 로데오를 즐기던 도중 사망할 때까지 6년 반 이상을 장관으로 재임하였다.

당시 미국의 경제상황은 2차대전 후 최악의 상태에 빠졌다. 무역수지 적자는 무려 1,700억 달러로서 사상 최대의 적자폭을 기록하였으며, 세계시장에서 미국제품은 설 자리를 잃어가고 있었다.

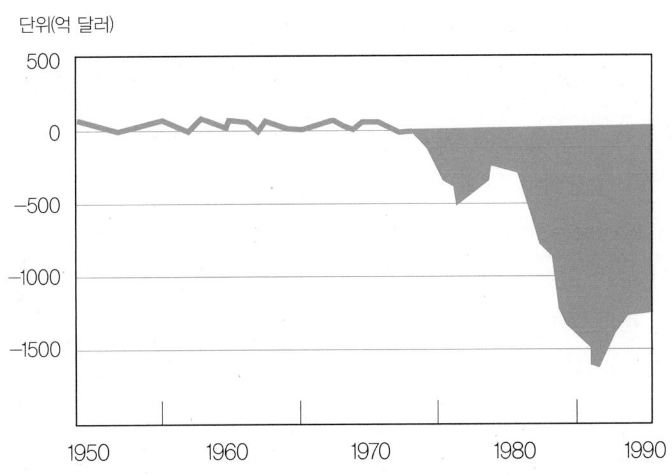

〈그림 27.5〉 미국의 연간 무역수지 적자 추이(Tenner and DeToro, 1992)

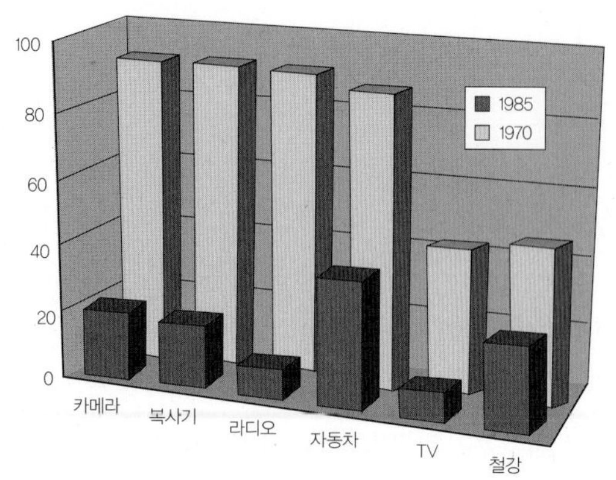

〈그림 27.6〉 미국 제품의 세계시장 점유율 변화(Tenner and DeToro, 1992)

2차 세계대전 종전 후 30여년 동안 미국은 수많은 산업과 세계시장을 지배하였다. 1970년대 말까지만 하더라도 미국은 자동차, 라디오, TV, 카메라, 복사기 등과 같은 당시로서는 첨단 산업제품에 대한 세계 수요의 대부분을 공급하였다. 그러나 1980년대에 접어들면서 미국은 세계적 공급자로서의 역할을 상실하였다.

이처럼 미국은 그들이 개척하고 지배했던 세계 주요시장에서 해외 경쟁자들에 의해 밀려나고 있을 때, 그들은 경쟁력의 약화 원인이 흔히들 이야기하는 고비용 저효율의 구조적 문제라고 생각하였다. 그러나 이것이 문제의 진정한 원인이 아니라는 것을 뒤늦게 깨달았다. 1985년만 하더라도 미국 근로자의 시간당 평균임금은 12.85달러로서 일본의 6.45달러, 독일의 9.60달러보다 훨씬 높았으나, 1987년 일본의 엔화와 독일의 마르크화가 절상됨으로써 일본과 독일의 시간당 임금은 각각 11.44달러와 16.30달러로 올라갔다. 임금수준이 경쟁력의 차이를 설명한다는 것은 더 이상 설득력을 가지지 못하게 되었다. 문제의 진정한 원인은 품질과 생산성에 있었던 것이다.

미국이 경제적 위기에 처해 있을 때, 이와는 대조적으로 일본의 경제 및 상품 경쟁력은 전성기를 구가하고 있었다. 1989년 12월에 발표된 통계에 의하면 일본은 580억 달러의 무역흑자를 내었다. 록펠러센터, 라디오시티 뮤직홀, 페블비치 골프장, 콜롬비아 영화사 등과 같은 미국의 대표적 부동산과 기업이 일본에 넘어갔다. 미국의 학계, 산업계 및 정부 지도자들은 일본의 경쟁력에 대해 다방면에 걸쳐 검토한 결과, 그들 경쟁력의 원천이 품질에 있다는 것을 깨닫고, 미국에서도 일본의 데밍상과 같은 국가적 차원의 품질상이 필요하다고 판단하였다. 이에 따라 1987년 레이건 대통령 당시 말콤 볼드리지 국가품질개선법인 Public Law 100-107을 제정하고, 그 이듬해에 MB상 재단을 설립하였다.

〈표 27.1〉 Public Law 100-107의 조사결과 및 목적 조항

1. 상품 및 공정품질에 대한 미국의 리더십은 해외경쟁에서 심각한 도전을 받고 있으며, 최근 20년 동안 국가의 생산성 향상률이 경쟁국가에 비해 저조하다.
2. 국가적으로 볼 때 열악한 품질로 인한 손실이 기업 총판매수익의 20%에 달하며; 제품과 서비스의 품질을 향상시키면, 오히려 비용이 줄어들 뿐 아니라 수익성도 올라간다는 것을 미국의 기업 및 산업계가 깨닫기 시작하고 있다.
3. 제조 및 서비스에 있어서 초일류가 되겠다는 결단과 함께, 품질 및 품질향상 프로그램에 대한 전략계획은 국가경제를 번영시키고, 세계시장에서 효과적으로 경쟁하기 위해서 갈수록 중요한 핵심적인 요소가 되고 있다.
4. 제조현장에 대한 경영진의 보다 나은 이해, 품질에 대한 종업원의 참여, 통계적 공정관리의 강조는 생산제품의 비용과 품질을 극적으로 개선시킬 수 있다.
5. 품질향상의 개념은 대기업과 중소기업, 제조업과 서비스업, 민간기업과 공공부문 모두에 직접 적용될 수 있다.
6. 성공하기 위해서는 반드시 경영진이 품질개선 프로그램을 주도하고 고객지향적이어야 하며; 여기에는 기업과 조직의 업무수행 방식을 근본적으로 바꾸는 것이 전제가 될 수도 있다.
7. 주요한 여러 산업국가들은 엄격한 민간부문의 품질감사와 국가적 수상제도를 성공적으로 결합시켜 왔는데, 이 수상제도는 감사를 통해 확인된 최고의 기업들을 특별히 인정해 주기 위한 것이다; 따라서
8. 미국에서도 이러한 종류의 국가품질상 프로그램이 다음과 같은 측면에서 품질과 생산성을 높이는데 기여할 수 있을 것이다:
   A. 미국기업들이 수익의 증가를 통한 경쟁력의 확보와 함께, 인정받았다는 자부심을 심기 위해 품질과 생산성 향상에 대한 노력을 기울일 수 있도록 자극을 준다.
   B. 제품과 서비스 품질을 개선시킨 기업들을 인정해 주고, 다른 기업들에게 본보기를 제공한다.
   C. 기업, 산업, 정부 및 기타 조직들의 품질개선 노력을 자체 평가하는데 이용할 수 있는 지침과 기준을 마련한다.
   D. 높은 품질을 성취하기 위해서 어떻게 관리해야 하는지를 배우기 원하는 국내의 다른 조직들에게 수상한 조직들이 어떻게 그들의 문화를 변화시키고 탁월한 성과를 성취할 수 있었는가에 관한 상세한 정보를 제공해 준다.

(2) MB상의 민관협력 체계

MB상의 가장 큰 특징은 민간과 정부의 강력한 협력관계 구축인데, 이는 국가경쟁력을 강화하기 위해 도입한 국가품질상의 성공을 위한 가장 중요한 요소이다. 이 프로그램에 있어서 민간의 역할이 매년 증가하고 있는데, 민간의 협력은 운용기금의 마련, 자원자들의 봉사, 정보확산을 위한 참여 등으로 나타난다. 다음은 민관협력에 있어서 각 참여자들의 주요 역할을 설명한 것이다.

① NIST(National Institute of Standard and Technology, 국립표준기술원)

MB상의 운영책임은 상무부에 있다. NIST는 상무부 산하의 연구기관으로서, 1901년 국립표준국(National Bureau of Standards)으로 출발하였다. NIST의 설립 목적은 국가적 표준 및 측정의 기반구축과 이에 필요한 측정능력을 확보하기 위한 기술적 리더십을 제공하고, 기술혁신을 가속화하고 미래 경제성장의 기반이 되는 신기술을 개발함으로써, 미국의 국제경쟁력 강화를 촉진시키는 것이다. NIST가 수행하는 대부분의 업무는 물리학과 공학 분야의 기초 및 응용연구이나 (이점에서 NIST는 우리나라 대덕연구단지에 있는 표준과학연구원과 유사함), MB상을 관리하기 위한 별도의 소규모 조직인 NQP(National Quality Program, 국가품질기획부)를 두고 있다.

② MB상 재단(Foundation for the MBNQA)

미국 정부는 MB상을 위한 예산을 책정하지 않았었다. 1988년 설립된 이 재단의 기본 목적은 국가품질상 프로그램을 육성하고, 영구적으로 운영하기 위한 기금을 마련하는 것이다. 미국 산업계의 유명한 지도자들이 이 재단의 이사로 참여하여 재단의 설립 목적이 성취될 수 있도록 봉사하고 있다. 재단이사들의 헌신적 노력으로 1,000만 달러 이상의 기금이 모금되었다. 기부금을 낸 조직은 규모와 업종 면에서 매우 다양한데, 이들은 각종 사업 및 산업단체의 대표적 선도자들이다. 이 재단은 MB상 선정과정의 독립성이 보장될 수 있도록 NIST의 국가품질기획부와는 완전히 별도로 운영되고 있다.

③ ASQ(American Society for Quality, 미국품질협회)

ASQ는 NIST와의 계약에 따라 MB상의 행정적 업무를 보조하고 있다. ASQ는 1946년에 설립된 세계적인 품질단체로서 품질의 개념과 원칙 및 기법들을 지속적으로 개발하고 보급하는 일을 하고 있다.

④ **감독위원회**(Board of Overseers)

감독위원회는 미국 상무부의 MB상 프로그램에 대한 자문기구이다. 이 위원회의 위원들은 상무부 장관이 지명하는데, 이들은 미국 경제계 각 부문의 저명한 지도자들이다. 감독위원회는 MB상의 심사기준과 수상업체의 선정과정에 개선할 점이 없는가를 포함하여 MB상 프로그램의 모든 측면을 평가한다. MB상이 국가적 차원의 관심사를 얼마나 잘 수행하고 있는지 평가하는 것은 이 위원회의 중요한 책임 중 하나이다. 따라서 이 위원회는 MB상 프로그램의 변경과 개선에 관해 상무부 장관과 NIST 원장에게 건의하는 일을 맡고 있다

⑤ **심사위원회**(Board of Examiners)

심사위원회는 신청서를 평가하고, 피드백 리포트를 작성하고, NIST원장에게 MB상과 관련된 건의를 하고 있다. 이 위원회는 주로 민간 부문의 사업 및 품질 전문가들로 구성된다. 이 위원회의 멤버는 희망자들의 신청을 받아, NIST 선정위원회가 신청자들의 개인적 능력과 역량을 기준으로 선발하고 있다. 따라서 특별한 학력이나 경력 등을 자격조건으로 내세우지는 않는다. 이들의 선발에는 경험의 폭과 다양성, 리더십과 대외활동, 사업지식과 전문분야 등이 고려된다. 심사위원회의 각 멤버는 심사원(examiner), 선임심사원(senior examiner), 심판관(judge) 중 하나로 분류된다.

지금까지 설명한 민관 협력주체들의 관계는 다음의〈그림 27.7〉과 같이 요약될 수 있다.

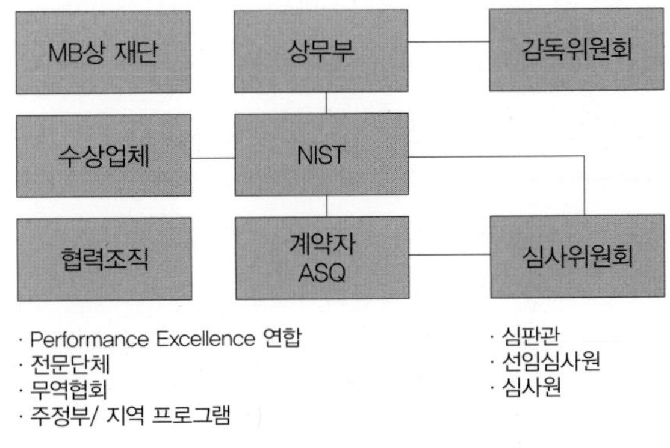

〈그림 27.7〉 MB상의 관련조직

수상업체에 부과되는 유일한 요구사항은 그들의 경험과 성공사례를 공개하는 공식적 모임인 'Quest for Excellence Conference'에 참가하여 발표하는 것뿐이다. 그러나 지금까지 수상업체들은 다양한 경로를 통해 수십만 개의 기업, 교육기관 및 정부기관 등에서 자신들의 경험과 정보를 소개하고 공유하였다.

(3) MB상의 위상과 미래

MB상의 효용성이 입증되자 유럽과 일본에서도 이와 유사한 경영품질상을 도입하였다. 미국보다 3년 늦은 1991년 유럽품질경영재단(European Foundation for Quality Management, EFQM)은 유럽품질상(European Quality Award, EQA)을 제정하고 1992년부터 수상업체를 선정하였는데, 영국의 랭크 제록스가 첫 번째로 이 상을 수상하였다.

일본은 미국보다 36년이나 앞선 1951년 데밍상을 제정하였으나, 이 상의 평가기준은 통계적 품질관리에 기반을 둔 제조업 중심의 기준이었다. 데밍상은 현장개선을 목적으로 제정되었기 때문에 리더십이나 고객만족 등과 같은 평가항목들이 빠져 있었다. 1995년 일본사회경제생산성본부는 MB상을 벤치마킹한 '일본경영품질상'을 제정하였는데, 1996년 NEC 반도체사업부가 이 상의 제1회 수상기업이 되었다.

1975년 우리나라는 일본의 데밍상을 벤치마킹하여 '품질관리대상' 제도를 제정하였다. 이는 미국의 MB상이나 유럽품질상(EQA)보다 시기적으로 훨씬 앞선 것이다. 우리나라 정부는 품질경영의 보급과 확산을 법적으로 뒷받침하기 위해 1993년 '품질경영촉진법'을 제정하였다. 이를 계기로 제조현장 중심의 품질관리를 품질경영으로 전환하기 위해 '품질관리대상'이란 명칭을 '품질경영상'으로 바꾸고 '한국품질대상'을 신설하였는데, 1994년 삼성전자가 제1회 한국품질대상 수상업체로 선정되었다. [참고: 현재 품질경영과 관련된 정부 포상의 명칭은 '국가품질상'으로 바뀌었으며, 한국표준협회가 정부의 위임을 받아 실무적인 운영을 담당하고 있다.]

MB상의 경우 1987년 제조업, 서비스업, 중소기업의 세 부문으로 시작하였으나, 1996년 교육부문과 의료부문이 추가되었다. 또한 2007년에는 비영리조직(정부기관 포함)이 새로 추가되었다. 〈표 27.2〉와 〈표 27.3〉은 MB상 수상조직의 명단이다. 수상조직 명단 및 신청서 요약본에 대한 정보는 NIST의 홈페이지(www.baldrige.nist.gov/)에서 확인할 수 있다.

〈표 27.2〉 MB상 수상조직 (제조업, 서비스업, 중소기업)

연도	제조업	서비스업	중소기업
2017	–	–	• Bristol Tennessee Essential Services • Stellar Solutions
2016	–	–	• Don Chalmers Ford • Momentum Group
2015	–	–	• MidwayUSA
2014	–	• PricewaterhouseCoopers Public Sector Practice	–
2013	–	–	–
2012	• Lockheed Martin Missiles & Fire Control	–	• MESA
2011	–	–	–
2010	• MEDRAD • NestlPurina PetCare	–	• Freese and Nichols • K&N Management • Studer Group
2009	• Honeywell Federal Manufacturing & Technologies	–	• MidwayUSA
2008	• Cargill Corn Milling	–	–
2007	–	–	• PRO–TEC Coating
2006	–	• Premier	• MESA Products
2005	• Cargill Kitchen Solutions (formerly Sunny Fresh Foods)	• DynMcDermott Petroleum Operations	• Park Place Lexus
2004	• Bama Companies	–	• Texas Nameplate
2003	• Medrad	• Caterpillar Financial Services • Boeing Aerospace Support	• Stoner
2002	• Motorola Commercial, Government & Industrial Solutions Sector	–	• Branch–Smith Printing Division
2001	• Clarke American Checks	–	• Pal's Sudden Service
2000	• Dana, Spicer Driveshaft Division • KARLEE Company	• Operations Management International	• Los Alamos National Bank
1999	• STMicroelectronics	• Ritz–Carlton Hotel • BI	• Sunny Fresh Foods
1998	• Boeing Mobility • Solar Turbines	–	• Texas Nameplate
1997	• 3M Dental Products Division • Solectron	• Merrill Lynch Credit • Xerox Business Services	–
1996	• ADAC Laboratories	• Dana Commercial Credit	• Custom Research • Trident Precision Manufacturing
1995	• Armstrong World Industries, Building Products Operations • Corning, Telecommunications Products Division	–	–
1994	–	• AT&T Consumer Communications Services • Verizon Information Services	• Wainwright Industries
1993	• Eastman Chemical	–	• Ames Rubber
1992	• AT&T Network Systems Group Transmission Systems Business Unit • Texas Instruments, Defense Systems & Electronics Group	• AT&T Universal Card Services • Ritz–Carlton Hotel	• Granite Rock
1991	• Solectron • Zytec	–	• Marlow Industries
1990	• Cadillac Motor Car • IBM Rochester	• Federal Express	• Wallace
1989	• Milliken • Xerox, Business Products & Systems	–	–
1988	• Motorola • Westinghouse Electric Commercial Nuclear Fuel Division	–	• Globe Metallurgical

〈표 27.3〉 MB상 수상조직 (교육기관, 의료기관, 비영리조직)

연도	교육기관	의료기관	비영리/공공조직
2017	–	• Castle Medical Center • Southcentral Foundation	• City of Fort Collins
2016	–	• Kindred Nursing and Rehabilitation • Memorial Hermann Sugar Land Hospital	–
2015	• Charter School of San Diego	• Charleston Area Medical Center Health System	• Mid-America Transplant Services
2014	–	• Hill Country Memorial • St. David's HealthCare	• Elevations Credit Union
2013	• Pewaukee School District	• Baylor Regional Medical Center • Sutter Davis Hospital	–
2012	–	• North Mississippi Health Services	• City of Irving, Texas
2011	–	• Henry Ford Health System • Schneck Medical Center • Southcentral Foundation	• Concordia Publishing House
2010	• Montgomery County Public Schools	• Advocate Good Samaritan Hospital	–
2009	–	• AtlantiCare • Heartland Health	• VA Cooperative Studies Program Clinical Research Pharmacy Coordinating Center
2008	• Iredell-Statesville Schools	• Poudre Valley Health System	–
2007	–	• Mercy Health System • Sharp HealthCare	• City of Coral Springs • U.S. Army Armament Research, Development and Engineering Center
2006	–	• North Mississippi Medical Center	
2005	• Jenks Public Schools • Richland College	• Bronson Methodist Hospital	
2004	• Kenneth W. Monfort College of Business	• Robert Wood Johnson University Hospital Hamilton	
2003	• Community Consolidated School District 15	• Baptist Hospital • Saint Luke's Hospital of Kansas City	
2002	–	• SSM Health Care	
2001	–	• Chugach School District • Pearl River School District • University of Wisconsin-Stout	
2000	–	–	
1999	–	–	

MB상의 성공에 따라 국제적으로 이를 본 딴 품질프로그램이 100개 가까이 생겨났다. 그러나 이러한 위세가 더 이상 지속되기 어려울 전망이며, 이미 그 열기가 상당히 식었다. 아마도 가장 큰 이유는 품질경영이 이제는 더 이상 특별한 비방(秘方)이 아니라 경영의 기본으로 자리 잡았기 때문이라고 생각된다. 이에 더해 이제 일본기업들이 품질의 역할모델로의 독보적 위상을 잃은 것도 원인 중 하나가 될 것이다.

〈그림 27.8〉은 MB상에 도전한 조직 수의 변화 추세를 보여준다. 가장 두드러진 특징은 2000년 이후 기업의 도전 건수가 대폭 감소하였으며, 2013년에는 아예 도전한

기업이 없었다. 이뿐 아니라 2010년 이후 의료부문과 교육부문의 도전 건수도 70% 이상 감소하였으며, 비영리조직 역시 도전 건수가 급감하고 있다. 아마도 이러한 대세(megatrend)는 되돌릴 수 없을 듯하다.

그러나 MB상의 도전 건수가 급감하고 있다는 것은 이 상의 매력이 그만큼 줄어들고 있다는 사회적 환경 변화를 반영한 것일 뿐이며, MB 평가기준이 시대에 맞지 않다는 의미는 아니다.

〈그림27.8〉 MB상 신청조직 수의 변화추세(baldrige21.com)

27.3 MB 평가기준

(1) MB 평가기준의 구조

MB 평가기준의 내용이 매년 조금씩 바뀌고 있으나 큰 변동은 없다. 본서에서는 2017~2018년도 기준을 중심으로 소개하기로 한다. MB 평가기준은 수상업체를 선정하고 피드백 리포트를 작성하기 위한 도구가 되지만, MB상의 운영 자체와는 직접 관계가 없는 다른 중요한 역할이 있다. 그것은 기업의 성과와 실행능력을 높일 수 있도록 도와주고, 최고의 경영관행(best practices)에 관한 정보를 공유할 수 있도록 지원한다는 것이다.

MB 평가기준은 다음과 같이 상호연관된 일군(一群)의 핵심가치와 개념을 기반으로 하고 있다.

- 시스템적 관점(systems perspective)
- 비전을 제시하는 리더십(visionary leadership)
- 고객중심의 탁월성(customer-driven excellence)
- 직원 존중(valuing people)
- 조직의 학습 및 민첩성(organizational learning and agility)
- 성과초점(focus on success)
- 이노베이션 관리(managing for innovation)
- 사실에 근거한 관리(management by fact)
- 사회적 책임(societal responsibility)
- 윤리 및 투명성(ethics and transparency)
- 가치 및 성과 전달(delivering value and results)

이상과 같은 핵심가치와 개념이 얼마나 구현되고 있는가를 확인하기 위한 MB 평가기준은 다음과 같은 7가지 '범주(category)'로 구성되어 있다.

- 리더십(leadership)
- 전략(strategy)
- 고객(customers)
- 측정, 분석 및 지식관리(measurement, analysis, and knowledge management)
- 직원(workforce)
- 운영(operations)
- 성과(results)

이 중 앞의 6가지 범주를 합하여 '프로세스 차원'이라고 하며, 마지막 7번째 성과를 '성과 차원'이라고 한다. 핵심가치와 개념은 프로세스 차원의 평가기준에 내재되어 있으며, 성과는 그 산출물이다.

7가지 범주들을 연결하고 통합하는 구조는 〈그림 27.9〉와 같은데, 이 구조는 다음과 같은 세 가지 기본요소로 나눌 수 있다.

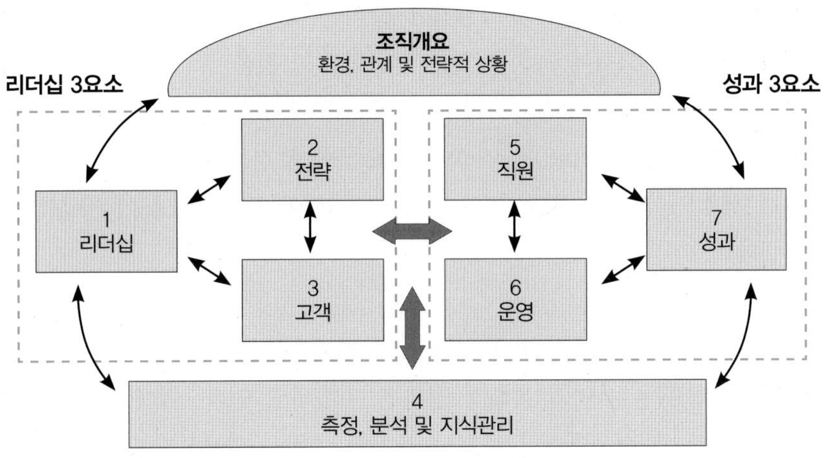

〈그림 27.9〉 MB 평가기준의 체계

① 조직개요 : 환경, 관계 및 전략적 상황

그림의 상단에 있는 '조직개요(organizational profile)'는 다음과 같은 사항들을 나타낸다.

(i) 조직의 특성

- 조직 환경 : 주요 제공품, 비전과 사명, 인력 개요, 자산, 규제적 요구
- 조직 관계 : 조직구조와 지배구조, 고객과 이해관계자, 공급업체와 파트너

(ii) 조직이 처한 전략적 상황

- 경쟁환경 : 경쟁위치, 환경변화, 비교데이터
- 전략적 여건 : 전략적 도전과 입지
- 성과개선시스템 : 성과개선시스템의 핵심요소

이상과 같은 내용들은 7가지 범주를 평가하기 위한 배경 지식이 된다.

② 성과시스템 : 리더십 3요소(범주 1,2,3) 및 성과 3요소(범주 5,6,7)

성과시스템은 그림 중앙에 있는 6가지 범주로서 조직의 프로세스와 성과의 유기적 관계를 나타내는데, 다음과 같은 두 부분으로 나누어진다.

- '리더십 3요소(leadership triad)'라고 불리는 왼쪽 부분(리더십, 전략, 고객)은 리더십이 전략과 고객에 초점을 맞추어야 한다는 것을 강조하고 있다. 리더는 방향을 설정하고 조직의 미래를 위한 기회를 추구해야 한다.
- '성과 3요소(results triad)'라고 불리는 오른쪽 부분(직원, 운영, 성과)은 직원중심 프로세스와 핵심적 운영 프로세스, 그리고 이 프로세스들이 창출한 성과를 나타낸다.

기업의 모든 활동들은 (제품 및 프로세스, 고객, 직원, 리더십과 지배구조, 재무 및 시장 성과를 포함하는) 사업의 복합적 성과를 지향하고 있다. 이러한 복합적 지표는 중요한 이해관계자, 목적, 장·단기 목표들 사이의 균형을 확보하기 위한 것이다. 중앙의 큰 화살표는 리더십 3요소와 성과 3요소를 이어주는데, 이 화살표는 조직을 움직이는 추진 원동력이라고 볼 수 있는 리더십(범주 1)과 최종 목적지라고 볼 수 있는 성과(범주 7) 간의 관계를 나타낸다. 양방향 화살표는 효과적 관리를 위해 피드백이 중요하다는 것을 의미한다.

③ 시스템 기반 : 범주 4

기업을 효과적으로 관리하고 사실에 근거한 지식지향 시스템을 구축하는 데 있어서 측정, 분석 및 지식관리는 핵심적 역할을 한다. 이것은 또한 성과관리시스템의 구축을 위한 토대가 된다.

(2) MB 평가기준의 구성

MB 평가기준은 〈그림 27.10〉과 같은 계층구조로 되어 있는데, 2017–2018년 기준은 7가지 범주, 17가지 항목, 38가지 평가영역으로 구성되어 있다. 자세한 내용은 〈표 27.4〉와 같다.

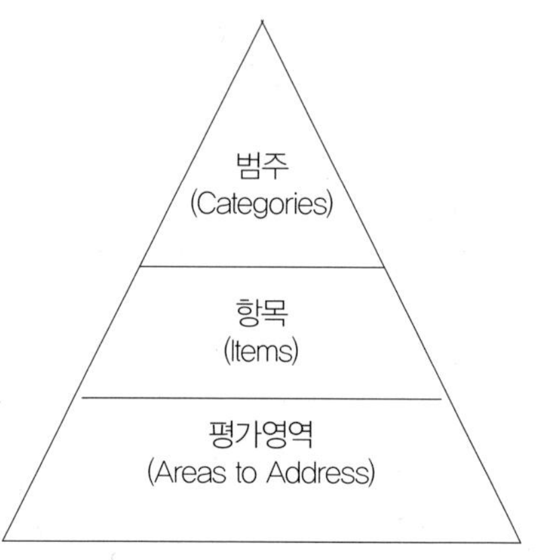

〈그림 27.10〉 MB 평가기준의 계층

〈표 27.4〉 MB 평가기준의 구성내용과 배점(2017-2018 기준)

범주	항목	평가영역
1 리더십 (120점)	1.1 경영진 리더십(70점) - 경영진이 어떻게 리더십을 발휘하는가?	1.1.a 비전 및 가치 1.1.b 의사소통 1.1.c 사명 및 조직의 성과
	1.2 지배구조 및 사회적 책임(50점) - 조직의 지배와 사회적 책임 이행은 어떻게 하고 있는가?	1.2.a 조직의 지배구조 1.2.b 법적·윤리적 행위 1.2.c 사회적 책임
2 전략 (85점)	2.1 전략개발(45점) - 전략은 어떻게 개발하는가?	2.1.a 전략개발 프로세스 2.1.b 전략적 목표
	2.2 전략실행(40점) - 전략은 어떻게 실행하는가?	2.2.a 실행계획 개발 및 전개 2.2.b 실행계획 수정
3 고객 (85점)	3.1 고객의 목소리(40점) - 고객으로부터 정보를 어떻게 얻는가?	3.1.a 고객의 목소리 경청 3.1.b 고객만족과 참여의 결정
	3.2 고객참여(45점) - 고객참여와 관계구축을 위해 고객의요구에 어떻게 부응하는가?	3.2.a 제품공급 및 고객지원 3.2.b 고객관계
4 측정, 분석 및 지식관리 (90점)	4.1 측정, 분석 및 조직성과 개선(45점) - 조직성과의 측정과 분석 및 개선은어떻게 하고 있는가?	4.1.a 성과측정 4.1.b 성과분석 및 검토 4.1.c 성과개선
	4.2 정보 및 지식관리(45점) - 정보 및 지식자산을 어떻게 관리하는가?	4.2.a 데이터 및 정보 4.2.b 조직의 지식
5 직원 (85점)	5.1 직무환경(40점) - 효과적·후원적 직무환경을 어떻게 구축하는가?	5.1.a 직무능력 및 직무역량 5.1.b 직무환경
	5.2 직원참여(45점) - 조직과 개인의 성공을 위하여 직원들을 어떻게 참여시키는가?	5.2.a 직원참여 성과 5.2.b 인력개발 및 지도자 양성
6 운영 (85점)	6.1 업무 프로세스(45점) - 핵심 제품과 업무 프로세스를 어떻게 설계, 관리, 개선하는가?	6.1.a 제품 및 프로세스 설계 6.1.b 프로세스 관리 및 개선 6.1.c 공급망 관리 6.1.d 이노베이션 관리
	6.2 운영효과(40점) - 진행상황과 미래를 고려하여 운영효과를 어떻게 확보하는가?	6.2.a 프로세스 효율 및 효과 6.2.b 정보시스템 관리 6.2.c 안전 및 비상대책
7 성과 (450점)	7.1 제품 및 프로세스 성과(120점) - 제품 및 프로세스 효과의 성과는 무엇인가?	7.1.a 제품 성과 7.1.b 업무 프로세스의 효과성 성과 7.1.c 공급망관리 성과
	7.2 고객 성과(80점) - 고객초점 성과는 무엇인가?	7.2.a 고객초점 성과
	7.3 직원 성과(80점) - 직원초점 성과는 무엇인가?	7.3.a 직원초점 성과
	7.4 리더십 및 지배구조 성과(80점) - 경영진 리더십과 지배구조의 성과는무엇인가?	7.4.a 리더십과 지배구조 및 사회적 책임 성과 7.4.b 전략실행 성과
	7.5 재무 및 시장 성과(90점) - 재무 및 시장 성과는 무엇인가?	7.5.a 재무 및 시장 성과
총 1,000점	17개 항목	38개 평가영역

(3) MB 평가기준의 채점시스템

① 프로세스 차원의 채점

MB 평가기준의 7가지 범주 중 '프로세스 차원'은 성과 범주를 제외한 6가지(리더십, 전략, 고객, 측정·분석 및 지식관리, 직원, 운영) 범주를 말한다. 프로세스 차원의 채점에는 다음과 같은 4가지 요인(영문 머리글자를 따면 'ADLI')을 복합적으로 고려한다.

- 접근방법(Approach, A) : 프로세스 실행을 위해 사용되는 방법들의 적합성, 효과성, 체계성
- 전개(Deployment, D) : 접근방법의 적용대상 및 활용 범위, 일관성
- 학습(Learning, L) : 주기적 평가와 개선을 통한 접근방법의 개선과 공유
- 통합(Integration, I) : 접근방법의 정렬성, 조화성, 상호보완성

이상의 4가지 요소 중 '학습'은 고성과 조직의 핵심적 특징인데 MB 평가기준에서는 이를 〈표 27.5〉와 같이 비유적으로 설명하고 있다. [참고: 괄호 안의 수치는 100% 만점 기준으로 부여하는 채점 점수를 나타낸다. 점수를 보면 짐작할 수 있듯이 일반적으로 생각하는 것보다 채점기준이 훨씬 엄격하다.]

〈표 27.5〉 학습수준의 발전 단계

학습의 수준	비유적 설명
문제에 사후 대응 (0-5%)	불이 나면 소방호스를 들고 불 끄러 달려간다.
전반적 개선 지향 (10-25%)	신속한 진화(鎭火)를 통해 피해를 줄이기 위해 소방호스를 더 많이 설치한다.
체계적 평가와 개선 (30-45%)	어떤 위치가 열에 가장 민감한지 평가하고, 그러한 장소에 열 감지기와 살수기(sprinkler)를 설치한다.
학습과 전략적 개선 (50-65%)	화재 발생 전의 발열(發熱)에 의해 작동되는 열 감지기와 살수기를 전체 시스템 내에 설치한다.
체계적 분석과 혁신 (70-100%)	내화성(耐火性)·난연성(難燃性) 재료의 사용. 예방대책이 우선적으로 고려되며, 열 감지기와 살수기는 이차적 대비수단이다.

MB 평가기준에서는 프로세스 차원의 대략적인 채점기준을 〈표 27.6〉과 같이 제시하고 있는데, 이것은 프로세스 성숙도 단계에 따라 구분한 것이다.

〈표 27.6〉 프로세스 차원의 대략적 채점 가이드라인(범주 1–6)

성숙 단계	개념	설명
문제에 사후 대응 (0–25%)	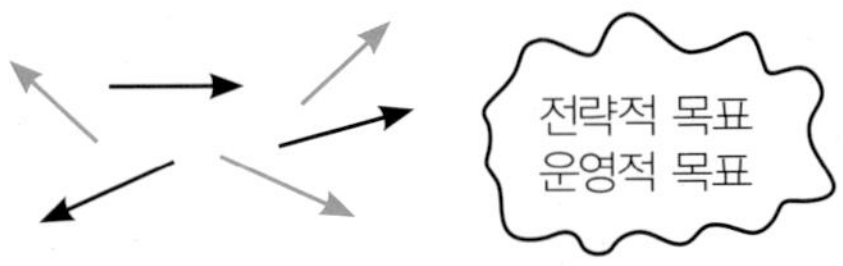 전략적 목표 운영적 목표	• 프로세스가 아니라 요구나 문제에 임기응변으로 대응하는 활동이 중심이다. • 목표도 제대로 정의되지 않는다.
체계적 접근 초기 (30–45%)	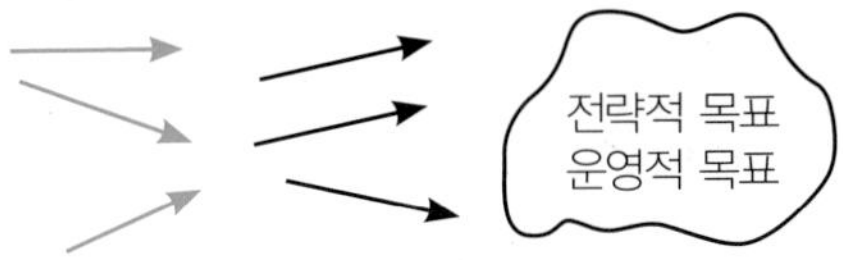 전략적 목표 운영적 목표	• 반복 프로세스 및 평가와 개선이 운영 특징으로 나타나기 시작하며, 조직 부문간 조정이 일부 일어나기 시작한다. • 전략과 계량적 목표가 정의된다.
정렬된 접근 (50–65%)	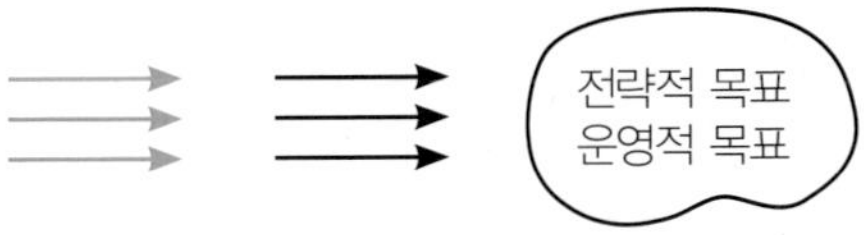 전략적 목표 운영적 목표	• 개선을 위해 정기적으로 평가되는 반복 프로세스가 운영 특징이다. • 학습이 공유되고 있으며 조직 단위 간 조정이 이루어진다. • 핵심 전략 및 목표가 프로세스에 반영된다.
통합된 접근 (70–100%)	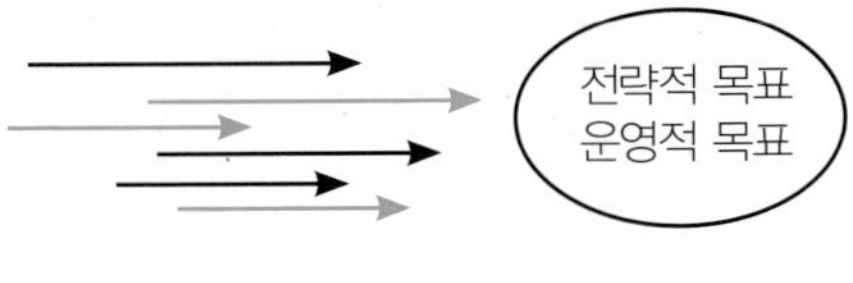 전략적 목표 운영적 목표	• 변화와 개선을 위해 연관된 다른 조직 단위들과 협력하고, 정기적 평가를 수반하는 반복 프로세스가 운영 특징이다. • 분석, 혁신 및 정보와 지식의 공유를 통하여 조직 전체가 능률을 추구한다. • 핵심전략과 운영목표의 달성도를 추적하는 프로세스와 척도가 있다.

〈표 27.7〉 프로세스 차원의 채점 가이드라인(범주 1-6)

점수	설명
0% 5%	• 항목의 요구사항에 대응하는 체계적 접근방법이 없다; 정보는 입증되지 않았다. (A) • 어떤 체계적 접근방법에 대해서도 전개가 거의 없다. (D) • 개선중심이 아니다; 문제의 사후적 대응에 의한 개선만 있다. (L) • 조직적 정렬이 없다; 개별 영역이나 업무 단위가 독단적으로 움직인다. (I)
10% 15% 20% 25%	• 항목의 기본적 요구사항에 대응하는 체계적 접근방법이 시작되고 있다. (A) • 대다수 영역이나 업무 단위에서 접근방법의 전개가 초기단계에 있으며, 항목의 기본적 요구사항이 제대로 충족되지 않고 있다. (D) • 문제의 사후 대응에서 전반적 개선중심으로 이행하는 초기 단계이다. (L) • 접근방법에 대한 정렬이 다른 영역이나 다른 업무 단위들과의 공동 문제해결을 통해 주로 이루어진다. (I)
30% 35% 40% 45%	• 항목의 기본적 요구사항에 대응하는 효과적이고 체계적인 접근방법이 있다. (A) •일부 영역이나 업무 단위에 있어서는 초기 단계이지만 접근방법에 대한 전개가 이루어지고 있다. (D) • 핵심 프로세스의 평가와 개선을 위한 접근방법이 시작되고 있다. (L) • 조직의 특성 및 다른 프로세스의 항목과 연관된 조직의 기본적 요구사항과 접근방법의 정렬이 이루어지는 초기 단계에 있다. (I)
50% 55% 60% 65%	• 항목의 전반적 요구사항에 대응하는 효과적이고 체계적인 접근방법이 있다. (A) • 영역이나 업무 단위에 따라 차이는 있지만 접근방법이 잘 전개되어 있다. (D) • 핵심 프로세스의 능률과 효과 개선을 위한 사실 기반의 체계적 평가 및 개선 프로세스가 정착되었다; 조직의 학습 및 혁신이 일상화되었다. (L) • 조직의 특성 및 다른 프로세스의 항목과 연관된 조직의 전반적 요구사항과 접근방법이 정렬되어 있다. (I)
70% 75% 80% 85%	• 항목의 여러 요구사항에 대응하는 효과적이고 체계적인 접근방법이 있다. (A) • 큰 격차없이 접근방법이 잘 전개되어 있다. (D) • 사실 기반의 체계적 평가 및 개선과 조직의 학습 및 혁신이 핵심적 관리 도구이다; 조직 차원의 분석과 공유를 통해 학습과정이 정교해진다는 분명한 증거가 있다. (L) • 조직의 특성 및 다른 프로세스의 항목과 연관된 조직의 현재 및 미래 요구사항과 접근방법이 통합되어 있다. (I)
90% 95% 100%	• 항목의 여러 요구사항에 충분히 대응하는 효과적, 체계적 접근방법이 있다. (A) • 어떤 영역이나 업무 단위에서도 특별한 약점이나 격차없이 접근방법이 충분히 전개되어 있다. (D) • 사실 기반의 체계적 평가 및 개선과 혁신을 통한 조직의 학습이 전사적 핵심 도구이다; 분석과 공유의 토대 위에 혁신과 정교화가 조직 전반에 일어나고 있다. (L) • 조직의 특성 및 다른 프로세스의 항목과 연관된 조직의 현재 및 미래 요구사항과 접근방법이 잘 통합되어 있다. (I)

〈표 27.7〉은 프로세스 차원의 구체적 채점 가이드라인이다. 이를 이용하는 방법은 다음과 같다.

- ADLI의 4가지 요소(즉, 접근방법, 전개, 학습, 통합)를 종합적으로 고려하여 채점 가이드라인에 있는 6가지 점수대(0–5%, 10–25%, 30–45%, 50–65%, 70–85%, 90–100%) 중 하나를 선택한다. 4가지 요소의 각 수준이 다를 수 있으나 이 수준의 평균값을 사용하지 말고 전체적인 시각(holistic view)에서 적합하다고 생각되는 점수대를 선택한다.
- 선택한 점수대의 바로 아래 점수대와 바로 위의 점수대를 읽고 상대적으로 어느 쪽에 얼마나 가까운지를 고려하여 선택한 점수대 내의 점수 중 하나를 선택한다. 예를 들어 50–65% 점수대를 선택했다고 가정해 보자. 심사를 통해 파악한 내용을 하위 점수대(30–45%) 및 상위 점수대(70–85%)와 비교해 본 결과 하위점수대의 설명에 상대적으로 조금 더 가깝다고 생각된다면 선택한 점수대(50–65%) 내의 4가지 점수(50%, 55%, 60%, 65%) 중 하위 점수대에 조금 더 가까운 55%를 선택한다.

채점기준에 대한 이해를 돕기 위해 프로세스 차원의 50% 점수의 의미를 설명하면 다음과 같다.

- 접근방법이 항목의 전반적 요구사항을 충족시킨다.
- 대부분의 업무단위에 접근방법이 일관성 있게 전개되고 있다.
- 접근방법에 대한 주기적 개선과 학습이 어느 정도 일어나고 있으며, 조직의 핵심적 요구를 다루고 있다.

50% 이상의 점수를 얻으려면 위의 설명보다 더 큰 실적, 더 폭넓은 전개, 더 의미 있는 학습과 더 확대된 통합이 요구된다.

② 성과 차원의 채점

성과는 7번째 범주의 요구사항을 충족시키기 위해 조직이 성취한 산출(outputs)과 결과(outcomes)를 말한다. 성과 차원의 채점에는 다음과 같은 4가지 요인(영문 머리글자를 따면 'LeTCI')을 복합적으로 고려한다.

〈표 27.8〉 MB기준 성과 채점 가이드라인(범주 7)

점수	설명
0% 5%	• 성과가 제대로 파악되지 않거나 성과가 없다. (Le) • 추세 데이터가 파악되지 않거나 추세가 대부분 악화된다. (T) • 비교 정보가 없다. (C) • 조직의 사명 성취와 관련된 어떤 중요한 영역에서도 성과가 파악되지 않는다. (I)
10% 15% 20% 25%	• 항목의 기본적 요구사항에 대응하는 몇몇 조직의 성과가 파악되고 있으며, 초기 성과가 양호하다. (Le) • 일부 추세 데이터가 파악되고 있으며, 추세가 나쁜 것도 포함되어 있다. (T) • 비교 정보가 거의 없다. (C) • 조직의 사명 성취와 관련된 소수의 중요한 영역에서 성과가 파악되고 있다. (I)
30% 35% 40% 45%	• 항목의 기본적 요구사항에 대응하는 조직의 성과 수준이 양호하다. (Le) • 일부 추세 데이터가 파악되고 있으며, 대부분 추세가 괜찮다. (T) • 비교 정보를 구하는 초기 단계이다. (C) • 조직의 사명 성취와 관련된 다수의 중요한 영역에서 성과가 파악되고 있다. (I)
50% 55% 60% 65%	• 항목의 전반적 요구사항에 대응하는 조직의 성과 수준이 양호하다. (Le) • 조직의 사명 성취와 관련된 중요한 영역에서 추세가 괜찮다. (T) • 적절한 비교대상 및/또는 벤치마크와 비교하여 일부 현재 성과수준이 평가되고 있으며, 상대적으로 우수한 영역들이 있다. (C) • 대부분의 핵심 고객, 시장 및 프로세스 요구사항에 대한 조직의 성과가 파악되고 있다. (I)
70% 75% 80% 85%	• 항목의 다수 요구사항에 대응하는 조직의 성과 수준이 양호 또는 탁월하다. (Le) • 조직의 사명 성취와 관련된 대다수 중요한 영역에서 괜찮은 성과가 지속되고 있다. (T) • 적절한 비교대상 및/또는 벤치마크와 비교하여 다수 또는 대다수의 현재 성과 수준과 추세가 평가되고 있으며, 선두 및 탁월한 경쟁우위 영역들이 있다. (C) • 대부분의 핵심 고객, 시장, 프로세스 및 실행계획 요구사항에 대한 조직의 성과가 파악되고 있다. (I)
90% 95% 100%	• 항목의 다수 요구사항에 충분히 대응하는 조직의 성과 수준이 탁월하다. (Le) • 조직의 사명 성취와 관련된 모든 중요한 영역에서 괜찮은 성과가 지속되고 있다. (T) • 많은 영역에서 산업을 선도하며 벤치마크가 되고 있는 것이 입증된다. (C) • 대부분의 핵심 고객, 시장, 프로세스 및 실행계획 요구사항에 대한 조직의 성과와 향후 전망이 파악되고 있다. (I)

• 수준(Level, Le) : 의미 있는 척도로 평가한 현재의 성과수준
• 추세(Trends, T) : 성과수준의 개선 추세와 성과 범위(즉, 전개 정도)의 확대 추세
• 비교수준(Comparisons, C) : 경쟁조직이나 유사한 조직과 비교한 성과, 벤치마크나 산업 선도자와 비교한 성과

• 통합(Integration, I) : 성과 측정치들이 조직개요와 프로세스 항목에서 확인된 고객, 제품, 시장, 프로세스 및 실행계획과 관련된 중요한 성과 요구사항들을 포괄하는 범위; 미래성과를 반영하는 타당한 지표의 포함 정도; 전사적 목표를 지원하기 위한 프로세스 및 업무 단위들 간의 조화성을 성과측정치들이 반영하는 정도.

성과 차원의 채점 가이드라인인 〈표 27.8〉을 이용하는 방법은 프로세스의 경우와 동일하며, 성과점수 50%의 의미는 다음과 같다.

- 성과수준이 양호하며, 개선추세도 바람직하다는 것이 분명하다.
- 항목에서 다루는 성과 영역에 적합한 비교 정보가 포함되어 있다.
- 사업이나 조직의 사명에 중요한 성과 영역에 적합한 비교 정보가 포함되어 있다.

50% 이상의 점수를 얻으려면 위의 설명보다 더 높은 성과수준과 추세, 더 우수한 비교성과, 조직의 요구사항이나 사명과 더 넓은 통합이 요구된다.

(4) MB 평가기준의 점수대별 기업수준

MB상 제도가 운영된 초기 10년 동안(1988년~1997년) 모두 648개의 기업이 MB상에 도전하였으나 수상업체는 32개에 불과하였다. 이 상에 도전한 기업들은 자신들의 경쟁력에 대해 어느 정도 자신감을 갖고 있었을 터이고, 수상업체는 이들끼리의 경쟁에서 20:1의 관문을 뚫었으니 상당히 높은 점수를 받았을 것으로 생각할 수 있다. 그러나 현실은 그렇지 않다. 수상업체 중 800점 이상의 점수를 받은 기업은 없는 것으로 알려져 있으며, 700점 미만의 점수를 받고도 MB상을 수상한 기업들이 드물지 않다. 일반적으로 현장 방문심사를 받기 위해서는 600점 이상의 점수를 받아야 한다고 알려져 있으나, 600점 미만의 점수로도 현장심사까지 받은 기업들이 드물지 않는데 특히 이러한 일들은 중소기업의 경우가 많다.

MB상의 평가기준에 의한 채점점수가 갖는 현실적 의미를 이해하기 위해서는 〈표 27.9〉에 정리한 점수대별 기업수준에 대한 설명을 참조할 필요가 있다. 600점이라는 점수는 체계적인 접근방법이 사용되고 있으며, 전개상태도 양호하다는 것을 의미한다. 또한 경쟁이 격심한 분야에서 700점 이상의 점수를 받으면 세계적 수준의 기업으

〈표 27.9〉 MB기준 평가 점수대별 기업수준

점수대	설 명
수준 1 0~250	심사범주의 요구사항들에 부응하는 접근방법들을 개발하고 실행에 옮기는 초기단계이다. 대부분의 심사범주에 있어서 중요한 결함들이 존재한다.
수준 2 251~350	심사항목의 기본적 목적에 맞도록 체계적 접근방법을 사용하는 초기단계이나, 몇몇 심사범주에서 접근방법과 전개에 주요한 결함들이 존재한다. 현재의 접근방법을 통해 성과를 얻는 초기단계이다.
수준 3 351~450	대다수 항목의 기본적 목적에 맞도록 체계적인 접근방법을 사용하고 있으나, 몇몇 핵심적 세부영역에 대한 전개는 성과를 입증하기에 너무 이르다. 핵심적 요구사항들에 관계되는 몇몇 중요한 세부영역에 있어서 초기 개선경향이 나타나고 있다.
수준 4 451~550	많은 세부영역들에 대해 효과적인 접근방법이 사용되고 있으나, 일부 세부영역에 대한 전개는 아직 초기단계에 머무르고 있다. 통합성, 연속성, 성숙성을 입증하기 위해서는 보다 심도 있는 전개와 측정, 성과가 필요하다.
수준 5 551~650	많은 세부영역들에 부응하는 건전하고도 체계적인 접근방법과 아울러 핵심적 세부영역에서 사실에 기반을 둔 개선 프로세스가 실행되고 있다. 전개에 있어서도 크게 부족한 부분이 없다. 중요한 대부분의 세부영역에 있어서 개선추세 및/또는 좋은 성과가 나타나고 있다.
수준 6 651~750	대부분의 세부영역에서 핵심적 측정지표들이 포함된 세련된 접근방법이 사용되고 있으며, 전개와 성과도 양호하다. 몇몇 탁월한 활동과 결과들이 분명히 보인다. 많은 세부영역에서 연속성과 성숙성을 보여주는 좋은 증거들이 있다. 심도 있는 전개와 통합의 기반이 확립되어 있으며, 아마도 몇몇 세부영역에 있어서는 업계 최고 또는 선도 벤치마크가 되고 있다.
수준 7 751~875	대부분의 세부영역에서 세련된 접근, 탁월한 전개, 매우 우수한 개선과 수준이 입증되고 있다. 또한 통합의 정도도 매우 우수하다. 업계 최고수준으로서 여러 영역에서 선도 벤치마크가 되고 있다.
수준 8 876~1,000	탁월한 접근방법, 충분한 전개, 뛰어나면서도 지속가능한 성과를 보이고 있다. 통합과 성숙의 정도가 탁월하며, 국내뿐 아니라 세계적 리더십을 확보하고 있다.

로 인정받고 있다. 우리는 통상 100점 만점에 70점을 얻으면 평균이고, 50점은 좋지 못한 성적이라는 인식을 갖고 있다. 그러나 MB 평가기준의 50%점수는 많은 세부영역들에 있어서 건전하고도 체계적인 접근이 이루어지고 있으며 지속적인 사내 개선활동이 추진되고 있다는 것을 의미한다. 따라서 50%의 점수도 꽤 괜찮은 것이며, 70%의 점수라면 수상업체로 선정될 수 있는 수준이라는 것을 이해할 필요가 있다. 〈그림 27.11〉은 MB 평가기준에 의한 기업들의 예상점수 분포와 그 의미를 예시한 것이다.

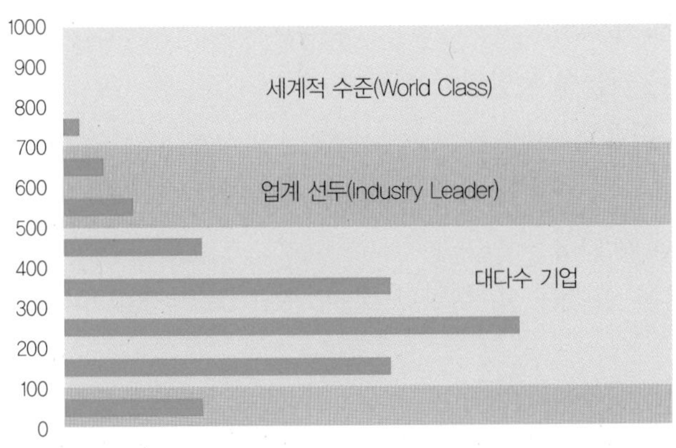

〈그림 27.11〉 MB 평가기준에 의한 예상점수 분포(Hutton, 2000)

27.4 기업의 사회적 책임

(1) 사회적 책임의 진화

이해관계자 만족의 개념은 기업의 사회적 책임(CSR, corporate social responsibility)에 대한 인식의 진화와 밀접한 관련이 있다. 노벨상 수상자인 자유주의 경제학자 밀턴 프리드먼(Milton Friedman)은 "사업에는 유일무이한 사회적 책임이 있다. 그것은 사기와 속임수 없이 게임의 규칙을 준수하는 범위 내에서 이윤을 증가시킬 수 있도록 설계된 활동에 자원을 사용하고 참여하는 것이다"라고 하였다. 기업의 사회적 책임이 정당한 부(富)의 창출이라는 주장의 이면에는 기업이 창출한 이익으로 인해 고용과 소득이 늘어나는 등의 선순환 효과가 있다는 가정이 있다. 그러나 기업의 영향력이 경제적인 영역을 넘어 사회적인 영역으로 확대되고, 기업운영으로 인한 환경적인 문제의 유발, 경제적 영향력의 부당한 행사, 빈부 격차의 심화 등과 같은 문제를 유발하면서 CSR에 대한 요구 또한 강화되고 있다.

미국 조지아대학교의 캐롤(A. B. Carroll) 교수는 CSR이 양식 있는 기업가들에게 수용되기 위해서는 기업의 사회적 책임 전체를 아우르는 체계가 있어야 한다고 생각하고 〈그림 27.12〉와 같은 CSR 피라미드를 제안하였다. 이 피라미드를 구성하는 기업의 책임은 다음과 같다.

• 경제적 책임: 수익성
  - 다른 모든 것들을 뒷받침하는 토대.
• 법적 책임: 준법성
  - 법은 옳고 그름에 대한 사회적 기준을 성문화한 것. 게임의 규칙에 따라 운영.
• 윤리적 책임: 윤리성
  - 도덕적으로 올바른 것, 정당한 것, 공정한 것을 이행하고 유해한 것의 발생을 방지.
• 자선적 책임: 선량한 기업시민
  - 지역사회 및 공동체에 자원으로 기여, 삶의 질 개선.

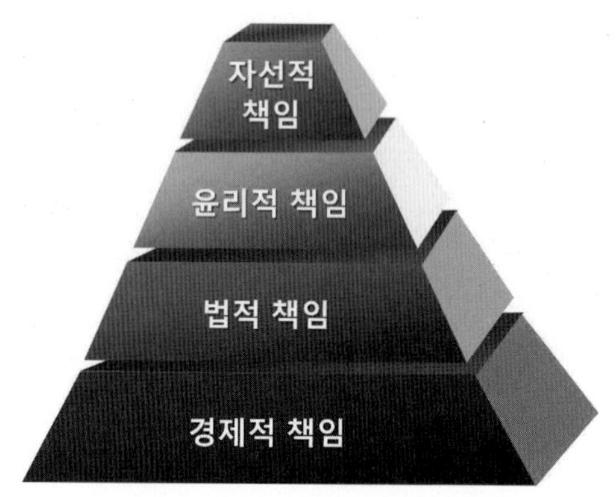

〈그림 27.12〉 CSR 피라미드 (Carroll, 1991)

CSR에 대한 요구가 태동하던 초기 단계에서는 자선적, 시혜적 관점에서 '베푼다'는 것에 초점을 두었다. 예를 들어 포드자동차가 유방암 재단에 연구 기금을 지원한 것이 여기에 속한다. 이후 기업이 가진 전문성이나 역량을 CSR에 활용하자는 개념이 대두되었다. 놀이공원의 공연팀이 분장을 하고 어린이 병동에서 공연을 하거나 대기업 산하의 경제연구소가 제작한 유료 동영상 교육 콘텐츠를 중소기업에 무료로 개방하는 것이 여기에 속한다. 이것은 전문적 재능기부의 개념을 가져온 것이다. 각 분야의 전문가들이 자신의 전문성을 자발적으로 아무런 대가없이 사회를 위해 무료로 나누는 봉사활동을 '프로보노(pro bono)'라고 하는데, 이 말은 원래 '공익을 위하여'라는 뜻의 라틴어인 'pro bono publico'의 줄임말이다. [참고: 법률 분야에서는 경제적 여유가 없는 개인이나 단체에 무보수로 법률서비스를 제공하는 변호사들의 공익활동을 프로보노라고 한다.]

이후 CSR 활동의 효과성을 높이기 위해 CSR에도 전략이 필요하다는 주장이 제기되었다. 전략적 CSR의 핵심개념 중 하나는 '상생(win-win)'이다. 보디숍(The Body Shop)의 커뮤니티 트레이드(community trade, CT)의 예를 보자. CT란 도움을 필요로 하는 전 세계 원주민 부락과 교류하는 프로그램이다. '원조가 아닌 교류(trade not aid)'라는 기치를 내세운 이 프로그램은 그 지역에서 나는 원료를 구입해 지역주민의 경제적 기반을 마련해 주자는 것이다. 보디숍으로서도 신선하고 좋은 재료를 구할 수 있기 때문에 이것은 서로에게 유익하다. 가나의 코코아 버터, 온두라스의 수세미와 그 열매, 네팔의 전통종이, 니카라과의 참기름, 인도의 목재 마사지 기구 등을 사들이고, 이익금은 에이즈 교육기관과 여학생을 위한 장학재단을 설립하는 데 사용하였다.

최근 들어 전략적 CSR을 한 단계 더 발전시킨 CSV(Creating Shared Value, 공유가치 창출)라는 개념이 대두되었다. 사회에 도움을 주면서도 경제적 가치를 창출해야 지속가능한 CSR이 된다는 것이다. CSV의 대표적인 사례로 스위스의 식음료업체인 네슬레가 자주 소개된다. 캡슐커피를 만드는 네슬레의 네스프레소 사업부는 값싼 커피 원두(原豆)를 찾아 전 세계를 떠돌기보다는 커피 재배 농가의 기술력을 높이는 데 집중했다. 네스프레소는 아프리카와 남미에 기반시설을 갖춘 클러스터를 조성한 후 이곳에 커피 소농가들을 입주시켰다. 입주한 소농가들에 대해서는 고품질의 커피를 재배할 수 있도록 교육을 제공하고 필요한 자금도 지원했다. 이를 통해 저개발국의 농가소득을 높임과 동시에 네슬레는 양질의 원두커피를 안정적으로 공급받을 수 있게 되었다.

마이크로소프트(MS)가 미국 내 커뮤니티칼리지와 함께 펼친 '워킹 커넥션스 파트너십(working connections partnership)' 프로그램도 CSV의 대표적 사례이다. 정보기술 인력이 부족했던 MS는 1,000만 명이 넘는 학생들이 재학하고 있는 커뮤니티칼리지의 IT 교육이 체계적이지 못하다는 점에 주목하고, 5년간 5,000만 달러의 교육비를 지원하고 사내 전문가들 중 자원자를 보내 교과과정 개발에 참여하도록 하였다. 이 프로그램을 통해 MS는 교육에 기여하고 필요한 IT 인력도 확보할 수 있었다.

전통적으로 CSR의 일부로 고려되었던 환경문제를 미래 신성장 동력으로 추진하는 곳도 있다. 2005년 GE는 '에코매지네이션(ecomagination)'이라는 프로그램을 출범시켰다. 생태(ecology)와 상상력(imagination)이라는 단어를 결합한 이 프로그램은 전통적으로 비용항목으로 간주되어온 환경문제의 해결을 수익모델로 삼겠다는 것이다. 도요타자동차의 하이브리드카 프리우스(Prius)도 환경문제의 해결을 미래 수익의 원천으로 삼겠다는 점에서 에코매지네이션과 동일하다.

(2) 사회적 책임에 대한 국제규범

① ISO 26000

국제표준화기구(ISO) 기술관리이사회(TMB, Technical Management Board)는 사회적 책임의 개념이 기업이나 민간부문에 국한되지 않도록 CSR에서 '기업(coroprate)'이라는 단어를 뺀 'SR(Social Responsibility)'이라는 용어를 사용하고 있다. 2010년 11월 1일 ISO는 조직의 사회적 책임(SR)에 대한 통합 지침인 ISO 26000을 발표하였다. ISO 26000에는 다음과 같은 7가지의 핵심 주제에 대한 실행 지침과 쟁점 해설, 권고사항 등을 담고 있다.

- 조직의 지배구조(organizational governance)
- 인권(human rights)
- 노동관행(labour practices)
- 환경(environment)
- 공정운영 관행(fair operating practices)
- 소비자 이슈(consumer issues)
- 지역사회 참여와 발전(community involvement and development)

ISO 26000은 강제성을 갖는 인증이나 규제는 아니며, 조직의 사회적 책임에 대한 실행 지침이다.

② 유엔 글로벌 콤팩트(UNGC)

'유엔 글로벌 콤팩트(UNGC, UN Global Compact)'는 산업계가 자발적으로 인권, 노동, 환경 및 반(反)부패 영역에서 추구해야 할 주요 원칙에 맞도록 사업을 운영하고 이를 확산시키기 위한 참여의 장(場)을 제공하고 있다.

1999년 1월 스위스 다보스에서 열린 세계경제포럼(WEF)에서 당시 코피 아난(Kofi Annan) 유엔 사무총장이 글로벌 콤팩트의 제정과 동참을 호소하면서 태동되었으며, 다음해인 2000년 7월 뉴욕 맨해튼에 있는 유엔 본부에서 공식 출범하였다. UNGC는 기업들에게 그들의 영향력이 미치는 범위 내에서 인권, 노동, 환경 및 반부패의 네 가지 영역에서 〈표 27.10〉과 같은 10대 원칙을 받아들이고, 지지하며, 이행할 것을 요청하고 있다.

UNGC에 가입하면 2년 후부터는 이행보고서(COP, Communication of Progress)를 매년 제출해야 한다. 한 가지 유념할 것은 UNGC는 법적 규제나 인증이 아니며 자발적으로 동참하고 상호 교류하기 위한 활동 네트워크이다. 2013년 4월 통계에 의하면 130여 개 국의 1만여 개 기업들이 동참하고 있는데 이것은 전 세계적으로 기업의 가장 큰 자발적 참여 활동이다.

〈표 27.10〉 유엔 글로벌 콤팩트의 10대 원칙

영역	10대 원칙
인권	1. 국제적으로 선언된 인권 보호를 지지하고 존중한다.
	2. 인권 침해에 연루되지 않도록 적극 노력한다.
노동기준	3. 결사의 자유와 단체교섭권의 실질적 인정을 지지한다.
	4. 모든 형태의 강제노동을 배제한다.
	5. 아동 노동을 효과적으로 철폐한다.
	6. 고용 및 업무에서 차별을 없앤다.
환경	7. 환경문제에 대한 예방적 접근을 지지한다.
	8. 환경적 책임을 증진하는 조치를 수행한다.
	9. 환경친화적 기술의 개발과 확산을 촉진한다.
반부패	10. 부당취득 및 뇌물 등을 포함하여 모든 형태의 부패에 반대한다.

참고문헌

- 나지홍(2011), "기업도 살리고 공동체도 살리는 상생투자를 하라", 조선일보 7월 14일.
- 남영숙(2011), 「기업의 사회적 책임의 글로벌 트렌드와 지역별 동향 연구」, 외교통상부 연구용역 결과보고서.
- 박영택(2001), "경영품질을 높이는 말콤 볼드리지상", 「경영품질의 세계기준 말콤 볼드리지」, 제1부, 서울 Q&I 포럼, 개정판, 한·언, pp.23–pp88.
- 박영택, 송해근(1998), "품질경영상의 평가기준과 경영품질의 측정", 품질경영학회지, 26권 2호, pp.82–92.
- 신정선(2007), "기업성공과 사회복지는 전략적 윈윈게임이다", 조선일보 4월 21일.
- 조선일보(2009), "썩어가는 자본주의, 자본주의(慈本主義)가 구하리니…", 8월 22일.
- Bemowski, K. and Stratton, B.(1995), "How do people use the Baldrige award criteria?", Quality Progress, May, pp.43–47.
- Business Week(1997), "The Baldrige's other award", March 10, p.75.
- Carroll, A. B.(1979), "A three–dimensional conceptual model of corporate performance", Academy of Management Review, Vol.4 No.4, pp.497–505.
- Carroll, A. B.(1991), "The pyramid of corporate social responsibility: Toward the moral management of organizational stakeholders", Business Horizons, July–August, pp.39–48.
- Garvin, D.A.(1991), "How the Baldrige award really works", Harvard Business Review, November–December, pp.80–94.
- Hutton, D.W.(2000), From Baldrige to Bottom Line: A Roadmap for Organizational Change and Improvement, ASQ Quality Press.
- Nee, E.(1999), "The low–tech king of high tech", Fortune, October 25.
- NIST(1997), Handbook for the Board Examiners, Malcolm Baldrige National Quality Award Program at NIST.
- Porter, M.E. and Kramer, M.R.(2006), "Strategy and society: The link between competitive advantage and corporate social responsibility", Harvard Business Review, December, pp.78–92.
- Porter, M.E. and Kramer, M.R.(2011), "Creating shared value", Harvard Business Review, January–February, pp.62–77.
- Sisodia R.S., Wolfe, D.B., Sheth, J.N.(2007), Firms of Endearment: How World–Class Companies Profit from Passion and Purpose, Prentice Hall. (권영설 역(2008), 「위대한 기업을 넘어 사랑받는 기업으로」, 럭스미디어)
- Tenner, A.R. and DeToro, I.J.(1992), Total Quality Management, Addison–Wesley. (신동설 역(1994), 「종합적 품질경영」, 석정)
- http://asq.org/
- http://www.baldrige21.com/
- http://www.nist.gov/baldrige/
- http://www.unglobalcompact.org/

27장 부록 품질의 전관왕 제록스

한때 명성을 떨치던 조직이 걷잡을 수 없이 몰락할 때 지도자가 해야 할 일은 무엇일까? 하강버튼 없이 수직상승만 하는 엘리베이터처럼 여겨졌던 제록스가 1980년대 초반 사라질 판국이 되었다. '품질은 사업의 기본원칙'이라는 확고한 품질방침으로 칠흑같은 어둠을 헤치고 제록스는 미국 말콤 볼드리지상의 제조업과 서비스업의 양대 부문, 유럽품질상 본상, 일본 데밍상 모두를 석권하였다. 조그마한 가족회사로 출발하여 세계적 기업으로 성장하기까지 도전과 시련의 100여 년 역사가 주는 교훈은 무엇일까?

아스토리아 10-22-38의 탄생

복사기 없는 회사, 관공서, 학교 등을 상상해 보라. 복사기는 인류 역사에 있어서 수레의 발명에 버금가는 혁명적인 것이라는 평가가 과장이 아님을 수긍할 수 있을 것이다. 지금은 웬만한 사무실이라면 복사기가 구비되어 있지만 복사기의 사용이 보편화되지 않았던 시기에는 사정이 전혀 달랐다. 관공서나 학교, 사무실 등에서는 서류 밑에 깔고 쓰는 시커먼 먹지나 잉크를 묻힌 롤러를 밀어서 쓰는 등사기가 복사할 수 있는 수단의 전부였다. 복사할 작업량이 많은 곳에서는 필경사(筆耕士)나 별도의 등사만을 전담하는 직원을 따로 두었다. 그러나 복사기의 등장으로 이러한 풍경은 역사와 추억 속으로 물러나게 되었다.

복사기의 기원은 1939년 프랑스의 다게르(J.M. Daguerre)가 은판 사진술을 발명한 것에서 시작된다. 1887년 딕(A.B. Dick)사는 최초의 등사기를 내놓았는데, 이것은 기름종이에 냄새나는 젖은 잉크로 찍어내는 조잡한 것이었으나 교회, 시청, 학교 등에서 사용되었다. 1930년대가 되자 깨끗하게 복사할 수 있는 오프셋 인쇄기가 대형 사무실에 보급되기 시작하였다. 오프셋 인쇄는 기술적인 면에서 복사기에 근접하였으나 복사하기 전에 마스터 페이지를 만들어야 하며, 가격이 비싸고 시간도 많이 걸렸다. 따라서 다량의 복사가 필요할 경우에만 오프셋 인쇄가 사용되었으며, 1950년대에 접어들어서까지도 타자기와 먹지가 보편적으로 사용되었다.

기름종이에 냄새나는 젖은 잉크로 찍어내는 왕년의 복사장비를 대체한 정전(靜電)식 복사기술이 개발된 것은 1930년대 말이었다. 당시 뉴욕에 있는 말로리(P.R. Mallory & Co.)사의 특허부에 근무하던 체스터 칼슨(Chester Carlson)이 전혀 새로운 방식의 복사기를 구상하였다. 그는 특허 관련 문서를 복사할 때마다 '더 빠르고 선명하게 복사하는 방법이 없을까' 하는 의문을 가졌고, 마침내는 자신이 직접 개발하기로 마음을 먹었다. 칼슨은 방 하나짜리의 협소한 아파트에 살고 있었는데, 일과 후나 주말에 여기에 틀어박혀서 연구와 실험을 계속하였다. 이웃들은 그의 행동거지를 이상하게 여기고 약간의 미치광이 정도로 여겼으며, 그의 문 앞을 지날 때마다 실험용 약품 냄새 때문에 코를 막아야 했다. 또한 자신들의 집이 흔들리는 것을 느낄 때마다 그것은 지진이 아니라는 것을 알았다. 칼슨의 집에서 또 무엇인가 폭발한 것이었다. 어느 날 같은 건물에 살던 한 아가씨가 그에게 고함을 지르기 위해 초인종을 울렸다. 고무로 된 앞치마를 입은 칼슨이 문을 열었다. 그녀는 화도 내기 전에 잔뜩 수줍어하고 풀이 죽은 작은 남자에게 마음이 약해졌다. 얼마 지나지 않아 둘은 결혼했다.

결혼 후 칼슨은 그의 실험실을 아스토리아에 있는 장모 소유의 작은 방으로 옮겼다. 1938년 10월 22일 드디어 '10-22-38 아스토리아'라는 그날의 날짜와 장소가 적힌 종이를 복사하는데 성공했다. 칼슨은 이 기술을 IBM, GE, Kodak, RCA, 레밍턴 등과 같은 대기업에 판매하려 했으나 거절당했다. 칼슨이 복사한 상(像)들은 때때로 희미해지고, 종이가 열로 부풀어 오르는 부분이 나타나거나 변색되는 등 여러가지 문제가 있었기 때문이었다. 칼슨이 기술의 판매를 제의한 24개의 기업이나 기관 중 바텔 메모리얼 연구소만이 그 기술의 잠재력을 인지하고, 이 발명에 의해 실현될 장래의 이익을 공유한다는 조건으로 후속 연구비를 지원하였다.

새로운 사업 아이템의 모색

제록스사의 전신은 할로이드(Haloid)라는 소규모 인화지 제조업체였다. 1906년에 설립된 이 회사는 2차 세계대전 중 군대가 정찰 사진을 사용하면서 급속히 성장하였다. 그러나 전쟁이 끝나면서 인화지 수요가 줄어들기 시작하였으며, 축소된 시장에서 할로이드는 치열한 생존경쟁을 벌여야만 하였다. 1945년 창업자의 손자인 조셉 윌슨(Joseph Wilson)이 사장으로 승진했다. 명문 로체스터대학과 하버드경영대학원을 졸업한 윌슨은 할로이드와 같은 자그마한 회사에 근무할 마음이 별로 없었으나, 당시 사장으로 있던 그의 아버지가 규모가 작기 때문에 도전해 볼 많은 일과 상당한 잠재력이 있다고 그를 설득했다.

윌슨은 회사가 살아남기 위해서는 무언가 새로운 아이템을 찾아야 한다고 판단했다. "우리가 전적으로 인화지에만 매달려서는 안 된다. 뭔가 새로운 신제품을 시장에 내놓아야 한다"는 것이 그의 주장이었다. 새로운 종류의 인화지나 지진기록용 제품이 신규 사업종목의 물망에 올랐으나, 그 어떤 것도 선뜻 할로이드의 위기를 타개할 만한 잠재력을 갖춘 것으로 생각되지 않았다.

이 회사의 연구개발 부서장이던 존 데소어는 유망한 신제품을 물색하기 위해 수백 권의 기술관련 잡지들을 물색하던 중, 코닥사의 Monthly Abstract Bulletin에서 바텔 연구소가 연구 중이던 칼슨의 전기사진술에 관한 논문 요약본을 발견하였다. 그것은 아직 기초단계에 불과하였지만 윌슨은 매우 큰 잠재력이 있다고 생각하였다. 1946년 할로이드는 바텔 연구소에 매년 2만 5천 달러의 연구비를 지급하고, 또한 장차 전기사진술로 인해 생기는 수입의 8%를 내놓겠다는 조건으로 칼슨의 기술을 개발할 수 있는 권리를 사들였다.

할로이드는 바텔 연구소에 '전기사진(electrophotography)'이라는 용어 대신 새로운 이름을 만들자고 제안하였다. 전기사진이라는 말이 특별히 새롭거나 다른 사람들의 관심을 유발할 것으로 생각되지 않았기 때문이다. 1948년에 오하이오 주립대학의 고전 언어 전공 교수들에게 자문한 결과 그리이스어의 두 단어인 'xeros(건조한)'와 'graphein(문서)'을 합하여, 건식문서라는 뜻의 '제로그래피(xeropraphy)'라는 용어를 생각해 내었다.

IBM의 뒤늦은 후회

1947년부터 1960년 사이에 할로이드는 제로그래피 연구에 7,500만 달러를 쏟아 부었다. 이것은 이 회사 영업수익의 2배에 해당하는 것이었다. 연구개발비를 마련하기 위해 간부들의 집까지도 모두 담보물로 제공하였다. 사활을 건 10여 년의 연구 결과 오늘날과 같은 건식 복사기인 914 모델을 개발할 수 있었다. '914'라는 숫자는 가로, 세로 길이가 각각 9인치, 14인치까지 복사할 수 있다는 뜻으로 붙여진 것이었다. 914 모델이 시장에서 실패한다면 회사뿐 아니라 함께 투자한 많은 사람들이 모두 파산하기 때문에, 윌슨은 위험을 줄이기 위해 생산에 앞서 IBM에 합작투자를 제의하였다.

IBM은 유명한 경영자문회사인 아더디리틀(ADL)에 할로이드가 개발한 건식 복사기 시장의 전망에 대한 자문을 의뢰하였다. ADL은 일부 사무실에서 복사기가 중요하다는 것은 인정하였으나, 그 수요가 기껏해야 월 5천 대 정도밖에 되지 않을 것으로 예측하였다. 또한 914 복사기의 큰 부피와 높은 가격이 결정적인 약점이라고 지적하였다. 914 복사기가 시장에서 크게 성공하기가 어렵다는 전망 때문에 IBM과의 합작은 무산되었다. 훗날 아버지의 뒤를 이어 IBM의 회장이 된 토마스 왓슨 2세는 "아버지가 가장 후회한 결정 중 하나는 건식 복사기의 초기 단계에서 합작에 참여할 기회를 놓친 것이었다"고 말하였다.

할로이드는 회사의 이름을 할로이드 제록스로 바꾸었다. 몇년 전 고안한 제로그래피에서 축약된 별 다른 의미가 없는 제록스(Xerox)를 상표로 정했기 때문이다. (할로이드 제록스라는 회사명은 1961년에 다시 제록스로 바뀌었다.) 회사명을 무엇으로 바꿀까 고민하던 윌슨은 어느 일요일 아침 산책길에 '코닥(Kodak)'이라는 간판을 보았다. 이 회사의 창업자인 조지 이스트만이 그의 회사를 코닥이라고 붙인 이유는 글자 길이가 짧고, 그가 좋아하는 철자인 K로 시작해서 K로 끝나기 때문이었다. 월슨은 제로그래피(xeropraphy)라고 그렇게 못할 것이 없다고 생각하였다. 이렇게 해서 '제록스(Xerox)'라는 말이 만들어졌다. 여러 사람들이 Xerox라는 단어의 발음이 쉽지 않고, 사업의 세계에서는 '제로(zero)'라는 말의 의미가 그다지 좋지 않다는 이유로 반대하였으나, 월슨은 일단 고객들이 자사의 제품을 사용해 보게 되면 제록스라는 이름에 익숙해질 것이라고 고집하였다.

모든 것을 바꾸어 놓은 외로운 선택

1959년 9월 16일 드디어 최초의 현대식 복사기인 제록스 914 모델이 출시되었다. 이것은 거대한 새로운 산업의 태동을 의미하였다. 미국에서 복사되는 양이 1950년대 중반 2,000만 장에서 1964년에는 5억만 장, 1966에는 140억만 장으로 폭증하였다. 1985년에 전 세계에서 복사된 양은 무려 7천억 장이나 되었으며 '제록스'라는 회사명은 곧 '복사'한다는 뜻으로 자리 잡았다. 싸고 깨끗한 복사는 정보의 확산을 촉진시켰다. 원본보다는 복사본이 이중, 삼중으로 복사되었기 때문에 이는 가히 커뮤니케이션의 혁명을 불러 일으켰다. 동구권이 몰락하기 전의 공산주의 체제 하에서 복사기의 사용이 엄격하게 통제되었던 사실을 상기해 보라.

1959년 처음 출시된 914 모델

914 모델의 성공으로 1960년부터 1970년 사이에 제록스의 주가는 무려 66배가 뛰어 올랐으며, 이로 인한 '제록스 백만장자'들이 탄생하게 되었다. 물론 이들이 모두 제록스의 임직원인 것은 아니었다. 오늘날 주식투자자들의 꿈이 '제2의 제록스'를 찾는 것이라고 표현되는 것도 여기에 연유한다. 1960년대와 같은 높은 성장률이 지속되었더라면 제록스의 매출은 미국 전체 GNP보다 훨씬 더 큰 규모가 되었을 것이다. 이러한 폭발적 성장은 그 누구도 예견하지 못했다. 아마도 조셉 월슨 자신도 이같이 크나큰 성공을 예상하지는 못했을 것이다. 그러나 "기존에 해오던 사진용 인화지산업은 더 이상 기대할 것이 없으며, 전혀 새로운 산업을 창조해야 한다"는 월슨의 깊은 통찰력과 확고한 비전이 없었더라면 제록스의 오늘이 결코 있을 수 없었을 것이라는 점만은 분명하다.

1964년 로체스터의 한 시민 모임에서 자신이 걸어온 길을 설명하기 위해 월슨은 다음과 같은 프로스트(R. Frost)의 시를 인용하였다.

"숲 속에 두 갈래 길이 있었지,
나는 둘 중에서 남들이 덜 다닌 길을 선택하였네,
그것은 모든 것을 바꾸어 놓았다네."

이러한 철학은 희미한 가능성만 보이던 제로그래피 기술이 거대한 신산업으로 현실화될 때까지 수없이 많이 겪었던 험난한 순간마다 좌절하지 않도록 윌슨을 지탱해 주었다. "사업가는 세일즈맨에 머물러서는 안 되며, 인류의 생활과 미래에 관심을 갖는 사람이 되어야 한다"는 것이 윌슨의 생각이었다.

대중광고의 기술

「포춘」지는 지금까지 미국시장에 출시된 신제품 중 가장 성공한 것이 제록스 914 복사기였다고 기술하였다. 최초의 914 모델 중 하나는 현재 워싱턴의 스미소니언박물관에 전시되고 있다. 그러나 914 모델이 출시될 당시 어려움이 없었던 것은 아니었다. 914 모델이 출시되기 이전에 코닥이나 3M 등에서 여러 종의 복사기를 판매하고 있었다. 이 기계들은 책상 위에 올려 둘 수 있을 정도로 크기도 작고, 판매가격도 삼사백 달러 정도로 저렴하였다. 그러나 복사를 하기 위해서는 특수하게 코팅된 용지를 사용해야 했기 때문에, 장당 10센트 내지 15센트 정도의 비용이 소요되었다. 그러면서도 복사의 질은 그렇게 좋지 못했다.

이에 비해 914 모델은 보통용지에 직접 복사할 수 있었을 뿐 아니라 복사의 질도 매우 우수하였다. 914 모델의 또 다른 큰 장점은 작동이 매우 간편하다는 것이었다. 오늘날의 복사기와 같이 기계 맨 윗면에 있는 유리에다가 복사하고자 하는 종이를 얹어놓기만 하면 되었다. 또한 다이얼을 돌리기만 하면 최고 15매까지, 원하는 복사 매수를 선택할 수 있었다. 스위치를 누르면 약 10초 만에 첫 번째로 복사된 용지가 나왔으며, 다음부터는 7초마다 복사되어 나왔다. 그러나 무게가 무려 650파운드나 나가고, 크기도 사무실 문을 어떻게 통과할지 걱정스러울 정도였다. 생산비용 또한 턱없이 높았기 때문에 출시가격이 2만 9,500달러로 책정되어, 어지간한 사무실에서조차 구매하기 어려웠다.

이러한 문제에 대해 제록스는 매우 현명하게 대처하였다. 복사기가 너무 커서 작동법도 복잡할 것이라는 선입관을 없애고, 복사의 질이 우수하다는 것을 전달하기 위해 TV 광고를 효과적으로 활용하였다. 1960년에 시작된 최초의 광고에서는 책상에서 일하고 있는 사업가와 어린 딸의 다음과 같은 대화를 보여준다.

어린 딸에게 편지 한 장을 건네면서 아빠는 말한다.
"데비야, 이걸 한 장 복사해 주겠니?"

"네, 아빠"라고 아이는 대답한다.

"이 아이는 나의 귀여운 비서지요"라고 아빠는 자랑스럽게 말한다.

데비는 급히 가서 스위치 버튼 하나를 눌러 그 편지의 복사를 끝낸다. 아이는 복사가 된 것을 급히 아버지에게 갖다 드리자 아버지가 말한다.

"고맙다, 어느 쪽이 원본이지?"

데비는 종이를 찬찬히 들여다보면서 머리를 만지작거리며 말한다.

"잊어버렸는데요!"

이 광고는 크게 성공하였다. 이에 만족한 제록스는 원숭이까지도 쓸 수 있을 만큼 조작이 간편하다는 것을 보여줄 수 있다면 한층 더 사업 전망이 밝아질 것이라고 생각하였다. 침팬지에게 복사기를 작동시킬 수 있도록 훈련시킬 수 있는 동물 조련사를 발굴해 다음과 같이 실행에 옮겼다.

침팬지가 서류 한 장을 받아서 사무실을 이리저리 뛰어 다니다가 914 복사기 위에 올라가서 복사한다. 줄을 타고 내려 온 침팬지가 사장에게 복사된 것을 가져온다. 속임수는 아무 것도 없었다. 침팬지가 복사기를 제대로 작동시킨 것이었다. 제록스의 모든 사람들은 기뻐하였으나 CBS 뉴스에 방송되자 문제가 터졌다. 첫 방송광고가 나간 다음날 당장 항의전화가 빗발쳤다. 그 복사기를 작동하던 비서들은 자신들이 모욕적인 농담의 대상이 되고 있다고 생각했다. 복사기 위에다 바나나를 놓고 침팬지를 고용하는 것이 낫지, 자기들을 고용할 필요가 있느냐고 빈정댔다. 이 광고는 그 후로 다시는 방영되지 않았다.

게임의 새로운 규칙을 만들다

제록스 914 모델이 복사의 질과 조작 간편성에서 기존의 복사기들과는 비교가 되지 않을 정도로 혁신적이기는 했지만, 문제는 '3만 달러에 가까운 거액을 주고 이를 구매할 사람이 도대체 얼마나 되겠는가' 하는 것이었다. 당시 판매 부문을 총괄하고 있던 피터 맥컬로(Peter McColough)는 이를 절묘하게 해결하였다. 당시 IBM에서는 일정액의 사용료를 받고 자사의 기계들을 임대해 주고 있었다. 그러나 수천 명의 사원을 가진 회사와 몇 명 안 되는 소규모 사무실에서 하루에 사용하는 양은 비교조차 될 수 없음에도 불구하고, 똑같은 사용료를 받는다는 것이 넌센스라고 생각한 맥컬로는 복사량에 따라 사용료를 매기자는 생각을 하게 되었다. 이제는 그것이 그저 당연한 것으로 들리지만, 당시로서는 그 어느 누구도 그것을 생각해 내지 못한 신선한 착상이었다.

복사기에 계수기를 부착하여 복사량을 알 수 있도록 한 다음 임대요금 체계를 결정하였다. 월 2,000장까지의 복사에는 사용료를 받지 않고 95달러의 기본요금을 물게 하고, 이를 초과할 경우 장당 4센트의 추가 사용료를 부과하였다. 오늘날 전화요금 체계와 유사한 이러한 방식은 간단한 것이었지만 큰 힘을 발휘하였다. 1965년에는 6만 대의 914 복사기가 설치되었는데, 이로 인한 수입은 제록스 전체 수입의 62%를 차지하였다. 대략 40개의 복사기 생산업체들이 다투고 있던 당시의 경쟁환경을 생각해 볼 때 제록스의 시장점유율이 무려 61%나 되었다는 것은 그야말로 대단한 것이었다. 윌슨은 "제로그래피 기술 자체를 제외한다면 제록스가 내린 가장 중요한 의사결정은 바로 임대전략이었다"고 이야기한 바 있다.

기술혁신에도 불구하고 시련은 시작

1962년 초 제록스는 유니버시티 마이크로필름(University Microfilm)사의 인수를 통해 교육사업에 뛰어들면서 사업다각화에 착수하였다. 1966년 연례회의에서 윌슨은 다음과 같이 선언하였다. "지금 이 순간부터 우리의 미래는 복사기가 아닌 또 다른 분야에서 무엇을 하느냐에 달려 있다." 그러나 윌슨의 사망 후인 1968년 피터 맥컬로가 사령탑을 맡으면서 제록스는 실패의 소용돌이에 빠져들기 시작한다.

그는 IBM이 복사기를 개발하기 시작하자 컴퓨터산업의 황제였던 IBM에 도전장을 던졌다. 제록스도 컴퓨터 사업에 뛰어든 것이다. 맥컬로 회장은 제록스 914 모델을 개발할 때 겪었던 것과 같은 험난한 방법 대신 기존의 컴퓨터 회사를 인수하는 전략을 택했다. 1969년 제록스는 중대형 컴퓨터 업체 중 하나인 사이언티픽 데이터시스템(SDS)을 9억 달러에 인수했다. 그러나 SDS는 이미 쇠퇴기에 접어든 회사였다. 결국 6년 후 제록스는 SDS의 문을 닫고 그때까지 투자한 돈을 모두 날렸다.

맥컬로는 컴퓨터 및 전자공학의 기초연구를 수행하기 위해 1970년 팔로알토연구소(PARC, Palo Alto Research Center)를 설립했다. 이 연구소는 스탠포드대학의 캠퍼스가 내려다보이는 언덕 위에 있었다. 미국 최고의 컴퓨터 관련 학자 수백 명이 PARC의 연구원으로 채용되었다. 이들에게는 풍부한 연구비, 최고의 보수와 함께 대학에서와 같은 자유가 주어졌다. 설립된 지 얼마 지나지 않아 이 연구소는 복사기 회사 이상의 다른 존재가 되고자 하는 제록스의 노력을 상징하는 곳으로 여겨졌다.

이러한 막대한 투자의 효과는 즉시 나타났다. 1970년대에 걸쳐 PARC의 연구원들은 퍼스널 컴퓨터 혁명의 주춧돌이 된 일련의 기술혁신을 이룩하였다. PARC가 거둔 성과를 나열하자면 끝이 없다. 컴퓨터 상호간에 그래픽의 공유가 가능한 '비트맵(bit map)' 디스플레이, 근거리 통신망(LAN), 여러 가지 그림을 한 화면에 볼 수 있는 윈도우 스크린, '마우스'를 이용한 편집 소프트웨어, '스몰토크(Smalltalk)'라는 객체지향형 프로그래밍 언어 등을 만들어냈다. 이러한 선구적 업적에도 불구하고 이를 상업화하는 데에는 다른 기업들이 더 민첩하였다. 이 과정에서 제록스사에게는 '미래를 놓치는 기업'이라는 평판이 따라 붙고, PARC 또한 뛰어난 연구를 수행하나 사업과는 무관한 조직이라는 평가를 받게 된다.

새로운 분야의 개척에 실패한 제록스는 기존의 사업부문에서도 고전을 면치 못했다. 3억 달러를 투자하여 차세대 복사기인 9200모델을 1971년에 출시하였으나, 경쟁사들의 신제품에 비해 별로 나은 점이 없었기 때문에 판매가 부진하였다. 설상가상으로 캐논, 미놀타, 리코, 샤프, 도시바 등과 같은 일본기업들이 만든 저가 복사기들이 미국시장에 물밀듯이 몰려오자 제록스는 급속히 시장에서 밀려났다. 1977년 회장에 취임한 데이비드 컨즈(David Kearns)는 제록스의 재건작업에 착수했다. 1970년 제록스는 약 95퍼센트의 시장점유율을 보인 적이 있으나, 1976년에는 80퍼센트, 1982년에는 13퍼센드까지 급락하였다.

'제록스 잇'이 '리카피 잇'으로

1982년 초 데이비드 컨즈는 제록스의 대표이사로 승진하였을 때 자신이 세상에서 가장 행복한 사람이라고 생각하였다. 미국 굴지의 대기업을 경영해 보겠다는 그의 야망이 현실로 다가온 것이었다. 그러나 기쁨도 잠시 뿐, 제록스가 1980년대에도 살아남을 수 있을까 하는 불안이 그를 사로잡았다. 솔직히 말해서 당시와 같은 상태가 지속된다면 1990년이 되기 전에 제록스는 재고를 헐값에 처분하고 문을 닫아야 할 형국이었다. 그렇게 되면 자신의 손으로 회사 문을 닫았다는 불명예만 남을 뿐이었다. 제록스가 이러한 큰 위기에 빠지게 된 몇 가지 주요한 이유는 다음과 같다.

- 1970년대 초 IBM과 코닥이 제록스가 개척한 수익성 있는 복사기 세분시장에 참여하면서 경쟁이 심화되었다. 제록스는 이들 두 거대기업이 힘든 경쟁상대가 될 것으로 생각하였으나 그것은 오판이었다.
- 제록스가 안중에도 두지 않았던 저가 복사기 시장을 일본기업들이 무서운 기세로 공략하였다. 캐논, 리코, 샤프, 미놀타 등의 일본 군단이 가격경쟁력이라는 비슷한 무기를 가지고 고객들을 빼앗아 갔다. 특히 리코가 엄청난 시장점유율을 빼앗아 갔기 때문에 미국인들이 '제록스 잇(Xerox it)'이라고 말하는 것처럼 일본인들도 '리카피 잇(Recopy it)'이라고 부를 만큼 복사기의 대명사가 제록스에서 리코로 바뀌어 갔다.
- 1970년대에 접어들면서 제록스는 독점금지법에 계속 시달렸는데, 마침내는 공정거래위원회로부터 부당한 방법으로 사무용 복사기 시장의 독점을 유지해오고 있다고 피소되었다. 제록스는 약 1,700건의 특허를 경쟁자들에게 공개하기로 합의하였다. 그 결과 1976년 미국시장의 80%를 점유하였던 제록스는 컨즈 회장이 취임한 1982년이 되었을 때 13%까지 떨어졌다.

취임 후 얼마 지나지 않은 1982년 5월 컨즈 회장은 자매회사인 일본의 후지제록스의 창립 20주년 기념식에 참석하기 위해 일본을 방문하였는데, 이것이 제록스로서는 위기극복의 실마리가 되었다.

'신(新)제록스 운동'에서 배우다

후지제록스는 1962년 일본의 후지필름과 영국의 랭크제록스가 공동으로 설립한 합작회사이다. 설립 이래 승승장구하던 후지제록스에서도 1970년대 중반 큰 변화가 일어났다. 세계적 석유파동으로 인해 일본경제가 침체에 빠진데다가 리코와 캐논이 경쟁자로 등장하면서 매출이 급격히 줄어들었다. 1976년 예기치 못했던 위기상황을 극복하기 위해 후지제록스는 '신제록스 운동'이라는 전사적 품질관리를 추진하였다. 노력의 결과는 대성공이었다. 매출과 이익은 계속 증가하였으며, 전사적 품질활동을 전개한 지 4년 후인 1980년에는 데밍상을 수상하였다. 당시 미국 제록스 본사와 일본의 경쟁기업들과의 비교자료는 제록스에서 믿기 어려울 만큼 실로 충격적인 것이었다.

- 제록스 제품의 불량률은 일본 경쟁제품의 7배였다.
- 미국시장에서 판매되는 일본 복사기의 판매가격은 제록스의 제조원가에 불과하였음에도 불구하고 일본기업들은 이익을 내고 있었다.
- 직접인원 대비 간접인원의 비율은 제록스가 일본 경쟁사의 2배였다.
- 제록스의 제품개발 요원의 수는 일본의 2배나 되었지만 신제품 개발에는 2배 이상의 시간이 소요되고 있었다.

몇 차례에 걸친 일본 방문과 자사의 강점과 약점에 대한 깊은 성찰을 거친 뒤 컨즈 회장은 마침내 결론은 내렸다. 생존을 위한 유일한 희망은 자사 제품과 서비스의 품질을 획기적으로 높이는 것이라고 판단한 것이었다. 많은 사람들이 이미 말해온 것이었지만 실천은 결코 쉽지 않았다. 그것은 제록스의 기업문화를 밑바닥부터 변화시키는 것을 의미했다. 머지않아 회사 문을 닫아야 할 상황이었지만 컨즈 회장은 이 일을 반드시 이루고야 말겠다고 다짐하였다.

'품질을 통한 리더십'의 착수

제품과 서비스의 질을 획기적으로 높이기 위한 방안을 찾기 위해 제록스는 먼저 품질대가들에게 자문을 구했다. 컨즈 회장이 처음으로 대화를 나누었던 상대는 크로스비였다. 당시 그는 「품질은 무료」라는 책으로 상당한 명성을 얻고 있었다. 그는 품질이 좋을수록 비용이 적게 든다는 중요한 사실을 강조하기 위해 품질비용이 매출액의 20%가 넘는다고 말하였는데, 그것이 사실이라면 정말 대단한 액수였다. 크로스비가 무슨 근거로 그렇게 주장하는지 알 수는 없었지만, 몇 가지 연구를 실시해 본 결과 그 수치가 믿을 만하다고 생각되었다. 또한 그가 주장한 품질의 4대 절대원칙도 상당히 인상적이었다.

이후 데밍 박사와 주란 박사 등의 품질전문가들을 접촉하면서 컨즈 회장은 한 가지 확신을 갖게 되었다. 그들은 '이대로는 안 된다', '사업방식을 바꾸라', '경영진이 먼저 변해야 한다'라고 한결같이 지적하였지만 어느 누구도 조직의 변화를 어떻게 해야 하는지 구체적으로 말해 주지 못했다. 물론 데밍, 주란, 크로스비 등과 같은 품질전문가들의 조언과 도움이 없었더라면 제록스의 소생도 불가능하였겠지만, 중요한 것은 품질혁신이란 다른 사람의 계획을 채택하는 것이 아니라는 것을 더욱더 확신하게 되었다는 점이었다. 모두의 아이디어를 소화하여 자사에 맞는 독특한 것을 만들어내지 않으면 안된다는 판단이 서자 제록스는 자신의 파트너가 굳이 그들이어야 할 필요가 없다는 결심을 굳혔다.

1983년 '품질을 통한 리더십(LTQ, Leadership Through Quality)'이라는 전사적 품질혁신에 착수하면서 제록스는 다음과 같은 품질방침을 선포하였다.

"제록스는 고품질의 회사이다. 품질은 우리사업의 기본원칙이다. 품질이란 내·외부고객들에게 그들의 요구사항을 충분히 만족시킬 수 있는 혁신적 제품과 서비스를 제공하는 것을 의미한다. 품질개선은 제록스의 모든 종업원 각자의 업무이다."

계단폭포형 교육훈련

일본사람들은 '품질향상은 교육에서 시작해서 교육으로 끝난다'라고 자주 이야기했다. 컨즈 회장이 이 말을 액면 그대로 믿은 것은 아니지만 폭넓은 교육훈련의 뒷받침 없이는 조직의 근본적 변화가 일어날 수 없다는 것을 잘 알았다. 품질혁신이 중요하다고 판단하였으면 모두가 다 그것을 이해할 수 있도록 해야만 했다. 전 세계에 흩어져 일하는 10만여 명의 종업원 전체를 교육시키자면 적어도 4년이 걸릴 것이라는 계산이 나왔지만 이를 실행에 옮기기로 하였다.

제록스는 독특한 교육훈련 방법을 개발했다. 간단히 말하자면 "먼저 배운 다음, 직접 사용해 보고, 가르치고, 가르친 대로 실행되고 있는지 확인한다"는 'LUTI(Learn, Use, Teach, Inspect)' 방식이었다.

전통적인 교육방식은 강의실에 교육생들을 모아서 가르치고 그들이 배운 것을 돌아가서 적용해 보라는 것이었다. 그러나 사람들에게 익숙하지 않은 새로운 행위와 습관을 교육시키면 얼마 지나지 않아서 교육 이전의 상태로 되돌아가고 만다는 것은 많은 연구에 의해 확인된 바 있다. 따라서 종래의 교육훈련 방식을 품질 기능훈련이나 행동훈련에 적용할 경우에는 교육효과의 반감기가 매우 짧다. 이 때문에 제록스는 완전히 다른 방법을 사용했다. 상급관리자가 먼저 배워서 직접 활용해 보고, 자기가 배운 내용의 일부를 교육전문가의 도움을 받아 차하위 관리자들에게 가르친다. 그런 다음 차하위 그룹이 학습한 내용들을 실제로 현업에 적용하는지 검사한다.

여기서 검사란 정해진 표준에 비추어서 합격여부를 판정한다는 통상적 의미가 아니라, 관찰하고 평가하며 지도한다는 것을 의미한다. 이러한 방법을 따르면 조직의 맨 위에서 교육이 시작되고 시간이 지나면서 아래로 차례차례 내려오게 된다.

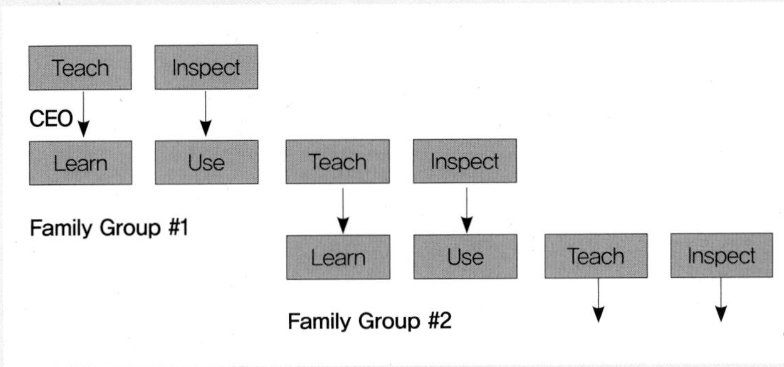

〈그림 1〉 LUTI 계단폭포형 교육훈련 모델

한때 가장 모범적인 품질교육을 실시하고 있는 것으로 평가받은 모토롤라도 막대한 교육투자를 하고서도 별다른 성과를 거두지 못한 경험을 갖고 있는데, 그 이유는 조직의 상층부를 제외한 하부교육에만 치중했기 때문이었다. 이러한 관점에서 조직의 상층부에서부터 교육이 시작되는 제록스의 계단폭포형 훈련은 상당한 의미를 지닌다. 또한 모든 교육훈련은 사내에서 늘 함께 지내는 가족단위(family group, 함께 일하는 최소한의 작업단위를 지칭)로 받도록 했다. 어떤 조직에서도 같이 일하는 그룹이 함께 교육받는 일은 흔치 않다. 각기 다른 기업이나 다른 업무분야에 종사하는 사람들이 한 반이 되어 공부하는 것이 보통이나 제록스는 가족단위의 교육을 실시함으로써 그들이 공통적으로 당면하고 있는 문제에 대해 교육받은 내용을 적용할 수 있도록 유도하였다.

LUTI 방식에서는 교육받고 배운 것을 직접 활용해 본 사람이 차하급자 그룹의 교육에 참여함으로써 '가르치는 자와 배우는 자가 함께 깨우치고 발전'하는 교학상장(教學相長)의 효과를 거둘 수 있다. 먼저 배운 사람들로 하여금 다음 번에 가르치도록 정해 놓으면 배울 때에 좀 더 열심히 배울 뿐 아니라, 자기가 배운 것을 직접 가르쳐 봄으로써 배운 것을 보다 명확히 이해할 수 있게 된다. LUTI 방식에서는 평균적으로 1인당 48시간(일주일) 정도의 교육을 받는데, 교육받은 사람이 다음 번에 가르치게 되므로 결국 1인당 96시간의 교육에 참가하는 셈이 된다. 물론 계단폭포형 LUTI의 시작은 컨즈 회장이 직접 참여한 일주일간의 교육이었다.

품질상에 도전하는 이유

개선의 기회를 찾아내고 끊임없는 개선을 추구하기 위해서는 정기적인 사내 품질진단이 필요하다는 것을 점차 깨닫게 되었다. 1987년 처음 실시된 사내진단을 통해 제록스는 한 가지 중요한 과오를 발견하였다.

'품질을 통한 지도력(LTQ)' 프로그램에 착수하던 1983년 당시 제록스는 3가지 중요한 목표 – 자산수익률(ROA), 시장점유율, 고객만족도 – 를 세웠다. 이 3가지 목표의 중요도가 동일하다고 전제하였음에도 불구하고, 사내에서는 재무척도인 ROA가 가장 중요한 것인 양 다루어지고 있었다. 3가지 목표가 똑같이 중요하다는 것도 잘못된 판단이었지만 사람들은 항상 이윤증대를 최우선으로 생각하였다. 이를 타파하기 위해 제록스는 고객만족을 최우선 순위에 두기로 결정하였다. 고객만족이 이루어지면 시장점유율이 높아지고 그에 따라 이윤도 증가하기 때문이었다. 고객만족을 최우선으로 한다는 결정이 사소한 것처럼 생각될 수도 있겠지만 이것은 매우 중요한 상징적 전환점이 되었다.

1988년 10월 22일은 새로운 거대산업의 태동을 가능케 한 제로그래피(xerography) 기술의 발명 50주년 기념일이었다. 이때가 마침 제1회 말콤 볼드리지(MB) 국가품질상의 신청을 받고 있던 중이었으므로, 제록스는 이 상에 도전하는 것을 진지하게 고려하였다. 그러나 그들이 내린 결론은 MB상의 수상 자체보다는 준비하는 과정에서 그 동안의 성과와 품질시스템을 체계적으로 점검하는 것이 지속적인 품질혁신을 위한 훌륭한 자극제가 된다는 것이었다. 이러한 생각에서 MB상에 도전하는 것을 일 년 뒤로 미루었다.

1988년 12월 코네티컷 주 그린위치(Greenwich)에 있는 하이얏트 호텔에서 열린 사내회의에서 컨즈 회장은 다음해에 있을 제2회 MB상에 도전하기로 결정하고 다음과 같이 연설하였다.

"우리가 MB상에 응모하는 이유 중 10%는 수상이 목적이지만, 나머지 90%는 회사의 품질개선 노력에 대한 객관적 평가를 받아보기 위한 것입니다. 단순히 상을 타기 위해 일을 시작하지 말고, 오직 회사를 발전시키기 위해 시작해 주십시오."

제록스는 MB상을 준비하기 위해 사내 여러 부서에서 차출한 20명의 관리자들로 제록스 NQA(National Quality Award) 팀을 구성하였다. 이들이 심사기준에 따라 수심준비를 하는 과정에서 513개 항목의 결점들이 발견되었는데, 이것은 제록스의 품질수준을 한 단계 끌어올리기 위해 장차 무엇을 해야 하는가를 알려주는 귀중한 정보가 되었다. 1989년 11월 초 드디어 제록스가 국가품질상의 수상자로 확정되었다는 기쁜 소식이 날아들었다.

1982년 컨즈 회장의 취임 당시에는 제록스의 복사기 기종 중 전문가들에 의해 최상급이라고 판정된 것이 하나도 없었으나 MB상 수상 무렵에는 7개 기종이 최고라는 평가를 받았다. 또한 제록스는 일본기업들에게 왕좌를 물려준 미국의 대기업 중 정부의 보조금이나 관세장벽 또는 자의적 수입할당량 제한 등과 같은 어떠한 형태의 정부지원도 받지 않고 자력으로 일본기업을 물리친 미국 최초의 대기업이 되었다.

강자들의 무대로 좁혀진 글로벌 마켓

1989년 말콤 볼드리지 국가품질상을 받고 난 이후에 많은 변화가 있었다. 1990년 8월 컨즈 회장은 60세의 정년을 맞아 2선으로 물러나고, 그 자리를 폴 올레어(Paul Allaire) 사장이 넘겨받았다. 그러나 변함없이 그대로 유지되고 있는 것은 '최우선 순위는 언제나 고객만족'이라는 것과 '품질은 우리 사업의 기본원칙이다'라는 품질방침이다. 제록스는 앞으로 다가올 디지털시대에 '종이없는 사무실(paperless office)'이 실현되면 복사기의 운명이 어떻게 될지 걱정해 왔다. 그러나 컴퓨터와 네트워크의 확산 때문에 오히려 종이 사용량은 매년 20%씩 증가해 왔다. 문제가 되는 것은 종이 사용량의 증가가 복사기가 아닌 프린터 사용의 증가 때문이라는 점이다.

제록스의 새로운 경영진은 사업의 초점을 장비와 기기에서 문서 및 문서서비스로 옮기고, 자사의 시장 위치를 전문 '다큐먼트 회사(The Document Company)'로 재정립하였다. 제록스의 이러한 변신노력은 MB상 수상 후 고위 중역들이 수립한 'Xerox 2000'이라는 장기계획에 따른 것이었다. 여기서 '다큐먼트'란 전자문서, 인쇄물, 광학적 저장(또는 전송)문서 등과 같이 조직 내에서 정보유통과 관계된 모든 매체를 지칭한다.

오늘날 광학기술이 스마트기기에 접목되면서 전통적인 복사기회사와 프린터 제조업체, 카메라업체, 전자업체들의 영역 경계가 허물어지면서 혼전이 벌어지고 있다. 이처럼 글로벌 마켓이 강자들의 무대로 좁혀지고 있기 때문에 경쟁의 강도도 나날이 높아지고 있다. 오늘날 품질이란 따로 있는 그 무엇이 아니라 항상 우리와 함께 있는 비즈니스 프로세스 그 자체이다. 바야흐로 경영의 질이 문제가 되는 시대가 온 것이다.

참고문헌

- 박영택(2005), 「이노베이션 스토리: 혁신에 성공한 기업들이 펼치는 감동의 경영 파노라마」, 네모북스.
- Kearns, D. and Nadler, D.(1992), The Prophets in the Dark: How Xerox Reinvented Itself and Beat Back the Japanese, HarperCollins Publishers. (장병길 역(1996), 「제록스사의 미래경영」, 세종연구원.)
- Palermo, Sr., R. C. and Watson, G. H.(1993), A World of Quality: Business Transformation at Xerox, Irwin.

색인

박 영 택

성균관대학교 시스템경영공학과 및 기술경영전문대학원 교수로 재직 중이다.
영국 맨체스터 경영대학원 명예 객원교수(honorary visiting professor)와 중국 칭화(淸華)대학교 경제관리대학 객원교수, 한국품질경영학회 회장 등을 역임하였다. 교내 봉사로는 산학협력단 단장, 창업보육센터 센터장, 품질혁신센터 센터장, 시스템경영공학부 학부장 등을 역임하였다.
「Who's Who in the World」, 「Who's Who in Finance & Business」, 「Who's Who in Science & Engineering」 등의 세계인명사전에 수록되었다.

www.feelground.com